lonely planet

EDITORA GLOBO

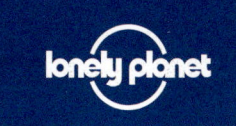

NEIL WILSON
MARK BAKER

PRAGA

GUIA DA CIDADE

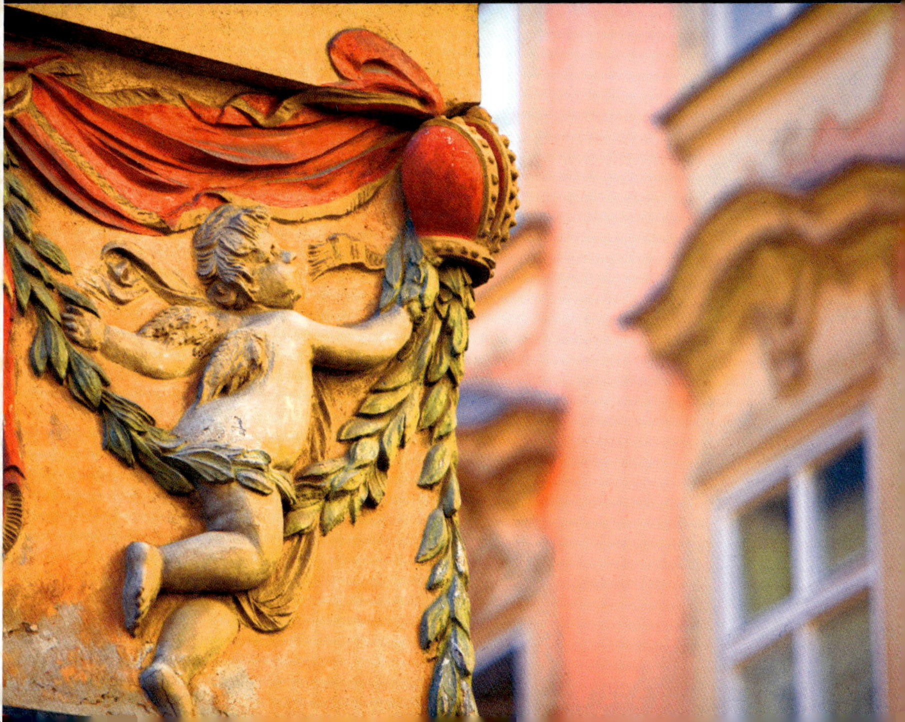

AQUI ESTÁ PRAGA

Interior do Teatro dos Estados (p. 103), onde Don Giovanni de Mozart estreou em 1787

Praga pode ser todas as coisas, para todo mundo. É tão bela quanto Paris, e sua história se estende por um milênio. E a cerveja? A melhor da Europa.

A Revolução de Veludo de 1989, que livrou os tchecos do comunismo, legou à Europa uma pérola comparável a baluartes como Roma, Amsterdã e Londres. Não surpreende que visitantes de todo o mundo cheguem a Praga em massa e, num dia quente de verão, tenha-se impressão de dividir a Ponte Carlos com o restante da humanidade. Nem mesmo as multidões diminuem o espetáculo de uma ponte de pedra do século XIV, um castelo na montanha e um rio calmo e adorável – o Moldava –, que inspiraram uma das peças mais belas e marcantes da música clássica do século XIX, *Moldau* de Smetana.

Os fãs de história moderna ficarão vidrados com os altos e baixos do século XX na cidade, da fundação do país em 1918 à trágica ocupação nazista na Segunda Guerra Mundial, o golpe comunista em 1948, a invasão do Pacto de Varsóvia em 1968, e, finalmente, o triunfo de 1989, que levou milhares de manifestantes às ruas e mandou o teatrólogo Václav Havel para o Castelo de Praga.

Desde então, as mudanças só se tornaram mais frenéticas. Os cenários musical e artístico da cidade estão de novo florescentes. O calendário cultural é lotado de eventos e festivais, inclusive a internacionalmente famosa Primavera de Praga, em maio e começo de junho. O padrão dos restaurantes e dos hotéis melhorou muito e está irreconhecível se comparado a apenas uma década atrás.

E, se isso não bastar para atiçar seu interesse, a cerveja é excelente.

A VIDA EM PRAGA

O verão de 2010 encontrou Praga em meio a uma vertiginosa reforma multimilionária que promete finalmente modernizar a cidade, antes uma tediosa capital do bloco oriental. O maior projeto – em termos de impacto e euros – é a construção do túnel rodoviário Blanka, ao norte da cidade, entre o Parque Letná e a estação de metrô Hradčanská. O túnel subterrâneo, de vários quilômetros, será um elo fundamental no anel viário de Praga. Por enquanto (e pelo menos até 2012), o resultado é um caos absoluto. A área em torno de Hradčanská tem uma semelhança mais do que superficial com a Berlim do fim da Segunda Guerra Mundial. O labirinto de linhas de tram que normalmente serpenteia pela área foi completamente desenhado e redesenhado de novo, deixando até os mais veteranos do transporte se perguntando todo dia que linha vai para onde.

Um segundo projeto de reconstrução, crucial para a maioria dos viajantes, é a reforma da estação central de trem (Praha hlavní nádraží). Quando fizemos este guia, seguia acelerado o trabalho de limpar e modernizar o prédio, que, há apenas uns dois anos, poderia facilmente ter ganhado o prêmio de estação mais malcuidada da Europa central. As primeiras fases foram animadoras: o saguão principal está cheio de lojas novas, as áreas de informações e vendas de passagens, mais limpas e mais bem sinalizadas. Esperava-se que as obras promovessem a revitalização do bairro vizinho da Praça Venceslau.

Ao mesmo tempo que reclamam das inconveniências, os tchecos partilham da opinião de que esforços de modernização já tardavam. Tanto o degradado sistema viário da cidade quanto sua decadente estação de trem eram legados da era comunista. Há um consenso geral de que, se Praga tem esperança de algum dia ocupar o devido lugar entre as principais metrópoles europeias, esses passos são necessários e que em breve as linhas de tram voltarão a suas rotas tradicionais.

A Praça da Cidade Velha (p. 89) fervilha ao entardecer (assim como nas outras horas do dia)

DESTAQUES

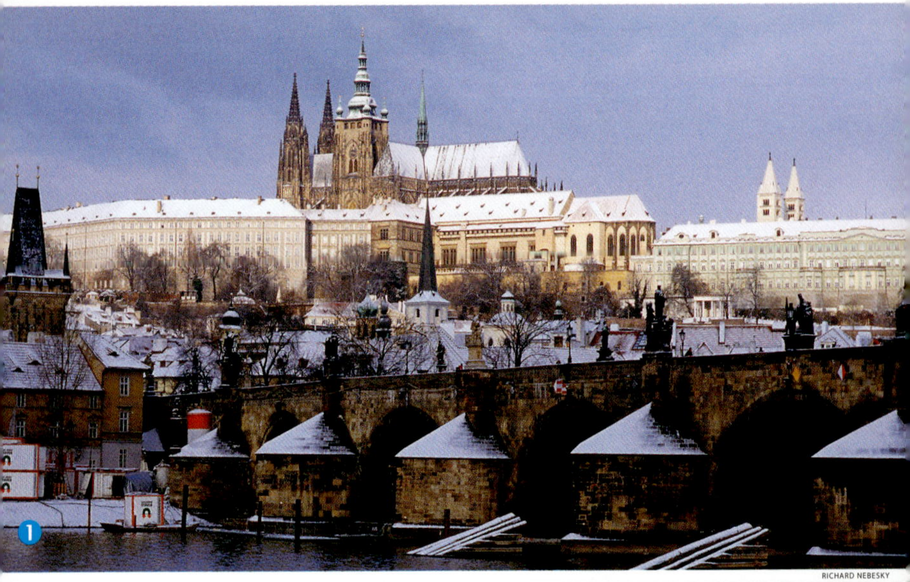

1

RICHARD NEBESKY

HISTÓRIA E ARQUITETURA

Em Praga você pode se deixar embeber por mil anos de história europeia, dispostos num bufê de estilos arquitetônicos que vai do gótico elevado ao voluptuoso barroco, ao art nouveau *e a essa versão exclusivamente tcheca de arquitetura, o cubismo.*

2

JOHN ELK III

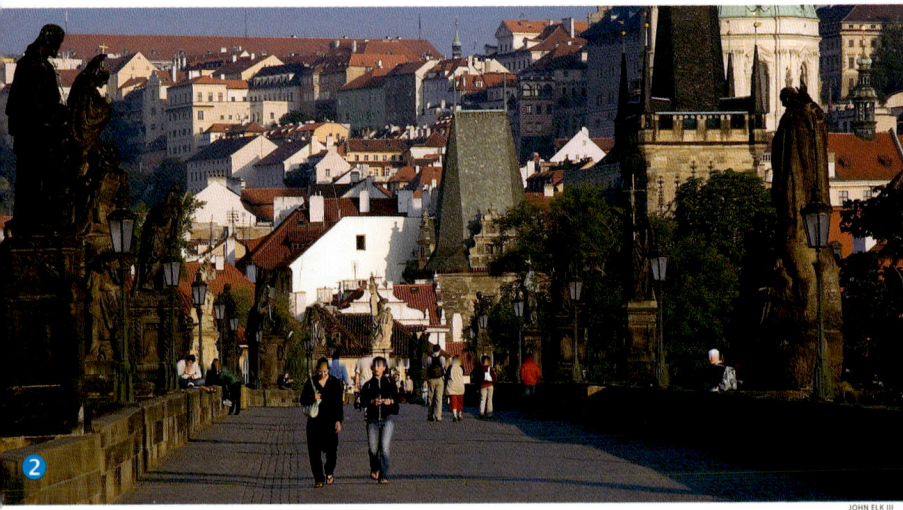

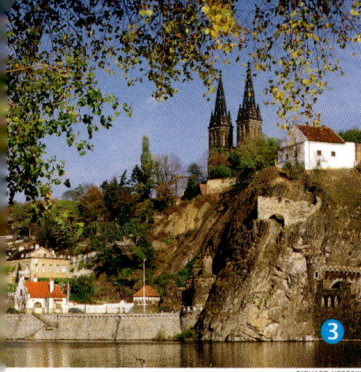

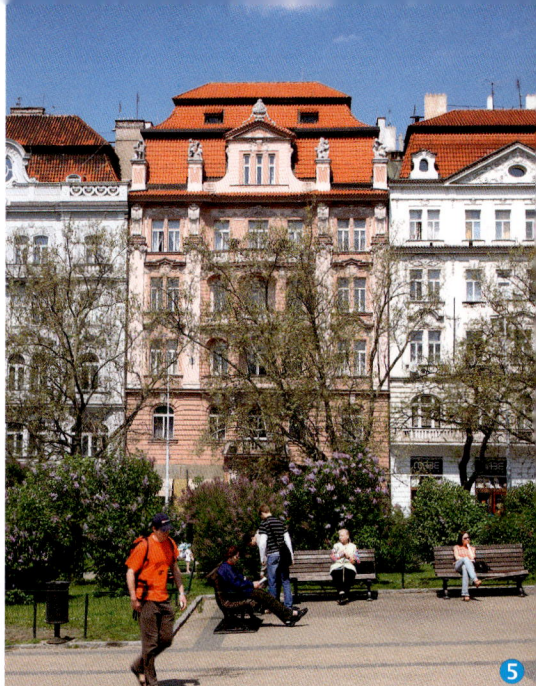

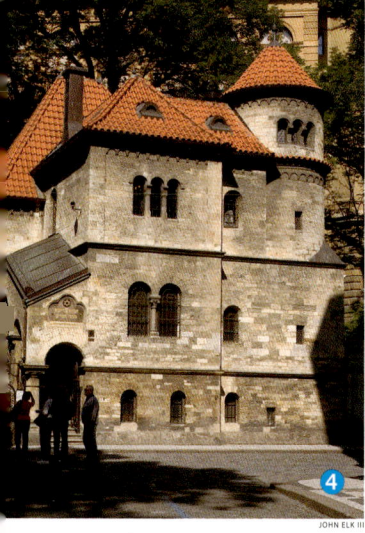

RICHARD NEBESKY

JOHN ELK III

WILMAR PHOTOGRAPHY/ALAMY

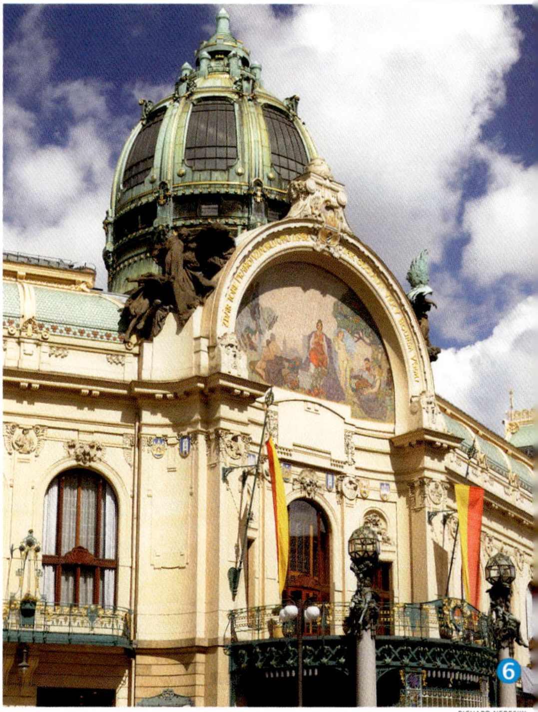

RICHARD NEBESKY

1 Castelo de Praga
Siga Havel "na hrad!" – "no castelo!" (p. 61).

2 Ponte Carlos
Melhor sob a névoa de uma manhã de verão (p. 76).

3 Vyšehrad
Fuja da multidão no outro castelo de Praga (p. 119).

4 Museu Judaico de Praga
Uma sombria lembrança do lado negro da história de Praga (p. 98).

5 Vinohrady
O bairro que causa ataques de inveja dos apartamentos (p. 124).

6 Casa Municipal
Art nouveau no café da manhã, no almoço e no jantar (p. 102).

❶ Letná
Praguenses e visitantes amam a vista desse parque no alto do morro (p. 136).

❷ Jardim Wallenstein
Bem, *isso* é o que se pode chamar de jardim... (p. 81).

❸ Rio Moldava
Reme num barco alugado na Ilha Eslava (p. 116).

DOUG MCKINLAY

PRAGA AO AR LIVRE

Quando sai o sol, os incontáveis parques e jardins de Praga – para não falar do Moldava e suas ilhas – provam seu valor. Seja para patinar na Stromovka, caminhar em Petřín ou apenas relaxar com uma cerveja em Letná, não se esqueça de óculos de sol e protetor solar.

RICHARD NEBESKY RICHARD NEBESKY

ONDE BEBER

Praga é uma cidade de bares por excelência – afinal, os tchecos inventaram a pilsen. De pubs tradicionais cheios de bigodes de espuma a bares bacanas onde garçonetes e barmen são até mais estilosos do que a clientela, Praga tem de tudo.

❶ U zlatého tygra
Onde Havel levou Bill Clinton para conhecer um verdadeiro pub de Praga (p. 186).

❷ U vystřeleného oka
Pub clássico de Žižkov, talvez o mais autêntico da cidade (p. 190).

❸ Letenský zámeček (jardim da cerveja Letná)
O lugar para passar uma preguiçosa tarde de domingo (p. 191).

ARTE E LITERATURA

De Kafka a Kundera, os tchecos deram uma contribuição importante à literatura europeia do século xx. No mundo das artes, o "artista provocador" David Černý mantém a tradição tcheca de criar arte desafiadora e polêmica que, ao mesmo tempo, faz sorrir.

❶ Palácio Veletržní
Quatro andares de arte moderna num prédio funcionalista magnífico (p. 139).

❷ Museu Franz Kafka
Explore o mundo claustrofóbico e paranoico dos romances de Kafka (p. 80).

❸ Túmulo de Kafka
Verdadeiros fãs de Kafka podem peregrinar até o cemitério judaico (p. 129).

❹ David Černý
As obras bem-humoradas de Černý surgem em toda parte de Praga (p. 142).

❺ Monumento a Franz Kafka
Baseado em uma de suas histórias, Kafka monta nos ombros de um terno vazio (Mapa p. 90).

RICHARD NEBESKY

ESCULTURA DE JAROSLAV RÓNA/FOTO DE RICHARD NEBESKY

MÚSICA

A música está em toda parte em Praga: das clássicas salas de concerto aos bares de jazz em porões; dos músicos de rua ao longo da Ponte Carlos aos sons de estudo de piano tilintando de uma janela aberta numa rua de Malá Strana.

1 Rudolfinum
Brinque de "ache o compositor" entre as estátuas da cobertura (p. 99).

2 Túmulo de Dvořák
O mais famoso compositor tcheco está no cemitério Vyšehrad (p. 120).

3 Músicos de rua na Ponte Carlos
Umas moedas num chapéu e você terá um show de jazz (p. 76).

4 Monumento a Smetana
Alguns acham Smetana superior a Dvořák – acompanhe o debate no museu Smetana (p. 103).

5 Capela de Espelhos
Um dos mais belos locais de concerto na cidade (p. 101).

6 Sala Smetana, Casa Municipal
Palco da primeira apresentação do festival anual Primavera de Praga (p. 102).

5

RICHARD NEBESKY

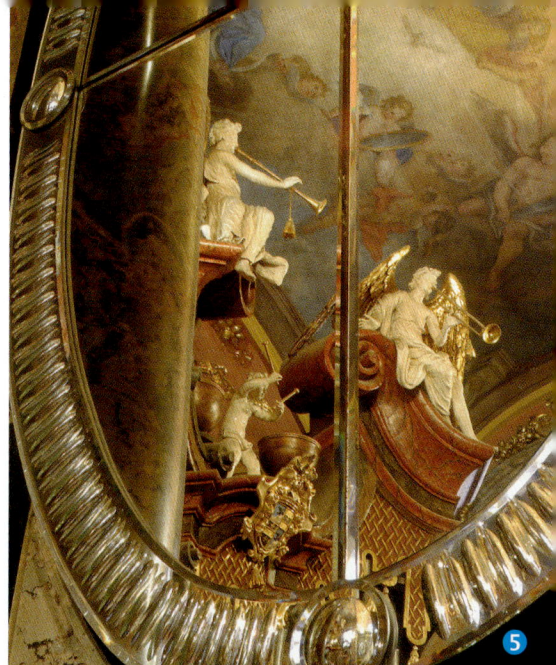

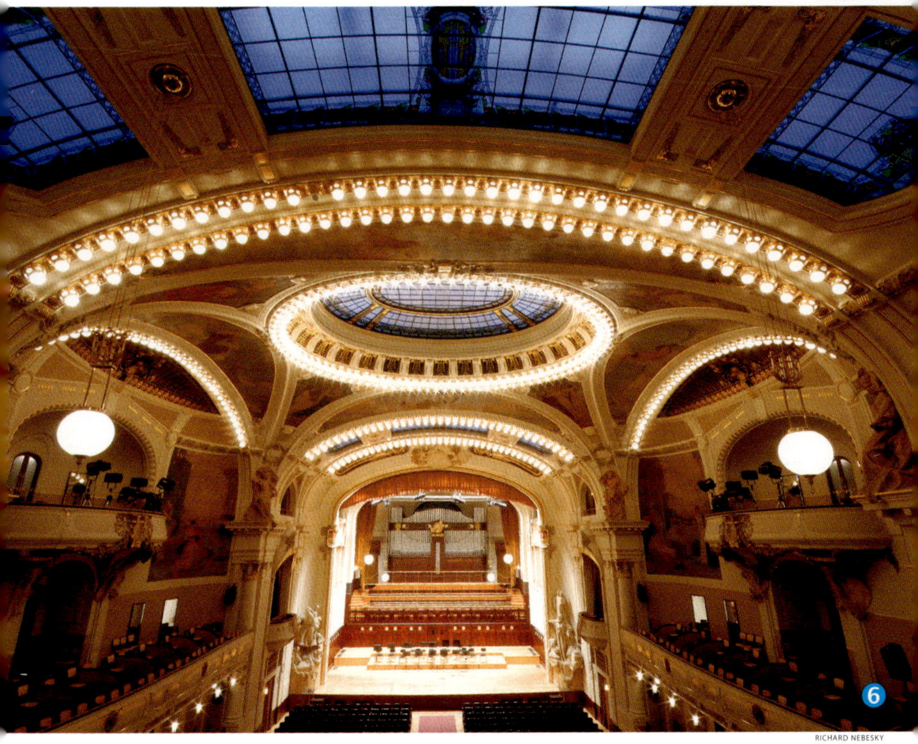
6

RICHARD NEBESKY

① Bunkr Parukářka
Cerveja e música industrial no fundo de um *bunker* nuclear (p. 198).

② Museu Ecotécnico
Quem resiste a um museu dedicado ao tratamento de esgoto? (p. 135)

③ Torre de TV de Žižkov
Ícone futurista coberto de… bebês engatinhando de David Černý? (p. 133)

④ Poste Cubista
Em que outro lugar do mundo há um poste cubista? (p. 123)

PRAGA ALTERNATIVA

Uma boa medida ao se visitar Praga é andar fora das ruas principais para descobrir o tipo de coisa estranha e maravilhosa que não se pode encontrar em casa.

SUMÁRIO

AQUI ESTÁ PRAGA	**2**
DESTAQUES	**4**
OS AUTORES	**15**

PROGRAME SUA VIAGEM — **16**
- Quando ir — 16
- Preços e moeda — 18
- Na Internet — 18

INFORMAÇÕES BÁSICAS — **19**
- História — 19
- Artes — 31
- Meio ambiente e planejamento — 43
- Governo e política — 44
- Arquitetura — 46
- Mídia — 53
- Idioma — 54

REGIÕES — **55**
- Faça seu roteiro — 60
- Castelo de Praga — 61
- Hradčany — 68
- Malá Strana — 76
- Staré Město — 89
- Nové Město e Vyšehrad — 107
- Vinohrady e Vršovice — 124
- Žižkov e Karlín — 129
- Holešovice, Bubeneč e Dejvice — 134
- Smíchov — 142
- Regiões afastadas — 145

COMPRAS — **149**
- Hradčany — 151
- Malá Strana — 151
- Staré Město — 151
- Nové Město — 154
- Vinohrady e Vršovice — 156
- Holešovice, Bubeneč e Dejvice — 157
- Smíchov — 157

ONDE COMER — **159**
- Castelo de Praga e Hradčany — 163
- Malá Strana — 164
- Staré Město — 166
- Nové Město e Vyšehrad — 169
- Vinohrady e Vršovice — 171
- Žižkov e Karlín — 174
- Holešovice, Bubeneč e Dejvice — 175
- Smíchov — 177

ONDE BEBER — **179**
- Castelo de Praga e Hradčany — 183
- Malá Strana — 183
- Staré Město — 184
- Nové Město — 186
- Vinohrady e Vršovice — 186
- Žižkov e Karlín — 189
- Holešovice, Bubeneč e Dejvice — 190
- Smíchov — 194

ENTRETENIMENTO — **197**
- Vida noturna — 198
- Artes — 203

ESPORTES E ATIVIDADES — **209**
- Saúde e bem-estar — 210
- Atividades — 210
- Esportes para assistir — 212

ONDE DORMIR	**215**
Hradčany	217
Malá Strana	218
Staré Město	220
Nové Město e Vyšehrad	222
Vinohrady e Vršovice	223
Žižkov e Karlín	226
Holešovice, Bubeneč e Dejvice	227
Smíchov	230
EXCURSÕES	**233**
Karlštejn	234
Křivoklát	236
Konopiště	237
Mělník	238
Lidice, Terezín e Litoměřice	239
Kutná Hora	242
Český Krumlov	245
TRANSPORTE	**248**
INFORMAÇÕES ÚTEIS	**254**
IDIOMA	**265**
BASTIDORES	**272**
ÍNDICE REMISSIVO	**275**
LEGENDAS DOS MAPAS	**284**

OS AUTORES

Neil Wilson

Neil sucumbiu aos encantos de Praga em 1995, seduzido, como todo mundo, pela beleza etérea da cidade, mas também atraído pelo lado mais obscuro de sua história. Uma atração que o fez voltar regularmente à cidade em busca de algumas garrafas das melhores cervejas do mundo e pela chance de encontrar mais um monumento. Ele já trabalhou em seis edições seguidas do guia Lonely Planet de *Praga*. Escritor *freelancer* desde 1988, Neil, que mora em Edimburgo, na Escócia, já viajou por cinco continentes e escreveu mais de 50 guias para várias editoras. Para mais informações visite www.neil-wilson.com.

Neil foi o coordenador e escreveu os capítulos Aqui está Praga, Programe sua viagem, Excursões, Transporte, e Informações Práticas. Ele também colaborou nos capítulos Regiões, Compras, Onde comer, Onde beber, Entretenimento, Esportes e atividades, e Onde dormir.

O DIA DE NEIL EM PRAGA

Eu começaria o dia em Krásný Ztráty (p. 185), lendo jornal e tomando um cappuccino. Depois de perambular pelas ruelas de Staré Město, talvez parando para examinar as prateleiras das livrarias Anagram (p. 152) e Big Ben (p. 152), eu cruzaria o rio e passaria o resto da manhã passeando pelos jardins de Malá Strana (p. 86), parando um pouco para ler num banco de praça do Jardim Wallenstein (p. 81) ou dos Jardins do Palácio, ao pé do Castelo de Praga (p. 81).

Para almoçar, escolheria uma mesa à beira do rio no Hergetova Cihelna (p. 164) e, de lá, tomaria o funicular para subir a Petřín (p. 85) para uma caminhada pelos jardins do Mosteiro de Strahov (p. 69), seguido por uma visita à exposição História do Castelo de Praga (p. 66) nas dependências do castelo. A essa hora, eu já estaria mais do que pronto para uma cerveja, assim, caminharia até o parque Letná para o jardim da cerveja (Letenský Zámeček; p. 191) e tomaria uma ou duas Gambrinus apreciando a vista da cidade.

Por fim, completaria o dia com um jantar na varanda do Terasa U zlaté studně (p. 164) – assim poderia continuar curtindo a vista da cidade ao pôr do sol – seguido de jazz ao vivo (e mais cerveja) em U malého Glena (p. 201).

Mark Baker

Mark visitou Praga pela primeira vez nos anos 1980 como jornalista do grupo Economist. Eram os dias negros do moribundo regime comunista. Mesmo assim, foi fisgado pela beleza da cidade, pelo seu misticismo e pela carne de porco grelhada. Ele se mudou para Praga no início dos anos 1990, logo depois da Revolução de Veludo, e, após um curto período como sócio-fundador da Globe Bookstore & Coffeehouse e como jornalista da Rádio Europa Livre/Rádio Liberdade, tornou-se escritor *freelancer* de turismo. Além do Lonely Planet de *Praga*, Mark é coautor de *Romênia*.

Mark escreveu os capítulos Informações Básicas e Arquitetura, e colaborou nos capítulos Regiões, Compras, Onde comer, Onde beber, Entretenimento, Esportes e atividades, e Onde dormir.

OS AUTORES DA LONELY PLANET

Por que nossas informações de viagem são as melhores do mundo? Simples: nossos autores são viajantes dedicados e apaixonados. Eles não aceitam presentinhos em troca de críticas favoráveis. Você pode ter certeza de que nossos conselhos são imparciais. Eles fazem viagens longas para todos os locais conhecidos, mas vão muito além das rotas comuns. Não fazem pesquisas usando apenas o telefone e a internet. Eles descobrem os lugares que não aparecem em nenhum outro guia. Visitam pessoalmente milhares de hotéis, restaurantes, palácios, trilhas, galerias e templos. Todos os dias conversam com dezenas de moradores locais para garantir que você consiga o conhecimento que só alguém de lá poderia lhe dar. Eles têm orgulho de entender os menores detalhes e de lhe contar como as coisas são na verdade. Você acha que consegue? Descubra como em **lonelyplanet.com**.

PROGRAME SUA VIAGEM

QUANDO IR

Praga recebe visitantes o ano inteiro. Assim, não há realmente um período ruim para visitá-la. Seu auge é na primavera, quando muitos parques florescem e as folhas das árvores são de um verde brilhante.

A invasão de turistas é maior durante a Páscoa e do Natal ao Ano-Novo, voltando a ocorrer em maio (durante o festival Primavera de Praga), junho e setembro. Muitos tchecos saem de férias em julho e agosto, quando o calor pode ser desconfortável – você provavelmente vai preferir ficar num hotel com ar-condicionado nessa época do ano. Se puder aguentar o frio e os alertas periódicos de *smog*, há muitos lugares nos hotéis no inverno (fora Natal e Ano-Novo), e a cidade fica linda e misteriosa sob um manto de neve.

FESTAS E EVENTOS

A primavera e o outono são as principais estações de festivais em Praga, quando ocorrem os grandes eventos de música clássica. Festas e eventos menores se espalham ao longo do ano. Para uma lista mais completa, veja www.pis.cz/en/prague/events e clique em Preliminary outline of cultural events in Prague.

Janeiro
DIA DE REIS (SVÁTEK TŘÍ KRÁLŮ) 6 jan

O Dia de Reis, também conhecido como 12ª Noite, encerra oficialmente o período do Natal, no dia 6 de janeiro. Os tchecos celebram a data com cantos, sinos e presentes para os pobres.

ANIVERSÁRIO DA MORTE DE JAN PALACH 19 jan

Uma concentração na Praça Venceslau homenageia o estudante da Universidade de Carlos que se imolou em 1969 em protesto contra a ocupação soviética (veja o texto no quadro, p. 29).

Fevereiro
MASOPUST
www.carnevale.cz

Festas de rua, fogos de artifício, concertos e folia marcam a versão tcheca do carnaval. Proibida pelos comunistas, a tradição foi revivida em Žižkov em 1993, e, agora, toda a cidade está aderindo. As celebrações começam na sexta-feira antes da Terça-Feira Gorda e terminam com um desfile de máscaras.

Março
FEIRA DE SÃO MATEUS (MATĚJSKÁ POUŤ)

Da festa de São Mateus (24 de fevereiro) até a Páscoa, o centro de exposições Výstaviště (p. 134) se enche de montanhas-russas, carrosséis, trens-fantasmas, tiro ao alvo e banquinhas de algodão-doce e de tradicionais biscoitos em forma de coração. A feira fica aberta das 14 h às 22 h de terça a sexta e das 10 h às 22 h aos sábados e domingos.

NASCIMENTO DE TOMÁŠ GARRIGUE MASARYK 7 mar

A figura paterna do primeiro presidente da Tchecoslováquia é celebrada em cerimônia no Castelo de Praga.

PLANEJE COM ANTECEDÊNCIA

Fora reservar voos e hotéis com bastante antecedência na alta temporada, Praga não é uma cidade que demande muita antecipação.

Se o principal motivo de sua visita for assistir a um festival importante como a Primavera de Praga, cheque o website do festival pelo menos um mês antes e compre as entradas. Para informações sobre a programação cultural, confira websites como www.prague.tv uma ou duas semanas antes para ver o que rola. Na maioria das óperas e dos concertos clássicos, as entradas são vendidas no dia ou pouco antes do espetáculo.

Mencionamos no guia os restaurantes em que é bom fazer reservar. No entanto, caso queira algum lugar especial, digamos, para o Dia dos Namorados, é melhor fazer o pedido com duas semanas de antecedência.

A desaceleração econômica poderá defasar algumas informações da nossa listagem.

SEGUNDA DE PÁSCOA (PONDĚLÍ VELIKONOČNÍ)
Nesta divertida sagração da primavera, rapazes perseguem suas garotas favoritas, tentando acertá-las com ramos de salgueiro enfeitados de fitas (você os verá à venda em toda parte); as garotas dão a eles ovos pintados à mão (também à venda), e, depois, todo mundo vai se divertir de verdade. É o auge de vários dias de limpeza, culinária e visitas a parentes e amigos por causa da primavera.

ONE WORLD (JEDEN SVĚT)
www.oneworld.cz
Esse festival de cinema de uma semana é dedicado a documentários sobre direitos humanos, com exibições em alguns cinemas menores, como o Kino Světozor (p. 205).

FEBIOFEST
www.febiofest.cz
Esse festival internacional de cinema, TV e vídeo apresenta trabalhos novos de cineastas internacionais. E continua depois em toda a República Tcheca.

Abril
QUEIMA DAS BRUXAS (PÁLENÍ ČARODĚJNIC) 30 abr
Essa festa pagã para espantar males consiste na queima de vassouras em Výstaviště (p. 134) e festas de fim de inverno em volta da fogueira que duram a noite toda, na ilha Kampa (p. 81) e em quintais dos subúrbios.

SPERM FESTIVAL
www.sperm.cz
Um festival de arte, música e "cultura visual" contemporânea na vanguardista Meet Factory de David Černý (p. 142).

Maio
MUNDO DOS LIVROS DE PRAGA (SVĚT KNIHY)
www.bookworld.cz
Essa importante feira internacional de livros acontece no centro de exposições Výstaviště (p. 134). É aberta ao público e tem leituras, lançamentos, mostras, seminários e palestras, a maior parte em inglês.

DIA DO TRABALHO (SVÁTEK PRÁCE)
1 mai
Sagrado para os comunistas, o feriado de 1º de maio agora é só uma ocasião para piqueniques. Festejando a chegada da primavera, muitos casais depositam flores na estátua do poeta do século XIX Karel Hynek Mácha (Mapa p. 78), autor de *Máj* (Maio), poema sobre amor não correspondido.

PRIMAVERA DE PRAGA (PRAŽSKÉ JARO)
De 12 de maio a 3 de junho, esse festival internacional de música é o evento local mais prestigiado, com concertos de música clássica em teatros, igrejas e prédios históricos. Veja detalhes no quadro, p. 206.

FESTIVAL DE COMIDA DE PRAGA
www.praguefoodfestival.com
Um fim de semana de celebração da culinária tcheca e internacional, com aulas de culinária, barracas de comida, degustação de vinho e cerveja, e eventos para crianças nos jardins do lado sul do Castelo de Praga.

KHAMORO
www.khamoro.cz
Esse festival de cultura cigana, com música e dança folclóricas, exposições de arte e fotografia e um desfile pela Staré Město, ocorre normalmente no fim de maio.

Junho
PRAGUE FRINGE FESTIVAL
www.praguefringe.com
Essa festa internacional de nove dias de teatro, dança, comédia e música, inspirado pelo inovador Edinburgh Fringe, tem lugar no fim de maio/começo de junho.

FESTIVAL DOS ESCRITORES DE PRAGA
www.pwf.cz
Uma reunião internacional de escritores com leituras, palestras e eventos em livrarias.

PRAGA DANÇA (TANEC PRAHA)
www.tanecpraha.cz
Festival internacional de dança moderna nos teatros de toda a cidade em junho.

Julho
DIA DE JAN HUS (DEN JANA HUSA) 6 jul
Celebrações lembram a morte na fogueira do reformador religioso da Boêmia, Jan Hus, em 1415. Essas celebrações, que começam com concentrações moderadas, têm toque de sinos na Capela Belém (p. 104) na noite anterior.

Agosto
FESTIVAL DE ÓPERA ITALIANA
www.opera.cz

Começa no fim de agosto e estende-se até setembro. Apresenta obras de Verdi e outros compositores italianos na Ópera Estatal de Praga (p. 205). É a chance de se ver produções de qualidade fora da temporada principal.

Setembro-Novembro
CORDAS DE OUTONO (STRUNY PODZIMU)
www.strunypodzimu.cz

Cordas é um programa eclético de apresentações musicais, incluindo clássico, barroco, jazz de vanguarda, polifonia vocal da Sardenha e *yodelling* suíço contemporâneo. Dura oito semanas (meio de setembro a meio de novembro).

Dezembro
NATAL E ANO-NOVO (VÁNOCE-NOVÝ ROK)

De 24 de dezembro a 1º de janeiro, os tchecos passam um feriado prolongado em família. Turistas lotam Praga, e uma feira de Natal é montada na Praça da Cidade Velha sob uma enorme árvore de Natal.

PREÇOS E MOEDA

Foi-se o tempo em que Praga era um destino barato. Uma indústria do turismo em rápido crescimento e a moeda cada vez mais forte puseram a capital tcheca no padrão da maioria das cidades da Europa ocidental no que diz respeito a hotéis e restaurantes de qualidade.

Na alta temporada, espere pagar cerca de € 160 (US$ 200) de diária em quarto de casal de hotel intermediário, enquanto hotéis-butique ou de luxo podem estar na faixa dos € 260 (US$ 325). Albergues cobram cerca de € 15 (US$ 21) por uma cama no dormitório. Jantar para dois num bom restaurante de Malá Strana chega facilmente a € 38 (US$ 52) por cabeça com vinho, e meio litro da famosa cerveja "barata" custa hoje pelo menos € 2 (US$ 2,75) em bares turísticos.

Se estiver disposto a sair da rota turística, a poucos quarteirões da Praça da Cidade Velha há lugares onde se pode comer com segurança por menos de € 11 (US$ 15) por pessoa e tomar a mesma cerveja por menos de € 1 (US$ 1,30).

QUANTO É?

1L de gasolina 31Kč
Água mineral (1,5L) 18Kč
Jornal *Guardian* 95Kč
Cerveja (0,5L) em pub turístico/não turístico 60Kč ou mais/30Kč
Carne de porco e bolinhos 100Kč a 150Kč
Camiseta "Prague Drinking Team" 200Kč a 400Kč (mais qualquer resquício de dignidade pessoal)
Entrada para Laterna Magika 250Kč a 650Kč
Visita à Casa Municipal 270Kč
Entrada de cinema 100Kč a 170Kč
Excursão em carro antigo 1200Kč (por carro)

Quanto à hospedagem, o excesso de oferta no setor hoteleiro baixou as diárias a níveis razoáveis, e é possível conseguir desconto. Procure ofertas na internet – muitos hotéis oferecem tarifas especiais ou pacotes de fim de semana. Fora da temporada as diárias caem até 40% no inverno.

NA INTERNET

All Praha (www.allpraha.com) Informação para estrangeiros, com locais (restaurantes, bares etc.) resenhados por usuários.

Expats.cz (www.expats.cz) Site da comunidade estrangeira de Praga: artigos, resenhas e fórum sobre bares e restaurantes.

Living Prague (www.livingprague.com) Guia bem informado da cidade, produzido por um britânico que vive lá há mais de uma década.

Câmara Municipal de Praga (http://magistrat.praha-mesto.cz) Site oficial da Câmara Municipal com um monte de informações básicas úteis.

Prague Daily Monitor (www.praguemonitor.com) Site de notícias com versão em inglês do que está nas manchetes dos jornais tchecos.

Serviço de informações de Praga (www.pis.cz) Site oficial de turismo.

Transporte público de Praga (www.dpp.cz) Tudo o que você sempre quis saber sobre metrô, trens e ônibus de Praga.

TV Praga (www.prague.tv) Site útil com programação de vida noturna, cinema, restaurantes etc.

INFORMAÇÕES BÁSICAS

HISTÓRIA
UMA NARRATIVA POUCO FAMILIAR

A grande ironia de uma viagem a Praga é que, apesar de a cidade estar embebida em história, muitos visitantes desconhecem essa história. Londres, Paris e Roma são imediatamente reconhecíveis porque suas histórias e mitos tiveram um papel importante na cultura ocidental. A capital tcheca não é assim. Um passeio pelo Castelo de Praga revela uma desconcertante variedade de Sigismunds, Bořislavs, Boleslavs e, especialmente, Václavs. Se você não tiver mestrado em história europeia, não vai reconhecer muitos nomes nem compreender o significado deles. É pena. Não só porque a história tcheca está repleta de personagens e narrativas empolgantes, mas também porque é parte integrante da história da Europa.

Os visitantes podem ficar surpresos ao saber, por exemplo, que Praga, sob o comando de Carlos IV e outros soberanos depois dele, foi um dia sede do Sacro Império Romano. Não o império de Nero em Roma, é claro, mas a miscelânea de reinos e principados cristãos espalhados pela Europa, que haviam se desenvolvido nos séculos XIV e XV. No fim do século XVI, Praga, sob Rodolfo II, foi também por algum tempo a sede do vasto império Habsburgo, com territórios tão distantes quanto a Itália e a Polônia de hoje.

Na verdade, a cidade esteve um dia tão ligada ao que hoje nós consideramos Europa ocidental, que bastou dois conselheiros e um secretário católicos serem jogados pela janela do Castelo de Praga no século XVII para deflagrar uma guerra – a Guerra dos Trinta Anos –, que viria a incluir todo o continente.

Isso tudo, é claro, não vai ajudar a encarar os Boleslavs e Václavs, mas deve ser o suficiente para convencê-lo a olhar além de todos esses nomes e ver as ligações. Um pouco de conhecimento pode fazer muita diferença e ajudar a tornar a árdua travessia do Castelo de Praga muito mais gratificante. Para uma lista de livros que podem ajudar a se aprofundar na história tcheca, veja o quadro da p. 20.

O SENSO COMUM

Antes de começar, algumas palavras sobre como a história é tradicionalmente ensinada e contada na República Tcheca. Há décadas, sob o comando dos comunistas e nos anos que se seguiram à Revolução de Veludo, estabeleceu-se uma versão ortodoxa da história que tende a ver os tchecos como vítimas em seu próprio drama nacional. Assim, a história é pura e simplesmente uma narrativa sobre uma nação pequena, porém justa, lutando para se livrar das garras de adversários muito maiores e mais poderosos. Isso inclui, ao longo dos anos, a hierarquia da Igreja Católica em Roma, os Habsburgos em Viena, os alemães nos tempos mais modernos e, mais recentemente, a Rússia. Esse tema ainda permeia a atitude das pessoas e está nas entrelinhas das informações descritivas apresentadas em museus e exposições. Também serve de base para guias e artigos de jornais e revistas.

500 a.C.– 400 d.C.	500 d.C.	Início dos anos 600
Tribos celtas proliferam no território da República Tcheca dos dias de hoje, construindo assentamentos cujos vestígios serão posteriormente descobertos em Praga e arredores.	Tribos eslavas entram na Europa central durante o período da Grande Migração, formando assentamentos ao longo do rio Moldava. Escavações recentes indicam que o maior deles pode ter existido perto de Roztoky, a noroeste de Praga.	A princesa Libuše, a legendária fundadora da dinastia Přemysl, olha para o vale do Moldava e prevê que um dia uma grande cidade surgiria ali.

EM DIA COM A HISTÓRIA TCHECA

Não faltam bons relatos históricos, em inglês, sobre Praga e a República Tcheca. A seleção é especialmente forte em livros sobre a ocupação nazista e um pouco mais fraca quanto à vida no tempo do comunismo. O livro *The magic lantern*, do acadêmico britânico Timothy Garton Ash, continua a ser referência para relatos em inglês sobre a Revolução de Veludo (assim como para as revoluções anticomunistas de 1989 em toda a Europa oriental).

- *Magic Prague* (Angelo Maria Ripellino, 1973) – O acadêmico italiano Ripellino lança uma nova luz sobre figuras históricas nessa criativa mistura superinteressante entre fato e ficção. Com personagens como Rodolfo II, o Golem e Franz Kafka à disposição, é difícil errar. Está fora de catálogo, mas dá para encontrar exemplares de segunda mão.
- *Prague: A Cultural History* (Richard Burton, 2003) – História cultural escrita com maestria por um acadêmico britânico evidentemente apaixonado por Praga e seus mitos. O primeiro capítulo, 'How to Read Prague', é bastante útil para visitantes. Os capítulos são distribuídos em torno de histórias e personagens – tanto reais como fictícios – que moldaram a cidade.
- *Prague in Black and Gold* (Peter Demetz, 1998) Primeiro de dois volumes do historiador literário tcheco emigrado Peter Demetz. Esse livro é uma história abrangente sobre a cidade natal de Demetz, com um olhar atento ao absurdo. Leitura desafiante para quem não tem conhecimento prévio sobre a história tcheca ou da Europa central, mas quem tiver vai achar enriquecedor.
- *Prague in Danger* (Peter Demetz, 2008) – O segundo (e mais acessível) livro de Demetz é em parte história clássica em parte crônica viva e comovente sobre sua família – a mãe de Demetz era judia e morreu em Terezín. Essas lembranças pessoais são especialmente fortes e dão uma impressão sobre como era a vida em Praga durante a ocupação nazista. Também é uma boa introdução geral para marcos históricos como o assassinato de Reinhard Heydrich vivia em 1942.
- *Prague in the Shadow of the Swastika* (Callum MacDonald e Jan Kaplan, 1995) – Parte história pra valer e parte livro ilustrado com enfoque em Praga durante a ocupação nazista. Difícil de achar, mas normalmente quem vende livros em inglês em Praga, como a Big Ben (p. 152), tem em estoque.

Não quer dizer que seja mentira. De fato, há uma boa dose de verdade nisso. Os tchecos aturaram longos períodos de guerra e privação e sofreram invasões estrangeiras. É verdade que personalidades notáveis, como o reformista religioso Jan Hus (veja o quadro da p. 22), foram traídas fora do país; realmente, a própria Tchecoslováquia foi em certo sentido traída pelo Ocidente em Munique, antes da Segunda Guerra. Os tchecos também sofreram muito, tanto sob o nazismo como sob o comunismo repressor soviético.

Essa visão, porém, conta parte da história. Os tchecos sempre estiveram mais perto do centro da sua própria história – para o bem e para o mal – do que alguns livros de história gostariam de acreditar. Assim como comunistas não poderiam dominar por tanto tempo sem envolvimento ativo da parte de tchecos (e consentimento calado de muitos), também alemães, austríacos, católicos e outros, ao longo dos anos, encontraram gente disposta a fazer o que eles queriam. Isso também é parte da história tcheca.

Também seria enganoso caracterizar influências estrangeiras como invariavelmente negativas. Praga, para grande benefício próprio, sempre foi um lugar cosmopolita – é só olhar para algumas obras-primas arquitetônicas para provar. A Ponte Carlos (p. 76) e partes da Catedral de São Vito (p. 65) foram projetadas por um alemão, Peter Parler. Muitas estátuas alinhadas sobre a ponte foram esculpidas por austríacos. A obra-prima barroca, a igreja de São Nicolau (p. 77) na Malá Strana, foi trabalho de uma equipe de pai e filho da Bavária; boa parte do resto do esplendor

anos 870	26 de agosto de 1278	4 de agosto de 1306
O príncipe Bořivoj começa a construção do Castelo de Praga em Hradčany para ser a sede da sua dinastia Přemysl – da qual sairiam reis, imperadores e presidentes por muitos séculos.	O rei Otakar II é totalmente derrotado pelos Habsburgos na Batalha de Marchfeld (Moravské Pole, em tcheco) no auge da influência da dinastia Přemysl.	O último rei Přemysl, Venceslau III, é assassinado sem deixar herdeiros homens. A dinastia passa para João de Luxemburgo, que vai dar à Boêmia o seu maior soberano, seu filho Carlos IV.

- *So Many Heroes* (Alan Levy, 1980) – Interessante relato sobre a invasão do Pacto de Varsóvia em 1968 e suas consequências imediatas através dos olhos de um jornalista americano que foi testemunha. Levy acabou sendo proibido pelos comunistas de morar ali, só teve permissão para voltar em 1990. Ele foi editor-chefe do *Prague Post* até sua morte, em 2004. Originalmente publicado com o título *Rowboat to Prague*.
- *The Coast of Bohemia* (Derek Sayer, 2000) – Esse amplo panorama histórico acompanha a ascensão da consciência nacional tcheca no século XIX, passando pela independência, pela Primeira República, Segunda Guerra Mundial e o período comunista. O título faz alusão a uma fala muito citada de *Um conto de inverno*, de Shakespeare: "Tu estás perfeita então, nosso navio foi com a cota da Boêmia?" – pode ser uma prova da péssima geografia do Bardo ou referência poética à mítica costa marítima da Boêmia.
- *The Killing of Reinhard Heydrich* (Callum MacDonald, 2007) – Relato sobre o assassinato do Gauleiter nazista Reinhard Heydrich em 1942 por patriotas tchecos que entraram de paraquedas vindos da Inglaterra. A ação é muito controversa. O assassinato ajudou a destruir o mito da invencibilidade nazista, mas resultou em ataques em represália que custaram milhares de vidas.
- *The Magic Lantern: The Revolution of 1989 Witnessed in Warsaw, Budapest, Berlin, and Prague* (Timothy Garton Ash, 1993) – Alguns historiadores parecem acertar sempre. O professor de Oxford Garton Ash teve competência profissional e linguística para interpretar a história conforme ela ocorria durante os tumultuados meses de 1989 – e a presença de espírito para escrever tudo. Trata das principais revoluções anticomunistas da Europa central, mas o forte é a Revolução de Veludo.
- *Under a Cruel Star: A Life in Prague 1941–1968* (Heda Margolius Kovály, 1997) – Um dos poucos livros que estabelece uma ligação entre os períodos nazista e comunista. A autora, judia nascida em Praga, teve a dupla infelicidade de ser mandada para Terezín e Auschwitz durante a Segunda Guerra, sobreviver à guerra e casar-se com um comunista em ascensão que foi executado nos julgamentos encenados dos anos 1950. Esse livro notável infelizmente está fora de catálogo e é difícil de achar, mas vale o esforço.

barroco da Malá Strana foi construído por italianos. Quando o presidente Tomáš Garrigue Masaryk encomendou a renovação do Castelo de Praga (p. 61) nos anos 1920, ele escolheu um esloveno, Jože Plečnik, para ser o arquiteto principal. E a lista continua.

Há sinais encorajadores de que essa visão ortodoxa está começando a dar lugar a uma perspectiva mais diversificada. Um dos catalisadores é a mudança de geração nas universidades, professores que ascenderam aos cargos sob o ex-regime estão se aposentando gradualmente e abrindo caminho para acadêmicos com interesses mais variados. Uma das áreas de estudo que mais cresce é a de história judaica e a posição anterior de Praga como centro de estudos judaicos na Europa central – algo que teria sido ignorado ou muito diminuído há apenas uma ou duas décadas.

OS PRIMÓRDIOS

Existe presença humana em Praga e arredores há cerca de 600 mil anos, e comunidades permanentes desde 4000 a.C., mas são os celtas, que chegaram por volta do ano 500 a.C., que mais chamam a atenção. "Boêmia", nome da província a oeste da República Tcheca, deriva de uma das tribos celtas mais bem-sucedidas, os Boii. Vestígios da cultura Boii foram encontrados em locais tão distantes quanto o sul da Alemanha, levando alguns arqueólogos a postular uma relação entre os celtas locais e os da França, e possivelmente de até mais longe ainda, das Ilhas Britânicas.

26 de agosto de 1346	6 de julho de 1415	30 de julho de 1419
Carlos IV se torna rei da Boêmia com a morte de seu pai; mais tarde, ele vai acrescentar o honorífico Imperador do Sacro Império Romano-Germânico à sua lista de títulos. Praga prospera como sede do império.	O reformista religioso Jan Hus é mandado para a fogueira em Constança, na Alemanha, por se recusar a se retratar por suas críticas à Igreja católica. Sua morte enfurece seus partidários e inflama décadas de conflitos religiosos.	Partidários hussitas furiosos invadem o Novo Paço Municipal e jogam alguns conselheiros católicos pela janela, inaugurando a palavra "defenestrar" no mundo.

JAN HUS

Jan Hus foi o pioneiro da reforma cristã em terras tchecas – e um dos primeiros da Europa – cem anos antes de Martinho Lutero e da reforma luterana.

Hus nasceu em uma família pobre no sul da Boêmia, em 1372. Estudou na Karolinum (Universidade de Carlos) e acabou se tornando reitor da faculdade de filosofia. Como muitos de seus colegas, Hus foi influenciado pelo filósofo inglês e teólogo reformista radical John Wycliffe. As ideias desse último sobre reforma e sacerdócio católico romano se prestavam bem ao crescente ressentimento tcheco com a riqueza e corrupção do clero.

Em 1391, reformistas de Praga fundaram a Capela de Belém (p. 104), onde foram feitos sermões em tcheco, em vez de latim. Hus pregou ali por cerca de dez anos, enquanto seguia com suas obrigações na universidade. As críticas de Hus à Igreja Católica, especialmente à prática da venda de indulgências, fizeram com que conquistasse muita simpatia entre seguidores, mas levaram-no direto para a lista negra do papa. O papa mandou excomungar Hus em 1410, mas ele continuou a pregar. Em 1415, ele foi convidado para o Concílio de Constança para se retratar de suas opiniões. Ele se recusou e foi mandado para a fogueira no dia 6 de julho de 1415. Há uma imensa estátua de Hus na Praça da Cidade Velha (p. 89).

Isso também motivou uma especulação brincalhona – mais fantasia do que fato histórico – a de que os tchecos são, na verdade, nos dias de hoje, os descendentes desses guerreiros históricos.

Os assentamentos celtas foram desenterrados em algumas partes de Praga. Durante a construção da linha B do metrô, nos anos 1980, um grande cemitério foi descoberto em Nové Butovice, e evidências de fornalhas de ferro primitivas foram encontradas não muito longe, em Jinonice. Há quem acredite até que haveria um antigo assentamento celta no local onde hoje fica o Castelo de Praga, mas não há nenhuma evidência física que confirme essa alegação.

A CHEGADA DOS ESLAVOS

Mesmo hoje, ainda não está claro o que provocou a grande migração de povos nos séculos VI e VII, mas, durante esse período, grandes populações de eslavos começaram a chegar à Europa central vindos do leste, expulsando os celtas e empurrando as tribos germânicas mais para o oeste. Esses recém-chegados estabeleceram alguns assentamentos ao longo do Moldava, inclusive um perto de onde atualmente fica o Castelo de Praga e outro rio acima, em Vyšehrad (p. 119).

Arqueólogos trabalhando perto da cidade de Roztoky, a noroeste de Praga, desenterraram recentemente o que pode ser o maior e mais antigo desses assentamentos, datando das primeiras décadas do século VI.

O MITO DE LIBUŠE

Como seria de se esperar para uma cidade que abriga tanto mistério, as origens de Praga estão encobertas por um conto de fadas. Conta-se que a princesa Libuše, filha de Krok, soberano dos primórdios, um dia subiu em um morro, no início do século VII, e fez previsões sobre uma cidade gloriosa, que um dia viria a ser Praga. Segundo a lenda, Libuše precisava de um pretendente forte, que gerasse herdeiros robustos para o trono. Passando por um campo com candidatos solteiros, incluindo alguns nobres de aparência doente, ela escolheu um simples lavrador, Přemysl. Escolheu bem. A dinastia Přemysl continuaria a reinar por algumas centenas de anos.

No século IX, Bořivoj, príncipe Přemysl, escolheu um afloramento em Hradčany para construir o Castelo de Praga, sede da dinastia e do poder nessa parte do mundo desde então.

início do século XV	1583	23 de maio de 1618
As guerras hussitas – reformistas radicais briguentos contra católicos e, no fim, diferentes facções hussitas umas contra as outras – estouram por toda a Boêmia, devastando o país.	O imperador Habsburgo Rodolfo II transfere a sede da dinastia de Viena para Praga, dando início a uma segunda época de ouro. Ela dura apenas até a morte de Rodolfo, trinta anos depois, quando as tensões entre protestantes e católicos começam a esquentar.	Uma multidão protestante joga dois conselheiros e um secretário católicos pela janela do Castelo de Praga. Essa "segunda defenestração" leva os Habsburgos a deflagrar a Guerra dos Trinta Anos.

O cristianismo se tornou a religião oficial sob o domínio do pio Venceslau (Václav em tcheco), Duque da Boêmia (reinou 925-29), agora principal santo padroeiro do povo tcheco. Venceslau é o "Bom Rei Venceslau" da conhecida canção natalina, escrita em 1853 pelo clérigo John Mason Neale. Neale, professor de história da Igreja europeia, havia lido sobre a lendária piedade de São Venceslau e baseou sua canção na história do pajem do duque, que encontrou forças ao seguir as pegadas de seu mestre. Dizem que a conversão de Venceslau ao cristianismo teria irritado sua mãe e seu irmão, Boleslav, que acabou matando o jovem duque em um acesso de ciúme.

Apesar do fratricídio, os Přemysl mostraram-se soberanos eficientes, formando uma verdadeira aliança eslava e governando a Boêmia até o século XIV. Até o início do século XIII, os soberanos Přemysl eram considerados duques ou príncipes, mas, em 1212, o papa concedeu a Otakar I o direito de governar como rei. A certa altura, as terras Přemysl se estendiam da atual Silésia (perto da fronteira entre a Tchecoslováquia e a Polônia) até o mar Mediterrâneo.

O SACRO IMPÉRIO ROMANO

É difícil imaginar Praga superando algum dia a posição que teve no século XIV, quando se tornou por algum tempo sede do Sacro Império Romano Germânico sob o rei e mais tarde imperador Carlos IV (Karel IV).

O caminho para a glória começou, até aí nada de novo, com o assassinato em 1306 do soberano Přemysl Venceslau III, sem um sucessor homem para o trono. Por fim, João de Luxemburgo (Jan Lucemburský para os tchecos) assumiu a coroa com o casamento com a filha de Venceslau III, Elyška, em 1310.

Sob o governo esclarecido do filho de João, Carlos IV, Praga se tornou uma das maiores e mais prósperas cidades do continente. Foi nessa época que a cidade ganhou sua linda aparência gótica. Carlos encomendou a ponte que hoje tem seu nome e a catedral de São Vito, entre outros projetos. Ele também fundou a Universidade de Carlos, a primeira universidade da Europa central.

A VERSÃO TCHECA DAS TRIBULAÇÕES

Em comparação com o século XIV, o século XV trouxe principalmente privação e guerra; boa parte das vantagens dos anos anteriores foi destruída por uma orgia de violência e intolerância de motivação religiosa. Esse período viu a ascensão do movimento de reforma da Igreja liderado por Jan Hus (veja o quadro da p. 22). As intenções de Hus eram louváveis, mas o seu movimento polarizou o país.

Em 1419, seguidores do pregador hussita Jan Želivský invadiram o Novo Paço Municipal de Praga, na Praça Venceslau, e atiraram alguns conselheiros católicos pelas janelas. Esse ato não só endureceu as atitudes de ambos os lados como também introduziu a palavra "defenestração" (jogar alguém pela janela com o fim de causar dano físico) no vocabulário político.

Os hussitas assumiram o controle de Praga depois da morte do imperador do Sacro Império Romano Germânico Venceslau IV, em 1419. Isso fez surgir a primeira cruzada anti-hussita, lançada em 1420 pelo imperador do Sacro Império Romano Germânico Sigismundo. O comandante hussita, Jan Žižka, conseguiu defender a cidade na batalha do Monte Vítkov, mas os conflitos religiosos se espalharam pelo país. Os próprios hussitas se dividiram em facções inimigas: os que queriam fazer a paz com o imperador e os outros que queriam lutar até o fim. A facção hussita mais radical, os taboritas, foi derrotada na batalha em Lipany, em 1434.

Depois da morte de Sigismundo, Jorge de Poděbrady (Jiří z Poděbrad) governou de 1452

8 de novembro de 1620	21 de junho de 1621	29 de outubro de 1787
Soldados tchecos, reunidos pelo líder protestante Frederico V, Eleitor do Palatinado, perdem uma batalha crucial em Bílá Hora, a oeste de Praga, para soldados Habsburgos austríacos. A derrota traz 300 anos de domínio austríaco.	Vinte e sete nobres tchecos são executados na Praça da Cidade Antiga por ter instigado a revolta anti-Habsburgo. Suas cabeças decepadas são penduradas na Torre da Cidade Antiga, na Ponte Carlos.	Wolfgang Amadeus Mozart, já muito mais popular em Praga do que em Viena, atua como regente na estreia de sua opera *Don Giovanni*, encenada no Teatro dos Estados, perto da Praça da Cidade Antiga.

a 1471 como o único rei hussita, com o apoio dos hussitas moderados conhecidos como utraquistas. O prejuízo, porém, já havia sido causado, e a Boêmia, antes próspera, estava em ruínas. O resto do século transcorreu com um equilíbrio incômodo entre os cidadãos tchecos protestantes e a nobreza católica.

A CHEGADA DOS AUSTRÍACOS

Apesar da demora para o país se recuperar das Guerras Hussitas, a segunda metade do século XVI em geral é vista como uma segunda "época de ouro", sob o Imperador Habsburgo Rodolfo II (a primeira foi o reinado de Carlos IV, no século XIV). A dinastia Habsburgo da Áustria é malvista nos livros de história tchecos em grande medida por causa dos meios repressivos, incluindo execuções públicas, que os Habsburgos usaram para fortalecer seu domínio depois da derrota tcheca em Bílá Hora (Montanha Branca), em 1620 (veja p. 147). No entanto, geralmente se esquece que, para começar, foi a nobreza tcheca, em 1526, quem convidou os Habsburgos – na figura de Ferdinando I – para governar. Ferdinando agradava a nobreza majoritariamente católica, mas desagradava grandes setores da sociedade tcheca.

O neto de Ferdinando, Rodolfo, porém, foi uma figura muito mais popular. Ele preferia Praga a Viena e transferiu a sede do império Habsburgo de Viena para Praga no seu reinado (1575–1611). Hoje em dia, Rodolfo é visto como uma espécie de excêntrico adorável. É verdade que ele usou seu patrimônio para financiar artistas e cientistas importantes, inclusive os famosos astrônomos Tycho Brahe e Johannes Kepler, mas ele também tinha uma queda por atividades mais esotéricas, como previsão do futuro e alquimia. O matemático e ocultista inglês John Dee e seu compatriota menos bem-visto Edward Kelly são dois dos muitos místicos famosos contratados por Rodolfo no castelo, buscando transformar metais não preciosos em ouro. Rodolfo também era amigo da grande população judaica de Praga, que gozou de um raro período de prosperidade durante o seu reinado, apesar de viver amontoada em um minúsculo gueto logo ao norte da Cidade Antiga (veja o quadro na página ao lado).

O fim do reinado de Rodolfo, no início do século XVII, foi marcado pelo ressurgimento do conflito entre protestantes e católicos, culminando, em 1618, no que ficou conhecido como a "segunda defenestração de Praga". Um grupo de nobres protestantes invadiu uma câmara do Castelo de Praga e atirou dois conselheiros e um secretário católicos pela janela. Os homens sobreviveram – diz a lenda que eles caíram em um monte de esterco que amorteceu a queda. Mas o estrago estava feito. O ato detonou uma guerra de décadas – a Guerra dos Trinta Anos – que acabou consumindo toda a Europa e deixando a Boêmia mais uma vez em frangalhos.

As coisas ficariam ainda piores para os tchecos. Depois da segunda defenestração, a nobreza tcheca elegeu um protestante alemão – Frederico V, Eleitor do Palatinado – para ser seu líder em uma batalha iminente contra os Habsburgos católicos. O domínio de Frederico foi prejudicado pelo moral baixo, e a maioria das potências europeias ficou do lado dos Habsburgos. No fim, os tchecos perderam de lavada para os Habsburgos a Batalha de Bílá Hora, na extremidade oeste de Praga, no dia 8 de novembro de 1620. A luta durou menos de duas horas. Frederico, o "Rei do Inverno" (assim chamado porque governou a Boêmia por um inverno só), fugiu e, em 1621, os 27 nobres que haviam incitado a revolta foram executados na Praça da Cidade Antiga.

A derrota em Bílá Hora fechou as portas para a independência tcheca por quase três séculos. Os tchecos perderam seus privilégios, direitos e propriedades, e quase até a identidade nacional por causa da catolicização e alemanização forçadas, parte do movimento mais amplo da

3 de Julho de 1883	28 de outubro de 1918	Anos 1920
Nasce o escritor judeu alemão Franz Kafka, perto da Praça da Cidade Antiga. Ele vai levar uma vida dupla: dócil funcionário da companhia de seguro de dia, atormentado pai do romance moderno à noite.	Uma Tchecoslováquia independente é proclamada na Casa Municipal (Obecní dům) nos últimos dias da Primeira Guerra Mundial. Multidões tomam a Praça Venceslau em comemoração.	Apogeu da Primeira República, agora vista como outra época de ouro. Os intelectuais de Praga são fortemente influenciados pelos movimentos modernos na arte, arquitetura, literatura e fotografia.

OS JUDEUS DE PRAGA

Os judeus de Praga, inicialmente, foram morar em um gueto murado, por volta do século XIII, em reação a instruções oficiais de Roma de que judeus e cristãos deveriam viver separados. A sequência de séculos de repressão e massacres culminou com a ameaça de Ferdinando I (reinou 1526–64) de expulsar todos os judeus da Boêmia.

O comportamento oficial mudou com Rodolfo II, no fim do século XVII. Rodolfo conferiu honrarias a judeus e incentivou o desenvolvimento de vida intelectual judaica. Mordechai Maisel, prefeito do gueto na época, tornou-se ministro das finanças de Rodolfo e o cidadão mais rico da cidade. Outra figura importante foi Judah Loew ben Bezalel (Rabbi Loew), teólogo destacado, rabino chefe, e estudioso dos ensinamentos místicos da cabala, hoje mais conhecido como o criador da criatura mística, o Golem – uma espécie de protorrobô feito da lama do rio Moldava.

Quando ajudaram a repelir os suecos na Ponte Carlos, em 1648, os judeus caíram nas graças de Ferdinando III, a tal ponto que ele mandou ampliar o gueto. Um século mais tarde, porém, eles foram expulsos da cidade, mas foram recebidos de bom grado de volta quando os residentes sentiram a falta dos seus negócios.

Nos anos 1780, o imperador Habsburgo José II (1780–90) tornou muitas formas de discriminação ilegais, e no século XIX a cidade decidiu esvaziar o gueto, que havia se tornado uma favela. No lugar das antigas construções, foram construídos os lindos prédios art nouveau que estão lá hoje em dia.

O gueto, rebatizado Josefov em honra a José, continuou a ser o centro espiritual da comunidade judaica de Praga, mas teve um fim brutal com a ocupação nazista durante a Segunda Guerra Mundial. Atualmente, cerca de 5 mil judeus moram na cidade inteira, muito pouco comparado ao tamanho anterior da comunidade.

Contrarreforma. Durante a Guerra dos Trinta Anos, os saxões ocuparam Praga de 1631 a 1632, e os suecos tomaram Hradčany e Malá Strana em 1648. Staré Město, apesar de não ter sido conquistada, foi bombardeada por meses (a Torre da Cidade Antiga na Ponte Carlos ainda exibe as cicatrizes da batalha). A população de Praga caiu de 60 mil em 1620, para 24.600 em 1648. Os Habsburgos levaram o trono de volta para Viena, reduzindo Praga a uma província atrasada.

O RENASCIMENTO DA NAÇÃO TCHECA

Notavelmente, a cultura e a língua tchecas conseguiram se manter firmes ao longo da ocupação austríaca. Quando os Habsburgos começaram a relaxar no século XIX, Praga se tornou o centro do renascimento nacional tcheco. O renascimento se manifestou inicialmente não na política – ainda proibida –, mas na literatura e no teatro em língua tcheca. Figuras importantes incluem os linguistas Josef Jungmann e Josef Dobrovský, e František Palacký, autor de *Dějiny národu českého* (A história da nação tcheca).

Embora muitos países da Europa pós-Napoleão também tenham sido tomados por sentimentos nacionalistas parecidos, fatores econômicos e sociais deram ao renascimento tcheco uma força especial. As reformas educacionais da imperatriz Maria Teresa (reinou 1740–80) haviam dado acesso à escola até aos tchecos mais pobres, e uma classe média que expressava suas opiniões estava surgindo com a Revolução Industrial.

Praga se juntou às revoluções democráticas de 1848 que tomaram a Europa, e a cidade foi a primeira da fila no império austríaco a se manifestar a favor da reforma. Mesmo assim, como a maior parte das outras, a revolução de Praga logo foi esmagada. Em 1863, no entanto, os falantes de tcheco derrotaram os falantes de alemão nas eleições para o Conselho de Praga, mas a minoria, cada vez menor, que falava alemão ainda teve poder considerável até o fim do século.

30 de setembro de 1938	15 de março de 1939	27 de maio de 1942
Potências europeias, reunidas em Munique, concordam com a exigência de Hitler de anexar a região dos sudetos da Tchecoslováquia. O primeiro-ministro britânico Neville Chamberlain declara que foi conquistada a "paz no nosso tempo".	Soldados alemães atravessam a fronteira tchecoslovaca e ocupam a Boêmia e a Morávia. Soldados tchecoslovacos, que receberam previamente ordens de não resistir, permitem que os alemães entrem sem disparar um tiro.	Os patriotas tchecoslovacos conseguem assassinar o gauleiter alemão Reinhard Heydrich. Os homens mais tarde são encontrados escondidos em uma igreja em Nové Město. Encurralados pelos soldados nazistas, alguns se matam; os outros são mortos.

ENFIM A INDEPENDÊNCIA

Para os tchecos, a Primeira Guerra teve um lado bom. A derrota das potências do Eixo, que incluía o império Austro-Húngaro, deixou o império muito fraco para lutar por suas posses mais distantes. Os patriotas tchecos Tomáš Garrigue Masaryk e Edvard Beneš tinham passado boa parte dos anos de guerra nos EUA, onde fizeram uma campanha incessante entre emigrantes tchecos e eslovacos por um estado conjunto tcheco e eslovaco. A proposta despertou interesse especialmente do presidente americano, Woodrow Wilson, por sua crença na autodeterminação dos povos. A solução mais prática parecia ser um estado federal único de duas repúblicas iguais, e isso foi expresso em acordos assinados em Cleveland, Ohio, em 1915 e em Pittsburgh, na Pensilvânia, em 1918 (as duas cidades tinham grandes populações de tchecos e eslovacos).

Quando a Primeira Guerra acabou, a Tchecoslováquia declarou a independência, com apoio aliado, em 28 de outubro de 1918. Praga tornou-se a capital, e Masaryk, escritor e filósofo, primeiro presidente da República.

PRIMEIRA REPÚBLICA E SEGUNDA GUERRA

A Tchecoslováquia, nos vinte anos da independência até a invasão nazista em 1939, foi um estado muito bem sucedido. Ainda hoje, os tchecos consideram a "Primeira República" outra época de ouro, com imensas conquistas culturais e econômicas.

A proximidade da Tchecoslováquia com a Alemanha nazista e a considerável minoria alemã perto da fronteira, conhecida como região dos sudetos, porém, eram um alvo tentador para Hitler. Ele julgou, corretamente, que nem a Inglaterra nem a França queriam outra guerra – não por um país pequeno como a Tchecoslováquia. Na conferência de Munique, em 1938, Hitler exigiu permissão para anexar a região dos sudetos. O primeiro ministro britânico Neville Chamberlain aceitou e fez a famosa afirmação sobre as intenções da Alemanha na Tchecoslováquia, "uma briga em um país distante entre povos sobre os quais não sabemos nada".

No dia 15 de março de 1939, a Alemanha ocupou toda a Boêmia e a Morávia, declarando a região um 'protetorado', e permitiu que a Eslováquia se declarasse independente como um estado nazista fantoche. Durante a guerra, Praga foi bastante poupada de danos físicos, mas os nazistas destruíram a resistência tcheca – e mataram milhares de tchecos inocentes em retaliação pelo assassinato em Praga do general da SS e gauleiter Reinhard Heydrich por patriotas tchecos, em 1942 (veja quadro na p. 118).

A comunidade judaica pré-Segunda Guerra de Praga, de 40 mil pessoas, foi dizimada pelos nazistas. Quase três quartos dela, e 90% dos judeus da Boêmia e da Morávia, morreram de doenças ou fome, ou em campos de extermínio nazistas entre 1941 e 1944.

No dia 5 de maio de 1945, com a guerra acabando, os cidadãos de Praga armaram uma revolta contra os alemães. O Exército Vermelho avançava pelo leste, e os soldados americanos já estavam em Plzeň (80 km a oeste de Praga), mas não haviam libertado a cidade por consideração aos aliados soviéticos. A única ajuda aos cidadãos pouco armados de Praga veio de soldados russos das chamadas unidades Vlasov, ex-prisioneiros de guerra que tinham desertado para o lado alemão e então desertavam pela causa tcheca. Muitos morreram na revolta antes dos alemães se retirarem, no dia 8 de maio, depois de obter passe livre para sair em troca de um acordo para não destruir pontes ou prédios. A maior parte de Praga foi assim libertada pelos seus cidadãos antes da chegada do Exército Vermelho, no dia 9 de maio. O Dia da Libertação hoje é celebrado em 8 de maio, no tempo do comunismo, era no dia 9.

5 de maio de 1945	9 de maio de 1945	25 de fevereiro de 1948
Os moradores de Praga começam um levante armado contra os alemães e libertam a cidade depois de três dias de luta. É concedido aos alemães passagem livre para ir embora em troca de concordar com não destruir a cidade.	O Exército soviético liberta formalmente a cidade, embora a maioria dos soldados alemães já tenha sido derrotada ou ido embora. Sob os comunistas, esse vai ser reconhecido como o dia oficial da libertação.	Os comunistas armam um golpe sem sangue. O líder do partido Klement Gottwald anuncia a novidade na Praça da Cidade Antiga. A multidão aclama, mas o golpe acaba levando a quatro décadas de domínio comunista opressivo.

Em 1945, a Tchecoslováquia voltou a ser um estado independente. Um dos primeiros atos foi expulsar das aéreas fronteiriças os alemães dos sudetos que haviam restado. Em 1947, cerca de 2,5 milhões de alemães haviam perdido a cidadania tcheca e sido expulsos à força para a Alemanha ou para a Áustria. Milhares morreram durante as marchas forçadas.

Apesar do pedido de desculpa mútuo pelos males causados pela guerra entre a República Tcheca e a Alemanha, em 1997, a questão da expulsão dos alemães no pós-guerra ainda causa discussões acaloradas. Muitos sobreviventes de origem alemã acham que sua cidadania e propriedades foram tomadas ilegalmente. Muitos tchecos, por outro lado, continuam convencidos de que os alemães dos sudetos perderam seus direitos quando buscaram ajuda da Alemanha nazista, e o pedido formal de desculpas pelas expulsões, em 1990, pelo presidente Václav Havel, não teve grande apoio.

DOS NAZISTAS AOS COMUNISTAS

Para muitos tchecos, a Segunda Guerra Mundial manchou a imagem das democracias ocidentais por sancionar a ascensão de Hitler ao poder e o desmembramento da Tchecoslováquia. Os apelos comunistas por paz mundial e justiça econômica foram bem recebidos no país arrasado pela guerra. Nas primeiras eleições depois da guerra, em 1946, o Partido Comunista da Tchecoslováquia (KSČ) tornou-se o partido dominante, obtendo 36% do voto popular.

Com a deterioração das relações entre EUA e União Soviética, aliados de guerra, o líder soviético Josef Stalin fechou o cerco na Europa central e do Leste. Em fevereiro de 1948, abençoados por Stalin, comunistas tchecoslovacos organizaram um golpe sem sangue e proclamaram um estado dos trabalhadores, cujo governo e economia deveriam seguir a linha soviética. O líder do KSČ Klement Gottwald anunciou o golpe a multidões eufóricas do terraço do palácio Goltz-Kinský (p. 94) na Praça da Cidade Velha.

O PRESIDENTE-DRAMATURGO VÁCLAV HAVEL

A Revolução de Veludo produziu ao menos um grande nome conhecido no mundo todo. Václav Havel – dramaturgo, dissidente, e primeiro presidente pós-comunismo do país – nasceu no dia 5 de outubro de 1936, filho de um rico homem de negócios de Praga. As propriedades da família foram confiscadas no golpe comunista de 1948 e, por causa dos antecedentes burgueses, foi negado a ele fácil acesso à educação. Apesar disso, concluiu os estudos e passou um tempo na universidade antes de arranjar um emprego de assistente de cenografia no Teatro da Balaustrada (p. 207). Nove anos depois, ele tornou-se o dramaturgo residente.

O entusiasmo pelas reformas liberais da "Primavera de Praga" e a assinatura da declaração da Carta 77 o tornaram inimigo do governo comunista. Suas obras, que salientavam os absurdos e a desumanização da burocracia totalitária, foram banidas e seu passaporte apreendido. No total, ele passou uns quatro anos na prisão por atividades em defesa dos direitos humanos.

As demonstrações de massa de novembro de 1989 fizeram Havel aparecer como principal organizador do movimento não comunista Fórum Cívico, que negociou uma transferência de poder pacífica. Havel foi colocado no cargo de presidente pouco depois, aclamado por milhares de manifestantes que seguravam cartazes dizendo *Havel na hrad!* (Havel no castelo!)

Em 2003, depois de dois mandatos como presidente, Havel foi substituído pelo ex-primeiro ministro Václav Klaus. Depois de deixar o cargo, Havel terminou ao menos dois livros de memórias e, em 2008, voltou aos palcos como autor de uma nova peça muito elogiada, *Odcházení*.

20 de novembro de 1952	20–21 de agosto de 1968	16 de janeiro de 1969
Em um expurgo estilo soviético, os comunistas acusam alguns de seus próprios funcionários do partido, incluindo o secretário-geral Rudolf Slánský, de traição. Os prisioneiros são executados na prisão Pankrác em Praga.	As forças do Pacto de Varsóvia, lideradas pela União Soviética, invadem a Tchecoslováquia para pôr fim nas reformas conhecidas como a Primavera de Praga. O líder comunista reformista Alexander Dubček é substituído por Gustáv Husák, mais linha-dura.	O estudante Jan Palach se imola no topo da Praça Venceslau para protestar contra a invasão do Pacto de Varsóvia. Milhares de pessoas vão para a praça nos dias que se seguiram para honrar sua memória e participar do funeral.

Nos anos 1950, o entusiasmo inicial tinha diminuído, a política econômica tinha quase levado o país à falência e uma onda de repressão mandara milhares para campos de trabalho forçado. Em uma série de expurgos no estilo de Stalin, armados pelo KSČ no início da década de 1950, muitas pessoas, inclusive membros importantes do partido, foram executadas.

Nos anos 1960, a Tchecoslováquia viu uma liberalização gradual com o líder reformista do partido Alexander Dubček. As reformas refletiam o desejo popular de democracia e fim da censura – "Socialismo com uma Face Humana", como o partido chamou.

Mas os líderes soviéticos começaram a se alarmar com a perspectiva de uma sociedade democrática dentro do bloco leste e o possível efeito dominó sobre a Polônia e a Hungria. A breve "Primavera de Praga" foi esmagada por uma invasão liderada pelos soviéticos na noite de 20–21 de agosto de 1968. Praga era o principal objetivo; forças soviéticas, com ajuda da polícia secreta tchecoslovaca, tomaram o aeroporto para uso dos aviões de transporte soviéticos. No fim do primeiro dia, havia 58 mortos. Boa parte da luta aconteceu perto do alto da Praça Venceslau; a fachada do Museu Nacional ainda exibe marcas de balas.

Em 1969, Dubček foi substituído pelo linha-dura Gustáv Husák e exilado para o departamento florestal eslovaco. Cerca de 14 mil funcionários do partido e outros 280 mil membros foram expulsos do partido e perderam o emprego. Muitos profissionais de nível universitário viraram trabalhadores braçais e limpadores de rua.

Em janeiro de 1977, um grupo de 243 escritores, artistas e outros intelectuais assinou uma reivindicação pública por diretos humanos básicos, a Carta 77, que se tornou um foco de oponentes do regime. Entre eles, destacava-se o poeta e dramaturgo Václav Havel (veja o quadro da p. 27).

REVOLUÇÃO E DIVÓRCIO DE VELUDO

O ano de 1989 foi histórico em toda a Europa central e do Leste. As autoridades comunistas tchecas assistiram tensas os regimes vizinhos caindo, um a um, culminando com a queda do muro de Berlim, no início de novembro. Havia um clima de agitação crescente entre a população de que a liderança não seria capaz de se manter no poder, mas havia também um medo palpável quanto a como a transferência de poder aconteceria.

No dia 17 de novembro, a juventude comunista de Praga organizou uma demonstração oficialmente sancionada em memória dos estudantes executados pelos nazistas em 1939 (veja o quadro na página ao lado). Mas a multidão pacífica de 50 mil pessoas foi encurralada na Národní třída. Centenas de pessoas apanharam da polícia, e cerca de cem foram presas.

Os tchecos ficaram eletrizados com a violência, e aconteceram demonstrações de estudantes, artistas e, depois, da maior parte da população, culminando em um agrupamento de 750 mil pessoas em Letná (p. 136). Líderes dissidentes, com Havel à frente, formaram uma coalizão anticomunista que negociou a renúncia do governo no dia 3 de dezembro. Um "governo de consenso nacional" foi formado, com comunistas em minoria. Havel foi eleito presidente pela Assembleia Federal no dia 29 de dezembro. Esses acontecimentos ficaram conhecidos como a Revolução de Veludo por causa da sua natureza não violenta.

Quase imediatamente depois da revolução, surgiram problemas entre tchecos e eslovacos. Os eslovacos havia muito tempo guardavam mágoas contra os tchecos dominantes, e muitos eslovacos sonhavam com um estado próprio. O lado tcheco estava bem dividido: alguns queriam manter a Tchecoslováquia intacta, enquanto outros queriam ver os eslovacos, economicamente mais fracos, cuidando da própria vida.

1977	17 de novembro de 1989	1º de janeiro de 1993
A vida em Praga depois da "normalização" atinge o ponto mais baixo político e cultural. Václav Havel e outros dissidentes assinam a Carta 77, uma petição conclamando a Tchecoslováquia a cumprir suas obrigações internacionais quanto aos direitos humanos.	A polícia usa violência para interromper uma demonstração estudantil ao longo da Národní třída. A ação choca o país, provocando dias de demonstrações que culminaram com os comunistas renunciando ao poder – logo elas ficariam conhecidas como a Revolução de Veludo.	As repúblicas tcheca e eslovaca fazem um acordo pacífico e se dividem em dois países independentes, acabando oficialmente com a Tchecoslováquia. A separação mais tarde ficou conhecida como "Divórcio de Veludo".

SACRIFÍCIOS ESTUDANTIS

Ao longo da história tcheca, dos tempos de Jan Hus até a Revolução de Veludo, os estudantes da Universidade de Praga nunca tiveram medo de defender suas crenças. Dois nomes de estudantes que entraram para a história tcheca no século xx são Jan Opletal e Jan Palach.

No dia 28 de outubro de 1939, pouco depois do começo da Segunda Guerra Mundial e no 21º aniversário da independência da Tchecoslováquia, Jan Opletal, estudante de medicina, foi morto a tiros pela polícia que tentava impedir uma demonstração antinazismo. Depois do funeral, no dia 15 de novembro, estudantes saíram às ruas, estragando cartazes alemães, repetindo slogans antialemães e desafiando a polícia. A resposta nazista foi imediata e brutal.

Na primeiras horas de 17 de novembro daquele ano, agora conhecido como "Dia da Luta dos Estudantes por Liberdade e Democracia", os nazistas fizeram uma batida nos dormitórios da Universidade de Praga e prenderam cerca de 1.200 estudantes antes de mandá-los para diversos campos de prisioneiros. Alguns foram executados, outros morreram. As universidades de Praga ficaram fechadas durante a II Guerra.

Trinta anos depois da morte de Opletal, no dia 16 de janeiro de 1969, o estudante universitário Jan Palach pôs fogo em si mesmo nos degraus do Museu Nacional (p. 115) em protesto contra outra ocupação estrangeira, dessa vez a invasão do país pelo Pacto de Varsóvia, em agosto. Ele cambaleou escada abaixo em chamas e foi ao chão no pé da escada. No dia seguinte cerca de 200 mil pessoas se juntaram na praça em sua homenagem.

Ele demorou três dias para morrer, seu corpo foi enterrado no Cemitério de Olšany (p. 132), em Žižkov. Seu túmulo virou ponto de manifestações e, em 1974, seus restos foram exumados e transferidos para sua aldeia natal. Por reivindicação popular, ele foi reenterrado no Cemitério de Olšany, em 1990. Um monumento em forma de cruz encravado na calçada em frente ao Museu Nacional marca o local em que ele caiu.

A rua em Staré Město chamada 17.listopadu (17 de novembro; mapa p. 90) recebeu esse nome em homenagem aos estudantes que sofreram no dia 17 de novembro de 1939. Exatos 50 anos depois, no dia 17 de novembro de 1989, estudantes que marchavam pela Národní třída em memória daquele dia foram atacados e apanharam da polícia (há um monumento de bronze no local; veja p. 114). O ultraje nacional provocado por esse acontecimento empurrou o governo comunista em direção ao colapso final poucas semanas depois.

No dia 1º de janeiro de 1993, em meio a grande hesitação de ambas as partes – especialmente de Havel, que não queria presidir a divisão do país – os tchecos e os eslovacos se separaram pacificamente em estados independentes.

PRAGA PÓS-89

Seria impossível resumir em poucos parágrafos as mudanças que aconteceram nesses vinte anos desde a Revolução de Veludo. O panorama geral, porém, é muito positivo. A República Tcheca atingiu os seus dois objetivos de longo prazo em política externa, juntar-se à aliança militar da OTAN, em 1999, e à UE, em 2004.

Quando o assunto é política local, o país ainda anda na corda bamba. Nenhum dos grandes partidos de centro, o Partido Democrático Cívico (ODS) mais à direita, e o Partido Social Democrata (CSSD) mais à esquerda, foi capaz de costurar um consenso duradouro. Em 2009, e no começo de 2010, as brigas entre os principais partidos deixaram o país sem um governo eleito pela segunda vez em três anos, levando os humoristas locais a declarar que a República Tcheca era a maior organização não governamental do mundo. As eleições parlamentares, em maio de 2010, aparentemente resolveram as dificuldades de governo do país, pelo menos por enquanto.

---

12 de março de 1999	14 de agosto de 2002	1º de maio de 2004
A República Tcheca entra para a aliança militar da OTAN junto com a Polônia e a Hungria. A mudança irrita a Rússia apesar das garantias da OTAN de que a aliança é puramente defensiva.	Alguns distritos e túneis de metrô da cidade são inundados quando o rio Moldava transborda, atingindo o nível mais alto dos tempos modernos. Os danos chegam a alguns bilhões de euros e levam à reconstrução das áreas mais afetadas.	A República Tcheca conquista o seu maior objetivo de política externa desde a Revolução de Veludo e entra para a União Europeia, junto com outros países ex--comunistas da Europa central e do Leste.

QUANDO O "BIG BROTHER" ERA PARTE DA VIDA REAL

Mais de vinte anos depois da Revolução de Veludo, é como se o comunismo nunca tivesse existido. Praga assumiu seu posto entre as capitais coloridas da Europa, e nos dias de sol parece que tudo vai bem no mundo. Mas as memórias de um período mais sombrio ainda persistem. Anna Siskova, tchecoslovaca de nascimento, era estudante secundária em Bratislava, em 1989, quando o comunismo caiu. Ela agora mora em Praga, onde trabalha com comunicação para uma rede internacional de hotéis. Ela nos contou um pouco sobre a vida com o "Big Bother".

Qual a sua memória mais marcante ao lembrar dos tempos do comunismo? De repente tudo fica cinza: ruas cinzentas, casas cinzentas, lojas que tinham mercadorias idênticas por toda a Tchecoslováquia, onde quer que você morasse. Eu me lembro das viagens em família para o mar Negro. Fomos para a Bulgária, o único país de fácil acesso para cidadãos do campo comunista. Para ir para a Iugoslávia, era preciso um passaporte especial cinza. A costa da Bulgária era cheia de húngaros, alemães orientais, eslovacos, tchecos e poloneses. Dava para dizer de onde as pessoas eram pelo maiô!

Você se lembra de onde estava quando ouviu falar da Revolução de Veludo? Lembro-me exatamente. Dia 16 de novembro, o dia anterior. Nós saímos da escola mais cedo (procedimento padrão se houvesse uma manifestação planejada). Disseram-nos para ir direto para casa e não ir para o centro. Houve um protesto estudantil no Ministério da Educação e a TV estatal relatou as reclamações dos estudantes. No dia 17 de novembro, quando chegaram as notícias de Praga, foi muito surpreendente. Fiquei entusiasmada. Os mais velhos diziam para a gente não se animar muito – lembra o que aconteceu com a Primavera de Praga? Mas não liguei. Eu ficava na praça o dia todo. Foi incrível.

Conte como era viver naquele tempo. Como era para comprar roupas ou comida? Um dos melhores empregos era trabalhar no açougue ou na quitanda. Se você conhecesse alguém em um *zelovoc* (quitanda), pelo menos dava para conseguir bananas e tangerinas. E roupas – todo mundo usava as mesmas roupas. Não havia escolha, e se as lojas recebiam alguma coisa diferente – eu me lembro de uma vez quando apareceram roupas da Grécia – uma fila enorme se formava na frente. Quando a fábrica de papel pegou fogo, faltou papel higiênico no país inteiro.

Você sente falta de alguma coisa daquele período? O que é pior hoje? As pessoas liam mais. Elas adoravam ir ao teatro porque sempre havia umas indiretas políticas nas peças. Era uma atmosfera estranha. Não tenho saudade, mas tenho memórias nostálgicas. Quando criança ficávamos motivados a aprender alemão e inglês para poder entender a televisão e o rádio da Áustria e as músicas em inglês.

O voto levou uma coalizão de centro-direita ao poder com uma maioria estável, alimentando as esperanças de que o país possa finalmente estar no caminho da maturidade.

Havel completou treze anos na presidência em 2003, e foi substituído por seu rival, o conservador Václav Klaus (anteriormente primeiro-ministro). Klaus foi reeleito para um segundo mandato de cinco anos em 2008, embora o presidente continue a ser em grande medida simbólico.

Em termos econômicos, Praga prosperou desde a Revolução de Veludo, tornando-se um dos principais destinos de turistas no continente. O desemprego é mínimo, as lojas estão cheias, e as fachadas que estavam caindo aos pedaços há dez anos foram reformadas.

Seria exagero dizer que a transformação econômica do comunismo para o capitalismo foi fácil. O complexo processo de vender os bens estatais para compradores privados teve corrupção aos montes. E até hoje persiste a sensação de que a riqueza está concentrada em muito poucas mãos, e de que, apesar de os comunistas terem perdido o jogo político, eles prosperaram graças às suas

---

15 de fevereiro de 2008

Por uma pequena margem, o parlamento tcheco reelege o economista conservador Václav Klaus para seu segundo mandato de cinco anos como presidente da República Tcheca.

1º de janeiro de 2009

A República Tcheca assume oficialmente a presidência rotativa da UE. O período é marcado por gafes e erros, inclusive a queda do governo tcheco, em março de 2009. Vai ser lembrada como a presidência mais caótica da UE.

28-29 de maio de 2010

Em eleição histórica, os tchecos votam em uma nova coalizão de centro-direita, acabando com quase um ano sem governo eleito.

posições e conexões anteriores. A crise econômica global em 2009 e 2010 não ajudou muito, lembrando aos tchecos, assim como a outros em toda e Europa, de que, apesar de o capitalismo ter um poder significativo de gerar riqueza, também pode eventualmente trazer dificuldades inesperadas.

ARTES

Peça a qualquer um fora da República Tcheca para citar um artista, músico ou escritor tcheco famoso, e as maiores chances são de a pessoa dizer Alfons Mucha, Antonín Dvořák ou Franz Kafka. Mas, para a geração de tchecos que cresceu nos vinte anos depois da Revolução de Veludo, esses nomes pertencem a um passado distante. Até ícones culturais relativamente recentes como os escritores Milan Kundera ou Ivan Klíma (os dois ainda estão vivos e escrevendo, a propósito) parecem fora de sintonia com as novas realidades. Václav Havel só conseguiu salvar sua reputação amadurecida de dramaturgo recentemente, com uma peça de sucesso em 2008 – a primeira desde 1989.

Entusiasmados com ideias românticas sobre o renascimento nacional tcheco, *art nouveau* ou ideias ultrapassadas sobre o nobre dissidente lutando contra um regime comunista opressivo, os visitantes de Praga muitas vezes deixam passar o vibrante cenário artístico que surgiu depois de 1989. As principais galerias de arte de Praga são complementadas por dezenas de pequenas galerias comerciais independentes, onde você pode apreciar a energia artística que fervilha na cidade. E os muitos concertos, clubes de jazz e bares de rock são divertidos e acessíveis.

MÚSICA

O gosto musical em Praga é eclético, vai desde o eternamente popular Mozart, que regeu a estreia de *Don Giovanni* na cidade, em 1787, a Tom Waits, cujos ingressos para dois concertos em julho de 2008 no Kongresové Centrum (Centro de Convenções) se esgotaram em questão de horas.

A cena pop e rock evoluiu muito desde 1989, quando era dominada por bandas de rock contestador e grupos internacionais muito influentes (apesar de já não estarem no auge) como o Velvet Underground e os Rolling Stones. Essas bandas logo foram deixadas para trás por uma série de grupos internacionais e novas tendências, como música eletrônica, trance, techno, hip hop, rap, world music e indie. Uma das bandas-surpresa que surgiram nos últimos anos é o Čechomor, que combina harmonias e tradições folclóricas tchecas em músicas simples, mas ainda assim muito bonitas que ficam na cabeça.

Na extremidade clássica do espectro musical, a meio-soprano Magdalena Kožená (n 1973) é uma respeitada cantora de ópera da geração mais jovem. Ela está fazendo carreira como artista principal em concertos e recitais – já se apresentou nos festivais de Salzburgo, Glyndebourne e Edinburgo, entre outros – e gravou álbuns de sucesso com árias de Mozart, ópera francesa e a *Paixão Segundo São Mateus*, de Bach.

Clássica

A música clássica faz um enorme sucesso em Praga, e não só entre a multidão de fãs estrangeiros que vão para o renomado festival de música Primavera de Praga, todo mês de maio – os próprios tchecos sempre foram fãs ardorosos. Sob a monarquia austro-húngara, os tchecos eram tidos como pessoas de gosto musical aguçado e até mesmo aderiram à música de Mozart muito antes de o compositor conquistar algum respeito em Viena.

A música clássica tipicamente tcheca surgiu no século XIX, quando o renascimento nacional assistiu ao aparecimento de alguns grandes compositores que buscavam inspiração para o seu trabalho na música folclórica tcheca. Bedřich Smetana (1824–84) incorporou motivos folclóricos em suas composições clássicas. Suas obras mais conhecidas são *Prodaná nevěsta* (A noiva barganhada), *Dalibor a Libuše* (Dalibor e Libuše), e o poema sinfônico em seis partes que contém o que pode ser considerada a mais famosa composição clássica tcheca, *Vltava* (Moldava).

Antonín Dvořák (1841–1904) é o compositor tcheco mais conhecido internacionalmente. Ele passou quatro anos nos EUA, onde ensinou música e compôs sua famosa *Sinfonia Nº 9, Novo Mundo*, cuja cópia foi levada para a lua por Neil Armstrong, em 1969. Entre outras obras estão duas *Danças Eslavas* (1878 e 1881), as óperas *Rusalka* e *Čert a Káča* (O diabo e Kátia), e sua obra-prima religiosa *Stabat Mater* (um hino em latim do século XIII; o título significa "A mãe estava em pé").

DEZ MÚSICAS TCHECAS PARA O SEU MP3

Tchecos costumam ser bem patrióticos quanto à própria música. Apesar de todo mundo ouvir bandas que são novidade no Reino Unido ou nos EUA, a festa só começa mesmo quando o DJ começa a tocar músicas tchecas. Eles adoram música pop dos anos 1960 e 70, porque é sentimental e cheia de nostalgia dos tempos mais simples do comunismo. As músicas dos anos 1990 e 2000 no geral soam menos sintéticas, com uma batida mais pesada. Todas são muito boas, cada uma a seu modo, e formam a trilha sonora perfeita quando tocam no iPod ou MP3 enquanto você passeia pela cidade.

- "Želva" (Tartaruga; 1967) do Olympic – Os "Beatles" tchecos do seu tempo tinham os mesmos trejeitos, melodias e cortes de cabelo.
- "Stín Katedrál" (1968) de Helena Vondráčková – Uma das músicas pop mais simples e doces surgidas nos anos 1960.
- "Modlitba pro Martu" (Oração para Marta; 1969) de Marta Kubišová – Música triste, para muitos ainda faz lembrar a invasão do Pacto de Varsóvia em 1968. Mais tarde, tornou-se hino não oficial da Revolução de Veludo de 1989.
- "Bratříčku, zavírej vrátka" (Irmão, feche a porta; 1969) de Karel Kryl – Outra melodia melancólica do fim da década de 1960. A parte do "feche a porta" reflete a falta de esperança que muitos sentiam depois da invasão do Pacto de Varsóvia e da década estéril de normalização que se seguiu sob o comunismo.
- "Je jaká je" (Ela é como ela é; 1975) de Karel Gott – Crooner tcheco ainda está na ativa, com bem mais de 70 anos. Esse foi um de seus maiores sucessos, no auge da sua forma.
- "Medvídek" (Ursinho de pelúcia; 1998) ou "Černí Andělé" (Anjos negros; 1991) de Lucie – Escolhidos pela crítica como melhor banda de rock dos anos 1990. A hipnótica "Medvídek" poderia servir de hino para os tchecos que ficaram adultos na década seguinte à Revolução de Veludo.
- "Láska je láska" (Amor e amor; 1995) de Lucie Bílá – Um dos maiores sucessos da década de 1990, de uma mulher com uma voz rouca difícil de esquecer.
- "Lolita" (2001) de Kryštof – O atual rei do mundo pop tcheco gravou uma série de sucessos que logo caem no agrado nos últimos dez anos.
- "Pohoda" (Calma; 2002) do Kabát – Música abrasiva e abusada da banda que pode ser considerada uma das melhores do país na maior parte dos anos 2000.
- "Proměny" (2006) do Čechomor – Música bonita que fica na cabeça, de um grupo que fez praticamente sozinho a música folclórica voltar à moda.

Leoš Janáček (1854–1928), nascido na Morávia, é considerado o principal compositor tcheco do início do período moderno, no entanto, ele nunca foi tão popular quanto Smetana e Dvořák em seu próprio país. Suas peças dissonantes para violino são difíceis de ouvir no início, mas suavizam-se com a familiaridade. Suas composições mais conhecidas incluem *The Cunning Little Vixen* e *Káťa Kabanová*, assim como *Glagolská mše* (Missa Glagolítica) e *Taras Bulba*, baseada no conto de Gogol de mesmo nome. Outros compositores tchecos conhecidos são Josef Suk (1874–1935), genro de Dvořák e autor de *Serenata para cordas* e *Sinfonia Asrael*; e Bohuslav Martinů (1890–1959), famoso pela ópera *Julietta* e a *Sinfonia nº 6*.

Entre os compositores contemporâneos, o mais conhecido é provavelmente Milan Slavický (n 1947), que leciona na Academia de Artes Cênicas de Praga. Sua peça mais famosa, *Requiem*, estreou em Praga em 2005. Outros compositores modernos que vale conferir são Petr Eben (1929–2007), sobrevivente do campo de concentração de Buchenwald na Segunda Guerra Mundial, conhecido por sua música para órgão e coral, e Marek Kopelent (n 1932), que fez fama com composições de vanguarda nos anos 1950 e 1960.

Tanto os locais quanto os turistas têm um rico programa de concertos executados pelas três principais orquestras residentes de Praga à disposição: a **Orquestra Sinfônica de Praga** (Symfonický orchestr hlavního města prahy; www.fok.cz); a **Orquestra Filarmônica Tcheca** (Česká filharmonie, www.czechphilharmonic.cz); e a **Orquestra Sinfônica Nacional Tcheca** (Český národní symfonický orchestr; www.cnso.cz).

Jazz

Já se tocava jazz em Praga nos anos 1930 e ele ainda tem forte presença na cidade. Os músicos tchecos estiveram na linha de frente da cena do jazz europeu até a tomada comunista em 1948, quando foram impostos controles sobre publicação e apresentações de jazz. Mesmo assim, no fim dos anos 1950, a rádio de Praga ainda tinha uma orquestra permanente de jazz, comandada pelo saxofonista Karel Krautgartner (1922–82).

As restrições foram gradualmente suspensas nos anos 1960. Uma das melhores bandas desse período era a SH Quartet, que tocou por três anos no Reduta, o primeiro clube de jazz profissional da cidade, que continua firme e forte (embora não seja mais o centro da cena do jazz). Outra banda importante era o Junior Trio, com Jan Hamr e os irmãos Miroslav e Allan Vitouš. Os três foram para os EUA depois de 1968. Hamr se destacou nos círculos musicais americanos como Jan Hammer e até compôs a trilha sonora de *Miami Vice* (que vendeu 4 milhões de cópias só nos EUA).

Hoje, a cena não é tão vibrante, mas em qualquer noite dá para pegar umas tantas apresentações decentes. Um dos músicos mais proeminentes é Jiří Stivín, que produziu dois álbuns excelentes nos anos 1970 com a banda System Tandem e é considerado um dos músicos de jazz mais inovadores da Europa. Dois outros a observar são Emil Viklický e Milan Svoboda.

Rock e pop

A cena de rock em Praga hoje está dividida em gêneros e subgêneros, cada um com seus fãs, grupos e clubes. Música eletrônica, incluindo techno e drum 'n' bass, estão no set list de muitas baladas. Outros estilos que fazem sucesso são rock independente (classificação genérica para bandas que não se encaixam em uma gravadora), rock clássico, revival, pop, folk rock e até uma incipiente cena de hip-hop tcheco.

O rock, na forma do rock 'n' roll estilo americano, invadiu o país nos anos 1950. Oficialmente, torcia-se o nariz, mas ele era mais ou menos tolerado. Até hoje, os tchecos ainda têm carinho por roqueiros dos anos 1950, como Elvis, Chuck Berry e Little Richard, e tchecos de todas as idades ainda mandam ver na pista de dança com muito mais destreza do que seus pares americanos ou europeus ocidentais. Dançarinos tchecos como Roman Kolb ganham com regularidade campeonatos mundiais de dança de rock 'n' roll.

A música popular desabrochou durante o degelo político de meados dos anos 1960, e as influências ocidentais de grupos como Beatles, Beach Boys e Rolling Stones eram muito perceptíveis. O sucesso do single 'Želva' (Tartaruga), de 1967, da banda Olympic, carrega traços inconfundíveis dos Beatles da metade da década. Uma das maiores estrelas daquela época era a cantora pop Marta Kubišová (n 1942). Banida pelos comunistas por duas décadas depois da invasão do Pacto de Varsóvia em 1968, ela ainda se apresenta ocasionalmente em Praga; para muitos tchecos, sua voz ainda exprime algo do malfadado otimismo do período de 1968.

A invasão do Pacto de Varsóvia em 1968 silenciou a revolução do rock. Muitas bandas foram proibidas de se apresentar ou gravar abertamente. Em seu lugar, as autoridades incentivaram cantores como Helena Vondráčková (n 1947) e Karel Gott (n 1939), que eram ótimos cantores, mas suas gravações não tinham nenhuma originalidade. Muitas músicas que fizeram sucesso naquele tempo, como o clássico de Gott 'Je jaká je' (Ela é o que é), são simplesmente versões tchecas das músicas ocidentais mais inócuas daqueles tempos (nesse caso, a música italiana 'Sereno è'). Vondráčková e Gott ainda gravam e continuam a fazer sucesso. A maioria dos tchecos já os perdoou por ter colaborado nos anos 1970 e 80, e suas músicas hoje invocam fortes sentimentos de nostalgia pelo que muitos vêm agora como uma época mais simples.

O rock tornou-se bastante politizado durante os anos 1980 e às vésperas da Revolução de Veludo. Até a parte do "Veludo" tem uma dívida parcial com o rock, nesse caso à banda americana Velvet Underground, uma das preferidas de Havel e forte influência nas bandas tchecas da época. Bandas experimentais hardcore como Plastic People of the Universe foram forçadas a virar clandestinas e fizeram surgir um legião de cultuadores. Outro artista banido, Karel Kryl (1944–94), tornou-se um bardo extraoficial do povo, cantando do exílio, na Alemanha ocidental. Seu álbum *Bratříčku, Zavírej Vrátka* (Irmão, feche a porta) acabou simbolizando a falta de esperança que os tchecos sentiam durante a invasão soviética e nas décadas que se seguiram.

A Revolução de Veludo abriu a porta para uma torrente de influências do mundo todo. Nos primeiros dias da presidência de Havel, ícones do rock que haviam inspirado a revolução, como Frank Zappa, Mick Jagger e Lou Reed, eram visitas frequentes no castelo. Zappa chegou a ser chamado de "Ministro da Cultura" extraoficial. Bandas tchecas do início dos anos 1990, como os roqueiros Lucie e Žlutý Pes logo abriram caminho para sonoridades variadas, dos gritos estilo Nina Hagen de Lucie Bílá no início da carreira até o gorjeio *avant-garde* de Iva Bittová, além de uma torrente de grupos tchecos convencionais. Os melhores incluem Psí Vojáci, Buty, Mňága a Žďorp, Laura a Její Tygři, Už Jsme Doma, Support Lesbiens e muitos outros. Atualmente os grupos de maior sucesso incluem o rock pesado do Kabát, os bonitões pop do Kryštof, e a banda folk world music Čechomor. Para mais sobre músicas tchecas, veja o quadro na página oposta.

Praga também se tornou um local de shows mais importante para grupos ocidentais em turnê. Nos primeiros anos depois da Revolução de Veludo, os grandes nomes eram poucos e esparsos, mas entre eles estavam Rolling Stones (algumas vezes), Pink Floyd, R.E.M, U2, Bruce Springsteen e Guns N' Roses. Axl Rose abriu o seu concerto de 1992 de forma legendária com as palavras 'OK, seus ex-comunas desgraçados, é hora de rock and roll!'. Nos últimos anos, todo mundo, de Madonna a Radiohead e Tom Waits passou por ali, e a cada verão a programação dos concertos fica mais farta.

LITERATURA

Não faltam novos talentos literários tchecos. Nomes como Jáchym Topol, Petra Hůlová, Michal Viewegh, Magdaléna Platzová, Emil Hakl, Miloš Urban e Hana Androniková já estão tomando lugar entre os principais autores do país e afastando figuras da velha guarda como Milan Kundera e Ivan Klíma, hoje vistos como cronistas de um época muito diferente.

Escritores mais jovens, porém, vêm buscando temas e ideias fora da República Tcheca. No passado, escritores como Kundera ou Klíma podiam passar o livro inteiro ruminando motivações internas dos personagens, mas os livros de muitos escritores recentes se passam em lugares mais distantes para conquistar leitores sedentos por aventura. Um dos melhores, *Paměť mojí babičce* (Memórias da minha avó; 2002), de Hůlová, se passa na Mongólia e conta a história de três gerações de mulheres. *Sul, ovce a kamení* (Sal, carneiros e pedras; 2003), de Platzová, divide-se entre a República Tcheca e a costa dálmata. Outra jovem escritora, Iva Pekárková, parece estar à vontade em qualquer lugar fora a República Tcheca, situando histórias em lugares como Nova York, Tailândia e Índia.

Até alguns anos atrás, no entanto, poucos desses novos escritores haviam encontrado editores em inglês. Com as notáveis exceções de *Truck Stop Rainbows*, de Pekárková, do épico de fluxo de consciência *City Sister Silver*, de Topol, e de dois títulos de Michal Viewegh, não havia muita literatura tcheca contemporânea à disposição para quem não lesse nesse idioma. A boa notícia é que, lentamente, isso está mudando. O livro mais recente de Topol, *Kloktat*

LIVROS PARA LEVAR

Você encontra muitos dos títulos listados abaixo em grandes livrarias e todos estão disponíveis via sites de venda de livro na internet:

- *Bringing Up Girls in Bohemia* (Michal Viewegh, 1996) – Capta com humor os primeiros anos da Praga recém--capitalista. O filme do mesmo nome é estrelado pela atriz tcheca Anna Geislerová e começa com ela relaxando na velha Globe Bookstore & Coffeehouse (atualmente Ouky Douky) em Holešovice – uma junção clássica de vida real e arte.
- *Closely Watched Trains* (Bohumil Hrabal, 1965) – A novela de Hrabal conta a história de um jovem ferroviário descobrindo sua masculinidade durante a Segunda Guerra Mundial e, por extensão, seu país descobrindo sua coragem. A adaptação para o cinema ganhou o Oscar de melhor filme estrangeiro em 1967.
- *City Sister Silver* (Jáchym Topol, 1994) – O tradutor Alex Zucker modestamente descreve esse jorro de palavras veloz como "a história de um jovem tentando encontrar seu caminho no bagunçado ambiente da Tchecoslováquia pós-comunista". Denso, profundo e, provavelmente, um inferno para traduzir.
- *Daylight in the Nightclub Inferno* (editado por Elena Lappin, 1997) – Boa antologia dos melhores escritores jovens tchecos nos anos imediatamente posteriores à Revolução de Veludo. Inclui material de Jáchym Topol, Michal Viewegh, Daniela Fischerová e Michal Ajvaz, entre outros.
- *Eu servi o rei da Inglaterra* (Bohumil Hrabal, 1990) – A sofrida história da Tchecoslováquia fornece material para brilhantes romances cômicos nas mãos hábeis de Hrabal. Nesse, um garçom verticalmente prejudicado chamado Ditie, sobe, no estilo de Švejk, à fama e riqueza sob a ocupação alemã, perdendo tudo depois da guerra.
- *Life with a Star* (Jiří Weil, 1949) – O escritor judeu Weil sobreviveu à ocupação nazista fingindo sua própria morte e se escondendo durante toda a guerra. Esse relato tocante desse período conta a história de um funcionário de banco cuja vida vira de cabeça para baixo quando ele é forçado a usar a estrela amarela.
- *Mendelssohn is on the Roof* (Jiří Weil, 1960) – Esse clássico da ocupação nazista começa com o absurdo relato de operários da SS que receberam a ordem de remover a estátua do "compositor judeu" Mendelssohn do teto do Rudolfinum. Eles não conseguem saber qual é ele, então, tiram a estátua do mais nariguda – que vem a ser a do favorito de Hitler: Richard Wagner.

dehet (Gargarejando com alcatrão), sobre a vida num orfanato durante a invasão soviética de 1968, finalmente encontrou um editor em inglês, Portobello Books. A tradução para o inglês do sombrio romance de suspense de Miloš Urban, *Sedmikosteli* (Sete igrejas, da Peter Owen Publishers) também chegou às prateleiras.

Mesmo se essa muito esperada pequena onda de novas traduções não desaparecer no longo prazo, há ainda um respeitável corpo de literatura tcheca publicada durante a Guerra Fria e pouco depois que resiste muito bem e ainda faz revelações sobre a cultura tcheca.

Kundera continua a ser o campeão indiscutível da literatura tcheca e foi até premiado – de má vontade – pelo Estado tcheco em 2007 por uma nova tradução de seu clássico *A insustentável leveza do ser*. A expressão "má vontade" se aplica, porque os tchecos, talvez injustamente, nunca o perdoaram de ter deixado o país no meio dos anos 1970, bem quando sofriam sob a ocupação russa. Para os visitantes de Praga, esse livro, como *O livro do riso e do esquecimento* e *A brincadeira*, são os que mais valem a pena ler (veja o quadro, p. 34, para títulos recomendados). As obras posteriores de Kundera, incluindo *A cortina*, de 2006, tendem a uma sensibilidade mais seca e mais clínica do romance e é melhor deixá-las para os fãs de carteirinha ou alunos de pós-graduação.

Outros gigantes que despontaram entre a invasão soviética de 1968 e a Revolução de Veludo são Ivan Klíma, Bohumil Hrabal, Josef Škvorecký e Václav Havel (como ensaísta e dramaturgo; veja o quadro, p. 27). Klíma, que sobreviveu ao campo de Terezín e ainda vive em Praga, é mais conhecido por suas coletâneas de histórias doces e amargas da vida de Praga nos anos 1970 e 1980 como *My First Loves* e *My Merry Mornings*. Ele também escreveu romances muito bons depois de 1989, *Waiting for the Dark, Waiting for the Light* e *No Saints or Angels*, explorando o clima de conflito moral na Praga pós-Revolução de Veludo.

Pergunte a qualquer tcheco qual seu escritor preferido e há grandes chances de a resposta ser Bohumil Hrabal. Não é difícil ver por quê. Hrabal capta o que os tchecos mais gostam sobre sua sociedade e cultura, incluindo um agudo senso de humor, a sensibilidade para o absurdo e o gosto pela cerveja. Ele também é um grande contador de histórias, e romances como, *Eu servi o rei da Inglaterra* (que virou filme em 2006) e *The Little Town Where Time Stood Still* são tão divertidos quanto argutos. Hrabal morreu em 1997 de um modo tcheco clássico – caindo da janela.

- *My Merry Mornings* (Ivan Klíma, 1986) – Klíma é um escritor um tanto poderoso, com uma coleção impressionante de livros tanto de antes quanto de depois de 1989. Coletâneas como *My Merry Mornings* e *My First Loves* captam o tipo próprio de magia que a cidade tinha antes de ser inundada com camisetas "Prague Drinking Team".
- *Prague: A Traveler's Literary Companion* (editado por Paul Wilson, 1994) – Coletânea indispensável de trechos e pequenas histórias de uma gama de escritores tchecos de várias épocas convenientemente organizados segundo os distritos da cidade.
- *O livro do riso e do esquecimento* (Milan Kundera, 1979) – Kundera escreveu essa coletânea pungente e engraçada de contos tematicamente relacionados a seu exílio em Paris nos anos 1970. O livro imediatamente estabeleceu sua fama de principal escritor da Europa central.
- *O castelo* (Franz Kafka, 1926) – Embora Kafka seja um escritor essencialmente de Praga, seus livros raramente mencionam a cidade pelo nome. *O castelo* não é exceção. O pobre K não consegue entrar, e o romance termina 280 páginas depois no meio de uma frase. Genial ou apenas frustrante? Você decide.
- *The Good Soldier Švejk* (Jaroslav Hašek, 1923) – O romance da Segunda Guerra de Hašek sobre um amável idiota que consegue escapar do serviço militar caiu em desgraça – tchecos se ressentem do retrato e estrangeiros não captam o humor. Mesmo assim, para quem gosta da monarquia austro-húngara é leitura obrigatória.
- *A brincadeira* (Milan Kundera, 1967) – Primeiro romance de Kundera, foi publicado na Tchecoslováquia, no breve degelo antes da invasão soviética. É uma história tragicômica sobre o que acontece quando um amante rejeitado prega uma peça em sua namorada ideologicamente bitolada.
- *O processo* (Franz Kafka, 1925) – "Alguém deve ter andado mentindo sobre Josef K, porque, sem ter feito nada errado, ele foi preso numa linda manhã." Kafka escreveu isso em 1914, mas é assustadoramente profético das prisões de tchecos e judeus durante a Segunda Guerra Mundial e dos julgamentos comunistas depois da guerra.
- *A insustentável leveza do ser* (Milan Kundera, 1984) – O romance mais conhecido de Kundera, por causa do filme de 1988 com Daniel Day-Lewis e Juliette Binoche. O sabor da Praga pré-1968 do romance e um adorável personagem mulherengo chamado Tomáš se combinaram para solidificar a reputação de gênio de Kundera nos anos 1980. Vale a pena ler.

A CONTRIBUIÇÃO DOS EXPATRIADOS

Escritores expatriados levam uma vida dura em Praga. Já é difícil ser um escritor de sucesso, mas, graças ao editor americano Alan Levy, os expatriados em Praga têm trabalhado sob níveis quase insuportáveis de expectativa. Foi Levy que, no número de estreia do *Prague Post* em outubro de 1991, cunhou a expressão de que Praga era "a Rive Gauche dos anos 1990". Ele foi além, dizendo que os futuros Isherwood e Auden já estavam trabalhando. Então tá.

Na década seguinte à declaração de Levy era fácil fazer pouco dela como um exagero em interesse próprio. É verdade que Praga fervilhava de candidatos a escritor, mas a obra efetivamente publicada era curta. Olhando em retrospectiva, agora é possível dizer que os críticos talvez tenham sido precipitados. Da lagoa dos expatriados de Praga pescou-se uma safra de bons escritores maior do que se esperava. Uma lista parcial incluiria:

- Gary Shteyngart, aluno da Universidade de Carlos no começo dos anos 1990 e autor de *The Russian Debutante's Handbook* (2003) e *Absurdistan* (2006), o primeiro ambientado em Praga na sequência da Revolução de Veludo.
- Jonathan Ledgard, por muito tempo correspondente em Praga da *Economist*, é o autor do aclamado romance *Giraffe* (2006), baseado na história do extermínio do maior rebanho de girafas da Europa central pela polícia secreta da Tchecoslováquia em 1975.
- Maarten Troost foi repórter do começo do *Prague Post* e, depois, autor de dois livros hilariantes: *The Sex Lives of Cannibals* (2004) e *Aprendendo com os selvagens* (2006) – livros que poderiam ser sobre Praga, mas, na verdade, são sobre suas aventuras posteriores no Pacífico Sul.
- Olen Steinhauer passou um período em Praga no meio dos anos 1990 antes de se instalar em Budapeste. Escreveu cinco elogiados *thrillers* de espionagem ambientados na Guerra Fria. O quarto, *Liberation Movements* (2006), começa na República Tcheca, e ecos de Praga podem ser percebidos em toda a série.
- Robert Eversz vive ora em Praga, ora fora dela, desde 1992, e seu romance de 1998, *Gypsy Hearts*, é ambientado na cidade. Eversz escreveu vários *thrillers noir* populares, incluindo *Shooting Elvis* (1997), que explora a obsessão dos EUA pela cultura das celebridades.
- Brendan McNally foi, durante anos, um repórter do *Prague Post* com muito senso de humor e grande interesse na história alemã. Depois de voltar aos EUA, reuniu tudo em *Germania* (2009), provavelmente o mais maluco e surreal livro sobre a ocupação nazista que você lerá.
- Arthur Phillips aparentemente nunca morou em Praga, mas, mesmo assim, conseguiu escrever o mais conhecido romance de um expatriado produzido na Europa oriental, chamado simplesmente *Praga* (2002) – embora seja ambientado em Budapeste. Phillips, no entanto, tem uma ligação legítima com Praga: seu conto "Praça Venceslau" foi publicado na antologia *Wild East: Stories from the Last Frontier*, em 2003.
- Em 2010, o editor Louis Armand, instalado em Praga, reuniu e publicou amostras do que considerava ser a melhor literatura produzida por expatriados desde 1989. A antologia *The Return of Kral Majales* tem mais de 900 páginas e está disponível em livrarias em toda a cidade.

Uma discussão sobre expatriados não estaria completa sem mencionar os livros do gênero "Eu vivi aqui e era assim". *For the Love of Prague*, de Gene Deitch, é um dos mais agradáveis. Deitch é um ex-animador de Hollywood que se mudou para Praga no fim dos anos 1950 e trabalhou em desenhos como *Tom e Jerry*, *Popeye* e *Krazy Kat* detrás da Cortina de Ferro. *Pink Tanks and Velvet Hangovers*, de Douglas Lytle, foi escrito não muito tempo depois da 'idade de ouro' dos expatriados (de 1991 a 1995) e conta os principais eventos do dia filtrados pelos olhos de um jovem jornalista americano. Um dos novos verbetes do gênero é o espantado *Me, Myself & Prague*, de Rachael Weiss, a bem escrita história de uma australiana que deixa os confortos modernos de Sydney em 2005 e se muda para a fria e esdrúxula Praga. Sem querer estragar o final, ela termina amando a cidade.

Josef Škvorecký emigrou para o Canadá pouco depois da invasão de 1968, e, como Kundera, sua literatura é dominada pelos temas do exílio e da memória. Procure *The Cowards*, *The Swell Season* e *O engenheiro das almas*.

Nenhuma discussão sobre literatura tcheca estaria completa sem Franz Kafka, de longe o mais conhecido escritor que já viveu em Praga, e autor dos clássicos modernos *O processo* e *O castelo*. Embora Kafka falasse alemão e fosse judeu, ele é tão ligado à cidade quanto qualquer escritor tcheco poderia ser. Kafka nasceu a poucos metros da Praça da Cidade Velha e raramente se afastou mais do que umas poucas centenas de metros dali durante sua curta existência (veja o quadro, p. 84). A ocupação nazista, 15 anos depois, apagou todos os vestígios do círculo de escritores alemães de Kafka, que incluía seu amigo e editor Max Brod e o jornalista Egon Erwin Kisch.

Contemporâneo de Kafka e seu exato oposto era o escriba de bar Jaroslav Hašek, autor do igualmente amado e odiado *The Good Soldier Švejk*. Para quem entende as piadas, o livro é uma obra-prima cômica sobre um tcheco atrapalhado e do bem chamado Švejk, e de seus esforços (intencionais ou não) de escapar do serviço militar para a Áustria-Hungria na Primeira Guerra Mundial. Os tchecos tendem a se irritar com a afirmação de que um idiota como Švejk possa de alguma maneira encarnar qualquer característica nacional. Admiradores do livro, por outro lado, acham que os tchecos exageram nos protestos.

A língua tcheca é bastante flexionada, dando a escritores gramaticalmente dotados muita munição para construir camadas de significado usando apenas tempos verbais e desinências. O mestre indiscutível disso é o escritor de entre-guerras Karel Čapek, ensaísta e autor de vários romances, incluindo a ficção científica RUR *(Rossum's Universal Robots)*, de onde a palavra "robô", de "robot", "trabalho", em tcheco, vem.

A contribuição tcheca à literatura não se limita à ficção. O poeta tcheco Jaroslav Seifert (1901-86) ganhou o Nobel de Literatura em 1984. A editora americana Catbird Press apareceu com uma excelente coletânea de sua obra em inglês, *The Poetry of Jaroslav Seifert*. A ironia é que Seifert não é universalmente considerado pelos tchecos seu maior poeta. Dependendo de quem você consulta, essa honra, muitas vezes, cabe ao poeta-cientista Miroslav Holub (1923-98).

ARTES PLÁSTICAS

Pergunte sobre artes plásticas em Praga e muitos visitantes terão um branco, talvez lembrando um pouco da *art nouveau* de Alfons Mucha (ver o quadro, p. 39). Mas a cidade tem muito mais a oferecer do que as donzelas sensuais de Mucha. Praga tem uma longa tradição de fotografia de vanguarda e um rico legado de escultura em lugares públicos, que vai do período barroco até os dias de hoje. Há sempre algo novo e fascinante para ver no Palácio Veletržní (p. 139) ou em uma das galerias privadas da cidade.

Fotografia

Os fotógrafos tchecos sempre estiveram na vanguarda do meio. Os primeiros, no fim do século XIX e começo do XX, trabalhavam no estilo pictorialista, que via a fotografia como extensão da pintura. Os fotógrafos usavam várias técnicas de captação e revelação para dar imprecisão, como na pintura impressionista.

Foi depois da independência, em 1918, e durante as décadas de 1920 e 1930, que os primeiros estilos modernos conquistaram os tchecos. Fotógrafos locais aderiram a tendências como cubismo, funcionalismo, dadaísmo e surrealismo, produzindo abstrações desconcertantes que parecem novas até hoje. Dois dos melhores fotógrafos daquele tempo foram František Drtikol e Jaroslav Rössler. Drtikol era um retratista da sociedade que fotografou nus com fundos angulares e expressivos. Rössler passou anos em Paris, refinando um estilo de imagens abstratas poderosas de tendência construtivista.

Durante o comunismo, a fotografia entrou para o serviço de promover o estado dos trabalhadores. Livros ilustrados dessa época são comicamente cheios de imagens de tratores, fábricas, conjuntos habitacionais e camponeses sorridentes. Fotógrafos sérios voltaram-se para si mesmos e deliberadamente escolheram temas – como paisagens e naturezas-mortas – que estavam, ao menos superficialmente, livres de conteúdo político.

Josef Sudek pode ser considerado o melhor fotógrafo tcheco dessa época. Ao longo de uma carreira de cinco décadas, até sua morte em meados dos anos 1970, Sudek apontou suas lentes para a cidade de Praga com um efeito impressionante. Exposições de Sudek são raras, mas coletâneas de fotos suas são fáceis de achar em sebos da cidade.

O atual fotógrafo *enfant terrible* Jan Saudek (n 1935) continua a agradar seus fãs (ou chocar seus críticos) com suas fotos oníricas, retocadas à mão, que evocam imagens de utopias ou distopias – normalmente envolvendo mulheres ou crianças nuas ou seminuas. Saudek é, sem dúvida, o mais conhecido fotógrafo tcheco contemporâneo, e suas obras estão sempre em exposição, mas o júri ainda não decidiu se as fotos – em especial as que envolvem crianças – ultrapassam o limite do bom gosto e da decência.

Escultura

A escultura em locais públicos sempre teve um papel proeminente em Praga, dos santos barrocos que se alinham nos parapeitos da Ponte Carlos à monumental estátua de Stalin que, um dia, encarou a Cidade Velha do topo do Monte Lená (veja os quadros, p. 82 e p. 94). Mais comumente, esse papel foi político.

DAVID ČERNÝ: ARTISTA PROVOCADOR

O artista tcheco David Černý (n 1967) chegou às manchetes internacionais pela primeira vez em 1991 quando pintou o monumento aos tanques soviéticos da Segunda Guerra Mundial de rosa-shocking (ver o texto, p. 94). Desde então ele se tornou internacionalmente famoso, cultivando uma reputação de *enfant terrible* do cenário artístico de Praga.

Suas obras se transformam em grandes eventos de mídia, como em 2009, quando sua escultura *Entropa* – encomendada para comemorar a presidência da República Tcheca na UE – acabou em tempestade diplomática. A escultura, que brinca com estereótipos nacionais, foi manchete em jornais de toda a Europa e ofendeu tanto os búlgaros que a representação da Bulgária (como uma série de privadas de agachar) teve que ser coberta com pano preto. Na época da pesquisa, *Entropa* estava no Centro de Arte Contemporânea DOX (p. 135), mas ainda não tinha encontrado local definitivo.

Černý morou nos EUA e já expôs em Nova York, Chicago, Dresden, Berlin, Estocolmo e Londres. Muitas de suas obras estão em exposição em Praga (veja o quadro, p. 142). Como outros de sua geração, ele é radicalmente anticomunista – quando os Rolling Stones tocaram em Praga em 2003, Keith Richards usou uma camiseta desenhada por Černý com os dizeres 'Fuck the KSČM' (iniciais do Partido Comunista da Boêmia e Morávia).

Ele também é muito envolvido com o estabelecimento de elos com artistas do exterior por meio de seu projeto de artista residente "Meet Factory" (p. 142) em Smíchov. Você pode encontrar mais sobre a obra de Černý e a Meet Factory em seu website www.davidcerny.cz.

No período barroco, esculturas religiosas pipocaram em locais públicos; elas incluem "colunas Marianas" erigidas em gratidão à Virgem Maria pela proteção contra alguma praga, ou por uma vitória contra inimigos do catolicismo. Uma dessas esteve na Praça da Cidade Velha de 1650 até 1918. A colocação da imagem de São João Nepomuceno na Ponte Carlos em 1683 foi um ato deliberado de propaganda Habsburga para criar um novo – e católico – herói nacional tcheco que desbancasse o reformador protestante Jan Hus. Foi um sucesso. João Nepomuceno foi canonizado em 1729, e a lenda de Nepomuk, inventada pelos jesuítas, entrou na memória coletiva.

O período de renascimento nacional tcheco viu a escultura em Praga assumir nova tarefa: elevar a consciência sobre tradições e cultura tchecas. Um dos escultores mais prolíficos desse período foi Josef Václav Myslbek, cuja famosa estátua de São Venceslau, o padroeiro da nação tcheca, domina o lado superior da Praça Venceslau (p. 113). Mylsbek também criou as quatro enormes estátuas de personagens históricos tchecos Libuše, Přemysl, Šárka e Ctirad que enfeitam os jardins da fortaleza Vyšehrad (p. 121).

O escultor *art nouveau* Ladislav Šaloun foi o responsável por uma das esculturas mais marcantes de Praga, o monumento a Jan Hus inaugurado na Praça da Cidade Velha (p. 89) em 1915 para comemorar os 500 anos da morte na fogueira de Hus. A figura de Hus – de pé, firme e inabalável enquanto os eventos da história giram em torno dele – simbolizava a nação tcheca que, três anos depois, seria completamente independente pela primeira vez em sua história. Por três curtos anos, Hus olhou de modo desafiador para a imagem da Virgem Maria – símbolo da vitória dos Habsburgo sobre os tchecos – até uma multidão derrubá-la logo depois que a independência foi declarada em 1918. Obras de Šaloun também enfeitam a fachada da Casa Municipal (p. 102), o Grand Hotel Evropa (p. 115) e a prefeitura de Praga (um quarteirão a oeste da Praça da Cidade Velha na Mariánské náměstí). Ele esculpiu o busto de Antonín Dvořák que ornamenta a tumba do compositor no Cemitério de Vyšehrad (p. 120).

Provavelmente a mais imponente e visível escultura de Praga é a enorme estátua equestre do herói hussita Jan Žižka – tida como a maior estátua equestre do mundo – que se ergue acima dos prédios de Žižkov, o distrito da cidade que leva seu nome. Obra do escultor Bohumil Kafka (sem relação com o escritor Franz) em 1950, foi projetada originalmente para ser parte do Monumento Nacional (p. 132) em memória das legiões tchecoslovacas que lutaram na Primeira Guerra Mundial. Em vez disso, ela foi encampada pelo governo comunista para servir de símbolo político dos operários e camponeses tchecos.

A longa tradição de esculturas políticas da cidade continua com o trabalho polêmico e frequentemente irônico e divertido de David Cerný (veja o quadro, acima e p. 142).

Pintura

A pintura luminosa e realista do Magister Theodoricus (século XIV), cujas obras estão na Capela da Santa Cruz no Castelo Karlštejn (p. 236) e na Capela de São Venceslau na Catedral de São Vito (p. 65), influenciou a arte em toda a Europa central.

Outra joia do gótico tcheco é um retábulo do século XIV de um artista conhecido apenas como Mestre do Altar de Třeboň; o que sobrou do altar está no Convento de Santa Inês (p. 97) na Cidade Velha de Praga.

O renascimento nacional tcheco dos séculos XVIII e XIX viu ressurgir um estilo local de realismo, em especial pelas mãos de Mikuláš Aleš e de Antonín e Josef Mánes, pai e filho. Alfons Mucha é bem conhecido por seus cartazes *art nouveau* do fim do século XIX, começo do XX, e por sua pintura e seus vitrais (veja o quadro, abaixo). A paisagem tcheca foi pintada por Adolf Kosárek, seguida pelo impressionismo e pelo simbolismo de Antonín Slavíček, Max Švabinský e outros.

No começo do século XX, Praga se tornou um centro de arte de vanguarda, concentrado em um grupo de artistas chamado Osma (os Oito). A cidade também foi um foco de pintura cubista com pintores como Josef Čapek e o apropriadamente chamado Bohumil Kubišta. O movimento funcionalista floresceu entre a I e a II Guerra Mundial no grupo Devětsíl, liderado pelo crítico e editor Karel Teige. Os surrealistas vieram em seguida, com Zdeněk Rykr e Josef Šima.

As artes plásticas foram empurradas para o subterrâneo durante a ocupação nazista, e, nos primeiros anos do período comunista, os pintores foram obrigados a trabalhar no estilo oficial do realismo socialista, pintando operários e camponeses construindo o estado dos trabalhadores. Pintores clandestinos incluíam Mikuláš Medek (cuja arte abstrata e surrealista era exposta em galerias afastadas) e Jiří Kolář, um artista gráfico de destaque e poeta cujo nome soa como "collage" – um de seus meios favoritos.

Cinema

Para um país pequeno, com público minúsculo, a República Tcheca tem uma indústria do cinema ativa, produzindo de quinze a vinte filmes por ano. Quase todos recebem apoio financeiro do Estado e de patrocinadores como a TV tcheca, mas o fato de que os tchecos são ávidos frequentadores de cinema ajuda. Filmes de Hollywood respondem pela maior parte da bilheteria dos cinemas, mas as produções tchecas geram cerca de um quarto da receita.

Os tchecos estiveram entre os pioneiros do cinema, com os primeiros filmes – comédias pastelão mudas no estilo americano – datando do fim do século XIX. A produção decolou no

O SUBESTIMADO ALFONS MUCHA

Alfons Mucha (1860–1939) é provavelmente o mais famoso artista plástico de origem tcheca, embora sua reputação seja menor na República Tcheca do que no exterior.

A vida e a carreira de Mucha mudaram quase do dia para a noite depois que um encontro casual numa gráfica levou-o a desenhar um cartaz para a famosa atriz Sarah Bernhardt, anunciando sua peça *Giselda;* pode-se ver a litografia original no Museu Mucha (p. 107). O cartaz, alto e estreito, com cores suaves, composição rica e beleza sensual, foi uma sensação.

Mucha se tornou rapidamente o mais comentado artista de Paris. Ele assinou um contrato de seis anos com Bernhardt para quem criou nove cartazes estupendos no que veio a ser chamado *le style Mucha*. Também desenhou joias, vestuário e cenários de teatro, e produziu muitos outros cartazes de propaganda de embalagens para os cigarros Job, champanhe Moët & Chandon e turismo em Mônaco e Monte Carlo, entre outras coisas.

Embora claramente associado à *art nouveau*, o próprio Mucha dizia não pertencer a nenhum movimento artístico, e via seu trabalho como parte da evolução natural da arte tcheca. Seu compromisso com a cultura e a tradição de sua terra natal se expressou na segunda metade de sua carreira, quando trabalhou na decoração do Salão do Senhor Prefeito, na Casa Municipal de Praga (p. 102), desenhou novos selos e notas de dinheiro, e criou um soberbo vitral para a Catedral de São Vito (p. 65).

Mucha dedicou dezoito anos de sua vida (1910–28) à criação de sua *Slovanská epopej* (Epopeia eslava), que, mais tarde, doou à nação tcheca. As vinte telas monumentais somam 0,5 km^2 e retratam eventos da história e da mitologia eslavas. Embora muito diferentes de seus cartazes parisienses, elas guardam a mesma qualidade mítica e romântica, cheios de padres com olhar desvairado, cavalaria medieval e carnificina no campo de batalha, tudo em cores simbólicas. Nas palavras do próprio artista, "preto é a cor da servidão; azul é o passado; amarelo é o presente feliz; laranja o futuro glorioso". (A *Epopeia eslava* está em exposição na cidade de Moravský Krumlov, perto de Brno, cerca de 200 km a sudeste de Praga.)

Quando os nazistas ocuparam a Tchecoslováquia em 1939, Mucha foi um dos primeiros a ser presos pela Gestapo. Ele foi solto, mas morreu poucos dias depois, antes de completar 79 anos. Mucha está enterrado no Slavín, no Cemitério de Vyšehrad (p. 120).

A neta de Mucha, Jarmila Plocková, usa elementos das pinturas dele em seu próprio trabalho. Os interessados podem verificar em Art Décoratif (p. 152).

UMA LISTA DE GRANDES FILMES TCHECOS

- *Amadeus* (1985) – Até a Revolução de Veludo, a maior produção de Hollywood feita em Praga. O diretor Miloš Forman escolheu Praga para sua história sobre o compositor Wolfgang Amadeus Mozart porque era mais parecida com "Viena do século XVIII" do que Viena – ele conseguiu até filmar dentro do Teatro do Patrimônio, onde *Don Giovanni* estreou em 1787.
- *Beauty in Trouble* (Kráska v nesnázích; 2006) – Do cultuado diretor Jan Hřebejk, que retrata a sociedade tcheca com todos os seus defeitos. Anna Geislerová faz o papel de uma mulher cuja vida desaba depois das enchentes de Praga em 2002 e que começa um relacionamento hesitante com um tcheco emigrado rico que vive na Itália.
- *Black Peter* (Černý Petr; 1963) – O filme do começo da carreira de Miloš Forman impressionou críticos em sua estreia pelas alusões à *Nouvelle Vague* francesa e pela história hipnotizante de um adolescente se tornando adulto. Também chamado *Peter and Pavla*.
- *Bony a Klíd* (1987) – O clássico da era comunista de Vít Olmer olha para Praga pré-Revolução de Veludo, quando polícia secreta e crime organizado eram uma coisa só. Proibido, o filme circulou amplamente em vídeos clandestinos e tem provavelmente o melhor uso da história de uma trilha sonora do Frankie Goes to Hollywood.
- *Closely Watched Trains* (Ostre sledované vlaky; 1966) – A adaptação de Jiří Menzel do clássico de Bohumil Hrabal ganhou um Oscar em 1967 e pôs a Nova Onda tcheca no radar do mundo. Repare no jovem Miloš delicadamente introduzindo o assunto da ejaculação precoce a uma mulher mais velha enquanto ela acaricia o pescoço de um ganso.
- *Cosy Dens* (Pelíšky; 1999) – A história de dois vizinhos com visões políticas radicalmente diferentes às vésperas da invasão pelo Pacto de Varsóvia em 1968. Os tchecos ainda não fizeram o filme definitivo sobre o comunismo, mas esta tentativa – triste e engraçada – chega perto.
- *Czech Dream* (Český sen; 2004) – Talvez o melhor documentário tcheco dos últimos anos. Duas pessoas simulam a inauguração de um novo hipermercado, distribuindo panfletos com a promessa de preços menores. Disso resulta o filme. O fim, previsível e triste, é uma alegoria da República Tcheca recém-capitalista.

entre-guerras. O faroeste americano foi popular e até responsável por uma obsessão tcheca com a vida na natureza e com o "Oeste Selvagem" que dura até hoje. O primeiro filme da história a mostrar um nu frontal completo foi *Exstace* (Êxtase; 1932) de Gustav Machatý. Revelando tudo, estava uma certa Hedvige Kiesler, que alcançou o estrelato em Hollywood como Hedy Lamarr.

Os filmes americanos mantiveram a popularidade até os EUA entrarem na Segunda Guerra Mundial, no fim de 1941, e os nazistas os proibirem. Mesmo durante o anos difíceis da guerra os tchecos continuaram a ir ao cinema, trocando os dramas e comédias americanos pelos alemães. O golpe comunista de 1948 mudou o foco, do entretenimento para a educação, e os filmes foram postos a serviço do Estado para aumentar a consciência de classe dos trabalhadores. O resultado foi a previsível mediocridade, que não acabou até o degelo político dos anos 1960, quando uma nova geração saída da academia cinematográfica de Praga, a FAMU, fez filmes tragicômicos que criticavam engenhosamente os comunistas e que conseguiram aclamação da crítica no mundo todo.

Os filmes da "Nova Onda", como ficaram conhecidos, tomaram o mundo de assalto. Filmes tchecoslovacos ganharam Oscar de melhor filme estrangeiro duas vezes nos anos 1960, com *A pequena loja na Rua Principal* (Obchod na korze), de Ján Kadár e Elmar Klos em 1965, e *Trens estreitamente vigiados* (Ostre sledované vlaky), de Jiří Menzel, em 1967. Miloš Forman foi o mestre da Nova Onda, estreando com o contido mas absorvente *Black Peter* (Černý Petr) em 1963, e, depois, criando clássicos como *Loves of a Blonde* (Lásky jedné plavovlásky; 1966) – que foi indicado para o Oscar, mas não ganhou – e *The Fireman's Ball* (Hoří, má panenko; 1967) antes de se mudar para os EUA, depois da invasão do Pacto de Varsóvia. Forman ganhou Oscars de melhor filme por *Um estranho no ninho* e *Amadeus*. Outros diretores importantes a emergir durante a Nova Onda tcheca foram Ivan Passer, Věra Chytilová e Jan Němec. Muitos dos filmes desses diretores estão, hoje, disponíveis em DVD (veja uma lista assumidamente opinativa dos melhores filmes tchecos de todos os tempos no quadro acima).

Desde a Revolução de Veludo, os diretores tchecos lutam, dados os orçamentos baixíssimos e a enxurrada de filmes dos EUA, para fazer filmes significativos. Ao mesmo tempo, precisam aguentar a exigência quase ininterrupta da crítica de que suas produções atinjam os padrões dos filmes tchecos dos anos 1960. Considerando a expectativa elevada, os novos diretores têm se saído bem, contentando-se com produções coletivas menores centradas nas dificuldades e nas ambiguidades

- *Divided We Fall* (Musíme si pomáhat; 2000) – Uma visão cômica, mas contundente, de Jan Hřebejk e Petr Jarchovský sobre a ocupação alemã e os colaboracionistas tchecos. Um casal esconde um refugiado judeu em casa e tem que se virar para disfarçar suas ações – inclusive aderir publicamente ao nazismo.
- *Kolya* (Kolja; 1996) – O filme premiado com o Oscar de Jan Svěrák sobre um velho solteirão tcheco e um menino russo foi celebrado por ajudar a resgatar a fama internacional dos filmes tchecos. A obra não envelheceu bem e, hoje, parece melosa. Ainda vale a pena pelas tomadas suntuosas que pretendem representar a Praga pré-revolucionária.
- *Loners* (Samotáři; 2000) – O influente filme de David Ondříček estabeleceu o padrão para as crônicas de grupos de jovens de vinte e poucos anos que se tornaram a base do cinema tcheco pós-Revolução de Veludo.
- *Loves of a Blonde* (Lásky jedné plavovlásky; 1965) – A doce e amarga história de amor de Miloš Forman, uma garota ingênua de uma pequena cidade industrial e seu namorado de Praga. Talvez o melhor filme de Forman, capta a inocência e a falta de esperança daqueles dias cinzentos do meio dos anos 1960.
- *Panel Story* (Panelstory; 1979) – O clássico de Věra Chytilová sobre os tempos do comunismo sobre famílias que compravam apartamentos nos novos conjuntos habitacionais que surgiam em toda a cidade e descobriam como eram ruins. O filme prende desde a primeira cena.
- *Something Like Happiness* (Štěstí; 2005) – O filme desolador de Bohdan Sláma tem um tom parecido com o de *Beauty in Trouble* e também é estrelado por geislerová. Dessa vez ela faz uma mãe emocionalmente perturbada à beira de um colapso na cidade de Most. O filme é redimido pela equilibrada Monika, papel feito pela atriz Tatiana Vilhelmová.
- *The Ride* (Jízda; 1994) – Road movie tcheco muito influente, estrelado pela jovem Geislerová, que vai de carona para a esperada liberdade. Capta um pouco do otimismo e do espírito daqueles primeiros dias depois da revolução.
- *Up and Down* (Horem pádem; 2004) – O bem avaliado filme do diretor Jan Hřebejk é um dos vários nos últimos anos a olhar com dureza as novas realidades da Praga pós-Revolução de Veludo, em que o dinheiro fala mais alto e velhas desavenças têm circulação mais ou menos livre.

morais da vida em uma sociedade em rápida transição do comunismo para o capitalismo. Se a Nova Onda tcheca tratava basicamente de tornar leve uma situação ruim, não seria exagero dizer que os filmes de hoje tratam de tornar ruim uma situação comparativamente leve.

Filmes como *Loners* (Samotáři), de David Ondříček, *Up and Down* (Horem pádem), de Jan Hřebejk, *Return of the Idiot* (Návrat idiota), de Sasha Gedeon, *Something Like Happiness* (Štěstí), de Bohdan Sláma, e *Wrong Way Up* (Příběhy obyčejného šílenství), de Petr Zelenka, são muito diferentes entre si, mas exploram o mesmo território sombrio do dinheiro, problemas conjugais e um panorama moral em mudança. Remando contra essa maré está o diretor Jan Svěrák. Ele continua a fazer filmes de grande orçamento que têm atraído mais atenção internacional; até ganhou o primeiro Oscar do país desde os anos 1960 com *Kolja*, em 1996.

Além dos filmes tchecos, o país conseguiu se estabelecer como centro de produção de baixo custo para filmes de Hollywood. Parte do segredo está nas excelentes instalações dos Estúdios Barrandov, ao sul de Smíchov. O esforço deu resultado, e produziu dezenas de filmes de grande orçamento – incluindo *Missão impossível*, o filme de James Bond *Casino Royale* e os dois primeiros *Crônicas de Narnia* – foram filmados lá. Se Praga vai continuar atraindo grandes produções, no entanto, é uma dúvida, por causa da coroa tcheca valorizada e de instalações mais baratas abertas na Hungria e na Romênia.

Animação e fantasia

Não é surpresa que, num país com longa tradição de marionetes, os tchecos também sejam bons em animação. O centro dessa atividade foram os famosos estúdios Krátký Film.

Os tchecos são especialmente conhecidos na Europa central e oriental pelos desenhos animados curtos para crianças; o personagem mais popular é, sem dúvida, "Krtek", a toupeirinha, criado pelo animador Zdeněk Miler nos anos 1950. Você vai reconhecer bonecos de Krtek nas lojas pelos grandes olhos, o nariz vermelho e três mechas de cabelo na cabeça. Krtek apareceu em dezenas de filmes ao longo dos anos desde o clássico *How the Mole Got His Trousers* (Jak krtek ke kalhotkám přišel) de 1957.

O pintor e ilustrador tcheco Jiří Trnka conquistou reconhecimento internacional por seus tocantes filmes de animação com bonecos, começando com *The Czech Year*, de 1946, até sua morte em 1969. Seus melhores trabalhos incluem uma paródia dos filmes americanos de faroeste chamado *Song of the Prairie*, *The Emperor's Nightingale* (narrado por Boris Karloff numa versão americana de 1951), *The Good Soldier Švejk* e, por fim, *The Hand*, de 1965 – uma obra altamente politizada que ilustra a luta do artista contra o governo totalitário, retratado por uma simples mão enluvada. O filme foi inicialmente tolerado pelo governo, mas proibido nos cinemas pouco depois da morte de Trnka. Só foi relançado em 1989.

Jan Švankmajer é celebrado por sua animação bizarra e surrealista e seus filmes em *stop-motion*, que incluem uma versão de 1988 para *Alice no País das Maravilhas*, chamado *Alice* (*Něco z Alenky*), e o clássico *Faust* de 1994 (*Lekce Faust*). *Conspirators of Pleasure* (Spiklenci slasti) de 1996 é uma abordagem libertina de fetichismo e masturbação. Não há diálogos, tornando o filme acessível (se é que este é o termo) em qualquer língua.

TEATRO

O teatro continua sendo uma arte popular e vital em Praga, a despeito da crescente concorrência da internet, do cinema e da TV. Estreias de grandes peças, como a empolgante *Rock 'n' Roll*, de Tom Stoppard, no Teatro Nacional (Národní divadlo; p. 205) em 2007, ou a aclamada *Odcházení* (Leaving), de Václav Havel, no Divadlo Archa em 2008, esgotam-se com meses de antecedência e são discutidas nos jornais e pelo público por semanas a fio.

Além dos palcos mais importantes, como o Teatro Nacional e o Teatro dos Estados (Stavovské divadlo; p. 204), há dezenas de teatros menores espalhados pelo centro e por quase todos os bairros e distritos da cidade. Infelizmente, para quem não fala tcheco, muitas coisas das montagens ficam inacessíveis. Eventualmente, grandes eventos teatrais ganham legendas em inglês, mas o essencial do drama tcheco é representado só em tcheco mesmo. Dois teatros, o Archa (p. 206) e o Švandovo divadlo em Smíchov (p. 207), se dedicam a montagens acessíveis em inglês e, eventualmente, montam peças inglesas na língua original. Além disso, o Fringe Festival, no fim de maio, começo de junho, traz todo ano uma semana ininterrupta de drama, comédia e esquetes, com muita coisa em inglês.

O teatro sempre teve papel importante na consciência nacional dos tchecos, tanto como meio de desenvolver a língua, quanto como forma de defender a cultura incipiente da dominação dos Habsburgo, da influência alemã e, mais tarde, da ideologia comunista. A dramaturgia tcheca (por oposição à alemã) encontrou seu primeiro lar no fim do século XVIII no Teatro Nostitz, hoje Teatro dos Estados. Peças históricas com um subtexto nacionalista floresceram durante o século XIX como parte do renascimento nacional tcheco. A construção do Teatro Nacional, que levou uma década, e sua inauguração em 1881 foram consideradas um divisor de águas na história tcheca. O teatro foi tragicamente destruído pelo fogo pouco depois da inaugurado, mas foi totalmente reconstruído por causa do clamor do público apenas dois anos depois.

A dramaturgia floresceu nos primeiros dias da independência da Tchecoslováquia, mas sofreu sob a ocupação nazista, quando muitos teatros de língua tcheca foram fechados ou transformados em teatros alemães. Sob o comunismo, montagens clássicas eram de grande qualidade, mas a cena moderna foi sufocada. As exceções foram as pantomimas do Cerné divadlo (Teatro Negro) e a ultramoderna Laterna Magika (Lanterna Mágica), fundada por Alfréd Radok e ainda atuante.

Muitas peças boas desse período, inclusive as de Havel, só estrearam no Ocidente. No meio dos anos 1960, a liberdade de expressão foi explorada brevemente no Teatro na Balaustrada (p. 207), com obras de Havel, Ladislav Fialka e Milan Uhde, e atuações da dupla de comediantes Jiří Suchý e Jiří Šlitr. A centralidade do teatro na vida tcheca foi confirmada em 1989 durante a Revolução de Veludo, quando Havel e seu movimento Fórum Cívico decidiram se instalar no Laterna Magika para as épicas negociações que tiraram os comunistas do poder.

Embora o teatro continue a ser uma arte vital e tenha bom público, há preocupações com o futuro, já que o preço dos ingressos subiu e os orçamentos de cultura estão achatados. Um dos principais problemas da cidade é como financiar os estabelecimentos culturais e muitos na prefeitura reivindicam cortes substanciais nos subsídios. O ex-presidente e dramaturgo Václav Havel deu um passo polêmico ao pedir ao público que não apoie o Partido Democrátio Cívico (ODS), de centro-direita, por causa da posição do partido quanto ao financiamento da cultura.

A peça de Havel *Odcházení*, seu primeiro grande sucesso desde 1989, estreou com sucesso unânime em maio de 2008. É uma paródia da vida na Praga pós-comunista, e mostra um político envolvido em irregularidades, Vlastík Klein, que têm semelhanças com seu rival político, o presidente Václav Klaus (têm até as mesmas iniciais). Havel escreveu o papel feminino para sua segunda e atual mulher Daša, mas ela adoeceu pouco antes da estreia e não pôde atuar.

Além do drama tradicional, os tchecos têm uma longa tradição de teatro de bonecos e marionete que remonta à Idade Média. Uma figura importante dessa arte foi Matej Kopecký (1775–1847). Teatros de marionete foram inaugurados em Praga e em Plzeň no começo do século XX. A legendária Spejbl e Hurvínek (versão tcheca de "Polichinelo e Colombina") de Josef Skupa atraiu multidões à época, e ainda atrai.

MEIO AMBIENTE E PLANEJAMENTO

Praga avançou muito na qualidade do ar: restringiu a queima de carvão dentro da cidade, estabeleceu teto para emissões de fábricas e tirou carros, ônibus e caminhões velhos das ruas. Isso, porém, foi contrabalançado por um enorme aumento do número de automóveis. As autoridades estão agora no meio da construção de um ambicioso anel viário para tirar o tráfego de longa distância da cidade, e, até pensam em estabelecer um pedágio ao estilo de Londres para diminuir o número de motoristas no centro.

O crescimento é um problema mais preocupante. A Revolução de Veludo disparou um *boom* de construção de 20 anos que não dá sinais de arrefecimento. Todo ano milhares de hectares e terras cultiváveis são pavimentadas para dar lugar a novos conjuntos habitacionais e shopping centers. Estes, por sua vez, criam novos padrões de tráfego e problemas novos. Tentativas da cidade de limitar ou planejar o desenvolvimento tiveram, até agora, sucesso limitado.

A TERRA

A Cidade Velha (Staré Město) de Praga e Malá Strana – com os distritos de Smíchov, ao sul, e Karlín e Holešovice, a leste e norte – situam-se em terras baixas ao longo de uma curva do rio Moldava, o mais longo rio da República Tcheca. Essa posição deixa os distritos vulneráveis a inundações, e, ao longo dos anos, a cidade sofreu uma série de enchentes graves, começando com o dilúvio de 1342, que varreu a Ponte Judite, precursora da Ponte Carlos.

Até poucos anos atrás, a enchente de 1890, que destruiu parte da Ponte Carlos, era considerada um dilúvio insuperável, mas a devastadora enchente de 2002 foi pior ainda. Chuvas fortes encheram os afluentes do Moldava e levaram funcionários públicos a cometer o erro fatal de abrir as comportas à jusante para diminuir a pressão. O resultado foi uma muralha de água que despencou sobre a cidade em 13 de agosto de 2002, inundando Malá Strana, Smíchov, Karlín, Holešovice e o Zoológico de Praga em Troja.

A superfície da Cidade Velha foi poupada da destruição por barragens de metal erigidas às pressas ao longo das margens, embora o lençol freático tenha subido quase até o nível da rua, inundando os velhos porões góticos. Cerca de 19 pessoas morreram e muitos animais do zoológico se afogaram ou foram sacrificados para aliviar seu sofrimento. As perdas foram avaliadas em € 2,4 bilhões. A enchente teve um lado bom para antigos distritos industriais como Smíchov, Karlín e Holešovice – centenas de milhões de coroas em socorro contra enchentes e recursos para desenvolvimento foram canalizados para esses distritos, transformando-os de quase favelas em bairros residenciais altamente cobiçados.

O centro da cidade é cercado em três lados por morros altos: Petřín e Hradčany a oeste, Letná ao norte e a encosta Žižkov a leste. Isso cria vistas adoráveis, mas em termos práticos restringe o número de ruas e vias de acesso, e força o tráfego a ir por umas poucas avenidas muito congestionadas. Também atrapalha os esforços para promover o uso de bicicletas. Embora boa parte da Cidade Velha seja plana, os morros representam obstáculos consideráveis para potenciais ciclistas vindos dos lados oeste, norte e leste.

PRAGA VERDE

No que se refere a reciclagem em larga escala, energia sustentável e cultivo orgânico, a República Tcheca ainda fica muito atrás de Alemanha, Reino Unido e Escandinávia. Mesmo assim, a indústria tcheca limpou sua operação consideravelmente desde a queda do comunismo, reduzindo a emissão anual de gases de efeito estufa a uma fração dos níveis pré-1989.

Os tchecos reciclam lixo há bastante tempo; você achará grandes recipientes para vidro, plástico e papel em toda a Praga. A maioria das garrafas de vidro é reciclável, e o preço da maior parte das bebidas engarrafadas – cerveja inclusive – traz embutido o depósito reembolsável nos supermercados.

As construtoras estão finalmente enxergando o potencial econômico e de marketing de fazer prédios sustentáveis, e vários novos projetos agora alardeiam ser "verdes". Dois condomínios em lados opostos da cidade – o Park, perto da estação de metrô Chodov no sul, e o projeto River City-Amazon Court em Karlín – estão sendo alardeados como pioneiros da arquitetura "verde".

Um problema que assombra os planejadores verdes é o que fazer com os *paneláky* – os altos condomínios de moradia pública que contornam a cidade e abrigam a maioria da população de Praga. Os projetos, que são sabidamente antiecológicos, fazem os moradores derreterem no verão e permitem que escape o precioso aquecimento no inverno. Muitos estão sendo consertados com financiamento público e hipotecas, embora a contenção da economia mundial tenha restringido o montante disponível para essas reformas.

PLANEJAMENTO E DESENVOLVIMENTO URBANO

Desde a Revolução de Veludo de 1989, as autoridades da cidade tentam chegar a um equilíbrio entre a promoção do crescimento econômico e a preservação das áreas verdes que circundam a cidade e contribuem muito para a qualidade de vida.

O júri ainda não decidiu se elas conseguiram, mas o consenso é de que não fizeram o suficiente. Os críticos apontam a recente explosão de complexos de hipermercados e shopping centers que cercam a periferia da cidade em todas as direções. O padrão tem sido o mesmo em quase toda parte, com construtores comprando grandes extensões de terreno – normalmente perto de terminais de metrô – e construindo zonas de uso misto residencial e comercial, atraindo lojistas e moradores para áreas que até há poucos anos eram fazendas. O impacto ainda não está claro, mas há preocupação de que os novos projetos estejam desviando dinheiro e vitalidade para fora do centro.

Com certeza, as autoridades herdaram um sistema de planejamento altamente disfuncional do governo comunista anterior. As vias e o espaço para loteamento são inadequados. Basta olhar para a principal rodovia da cidade, a *magistrála*, que corta o coração da cidade e separa o Museu Nacional (p. 115) do resto da Praça Venceslau, para ver como era ruim o planejamento naquele tempo.

Com o *boom* imobiliário privado, a cidade se lançou na maior expansão de obras públicas de sua história. A peça principal dessas obras será um enorme anel viário de estradas, viadutos e túneis que vão desviar o tráfego do centro da cidade. Em 2008, os operários começaram a abrir o Túnel Blanka (a "Grande Vala" de Praga), que oportunamente irá do distrito de Břevnov em Praga 6 até perto do Zoológico de Praga em Troja, incluindo trechos sobre os parques Letná e Stromovka. A um custo de € 800 milhões, é um dos projetos de engenharia mais caros da UE. Além disso, as autoridades anunciaram planos de construir uma ligação ferroviária entre o centro e o aeroporto de Praga e se comprometeram com uma expansão maciça do sistema de metrô, incluindo o início de uma nova linha D nos próximos anos. O ano de 2008 também assistiu à inauguração de três novas estações de metrô na parte norte da linha C, que agora vai até – o que mais? – um grande shopping center em Letňany.

Os planos da ferrovias tchecas, a empresa estatal de estradas de ferro, para renovar estações e melhorar os serviços esmoreceram. Grandes reformas em curso nas duas principais estações, Praha hlavní nádraží, e a estação que liga a destinos-chave como Budapeste, Viena e Berlim, em Nádraží Holešovice, avançam devagar, e, embora a estação principal pareça um pouco melhor, ambas vão continuar feias por anos. Numa aparente piada interna literária, os gaiatos da ferrovias tchecas renomearam oficialmente a Nádraží Holešovice como "Nádraží Franze Kafky" (Estação Franz Kafka), ligando desafortunadamente o nome de Kafka a uma das mais decrépitas estações de trem do país. (Obrigado, rapazes!)

Enquanto isso, o trabalho continua na mais do que atrasada recuperação da Ponte Carlos. Partes da ponte vão ficar fechadas para visitantes, embora a passagem propriamente dita vá continuar aberta em toda a sua extensão.

GOVERNO E POLÍTICA

Como capital da República Tcheca, Praga é a sede do governo, do parlamento e da presidência. A cidade em si é governada separadamente. O prefeito é Pavel Bém (n 1963), médico e líder local do Partido Democrático Cívico (ODS). Bém tem um retrospecto irregular. Embora muitas

(Continua na página 53)

ARQUITETURA

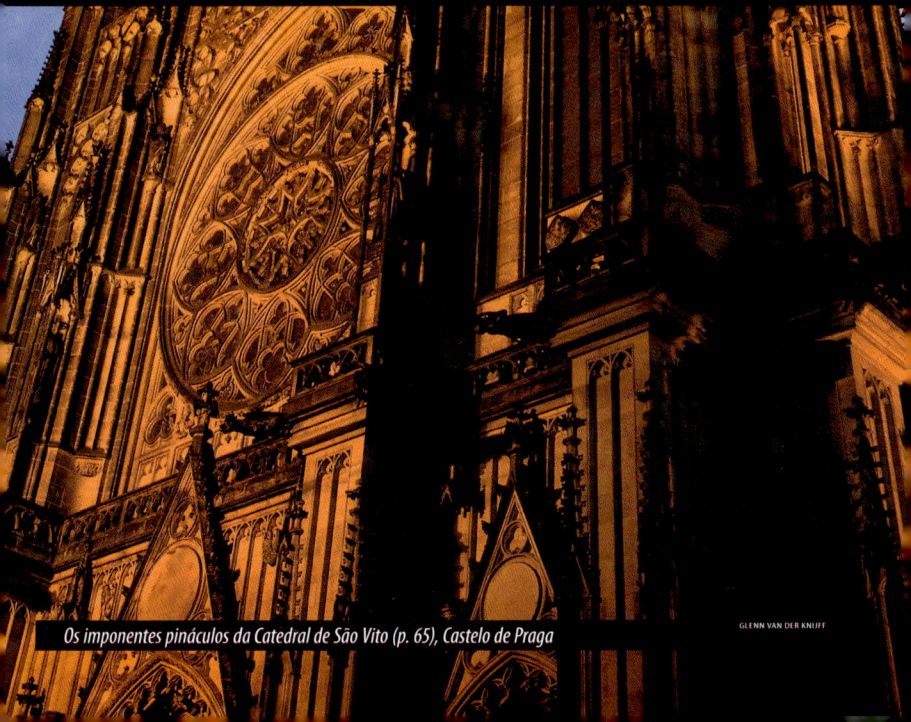

Os imponentes pináculos da Catedral de São Vito (p. 65), Castelo de Praga

ARQUITETURA

Praga é um manual vivo de arquitetura europeia. O núcleo histórico da cidade escapou de danos significativos na Segunda Guerra Mundial, e, assim, registra um milênio de desenvolvimento urbano contínuo, com fachadas barrocas cercando casas góticas sobre porões românicos – tudo seguindo um plano de ruas que emergiu no século XI. Muito desse núcleo é protegido como Patrimônio da Humanidade da Unesco.

ROMÂNICO

Os prédios mais antigos ainda de pé em Praga datam da dinastia Přemysl. Na cripta da Catedral de São Vito (p. 65) estão os remanescentes da Rotunda de São Vito, construída para o Duque Venceslau (o "bom rei Venceslau" da famosa canção de Natal) no início do século X.

Várias rotundas românicas (igrejas circulares dos séculos X a XII) sobrevivem intactas em Praga, embora a maioria tenha sido incorporada a igrejas maiores. Os exemplos incluem a Rotunda de São Longuinho (início do século XII; p. 117) em Nové Město, a Rotunda da Santa Cruz (meados do século XII; p. 105) em Staré Město, e a Rotunda de São Martinho (fim do século XI; p. 120) em Vyšehrad. A melhor construção românica de Praga é a Basílica de São Jorge (p. 66), no Castelo de Praga. Embora esteja escondida sob uma rebuscada fachada barroca do século XVII, no interior, mostra as paredes pesadas, as colunas simples e o teto em abóbada de berço que tipificam o românico.

GÓTICO

O estilo gótico floresceu em Praga do século XIII ao XVI. Ele representou não só uma nova estética, mas uma revolução de projeto que permitiu aos arquitetos construir paredes mais finas e abóbadas mais altas. A arquitetura gótica se caracteriza por arcos pontiagudos altos, abóbadas e colunas com nervuras, arcobotantes externos e janelas altas e estreitas com intrincada trama sustentando grandes áreas de vitrais.

Basílica românica de São Jorge (p. 66), Castelo de Praga

Interior da Catedral de São Vito (p. 65), Castelo de Praga

Detalhe da fonte do Palácio de Verão renascentista (64), Jardim Real, Castelo de Praga

A arquitetura gótica tcheca floresceu no reinado de Carlos IV, graças, principalmente, ao arquiteto alemão Peter Parler (Petr Parléř), mais conhecido por fazer a parte leste da Catedral de São Vito (p. 65) no Castelo de Praga. Iniciada por Matias de Arras (Matyáš z Arrasu) em 1344, as obras da catedral continuaram sob a chefia de Parler até sua morte em 1399. Parler também foi o responsável pela Ponte Carlos (p. 76), a Torre da Ponte da Cidade Velha (p. 101), a Igreja de Nossa Senhora das Neves (p. 113) e a Catedral de Santa Bárbara (p. 244) em Kutná Hora.

Outro mestre foi Benedikt Rejt, cujo legado mais precioso é a abóbada em forma de pétalas do Salão Vladislav (1487-1500; p. 64) no Antigo Palácio Real no Castelo de Praga. Suas nervuras entrelaçadas são um belo exemplo do trabalho dos artesãos do gótico tardio.

RENASCENÇA

Quando os Habsburgo assumiram o trono da Boêmia no início do século XVI, chamaram arquitetos italianos a Praga para ajudar a criar uma cidade real digna do seu status. Os italianos trouxeram um novo entusiasmo pelas formas clássicas, uma obsessão pela graciosidade e pela simetria, e o gosto pela decoração exuberante.

A mistura dos estilos italiano e local deu origem a uma "Renascença Boêmia" específica, caracterizada por pesada ornamentação em estuque e pinturas de cenas históricas ou mitológicas. A técnica de *sgraffito* – da palavra italiana para "raspar" – era empregada para criar padrões e figuras raspando uma camada de massa clara que revelava uma superfície mais escura embaixo.

O Palácio de Verão (1538-1560; p. 64), ou Belvedere, que se encontra nos jardins ao norte do Castelo de Praga, foi erguido para a Rainha Ana, a mulher do primeiro governante Habsburgo de Praga, Ferdinando I. É quase renascença italiana pura, com características que lembram obras de Brunelleschi em Florença.

Outros prédios da Renascença são a Casa do Jogo de Bola (1569; p. 63) no Castelo de Praga; o Palácio Schwarzenberg (1546-1567; p. 68) em Hradčany, com decoração em *sgraffito* de estilo veneziano; a Casa do Minuto (1546-1610; p. 95) em Staré Město; e o Palácio Estrela de Verão (1556; p. 147), perto da Montanha Branca (Bilá Hora).

BARROCO

Após a Guerra dos Trinta Anos (1618-1648), o triunfante império Habsburgo lançou-se numa campanha para reconstruir e recatolicizar as terras tchecas. O estilo barroco, com colunas de mármore, esculturas floreadas, tetos com afrescos e rica ornamentação, foi usado pela Igreja Católica como instrumento de persuasão. No século XVIII emergiu um barroco tcheco distinto. Seus mais conhecidos praticantes foram o pai e filho bávaros Kristof e Kilian Ignatz Dientzenhofer e o italiano Giovanni Santini.

O mais impressionante exemplo do barroco de Praga é a Igreja de São Nicolau dos Dientzenhofers (1704-55; p. 77) em Malá Strana. Sua grande cúpula verde dominando Malá Strana é um símbolo do poder da Igreja Católica sobre a Praga do século XVIII. Os visitantes entram pela porta ocidental abaixo de uma fachada ondulante tripartite decorada com imagens de santos, num palácio fantástico rosa-claro, verde e dourado, onde uma profusão de pilastras, arcos e estátuas sacras levam o olhar para cima, na direção do brilho luminoso da cúpula. O magnífico afresco que decora o teto da nave representa a apoteose de

Igreja de São Nicolau (p. 77), Malá Strana
RICHARD NEBESKY

São Nicolau e retrata o santo em ações como salvar os marinheiros de um navio naufragado, evitar que três homens sejam condenados injustamente e livrar mulheres da prostituição jogando sacos de ouro para elas.

A última fase do barroco foi o rococó, um tipo de "barroco com esteroides", com decoração ainda mais elaborada. O Palácio Goltz-Kinský (1755-65; p. 94), de frente para a Praça da Cidade Velha, tem fachada rococó.

NEOCLÁSSICO E OUTROS "NEOS"

Depois da exuberância dos séculos XVII e XVIII, a arquitetura do século XIX foi comparativamente sem graça. Havia um sentimento entre os arquitetos de que o barroco e o rococó tinham levado a ornamentação pura o mais longe possível e era preciso simplificar os estilos. Eles olharam para Grécia e Roma, onde os prédios eram valorizados pela sobriedade, simetria e elegância formal. Na prática, significou fachadas duras, colunas pesadas e o uso de elementos clássicos como pedimentos triangulares sobre portas e janelas.

Praga ficou sob o tacão da Viena dos Habsburgo, onde o neoclássico estava em perfeita harmonia com o gosto conservador do imperador Francisco José I. O estilo sobrevive em centenas de prédios na cidade toda. Quando estiver andando por aí admirando a arquitetura, não se deixe enganar. Se um prédio tiver um monte de colunas falsas e fileiras de janelas idênticas – e parecer um pouco tedioso –, há grandes chances de que seja um neoclássico do século XIX.

Neoclássico e outros estilos "historicistas" estão ligados ao Renascimento Nacional Tcheco do século XIX. O Teatro Nacional (1888; p. 114) e o Museu Nacional (1891; p. 115) foram construídos em estilo neorrenascentista. Os edifícios são notáveis não tanto pela qualidade da arquitetura – muitos críticos diriam que eles são pseudos –, mas pelo que representam: a chance de os tchecos mostrarem que eram tão bons quanto seus senhores vienenses.

O surto neogótico do século XIX, mais um "neo", pode ter sido o mais bem-sucedido estilo jamais adotado lá. Nos anos 1880 e 1890, o governo mandou construir dezenas de falsos pináculos neogóticos – incluindo os que estão no topo do Portão da Pólvora (p. 102) e da Torre Jindřišská (p. 107) –, valendo a Praga o apelido de "Cidade dos Cem Pináculos".

ART NOUVEAU

Com o século XIX chegando ao fim, os arquitetos tchecos começaram a se cansar das invariáveis fachadas lineares neoclássicas e do pomposo e retrógrado estilo da Viena imperial. Em busca de algo novo, acharam a inspiração em Paris, com as linhas ondulantes e a ênfase na beleza da *art nouveau*.

A *art nouveau* foi bastante usada em hotéis de luxo, incluindo o Hotel Central (1899-1901; mapa p. 108) na Hybernská, em Nové Město, cuja fachada é decorada com folhagem de estuque, luminárias ornamentadas e uma cornija de concreto sob uma cumeeira ornamentada. O Grand Hotel Evropa (1906; veja o quadro, p. 115) na Praça Venceslau, mais famoso, é ainda mais grandioso e mais decorado (do lado de fora, ao menos; as acomodações deixam muito a desejar), enquanto o Hotel Paříž (1904; mapa p. 90) na U Obecního Domu, em Staré Město, conservou seu esplendor interno tanto quanto o externo.

A melhor expressão de *art nouveau* da cidade é a magnífica Casa Municipal (1906-1912; p. 102). Toda a decoração do prédio foi desenhada pelos artistas tchecos mais importantes da época, entre os quais o mais famoso, Alfons Mucha (veja o quadro, p. 39), que decorou o Salão do Senhor Prefeito.

CUBISMO

Em apenas uma década (1910-1920), meia dúzia de arquitetos deu a Praga um legado único de edifícios – em sua maioria, casas particulares e prédios de apartamentos – influenciados pelo movimento artístico do cubismo. O estilo cubista abandonou as linhas regulares da arquitetura tradicional e as formas sinuosas da *art nouveau* em favor de formas triangulares, poligonais e piramidais, enfatizando diagonais mais do que horizontais e verticais, e conseguindo um efeito cheio de arestas, quase cristalino.

Algumas das melhores casas cubistas (mapa p. 120) foram desenhadas por Josef Chochol em 1912-1914 e podem ser vistas em Vyšehrad: veja a Villa Libušina na esquina da Vnislavova com

Casa cubista (mapa p. 120) na Rašínovo nábřeží, Vyšehrad

o melhor

ROMÂNICO
- Basílica de São Jorge (p. 66)
- Rotunda de São Martinho (p. 120)
- Rotunda de São Longuinho (p. 117)

GÓTICO
- Catedral de São Vito (p. 65)
- Salão Vladislav (p. 64)
- Ponte Carlos (p. 76)

RENASCENÇA
- Palácio de Verão (p. 64)
- Palácio Schwarzenberg (p. 68)
- Casa do Minuto (p. 95)

BARROCO
- Igreja de São Nicolau, Malá Strana (p. 77)
- Loreta (p. 69)
- Palácio Goltz-Kinský (p. 94)

NEOCLÁSSICO
- Teatro Nacional (p. 114)
- Museu Nacional (p. 115)
- Rudolfinum (p. 99)

ART NOUVEAU
- Casa Municipal (p. 102)
- Grand Hotel Evropa (p. 115)
- Hotel Paříž (p. 49)

CUBISMO
- Casas abaixo do Castelo Vyehrad (p. 49)
- Casa da Virgem Negra (p. 102)
- Banco das Legiões Tchecoslovacas (p. 51)

FUNCIONALISMO
- Loja de sapatos Baťa (p. 155)
- Villa Müller (p. 51)
- Palácio Veletržní (p. 139)

COMUNISMO
- Hotel Crowne Plaza (p. 135)
- Loja de departamentos Kotva (p. 51)
- Torre de TV (p. 133)

PÓS-1989
- Edifício Dançante (p. 116)
- Antiga cervejaria Holešovice (p. 52)
- Shopping center Nový Smíchov e complexo de escritórios anexo (p. 157)

Detalhe art nouveau, Casa Municipal (p. 102), Staré Město

a Rašínovo nábřeží, as casas do número 6 ao 10 na Rašínovo nábřeží e o prédio de apartamentos na Neklanova, 30. Outros exemplos atraentes incluem a Casa da Virgem Negra (1912; p. 102) em Staré Město (que abriga o Museu do Cubismo Tcheco) e as casas geminadas (mapa p. 70) na Tychonova, 4-6, em Hradčany, todas de Josef Gočár, e um prédio de apartamentos (mapa p. 90) criado por Otakar Novotný na Elišky Krásnohorské, 10-14, em Staré Město.

Depois da Segunda Guerra Mundial, o cubismo desenvolveu-se em outro estilo único de Praga, quando arquitetos como Pavel Janák e Josef Gočár adicionaram cor e elementos decorativos às fachadas angulosas, em uma nova tentativa de definir um estilo nacional tcheco. As formas mais arredondadas características desses prédios levaram o nome de "rondocubismo". Esse estilo efêmero pode ser visto no monumental Palácio Adria (1922-1925; p. 114) de Janák, na Národní třída, e no prédio de apartamentos alto e estreito na Jungmannovo náměstí, 4, mas a melhor expressão é o Banco das Legiões Tchecoslovacas (Legiobank; 1921-1923; mapa p. 108) de Gočár na Na Poříčí, 24, com sua alternância hipnótica de elementos redondos e angulares.

Nesse período, o desenho cubista estendeu-se tanto no campo das artes decorativas – exemplos de mobília cubista podem ser vistos no Museu de Artes Decorativas (p. 97) e no Museu do Cubismo Tcheco (p. 102) – quanto no domínio mais mundano dos equipamentos urbanos. Praga deve ser a única cidade do mundo com um poste de luz cubista (1915; mapa p. 110). Até a lápide de Franz Kafka (veja p. 129), desenhada por Leopold Ehrmann em 1924, evoca o estilo cubista em seu pilar prismático cristalino.

FUNCIONALISMO

O mantra modernista "a forma segue a função" encontrou seguidores receptivos na geração de arquitetos que se formaram nos anos 1920 e 1930. O funcionalismo – similar à escola Bauhaus alemã – tinha apelo para os arquitetos exatamente porque rejeitava tudo que viera antes. O cubismo e, em especial, o rondocubismo de repente pareciam excessivamente decorativos e mais preocupados com a estética de uma construção do que com sua função.

Na Tchecoslováquia, Brno foi o centro da arquitetura funcionalista; ainda assim, Praga tem sua parcela de caixas modernas com aparência descolada, facilmente identificáveis pelos vidros horizontais nas fachadas e telhados planos. Os melhores edifícios funcionalistas têm as virtudes da simplicidade e da simetria.

O funcionalismo é melhor em pequena escala, em vilas e pequenos prédios de apartamentos, mas um edifício funcionalista bem-sucedido no centro é a loja de sapatos Baťa (1929; p. 155) na Praça Venceslau. A fachada de sete andares é quase inteiramente de vidro e ainda irradia um tipo melindrosas-Grande Gatsby de modernismo.

Fãs do funcionalismo vão querer ver a Villa Müller (1930; p. 146), de Adolf Loos, no subúrbio de Střešovice. Loos construiu a casa em 1930 para o industrial František Müller e a esposa, com um desenho minimalista e um interior suntuoso, revestido de mármore travertino e madeiras exóticas.

COMUNISMO

Pergunte a um tcheco se o período comunista produziu algo de valor arquitetônico e ele vai rir. Os comunistas são universalmente criticados pela construção de horrorosos projetos habitacionais (chamados de *paneláky* porque foram feitos de painéis pré-fabricados) e centenas de escolas, hospitais e institutos seguindo umas poucas formas, indistinguíveis uns dos outros até no piso de linóleo verde-claro.

Com o passar do tempo, porém, alguns críticos estão moderando sua opinião, e, lentamente, uma valorização do período começa a se firmar. Não que os prédios sejam bons, mas, pelo menos, são ruins de um jeito interessante.

Logo depois da Segunda Guerra Mundial, os arquitetos tchecoslovacos foram obrigados a desenhar no bombástico estilo stalinista do realismo socialista. O melhor exemplo é o antigo Hotel International (hoje Hotel Crowne Plaza; 1954; p. 135), em Dejvice.

No meio dos anos 1970, parece ter havido um concurso para saber quem construiria a loja de departamentos menos funcional. O edifício Máj (hoje Tesco; 1975; p. 163), em Nové Město, e a Kotva (1975; mapa p. 90), em Staré Město, exibem tendências diferentes do então popular estilo "brutalista". Tesco lembra vagamente um Centro Pompidou em miniatura, com sua fachada de metal e vidro mostrando deliberadamente os encanamentos do edifício. A Kotva, construída a partir de hexágonos gigantes empilhados em pilares rústicos de concreto, está mais perto dos "furúnculos" brutalistas do príncipe Charles e não destoariam de um centro de cidade do interior britânica dos anos 1970. Significativamente, os dois edifícios foram tombados como patrimônio histórico.

A **Torre de TV** (p. 133) em Žižkov data do fim da era comunista. Só pelo tamanho ela esmaga tudo ao redor – uma metáfora para um sistema comunista totalmente fora de sincronia com a cidade. De modo surpreendente, ela envelheceu bem e os locais mostram com orgulho uma estrutura que levou os limites da feiura longe a ponto de conseguir algo próximo da beleza.

PÓS-1989

Os puristas estão chocados com o que vem sendo desenhado e construído desde 1989: centenas de shoppings, hipermercados e mansões que brotaram nos arredores da cidade em todas as direções.

Nem por isso tudo está perdido. Uma das mais interessantes construções do período pós-Revolução de Veludo é o chamado **Edifício Dançante** (1992-1996; p. 116) na Rašínovo nábřeží, em Nové Město, desenhado pelo arquiteto croata Vlado Milunić e pelo americano Frank Gehry. Construído no vão deixado por uma bomba aliada na Segunda Guerra Mundial, é uma obra ousada, cujas curvas parecem feitas sob medida para guias e revistas de turismo. A semelhança do edifício com um casal dançando valeu ao edifício o apelido de "Fred e Ginger", por causa da lendária dupla de dançarinos Fred Astaire e Ginger Rogers.

Parte da melhor arquitetura comercial recente está nos antigos distritos industriais da cidade, como Smíchov, Karlín e Holešovice. Um dos mais inovadores desses complexos fica no distrito de Holešovice, onde incorporadores estão reformando a **antiga cervejaria Holešovice** (mapa p. 136) para abrigar residências e escritórios.

O futuro da arquitetura chegou a Praga há uns dois anos na forma de uma proposta do arquiteto tcheco emigrado Jan Kaplický de construir uma nova biblioteca nacional perto do Parque Letná. Kaplický e sua empresa de Londres, a Future Systems, ficaram famosos por sua arquitetura estilo "bolha", orgânica e de linhas ondulantes. O prédio de nove andares já foi descrito como "criatura biomórfica marinha" (já o apelidaram de "o polvo"). Os planos para construir o edifício, no entanto, tiveram um trágico fim em 2009, quando Kaplický sofreu um ataque cardíaco repentino e fatal.

O Edifício Dançante (p. 116), Nové Město — RICHARD NEBESKY

(Continuação da página 44)

de suas políticas tenham dado resultados positivos para a cidade, seu nome foi associado a escândalos de propina nos últimos anos e, na metade de 2010, certo cansaço de Bém tinha se estabelecido em muitos eleitores. Sua estrela política com certeza já não parece tão brilhante quanto há uns dois anos.

O governo nacional é afetado pela instabilidade resultante do fato de que nenhum dos grandes partidos de centro, o Partido Democrático Civil, de centro-direita, e o Social Democrata (ČSSD) de centro-esquerda, aceita (por princípio) formar um governo com o Partido Comunista, o KSČM. Na prática isso significa que coalizões frágeis têm que ser costuradas com os pequenos partidos restantes: os democrata-cristãos (KDU-ČSL), os verdes (SZ) e Top 09, um novo partido de direita formado basicamente por dissidentes do ODS. As eleições parlamentares realizadas em maio de 2010, espera-se, deixaram essa instabilidade para trás, ao menos por um tempo. O resultado deu à coalizão de direita do ODS e Top 09 uma maioria relativamente estável, pondo fim a um período de mais de um ano durante o qual o país não teve um governo eleito.

O presidente Václav Klaus venceu a reeleição para um segundo mandato de cinco anos em fevereiro de 2008. Klaus, um destacado cético quanto à UE e crítico ferrenho dos esforços para conter o aquecimento global, continua sendo uma figura polarizadora. Suas críticas aos esforços ambientalistas para limitar a emissão de gases do efeito estufa fizeram dele o queridinho dos centros de pensamento conservador, mas envergonharam muitos tchecos que veem as mudanças climáticas como um assunto sério.

MÍDIA

Os tchecos são viciados em jornais, e você vai ver gente com a cara enfiada nas últimas notícias em bares, bondes, bancos de praça, e até andando na rua. É uma pena que o nível do jornalismo diário atualmente seja baixo comparado com os anos do entre-guerras, com qualquer tradição remanescente de reportagem investigativa esmagada durante a era comunista.

Há vários jornais nacionais importantes; a maioria está hoje nas mãos de magnatas da mídia alemães ou suíços. O que mais vende é o tabloide *Blesk,* controlado pelo grupo suíço Ringier. O centro-direitista *Mladá fronta* DNES e o ex-comunista, mas ainda de esquerda, *Právo* também são populares. *Lidové noviny,* frequentemente abreviado como *Lidovky,* tem uma circulação menor, mas é considerado um jornal de qualidade por causa da excelente reputação durante as

PRINCIPAIS SITES DE NOTÍCIA

Diários tchecos mais importantes:
- *Blesk* (www.blesk.cz, em tcheco)
- *Lidové noviny* (www.lidovky.cz, em tcheco)
- *Mladá fronta DNES* (http://zpravy.idnes.cz/mfdnes.asp, em tcheco)
- *Právo* (http://pravo.novinky.cz, em tcheco)

Mídia em inglês:
- *aktuálně.cz* (http://aktualne.centrum.cz/czechnews) – Apanhado de política e economia publicado em conjunto com o jornal online tcheco.
- *Czech Happenings* (www.ceskenoviny.cz/news) – Revista de informação em inglês operada pela agência tcheca de notícias CTK.
- *New Presence* (www.new-presence.cz)
- *Prague Post* (www.praguepost.com)
- *Prague Daily Monitor* (www.praguemonitor.com)
- *Provokátor* (http://provokator.org) – Fanzine online, forte na cena de clubes, música e comportamento. Excelente para reservas online em baladas.
- *Radio Prague* (www.radio.cz) – Traduções úteis de notícias e matérias de cultura transmitidas pelo serviço internacional da rádio tcheca.

TRAVA-LÍNGUAS TCHECOS

Esqueça o rato de Roma e os tigres no trigal. Com uma língua em que as vogais parecem optativas, os tchecos têm uma tradição campeã mundial de trava-línguas. Treine algumas vezes estes, se quiser impressionar seus anfitriões tchecos:

- Strč prst skrz krk (literalmente, "Enfie seu dedo na garganta")
- Třistatřicettři stříbrných stříkaček stříkalo přes třistatřicettři stříbrných střech (Trezentas e trinta e três duchas de prata estavam borrifando sobre 33 tetos de prata)
- Šel pštros s pštrosáčaty pštrosí ulicí (A avestruz passou com seus bebês avestruzes pela rua Avestruz)
- Se você for realmente bom, tente este (cortesia da Wikipedia – embora nós nunca tenhamos ouvido ninguém realmente tentar): Prd krt skrz drn, zprv zhlt hrst zrn (Uma toupeira soltou um pum através da grama, tendo comido um punhado de grãos)

---

decadas de 1920 e 1930. Foi fechado durante o comunismo e reviveu como publicação *samizdat* (clandestina) pouco antes da Revolução de Veludo.

Quanto à mídia em inglês, o venerável *Prague Post* (agora em seu 19º ano) continua a ser publicado, apesar dos persistentes rumores de que está mal das pernas. A qualidade dos textos cresce e diminui, dependendo da equipe, mas o suplemento *Night and Day* continua sendo um excelente guia semanal de restaurantes, cinemas, acontecimentos, shows e galerias. Competindo com o *Prague Post* na internet há o *Prague Daily Monitor,* uma mistura animada de histórias originais, complementadas por traduções dos jornais tchecos, material de agências e links para outras fontes de notícias, inclusive blogs locais. O *New Presence* é uma tradução trimestral em inglês do *Nová přítomnost,* com matérias sobre atualidades, política e negócios. (Para uma lista dos principais sites de mídia, veja o quadro, p. 53.)

A situação é pior quanto a fanzines. Ao longo dos anos, Praga teve dezenas de semanários alternativos e humorísticos em inglês, mas o número veio caindo nos últimos anos. Isso provavelmente reflete uma mudança no perfil da comunidade de expatriados, de alternativos para profissionais mais velhos, e a influência da internet, que faz a impressão em árvores mortas parecer cada vez mais fora de moda. Um que continua se aguentando é o insolente *Provokátor*, eventualmente disponível em bares e cafés pela cidade.

IDIOMA

O idioma tcheco é fortemente ligado à identidade étnica e nacional do país. O tcheco foi esmagado durante séculos em favor do alemão durante a ocupação dos Habsburgo e ressurgiu como língua literária só no século XIX. Na altura do fim do século, o número de falantes de tcheco na cidade excedia o de falantes de alemão, e, em 1939, quando os nazistas entraram, os falantes de alemão eram uma clara minoria (embora Praga ainda fosse tecnicamente bilíngue). Durante a guerra, os nazistas tentaram restabelecer o alemão como língua principal, e, depois da Segunda Guerra Mundial, foi a vez dos russos tentarem hegemonia cultural, tornando obrigatório o ensino de russo nas escolas.

Contra esse pano de fundo de luta pela supremacia linguística, não surpreende que os tchecos às vezes pareçam sem vontade de jogar tudo fora e simplesmente falar inglês. Dito isso, é pouco provável que você tenha grandes problemas no centro de Praga, onde os moradores estão acostumados com perguntas básicas em inglês. A situação muda fora do centro e no resto do país. Em geral, os mais jovens falam um pouco de inglês. Pessoas mais velhas falam um pouco de alemão.

Tchecos têm um orgulho perverso da dificuldade de sua língua. Mesmo comparada a outras línguas eslavas como russo ou polonês, o tcheco normalmente é considerado mais difícil. Para dar uma ideia, os substantivos têm quatro gêneros (masculino inanimado, masculino animado, feminino e neutro), e cada um declina de modo diferente dependendo da função em uma sentença. Se você pensar em cerca de doze tipos diferentes de substantivo e pelo menos meia dúzia de possíveis fins para cada um, são setenta possíveis grafias – e isso são só os substantivos. Não espanta que até o visitante mais animado uma hora dê de ombros e volte ao padrão *Mluvíte anglicky?* (Você fala inglês?) (Veja uma amostra de trava-línguas tchecos no quadro acima.)

Para mais informações, veja o capítulo Idioma, p. 265.

REGIÕES

o melhor

- Castelo de Praga (p. 61)
- Biblioteca Strahov (p. 69)
- Museu Franz Kafka (p. 80)
- Ponte Carlos (p. 76)
- Praça da Cidade Velha (p. 89)
- Casa Municipal (p. 102)
- Vyšehrad (p. 119)
- Passeio a pé em Vinohrady e Vršovice (p. 124)
- Monumento Nacional (p. 132)
- Palácio Veletržní (p. 139)

O que você recomenda? www.lonelyplanet.com/prague

REGIÕES

O rio Moldava desliza pelo centro de Praga como um grande ponto de interrogação, com o centro da cidade se expandindo na metade inferior. Há pouca regularidade no modo como Praga se espalha – é uma cidade que cresceu organicamente a partir de suas raízes medievais, destruindo aldeias e engolindo subúrbios conforme foi avançando para as florestas nas colinas da Boêmia central.

As partes mais antigas de Praga se aglomeram logo ao sul da curva do rio – a Ponte Carlos, a passagem original sobre o Moldava, é o ponto de origem do crescimento da cidade. Em seu limite ocidental fica Malá Strana (Pequeno Bairro), a Rive Gauche de Praga: um banquete de belos edifícios barrocos entrelaçados a jardins recônditos, ruas calçadas de pedra e praças cercadas de bares, restaurantes e cafés convidativos. As atrações principais do local são os traços históricos da Igreja de São Nicolau e o Jardim Wallenstein, e pontos mais modernos, como o Museu Franz Kafka e o Muro de John Lennon.

A rua Nerudova sobe da praça principal de Malá Strana até Hradčany, o distrito do castelo medieval, dominado pelos pináculos da Catedral de São Vito, uma marca da cidade, visível de toda parte de Praga. Visitantes se amontoam nas dependências do castelo em busca de um lugar para ver a troca da guarda ao meio-dia, mas a cidade em geral é bem mais tranquila, com alamedas calmas para se explorar.

Da extremidade oriental da Ponte Carlos, a rua Karlova, lotada de turistas, leva à Praça da Cidade Velha, o coração da Staré Město (Cidade Velha) medieval. Limitada pelo rio, de um lado, e pela linha dos antigos muros da cidade (ao longo da Revoluční, Na Příkopě e Národní třída), do outro, Staré Město é onde você vai encontrar muitas das atrações mais populares de Praga, incluindo a Velha Prefeitura, o Relógio Astronômico, a Casa Municipal e o Museu Judaico de Praga, assim como importantes palcos de concertos e óperas como o Rudolfinum e o Teatro do Patrimônio.

> "A cidade cresceu organicamente, destruindo aldeias e engolindo subúrbios conforme foi avançando para as florestas nas colinas da Boêmia central"

Envolvendo Staré Město ao sul e a leste, e limitada pela movimentada artéria de tráfego de Wilsonova, fica Nové Město (Cidade Nova) – em Praga, "nova" significa do século XIV. O ponto central é o bulevar da Praça Venceslau, com 1 km de extensão, onde estão o Museu Mucha, o Museu Nacional, o Teatro Nacional e muitos dos hotéis e restaurantes mais modernos de Praga. No limite sul fica a cidadela de Vyšehrad, pendurada em um penhasco acima da margem oriental do rio.

Para além do centro, encontram-se subúrbios dos séculos XIX e XX, a apenas cinco ou dez minutos de trem ou metrô. A leste, fica a elegante Vinohrady, com suas avenidas arborizadas e cafés bacanas, que começam a se espalhar para Vršovice. Ao norte, localizam-se o alternativo Žižkov – famoso por sua Torre de TV proeminente e pelos cafés e clubes – e Karlín, que está sendo recuperada rapidamente. Os dois últimos são separados pelo Monte Žižkov, outro ponto de destaque, sobre o qual ficam o Monumento Nacional e a estátua equestre gigante de Jan Žižka.

De volta ao lado oeste do rio, ao norte de Hradčany, localizam-se os subúrbios em ascensão de Holešovice, Bubeneč e Dejvice. Fora a galeria de arte do Palácio Veletržní e as áreas verdes abertas de Letná e Stromovka não há muitas atrações ali, mas há vários restaurantes, bares e clubes que valem a pena. Pode-se dizer o mesmo do antigo distrito industrial de Smíchov, ao sul de Malá Strana.

Por fim, reunimos um pacote de atrações mais distantes sob o título Bairros Afastados, englobando distritos como Troja, que abriga o Zoológico de Praga, e Střešovice, com seu Museu do Transporte Público.

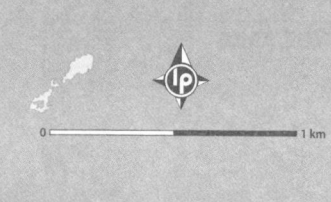

HOLEŠOVICE, BUBENEČ E DEJVICE (p. 134)

CASTELO DE PRAGA (p. 61)

HRADČANY (p. 68)

ŽIŽKOV E KARLÍN (p. 129)

STARÉ MĚSTO (p. 89)

MALÁ STRANA (p. 76)

VINOHRADY E VRŠOVICE (p. 124)

NOVÉ MĚSTO E VYŠEHRAD (p. 107)

SMÍCHOV (p. 142)

GRANDE PRAGA

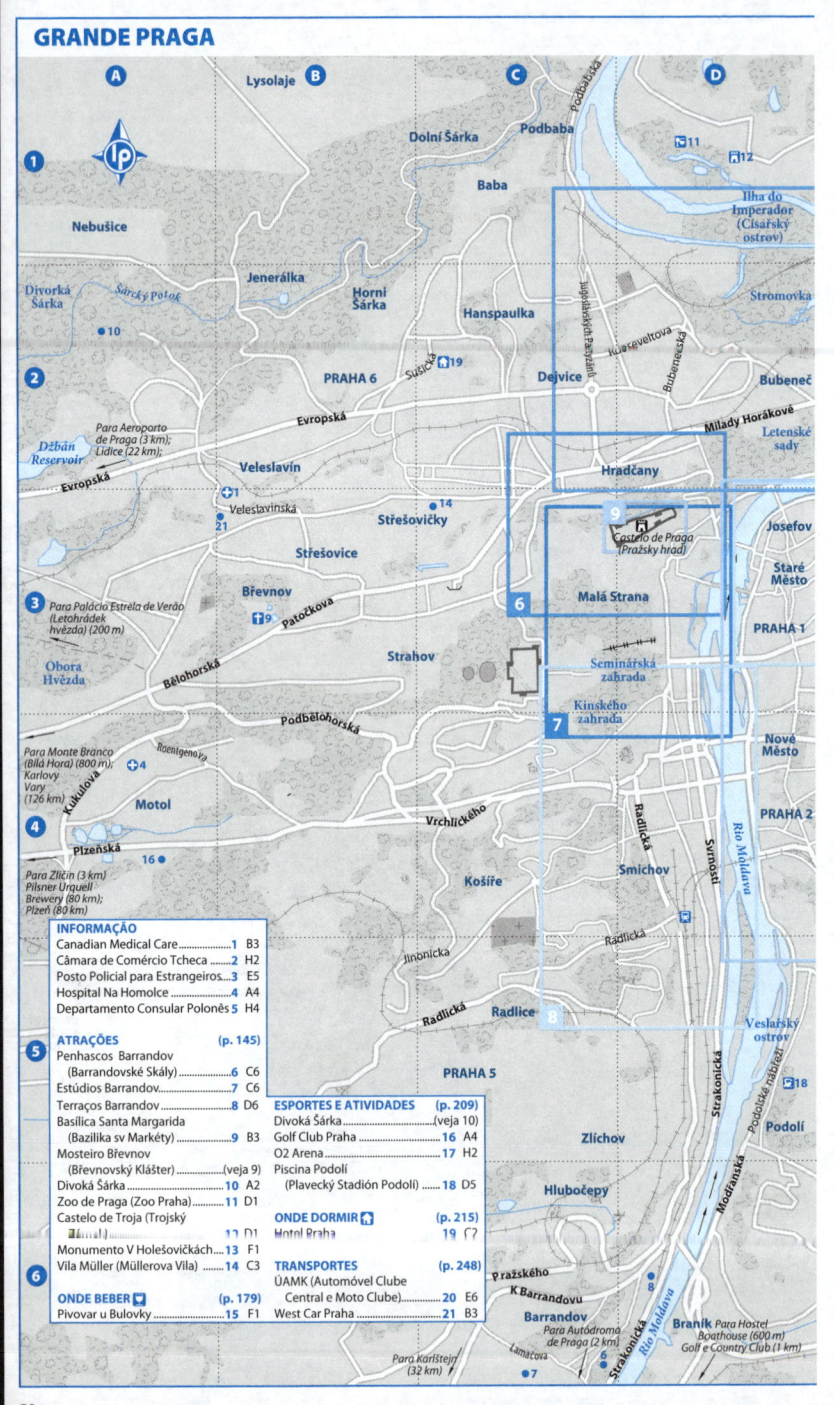

INFORMAÇÃO
Canadian Medical Care	1 B3
Câmara de Comércio Tcheca	2 H2
Posto Policial para Estrangeiros	3 E5
Hospital Na Homolce	4 A4
Departamento Consular Polonês	5 H4

ATRAÇÕES (p. 145)
Penhascos Barrandov (Barrandovské Skály)	6 C6
Estúdios Barrandov	7 C6
Terraços Barrandov	8 D6
Basílica Santa Margarida (Bazilika sv Markéty)	9 B3
Mosteiro Břevnov (Břevnovský Klášter)	(veja 9)
Divoká Šárka	10 A2
Zoo de Praga (Zoo Praha)	11 D1
Castelo de Troja (Trojský zámek)	12 D1
Monumento V Holešovičkách	13 F1
Vila Müller (Müllerova Vila)	14 C3

ONDE BEBER (p. 179)
Pivovar u Bulovky	15 F1

ESPORTES E ATIVIDADES (p. 209)
Divoká Šárka	(veja 10)
Golf Club Praha	16 A4
O2 Arena	17 H2
Piscina Podolí (Plavecký Stadión Podolí)	18 D5

ONDE DORMIR (p. 215)
Hotel Praha	19 C2

TRANSPORTES (p. 248)
ÚAMK (Automóvel Clube Central e Moto Clube)	20 E6
West Car Praha	21 B3

ÍNDICE DO MAPA

1. Staré Město p. 90
2. Nové Město e Vyšehrad p. 108
3. Vinohrady e Vršovice p. 125
4. Žižkov e Karlín p. 130
5. Holešovice, Bubeneč e Dejvice p. 136
6. Hradčany p. 70
7. Malá Strana p. 78
8. Smíchov p. 143
9. Castelo de Praga p. 62

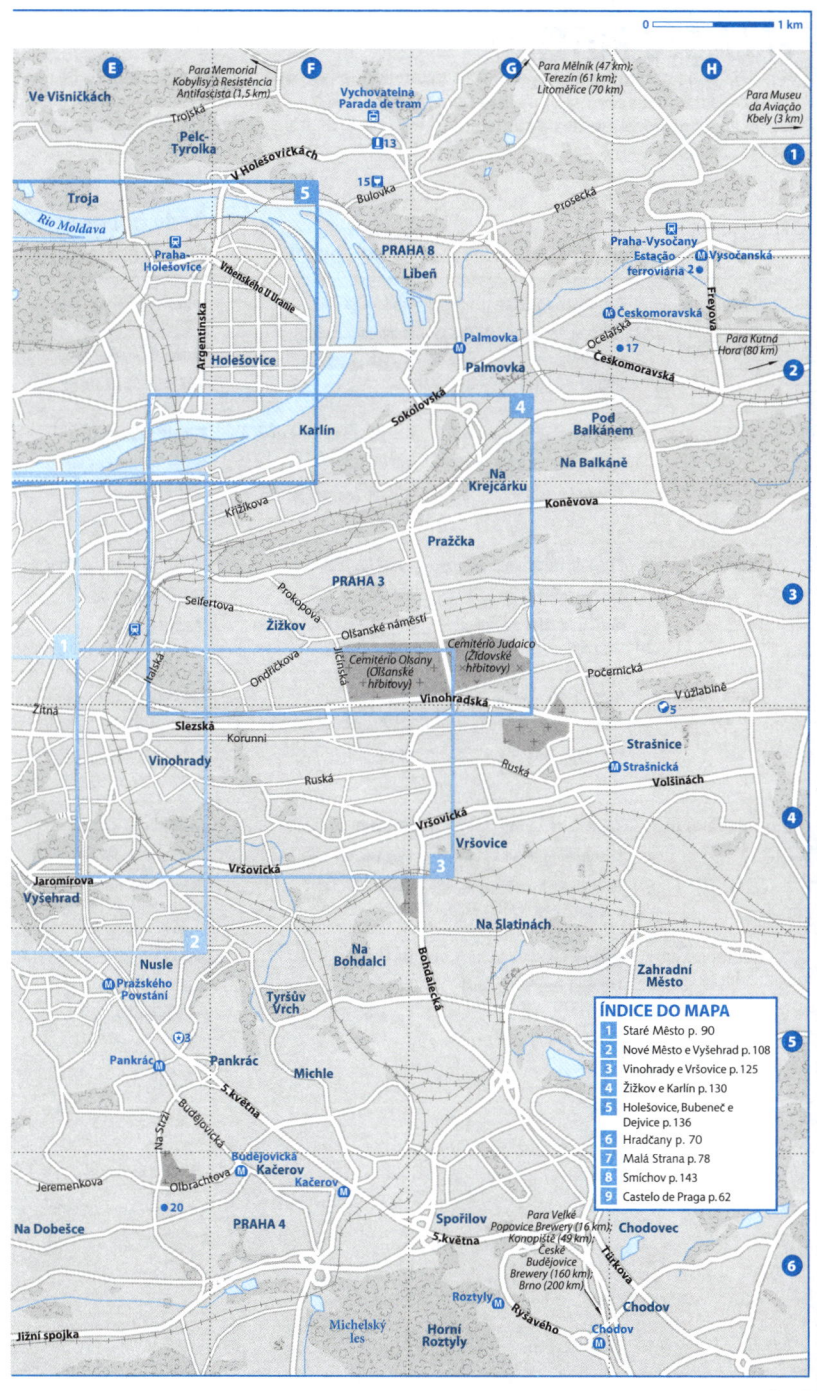

FAÇA SEU ROTEIRO

A tabela abaixo permite planejar um dia de atividades em qualquer área da cidade. Basta localizá-la nas listas correspondentes para planejar seu dia. O primeiro item em cada caixa representa um local de destaque, enquanto os outros itens são mais recomendaçnoes fora da trilha.

	Atrações	Onde comer	Onde beber e Entretenimento
Castelo de Praga e Hradčany	Catedral de S. Vito (p. 65) História do Castelo de Praga (p. 66) Biblioteca Strahov (p. 69)	Víkarka (p. 163) Malý Buddha (p. 164) U zlaté hrušky (p. 163)	Lobkowicz Palace Cafe (p. 103) Pivnice U Černého vola (p. 183) U zavěšenýho kafe (p. 183)
Malá Strana	Ponte Carlos (p. 76) Jardim Wallenstein (p. 81) Museu Franz Kafka (p. 80)	Hergetová Cihelná (p. 164) Noi (p. 165) U Malé Velryby (p. 165)	U malého Glena (p. 201) Malostranská Beseda (p. 202) Klub Újezd (p. 183)
Staré Mêsto	Praça da Cidade Velha (p. 89) Casa Municipal (p. 102) Museu Judaico de Praga (p. 98)	Lokál (p. 168) Maitrea (p. 168) Allegro (p. 166)	U Zlatého Tygra (p. 186) Kozička (p. 184) Čili Bar (p. 185)
Nové Mêsto e Vyšehrad	Praça Venceslau (p. 113) Museu Mucha (p. 107) Vyšehrad (p. 119)	Kogo (p. 169) Karavanseráj (p. 171) Oliva (p. 169)	Bokovka (p. 186) Pivovarský Dům (p. 183) Lucerna Music Bar (p. 202)
Subúrbios do Leste	Torre de TV (p. 133) Monumento Nacional (p. 132) Passeio a pé em Vinohrady e Vršovice (p. 124)	Ambiente (p. 172) Mozaika (p. 172) Café FX (p. 173)	Caffé Kaaba (p. 187) Blatouch (p. 187) Palác Akropolis (p. 202)
Subúrbios do Norte	Palácio Veletržní (p. 139) Museu Técnico Nacional (p. 137) Stromovka (p. 138)	Da Emanuel (p. 175) La Crêperie (p. 177) SaSaZu (p. 200)	Cross Club (p. 198) Fraktal (p. 190) Andaluský Pes (p. 192)

CASTELO DE PRAGA

Onde beber p. 183; Onde comer p. 163

Castelo de praga – Pražský hrad, ou apenas *hrad* para os tchecos – é a atração mais popular de Praga. Segundo o *Guinnes, o livro dos recordes*, é o maior castelo antigo do mundo: 570 metros de extensão, uma média de 128 metros de largura, cobrindo uma área maior do que sete campos de futebol.

Sua história começa no século IX, quando o príncipe Bořivoj fundou um assentamento fortificado no local. Com os acréscimos feitos pelos governantes que se seguiram, incorporou uma mistura eclética de estilos arquitetônicos. O castelo sempre foi a sede do governo, assim como a residência oficial do chefe de Estado, embora o primeiro presidente da República Tcheca, Václav Havel, tenha optado por morar em sua própria casa nos arredores da cidade.

O Castelo de Praga passou por quatro grandes reconstruções, sendo a primeira, promovida pelo príncipe Soběslav no século XII, até a redecoração clássica sob a imperatriz Maria Teresa (reinou 1740–1780). Na década de 1920, o presidente Masaryk contratou o arquiteto esloveno Jože Plečnik para reformar o castelo; suas mudanças criaram algumas de suas principais características e o tornaram mais amigável para o turista.

Organizamos esta seção começando com a entrada principal do castelo, na extremidade ocidental, movendo-nos, daí, através dos vários pátios e atrações antes de sair pela extremidade leste. Você vai precisar de pelo menos duas horas para ver as principais atrações, e do dia inteiro se quiser visitar tudo.

São acessíveis para cadeiras de rodas: a entrada principal para a Catedral de São Vito, o Velho Palácio Real, o Salão Vladislav, a Basílica de São Jorge, a Casa do Jogo de Bola, a Galeria do Castelo de Praga e os jardins do castelo. Há um banheiro acessível a cadeira de rodas à direita da entrada da catedral.

Ingressos e Horários de funcionamento

Você pode perambular à vontade pelos pátios do castelo (5-0 h abr-out, 6-23 h nov-mar), jardins do castelo (10-18 h abr e out, às 19 h mai e set, às 21 h jun e jul, às 20 h ago, fechado nov-mar) e Catedral de São Vito (9-17 h seg-sáb e 12-17 h dom mar-out, 9-16 h seg-sáb e 12-16 h dom nov-fev), mas vai precisar de ingresso para todos os principais prédios históricos (9-18 h abr-out, às 16 h nov-mar).

Há seis ingressos diferentes (todos válidos por dois dias) que dão acesso a várias combinações de atração (veja o quadro, p. 64); você pode comprar os ingressos em qualquer um dos dois centros de informação (Mapa p. 62; ☎ 224 372 419, 224 372 423; www.hrad.cz; 9-18 h abr-out, às 16 h nov-mar) no segundo e terceiro pátios, ou em bilheterias nas entradas da Alameda Dourada, do Velho Palácio Real e da exposição História do Castelo de Praga.

Cobra-se meia entrada de menores entre 6 e 16 anos, maiores de 65, estudantes e visitantes com deficiências; crianças com menos de 5 anos não pagam. O ingresso familiar vale para um ou dois adultos e até cinco crianças com menos de 16 anos. Tirar fotos internas custará mais 50Kč, e o uso de flash ou tripé é proibido.

Os ingressos citados não incluem acesso a outras galerias de arte e museus nas dependências do castelo; confira seus preços nas resenhas específicas.

Há visitas guiadas em tcheco com duração de 1 hora (200Kč para até quatro pessoas, mais 50Kč por pessoa acima disso) e em inglês, francês, alemão, italiano, russo e espanhol (400Kč, mais 100Kč por pessoa a mais) de terça a domingo. Você também pode alugar um audioguia (150Kč por duas horas) nos centros de informação.

Há agência do correio (8-19 h seg-sex, 10-19 h sáb), casa de câmbio (8h10-18h10) e caixa eletrônico junto do centro de informações do Terceiro Pátio, e, no centro de informação do Segundo Pátio, há outro caixa eletrônico. Compre ingressos para shows e outros eventos especiais na bilheteria (☎ 224 373 483; 9-17 h abr-out, às 16 h nov-mar) na Capela da Santa Cruz, no Segundo Pátio.

TRANSPORTE: CASTELO DE PRAGA

Metrô A estação mais próxima é Malostranská, mas, de lá, é uma subida íngreme pela Velha Escadaria do Castelo até a extremidade oriental do castelo. A estação Hradčanská fica a cerca de dez minutos a pé, ao norte do castelo, mas é uma caminhada plana e fácil.

Tram Tome a linha 22 da Národní třída na parte sul de Staré Město, na Malostranské náměstí em Malá Strana, ou na estação de metrô Malostranská até a parada de Pražský hrad. Se quiser explorar Hradčany antes, fique no tram até Pohořelec, a segunda parada depois dessa.

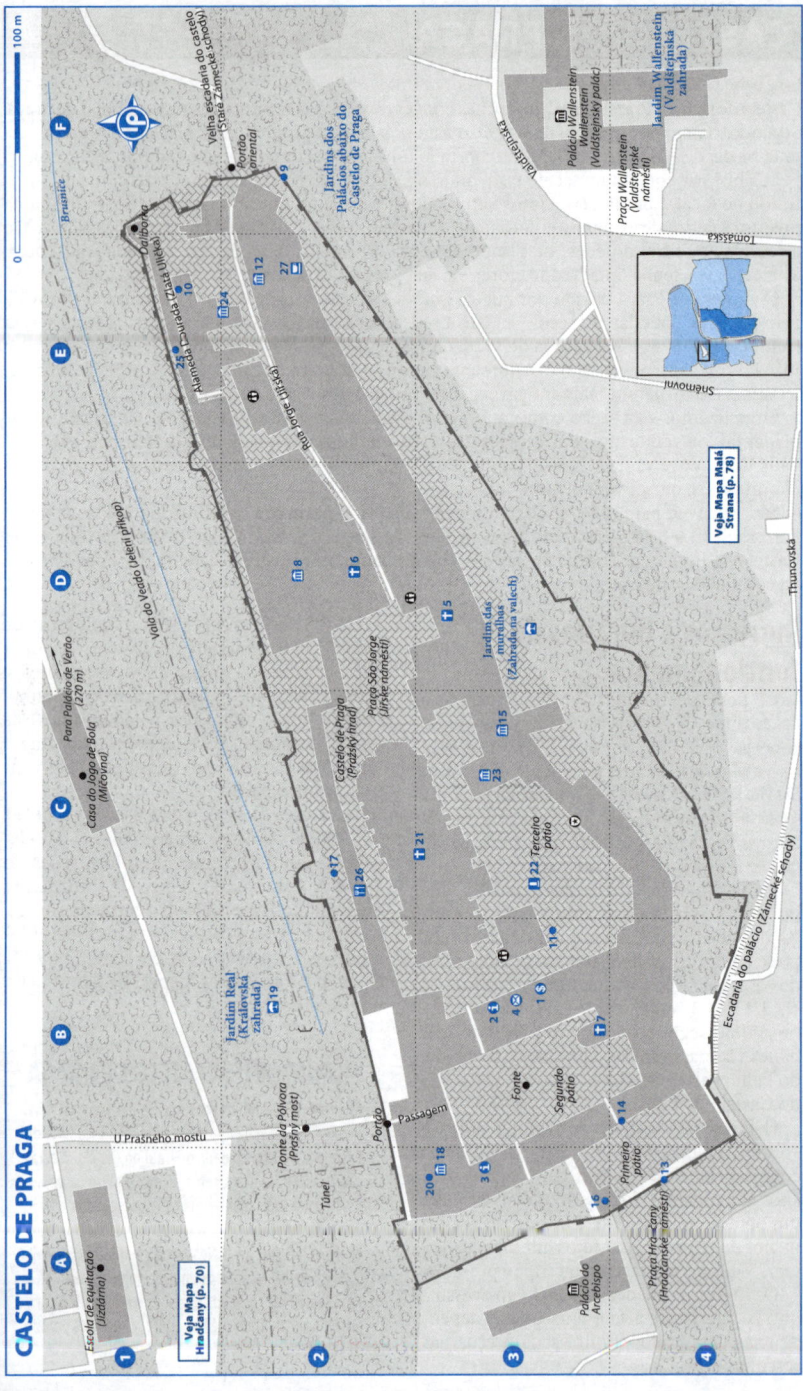

CASTELO DE PRAGA

Veja Mapa Hradčany (p. 70)

Veja Mapa Malá Strana (p. 78)

Escola de equitação (Jízdárna)

Para Palácio de Verão (270 m)

Casa do Jogo de Bola (Míčovna)

Voto do Veado (Jelení příkop)

Brusnice

Velha escadaria do castelo (Staré Zámecké schody)

Portão oriental

Jardins dos Palácios abaixo do Castelo de Praga

Alameda Dourada (Zlatá ulička)

Rua Jorge (Jiřská)

Jardim das muralhas (Zahrada na valech)

Castelo de Praga (Pražský hrad)

Praça São Jorge (Jiřské náměstí)

Terceiro pátio

Jardim Real (Královská zahrada)

Ponte da Pólvora (Prašný most)

U Prašného mostu

Túnel

Portão

Passagem

Fonte

Segundo pátio

Primeiro pátio

Praça Hradčany (Hradčanské náměstí)

Palácio do Arcebispo

Escadaria do palácio (Zámecké schody)

Palácio Wallenstein (Valdštejnský palác)

Jardim Wallenstein (Valdštejnská zahrada)

Praça Wallenstein (Valdštejnské náměstí)

Valdštejnská

Tomášská

Sněmovní

Thunovská

CASTELO DE PRAGA

INFORMAÇÃO
Casa de Câmbio e caixa	**1**	B3
Centro de Informações	**2**	B3
Centro de Informações e caixa	**3**	A3
Correio	**4**	B3
Bilheteria	(veja 7)	

ATRAÇÕES (p. 61)
Capela de Todos os Santos (Kaple Všech Svatých)	**5**	D3
Basílica de São Jorge (Bazilika sv Jiří)	**6**	D2
Capela da Santa Cruz (Kaple sv Kříže)	**7**	B3
Convento de São Jorge (Klášter sv Jiří)	**8**	D2
Entrada para jardins abaixo do Palácio de Praga	**9**	F2
Alameda Dourada (Zlatá Ulička)	**10**	E1
Monólito de Granito	**11**	B3
Palácio Lobkowicz (Lobkovický Palác)	**12**	E2
Portão Principal	**13**	A4
Portão Matias (Matyášova Brána)	**14**	B4
Velho Palácio Real (Starý Královský Palác)	**15**	C3
Salão Plečnik (Plečnikova Síň)	**16**	A3
Torre da Pólvora (Prašná Věž)	**17**	C2
Galeria de Pintura do Castelo de Praga (Obrazárna Pražského Hradu)	**18**	A3
Jardim Real (Královská Zahrada)	**19**	B2
Galeria Rodolfo (Rudolfova Galerie)	(veja 20)	
Salão Espanhol (Španělský Sál)	**20**	A3
Catedral de São Vito (Katedrala sv Víta)	**21**	C3
Estátua de São Jorge e o Dragão	**22**	C3
História do Castelo de Praga	**23**	C3
Museu do Brinquedo (Muzeum Hraček)	**24**	E2
Zlatá Ulička 22 (chalé da irmã de Kafka)	**25**	E1

ONDE COMER (p. 159)
Vikárka	**26**	C2

ONDE BEBER (p. 179)
Lobkowicz Palace Café	**27**	E2

PRIMEIRO PÁTIO

O Primeiro Pátio localiza-se atrás do portão principal do castelo na Praça Hradčany (Hradčanské náměstí), flanqueado por enormes estátuas barrocas de Titãs em luta (1767–1770) que fazem os guardas do castelo abaixo delas parecerem anões. Após a queda do comunismo em 1989, o então presidente Václav Havel contratou seu velho amigo Theodor Pistek, figurinista do filme *Amadeus* (1984), para substituir os uniformes cáqui da era comunista pelo estiloso azul-claro que eles usam agora, que relembra o exército da primeira República Tchecoslovaca de 1918–1938.

A troca da guarda acontece a cada hora, mas a mais longa e admirável é feita ao meio-dia, quando bandeiras são trocadas ao som de uma banda marcial que toca das janelas do Salão Plečnik (Plečnikova síň), voltadas para o Primeiro Pátio.

Esse salão impressionante, que abre no lado esquerdo para o barroco Portão Matias (Matyášova brána; 1614), foi desenhado pelo arquiteto esloveno Jože Plečnik como parte da restauração do castelo nos anos 1920; os mastros pontiagudos do Primeiro Pátio também são de Plečnik. Ao passar pelo portão, repare no contraste entre a escada barroca folheada a ouro à sua direita e a simplicidade dórica da escada de Plečnik à esquerda.

SEGUNDO PÁTIO

Você passa pelo Portão Matias para o Segundo Pátio, onde há uma fonte barroca no centro e um poço do século XVII com uma adorável treliça da Renascença. À direita, a Capela da Santa Cruz (kaple sv Kříže; 1763) já foi o tesouro da Catedral de São Vito; hoje, abriga a bilheteria e a loja de suvenires do castelo.

O magnífico Salão Espanhol (Španělský sál) e a Galeria Rodolfo (Rudolfova Galerie), na ala norte do pátio, são reservados para recepções de Estado e concertos especiais; eles só abrem para o público em dois dias por ano, normalmente no primeiro sábado depois do Dia da Libertação (8 de maio) e no Dia da República (28 de outubro).

GALERIA DE PINTURA DO CASTELO DE PRAGA Mapa p. 62

Obrazárna pražského hradu; ☎ 224 373 531; www.obrazarna-hradu.cz; Pražský hrad, II. nádvoří; adulto/meia 150/80Kč, 16-18 h seg grátis; 9-18 h abr-out, às 16 h nov-mar; 22;

O mesmo exército sueco que saqueou os famosos bronzes do Jardim Wallenstein (p. 81) em 1648 também roubou tesouros artísticos de Rodolfo II. Essa exposição de arte europeia dos séculos XVI e XVII, abrigada nos lindos estábulos renascentistas no extremo norte do Segundo Pátio, tem por base a coleção dos Habsburgos iniciada em 1650 para repor as pinturas perdidas; inclui obras de Cranach, Holbein, Rubens, Tintoretto e Ticiano.

JARDIM REAL Mapa p. 62

O portão no lado norte do Segundo Pátio leva à Ponte da Pólvora (Prašný most; 1540), que cruza a Vala do Veado (Jelení příkop) e leva ao Jardim Real (Královská zahrada), criado como um jardim renascentista por Ferdinando I em 1534. A mais bela das construções do jardim é a Casa do Jogo de Bola (Míčovna; 1569; Mapa p. 70), uma obra-prima de *sgraffito* da Renascença, onde os Habsburgo jogavam

INGRESSOS PARA O CASTELO DE PRAGA

Castelo de Praga – visita longa (inteira/meia/família 350/175/500Kč) Inclui: Velho Palácio Real, História do Castelo de Praga, Basílica de São Jorge, Convento de São Jorge, Torre da Pólvora, Alameda Dourada e Daliborka, Galeria do Castelo de Praga.

Castelo de Praga – visita curta (inteira/meia/família 250/125/300Kč) Inclui: Velho Palácio Real, História do Castelo de Praga, Basílica de São Jorge, Alameda Dourada e Daliborka.

História do Castelo de Praga (inteira/meia/família 140/70/200Kč) Acesso apenas à exposição História do Castelo de Praga.

Galeria do Castelo de Praga (inteira/meia/família 150/80/200Kč) Acesso apenas à Galeria do Castelo de Praga.

Convento de São Jorge (inteira/meia/família 150/80/200Kč) Acesso apenas ao Convento de São Jorge.

Torre da Pólvora (inteira/meia/família 70/40/110Kč) Acesso apenas à Torre da Pólvora.

---

uma versão primitiva de *badminton*. A leste fica o Palácio de Verão (Letohrádek; 1538–60; Mapa p. 70), ou Belvedere, o mais autêntico prédio renascentista fora da Itália, e, a oeste, a antiga Escola de Equitação (Jízdárna; 1695; Mapa p. 70). Os três são usados como local de exposições temporárias de arte moderna.

Uma trilha a oeste da Ponte da Pólvora (no lado do castelo) desce à Vala do Veado e segue para dentro de um moderno (e meio freudiano) túnel de tijolo vermelho sob a ponte. Se você seguir a trilha para leste ao longo da vala vai chegar a uma rua movimentada que desce até a estação de metrô Malostranská. Um portão no muro externo do castelo, acima da vala, leva para um abrigo nuclear inacabado, iniciado pelos comunistas nos anos 1950; seus túneis passam por baixo de boa parte do castelo.

TERCEIRO PÁTIO

Quando você passa pelo portão no lado oriental do Segundo Pátio, a enorme fachada ocidental da Catedral de São Vito ergue-se diretamente acima de você; ao sul da fachada (à sua direita ao entrar) fica o Terceiro Pátio. Na entrada, você verá um monólito de granito de 16 m de altura dedicado às vítimas da I Guerra Mundial, desenhado por Jože Plečnik em 1928, e uma cópia de uma imagem do século XIV de São Jorge matando o dragão; a original está na exposição História do Castelo de Praga.

O pátio é dominado pela fachada sul da Catedral de São Vito, com sua grandiosa Porta Dourada (Zlatá brána), um elegante pórtico gótico de três arcos desenhado por Peter Parler. Acima dele fica um mosaico do Julgamento Final (1370–1371) – à esquerda, os bons erguem-se de suas tumbas e são levados para o céu por anjos; à direita, os pecadores são arrastados para o inferno por demônios; e no centro Cristo reina em sua glória com seis santos tchecos abaixo – Procópio, Segismundo, Vito, Venceslau, Ludmila e Adalberto. Em ambos os lados do arco central, abaixo desses santos, Carlos IV e sua mulher rezam ajoelhados.

À esquerda da porta fica a Torre Grande, que foi deixada inacabada pelos filhos de Parler no século XV; suas linhas góticas ascendentes são cobertas por uma galeria renascentista adicionada no fim do século XVI e um pináculo bojudo dos anos 1770.

VELHO PALÁCIO REAL Mapa p. 62

Starý královský palác; ingresso para visita ao Castelo de Praga; 9-18 h abr-out, às 16 h nov-mar;

O Velho Palácio Real na extremidade oriental do pátio, de 1135, é uma das partes mais antigas do castelo. Era originalmente usado apenas por princesas tchecas, mas, do século XIII ao XVI, foi o palácio do próprio rei.

No centro dele fica o Salão Vladislav (Vladislavský sál), famoso por seu lindo teto abobadado do gótico tardio (1493–1502) desenhado por Benedikt Rejt. Embora tenha cerca de quinhentos anos, suas linhas sinuosas têm uma ar quase *art nouveau*, em comparação com a forma retilínea das janelas renascentistas. O amplo salão era utilizado para banquetes, conselhos, coroações e para torneios internos de justas – por isso a Escada do Cavaleiro (Jezdecké schody) no lado norte, feita para a entrada de cavaleiros montados. Todos os presidentes da República tomaram posse no salão.

Uma porta no canto sudoeste do salão leva ao antigo gabinete da Chancelaria Boêmia (České kanceláře). Em 23 de maio de 1618, na segunda sala, nobres protestantes rebelados contra a aristocracia boêmia e o imperador Habsburgo jogaram dois conselheiros dele e um secretário pela janela. Eles sobreviveram, porque a queda foi amortecida pela vala cheia de esterco, mas essa Segunda Defenestração de Praga desencadeou a Guerra dos Trinta Anos (veja p. 24).

Na extremidade oriental do Salão Vladislav, degraus levam até um balcão sobre a Capela de Todos os Santos (kaple Všech svatých); uma porta à direita tem saída para um terraço com ótima vista da cidade. À esquerda da Escada dos Cavaleiros, você vai reparar num portal renascentista incomum enquadrado por colunas espiraladas, que leva à Dieta (Sněmovna), ou Salão da Assembleia, com outro teto lindo abobadado. À esquerda, uma escada em espiral conduz à Sala dos Rolos de Terras Novas (Říšská dvorská kancelář), o antigo depósito de títulos de propriedade, cujas paredes estão cobertas com os brasões dos clérigos.

CATEDRAL DE SÃO VITO Mapa p. 62

Katedrála sv Víta; ☎ 257 531 622; Pražský hrad, III. nádvoří; grátis; 9-17 h seg-sáb e 12-17 h dom mar-out, 9-16 h seg-sáb e 12-16 h nov-fev; M Malostranská;

À primeira vista, a fachada oeste da Catedral de São Vito, que se ergue imensa acima da entrada do Terceiro Pátio, parece claramente gótica, mas o portal triplo, na verdade, data de 1953, uma das últimas partes da igreja a ser terminada. A pedra fundamental da igreja foi lançada em 1344 pelo imperador Carlos IV, no local de uma rotunda do século X construída pelo Duque Venceslau.

O arquiteto original de Carlos, Matias de Arras (Matyáš z Arrasu), começou a obra, em 1344, pelo coro em estilo gótico francês, mas morreu oito anos depois. Seu sucessor alemão, Peter Parler – um veterano da catedral de Colônia –, concluiu a maior parte da seção leste da catedral em um estilo gótico tardio mais livre, antes de morrer em 1399. Detalhes renascentistas e barrocos foram adicionados nos séculos seguintes, mas só em 1861, durante o renascimento nacional tcheco, foi feito um esforço sério para terminar a catedral – tudo entre a porta oeste e o cruzeiro do transepto foi construído durante o final do século XIX e começo do XX. Ela foi finalmente consagrada em 1920.

Dentro, a nave é inundada de cores dos vitrais criados por artistas tchecos importantes do início do século XX – repare no vitral do artista *art nouveau* Alfons Mucha (veja quadro, p. 39) na terceira capela no lado norte, à esquerda da entrada, que retrata a vida de São Cirilo e de São Metódio (1909). Perto está uma imagem de madeira da crucificação (1899) de František Bílek.

Ande até o cruzeiro, onde a nave e o transepto se encontram, que é dominado por uma enorme e colorida janela sul (1938) de Max Švabinský, representando o Julgamento Final – observe o fogo do inferno ardendo no canto inferior direito. No transepto norte, abaixo do órgão barroco, há três portas de madeira decoradas com relevos de santos boêmios, com painéis menores retratando seus martírios – veja na porta da esquerda São Vito sendo torturado num caldeirão de óleo fervente. Ao lado dele, está o martírio de São Venceslau; ele está com um joelho no chão, segurando uma maçaneta em forma de cabeça de leão, enquanto seu traiçoeiro irmão Boleslau enfia uma lança em suas costas. Você pode ver exatamente essa maçaneta no outro lado da igreja – ela está agora na porta da Capela de São Venceslau.

Logo à direita do transepto sul está a entrada para a Torre Grande de 96 m (última entrada 16h15 abr-out, fechada durante mau tempo). Você pode subir os 297 degraus ligeiramente claustrofóbicos até o topo e desfrutar da excelente vista, e também pode ver de perto o mecanismo do relógio (1597). O sino Segismundo, feito por Tomáš Jaroš, em 1549, é o maior sino da República Tcheca.

A extremidade leste da catedral é coberta com uma graciosa abóbada do gótico tardio que data do século XIV. No centro, fica o rebuscado Mausoléu Real (1571–1589) com efígies frias de mármore de Ferdinando I, sua mulher Anna Jagellonská e o filho deles Maximiliano II. No lado norte do deambulatório, logo depois da sacristia e dos confessionários, um relevo de madeira (1630) de Caspar Bechterle mostra o protestante Frederico do Palatinado (em sua carruagem puxada a cavalos) fugindo de Praga depois da vitória católica na Batalha de Bílá Hora.

Ao contornar o ponto mais extremo do deambulatório, você passará pela tumba de São Vito – além de ser o padroeiro da Boêmia, Vito é o padroeiro de atores, comediantes e bailarinos, e diz-se que protege contra raios, mordidas de cachorro e dormir demais. Os báculos de metal inseridos no chão ali perto marcam as tumbas de bispos. Um pouco mais à frente, está a espetacular tumba de São João Nepomuceno, obra barroca de prata, com o baldaquino drapejado sustentado por um esquadrão de anjos de prata (a tumba contém duas toneladas de prata).

A vizinha Capela de Santa Maria Madalena guarda as lápides de Matias de Arras e Peter Parler. Adiante, fica o ornamentado Oratório Real gótico tardio, um caprichoso balcão com uma abóbada de arestas entalhada para parecer feita de galhos de árvores.

No canto da Capela da Santa Cruz, uma escada desce à cripta, onde é possível ver os restos de igrejas anteriores que ficavam no local da catedral, inclusive uma basílica românica do século XI. Mais à frente, você poderá se aglomerar com a multidão junto à entrada da Cripta Real para ver os sarcófagos de mármores (que são de 1930), que contêm os restos mortais de governantes tchecos incluindo Carlos IV, Venceslau IV, Jorge de Poděbrady (Jiří z Poděbrad) e Rodolfo II.

A maior e mais bonita das numerosas capelas laterais da catedral é a Capela de São Venceslau, de Parler. Suas paredes são decoradas com painéis folheados a ouro contendo pedras semipreciosas polidas. Murais do início do século XVI mostram cenas da vida do santo padroeiro dos tchecos, e afrescos mais antigos mostram cenas da vida de Cristo. No lado sul da capela, uma pequena porta – trancada a sete chaves – esconde uma escada que leva à Câmara da Coroação, acima da Porta Dourada, onde são guardadas as joias da Coroa tcheca (há réplicas delas na exposição História do Castelo de Praga; veja abaixo).

HISTÓRIA DO CASTELO DE PRAGA
Mapa p. 62

☎ 224 373 102; www.pribeh-hradu.cz; acesso com o ingresso para visita ao Castelo de Praga, ou inteira/meia 140/70Kč; ⌚ 9-18 h abr-out, às 16 h nov-mar

Instalada nas abóbadas góticas sob o Velho Palácio Real, essa enorme e impressionante coleção de artefatos é, com o Palácio Lobkowicz, uma das exposições mais interessantes de todo o castelo. Traça mil anos da história do castelo, da construção da primeira paliçada de madeira até o presente – ilustrada por grandes maquetes do castelo em vários estágios de seu desenvolvimento – e exibe itens preciosos como o elmo e a cota de malha usados por São Venceslau, manuscritos com iluminuras e réplicas das joias da coroa boêmia, inclusive a coroa de São Venceslau, que foi feita para Carlos IV em 1346 do ouro da coroa original Přemysl.

Quem tiver interesse sério pelo Castelo de Praga deve começar a visita por ele, para se orientar. Se não tiver ingresso para a visita ao Castelo de Praga, pode comprá-los individualmente na entrada da exposição (só em dinheiro).

PRAÇA SÃO JORGE

A Praça São Jorge (Jiřské náměstí), a esplanada a leste da catedral, fica no centro do complexo do castelo.

BASÍLICA DE SÃO JORGE Mapa p. 62

Bazilika sv Jiří; Jiřské náměstí; acesso com o ingresso para a visita ao Castelo de Praga; ⌚ 9-18 h abr-out, às 16 h nov-mar; ♿

A notável fachada de tijolos vermelhos do início do barroco que domina a praça esconde a igreja românica mais bem preservada da República Tcheca, fundada no século X por Vratislav I (o pai de São Venceslau). O que se vê hoje é resultado de restaurações feitas em 1887 e 1908.

A austeridade da nave românica é aliviada pela escadaria barroca dupla que leva à abside, onde fragmentos de afrescos do século XII sobrevivem. Em frente da escadaria ficam as tumbas do príncipe Boleslau II (m 997; à esquerda) e do príncipe Vratislav I (m 921), o fundador da igreja. O arco embaixo da escada permite uma olhadela na cripta; os reis Přemysl estão enterrados ali e na nave.

A pequenina capela barroca ao lado da entrada é dedicada a São João Nepomuceno (sua tumba está na Catedral de São Vito; veja p. 65).

CONVENTO DE SÃO JORGE Mapa p. 62

Klášter sv Jiří; ☎ 257 531 644; www.ngprague.cz; Jiřské náměstí 33; acesso com o ingresso para a visita longa ao Castelo de Praga, ou inteira/meia 150/80Kč; ⌚ 10-18 h ter-dom

O prédio de aparência bastante comum à esquerda da basílica foi o primeiro convento da Boêmia, estabelecido em 973 por Boleslau II. Fechado e transformado em quartel do Exército em 1782, abriga hoje um braço da Galeria Nacional, com uma coleção de arte boêmia do século XIX. Entre os destaques estão esculturas *art nouveau* de Josef Myslbek, Stanislav Sucharda e Bohumil Kafka; os luminosos retratos de Josef Mánes; e as românticas paisagens de floresta de Július Mařák.

TORRE DA PÓLVORA Mapa p. 62

Prašná věž; acesso com o ingresso para visita longa ao Castelo de Praga; ⌚ 9-18 h abr-out, às 16 h nov-mar

Uma passagem ao norte da Catedral de São Vito leva à Torre da Pólvora (também chamada Mihulka), construída no fim do século XV como parte da defesa do castelo. Mais tarde ela se tornou oficina do fabricante de canhões e sinos Tomáš Jaroš, que fundiu os sinos da Catedral de São Vito. Alquimistas de Rodolfo II também trabalharam lá. Hoje, o primeiro andar abriga uma exposição meio chata da história militar do castelo.

RUA JORGE

A rua Jorge (Jiřská) vai da Basílica de São Jorge ao portão oriental do castelo.

ALAMEDA DOURADA Mapa p. 62
Zlatá ulička; acesso com o ingresso para visita ao Castelo de Praga; ⊗ 9-18 h abr-out, às 16 h nov-mar

A pitoresca alameda de pedra corre ao longo do muro norte do castelo. Suas minúsculas casinhas foram construídas no século XVI para abrigar os atiradores da guarda do castelo, mas foram usadas, mais tarde, por ourives. Nos séculos XVIII e XIX foram ocupadas por posseiros e, depois, por artistas, entre os quais Franz Kafka (que ficou na casa de sua irmã no número 22 de 1916 a 1917) e o prêmio Nobel Jaroslav Seifert. Hoje, a alameda é uma armadilha para turistas com lojinhas de artesanato e suvenires.

Na extremidade oriental fica a Daliborka, uma torre redonda que tem esse nome por causa do cavaleiro Dalibor de Kozojedy, preso ali em 1498 por apoiar uma rebelião de camponeses e, depois, executado. Durante sua prisão, diz a lenda, ele tocava um violino que podia ser ouvido em todo o castelo. O compositor Bedřich Smetana (veja p. 31) baseou sua ópera Dalibor, de 1868, nessa história. Mais interessante do que a pequena exibição de instrumentos de tortura na torre é a escultura em bronze moderna Parábola com uma caveira, de Jaroslav Róna (criador também do Monumento a Franz Kafka em Josefov; Mapa p. 90). Supostamente inspirada por um personagem de Kafka, a escultura mostra uma figura humana de quatro com uma caveira gigante às costas (ainda se veem sem-tetos em Praga pedindo esmola nessa posição submissa).

PALÁCIO LOBKOWICZ Mapa p. 62
Lobkovický palác; ☎ 233 312 925; www.lobkowicz events.cz/palace; Jiřská 3; inteira/meia/família 275/175/690Kč; ⊗ 10h30-18 h

Construído no século XVI, esse palácio foi o lar da aristocrática família Lobkowicz por cerca de 400 anos. Confiscado pelos nazistas na II Guerra Mundial, e pelos comunistas em 1948, ele foi finalmente devolvido, em 2002, a William Lobkowicz, um construtor americano e neto de Maximilian, o décimo príncipe Lobkowicz, que fugiu para os EUA em 1939. Está aberto ao público como museu particular desde 2007.

Você visita a exposição principal, conhecida como Coleções Principescas, com um audioguia na voz de William e de sua família – essa ligação pessoal realmente dá vida à mostra. Entre os destaques estão pinturas de Cranach, Breughel, o Velho, Canaletto e Piranesi, partituras originais de Mozart, Beethoven e Haydn (o sétimo príncipe foi um grande patrono da música – Beethoven dedicou três sinfonias a ele), e uma impressionante coleção de instrumentos musicais. Mas são os toques pessoais que mais impressionam, como o retrato datado do século XVI de uma antepassada de Lobkowicz usando um anel que a mãe de William ainda usa e um velho álbum de fotos com a figura de um dos cachorros da família fumando cachimbo.

O palácio tem um excelente café (p. 183) e apresenta concertos de música clássica às 13 h todos os dias (390Kč to 490Kč; www.matinee.cz).

MUSEU DO BRINQUEDO Mapa p. 62
Muzeum hraček; ☎ 224 372 294; Jiřská 6; inteira/meia/família 60/30/120Kč; ⊗ 9h30-17h30

Na torre do Palácio do Burgrave (Nejvyšší Purkrabství), em frente ao Palácio Lobkowicz, fica o segundo maior museu de brinquedos do mundo. É uma coleção impressionante – com artefatos até da Grécia antiga –, mas um pouco frustrante para as crianças, já que não se pode tocar na maior parte das coisas. Os brinquedos vão de trens elétricos a ursinhos de pelúcia e bonecas vitorianas, Comandos em Ação e a coleção definitiva de Barbies.

JARDIM DAS MURALHAS

No portão oriental do castelo, você pode ou descer a Velha Escadaria do Castelo até a estação de metrô de Malostranská (Mapa p. 70) ou virar à direita e voltar para Hradčanské náměstí pelo Jardim das Muralhas (Zahrada na valech; ⊗ abr-out apenas). Os terraços do jardim têm vista soberba para os telhados de Malá Strana e permitem uma olhada no jardim da embaixada britânica.

Você pode também descer para Malá Strana através dos terraços dos Jardins dos Palácios abaixo do Castelo de Praga (p. 81).

HRADČANY

Onde beber p. 183; Onde comer p. 163; Compras p. 151; Onde dormir p. 217

Hradčany é a atraente e tranquila área residencial que vai do Castelo de Praga até o Mosteiro Strahov. Tornou-se cidade em 1320, e duas vezes sofreu danos consideráveis – uma vez durante as Guerras Hussitas e, novamente, no Grande Incêndio de 1541 – antes de virar um bairro de Praga em 1598. Depois disso, a nobreza Habsburgo construiu muitos palácios lá na esperança de consolidar sua influência junto aos governantes no Castelo de Praga.

PRAÇA HRADČANY

A Praça Hradčany (Hradčanské náměstí), diante da entrada do castelo, manteve seu formato desde a Idade Média, com uma coluna central de Ferdinand Brokoff (1726) e várias residências de antigos cônegos (números 6 a 12) com fachadas ricamente ornamentadas. No número 16 fica o Palácio do Arcebispo (Arcibiskupský palác), em estilo rococó, comprado pelo arcebispo Antonín Brus de Mohelnice em 1562, e sede do arcebispado desde então; o exterior recebeu uma decoração rococó entre 1763 e 1765 (aberto ao público somente no dia anterior à Sexta-Feira Santa).

Uma estátua de Tomáš Garrigue Masaryk, primeiro presidente da República Tchecoslovaca, vigia a entrada do castelo.

PALÁCIO SCHWARZENBERG Mapa p. 70
Schwarzenberský palác; ☎ 224 810 758; www.ngprague.cz; Hradčanské náměstí 2; inteira/meia 150/80Kč; ⏰ 10-18 h ter-dom; 🚋 22

Exibindo uma fachada lindamente preservada em *sgraffito* renascentista branco e preto, o Palácio Schwarzenberg recentemente reformado abriga a coleção de arte barroca da Galeria Nacional. Infelizmente, muitas das pinturas são mal iluminadas e sofrem com os reflexos das janelas próximas – uma pena, já que o interior do palácio é bem menos impressionante do que o exterior, e a coleção só interessa realmente a admiradores de arte.

O piso térreo foi dedicado a dois mestres da escultura barroca, Matthias Braun e Maximilian Brokof, cujas figuras contorcidas parecem ter sido apanhadas por um furacão, tal é a vivacidade do panejamento de suas vestes. Os destaques do primeiro andar são os melancólicos retratos do século XVI de Petr Brandl e Jan Kupecký, e o último andar ostenta uma mostra de gravuras de Albrecht Dürer.

PALÁCIO STERNBERG Mapa p. 70
Šternberský palác; ☎ 233 090 570; www.ngprague.cz; Hradčanské náměstí 15; inteira/meia 150/80Kč; ⏰ 10-18 h ter-dom; 🚋 22

Inserido atrás do Palácio do Arcebispo fica o Palácio Sternberg, lar barroco da coleção de arte europeia dos séculos XIV a XVIII da Galeria Nacional, incluindo obras de Goya e Rembrandt. Fãs de retábulos medievais vão se sentir no céu; há também vários Rubens, alguns Breughel e uma grande coleção de miniaturas boêmias. O orgulho da galeria é a luminosa *Festa do Rosário* de Albrecht Dürer, artista mais conhecido por suas gravuras. Pintado em Veneza em 1505 como retábulo da igreja de São Bartolomeu, foi trazido a Praga por Rodolfo II; no fundo, abaixo da árvore à direita, está a imagem do próprio artista. Por um pouco de realismo meio piegas, vale a pena ir ao fundo do primeiro andar para ver a pintura holandesa *A noiva em lágrimas*.

PRAÇA LORETA

A uma curta caminhada da Praça Hradčany fica a Praça Loreta (Loretánské náměstí), criada no início do século XVIII, quando foi construído o imponente Palácio Černín. No extremo norte da praça, situa-se o Mosteiro Capuchinho (1600-02), o mais antigo mosteiro em atividade da Boêmia.

PALÁCIO ČERNÍN Mapa p. 70
Černínský palác; Loretánské náměstí; ⏰ fechado ao público; 🚋 22 para Pohořelec

O palácio barroco do fim do século XVII situado de frente para a praça Loreta exibe a maior fachada monumental de Praga. O imponente edifício abrigou o Ministério das Relações Exteriores desde a criação da

---

TRANSPORTE: HRADČANY
Tram A linha 22 para em Pohořelec, na extremidade oeste de Hradčany.
Metrô A estação Hradčanská da linha A fica no norte do bairro.

Tchecoslováquia em 1918, exceto durante a II Guerra Mundial, quando serviu de sede para o Reichsprotektor nazista. Ali foram assinados os documentos que desfizeram o Pacto de Varsóvia, em 1991.

Em 1948, Jan Masaryk – filho do fundador da República Tchecoslovaca, Tomáš Garrigue Masaryk, e o único não comunista no governo apoiado pelos soviéticos – morreu ao cair de uma das janelas superiores. Caiu ou foi empurrado?

LORETA Mapa p. 70

☎ 220 516 740; Loretánské náměstí 7; inteira/meia 110/90Kč; ⏰ 9 h-12h15 e 13 h-16h30; 🚋 22

A principal atração da praça é a Loreta, um local barroco de peregrinação fundado por Benigna Kateřina Lobkowicz, em 1626, e desenhado como réplica da suposta Santa Casa (o lar da Virgem Maria). Acima da entrada, 27 sinos feitos em Amsterdã no século XVII tocam "Mil Vezes Vos Saudamos" a cada hora. Diz a lenda que a Santa Casa original foi carregada por anjos para a cidade italiana de Loreto quando os turcos avançavam sobre Nazaré. A réplica da Santa Casa, com fragmentos de seus afrescos originais, fica no centro do pátio.

Atrás da Santa Casa fica a Igreja da Natividade do Senhor (kostel Narození Páně), construída em 1737 segundo desenho de Kristof Dientzenhofer (veja p. 48). O interior claustrofóbico apresenta os esqueletos das santas espanholas Felicíssima e Marcia, encobertos com roupas aristocráticas e máscaras de cera.

No canto do pátio está a incomum Capela de Nossa Senhora das Dores (kaple Panny Marie Bolestné), que apresenta uma mulher barbada crucificada. Ela era Santa Starosta, filha piedosa de um rei português que prometera dá-la em casamento ao rei da Sicília, contra a vontade dela. Após uma noite de oração em prantos, ela acordou barbada, o casamento foi cancelado, e seu pai mandou crucificá-la. Mais tarde, ela se tornou padroeira dos necessitados e dos abandonados.

O tesouro da igreja (primeiro andar) foi saqueado várias vezes ao longo dos séculos, mas continua sendo um bastião da exagerada joalheria religiosa centrada no Sol de Praga (Pražské slunce), de 90 cm de altura, feito de ouro e prata maciços e cravejado com 6.222 diamantes.

É proibido fotografá-lo, e a multa é de 1.000Kč.

o melhor
É GRÁTIS

- Ponte Carlos (p. 76)
- Museu Nacional (p. 115) – na primeira segunda-feira do mês
- Castelo de Praga (p. 61) – pátios e jardins
- Catedral de São Vito (p. 65)
- Letná (p. 136) e Stromovka (p. 138)

MOSTEIRO STRAHOV

Em 1140, Vladislav II fundou o Mosteiro Strahov (Strahovský klášter; Mapa p. 70) da ordem Premonstratense. O prédio atual do mosteiro, concluído nos séculos XVII e XVIII, funcionou até o governo comunista fechá-lo e prender todos os seus monges; eles voltaram em 1990.

Dentro do portão principal fica a Igreja de São Roque (kostel sv Rocha), de 1612, hoje uma galeria de arte, e a Igreja da Assunção de Nossa Senhora (kostel Nanebevzetí Panny Marie), erguida em 1143 e decorada no século XVIII em estilo barroco; diz-se que Mozart tocou órgão lá.

MUSEU DA MINIATURA Mapa p. 70

Muzeum miniatur; ☎ 233 352 371; www.muzeum miniatur.com; Strahovské II.nádvoří; inteira/meia 70/50Kč; ⏰ 9-17 h; 🚋 22

Veja as ferraduras de ouro para uma pulga, de Anatoly Konyenko – um ex-fabricante de instrumentos para microcirurgias –, assim como o menor livro do mundo e silhuetas de carros estranhamente belas na perna de um mosquito. Esquisito, mas fascinante.

BIBLIOTECA STRAHOV Mapa p. 70

Strahovská knihovna; ☎ 233 107 718; www.strahovskyklaster.cz; Strahovské I.nádvoří; inteira/meia 80/50Kč; ⏰ 9-12 h e 13-17 h; 🚋 22

A grande atração do Mosteiro Strahov é a Biblioteca Strahov, a maior biblioteca monástica do país, com dois magníficos salões barrocos, mas, infelizmente, só é possível espiá-la da porta, pois as variações na umidade do ar causadas pela respiração dos visitantes podem danificar os afrescos.

O interior impressionante com pé-direito duplo do Salão Filosófico (Filozofický sál; 1780–1797) foi construído para se encaixar

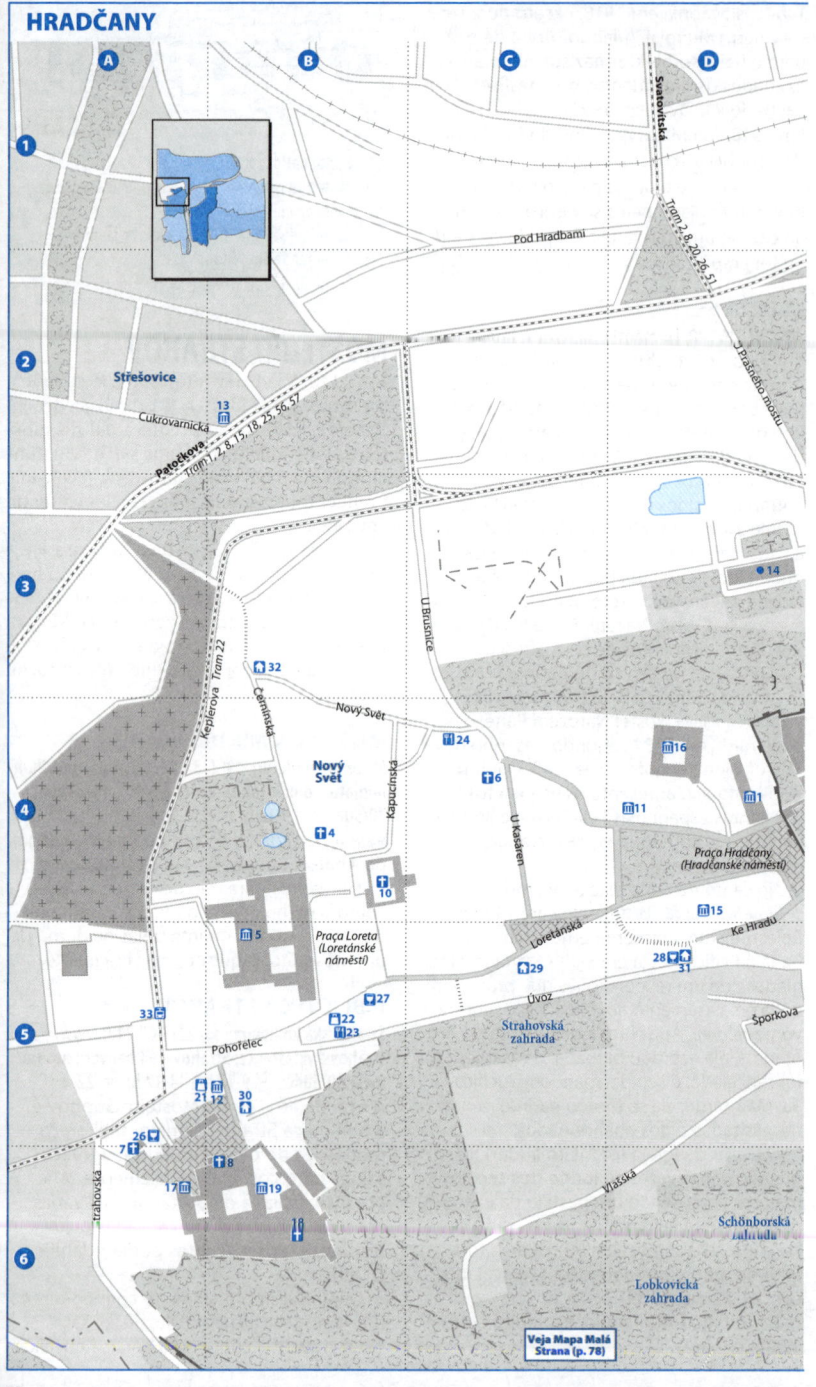

HRADČANY

Střešovice

Cukrovarnická

Patočkova   Tram 1, 2, 8, 15, 18, 25, 56, 57

Pod Hradbami

Tram 2, 8, 20, 26, 51

Svatovítská

U Prašného mostu

Keplerova Tram 22

Černínská

Nový Svět

Kapucínská

U Brusnice

U Kasáren

Praça Hradčany
(Hradčanské náměstí)

Praça Loreta
(Loretánské náměstí)

Loretánská

Ke Hradu

Úvoz

Pohořelec

Strahovská zahrada

Šporkova

Vlašská

Strahovská

Schönbornská zahrada

Lobkovická zahrada

Veja Mapa Malá
Strana (p. 78)

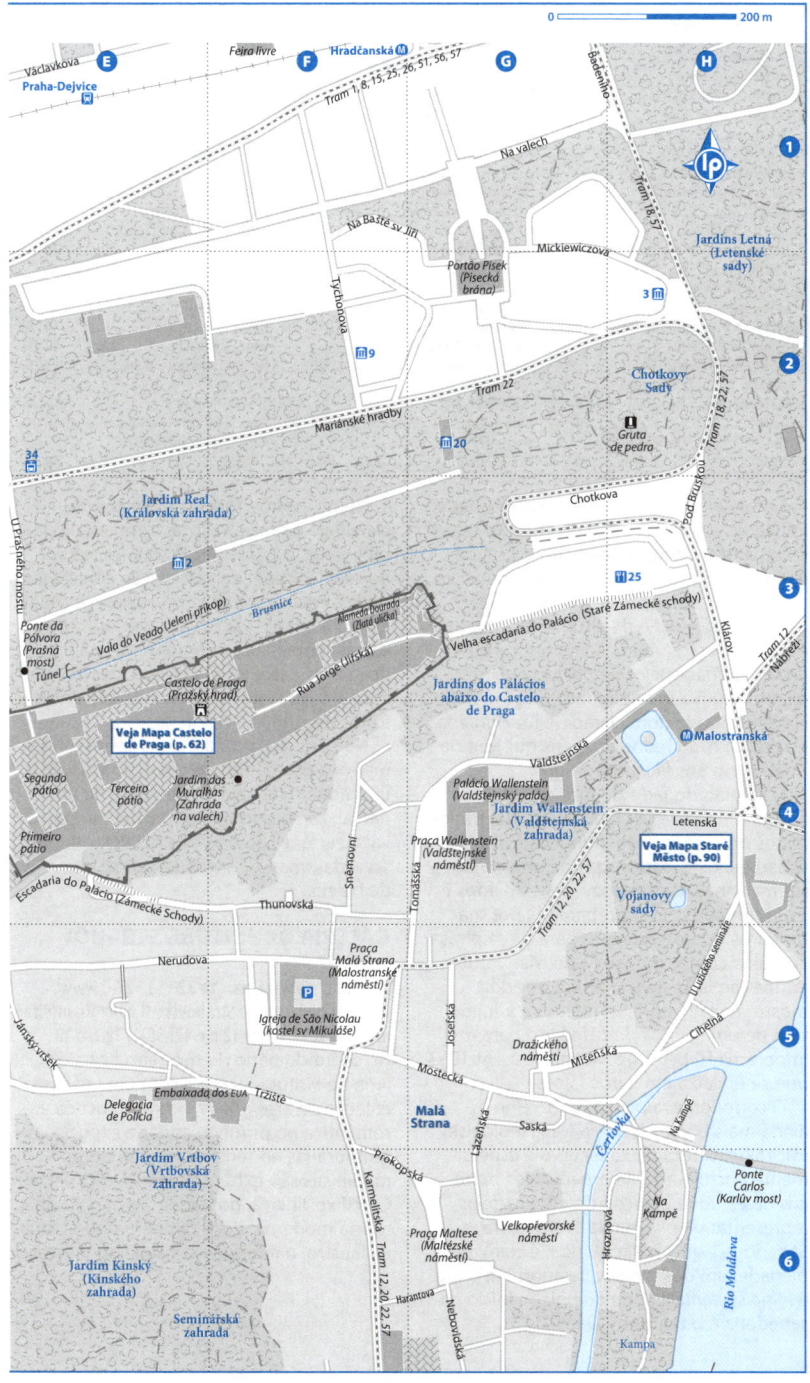

HRADČANY

Praha-Dejvice — Václavkova

Hradčanská — Feira livre

Tram 1, 8, 15, 25, 26, 51, 56, 57

Na valech
Na Baště sv Jiří
Mickiewiczova
Tychonova
Portão Písek (Písecká brána)
Tram 22
Mariánské hradby
Jardim Real (Královská zahrada)
Chotkovy sady
Gruta de pedra
Tram 18, 22, 57
Chotkova
Pod Bruskou
Brusnice
Vala do Veado (Jelení příkop)
Alameda Dourada (Zlatá ulička)
Velha escadaria do Palácio (Staré Zámecké schody)
Ponte da Pólvora (Prašná most)
Túnel
Castelo de Praga (Pražský hrad)
Rua Jorge (Jiřská)
Jardins dos Palácios abaixo do Castelo de Praga
Veja Mapa Castelo de Praga (p. 62)
Klárov
Tram 12 nábřeží
Malostranská
Segundo pátio
Terceiro pátio
Jardim das Muralhas (Zahrada na valech)
Valdštejnská
Palácio Wallenstein (Valdštejnský palác)
Jardim Wallenstein (Valdštejnská zahrada)
Letenská
Veja Mapa Staré Město (p. 90)
Primeiro pátio
Escadaria do Palácio (Zámecké Schody)
Sněmovní
Thunovská
Praça Wallenstein (Valdštejnské náměstí)
Tomášská
Tram 12, 20, 22, 57
Vojanovy sady
U Lužického semináře
Nerudova
Jánský vršek
Praça Malá Strana (Malostranské náměstí)
Igreja de São Nicolau (kostel sv Mikuláše)
Josefská
Dražického náměstí
Mišeňská
Cihelná
Embaixada dos EUA
Delegacia de Polícia
Tržiště
Mostecká
Malá Strana
Lázeňská
Saská
Čertovka
Na Kampě
Jardim Vrtbov (Vrtbovská zahrada)
Prokopská
Karmelitská
Velkopřevorské náměstí
Ponte Carlos (Karlův most)
Tram 12, 20, 22, 57
Praça Maltese (Maltézské náměstí)
Hroznová
Na Kampě
Jardim Kinský (Kinského zahrada)
Harantova
Nebovidská
Seminářská zahrada
Kampa
Rio Moldava

HRADČANY

ATRAÇÕES	(p. 68)
Palácio do Arcebispo (Arcibiskupský Palác)	1 D4
Casa do Jogo de Bola (Míčovna)	2 E3
Vila Bílek (Bílkova Vila)	3 H2
Mosteiro Capuchinho	4 B4
Palácio Černín (Černinský Palác)	5 B5
Igreja de São João Nepomuceno (Kostel sv Jan Nepomucký)	6 C4
Igreja de São Roque (Kostel sv Rocha)	7 A6
Igreja de Nossa Senhora da Assunção (Kostel Nanebevzetí Panny Marie)	8 B6
Casas Cubistas	9 F2
Loreta	10 B4
Palácio Martinic (Martinický Palác)	11 D4
Museu da Miniatura (Muzeum Miniatur)	12 B5
Museu do Transporte Público (Muzeum MHD)	13 B2
Escola Riding (Jízdárna)	14 D3
Palácio Schwarzenberg (Schwarzenberský Palác)	15 D4
Palácio Sternberg (Šternberský Palác)	16 D4
Biblioteca Strahov (Strahovská Knihovna)	17 A6
Mosteiro Strahov (Strahovský Klášter)	18 B6
Galeria Strahov (Strahovská Obrazárna)	19 B6
Palácio de Verão (Letohrádek)	20 G2

COMPRAS	(p. 149)
Antique Music Instruments	21 A5
Houpací Kůň	22 B5
Icons Galery	(veja 21)

ONDE COMER	(p. 159)
Malý Buddha	23 B5
U Zlaté Hrušky	24 C4
Villa Richter	25 H3

ONDE BEBER	(p. 179)
Klášterní Pivovar Strahov	26 A5
Pivnice U Černého Vola	27 B5
U Zavešenýho Kafe	28 D5

ONDE DORMIR	(p. 215)
Domus Henrici	29 C5
Hotel Monastery	30 B5
Hotel U Krále Karla	31 D5
Romantik Hotel U Raka	32 B3

TRANSPORTES	(p. 248)
Parada de Tram Pohořelec	33 A5
Parada de Tram Pražský Hrad	34 E2

nas prateleiras de castanheira entalhadas e folheadas a ouro que vão do chão ao teto, recuperadas de outro mosteiro no sul da Boêmia (o acesso à galeria superior é feito por escadas em espiral escondidas nos cantos). A sensação de altura é acentuada por um afresco grandioso no teto, *A busca da humanidade pelo verdadeiro conhecimento* – com a imagem da Divina Providência entronizada num clarão de luz dourada no centro e, ao redor, imagens que vão de Adão e Eva aos filósofos gregos.

O saguão do lado de fora do salão abriga um Gabinete de Curiosidades, mostrando restos grotescamente mumificados de tubarões, raias, tartarugas e outras criaturas marinhas; esses cadáveres esfolados e esparramados eram preparados por marinheiros que os vendiam para os caipiras crédulos como "monstros do mar". Outra vitrine (ao lado da porta do corredor) mostra itens históricos, inclusive a miniatura de um serviço de café feito para a imperatriz Habsburgo Maria Luísa em 1813 que se encaixa em livros falsos.

O corredor leva para o mais velho e ainda mais bonito Salão Teológico (Teologiský sál; 1679). O teto baixo e curvo é espessamente encrustado de ornamentos barrocos de estuque e decorado com cartelas representando o tema da "Verdadeira Sabedoria", que era adquirida, é claro, pela piedade; um dos lemas que adornam o teto é *initio sapientiae timor domini*: "o início da sabedoria é o temor de Deus".

Numa estante fora do salão há um fac-símile da mais valiosa propriedade da biblioteca, o Evangeliário Strahov, um códice do século IX com encadernação cravejada de joias do século XII. Uma estante vizinha abriga a Xyloteka (1825), um conjunto de caixas semelhantes a livros feitas da madeira e da casca da árvore que descrevem, com amostras de folhas, raízes, sementes e frutos dentro.

No corredor, procure duas coisas longas, marrons parecendo de couro ao lado de um modelo de navio e do dente de um narval – se perguntar, o funcionário pudico vai dizer que são trombas de elefante preservadas, mas, na verdade, são pênis de baleia.

GALERIA DE PINTURA STRAHOV
Mapa p. 70

Strahovská obrazárna; ☎ 220 517 278; www.strahovskyklaster.cz; Strahovské II.nádvoří; inteira/meia 60/30Kč; ☼ 9-12 h e 12h30-17 h; ☒ 22
No segundo pátio do mosteiro fica a Galeria de Pintura Strahov, com uma valiosa coleção de arte gótica, barroca, rococó e romântica no primeiro andar e exposições temporárias no térreo. Algumas obras medievais são extraordinárias – não perca o Crucifixo Jihlava, do século XIV, mas de aparência moderna. Você também pode visitar o claustro, o refeitório e a sede do mosteiro.

PORTÃO PÍSEK

A área nordeste do Castelo de Praga, em torno do Portão Písek (Písecká brána; Mapa p. 70), é um bairro tranquilo e arborizado de casarões caros e consulados estrangeiros. É um pouco uma terra de niguém para o turista, e poucos visitantes acham o caminho da única atração digna de nota.

BÍLEK VILLA Mapa p. 70

Bílkova vila; ☎ 224 322 021; Mickiewiczova 1; inteira/meia 50/30Kč; ⏰ 10-18 h ter-dom; 🚋 18, 22

O notável casarão de tijolos vermelhos, desenhado pelo escultor František Bílek em 1912 para ele mesmo, abriga um museu de seus nada convencionais relevos em pedra e madeira, móveis e arte gráfica.

HRADČANY
Passeio a pé
1 Portão Písek

Quando você sair do topo das escadas rolantes da estação de metrô Hradčanská, vire à direita e vá rumo à escada no canto direito, sinalizada "Pražský hrad". No nível da rua, vire à direita e vá direto pela abertura do edifício. Isso leva à rua chamada K Brusce – siga até o portal de pedra do Portão Písek (Písecká brána) que você verá em frente. O portão barroco, decorado com emblemas militares entalhados, foi construído por Giovanni Battisti para Carlos VI em 1721 como parte das novas fortificações de Praga; as ruas em ambos os lados seguirão as muralhas de sv Jiří (São Jorge) à direita e de sv Ludmila à esquerda. Um século depois, em 1821, o portão se tornou o terminal da primeira pista para cavalos de Praga.

2 Casas cubistas

Pegue a direita passando o portão e depois vire à direita em U Písecké Brány, então pegue a direita até o fim na Tychonova. Aí você vai passar por duas atraentes casas cubistas desenhadas por Josef Gočár.

3 Palácio de Verão

Quando chegar a Mariánské Hradby (a rua com os trilhos de tram), atravesse-a e entre no Jardim Real (p. 63) ao lado do belo Palácio de Verão (p. 64) renascentista. (Os jardins abrem de abril a outubro, apenas; em outros períodos vá pela Mariánské Hradby e entre no Castelo de Praga via U Prašného mostu.)

4 Casa do Jogo de Bola

Vire à direita depois de Letohrádek, continuando além da deslumbrante Casa do Jogo de Bola (p. 63), e siga a margem superior da Vala do Veado (Jelení příkop) até o extremo oeste dos jardins.

5 Ponte da Pólvora

Atravesse o portão e vire à esquerda para entrar no Segundo Pátio do Castelo de Praga (p. 61) pela Ponte da Pólvora (Prašná most; p. 63). Visite o castelo, se quiser, mas, no momento, vamos deixar o pátio pelo primeiro portão à direita, que passa por uma janela de onde se pode avistar as ruínas de uma capela românica, e chegar à Praça Hradčany.

6 Praça Hradčany

Vigiada hoje por uma estátua de Tomáš Garrigue Masaryk, o primeiro presidente da Tchecoslováquia, a Praça Hradčany (p. 68) já foi o centro da vida social do aristocrático bairro de Hradčany. No lado sul da praça, fica o extravagante símbolo de status renascentista: o Palácio Schwarzenberg (p. 68). No lado norte você pode ver o Palácio do Arcebispo (p. 68) e o Palácio Martinic (Martinický palác), que era a prefeitura de Hradčany, coberto de sgrafitto. Mais recentemente, o palácio foi usado como casa de Mozart no filme Amadeus.

7 Igreja de São João Nepomuceno

No fundo da praça, pegue à direita na estreita rua de pedra de Kanovnická e passe pela linda e pequenina Igreja de São João Nepomuceno (kostel sv Jan Nepomucký), erguida em 1729 pelo rei da Praga barroco, Kilian Dientzenhofer. Desça a primeira alameda à esquerda da igreja.

8 Nový Svět

A alameda Nový Svět (Novo Mundo) é um aglomerado pitoresco de pequenas casinhas antes habitadas por artesãos da corte e comerciantes, uma longa distância dos palácios no topo da colina. O número 1 da Nový Svět era o humilde lar do astrônomo da corte Tycho Brahe

---

RESUMO DO ROTEIRO

Início Estação de metrô Hradčanská
Fim Colina Petřín (tram 12, 20, 22 ou funicular)
Distância 2,5 km
Duração 1 hora
Grau de dificuldade Fácil
Parada para abastecimento U zlaté hrušky

PASSEIO A PÉ POR HRADČANY

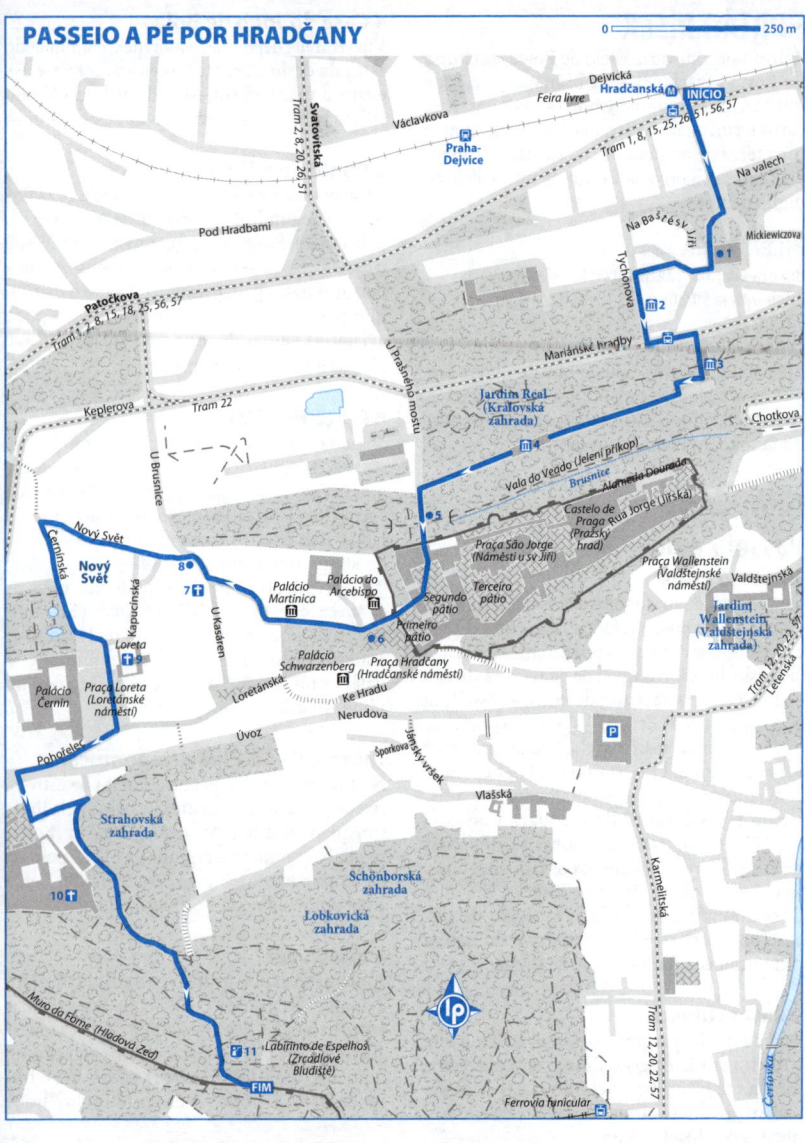

e, depois de 1600, de seu sucessor Johannes Kepler; o romântico restaurante U zlaté hrušky (p. 163) é vizinho. Continue descendo até onde Nový Svět termina num largo arborizado ocupado pelo Romantik Hotel U Raka (p. 217).

9 Loreta

Vire à esquerda e suba devagar a Černínská até a linda praça em frente da extravagantemente barroca Loreta (p. 69), um santuário da Virgem Maria e popular centro de peregrinação para católicos. Em frente, fica a imponente fachada de 150 m de extensão do Palácio Černín (p. 68), de 1692.

10 Mosteiro Strahov
No lado sul da praça vire à direita na Pohořelec e continue até o extremo ocidental. Um caminhozinho no número 9 leva ao pátio do Mosteiro Strahov (p. 69), onde você pode visitar a biblioteca antes de atravessar o portão no extremo oriental do pátio para os jardins de Malá Strana.

11 Torre de Observação Petřín
Vire à direita na trilha (identificada pelo cartaz "Rozhledna & Bludiště") e termine a caminhada com um passeio legal ao longo da Torre de Observação Petřín (p. 86).

MALÁ STRANA

Onde beber p. 183; Onde comer p. 164; Compras p. 151; Onde dormir p. 218

Quase pitoresco demais para seu próprio bem, o distrito barroco de Malá Strana (Bairro Pequeno) despenca pela encosta da colina entre o Castelo de Praga e o rio. O ponto central do bairro é Malostranské náměstí, a praça dominada pela imensa cúpula verde da Igreja de São Nicolau. Ao norte dela fica um amontoado de palácios e jardins, sedes de agências do governo e embaixadas estrangeiras; ao sul há parques e jardins espalhados ao longo da margem do Moldava antes de se misturar às ruas mais cheias de comércio de Smíchov (p. 142).

Uma vez fora das calçadas lotadas da Mostecká e da Nerudova – a rota turística principal entre a Ponte Carlos e o castelo –, há ruelas de pedra a explorar, com jardins históricos escondidos (veja o Passeio a pé, p. 86), com símbolos de casa antigos e coloridos pendurados acima das portas, e incontáveis barzinhos e cafés onde você pode gastar uma tarde.

Malá Strana começou como um assentamento comercial nos séculos VIII e IX; Přemysl Otakar II outorgou-lhe status de cidade em 1257. O distrito foi quase destruído em duas ocasiões diferentes: durante batalhas entre hussitas e a guarnição do Castelo de Praga em 1419 e, depois, no Grande Incêndio de 1541. Depois dessa devastação, edifícios e palácios renascentistas brotaram, seguidos pelas muitas igrejas e palácios barrocos que dão a Malá Strana muito de seu encanto.

CASTELO DE PRAGA A PONTE CARLOS

Seguindo a multidão de turistas que desce do castelo pela Ke Hradu, você logo chega à Nerudova, a mais importante rua de Malá Strana em termos de arquitetura; a maior parte de suas fachadas da Renascença tardia foi "barroquizada" no século XVIII. O nome vem do poeta tcheco Jan Neruda (famoso por seus contos, *Tales of Malá Strana*), que viveu na Casa dos Dois Sóis (dům U dvou slunců; Nerudova 47) de 1845 a 1857.

A Casa da Ferradura Dourada (dům U zlaté podkovy; Nerudova 34) deve seu nome ao relevo de São Venceslau acima da porta – dizia-se que seu cavalo era calçado com ouro. A partir de 1765, Josef de Bretfeld fez de seu Palácio Bretfeld (Nerudova 33) um endereço chique, frequentado por Mozart e Casanova. A Igreja de Nossa Senhora do Perpétuo Socorro (kostel Panny Marie ustavičné pomoci; Nerudova 24) foi um teatro de 1834 a 1837 e lá foram encenadas peças tchecas durante o renascimento nacional tcheco.

A maior parte dos prédios tem símbolos. Construída em 1566, a Casa de São João Nepomuceno (Nerudova 18) é adornada com a imagem de um dos santos padroeiros da Boêmia, enquanto a Casa dos Três Violinos (dům U tří houslíček; Nerudova 12), um prédio gótico reconstruído em estilo renascentista, pertenceu a uma família de *luthiers*.

Malostranské náměstí (Mapa p. 78), praça principal de Malá Strana, é dividida em uma parte alta e uma parte baixa pela Igreja de São Nicolau, o marco mais característico do distrito. A praça é o núcleo de Malá Strana desde o século X, embora tenha perdido um pouco de seu caráter quando a rua Karmelitská foi alargada no século X, e um pouco mais quando o primeiro Starbucks foi aberto lá em 2008. Hoje, é uma mistura de prédios oficiais e restaurantes turísticos, com uma linha de tram atravessando a parte baixa.

O nightclub e bar do número 21, Malostranská beseda (veja p. 202), já foi a câmara da cidade. Ali, 1.575 nobres não católicos escreveram a chamada České Konfese (Confissão Tcheca), um pedido pioneiro de tolerância religiosa endereçado ao imperador Habsburgo, mais tarde adotado como lei por Rodolfo II em 1609. Em 22 de maio de 1618, nobres tchecos se juntaram no Palácio Smiřický (Malostranské náměstí 18) para tramar uma rebelião contra os governantes Habsburgos – no dia seguinte atiraram dois conselheiros dos Habsburgos pela janela do Castelo de Praga.

PONTE CARLOS Mapas p. 78 e p. 90
Karlův most

Andar pela Ponte Carlos é a atividade favorita de todo mundo em Praga. No entanto, às 9 horas já é como uma feira de 500 m, com um exército de turistas se espremendo por um corredor de camelôs e músicos de rua sob o olhar impassível de estátuas barrocas no parapeito (veja o quadro, p. 82). Tente visitá-la ao amanhecer, é o melhor momento.

Em 1357, Carlos IV encarregou Peter Parler (o arquiteto da Catedral de São Vito) de substituir a Ponte Judite, do século XII, que tinha sido levada pela enchente em 1342. (Pode-se ver o único arco sobrevivente da Ponte Judite num passeio de barco da Prague Venice; veja p. 260.)

A nova ponte ficou pronta por volta de 1400, e só recebeu o nome de Carlos no século XIX – antes disso, era simplesmente a Kamenný most (Ponte de Pedra). Apesar de ocasionais danos causados por enchentes, ela aguentou o tráfego de rodas por 600 anos – graças, diz a lenda, aos ovos misturados à argamassa (embora investigações recentes tenham desmentido o mito) – até se tornar exclusivamente para pedestres depois da II Guerra Mundial.

Do lado Staré Město da ponte, olhe pelo parapeito a vazante para a parede de contenção à direita e verá uma pedra entalhada conhecida como Bradáč (Barbudo). Quando o rio ultrapassava essa marca medieval, os moradores de Praga sabiam que era hora de subir as colinas. Uma linha azul no medidor de enchentes moderno mostra o nível da enchente de 2002, não menos do que 2 m acima do Bradáč!

Na aglomeração, não se esqueça de olhar para a própria ponte (as torres proporcionam ótimas vistas) e as grandes vistas rio acima e abaixo. Tenha cuidado com os batedores de carteira que operam por lá dia e noite.

MUSEU MONTANELLI Mapa p. 78

☎ 257 531 220; www.muzeummontanelli.com; Nerudova 13; grátis; 12-18 h ter-sáb, 12-16 h dom; 12, 20, 22

Turistas, atraídos por um charmoso café, ficam ombro a ombro com os conhecedores do mundo da arte tcheco nessa galeria particular aberta em 2009. Tendo rapidamente se tornado um centro de arte contemporânea em Praga, é uma vitrine de novos artistas da Europa Central e Oriental, assim como palco de exposições de nomes internacionais mais consagrados.

TORRE DA PONTE DE MALÁ STRANA Mapa p. 78

Malostranská mostecká věž; ☎ 257 530 487; Ponte Carlos; inteira/meia 70/50Kč; 10-22 h abr-set, às 21 h mar e out, às 18 h nov-fev; 12, 20, 22

Há, na verdade, duas torres do lado Malá Strana da Ponte Carlos. A mais baixa era parte da Ponte Judite, do século XII, há muito desaparecida, enquanto a mais alta foi construída no século XV imitando a torre de Staré Město (veja Torre da Ponte da Cidade Velha, p. 101). Essa é aberta ao público e abriga uma exposição sobre a história das Pontes Judite e Carlos, mas, assim como ocorre na contraparte de Staré Město, a atração principal é a vista lá do alto.

IGREJA DE SÃO NICOLAU Mapa p. 78

Kostel sv Mikuláše; ☎ 257 534 215; www.psalterium.cz; Malostranská náměstí 38; inteira/menores de 10 anos 70Kč/grátis; 9-17 h mar-out, às 16 h nov-fev; Ⓜ Malostranská ou 12, 20, 22

A construção mais alta de Malá Strana é a enorme cúpula verde da Igreja de São Nicolau, um dos mais belos edifícios barrocos da Europa Central. (Não confunda com a outra Igreja de São Nicolau, na Praça da Cidade Velha, veja p. 94.) Ela foi iniciada pelo famoso arquiteto barroco alemão Kristof Dientzenhofer (veja p. 48); seu filho Kilian continuou a obra, e Anselmo Lurago terminou-a em 1755.

No teto, a *Apoteose de São Nicolau* de Johann Kracker, de 1770, é o maior afresco da Europa e apresenta uma engenhosa técnica de *trompe l'oeil*. Na primeira capela à esquerda fica o mural de Karel Škréta. A obra inclui o funcionário da igreja que vigiava o artista enquanto ele trabalhava; ele está olhando por uma janela no canto superior.

O próprio Mozart tocou as teclas do órgão de 2.500 tubos em 1787 e foi homenageado com uma missa de réquiem na igreja (14 de dezembro de 1791). Suba a escada até a galeria para ver o sombrio *Ciclo da Paixão* de Škréta, do século XVII, e os rabiscos dos anos 1820 de turistas entediados e candidatos a Franz Kafka na balaustrada.

Você pode subir o campanário (inteira/meia 70/50Kč; 10-22 h abr-set, às 20 h mar e out, às 18 h nov-fev) por uma entrada separada na esquina da Malostranské náměstí com a Mostecká. Durante o período comunista, a torre era usada para espionar a embaixada americana, que fica perto – na subida ainda se pode ver o urinol branco de metal colocado ali para uso dos espiões.

TRANSPORTE: MALÁ STRANA

Metrô A estação Malostranská do metrô fica no norte de Malá Strana, a cerca de 5 minutos a pé da Malostranské náměstí.

Tram Linhas 12, 20 e 22 vão pela Újezd e cruzam Malostranské náměstí.

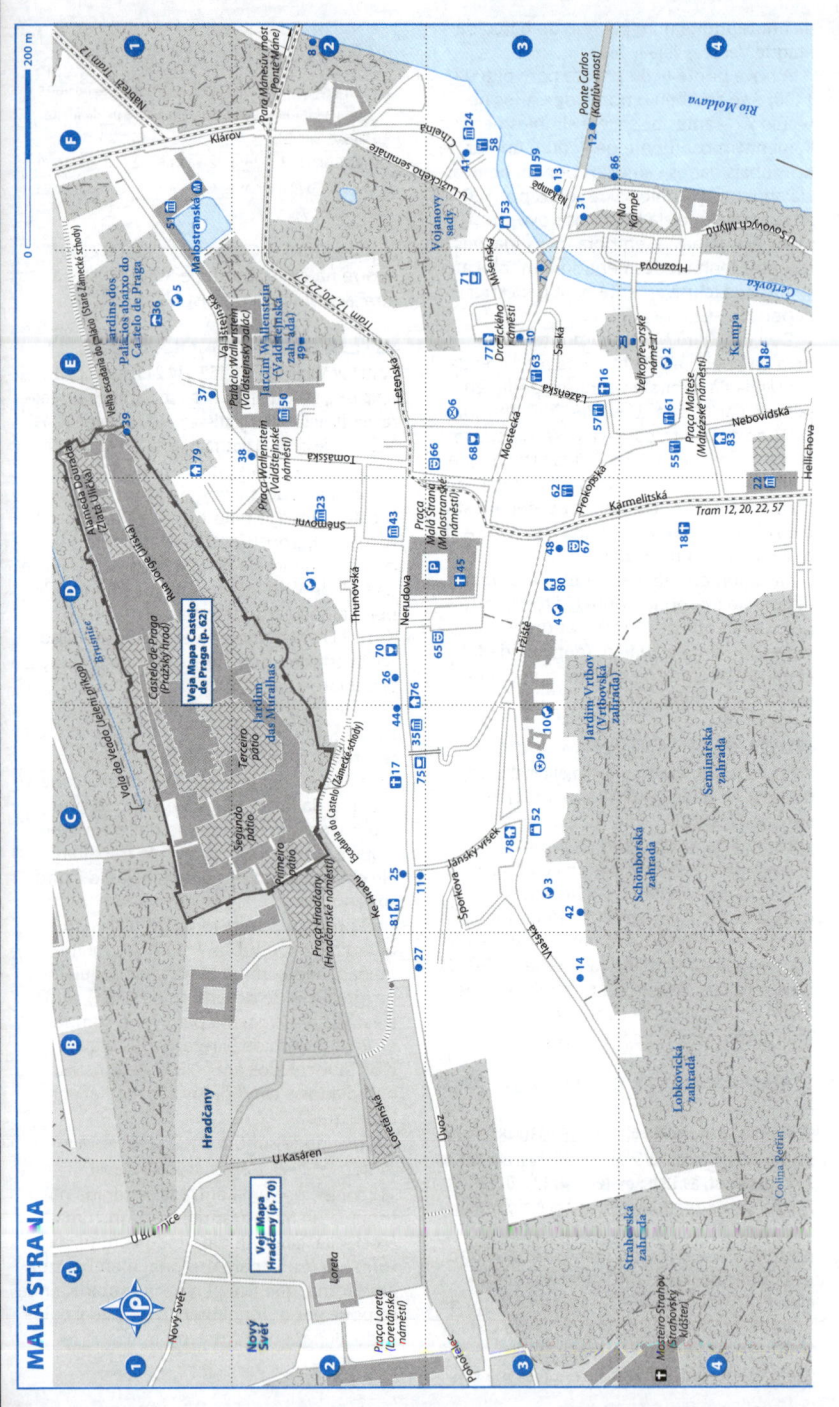

MALÁ STRANA

REGIÕES MALÁ STRANA

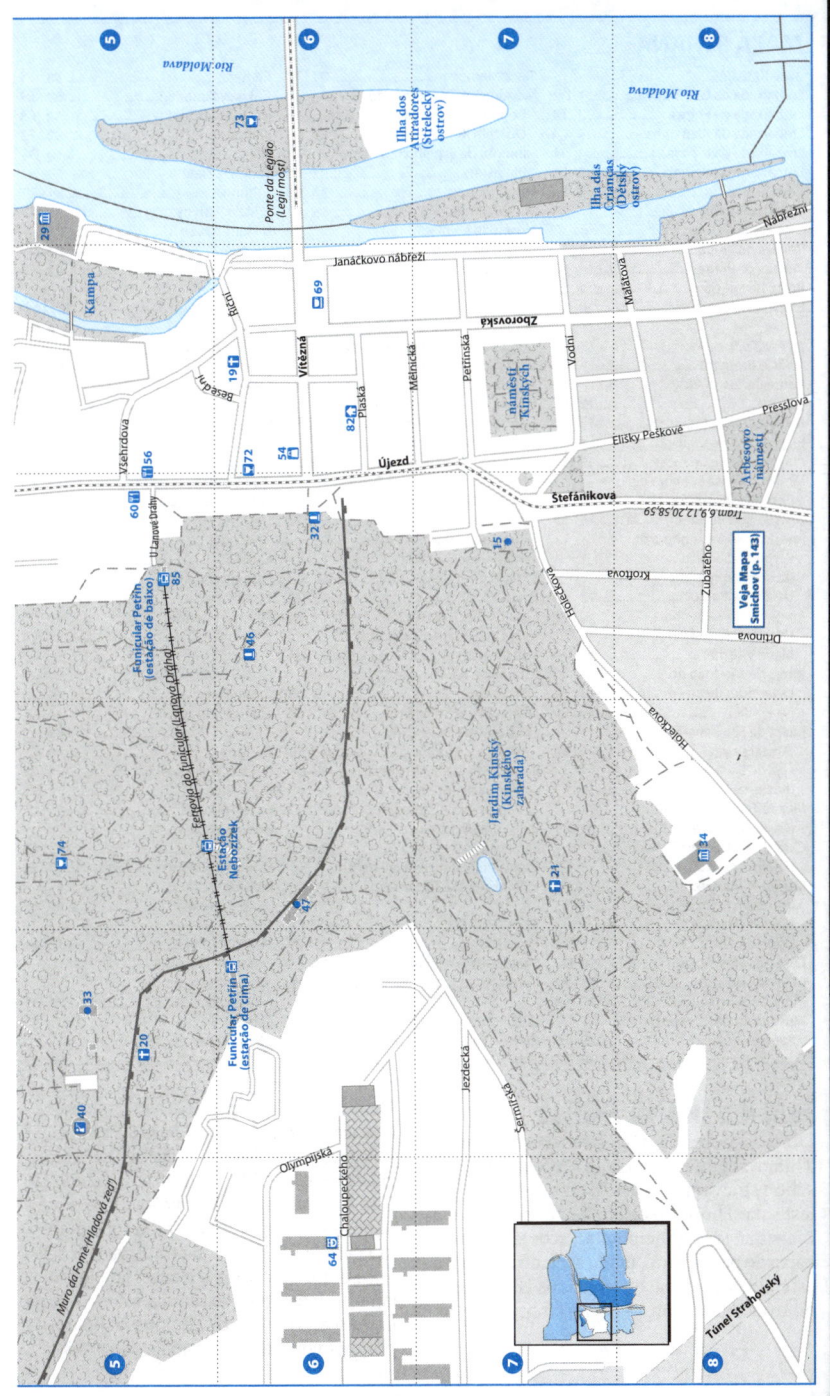

MALÁ STRANA

Map of Malá Strana region, Prague

Key locations visible:
- Rio Moldava (Vltava river)
- Ilha dos Atiradores (Střelecký ostrov)
- Ilha das Crianças (Dětský ostrov)
- Ponte da Legião (Legií most)
- Kampa
- Janáčkovo nábřeží
- náměstí Kinských
- Újezd
- Štefánikova
- Jardim Kinský (Kinského zahrada)
- Funicular Petřín (estação de baixo)
- Estação Nebozízek
- Funicular Petřín (estação de cima)
- Ferrovia do funicular (Lanovka Dráhy)
- Muro da Fome (Hladová zeď)
- Túnel Strahovský
- Arbesovo náměstí

Streets: Vítězná, Říční, Všehrdova, Besední, Pštrossova, Plaská, Mělnická, Petřínská, Vodní, Zborovská, Mlýnská, Nábřežní, Presslova, Elišky Peškové, Holečkova, Kroftova, Zubatého, Drtinová, U Lanové Dráhy, Olympijská, Chaloupeckého, Jezdecká, Šermířská

Tram 6 9 12 20 58 59

Veja Mapa Smíchov (p. 143)

79

MALÁ STRANA

INFORMAÇÃO
Embaixada da Grã-Bretanha	**1**	D2
Embaixada da França	**2**	E4
Embaixada da Alemanha	**3**	C3
Embaixada da Irlanda	**4**	D3
Embaixada da Polônia	**5**	E1
Correio	**6**	E3
Serviço de Informação de Praga	(veja 30)	
Veneza de Praga	**7**	E3
Veneza de Praga	**8**	F2
Posto de Polícia	**9**	C3
Embaixada dos EUA	**10**	C3

ATRAÇÕES (p. 76)
Palácio Bretfeld	**11**	C2
Ponte Carlos (Karlův Most)	**12**	F3
Playground de Crianças	**13**	F3
Playground de Crianças	**14**	B3
Playground de Crianças	**15**	D7
Igreja de Nossa Senhora da Corrente (Kostel Panny Marie pod Řetězem)	**16**	E3
Igreja de Nossa Senhora do Perpétuo Socorro (Kostel Panny Marie Ustavičné Pomoci)	**17**	C2
Igreja de Nossa Senhora Vitoriosa (Kostel Panny Marie Vítězné)	**18**	D4
Igreja de São João do Lavadouro (Kostel sv Jana Na Prádle)	**19**	E6
Igreja de São Lourenço (Kostel sv Vavřince)	**20**	B5
Igreja de São Miguel (Kostel sv Michala)	**21**	C7
Museu Tcheco de Música (České Muzeum Hudby)	**22**	D4
Casa do Parlamento Tcheco (Sněmovna)	**23**	D2
Museu Franz Kafka (Muzeum Franzy Kafky)	**24**	F3
Casa da Ferradura Dourada	**25**	C2
Casa dos Três Violinos	**26**	D2
Casa dos Dois Sóis	**27**	B2
Muro de John Lennon	**28**	E4
Museu Kampa (Muzeum Kampa)	**29**	F5
Torre da Ponte de Malá Strana	**30**	E3
Placa Memorial	**31**	F3
Monumento às Vítimas do Comunismo (Památník Obětem Komunismu)	**32**	D6
Labirinto de Espelho (Zrcadlové Bludiště)	**33**	B5
Musaion	**34**	C8
Museu Montanelli	**35**	C2
Museu do Menino Jesus de Praga (Muzeum Pražského Jezulátka)	(veja 18)	
Jardins dos Palácios abaixo do Castelo de Praga	**36**	E1
Jardins dos Palácios abaixo da entrada do Castelo de Praga	**37**	E1
Jardins dos Palácios abaixo da entrada do Castelo de Praga	**38**	E2
Jardins dos Palácios abaixo da entrada do Castelo de Praga	**39**	E1
Ferrovia Funicular de Petřín (estação de baixo)	(veja 85)	
Torre de Observação de Petřín	**40**	B5
Proudy (riachos) – escultura de David Černý	**41**	F3
Quo Vadis (Onde você está indo) – escultura de David Černý	**42**	C3
Palácio Smiřický	**43**	D2
Casa de São João Nepomuceno	**44**	C2
Igreja de São Nicolau (Kostel sv Mikuláše)	**45**	D3
Estátua de Karel Hynek Mácha	**46**	D6
Observatório Štefánik	**47**	C6
Tržiště 15 (Casa de Kafka - 1917)	(veja 10)	
Entrada do Jardim Vrtbov	**48**	D3
Jardim Wallenstein (Valdštejnská Zahrada)	**49**	E2
Palácio Wallenstein (Valdštejnský Palác)	**50**	E2
Escola de Equitação Wallenstein (Valdštejnská Jízdárna)	**51**	F1

COMPRAS (p. 149)
Pavla & Olga	**52**	C3
Shakespeare & Symové	**53**	F3
Vetešnictví	**54**	E6

ONDE COMER (p. 159)
Café de Paris	**55**	E4
Café Savoy	(veja 69)	
Cantina	**56**	E5
Cukrkávalimonáda	**57**	E3
Hergetova Cihelna	**58**	F3
Kampa Park	**59**	F3
Noi	**60**	D5
Terasa U Zlaté Studně	(veja 79)	
U Malé Velryby	**61**	E4
U Maltézských Rytířů	**62**	D3
Vacek Bio-Market	**63**	E3

ENTRETENIMENTO (p. 197)
Klub 007 Strahov	**64**	A6
Liechtenstein Palace	**65**	D3
Malostranská Beseda	**66**	E3
U Malého Glena	**67**	D3

ONDE BEBER (p. 179)
Blue Light	**68**	E3
Café Savoy	**69**	E6
Hostinec U Kocoura	**70**	D2
Kafíčko	**71**	E3
Klub Újezd	**72**	E6
Letní Bar	**73**	F6
Petřínské Terasy	**74**	C5
U Zeleného Čaje	**75**	C2

ONDE DORMIR (p. 215)
Castle Steps	**76**	D2
Charles Bridge B&B	**77**	E3
Design Hotel Sax	**78**	C3
Golden Well Hotel	**79**	E1
Hotel Aria	**80**	D3
Hotel Neruda	**81**	C2
Hunger Wall Residence	**82**	E6
Mandarin Oriental	**83**	E4
Pension Dientzenhofer	**84**	E4

TRANSPORTES (p. 248)
Ferrovia Funicular Petřín (estação de baixo)	**85**	D5
Cais da Prague Passenger Shipping (PPS)	**86**	F3

MALÁ STRANA NORTE

Do lado norte da Malostranské náměstí, a Thunovská e a Escadaria do Castelo (Zámecké schody) levam ao castelo. Na extremidade leste da Thunovská, em Sněmovní, fica o Parlamento Tcheco (Sněmovna), sede da câmara baixa do parlamento, tendo sediado também a assembleia nacional que depôs os Habsburgos do trono tcheco em 14 de novembro de 1918.

MUSEU FRANZ KAFKA Mapa p. 78

Muzeum Franzy Kafky; ☎ 257 535 507; www.kafkamuseum.cz; Hergetova Cíhelná, Cihelná 2b; inteira/meia 160/80Kč; 10-18 h; 12, 20, 22

Essa badaladíssima exposição sobre o mais famoso filho literário de Praga foi inaugurada em 2005, depois de transitar por seis anos entre Barcelona e Nova York. Intitulada "Cidade de K", explora a íntima relação entre o escritor e a cidade que o moldou, por meio do uso de originais de cartas, fotografias, citações, jornais e publicações da época, e instalações de som e vídeo. Será que retrata a burocracia claustrofóbica e a atmosfera ameaçadora que caracterizam o mundo de Kafka? Ou é um disparate pretensioso? Você decide.

Do lado de fora do museu fica uma das divertidas e polêmicas esculturas de David Černý, Proudy (riachos; veja p. 142).

JARDINS DOS PALÁCIOS ABAIXO DO CASTELO DE PRAGA Mapa p. 78
Palácové zahrady pod Pražským hradem; ☎ 257 010 401; Valdštejnská 12-14; inteira/meia 79/49Kč; 9-21 h jun e jul, às 20 h ago, às 19 h mai e set, às 18 h abr e out; 12, 20, 22

Esses belos jardins em terraços na escarpada encosta sul da colina do castelo datam dos séculos XVII e XVIII, quando foram criados pelos proprietários dos palácios adjacentes. Foram restaurados nos anos 1990 e contêm uma loggia renascentista com afrescos de Pompeia e um portal barroco com um relógio solar que usa a luz do sol refletida pela água de uma fonte de Tritão.

Há duas entradas na rua Valdštejnská: uma em frente ao Palácio Wallenstein, e outra depois do Restaurante Palffy Palace. Há também uma no topo da colina no Jardim das Muralhas do Castelo de Praga.

JARDIM WALLENSTEIN Mapa p. 78
Valdštejnská zahrada; Letenská 10; grátis; 10-18 h abr-out; M Malostranská

Esse enorme jardim murado se esconde atrás do Palácio Wallenstein, um oásis de paz em meio ao burburinho das ruas de Malá Strana. Sua melhor atração é a enorme loggia decorada com cenas da Guerra de Troia, flanqueadas, de um lado, por um aviário com um par de bufos reais e uma enorme gruta com estalactites falsas – veja quantos animais e rostos grotescos você consegue encontrar. As estátuas de bronze de deuses gregos ao longo da avenida em frente à loggia são cópias – as originais foram levadas pelos suecos em 1648 e agora ficam do lado de fora do palácio real de Drottningholm, perto de Estocolmo.

Na extremidade oriental do jardim fica um lago ornamental que abriga algumas carpas realmente grandes, e a Escola de Equitação Wallenstein (Valdštejnská jízdárna; ☎ 257 073 136; Valdštejnská 3; inteira/meia 150/80Kč; 10-18 h ter-dom), que abriga mostras temporárias de arte moderna. Entre no jardim pela Letenská (ao lado da estação de metrô Malostranská) ou pelo Palácio Wallenstein (veja Passeio a pé, p. 86).

PALÁCIO WALLENSTEIN Mapa p. 78
Valdštejnský palác; ☎ 257 071 111; Valdštejnské náměstí 4; grátis; 10-17 h sáb e dom abr-out, às 16 h sáb e dom nov-mar; 12, 20, 22

A pequena Praça Wallenstein (Valdštejnské náměstí), a nordeste da Praça Malá Strana, é dominada pelo monumental palácio de 1630 de Albrecht de Wallenstein, general dos Habsburgos, que financiou a construção com propriedades confiscadas de nobres protestantes derrotados na Batalha de Bílá Hora (veja Monte Branco, p. 147) em 1620. Ele é hoje a sede do Senado da República Tcheca, mas abre algumas salas à visitação no fim de semana. O afresco no teto do Salão Barroco mostra Wallenstein como guerreiro numa biga, e o incomum Salão de Audiências oval tem um afresco de Vulcano trabalhando em sua forja.

MALÁ STRANA SUL

A parte sul de Malá Strana concentra-se na linda Praça Maltesa (Maltézské náměstí; Mapa p. 78), que deve seu nome aos Cavaleiros de Malta. Em 1169, eles estabeleceram um mosteiro ao lado das austeras torres protogóticas da Igreja de Nossa Senhora da Corrente (kostel Panny Marie pod řetězem) e foram encarregados de proteger a ponte sobre o rio – a corrente se refere à barreira que usaram.

A leste da praça fica Kampa (Mapa p.78), uma "ilha" criada pelo Čertovka (Riacho do Diabo) – a mais tranquila e pitoresca parte de Malá Strana. No século XIII, o primeiro moinho de Praga, o Sovovský mlýn (hoje Museu de Kampa), foi construído ali. Kampa já teve fazendas (o nome Kampa vem de campus, "campo" em latim), mas a ilha foi abandonada depois de ficar coberta pela enchente no século XVI. Em 1939, o rio ficou tão baixo que ela se juntou de novo com a terra, e moedas e joias foram achadas no canal seco.

A região em que o Čertovka passa sob a Ponte Carlos é chamada às vezes de Veneza de Praga – o canal fica sempre lotado de barquinhos de turismo. Cafés de Na Kampě, a pequena praça ao sul da ponte, são convidativos, embora o sol do verão seja forte ali. A extremidade sul de Kampa, além da praça, é um agradável parque arborizado com vista para Staré Město.

Perto da extremidade sul de Kampa, fora

ESTÁTUAS DA PONTE CARLOS

O primeiro monumento erigido na ponte foi o crucifixo perto da extremidade leste, em 1657. A primeira estátua – o tributo de 1683 dos jesuítas a São João Nepomuceno – inspirou as demais ordens católicas, e, ao longo dos trinta anos seguintes, cerca de vinte outras se ergueram, como outdoors eclesiásticos. Outras ainda foram adicionadas no meio do século XIX, e uma (além de substituições para algumas perdidas em enchentes) no século XX. Como a maioria das estátuas foi esculpida em arenito macio, as que sofreram maior desgaste foram substituídas por cópias. Alguns originais estão nas Casamatas (p. 119) em Vyšehrad; outros estão no Lapidárium (p. 135) em Holešovice.

Começando do lado oeste (Malá Strana), com números ímpares à esquerda e pares à direita, as estátuas ao longo da ponte são:

1 S. Cosme e Damião (1709) Irmãos médicos caridosos do século III.

2 S. Venceslau (sv Václav; 1858) Santo padroeiro da Boêmia.

3 S. Vito (sv Víta, 1714) Santo Padroeiro de Praga (e dos cachorros, dançarinos, atores e comediantes).

4 S. João da Mata e Félix de Valois (1714) Fundadores da Ordem dos Trinitários, no século XII, cuja missão é resgatar cristãos escravizados (representados por um tártaro guardando um grupo deles), com S. Ivo (30).

5 S. Felipe Benizi (sv Benicius; 1714) Autor de curas milagrosas.

6 S. Adalberto (sv Vojtěch; 1709) Primeiro bispo tcheco de Praga, canonizado no século X. Réplica.

7 S. Caetano (1709) Fundador italiano da ordem dos Teatinos no século XV.

8 A Visão de Sta. Leodegária (1710) Tida por muitos como a mais bela peça na ponte, em que Cristo aparece para a santa cega e lhe permite beijar suas chagas.

9 S. Agostinho (1708) Hedonista convertido, famoso por suas *Confissões*, fonte teológica da Reforma. Também padroeiro dos cervejeiros. Réplica.

10 S. Nicolau de Tolentino (1706) Padroeiro das Santas Almas. Réplica.

11 S. Judas Tadeu (1708) Apóstolo e padroeiro das causas perdidas. Mais à direita, além da amurada, há uma coluna com a estátua do herói do poema épico do século XI *A canção de Rolando* (Bruncvík).

12 S. Vicente Ferrer (1712) Padre espanhol do século XIV, junto com S. Procópio, padre-guerreiro hussita.

13 S. Antônio de Pádua (1707) O discípulo português de São Francisco de Assis, do século XII.

14 S. Francisco Serafim (1855) Padroeiro dos pobres e dos abandonados.

da ilha, situa-se um dos mais antigos edifícios góticos de Malá Strana, a Igreja de São João do Lavadouro (kostel sv Jana na prádle; Mapa p. 78). Erguida em 1142, guarda fragmentos de afrescos do século XIV.

A Ilha do Atirador (Střelecký ostrov; Mapa p. 78), que fica logo ao sul de Kampa, é atravessada pela Ponte da Legião (Legií most). O nome da ilha vem do uso que se fazia dela no século XVI como alvo de tiro para a guarnição de Praga.

No verão há um bar e cinema ao ar livre (veja o quadro, p. 185), e uma prainha na extremidade norte. Para chegar à ilha, desça as escadas que saem da Ponte da Legião.

ILHA DAS CRIANÇAS Mapa p. 78
Dětský ostrov; acesso por Nábřežní; grátis; 24 horas; M Anděl

A menor ilha de Praga oferece um arborizado refúgio do burburinho da cidade, com playground para manter as crianças ocupadas, assim como uma rampa de skate, uma miniquadra de futebol, uma quadra de *netball* e muito espaço para os irmãos maiores correrem. Há bancos suficientes para relaxar as cansadas pernas paternas e maternas, e um bar e restaurante razoáveis na ponta sul.

MURO DE JOHN LENNON Mapa p. 78
Velkopřevorské náměstí; 12, 20, 22

Depois de seu assassinato em 8 de dezembro de 1980, John Lennon tornou-se um herói pacifista para muitos jovens tchecos. Sua imagem foi pintada no muro de uma praça recôndita do outro lado da embaixada francesa (há um nicho no muro que parece uma lápide), junto com grafites políticos e letras dos Beatles. Apesar de repetidas demãos de cal, a polícia secreta nunca conseguiu manter o muro limpo por muito tempo, e ele se tornou um centro

15 S. João Nepomuceno (1683) Bronze. Santo padroeiro dos tchecos. Segundo a lenda narrada na base da estátua, Venceslau IV ordenou que fosse atirado da ponte de armadura em 1393, por se recusar a divulgar a confissão da rainha (ele era confessor dela), embora o verdadeiro motivo tenha sido o conflito entre Igreja e Estado; diz-se que as estrelas em sua auréola seguiram seu cadáver rio abaixo. Segundo a tradição, se você esfregar a placa de bronze, um dia voltará a Praga. Uma cruz de bronze encrustada no parapeito entre as estátuas 17 e 19 marca o lugar de onde ele foi jogado.

16 S. Venceslau menino (c 1730) Com sua avó e guardiã, Santa Ludmila, padroeira da Boêmia.

17 S. Venceslau (1853) com **S. Segismundo**, filho de Carlos IV, e **S. Norberto**, fundador alemão da ordem Premonstratense, no século XII.

18 S. Francisco Borgia (1710) Padre espanhol do século XVI.

19 S. João Batista (1857) De Josef Max.

20 S. Cristóvão (1857) Padroeiro dos viajantes.

21 S. Cirilo e S. Metódio (1938) A mais nova estátua. Esses dois levaram o cristianismo e a escrita (cirílica) para os eslavos no século IX.

22 S. Francisco Xavier (1711) Missionário espanhol do século XVI, celebrado por sua obra no Oriente. Réplica.

23 Sta. Ana com a Virgem e o Menino Jesus (1707) Santa Ana é a mãe da Virgem Maria.

24 S. José (1854) Esposo da Virgem Maria.

25 Crucifixo (1657) Bronze folheado a ouro. Com uma invocação em hebraico que diz "santo, santo, santo Senhor" (paga com a multa de um judeu que zombou dele em 1696); as figuras de pedra são de 1861.

26 Pietá (1859) Maria segurando o corpo de Cristo após a crucificação.

27 Nossa Senhora com S. Domingos (1709) Fundador espanhol dos dominicanos, com **S. Tomas de Aquino**. Réplica.

28 Sta. Bárbara, Sta. Margarida e Sta. Isabel (1707) Sta. Bárbara, do século II, é a padroeira dos mineiros; Sta. Margarida, do século III ou IV, é padroeira das grávidas; e Sta. Isabel, uma princesa eslovaca do século XIII que renunciou à boa vida para cuidar dos pobres.

29 Nossa Senhora com S. Bernardo (1709) Fundador da ordem cisterciense no século XII. Réplica.

30 S. Ivo de Kermartin (1711) Bretão do século XIII, padroeiro dos advogados e dos órfãos. Réplica.

político da juventude de Praga (a música pop ocidental era proibida pelos comunistas, e alguns músicos tchecos chegaram a ser presos por tocá-la).

Depois de 1989, o tempo e grafites leves corroeram as imagens e mensagens políticas até sobrarem somente os olhos de Lennon, mas os turistas passaram a dar sua própria contribuição. O muro é propriedade dos Cavaleiros de Malta, que o repintaram várias vezes, inutilmente. Ele logo volta a ficar coberto de figuras e mensagens em referência a Lennon, assim como de outros grafites feitos por turistas. Nos últimos anos, os Cavaleiros aceitaram o fato e não se dão mais ao trabalho de passar cal.

MUSEU DE KAMPA Mapa p. 78
Muzeum Kampa; ☎ 257 286 147; www.museumkampa.cz; U Sovových Mlýnů 2; inteira/meia 150/75Kč; ⊗ 10-18 h; 🚊 12, 20, 22
Sediada num moinho reformado, essa galeria é dedicada às artes contemporânea e do século XX da Europa Central. Os destaques são uma extensa coleção de bronzes do escultor cubista Otto Gutfreund e pinturas de František Kupka, um pioneiro da arte abstrata. A tela mais impressionante é *Catedral*, de Kupka, uma massa pregueada de diagonais azuis e vermelhas sugerindo uma cortina com um vislumbre da escuridão por trás. Do lado de fora do museu, pode-se ver de perto um dos famosos bebês engatinhando de David Černý (os que pululam na Torre de TV (p. 133) em Žižkov). Entrada grátis na primeira quarta-feira do mês.

A PRAGA DE KAFKA

Embora tenha escrito suas obras em alemão, Franz Kafka (1883–1924) era filho da capital tcheca. Ele passou toda a sua vida em Praga, assombrando a cidade e sendo assombrado por ela, ao mesmo tempo que a odiava, precisava dela. Seu romance *O processo* pode ser encarado como uma geografia metafísica de Staré Město, cujo emaranhado de caminhos e passagens rompe os limites usuais entre ruas e pátios, entre público e privado, novo e velho, real e imaginário.

Durante a maior parte de sua vida, Kafka morou perto da Praça da Cidade Velha, onde cresceu e foi à escola, trabalhou e encontrou amigos; suas próprias palavras foram: "Esse círculo estreito abarca a minha vida inteira". Muitos guias e excursões a pé dizem que vão mostrar a você a "Praga de Kafka", mas um pouco de familiaridade com a obra dele logo faz constatar que esse lugar só existiu na mente do autor. Assim, mais do que descrever um roteiro de caminhada arbitrário, enumeramos os vários lugares associados à vida do escritor em ordem cronológica, para você perambular por eles seguindo a rota que quiser, como o próprio Kafka teria feito.

- U Radnice 5 (Mapa p. 90; 1883–1888) é onde Kafka nasceu em 3 de julho de 1883, num apartamento ao lado da Igreja de São Nicolau; tudo o que sobrou do prédio original é o portal de pedra, que hoje abriga a Exposição Kafka, na verdade uma mal disfarçada loja de suvenires.
- Celetná 2 (Mapa p. 90; 1888–1889), "A Casa Sisto", foi o lar de Kafka por um curto período na infância.
- Casa do Minuto (dům U minuty; Mapa p. 90; 1889–1896) é onde Kafka viveu quando estava na escola, no prédio renascentista da esquina que hoje é parte da Velha Prefeitura. Numa carta, ele se lembra de ter frequentado a escola primária na rua Masná e ser arrastado de má vontade todo dia pelo cozinheiro da família, cujo dever era levá-lo à aula.
- Palácio Goltz-Kinský (Mapa p. 90) é onde Kafka fez o ensino médio, no Ginásio Estadual da Cidade Velha, no segundo andar do palácio, entre 1893 e 1901. Em certa época, o pai dele teve uma loja de roupas no térreo, nas dependências hoje ocupadas pela Livraria Kafka. Veja também p. 94.
- Celetná 3 (Mapa p. 90; 1896–1907), conhecida como Casa dos Três Reis, é onde Kafka teve seu próprio quarto pela primeira vez e onde escreveu sua primeira história. A janela de seu quarto tem vista para a Igreja de Nossa Senhora diante de Týn.

MUSEU TCHECO DE MÚSICA Mapa p. 78

České muzeum hudby; ☎ 257 257 777; www.nm.cz; Karmelitská 2/4; inteira/meia 100/60Kč; 13-18 h seg, 10-20 h qua, 9-16 h sex, 10-18 h qui, sáb e dom, fechado ter; 🚋 12, 20, 22

O prédio de um mosteiro barroco do século XVII com um marcante átrio central compõe um belo ambiente para o Museu da Música de Praga. A exposição permanente do museu, intitulada "Homem-Instrumento-Música", explora o relacionamento entre seres humanos e os instrumentos musicais ao longo dos séculos e exibe uma coleção incrível de violinos, violões, alaúdes, trompetes, flautas e gaitas – tudo acompanhado de música, é claro.

MUSEU DO MENINO JESUS DE PRAGA Mapa p. 78

Muzeum Pražského Jezulátka; ☎ 257 533 646; www.pragjesu.info; Karmelitská 9; grátis; igreja 8h30-19 h seg-sáb e 8h30-20 h dom, museu 9h30-17h30 seg-sáb e 13-18 h dom, fechado 1º jan, 25 e 26 dez e seg Páscoa; 🚋 12, 20, 22

A Igreja de Nossa Senhora Vitoriosa (kostel Panny Marie Vítězné), erguida em 1623, tem no altar central uma imagem de 47 cm de altura do Menino Jesus, trazida da Espanha em 1628. Conhecida como Menino Jesus de Praga (Pražské Jezulátko), diz-se que ela protegeu Praga da peste e da destruição da Guerra dos Trinta Anos. Um prior alemão do século XVIII, Stephano, escreveu sobre os milagres, desencadeando o que, com o tempo, se tornou um culto mundial; hoje, a estátua é visitada por um fluxo constante de peregrinos, especialmente da Itália, da Espanha e da América Latina. É tradicional vestir a imagem com roupas bonitas e, ao longo dos anos, muitos benfeitores doaram vestes ricamente bordadas – são mais de 70 peças doadas de todas as partes do mundo –, trocadas conforme o calendário religioso.

Atrás da igreja fica o museu, que exibe uma coleção de vestes do menino; lojas na rua ao lado vendem cópias de cera da estátua. Diante disso tudo, não dá para não pensar no segundo mandamento ("Não farás para ti nenhum ídolo…") e nos objetivos da Reforma. Jan Hus deve estar se virando no túmulo.

- **Assicurazioni Generali** (Mapa p. 110; 1907–1908) era a companhia de seguros, localizada na Praça Venceslau número 19, onde Kafka teve seu primeiro emprego, depois de se formar em direito pela Universidade de Carlos em 1906. Jornada longa, salário baixo e tédio burocrático fizeram efeito, e ele se demitiu depois de apenas nove meses.
- **Companhia de Seguros de Acidente dos Trabalhadores** (Mapa p. 108), um escritório na Na Poříčí 7 em Nové Město, onde Kafka deu duro por 14 anos, de 1908 até sua aposentadoria (por causa de doença) em 1922.
- **U Jednorožce** (No Unicórnio; Mapa p. 90), uma casa no lado sul da Praça da Cidade Velha no número 17, pertencia a Otto Fanta e sua mulher Berta, que mantinham um salão literário de regular sucesso entre pensadores europeus da moda na época, inclusive Kafka e seus companheiros escritores Max Brod (amigo e biógrafo de Kafka), Franz Werfel e Egon Erwin Kisch.
- **Pařížská 36** (Mapa p. 90; 1907–1913), num apartamento com vista para o rio ao lado da Ponte Čech (Čechův most), Kafka escreveu *O processo* e começou a trabalhar em *A metamorfose*. (O prédio não existe mais.)
- **Pařížská 1** (Mapa p. 90; 1913–1914), uma luxuosa cobertura na Casa Oppelt, em frente à Igreja de São Nicolau, foi o último lugar em que Kafka morou com os pais – e o cenário para sua assustadora parábola *Metamorfose*.
- **Bílkova 22** (Mapa p. 90; 1914–1915) foi onde, aos 31 anos, Kafka morou, em um apartamento, depois de se mudar da casa dos pais pela primeira vez, e onde começou a trabalhar em *O processo*.
- **Dlouhá 16** (Mapa p. 90; 1915–1917) onde Kafka alugou um lugar para si mesmo, na equina estreita com a Masná. Ele se mudou muito nos anos seguintes, tendo visitado Berlim e Viena e ficado com seus parentes na Casa Oppelt quando voltou a Praga.
- **Zlatá ulička 22** (Mapa p. 62) era o chalé alugado pela irmã de Kafka nas dependências do castelo. Durante o inverno de 1916–1917, Kafka se hospedou ali para fugir do barulho e da distração de seu apartamento na Cidade Velha, e escreveu mais de uma dúzia de histórias.
- **Tržiště 15** (Mapa p. 78; 1917), o Palácio Schönborn em Malá Strana (atualmente a embaixada americana), foi onde Kafka teve um apartamento por alguns meses. Ele foi feliz ali por um tempo, até sofrer uma hemorragia no pulmão, sintoma da tuberculose que o mataria anos depois. O autor passou o resto de sua vida em tratamento médico ou hospedado com seus pais e morreu em Viena em 3 de junho de 1924. Kafka foi enterrado no Cemitério Judaico (veja p. 129), em Žižkov.

JARDIM VRTBOV Mapa p. 78

Vrtbovská zahrada; ☎ 257 531 480; www.vrtbovska.cz; Karmelitská 25; inteira/meia 55/35Kč; 10-18 h abr-out; 12, 20, 22

Esse "jardim secreto", escondido ao longo de um caminho na esquina da Tržiště com a Karmelitská, foi construído em 1720 para o Conde de Vrtba, chanceler do Castelo de Praga. É um jardim formal barroco que sobe a encosta íngreme da colina até um terraço ornado de estátuas da mitologia romana de Matthias Braun; entre elas, Vulcano, Diana e Marte. Abaixo do terraço (à direita, olhando para baixo) há um pequeno estúdio, que era usado pelo pintor Mikuláš Aleš, e, acima, há um belvedere com boa vista do Castelo de Praga e de Malá Strana.

PETŘÍN

Essa colina de 318 m de altitude é uma das maiores áreas verdes de Praga. É ótima pelos caminhos tranquilos e sombreados de árvores e pela vista da "Cidade de Cem Pináculos". Já houve vinhedos ali e uma pedreira que abasteceu a maioria das construções românicas e góticas de Praga.

Petřín é de fácil acesso a pé pelo Mosteiro Strahov (p. 69), mas você pode também ir pela ferrovia funicular (lanová draha) de Újezd até o topo ou até dois terços do caminho, em Nebozízek.

No tranquilo Jardim Kinský (Kinského zahrada), no lado sul de Petřín, fica a Igreja de São Miguel (kostel sv Michala), construção de madeira do século XVIII transferida para lá, tábua por tábua, de Medveďov, na Ucrânia. Essas construções são raras na Boêmia, mas ainda comuns na Ucrânia e no nordeste da Eslováquia.

MONUMENTO ÀS VÍTIMAS DO COMUNISMO Mapa p. 78

Památník obětem komunismu; esq. Újezd e Vítězná; 6, 9, 12, 20, 22

Esse marcante conjunto escultural consiste em várias figuras humanas dilaceradas (polêmica: todas masculinas), em estágios progressivos de desintegração, descendo uma encosta em degraus. Uma faixa de bronze inserida no chão diante delas registra o terrível custo humano da era comunista – 205.486 presos; 170.938 exilados; 248 executados; 4.500 mortos na prisão; e 327 abatidos tentando cruzar a fronteira.

LABIRINTO DE ESPELHO Mapa p. 78
Zrcadlové bludiště; inteira/meia 70/50Kč;
 10-22 h abr-set, 10-20 h mar e out,
10-18 h nov-fev; ferrovia funicular
Abaixo da torre de observação fica o Labirinto de Espelho, também construído para a Exposição de Praga de 1891. Junto com o labirinto, que é divertido, há uma maquete da batalha de 1648 entre Praga e os suecos na Ponte Carlos. Em frente, fica a Igreja de São Lourenço (kostel sv Vavřince), que tem um afresco no teto com a fundação da igreja em 991 sobre um santuário pagão ao fogo.

MUSAION Mapa p. 78
 257 325 766; Kinského zahrada 98; inteira/meia 70/40Kč; 10 h-18 h ter-dom mai-set, 9-17 h ter-dom out-abr; 6, 9, 12, 20
Esse palácio de verão reformado abriga a coleção etnográfica do Museu Nacional com exposições sobre folclore, cultura e arte tradicional tcheca, incluindo música, vestuário, métodos agrícolas e artesanais. Há, regularmente, concertos de música folclórica e oficinas para a mostra de ofícios tradicionais como os de ferreiro e entalhador; nos meses de verão há um café no jardim.

FERROVIA FUNICULAR DE PETŘÍN
Mapa p. 78
Lanová draha na Petřín; 800 19 18 17; www.dpp.cz; inteira/meia 26/13Kč; 9 h-23h30 abr-out, 9 h-23h20 nov-mar; 12, 20, 22
Inaugurada em 1891, a pequena ferrovia funicular de Praga agora usa vagões modernos nos 510 metros de trilhos, poupando os visitantes da subida na colina Petřín. Partidas a cada 10 minutos (15 minutos de novembro a março) de Újezd à Torre de Observação de Petřín, com uma parada em Nebozízek. Bilhetes normais de 26Kč, válidos nos bondes e no metrô, servem para o funicular também.

TORRE DE OBSERVAÇÃO PETŘÍN
Mapa p. 78
Petřínská rozhledna; 257 320 112; inteira/meia 100/50Kč; 10-22 h abr-set, 10-20 h mar e out, 10-18 h nov-fev; ferrovia funicular
No topo de Petřín, há uma imitação da Torre Eiffel de 62 metros de altura, erguida em 1891 para a Exposição de Praga. São 299 degraus para subir, mas tem as melhores vistas de Praga – em dias claros dá para ver as florestas da Boêmia central. (Há um elevador, também.) No caminho da torre, há o Muro da Fome (Hladová zeď), entre Újezd e Strahov, fortificação construída em 1362 no governo de Carlos IV e assim chamada por ter sido feita pelos pobres da cidade em troca de comida – um programa de criação de empregos pioneiro.

OBSERVATÓRIO ŠTEFÁNIK Mapa p. 78
Štefánikova hvězdárna; 257 320 540; www.observatory.cz; inteira/meia 65/45Kč; variável, veja no site; ferrovia funicular
Logo ao sul da estação funicular do topo fica o "observatório popular", aberto em 1928. Há exposições de astronomia, mas a atração principal é o telescópio astrográfico Zeiss duplo, também de 1928 que permite a observação do Sol e das manchas solares. Em noites claras é possível observar a lua, as estrelas e os planetas.

JARDINS DE MALÁ STRANA
Passeio a pé
1 Belvedere do Castelo de Praga
Comece no belvedere junto à entrada leste do Castelo de Praga, que proporciona uma bela vista dos telhados de Malá Strana. Na colina íngreme logo abaixo ficam os jardins, agora restaurados e abertos ao público, pertencentes aos palácios aristocráticos do século XVIII na rua Valdštejnská.

2 Jardins dos Palácios abaixo do Castelo de Praga
Entre pelo portão no Jardim das Muralhas (Zahrada na valech; p. 67) e ache a entrada para os Jardins dos Palácios abaixo do Castelo de Praga (p. 81). Há uma taxa de ingresso, e os jardins só abrem de abril a outubro; no inverno, comece esse passeio na estação de metrô Malostranská e caminhe rumo sudoeste pela Valdštejnská até o Palácio Wallenstein.

3 Jardim Wallenstein
Depois de ter explorado os jardins dos palácios, saia pelo portão principal na Valdštejnská e vire à direita. Quando chegar à Praça Wallenstein (Valdštejnské náměstí), vire à esquerda na entrada principal do Palácio Wallenstein (p. 81), cruze o pátio e entre na paz do Jardim Wallenstein (p. 81). Dirija-se ao canto nordeste à direita do lago de peixes, e saia pelo portão ao lado da estação Malostranská de metrô (se o portão estiver fechado, volte pelo muro sul e saia pelo portão da Letenská).

PASSEIO A PÉ PELOS JARDINS DE MALÁ STRANA

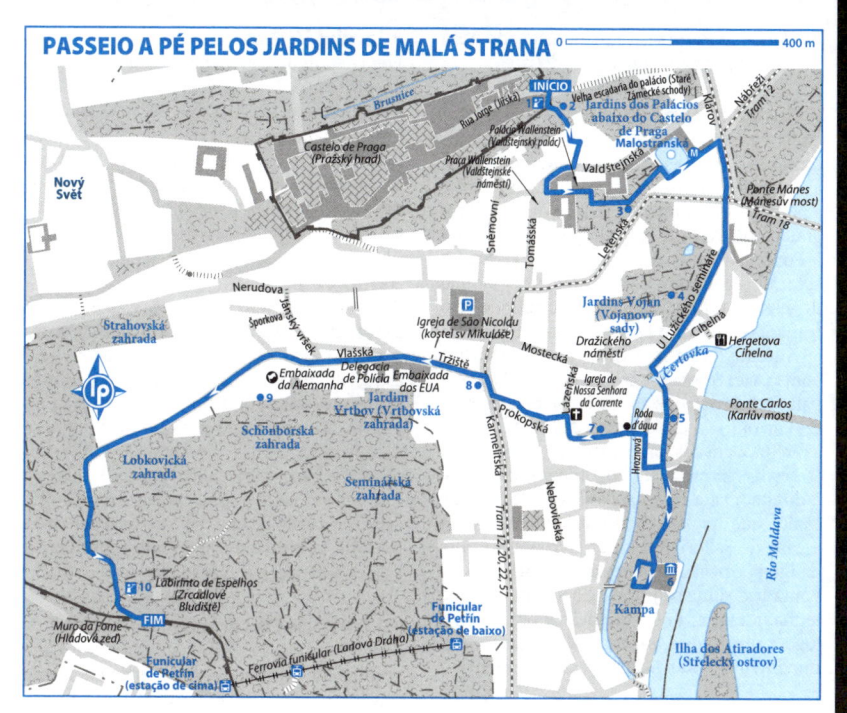

4 Jardins Vojanos

Vire à direita na Klárov, vá reto atravessando a conexão com a linha de tram e siga pela U Lužického Semináře. Logo depois do restaurante Černý Orel, um portão dá acesso aos Jardins Vojanos (Vojanovy sady), o primo pobre dos muitos parques de Malá Strana. Menos ornamentado e mais tranquilo, é um parque público onde a galera local leva as crianças ou se senta para tomar sol. O terraço à beira-rio de Hergetova Cihelná (p. 164) é um ótimo lugar para o almoço.

5 Na Kampě

Continue pela U Lužického Semináře e, quando a rua se estreitar, pegue a esquerda cruzando a pontesinha sobre o Čertovka (Riacho do Diabo) até a ilha chamada Kampa (p. 81). Passe sob a Ponte Carlos e chegue à pitoresca pracinha de Na Kampě. À esquerda, mais ou menos à altura da cintura, no muro à esquerda da pequena galeria sob as escadas, há uma placa que diz *Výska vody 4.září 1890* (altura da água, 4 de setembro de 1890), marcando o nível atingido pela enchente naquele ano. Logo acima – ultrapassando a altura da cabeça – há outra marcando o nível da enchente de 2002. Há várias placas semelhantes em toda Kampa. Aliás, fãs do filme *Missão impossível* de Tom Cruise podem reconhecer esta pracinha – muitas cenas noturnas do filme foram feitas ali.

6 Museu Kampa

Cruze a praça e entre no arborizado parque à beira-rio conhecido simplesmente como Kampa (do latim *campus*, que significa "campo"); uma das áreas de descanso preferidas da cidade, está sempre cheia de gente relaxando no verão. Se der na telha, perambule pelas coleções de arte

RESUMO DO ROTEIRO

Início Castelo de Praga (Tram 22 ou metrô Malostranská)

Fim Colina Petřín (Tram 12, 20, 22 ou funicular)

Distância 4 km

Duração 2 horas

Grau de dificuldade Moderado

Paradas de abastecimento Hergetova Cihelna, Cukrkávalimonáda

moderna do Museu Kampa (p. 83), instalado num moinho reformado à margem do rio.

7 Muro de John Lennon
Volte para o norte e, assim que chegar ao calçamento de pedras antes de Na Kampě, pegue a esquerda na Hroznová, uma ruela que vai até a ponte sobre o Čertovka ao lado da mais fotografada roda d'água de Praga. A ponte se equipara à Ponte Milvio de Roma, cheia de cadeados colocados por casais de namorados como sinal de seu amor duradouro (moda inspirada pelo romancista italiano Federico Moccia).

A ponte leva à minúscula praça de pedras com o Muro de John Lennon (p. 82) de um lado e o palácio barroco que abriga a embaixada francesa do outro. A extremidade da praça curva-se à direita, além das torres góticas da Igreja de Nossa Senhora da Corrente (p. 81). Logo depois da igreja, à direita, fica a embaixada dos Cavaleiros de Malta, que apareceu no filme *Amadeus* como a casa de Salieri. Vire à esquerda em frente da igreja e pegue Prokopská à direita; se tiver vontade de uma bebida – e é bem possível que tenha, a essa altura – Cukrkávalimonáda (p. 166) é logo à direita. No fim da Prokopská, cruze a movimentada Karmelitská e vire à direita.

8 Jardim Vrtbov
Logo depois do bar chamado U malého Glena há um caminho à esquerda que leva até o Jardim Vrtbov (p. 85), um dos menos visitados, porém mais bonitos jardins de Malá Strana. Depois de conhecer o parque, vire à esquerda na Tržiště e sua continuação, a Vlašská, passando pelas embaixadas da Irlanda, dos EUA e da Alemanha.

9 Quo Vadis
A algumas centenas de metros além da embaixada alemã, há um pequeno parque com playground, à esquerda; deixe a rua e vire à esquerda numa trilha de terra além do muro no fim do playground e dê uma espiada no jardim da embaixada alemã para ver a famosa escultura *Quo Vadis* de David Černý – um carro Trabant sobre quatro pernas humanas. É um monumento aos alemães orientais que buscaram asilo ali em 1989, nos estertores do período comunista (veja mais sobre David Černý, no quadros, p. 38 e p. 142).

10 Torre de Observação de Petřín
Siga a Vlašská até o fim, suba a escada que segue para o topo da colina Petřín e termine seu passeio na Torre de Observação de Petřín (p. 86). Dali você pode tomar o Funicular de Petřín (p. 86) para descer até Újezd ou caminhar devagar por uma de suas inúmeras trilhas até embaixo.

STARÉ MĚSTO

Onde beber p. 184; Onde comer p. 166; Compras p. 151; Onde dormir p. 220

Staré Město – que significa "Cidade Velha" – é o coração da Praga Medieval, centrado em uma das mais espetaculares praças da Europa. Suas origens remontam ao século X, quando um mercado e um assentamento cresceram na margem leste do rio. No século XII, isso se ligou ao distrito do castelo através da Ponte Judite, a precursora da Ponte Carlos, e, em 1231, Venceslau I deu-lhe status de cidade e o início de uma fortificação.

Os muros se foram há muito tempo, mas a linha deles ainda pode ser seguida ao longo das ruas Národní třída, Na Příkopě (que significa "no fosso") e Revoluční, e o portão principal da Cidade Velha – o Portão da Pólvora – sobrevive.

Staré Město participou do *boom* de quando Carlos IV deu à Praga uma feição gótica em seu novo status de capital do Sacro Império Romano Germânico, fundou a Universidade de Carlos em 1348 e encomendou a Ponte Carlos em 1357. Quando o imperador José II uniu as aldeias de Praga em uma única cidade, em 1784, a Velha Prefeitura (Staroměstská radnice) tornou-se a sede do governo.

Numa tentativa de escapar das frequentes enchentes do rio Moldava, o nível da cidade foi gradualmente elevado. A partir do século XIII, as novas casas foram construídas sobre as antigas (muitas das construções góticas de Staré Město têm porões românicos). Um enorme incêndio em 1689 criou espaço para uma profusão de reconstruções durante a Contrarreforma católica dos séculos XVII e XVIII, dando ao bairro originalmente gótico uma maquiagem barroca.

A única interferência planejada no labirinto medieval de Staré Město foi a desapropriação de um enorme quarteirão, no oeste, para o colégio dos jesuítas, o Klementinum, nos séculos XVI e XVII, e a urbanização dos cortiços de Josefov, o bairro judeu, no fim do século XIX.

No centro de tudo, fica a Praça da Cidade Velha (Staroměstské náměstí). Se o labirinto de ruas estreitas em torno da praça tem uma "via principal", esse é o chamado Caminho Real, a antiga rota da coroação rumo ao Castelo de Praga, que vai do Portão da Pólvora à Praça da Cidade Velha e à Praça Pequena (Malé náměstí), depois, pela Karlova e pela Ponte Carlos.

PRAÇA DA CIDADE VELHA

Um dos maiores e mais bonitos espaços urbanos da Europa, a Praça da Cidade Velha (Staroměstské náměstí, ou, encurtando, Staromák; Mapa p. 90) é a principal de Praga desde o século X, e era o principal local de feiras até o começo do século XX.

Apesar dos enxames de turistas, cafés na calçada lotados e comércio exagerado, é impossível não gostar do espetáculo: guias de excursões rompendo a multidão, guarda-chuva levantado na mão como estandartes de guerra e os clientes cambaleando atrás como uma fila de patinhos; estudantes fantasiados de sapo ou galinha distribuindo panfletos para alguma montagem teatral; casais de meia-idade com shorts curtos demais combinando e sapatos macios, olhando feio para punks vestidos de couro com cabelo cor-de-rosa e piercings excessivos; gangues de camaradas de cara vermelha com camisetas de times de futebol tomando cerveja ou sorvete na calçada; e um cara com ar entediado anunciando num cartaz um museu de instrumentos de tortura.

Há bandas de jazz tocando na rua e concertos ao ar livre, comícios e desfiles de moda, além de feiras de Natal e Páscoa, tudo vigiado pela estátua de Jan Hus (ver o quadro, p. 22) do escultor *art nouveau* Ladislav Šaloun. Ela foi inaugurada em 6 de julho de 1915, 500º aniversário da morte de Hus na fogueira.

A faixa de metal no chão ali perto é o chamado Meridiano de Praga. Até 1915 a principal atração da praça era uma coluna do século XVII (veja quadro, p. 120), cuja sombra cruzava o meridiano ao meio-dia em ponto.

TRANSPORTE: STARÉ MĚSTO

Metrô A estação Staroměstská fica a poucos minutos a pé da Praça da Cidade Velha, e a estação Můstek é a 5 minutos a pé para o sul.

Tram Nenhum tram passa perto da Praça da Cidade Velha. Os trams 17 e 18 vão pela borda ocidental de Staré Město, perto do rio, e as linhas 5, 8 e 14 param na Praça da República (náměstí Republiky), em frente da Casa Municipal (Obecní dům). Os trams 6, 9, 18, 21 e 22 vão pela Národní třída na borda sul de Staré Město.

STARÉ MĚSTO

Veja Mapa Holešovice, Bubeneč e Dejvice (p. 136)

Veja Mapa Nové Město e Vyšehrad (p. 108)

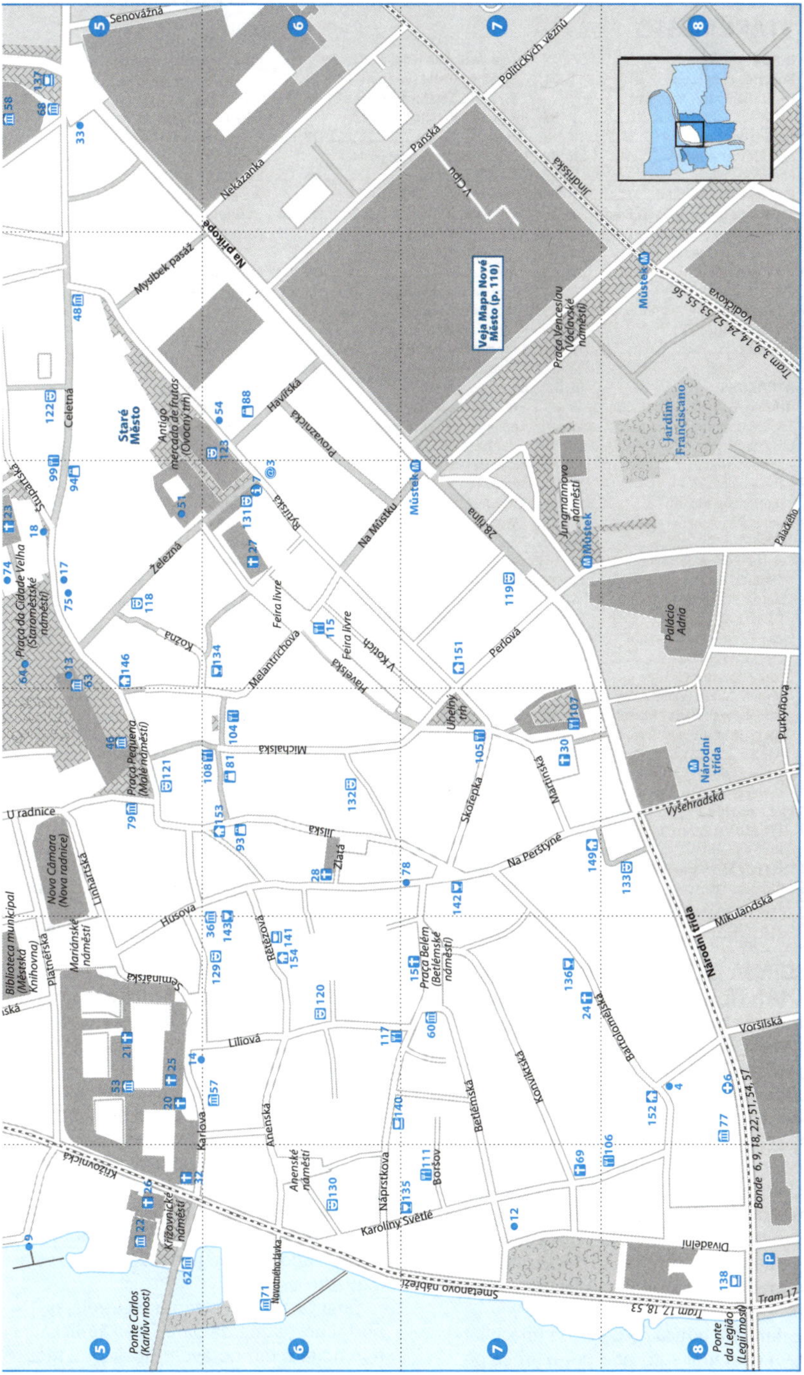
Senovážná
Staré Město
Celetná
Myslbek pasáž
Na příkopě
Nekázanka
Panská
Politických vězňů
V Cípu
Jindřišská
Veja Mapa Nové Město (p. 110)
Praça Venceslau (Václavské náměstí)
Můstek
Vodičkova
Tram 3, 9, 14, 24, 52, 53, 55, 56
Jardim Franciscano
Jungmannovo náměstí
Palackého
Palácio Adria
Purkyňova
Národní třída
Vyšehradská
Mikulandská
Národní třída
Voršilská
Bonde 6, 9, 18, 22, 51, 54, 57
Divadelní
Tram 17
Ponte da Legião (Legií most)
Tram 17, 18, 53
Smetanovo nábřeží
Novotného lávka
Ponte Carlos (Karlův most)
Křižovnické náměstí
Křižovnická
Karlova
Anenská
Anenské náměstí
Náprstkova
Karoliny Světlé
Boršov
Betlémská
Konviktská
Bartolomějská
Liliová
Praça Belém (Betlémské náměstí)
Řetězová
Husova
Seminářská
Platnéřská
Biblioteca municipal (Městská Knihovna)
Mariánské náměstí
Linhartská
Nova Câmara (Nova radnice)
U radnice
Praça Pequena (Malé náměstí)
Jilská
Zlatá
Na Perštýně
Skořepka
Martinská
Michalská
Uhelný trh
Perlová
28 října
Havelská
V kotcích
Feira livre
Melantrichova
Kožná
Železná
Na Můstku
Rytířská
Provaznická
Havířská
Antigo mercado de frutas (Ovocný trh)
Praça da Cidade Velha (Staroměstské náměstí)
Štupartská

STARÉ MĚSTO

INFORMAÇÃO

Bohemia Bagel	**1** D4
Evropská Vodní Doprava (EVD)	**2** B2
Centro de Internet	**3** D6
Achados e perdidos	**4** B8
Posto de Polícia	**5** F3
Policlínica da Národní	**6** B8
Serviço de Informação de Praga	**7** D6
Serviço de Informação de Praga (veja 63)	
Prague Sightseeing Tours	**8** F4
Veneza de Praga	**9** A5
Organização de Cadeirantes de Praga	**10** F3
Precious Legacy Tours	**11** C4
Travel.cz	**12** A7

ATRAÇÕES (p. 89)

Relógio Astronômico	**13** D5
Torre Astronômica	(veja 53)
Casa da Serpente Dourada (U Zlatého Hada)	**14** B5
Capela Belém (Betlémská Kaple)	**15** B7
Bílkova 22 (casa de Kafka - 1914–15)	**16** D2
Celetná 2 (casa de Kafka - 1888–89)	**17** D5
Celetná 3 (casa de Kafka - 1896–1907)	**18** D5
Salão Cerimonial (Obradní Síň)	**19** B3
Capela da Assunção da Virgem Maria (Vlašska Kaple Nanebevzetí Panny Marie)	**20** B5
Capela dos Espelhos (Zrcadlová Kaple)	**21** B5
Museu da Ponte Carlos (Muzeum Karlova Mostu)	**22** A5
Igreja de Nossa Senhora antes de Týn (Kostel Panny Marie Před Týnem)	**23** D5
Igreja de São Bartolomeu (Kostel sv Bartoloměje)	**24** B7
Igreja de São Clemente (Kostel sv Klimenta)	**25** B5
Igreja de São Francisco Serafim (Kostel sv Františka Serafínského)	**26** A5
Igreja de São Galo (Kostel sv Havla)	**27** D6
Igreja de Santo Egídio (Kostel sv Jiljí)	**28** C6
Igreja de São Tiago (Kostel sv Jakuba)	**29** E4
Igreja de São Martinho no Muro (Kostel sv Martin ve Zdi)	**30** C7
Igreja de São Nicolau (Kostel sv Mikuláše)	**31** C4
Igreja do Divino Salvador (Kostel Nejsvětějšího Spasitele)	**32** A5
Banco Comercial (Komerční Banka)	**33** F5
Convento de Santa Inês (Klášter sv Anežky)	**34** E2
Bloco de Apartamento Cubista	**35** C2
Museu Tcheco de Belas Artes (České Muzeum Výtvarných Umění)	**36** B6
Dlouhá 16 (casa de Kafka - 1915–17)	**37** D3
Dům U Černého Medvěda (Casa do Urso Negro)	**38** E4
Teatro dos Estados (Stavovské Divadlo)	(veja 123)
Antiga casa de Kafka (1907–13)	**39** B2
Monumento a Franz Kafka	**40** D3
Galeria Rudolfinum	(veja 70)
Palácio Goltz-Kinský (Palác Kinských)	**41** D4
Palácio Granovsky	**42** D4
Sinagoga Alta (Vysoká Synagóga)	**43** C3
Hotel Paříž	**44** F4
Casa do Anel Dourado (Dům U Zlatého Prstenu)	**45** D4
Casa do Minuto (Dům U Minuty, Casa de Kafka 1889–96)	**46** C5
Casa do Sino de Pedra (Dům U Kamenného Zvonu)	**47** D4
Casas da Virgem Negra (Dům U Černé Matky Boží)	**48** E5
Estátua de Jan Hus	**49** D4
Prefeitura Judaica (Židovská Radnice)	**50** C3
Karolinum (Univerzita Karlova)	**51** D5
Sinagoga Klaus (Klausová Synagóga)	**52** B3
Klementinum	**53** B5
Teatro Kolowrat (Divadlo Kolowrat)	**54** E6
Kotva	**55** F4
Sinagoga Maisel (Maiselova Synagóga)	**56** C4
Museu das Marionetes (Muzeum Loutek)	**57** B6
Casa Municipal (Obecní Dům)	**58** F5
Museu do Cubismo Tcheco (Muzeum Českého Kubismu)	(veja 48)
Museu de Artes Decorativas (Umělecko-Průmyslové Muzeum)	**59** B3
Museu Náprstek (Náprstkovo Muzeum)	**60** B7
Velho Cemitério Judaico (Starý Židovský Hřbitov)	**61** B3
Torre da Ponte da Cidade Velha (Staroměstska Mostecká Věž)	**62** A5
Prefeitura da Cidade Velha (Staroměstska Radnice)	**63** D5
Praça da Cidade Velha (Staroměstské Náměstí)	**64** D5
Velha-nova Sinagoga (Staronová Synagóga)	**65** C3
Pařížská 1 (antiga casa da família Kafka 1913–14)	**66** C4
Sinagoga Pinkas (Pinkasova Synagóga)	**67** B3

IGREJA DE NOSSA SENHORA DIANTE DE TÝN Mapa p. 90

Kostel Panny Marie před Týnem; Staroměstské náměstí; grátis; ⏲ 15-17 h ter-sex; Ⓜ Staroměstská

A peculiar igreja de Týn, com sua cobertura pontiaguda, é do início do gótico, embora seja necessário um pouco de imaginação para vizualizá-la inteira, porque está parcialmente encoberta pela Escola Týn (não foi um truque dos Habsburgos para encobrir esse bastião dos hussitas do século XV, mas é quase contemporânea desse período). O nome da igreja vem do Pátio Týn (p. 96) atrás da igreja.

Embora gótica na parte de fora, a igreja tem o interior sufocado por barroco pesado. Dois dos detalhes mais interessantes são o enorme altar rococó na parede norte e a tumba de Tycho Brahe, o astrônomo dinamarquês que foi um dos mais importantes "consultores" de Rodolfo II (morreu em 1601 com a bexiga estourada depois de encher a cara com o rei – era muito educado para se levantar da mesa e ir ao banheiro). Do lado de dentro da parede sul há duas janelinhas – elas estão fechadas agora, mas antes ligavam a igreja a aposentos da casa vizinha na Celetná 3, onde Kafka morou quando adolescente (de 1896 a 1907; veja o quadro, p. 84).

Quanto à parte externa da igreja, o portal norte que dá para Týnská ulička tem no alto um notável tímpano que mos-

STARÉ MĚSTO

Portão da Pólvora (Prašná Brána)	**68**	F5
Meridiano de Praga	(veja 64)	
Rotunda da Santa Cruz (Kaple sv Kříže)	**69**	A7
Rudolfinum	**70**	B3
Museu Smetana (Muzeum Bedřicha Smetany)	**71**	A6
Sinagoga Espanhola (Španělská Synagóga)	**72**	D3
Pátio Týn	**73**	D4
Escola Týn	**74**	D5
U Jednorožce (Casa do Unicórnio)	**75**	D5
U Radnice 5 (local de nascimento de Kafka)	**76**	C4
Edifício Viola	**77**	B8
Viselec (Pendurado) – escultura de David Černý	**78**	C7
Edifício VJ Rott	**79**	C5

COMPRAS (p. 149)

Anagram	**80**	E4
Art Deco Galerie	**81**	C6
Art Décoratif	**82**	F4
Arzenal	**83**	B4
Big Ben	**84**	E4
Bohème	**85**	D3
Botanicus	**86**	E4
Bríc á Brac	**87**	D4
Frey Wille	**88**	E6
Granát Turnov	**89**	E3
Keramika v Ungeltu	**90**	E4
Klara Nademlýnská	**91**	D3
Kubista	(veja 48)	
Le Patio Lifestyle	**92**	D3
Maximum Undergound	**93**	C6
Modernista	**94**	D5
Qubus	**95**	E3
Talacko	**96**	E3
TEG	**97**	D3

ONDE COMER (p. 159)

Allegro	**98**	A4
Ambiente Pasta Fresca	**99**	D5
Ambiente Pizza Nuova	**100**	F3
Bakeshop Praha	**101**	D3
Beas Vegetarian Dhaba	**102**	D4
Casa Argentina	**103**	F3
Country Life	**104**	C6
Culinaria	**105**	C7
Kabul	**106**	A8
Káva Káva Káva	**107**	C7
Khajuraho	**108**	C6
Kolkovna	**109**	D3
La Provence	**110**	E4
Lehká Hlava	**111**	A7
Les Moules	**112**	C3
Lokál	**113**	E2
Maitrea	**114**	D4
Open-Air Market	**115**	D6
Red, Hot & Blues	**116**	F4
V Zátiší	**117**	B6

ENTRETENIMENTO (p. 197)

Agharta Jazz Centrum	**118**	D5
Batalion	**119**	D7
Blues Sklep	**120**	B6
Bohemia Ticket International (BTI)	**121**	C5
Teatro Celetná (Divadlo v Celetné)	**122**	E5
Igreja de São Francisco	(veja 34)	
Sala Dvořák (Dvořakova Sín)	(veja 70)	
Teatro dos Estados (Stavovské Divadlo)	**123**	E6
Bilheteria do Teatro dos Estados	(veja 54)	
Bilheteria da FOK	**124**	F4
Teatro Image	**125**	C4
Teatro Nacional de Marionetes (Narodní Divadlo Marionet)	**126**	B4
Galeria NoD	**127**	E3
Bilheteria da Primavera de Praga	(veja 70)	
Roxy	**128**	E3
Sala Smetana	(veja 58)	
Ta Fantastika	**129**	B6
Teatro na Balustrada (Divadlo Na Zábradlí)	**130**	A6
Ticketcentrum	**131**	D6
USP Jazz Lounge	**132**	C6
Vagon	**133**	C8

ONDE BEBER (p. 179)

Čili Bar	**134**	D6
Duende	**135**	A7
Friends	**136**	B7
Grand Café Orient	(veja 48)	
Káva Káva Káva	(veja 107)	
Kavárna Obecní Dům	**137**	F5
Kavárna Slavia	**138**	A8
Kozička	**139**	D3
Krásný Ztráty	**140**	B6
Literární Kavarna Retezova	**141**	B6
Monarch Vinný Sklep	**142**	C7
U Medvídků	(veja 149)	
U Zlatého Tygra	**143**	B6

ESPORTES E ATIVIDADES (p. 209)

City Bike	**144**	F4
Praha Bike	**145**	E3

ONDE DORMIR (p. 215)

Grand Hotel Praha	**146**	D5
Hotel Antik	**147**	E3
Hotel Josef	**148**	E3
Hotel U Medvídků	**149**	C7
Old Prague Hostel	**150**	F3
Perla Hotel	**151**	D7
Residence Karolina	**152**	B8
Hotel Savic	**153**	C6
U Zeleného Věnce	**154**	B6

TRANSPORTES (p. 248)

Europcar	**155**	C3

---

tra a crucificação, entalhado na oficina do arquiteto favorito de Carlos IV, Peter Parler. É uma cópia; o original está no Lapidárium (p. 135).

A entrada da igreja fica na passagem que vem da praça, através do terceiro (a partir da esquerda) arco da Escola Týn. A Igreja Týn eventualmente é palco de concertos e tem um órgão de som potente.

IGREJA DE SÃO TIAGO Mapa p. 90

Kostel sv Jakuba; Malá Štupartská 6; grátis; 9h30-12 h e 14-16 h; M Staroměstská

A grande massa gótica da Igreja de São Tiago, localizada a leste do Pátio Týn, começou no século XIV como igreja monástica e recebeu, mais tarde, uma linda ornamentação barroca no início do século XVIII. O orgulho do local é a exagerada tumba do conde Jan Vratislav de Mitrovice, lorde chanceler da Boêmia do século XVIII, encontrada no corredor norte.

No meio do ouro e do estuque há uma lembrança assustadora: da parede ocidental (olhe para cima à direita quando entrar) pende um braço humano mumificado. Diz a lenda que, quando um ladrão tentou roubar as joias da imagem da Virgem Maria, por volta do ano 1400, a Virgem agarrou seu braço com tanta força que ele teve de ser amputado. (A verdade pode não estar muito longe: a igreja era a favorita da guilda dos açougueiros, que podem ter feito justiça com as próprias mãos.)

OS MONUMENTOS PERDIDOS

Praga assistiu a profundas mudanças de regime político no século XX: de Império Habsburgo a República Tchecoslovaca independente em 1918; foi Protetorado nazista de 1938 a 1945; Estado comunista em 1948; e voltou a ser a República democrática em 1989.

Cada mudança foi acompanhada de renomeação generalizada de ruas e praças para refletir os heróis do novo regime. A praça em frente ao Rudolfinum em Staré Město, por exemplo, já foi Smetanovo náměstí (Praça Smetana; 1918-39); Mozartplatz (Praça Mozart; 1939-45); náměstí Krasnoarmějců (Praça Exército Vermelho; 1948-89); e náměstí Jana Palacha (Praça Jan Palach; desde 1989).

A renomeação frequente foi acompanhada da remoção de monumentos erigidos pelo regime anterior. Aqui estão quatro dos mais importantes "Monumentos perdidos" de Praga.

A Virgem Perdida

Se voce olhar o chao da Praça da Cidade Velha (Staroměstské náměstí; Mapa p. 90) cerca de 50 m ao sul do monumento a Jan Hus, verá uma pedra redonda colocada no meio do calçamento na extremidade da faixa de metal que marca o Meridiano de Praga (p. 89). Era o lugar de uma coluna mariana (um pilar sustentando uma imagem da Virgem Maria), erguida em 1650 para celebrar a vitória dos Habsburgos sobre os suecos em 1648. Ela era cercada de imagens de anjos esmagando e repelindo demônios – um símbolo pouco sutil da Igreja Católica ressurgida derrotando a Reforma Protestante.

A coluna foi derrubada por uma turba – que a via como símbolo da repressão dos Habsburgos – em 3 de novembro de 1918, cinco dias depois da declaração da independência da Tchecoslováquia. As partes que sobraram podem ser vistas no Lapidárium (p. 135).

O General Perdido

Uma vítima proeminente da mudança de regime de 1918 foi a estátua do marechal de campo Václav Radecký (1766–1858) – ou conde Josef Radetzky, para citar seu nome austríaco – que ficava na parte baixa da Praça de Malá Strana (Malostranské náměstí; Mapa p. 78); está hoje no Lapidárium (p. 135). Embora Radecký fosse tcheco, ficou famoso por ter liderado os exércitos na vitória contra Napoleão e de ter esmagado os italianos nas batalhas de Custoza e Novara. (O compositor Johann Strauss pai compôs a *Marcha Radetzky* em homenagem a ele.) A loja local do Starbucks já foi chamada de Radetzky Café.

Vale a pena visitar o esplêndido órgão e a famosa acústica de São Tiago. Recitais – grátis às 10h30 ou 11 h depois da missa de domingo – e concertos eventuais nem sempre são anunciados pelas bancas de ingressos, então, verifique no mural do lado de fora.

IGREJA DE SÃO NICOLAU Mapa p. 90
Kostel sv Mikuláše; Staroměstské náměstí; grátis; 12-16 h seg, 10-16 h ter-sáb, 12-15 h dom; Ⓜ Staroměstská

O bolo de noiva barroco na esquina nordeste da Praça da Cidade Velha é a Igreja de São Nicolau, construída nos anos 1730 por Kilian Dientzenhofer (não deve ser confundida com pelo menos duas outras igrejas de São Nicolau em Praga, incluindo a obra-prima dos Dientzenhofer em Malá Strana; veja p. 77). Grandiosidade considerável foi obtida em um espaço muito restrito; originalmente a igreja estava posicionada atrás da ala norte da prefeitura da Cidade Velha (destruída em 1945). Concertos de câmara ocorrem frequentemente, em um cenário esplêndido (embora acusticamente medíocre).

PALÁCIO GOLTZ-KINSKÝ Mapa p. 90
Palác Kinských; ☎ 224 810 758; Staroměstské náměstí 12; inteira/meia 100/50Kč; 10-18 h ter-dom; Ⓜ Staroměstská

Na frente do Palácio Goltz-Kinský, do barroco tardio, está provavelmente a melhor fachada rococó de Praga, terminada em 1765 pelo ilustre Kilian Dientzenhofer (veja também p. 48). Alfred Nobel, o inventor sueco da dinamite, hospedou-se ali uma vez; sua paixão pela pacifista Bertha Kinský pode tê-lo influenciado a instituir o Prêmio Nobel. Muitos praguenses mais velhos têm uma lembrança ruim do lugar, pois foi do balcão dele, em fevereiro de 1948, que Klement Gottwald proclamou o regime comunista na Tchecoslováquia.

Há conexões com Kafka também – o jovem Franz frequentou uma escola nos fundos do prédio, e seu pai teve uma loja nas dependências hoje ocupadas pela Livraria Kafka (veja quadro, p. 84).

Hoje, o palácio é a sede de uma ala da Galeria Nacional e abriga uma coleção de paisagens tchecas dos séculos XVII a XX e exposições temporárias.

O Ditador Perdido

Se você olhar na Praça da Cidade Velha (Mapa p. 90) para o norte na direção da avenida Pařížská, verá numa enorme plataforma no fim de Čechův most um metrônomo gigante (veja também Letná Terása, p. 137). Se o cenário do monumento parece fora de escala é porque a plataforma foi projetada para acomodar a maior estátua de Stalin do mundo. Inaugurada em 1955 – dois anos após sua morte –, o colosso de 30 m de altura e 14 mil toneladas mostrava-o à frente de duas linhas de heróis comunistas, tchecos de um lado, soviéticos de outro. Praguenses cínicos, acostumados a racionamento constante de alimentos, apelidaram-no de *fronta na maso* (fila da carne).

O monumento foi dinamitado em 1962, em deferência à tentativa de Khrushchev de apagar Stalin da história. A equipe de demolição foi instruída: "tem de ser rápido, não pode ter muito barulho e deve ser visto pelo menor número de pessoas possível". O Museu do Comunismo (p. 113) tem uma foto sensacional do monumento – e da destruição.

O Tanque Perdido

Náměstí Kinských (Mapa p. 78), na borda sul de Malá Strana, foi, até 1989, conhecida como náměstí Sovětských tankistů (Praça das Tripulações de Tanque Soviéticas), em memória dos soldados soviéticos que "libertaram" Praga em 9 de maio de 1945. Por muitos anos, um tanque soviético T-34 – supostamente o primeiro a entrar na cidade – postou-se ali ameaçadoramente sobre um pedestal.

Em 1991, o artista David Černý (veja quadro, p. 38) decidiu que o tanque era um monumento inapropriado aos soldados soviéticos e pintou-o cor rosa-shocking. As autoridades pintaram-no de verde e acusaram Černý de crime contra o Estado. Isso enfureceu muitos parlamentares, doze dos quais pintaram o tanque de rosa, de novo. A imunidade parlamentar salvou-os de serem presos e garantiu a libertação de Černý.

Depois de reclamações da União Soviética, o tanque foi retirado. Seu antigo lugar é hoje ocupado por uma fonte circular cercada de bancos de praça; a grande pedra de granito no centro é dividida em duas por uma rachadura irregular, talvez um símbolo de ruptura com o passado. O tanque ainda existe e ainda é cor-de-rosa – está no Museu Militar em Lešany, perto de Týnec nad Sázavou, a 30 km ao sul de Praga.

CASA DO ANEL DOURADO Mapa p. 90

Dům U zlatého prstenu; ☎ 224 827 022; Týnská 6; inteira/meia 120/60Kč; 10-18 h ter-dom; M Staroměstská

A Casa do Anel Dourado, prédio renascentista restaurado localizado na esquina da Týnská logo depois da entrada oeste do pátio Týn, é outro ramo da Galeria da Cidade de Praga; o madeirame do teto pintado e original ainda pode ser visto em alguns aposentos.

CASA DO SINO DE PEDRA Map p. 90

Dům U kamenného zvonu; ☎ 224 827 526; Staroměstské náměstí 13; inteira/meia 120/60Kč; 10 h-18 h ter-dom; M Staroměstská

Ao lado do Palácio Goltz-Kinský fica essa elegante construção medieval, cuja dignidade gótica do século XIV foi salva de uma reforma barroca de segunda classe. Durante a restauração, nos anos 1980, a fachada de estuque foi removida para revelar o original de pedra; o sino de pedra que dá o nome à casa fica no canto do edifício. Dentro, duas capelas góticas restauradas servem hoje como alas da Galeria da Cidade de Praga (com exposições temporárias de arte moderna) e como palco de concertos de câmara.

PREFEITURA VELHA Mapa p. 90

Staroměstská radnice; ☎ 12444; Staroměstské náměstí 1; entrada para visita guiada inteira/meia 100/50Kč e acesso às torres 100/50Kč; 11-18 h seg, 9-18 h ter-dom abr-out, 9-17 h ter-sáb, 11-17 h dom nov-mar; M Staroměstská

A Velha Prefeitura de Praga, fundada em 1338, é uma mistura de construções medievais adquiridas gradativamente ao longo dos séculos, chefiadas por uma torre gótica alta com um esplêndido Relógio Astronômico (veja quadro, na p. 96). A entrada principal fica à esquerda do relógio; mais à frente, fica a Casa do Minuto (dům U minuty), um prédio de arcadas coberto de *sgraffito* renascentista – Franz Kafka viveu ali (1889–1896) quando criança, pouco antes de a casa ser comprada pelo conselho da cidade.

Além de abrigar o principal escritório de informações turísticas da Cidade Velha, a prefeitura oferece muitas atrações históricas e faz exposições de arte (inteira/meia 40/20Kč) no térreo e no segundo andar. A visita guiada leva pela Câmara do Conselho e pela sala

O RELÓGIO ASTRONÔMICO

A Prefeitura Velha ganhou um relógio em 1410 do mestre relojoeiro Mikuláš de Kadaně; ele foi melhorado em 1490 por um certo Mestre Hanuš, que produziu a maravilha mecânica que se vê hoje. Diz a lenda que cegaram Hanuš depois para que ele não pudesse fazer uma duplicata da obra em outro lugar, e ele, como vingança, se arrastou para dentro do relógio e o danificou. (Documentos da época sugerem que ele continuou sendo mestre-relojoeiro por anos – não era cego –, embora o relógio, ao que tudo indica, não tenha funcionado direito até ser consertado por volta de 1570.)

Quatro figuras ao lado do relógio refletem as mais profundas preocupações cívicas dos praguenses do século XV: vaidade (com um espelho), ambição (com um saco de dinheiro; originalmente era um usurário judeu, mas foi alterada depois da Segunda Guerra), morte e invasão pagã (representada por um turco). As quatro imagens abaixo dessas são o Cronista, o Anjo, o Astrônomo e o Filósofo.

A cada hora, a Morte toca o sino e inverte sua ampulheta, e os doze Apóstolos desfilam acima do relógio fazendo uma reverência à multidão. Do lado esquerdo ficam Paulo (com uma espada e um livro), Tomé (lança), Judas (livro), Simão (serra), Bartolomeu (livro) e Barnabé (pergaminho); à direita estão Pedro (com uma chave), Mateus (machado), João (cobra), André (cruz), Felipe (cruz) e Tiago (martelo). No fim, um galo canta e a hora bate.

Na face superior, o disco no meio retrata o mundo conhecido à época – com Praga no centro, é claro. O sol dourado descreve um círculo através da região azul do dia, da área marrom do crepúsculo (*Crepusculum* em latim) no oeste (*Occasus*), do disco negro da noite, e da aurora, no leste (*Ortus*). Por ali, pode-se ler as horas do nascer e do pôr do sol. As linhas curvas com numerais arábicos em preto são parte do "relógio de estrelas" astrológico.

O braço do Sol aponta a hora (sem horário de verão) no anel com números romanos; o XII do topo é o meio-dia e o XII de baixo é a meia-noite. O anel exterior, com numerais góticos, indica as tradicionais 24 horas da Boêmia, contadas a partir do pôr do sol; o número 24 está sempre em oposição à hora do pôr do sol na face fixa (interna).

A Lua, com suas fases, também descreve um caminho através das zonas do dia e da noite no anel móvel. Nele também se pode ler em que casa do zodíaco o Sol e a Lua estão. A mão com uma estrelinha na ponta indica o tempo sideral (estelar).

A roda do calendário abaixo de toda essa bruxaria astronômica, com doze cenas das estações retratando a vida rural Boêmia, é cópia da obra pintada em 1866 pelo revivalista tcheco Josef Manes, que pode ser vista no Museu da Cidade de Praga (p. 108). A maior parte das datas em volta da roda do calendário tem os nomes dos santos do dia; 6 de julho homenageia Jan Hus.

---

da Assembleia, com belos mosaicos dos anos 1930, antes de visitar a capela gótica e dar uma olhada no mecanismo interno dos doze apóstolos que desfilam sobre o Relógio Astronômico a cada hora. A excursão termina com um passeio pelos porões românicos e góticos abaixo do edifício. No entanto, a melhor coisa do prédio é a vista da torre de 60 m, que vale a subida (há um elevador, também).

A área externa da prefeitura é uma das esquinas mais lotadas da Praça da Cidade Velha, especialmente durante o show do Relógio Astronômico a cada hora cheia. Virando a esquina à direita, uma placa na face oriental do edifício enumera os 27 nobres protestantes que foram decapitados ali em 1621 depois da Batalha de Bílá Hora; cruzes brancas no chão marcam onde o feito se realizou. Outra placa comemora uma vitória decisiva do Exército Vermelho e de unidades tchecoslovacas no Passo de Dukla na Eslováquia, na II Guerra Mundial, e outra, os guerrilheiros tchecos que morreram no Levante de Praga em 8 de maio de 1945. Quem olha para a cornija neogótica leste, observa que a borda direita está danificada – a ala que se estendia dali para o norte foi explodida pelos nazistas no dia anterior à entrada do Exército soviético na cidade.

PÁTIO TÝN Mapa p. 90
Týnský dvůr; entradas na Malá Štupartská e Týnská ulička; grátis; 24 horas; M Staroměstská
Esse pitoresco pátio espremido atrás da Igreja de Nossa Senhora diante de Týn era, originalmente, uma espécie de estalagem pública medieval – um hotel fortificado, centro de comércio e posto alfandegário para mercadores estrangeiros. Instalado já no século XI, ainda é frequentemente chamado pelo seu nome em alemão, *Ungelt* (que significa "alfândega") e teve seu auge de movimentação e prosperidade no reinado de Carlos IV. Hoje, reformado de modo atraente, o pátio abriga lojas, restaurantes e hotéis.

Na esquina noroeste fica o Palácio Granovsky, com uma elegante *loggia* renascentista e decoração em *sgraffito* e pintura, mostrando cenas bíblicas e mitológicas. Do outro lado do pátio, à direita da loja V Ungeltu, é a dům U černého medvěda (Casa do Urso Negro), cuja fachada barroca é adornada com uma imagem de São João Nepomuceno sobre a porta e um urso acorrentado no canto, uma lembrança do tipo de "diversão" que ocorria lá.

JOSEFOV

Meia dúzia de sinagogas históricas, a prefeitura e um antigo cemitério judeu é tudo o que sobrevive do outrora florescente bairro judeu de Josefov – a parte de Staré Mĕsto limitada por Kaprova, Dlouhá e Kozí. A maioria dos prédios do distrito foi destruída na virada do século XX, quando uma reurbanização em larga escala substituiu os velhos cortiços por novos prédios de apartamentos caros.

Quando o gueto foi reestruturado, na virada do século XX, o amplo bulevar da Pařížská třída (avenida Paris) foi rasgado em linha reta pelo meio dos velhos cortiços. Era uma época em que o amor pelo estilo *art nouveau* francês estava disseminado, e a avenida e suas ruas laterais foram margeadas de prédios de apartamentos elegantes ornados de vitrais e floreios esculturais. Na última década, Pařížská tornou-se uma zona de comércio elegante, repleta de grifes caras como Dior, Louis Vuitton e Fabergé.

A Praça Jan Palach (náměstí Jana Palacha; Mapa p. 90) tem esse nome por causa do jovem aluno da Universidade de Carlos que, em janeiro de 1969, ateou fogo ao próprio corpo na Praça Venceslau, em protesto contra a invasão soviética (veja quadro, p. 29). No lado leste da praça, junto da entrada do prédio da faculdade de filosofia onde Palach estudava, há uma placa comemorativa de bronze com uma fantasmagórica máscara da morte.

Dominando a praça fica o Rudolfinum, sede da Orquestra Filarmônica Tcheca. Seu prédio e o Teatro Nacional de Praga, ambos projetados pelos arquitetos Josef Schulz e Josef Zítek, são considerados as melhores construções neorrenascentistas da cidade. Terminado em 1884, o Rudolfinum funcionou no entre-guerras como Parlamento tchecoslovaco e, durante a II Guerra Mundial, como sede administrativa dos ocupantes nazistas (veja quadro, p. 100).

CONVENTO DE SANTA INÊS Mapa p. 90

Klášter sv Anežky; ☎ 224 810 628; www.ngprague.cz; U Milosrdných 17; inteira/meia 150/80Kč; 10-18 h ter-dom; 5, 8, 14;

No canto nordeste de Staré Mĕsto fica o antigo Convento de Santa Inês, o mais antigo prédio gótico que sobrevive em Praga. As salas do térreo abrigam a coleção permanente de arte medieval (1200–1550) da Boêmia e da Europa Central da Galeria Nacional.

Em 1234 a Ordem Franciscana das Clarissas Pobres foi fundada pelo rei Přemysl Venceslau I, que fez de sua irmã Anežka (Agnes ou Inês, em português) a primeira abadessa. Inês foi beatificada no século XIX e, com um senso de oportunidade nada acidental, o Papa João Paulo II canonizou-a como Santa Inês da Boêmia semanas antes dos eventos revolucionários de novembro de 1989.

No século XVI, os prédios foram transferidos para os dominicanos, e, depois que José II dissolveu os mosteiros, eles viraram um paraíso de posseiros. Foi só a partir dos anos 1980 que o complexo do convento passou por restauração e reforma. Além do claustro do século XIII, pode-se visitar a Igreja do Divino Salvador, em estilo gótico francês, onde estão as tumbas de Santa Inês e da rainha Cunegundes, mulher de Venceslau I. Ao lado fica a Igreja de São Francisco, menor, onde Venceslau I está sepultado; parte da nave destruída funciona hoje como uma gélida sala de concertos.

A galeria é totalmente acessível a cadeira de rodas, e o claustro no térreo tem uma apresentação tátil de 12 moldes de esculturas medievais acompanhadas de textos em braille.

MUSEU DE ARTES DECORATIVAS
Mapa p. 90

Umělecko-průmyslové muzeum; ☎ 251 093 111; www.upm.cz; 17.listopadu 2; coleção permanente inteira/meia 80/40Kč, exposição temporária 80/40Kč, juntas 120/70Kč; 10-19 h ter, às 18 h qua-dom; M Staroměstská

Esse museu abriu em 1900 como parte de um movimento europeu para encorajar o retorno aos valores estéticos sacrificados na Revolução Industrial. Suas quatro salas são uma festa para os olhos, cheias de artefatos dos séculos XVI a XIX como mobília, tapeçaria, porcelana e uma fabulosa coleção de cristais.

O prédio neorrenascentista em si é uma obra de arte. A fachada é decorada com relevos representando as várias artes decorativas e as cidades boêmias famosas por elas. A escada que leva do saguão de entrada à exposição principal é lindamente decorada com cerâmica colorida, janelas com vitrais e afrescos. Ela leva ao ornamentado Salão Votivo, que abriga o Tesouro Karlštejn, uma coleção de objetos de prata do século XIV achada num esconderijo nas paredes do Castelo Karlštejn (veja p. 234) no século XIX.

À direita fica uma exposição de tecidos e uma fascinante coleção de relógios, relógios de sol e aparelhos astronômicos, mas o material de maior destaque fica à esquerda na sala dos cristais e da cerâmica – refinados cristais barrocos, uma bela coleção de porcelana Meissen e uma variedade de cristais tchecos, cerâmica e mobília em estilo cubista, art nouveau e art déco, sendo as melhores peças as de Josef Gočár e Pavel Janák. A seção de artes gráficas tem alguns bons cartazes art nouveau, e a exposição de ouro e joalheria inclui alguns itens realmente curiosos – entre os broches de granada boêmia, cálices do século XIV, custódias cravejadas de diamantes e prataria art nouveau, encontram-se um vaso chinês de chifre de rinoceronte montado numa base de prata, um delicado caramujo com cenas de batalha gravadas e uma caixa de relógio de prata em forma de caveira.

As etiquetas estão em tcheco, mas há textos detalhados em inglês e em francês disponíveis em todas as salas. O que se vê é apenas uma fração da coleção; outras coisas aparecem de vez em quando em exposições temáticas. A entrada é grátis das 17 h às 19 h às terças.

MUSEU JUDAICO DE PRAGA
Židovské muzeum Praha; ☎ 222 317 191; www.jewishmuseum.cz; Central de reservas, U Starého Hřbitova 3a; ingresso comum inteira/meia 300/200Kč, ingresso combinado 480/320Kč; ⊙ 9-18 h dom-sex abr-out, às 16h30 dom-sex nov-mar, fechado em feriados judaicos; Ⓜ Staroměstská

Numa das atitudes mais grotescamente irônicas da II Guerra Mundial, os nazistas assumiram a direção do Museu Judaico de Praga – inaugurado em 1906 para preservar artefatos das sinagogas demolidas durante a remoção dos cortiços de Josefov na virada do século XX – com a intenção de criar um "museu de uma raça extinta". Levaram para lá material e objetos de comunidades judaicas destruídas na Boêmia e na Morávia, ajudando a reunir o que talvez seja a maior coleção de artefatos sacros judeus e um comovente memorial de sete séculos de opressão.

O museu consiste em seis monumentos judaicos aglomerados em Josefov: a Sinagoga Maisel; a Sinagoga Pinkas; a Sinagoga Espanhola; a Sinagoga Klaus; o Salão Cerimonial; e o Velho Cemitério Judeu. Também há a Velha-Nova Sinagoga, que ainda é usada para serviços religiosos e exige um ingresso separado ou uma taxa adicional. Os destaques são a Velha-Nova Sinagoga e o Velho Cemitério Judeu.

Um ingresso comum dá acesso aos seis monumentos principais. Um ingresso combinado inclui a Velha-Nova Sinagoga. A entrada para a Velha-Nova Sinagoga custa 200/140Kč. Você pode comprar ingressos na Central de Reservas, na Sinagoga Pinkas, na Sinagoga Espanhola – com filas mais curtas, quase sempre – e na loja em frente da entrada da Velha-Nova Sinagoga.

Concluída por volta de 1270, a Velha-Nova Sinagoga (Staronová synagóga; Mapa p. 90; Červená 2) é a mais antiga ainda em atividade na Europa, e um dos primeiros prédios góticos de Praga. É preciso descer para entrar nela, pois sua construção é anterior à elevação do nível da rua de Staré Město como medida de proteção contra as enchentes. Homens precisam cobrir a cabeça (chapéu ou bandana servem; quipás de papel são distribuídas na entrada). Em torno da câmara central ficam o saguão de entrada, um salão de orações de inverno e a sala de onde as mulheres assistem às cerimônias, exclusivas para homens. O interior, com um púlpito cercado de grades de ferro batido do século XV, parece muito com o que deveria ser há quinhentos anos. As inscrições do século XVII nas paredes foram recuperadas de uma "restauração" posterior que as cubrira. Na parede oriental fica a Arca Sagrada que guarda os rolos da Torá. Em uma caixa de cristal no fundo, pequenas lâmpadas são acesas ao lado dos nomes de pessoas proeminentes nos aniversários de sua morte.

Com teto íngreme e o travamento gótico, parece um lugar cheio de segredos, e ao menos uma versão do Golem termina aqui. Deixada sozinha no shabat, a criatura ficou desvairada; o rabino Loew, no meio de um serviço, correu, removeu o talismã mágico e carregou o corpo sem vida para o sótão da sinagoga, onde, alguns insistem, ele ainda está.

Do outro lado da rua estreita, fica a

elegante Sinagoga Alta (Vysoká synagóga; Mapa p. 90), do século XVI, assim chamada porque seu salão de orações (fechado ao público) fica no andar de cima. Virando a esquina, vê-se a Prefeitura Judaica (Židovská radnice; Mapa p. 90), também fechada ao público, construída por Mordechai Maisel em 1586 com uma fachada rococó do século XVIII. Há um relógio em sua torre com uma face hebraica em que os ponteiros, como a escrita hebraica, andam "de trás para frente".

A bonita Sinagoga Pinkas (Pinkasova synagóga; Mapa p. 90; Široká 3) foi erguida em 1535 e usada para culto até 1941. Depois da II Guerra Mundial, foi convertida num memorial com as paredes cobertas com os nomes, datas de nascimento e data de desaparecimento de 77.297 vítimas tchecas do nazismo. Tem também uma coleção de pinturas e desenhos de crianças levadas para o campo de concentração de Terezín (p. 239) durante a guerra.

Da Sinagoga Pinkas, entra-se no Velho Cemitério Judaico (Starý židovský hřbitov; Mapa p. 90; entrada pela Široká), o mais antigo cemitério judeu da Europa ainda existente. Fundado no início do século XV, o local tem uma atmosfera palpável de lamentação, mesmo depois de dois séculos sem uso (ele foi fechado em 1787); lembre-se, no entanto, de que esta é uma das mais populares atrações de Praga, assim, se você espera um momento de contemplação tranquilo, provavelmente vai se decepcionar. Cerca de 12 mil lápides em pedaços (algumas trazidas de outros cemitérios desaparecidos há muito tempo) estão amontoadas, mas, abaixo delas, há talvez 100 mil tumbas, empilhadas em camadas por causa da falta de espaço.

Os túmulos mais importantes, marcados por pares de lápides de mármore com uma "cobertura" entre eles, ficam perto do portão principal; incluem Mordechai Maisel e o rabino Loew. A lápide mais velha (hoje substituída por uma réplica) é de Avigdor Karo, um rabino-chefe e poeta da corte de Venceslau IV, que morreu em 1439. A maior parte das lápides traz o nome do morto e de seu pai, a data da morte (às vezes a do funeral) e textos poéticos. Marcas elaboradas dos séculos XVII e XVIII estão gravadas em baixo-relevo, algumas indicam a ocupação do morto – procure um par de mãos que sinalizam o túmulo de um pianista.

Desde que o cemitério está fechado, enterros judeus ocorrem no Cemitério Judaico (p. 129) de Žižkov. Há resquícios de outro antigo local de sepultamento judaico ao pé da Torre de TV (p. 133) também em Žižkov.

A saída do cemitério judaico é por um portão entre a Sinagoga Klaus (Klausová Synagóga; Mapa p. 90) e o Salão Cerimonial (Obřadní síň; Mapa p. 90), que abrigam, ambos, exposições sobre formas judaicas de culto, cerimônias de família e tradições como nascimento, circuncisão, bar mitzvah e casamento.

A um quarteirão rumo a sudeste fica a neogótica Sinagoga Maisel (Maiselova synagóga; Mapa p. 90; Maiselova 10), que substituiu a original renascentista erguida por Mordechai Maisel, prefeito da comunidade judaica em 1592. Ela abriga a exposição sobre a história dos judeus na Boêmia e na Morávia do século X ao XVII, com um acervo de prataria cerimonial, tecidos, gravuras e livros.

Por fim, a cerca de dois quarteirões a leste de Maisel, fica a Sinagoga Espanhola (Španělská synagóga; Mapa p. 90; Vězeňská 1), assim chamada por causa de seu interior mourisco. O prédio, de 1868, exibe o restante da história dos judeus na República Tcheca, da emancipação até hoje.

RUDOLFINUM Mapa p. 90

☎ 227 059 270; www.rudolfinum.cz; Alšovo nábřeží 12; 🚋 17, 18

Esse conjunto de salas de concerto e escritórios em estilo neorrenascentista do fim do século XIX é a casa da Orquestra Filarmônica Tcheca – a impressionante Sala Dvořák, com seu palco dominado por um grande órgão, é um dos principais locais de concerto do festival Primavera de Praga (veja quadro, p. 206). O prédio serviu de sede do Parlamento tchecoslovaco de 1918 a 1938.

A parte norte do complexo (entrada de frente para o rio) abriga a Galeria Rudolfinum (☎ 227 059 205; www.galerierudolfinum.cz; inteira/meia 120/60Kč, ingresso combinado com acesso ao Museu de Artes Decorativas 180/100Kč; 🕙 10-18 h ter-dom, às 20 h qui), especializada em exposições temporárias de arte contemporânea. Há também um café suntuoso com mesas espalhadas pelo esplendor coríntio do Salão das Colunas.

MENDELSSOHN NO TELHADO

A cobertura do Rudolfinum (p. 99) é decorada com estátuas de compositores famosos e foi sede da administração alemã durante a II Guerra Mundial, quando as autoridades nazistas ordenaram que a estátua de Felix Mendelssohn – de origem judaica – fosse retirada.

Em *Mendelssohn está no telhado*, um conto de humor negro sobre a vida em Praga durante a guerra, o escritor judeu Jiří Weil constrói uma história engenhosa e divertida sobre esse evento real. Os dois operários tchecos encarregados da tarefa não sabiam qual das mais de vinte estátuas era a de Mendelssohn – pareciam todas iguais para eles. O chefe tcheco do grupo, lembrando das aulas de "ciência racial", diz aos demais que os judeus têm nariz grande. "Quem tiver o maior bico é o judeu", decide.

Assim, os homens identificam a estátua com o maior nariz, amarram uma corda em torno de seu pescoço e começam a puxar. Quando o chefe passa para ver como vão indo as coisas, fica horrorizado ao ver que estão derrubando a única estátua de compositor que ele reconhece – Richard Wagner.

AO LONGO DO CAMINHO REAL

O Caminho Real (Královská cesta) era o antigo trajeto processional seguido pelos reis tchecos a caminho da Catedral de São Vito para a coroação. O trajeto vai do Portão da Pólvora (Prašná brána; p. 102) pela Celetná, através da Praça da Cidade Velha e da Praça Pequena (Malé náměstí), pela Karlova, cruza a Ponte Carlos para a Praça de Malá Strana (Malostranské náměstí), depois sobe pela Nerudova até o castelo. A única procissão que passa por essas ruas hoje é a horda diária de turistas abrindo caminho por um corredor polonês de lojas bregas de suvenires e entregadores de panfletos entediados. Veja uma alternativa menos lotada no Passeio a pé (p. 105).

Celetná, que vai do portão da Pólvora à Praça da Cidade Velha, é um museu a céu aberto de fachadas barrocas em tons pastel sobre estruturas góticas erguidas sobre fundações românicas, enterradas deliberadamente para elevar Staré Město acima das enchentes do rio Moldava. Mas a construção mais interessante – a deliciosa Casa da Virgem Negra (dům U černé Matky Boží) de Josef Gočár, hoje Museu do Cubismo Tcheco (p. 102) – data apenas de 1912.

A Praça Pequena (Malé náměstí; Mapa p. 90), extensão a sudoeste da Praça da Cidade Velha, tem uma fonte renascentista com uma grade de ferro batido do século XVI. Vários belos exteriores barrocos e neorrenascentistas enfeitam algumas das mais antigas construções de Staré Město. A mais colorida é o Edifício VJ Rott (1890), decorado por pinturas murais de Mikuláš Aleš, que hoje abriga a encarnação de Praga do Hard Rock Café.

Um zigue-zague a partir do canto sudoeste da praça leva à estreita Karlova (rua Carlos; Mapa p. 90), que continua até a Ponte Carlos – esse trecho está quase sempre lotado de turistas. Na esquina da Liliová fica a casa chamada de Serpente Dourada (U zlatého hada), local do primeiro café de Praga, aberto em 1708 por um armênio chamado Deomatus Damajan.

Karlova se esgueira ao longo do maciço muro do Klementinum (ao lado) antes de chegar à beira do rio em Křižovnické náměstí. No lado norte da praça fica a Igreja de São Francisco Serafim (kostel sv Františka Serafinského), que tem a cúpula decorada com um afresco do Julgamento Final. Ela pertence à Ordem dos Cavaleiros da Cruz, a única ordem tcheca de cruzados que ainda existe.

Logo ao sul da Ponte Carlos, no local do antigo moinho da Cidade Velha, fica Novotného lávka (Mapa p. 90), um terraço à beira-rio repleto de *vinárny* (vinherias) ensolaradas e caras, com ótimas vistas da ponte e do castelo, e cujo extremo sul é dominado pela estátua do compositor Bedřich Smetana.

MUSEU DA PONTE CARLOS Mapa p. 90

Muzeum Karlova mostu; ☎ 776 776 779; www.charlesbridgemuseum.com; Křižovnické náměstí 3; inteira/meia 150/70Kč; 10-20 h mai-set, às 18 h out-abr; M Staroměstská

Fundada no século XIII, a Ordem dos Cavaleiros da Cruz com a Estrela Vermelha era a guardiã da Ponte Judite (e de sua sucessora, a Ponte Carlos), com sua "casa-mãe" na Igreja de São Francisco Serafim, em Křižovnické náměstí. Esse museu, instalado no quartel-general da ordem, cobre a história do mais famoso marco de Praga, com painéis mostrando técnicas antigas de construção de pontes, de alvenaria e de carpintaria, e maquetes tanto da Ponte Judite quanto da Ponte Carlos. Na sala 7, pode-se descer até as fundações do prédio e ver um pouco do trabalho original em pedra da Ponte Judite (de 1172), mas talvez o que mais impressione sejam as fotos dos estragos na Ponte Carlos causados pela enchente de 1890, quando três arcos ruíram e foram arrastados.

TORRE DA PONTE DA CIDADE VELHA
Mapa p. 90

Staroměstská mostecká věž; Ponte Carlos; inteira/meia 70/50Kč; 10-23 h abr-set, às 22 h mar e out, às 20 h nov-fev; **M** Staroměstská
Pendurada na ponta oriental da Ponte Carlos, esta elegante torre do fim do século XIV foi erguida não só como fortificação, mas como arco do triunfo marcando a entrada da Cidade Velha. Assim como a própria ponte, a torre foi projetada por Peter Parler e incorpora muitos elementos simbólicos. Ali, no final da Guerra dos Trinta Anos, um exército sueco invasor foi finalmente repelido por um bando de estudantes e moradores do gueto judeu.

No primeiro andar há uma pequena exibição e um vídeo explicando o simbolismo astronômico e astrológico da Ponte Carlos e da torre da ponte, já no segundo andar, a exposição sobre Carlos IV é meio chata. A principal razão para pagar o ingresso é a vista marcante do topo da torre.

MUSEU TCHECO DE BELAS ARTES
Mapa p. 90

České muzeum výtvarných umění; ☎ 222 220 218; www.cmvu.cz; Husova 19-21; inteira/meia 50/20Kč; 10-18 h ter-dom; **M** Staroměstská
Instalado em três construções românicas e góticas lindamente restauradas, essa pequena galeria quase sempre desprezada realiza exposições temporárias de arte contemporânea e do século XX, embora a arquitetura do recinto já valha o ingresso.

KLEMENTINUM Mapa p. 90
☎ 222 220 879; www.klementinum.cz; entrada pelos pátios em Křížovnická, Karlova e Mariánské náměstí; **M** Staroměstská
Quando o imperador Habsburgo Ferdinando I convidou os jesuítas a irem a Praga em 1556 para aumentar o poder da Igreja Católica Romana na Boêmia, eles escolheram um dos melhores terrenos da cidade e, em 1587, começaram as obras da Igreja do Divino Salvador (kostel Nejsvětějšího Spasitele), o centro da Contrarreforma em Praga. A fachada ocidental dá para a Ponte Carlos e tem santos de pedra cheios de fuligem olhando para o congestionamento de bondes e turistas na Křížovnické náměstí, embaixo.

Depois de comprarem aos poucos a maior parte do bairro adjacente, os jesuítas começaram a construir seu colégio, o Klementinum, em 1653. Quando ficou pronto, um século depois, era o maior prédio da cidade, depois do Castelo de Praga, tornando-se parte da Universidade de Carlos, em 1773, período em que os jesuítas caíram em desgraça com o papa.

O Klementinum hoje é um amplo conjunto de salas barrocas e rococó ocupadas pela Biblioteca Nacional de Praga. A maioria dos edifícios é fechada ao público, mas abre-se a uma visita guiada de 50 minutos pelo Salão da Biblioteca e Torre Astronômica e pela Capela dos Espelhos (inteira/meia 220/140Kč; 10-19 h diariamente, a cada hora seg-qui, a cada 30 min sex-dom). A capela da década de 1720 é uma rebuscada combinação de estuque folheado a ouro, colunas de mármore, afrescos elaborados e espelhos no teto – imagine um barroco com anabolizantes. Há concertos de música clássica todo dia (ingressos disponíveis na maioria dos estandes de ingressos). O salão da biblioteca, a capela e a torre estavam fechados para reforma no período da pesquisa e não deveriam reabrir no outono de 2011.

Há outras duas igrejas interessantes no Klementinum. A Igreja de São Clemente (kostel sv Klimenta; missas às 8h30 e 10 h dom), exuberantemente redecorada no estilo barroco entre 1711 e 1715 segundo projeto de Kilian Dientzenhofer, é hoje uma capela greco-católica. Visitantes vestidos de modo conservador são bem-vindos às missas. E há a Capela da Assunção da Virgem Maria (Vlašská kaple Nanebevzetí Panny Marie), construída em 1600 para os artesãos italianos que trabalhavam no Klementinum (até hoje é tecnicamente propriedade do governo italiano).

MUSEU DAS MARIONETES Mapa p. 90
Muzeum loutek; ☎ 222 228 511; www.puppetart.com; Karlova 12; inteira/meia 100/50Kč; 12-20 h; 17, 18
Salas povoadas por uma multidão de marionetes coloridas ilustram a evolução dessa maravilhosa tradição tcheca do fim do século XVII ao início do XIX. As principais atrações são as preferidas das crianças tchecas Spejbl e Hurvínek – crianças e adultos podem se divertir com o equivalente tcheco de Arlequim e Colombina no Teatro Spejbl e Hurvínek (p. 207).

CASA MUNICIPAL Mapa p. 90

Obecní dům; ☎ 222 002 101; www.obecni-dum.cz; náměstí Republiky 5; visitas guiadas inteira/meia 270/220Kč; ⊙ áreas públicas 7h30-23 h, centro de informações 10-19 h; Ⓜ Náměstí Republiky

A construção mais exuberante de Praga situa-se no lugar da Corte Real, a sede dos reis boêmios de 1383 a 1483 (quando Vladislav II se mudou para o Castelo de Praga), que foi demolida no final do século XIX. A Casa Municipal foi construída no local entre 1906 e 1912 – com um imenso esforço conjunto de cerca de 30 dos principais artistas da época, criando um centro cultural que foi o auge arquitetônico do renascimento nacional tcheco. A restauração do prédio nos anos 1990, depois de décadas de negligência durante o período comunista, foi um ato de amor, com cada detalhe de projeto e decoração cuidadosamente pensado, cada pintura e cada escultura carregadas de simbolismo.

O mosaico acima da entrada, *Homenagem a Praga*, está localizado entre duas esculturas que expressam a opressão e o renascimento do povo tcheco; outras esculturas alinhadas no topo da fachada representam a história, a literatura, a pintura, a música e a arquitetura. Passa-se por baixo de uma claraboia de ferro batido e vidro para um interior que é *art nouveau* até nas maçanetas (você pode olhar o lobby e o bar embaixo da escada de graça). O restaurante e o *kavárna* (café; veja Kavárna Obecní dům no quadro, p. 188) que flanqueiam a entrada são como museus vivos dessa arte.

No andar de cima há meia dúzia de salões e salas de assembleia suntuosamente decorados a que se tem acesso numa visita guiada (90 minutos, três ou quatro por dia), que pode ser agendada no centro de informações do edifício (pela entrada principal, contornando a escada, à esquerda).

A primeira parada é na Sala Smetana (p. 205), a maior sala de concertos de Praga, com 1.200 lugares alinhados sob uma cúpula de vidro *art nouveau*. O palco é flanqueado por duas esculturas representando a lenda de Vyšehrad (à direita) e danças eslavas (à esquerda).

Seguem-se várias dependências oficiais notáveis, mas o destaque da visita é o Salão do Prefeito (Primatorský sál), um cômodo octogonal cujas janelas ficam em cima da entrada principal. Todos os aspectos da decoração foram desenhados por Alfons Mucha, que também pintou o soberbo e expressivo mural que enfeita as paredes e o teto. Acima do salão, vê-se uma alegoria da *Concórdia Eslava*, com figuras entrelaçadas representando os vários povos eslavos observados pela águia tcheca. Figuras da história e mitologia tchecas representando as virtudes cívicas, ocupam os espaços entre os oito arcos e incluem Jan Hus como *Spravedlnost* (justiça), Jan Žižka como *Bojovnost* (bravura militar) e os Chodové (guardas de fronteira da Idade Média boêmia) de olhos flamejantes como *Ostražitost* (vigilância).

Em 28 de outubro de 1918, a República Tchecoslovaca independente foi proclamada na Sala Smetana, e, em novembro de 1989, tiveram lugar ali as reuniões entre o Fórum Cívico e o regime de Jakeš. O festival de música Primavera de Praga (Pražské jaro; veja o quadro, p. 206) sempre começa no dia 12 de maio, aniversário da morte de Smetana, com uma procissão de Vyšehrad à Casa Municipal seguida de uma exibição de gala de seu ciclo sinfônico *Má Vlast* (Meu país) na sala Smetana.

MUSEU DO CUBISMO TCHECO
Mapa p. 90

Muzeum Českého kubismu; ☎ 224 211 746; Ovocný trh 19; inteira/meia 100/50Kč, 50/30Kč depois de 16 h; ⊙ 10-18 h ter-dom; Ⓜ Náměstí Republiky

Embora date de 1912, a Casa da Virgem Negra (dům U černé Matky Boží) de Josef Gočár – o primeiro e melhor exemplo de arquitetura cubista de Praga – ainda parece moderna e dinâmica. Hoje ela abriga três andares de notáveis pinturas e esculturas cubistas, assim como móveis, cerâmicas e cristais de desenho cubista.

PORTÃO DA PÓLVORA Mapa p. 90

Prašná brána; ☎ 724 063 723; Na Příkopě; inteira/meia 70/50Kč; ⊙ 10-22 h abr-set, às 20 h out e mar, às 18 h nov-fev; Ⓜ Náměstí Republiky

O Portão da Pólvora, de 65 m de altura, foi iniciado em 1475 no lugar de um dos 13 portões originais de Staré Město. Construído durante o reino de Vladislav II Jagiello como entrada cerimonial da cidade, foi deixado inacabado depois que o rei se mudou da Corte Real vizinha para o Castelo de Praga em 1483. O nome vem de seu uso como paiol de pólvora no século XVIII. Josef Mocker reconstruiu-o, decorou-o e instalou uma agulha de torre entre 1875 e 1886, dando a ela seu toque neogótico.

A torre abriga exposições sobre os hussitas, sobre a história da Corte Real (veja Casa Municipal, página oposta) e as torres que um dia marcaram os muros da cidade de Praga, mas a principal atração é a vista.

MUSEU SMETANA Mapa p. 90
Muzeum Bedřicha Smetany; ☎ 222 220 082; Novotného lávka 1; inteira/meia 50/25Kč; 10-12 h e 12h30-17 h qua-seg; Ⓜ Staroměstská
Esse pequeno museu é dedicado a Bedřich Smetana, compositor favorito da Boêmia. Não é tão interessante, a não ser que você seja fã de Smetana, e tem poucas legendas em inglês, mas há uma boa exposição sobre a reação febril da cultura popular à ópera de Smetana *A noiva barganhada* – parece que Smetana foi o Andrew Lloyd Webber de seu tempo.

HAVELSKÉ MĚSTO

Por volta de 1230, um local de feira chamado Havelské Město (Aldeia São Galo), por causa do monge irlandês do século VII que ajudou a introduzir o cristianismo na Europa, foi inaugurado para alegria dos comerciantes alemães estabelecidos em Praga a convite de Venceslau I.

As atuais ruas Rytířská e Havelská eram, na época, um largo único cercado da arcada formada pelas casas dos comerciantes. Havia feiras especializadas, como as de carvão (Uhelný trh) na extremidade oeste do largo e de frutas (Ovocný trh) no outro extremo. No século XV, uma ilha de bancas foi erguida no meio do largo.

Tudo o que resta da feira de São Galo é a turística feira ao ar livre em Havelská e os camelôs de roupa na V Kotcích. Embora não sejam páreo para a original, ainda são as feiras ao ar livre mais centrais de Praga.

Na extremidade leste de Havelská fica a **Igreja de São Galo** (kostel sv Havla; Mapa p. 90), tão velha quanto a própria aldeia, onde Jan Hus e seus predecessores pregaram a reforma religiosa. Os carmelitas tomaram posse dela em 1627 e, em 1723, adicionaram a fachada barroca. O pintor barroco tcheco Karel Škréta (1610-74) está sepultado na igreja.

Perto da antiga Uhelný trh (feira de carvão) fica a **Igreja de São Martinho no Muro** (kostel sv Martin ve zdi; Mapa p. 90), uma igreja paroquial simples do século XII aumentada e adornada à maneira gótica no século XIV. O nome vem do fato de o muro da Cidade Velha ter sido construído bem em volta dela. Em 1414, a igreja abrigou a primeira comunhão hussita *sub utraque specie* (com pão e vinho), da qual vem o nome "utraquista".

TEATRO DOS ESTADOS Mapa p. 90
Stavovské divadlo; ☎ 224 902 231; www.narodni-divadlo.cz; Ovocný trh 1; Ⓜ Náměstí Republiky
Ao lado do Karolinum fica o mais antigo teatro de Praga e a mais bela construção neoclássica, o Teatro dos Estados, onde ocorreu a *première* de *Don Giovanni* de Mozart em 29 de outubro de 1787, com regência do próprio compositor. Aberto em 1783 como Teatro Nostitz (por causa do fundador, Conde Anton von Nostitz-Rieneck), foi patrocinado pelos cidadãos alemães de classe alta e, assim, veio a ser chamado Teatro dos Estados – Estados referindo-se à nobreza tradicional.

Depois da II Guerra Mundial, o teatro foi rebatizado Tylovo divadlo (Teatro Tyl) em homenagem ao dramaturgo tcheco Josef Kajetán Tyl. Um dos motivos de sua fama é a letra do hino nacional tcheco *Kde domov můj?* (Onde é meu lar?), que veio de uma peça. No início dos anos 1990, o nome do teatro voltou a ser Teatro dos Estados. Virando a esquina, fica o **Teatro Kolowrat** (Divadlo Kolowrat; Ovocný trh 6), do século XVII, hoje também um dos endereços do Teatro Nacional. Veja mais informações sobre palcos de música clássica na p. 204.

KAROLINUM Mapa p. 90
Univerzita Karlova; ☎ 224 491 250; www.cuni.cz/ukeng-4.html; Ovocný trh 3; Ⓜ Můstek
A mais antiga universidade da Europa central, fundada por Carlos IV em 1348, ficava originalmente na chamada Casa Rotlev. Com o protestantismo e o nacionalismo tcheco em alta, o pregador reformador Jan Hus tornou-se reitor da Universidade de Carlos em 1402 e logo convenceu Venceslau IV a abolir o direito dos estudantes alemães a voto na universidade – milhares deles abandonaram a Boêmia quando isso foi anunciado.

As instalações da sempre crescente universidade foram concentradas nesse local em 1611, e, ao final do século XVIII, a velha casa burguesa tinha se tornado um conjunto razoavelmente grande conhecido como Karolinum. Após a Batalha de Bílá Hora (1620), ele foi entregue aos jesuítas, que lhe deram uma maquiagem barroca; quando eles foram afastados, em 1773, a universidade tomou o espaço de volta. Atualmente, a Universidade de Carlos tem faculdades espalhadas por Praga, e o Karolinum abriga apenas alguns gabinetes de professores, o Clube da Universidade e um salão cerimonial. É aberto ao público só nos dias de "portas abertas" (detalhes nos escritórios oficiais de turismo).

Entre as sobrevivências góticas pré-universidade está a Capela de São Cosme e São Damião (kaple sv Kosmas a Damian), com sua janela de sacada na parede sul. Erguida por volta de 1370, a capela foi reformada em 1881 por Josef Mocker.

SUDOESTE DE STARÉ MĚSTO

Os meandros das alamedas e passagens entre a Karlova e a Národní třída são o melhor território para andar à toa em Praga. Quando a multidão rareia no fim do dia, é uma surpresa encantadora desembocar de suas ruelas tranquilas no agito do século XXI.

O charme esfria um pouco ao longo da Bartolomějská, no entanto, e não é só porque ela esteja cheia de prédios da polícia. Antes de novembro de 1989, esse quarteirão era ocupado pela StB (Státní bezpečnost, ou Segurança do Estado), a odiada polícia secreta. Os tchecos mais velhos ainda ficam compreensivelmente incomodados com polícia de qualquer tipo e há uma suspeita comum de que alguns ex-membros da StB ainda estejam por aí, apenas usando novos uniformes.

De fundos para a Bartolomějská fica um velho convento e a antes adorável Igreja de São Bartolomeu (kostel sv Bartoloměje, Mapa p. 90), do século XVIII, que, por um período, fez parte do complexo da StB, mas agora foi devolvida aos franciscanos. A região se orgulha de outras duas igrejas históricas: a Capela Belém e a Rotunda da Santa Cruz.

CAPELA BELÉM Mapa p. 90

Betlémská kaple; ☎ 224 248 595; Betlémské náměstí 3; inteira/meia 50/30Kč; ✆ 10 h-6h30 h ter-dom abr-out, às 5h30 ter-dom nov-mar; ☐ 6, 9, 18, 21, 22

A Capela Belém é uma das igrejas mais importantes de Praga, já que é o local de nascimento da causa hussita. Em 1391, os praguenses reformistas obtiveram permissão para construir uma igreja onde as cerimônias pudessem ser em tcheco, não em latim, e construíram a maior capela da Boêmia até então, com capacidade para 3 mil fiéis. Arquitetonicamente inovadora, tinha um salão quadrado simples voltado para o púlpito, não para o altar. Jan Hus pregou ali de 1402 a 1412, marcando o surgimento do movimento no santuário do Karolinum (de onde ele era reitor).

No século XVIII, a capela foi demolida. Ruínas foram achadas em 1920 e, de 1948 a 1954 – porque o hussitismo tinha a benção oficial como uma antiga forma de comunismo –, a capela foi cuidadosamente reconstruída em sua forma original. Hoje, é um monumento cultural nacional.

Apenas a parede sul da capela é nova em folha. Ainda se podem ver partes originais na parede leste: a porta do púlpito, várias janelas e a porta para as dependências do pregador. Essas dependências, inclusive o quarto usado por Hus e outros, também são originais e são usadas hoje para exposições. As pinturas nas paredes são modernas e foram baseadas em velhos tratados hussitas. O poço no interior precede a capela.

Há um texto em inglês disponível junto à porta da capela. Todo ano, na noite de 5 de julho, véspera da morte de Hus na fogueira em 1415, uma celebração comemorativa é realizada no local, com discursos e repicar de sinos.

IGREJA DE SANTO EGÍDIO Mapa p. 90

Kostel sv Jiljí; esq. Zlatá & Husova; ☐ 6, 9, 18, 21, 22
Com robustas colunas românicas, janelas altas góticas e um interior barroco exuberante, a Igreja de Santo Egídio – fundada em 1371 – é um bom lugar para contemplar o desenvolvimento arquitetônico das construções religiosas de Praga. O reformador proto-Hussita Jan Milíč de Kroměříž pregou ali antes de a Capela Belém ser construída. Os dominicanos ganharam a posse durante a Contrarreforma, construíram um claustro ao lado e "barroquisaram" a igreja na década de 1730. Václav Reiner, o pintor tcheco responsável pelos afrescos do teto, está sepultado na igreja.

MUSEU NÁPRSTEK Mapa p. 110

Náprstkovo muzeum; ☎ 224 497 500; www.nm.cz; Betlémské náměstí 1; inteira/meia 80/50Kč; ✆ 10-18 h ter-dom; ☐ 6, 9, 18, 21, 22
O pequeno museu Náprstek abriga uma coleção etnográfica de culturas asiáticas, africanas e americanas, fundada por Vojta Náprstek, um industrial do século XIX apaixonado tanto por antropologia quanto por tecnologia moderna. Sua coleção de tecno-

logia é hoje parte do Museu Técnico Nacional (p. 137) em Holešovice.

ROTUNDA DA SANTA CRUZ Mapa p. 110

Kaple sv kříže; Konviktská; missas 17 h dom e ter, em inglês 17h30 1ª seg do mês; 6, 9, 18, 21, 22

Essa minúscula rotunda românica é um dos edifícios mais antigos de Praga. Começou como paróquia por volta de 1100. Salva da demolição e restaurada em 1860 por um grupo de artistas tchecos, ela ainda tem os remanescentes de afrescos de cerca de 600 anos, embora seja preciso ir à missa para vê-los.

CAMINHO REAL (NÃO EXATAMENTE)
Passeio a pé

1 Praça da República

Na Praça da República (náměstí Republiky), três eras da arquitetura de Praga estão frente a frente na intersecção da Na Příkopě e Celetná – o tracejado gótico cheio de fuligem do Portão da Pólvora (p. 102), as elegantes convoluções *art nouveau* da Casa Municipal (p. 102) e as severas fachadas funcionalistas do Banco Nacional Tcheco (Česká národní banka) e do Banco Comercial (Komerční banka). Quando olhar ao longo da Celetná, você verá a torre da Prefeitura da Cidade Velha emoldurada no fim da rua como um alvo no visor de uma arma; vá nesse rumo.

2 Casa da Virgem Negra

Além das lojas de suvenir, a Celetná é margeada por muitos edifícios interessantes. Quando chegar ao espaço aberto de Ovocný trh, você verá uma fachada incomum, como um origami, à esquerda. Ela pertence à Casa da Virgem Negra (dům U černé Matky Boží), um dos mais belos exemplos de arquitetura cubista em Praga e sede do Museu do Cubismo Tcheco (p. 102). Para um café ou uma cerveja gelada, vá ao Grand Café Orient (p. 188) no primeiro andar.

3 Teatro Celetná

Um pouco à frente, vire à direita na passagem no número 17, que leva a um pequeno e tranquilo pátio ao lado do Teatro Celetná (p. 206).

4 Igreja de São Tiago

A passagem no fundo do pátio leva à Štupartská; vá direto ao longo da Malá Štupartská para ver as esculturas barrocas que enfeitam a fachada da Igreja de São Tiago (p. 93). Se estiver aberta, entre para dar uma olhada em seu esplendor sombrio, folheado a ouro, e no item horrível pendurado ao lado da porta.

RESUMO DO ROTEIRO

Início Praça da República (metrô Náměstí Republiky)
Fim Ponte Carlos (tram 17, 18)
Distância 1,5 km
Duração 45 minutos
Grau de dificuldade Leve
Parada de abastecimento Grand Café Orient

5 Pátio Týn
Volte uns metros e vire à direita logo depois da Livraria Big Ben para entrar no Pátio Týn (p. 96). Essa praça adorável é cercada de lojas chiques, bons restaurantes e uma *loggia* renascentista, e tem uma bela vista das torres gêmeas da Igreja de Nossa Senhora Diante de Týn (p. 92). Saia pelo fundo do pátio e siga o estreito caminho à direita da igreja, parando para olhar o tímpano semicircular acima da porta norte, decorado com um magnífico relevo gótico do Julgamento Final.

6 Praça da Cidade Velha
Você sai do caminho na agitação da Praça da Cidade Velha (p. 89), dominada pela enorme estátua de Jan Hus e pela torre gótica da Prefeitura da Cidade Velha (p. 95). Se tiver acertado o horário, poderá se juntar à multidão ao pé da torre e assistir à exibição do Relógio Astronômico (veja quadro, p. 96) inserido na parede da torre.

7 Praça Pequena
Continue além do relógio e da Casa do Minuto (dům U minuty) ornada de *sgraffito* para chegar à Praça Pequena (Malé náměstí). À esquerda, você verá a linda loja barroca chamada U zlaté koruny (à Coroa Dourada); já foi uma farmácia (ainda dá para ver as instalações originais), mas agora hospeda uma joalheria. Em frente fica a fachada neorrenascentista do Edifício VJ Rott, decorado com coloridos murais de Mikuláš Ales (hoje sede do Hard Rock Café). Você verá a principal torrente de turistas virando à esquerda na Karlova, mas pegue à direita na direção oposta no fim da praça e então vire à esquerda na Linhartská.

8 Mariánské náměstí
Isso leva ao espaço mais quieto da Mariánské náměstí (Praça da Virgem Maria), dominada pela Nova Câmara (Nova radnice), sede do conselho municipal de Praga. A fachada é emoldurada por enormes estátuas *art nouveau* de Ladislav Šaloun, que fez o Monumento a Jan Hus na Praça da Cidade Velha, e decorada com bandeiras vermelhas e amarelas, as cores oficiais de Praga.

9 Klementinum
Em frente à Nova Câmara, do outro lado da praça, fica o portão principal do Klementinum (p. 101). Entre por ele no pátio e vire à esquerda; à sua direita fica a entrada da Capela dos Espelhos (Zrcadlová kaple), onde há concertos clássicos todo dia. Siga em frente pelo arco triplo, vire à direita e continue pelos tranquilos pátios (olhe para cima à sua direita para ver uma escultura moderna de uma criança com um aviãozinho de papel pendurada no parapeito).

10 Torre da Ponte da Cidade Velha
Pelo fundo dos pátios do Klementinum você retorna ao tráfego movimentado e às multidões de turistas da Křížovnické náměstí. Termine sua caminhada subindo a Torre da Ponte da Cidade Velha (p. 101) para ver de cima a mais famosa ponte de Praga, antes de visitar o vizinho Museu da Ponte Carlos (p. 100).

NOVÉ MĚSTO E VYŠEHRAD

Onde beber p. 186; Onde comer p. 169; Compras p. 154; Onde dormir p. 222

Nové Město significa "Cidade Nova", embora esse distrito em forma de crescente só fosse novo quando inaugurado por Carlos IV em 1348. Estende-se para leste da Revoluční e Na Příkopě até a Wilsonova e a linha principal de trem, e, para o sul, da Národní třída até Vyšehrad.

A maior parte das fortificações externas de Nové Město foi demolida em 1875 – um trecho dos muros ainda sobrevive ao sul, diante de Vyšehrad –, mas o projeto original das ruas foi basicamente preservado, com três grandes praças de feira que antes davam o foco comercial ao distrito: Senovážné náměstí (Praça da Feira do Feno), Praça Venceslau (Václavské náměstí; originalmente chamada Koňský trh ou Feira de Cavalos) e Praça Carlos (Karlovo náměstí; antes chamada Dobytčí trh ou Feira de Gado).

Embora fosse a princípio um bairro medieval, a maior parte dos seus edifícios restantes é dos séculos XIX e XX. Muitos deles estão entre os melhores exemplos de arquitetura *art nouveau*, neorrenascentista, do renascimento nacional tcheco e funcionalista. Há quarteirões vazados por galerias só para pedestres – as famosas *pasáže* (passagens) de Praga – com lojas, cafés, cinemas e teatros.

No sul, olhando para o rio, fica a antiga cidadela de Vyšehrad. Desde a década de 1920, a velha fortaleza é um tranquilo parque, com um esplêndido panorama do vale do Moldava, e ocupa um lugar importante no coração dos tchecos. É um local popular para passeios familiares de fim de semana – faça seu piquenique entre as árvores, ou nas muralhas com vista para o rio.

NORTE DE NOVÉ MĚSTO

A parte norte de Nové Město se estende do rio Moldava até a Praça Venceslau. A região é basicamente sem graça, mas há algumas pérolas escondidas entre as fachadas inexpressivas.

TORRE JINDŘIŠSKÁ Mapa p. 110

Jindřišská věž; ☎ 224 232 429; www.jindrisskavez.cz; Jindřišská 1; adulto/criança 80/35 Kč; ⊙ 10-18 h; 🚋 3, 9, 14, 24

Esse campanário do século XV, reconstruído em estilo gótico na década de 1870, domina o fim da Jindřišská, uma rua movimentada que se estende a noroeste saindo da Praça Venceslau. Ociosa por décadas, a torre foi reformada e reaberta em 2002 como atração turística completa, com espaço para exposições, loja, café e restaurante, e uma galeria para contemplar a vista no décimo andar.

SINAGOGA JUBILEU Mapa p. 110

Jubilejní synagóga; ☎ 222 319 002; Jeruzalémská 7; adulto/criança 80/50 Kč; ⊙ 11-17 h dom-sex abr-out, fechada em feriados judaicos; Ⓜ Hlavní Nádraží

A colorida fachada mourisca da Sinagoga Jubileu, também chamada Velká synagóga (Grande Sinagoga), data de 1906. Repare nos nomes dos doadores nos vitrais e no grande órgão acima da entrada.

MUSEU MUCHA Mapa p. 110

Muchovo muzeum; ☎ 221 451 333; www.mucha.cz; Panská 7; adulto/criança 160/80 Kč; ⊙ 10-18 h; Ⓜ Můstek

Esse fascinante (e movimentado) museu apresenta os sensuais cartazes, pinturas e painéis decorativos *art nouveau* de Alfons Mucha (1860–1939), assim como muitos esboços, fotografias e outras recordações. A exposição inclui incontáveis obras de arte mostrando as donzelas eslavas, com cabelo ondulando e olhos azuis penetrantes, segurando guirlandas simbólicas e galhos de tília, que são a marca registrada de Mucha; fotos do estúdio do artista em Paris, uma das quais mostra Gauguin sem calças tocando harmônio; uma tela poderosa chamada *Velha no inverno;* e o cartaz original de 1894 da atriz Sarah Bernhardt como Giselda, que o lançou à fama internacional.

TRANSPORTE: NOVÉ MĚSTO

Metrô As três linhas de metrô da cidade se cruzam em Nové Město, nas estações Muzeum e Můstek, nas extremidades oriental e ocidental (respectivamente) da Praça Venceslau, e na estação Florenc, no norte de Nové Město, enquanto a estação Karlovo náměstí na linha B atende o sul de Nové Město.

Tram Cruzando a Praça Venceslau, os trams 3, 9, 14 e 24 vão pela Vodičkova e pela Jindřišská. As linhas 17 e 21 correm ao longo da margem do rio no oeste.

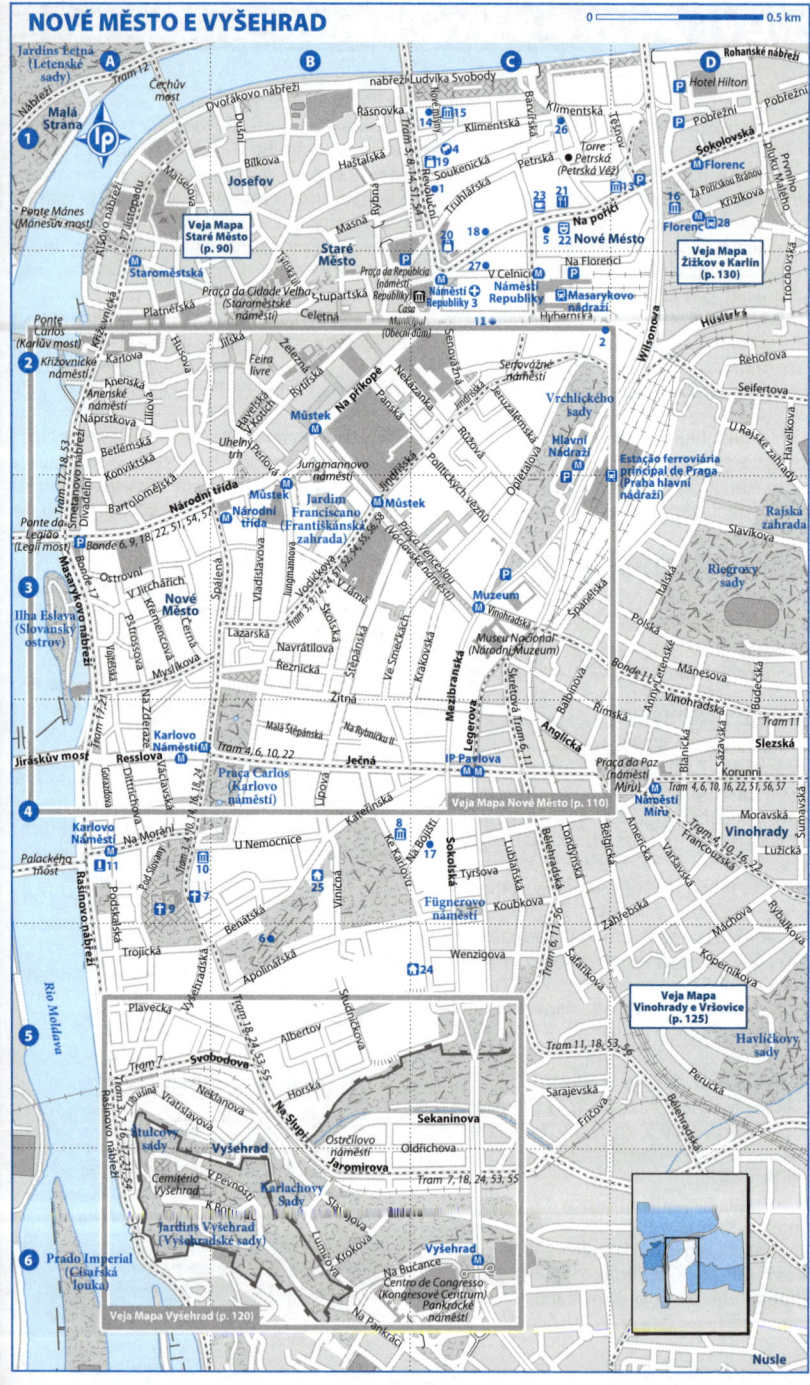

NOVÉ MĚSTO E VYŠEHRAD

NOVÉ MĚSTO E VYŠEHRAD

INFORMAÇÃO
1to1Czech.. **1** C1
Alfa Tourist Service **2** C2
American Dental
 Associates... **3** C2
Consulado da Austrália..................... **4** C1

ATRAÇÕES (p. 107)
Banco das
 Legiões
 Tchecoslovacas................................. **5** C1
Jardim Botânico da
 Universidade Carlos
 (Botanická Zahrada
 Univerzity Karlovy) **6** B5
Igreja de São João
 Nepomuceno na
 Rocha (Kostel sv
 Jana Nepomuckého
 na Skalce)... **7** A4
Museu Dvořák
 (Muzeum Antonina
 Dvořáka)... **8** B4
Mosteiro Emaús
 (Klášter Emauzy).............................. **9** A4
Casa de Fausto (Faustův
 Dům)... **10** A4
Monumento František
 Palacký.. **11** A4
Hotel Central..................................... **12** C2
Jiří Švestka.. **13** D1
Torre dos Aquedutos
 Petrská (Petrská
 Vodárenská Věž)........................... **14** C1
Museu Postal
 (Poštovní Muzeum)..................... **15** C1
Museu da Cidade de Praga
 (Muzeum Hlavního
 Města Prahy)................................... **16** D1
U Kalicha **17** C4
Vila Amerika...............................(veja 8)
Instituto de Seguros
 Contra Acidentes de Trabalho
 (local de trabalho de
 Kafka - 1908–22)........................... **18** C1

COMPRAS (p. 149)
Galerie České Plastiky.................. **19** C1
Palladium Praha
 Shopping Center **20** C1

ONDE COMER (p. 159)
Albert
 Supermarket.............................(veja 20)
Centrum Delikates ....(veja 20)
Siam Orchid....................................... **21** C1

ENTRETENIMENTO (p. 197)
Archa Theatre.................................. **22** C1

ONDE BEBER (p. 179)
Café Imperial.................................... **23** C1

ONDE DORMIR (p. 215)
Hostel U Melounu.......................... **24** C5
Hotel 16 U Sv
 Kateřiny.. **25** B4

TRANSPORTES (p. 248)
Avis... **26** C1
Parada de micro-ônibus Cedaz (veja 27)
Czech Airlines
 (ČSA)... **27** C2
Eurolines.......................................(veja 28)
Estação Rodoviária Florenc **28** D1
Student Agency ....(veja 28)

O fascinante vídeo de trinta minutos sobre a vida de Mucha ajuda a contextualizar o seu trabalho. Veja mais informações sobre Mucha no quadro, p. 39.

MUSEU POSTAL Mapa p. 108
Poštovní muzeum; ☎ 222 312 006; Nové Mlýny 2; adulto/criança 50/10 Kč; 9 h-12 h e 13 h-17 h ter-dom; 5, 8, 14

Os filatelistas vão amar esse museu com suas caixas de correio, diligência postal e gavetas de selos antigos, inclusive um raro Penny Black. Procure os lindos selos criados no início do século xx por artistas tchecos como Josef Navrátil e Alfons Mucha.

Do outro lado da rua fica a Torre dos Aquedutos Petrská (Petrská vodárenská věž), construída por volta de 1600 no lugar das anteriores, de madeira. Dali, canos de madeira levavam água para os prédios de Nové Město.

MUSEU DA CIDADE DE PRAGA
Mapa p. 108
Muzeum hlavního města Prahy; ☎ 224 816 773; www.muzeumprahy.cz; Na Poříčí 52; adulto/criança 100/40 Kč, 1ª qui do mês 1 Kč; 9-18 h ter-dom, às 20 h 1ª qui do mês; M Florenc

Excelente. Aberto em 1898, é dedicado à história de Praga da pré-história ao século xx. Entre os fascinantes objetos expostos estão o gorro e as sandálias de seda marrom com que foi sepultado o astrônomo Tycho Brahe, na Igreja Týn em 1601 (foram retirados do corpo em 1901), e a roda do calendário original de 1866 do Relógio Astronômico, com os lindos painéis pintados por Josef Mánes representando os meses – é janeiro acima, esquentando os pés no fogo, e agosto, na parte inferior, com a foice na mão, colhendo o milho.

Mas o grande atrativo do local é mesmo a estontante maquete da Praga de 1826 a 1834, em escala 1:480, feita por Antonín Langweil. Melhor para quem já conhece um pouco da cidade e poderá detectar as mudanças – veja a Catedral de São Vito, por exemplo, ainda inacabada na maquete.

A maioria das legendas está em inglês e tcheco. Para a Sala I (pré-história à Idade Média), será preciso retirar o texto em inglês na bilheteria.

ESTAÇÃO FERROVIÁRIA PRINCIPAL DE PRAGA Mapa p. 110
Praha hlavní nádraží; Wilsonova; fechada 0h40-3h15; M Hlavní Nádraží

Como? A Estação Ferroviária Principal de Praga é realmente uma atração turística? Talvez não por completo, mas certamente vale a pena subir ao andar mais alto e olhar o esplendor sujo e escurecido pela fuligem do edifício art nouveau original, que foi projetado por Josef Fanta e construído entre 1901 e 1909.

O interior da cúpula é ornado por um mosaico de duas damas núbeis, as palavras *Praga: mater urbium* (Praga, mãe de

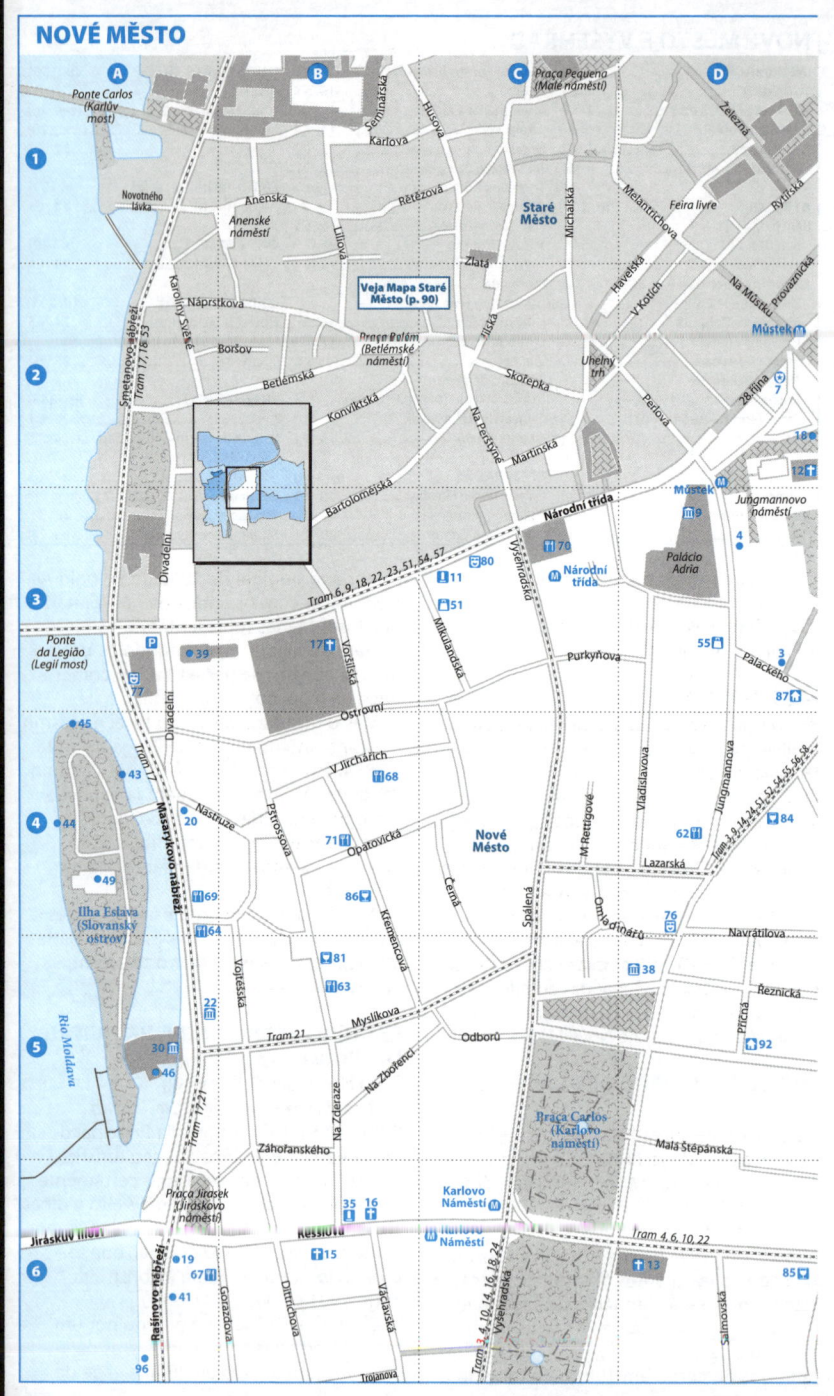

NOVÉ MĚSTO

- Ponte Carlos (Karlův most)
- Novotného lávka
- Anenská
- Anenské náměstí
- Karlova
- Seminářská
- Husova
- Karlova
- Řetězová
- Staré Město
- Michalská
- Melantrichova
- Feira livre
- Rytířská
- Zlatá
- Havelská
- Na Můstku
- Provaznická
- Můstek
- Karoliny Světlé
- Smetanovo nábřeží
- Tram 17, 18 53
- Náprstkova
- Praça Belém (Betlémské náměstí)
- Boršov
- Betlémská
- Jilská
- V Kotcích
- Uhelný trh
- Na Perštýně
- 28. října
- Konviktská
- Skořepka
- Perlová
- Veja Mapa Staré Město (p. 90)
- Bartolomějská
- Martinská
- Můstek
- Palácio Adria
- Jungmannovo náměstí
- Divadelní
- Tram 6, 9, 18, 22, 23, 51, 54, 57
- Národní třída
- Vyšehradská
- Národní třída
- Ponte da Legião (Legií most)
- Voršilská
- Mikulandská
- Purkyňova
- Palackého
- Ostrovní
- V Jirchářích
- Pštrossova
- Opatovická
- Vladislavská
- Jungmannova
- Tram 3, 9, 14, 24, 51, 52, 54, 55, 56, 59
- Masarykovo nábřeží
- Na Struze
- Nové Město
- M. Rettigové
- Lazarská
- Ilha Eslava (Slovanský ostrov)
- Kremencová
- Černá
- Spálená
- Dittrichova
- Ωmladinářů
- Navrátilova
- Vojtěšská
- Myslíkova
- Řeznická
- Tram 21
- Odborů
- Na Zbořenci
- Příčná
- Rio Moldava
- Na Zderaze
- Záhořanského
- Praça Carlos (Karlovo náměstí)
- Malá Štěpánská
- Praça Jirásek (Jiráskovo náměstí)
- Karlovo Náměstí
- Resslova
- Karlovo Náměstí
- Tram 4, 6, 10, 22
- Jiráskův most
- Rašínovo nábřeží
- Gorazdova
- Dittrichova
- Václavkova
- Vyšehradská
- Simunkova
- Tram 2, 4, 10, 14, 16, 18, 24
- Trojanova

110

REGIÕES NOVÉ MĚSTO E VYŠEHRAD

Mapa

E
- Antigo mercado de frutas (Ovocný trh)
- Myslbek pasáž
- 94
- 95
- 73
- 57
- 60
- 34
- 26
- 28
- Na Příkopě
- Havířská

F
- 78
- 59
- 65
- Senovážná
- Nekázanka
- Panská
- V Cípu
- 33
- Tram 3, 9, 14, 24, 51, 52, 54, 55, 56, 58
- 5
- Politických Vězňů
- Jindřišská
- 66
- 10
- Jardim Franciscano (Františkánská zahrada)
- 74
- 52
- Müstek
- 21
- 48
- 31
- 75
- 27 53 61
- 29
- 58
- Praça Venceslau (Václavské náměstí)
- 54
- Galeria Novák (Pasáž U Nováků)
- V Jámě
- 89
- 82
- 91
- Ve Smečkách
- 32
- 47
- Muzeum
- 1
- Kateřinská
- 90
- Žitná
- Štěpánská
- Školská
- 42
- 14
- Na Rybníčku II
- Na Rybníčku
- Ječná
- Tram 4, 6, 10, 16, 22, 51, 56, 57
- Lípová
- Centro de Informações da Universidade de Carlos University (IPC)

G
- Senovážné náměstí
- Tram 5, 9, 26, 55, 58
- Jindřišská
- Jeruzalémská
- 24
- 25
- Růžová
- Opletalova
- 88
- 2
- 40
- Washingtonova
- 93
- 79
- Rádio Europa Livre
- 37
- 72
- 23
- 36
- Legerová
- Rímská
- Mezibranská
- 50
- Sokolská
- Na Bojišti
- IP Pavlova

H
- 8
- Dlážděná
- 56
- Opletalova
- Vrchlického sady
- Wilsonová
- Hlavní Nádraží
- 6
- Estação ferroviária principal de Praga (Praha hlavní nádraží)
- Divadla
- Wilsonová
- Španělská
- Polská
- Mánesová
- Vinohradská
- Tram 11
- Vinohrady
- Škrétová
- Londýnská
- Balbínova
- Italská
- Anglická
- Tram 6.1
- Bělehradská
- IP Pavlova
- Ječná
- Lublaňská
- Tram 6.1

Veja Mapa Vinohrady e Vršovice (p. 125)

0 — 0.2 km

111

NOVÉ MĚSTO

INFORMAÇÃO
União dos Cegos Tchecos	**1**	F4
DHL	**2**	F3
Distrito Clínico (Farmácia 24 horas)	**3**	D3
Globe Bookshop & Café	(veja 63)	
Happy House Rentals	**4**	D3
Correio	**5**	F2
Serviço de Informação de Praga	**6**	H2
Posto de Polícia Praha 1	**7**	D2
Spika	**8**	G1

ATRAÇÕES (p. 107)
Adria Palace	**9**	D3
Assicurazioni Generali (local de trabalho de Kafka - 1907–8)	**10**	E2
Bat'a	(veja 28)	
Placa de Bronze (Memorial de estudantes)	**11**	C3
Igreja de Nossa Senhora das Neves (Kostel Panny Marie Sněžné)	**12**	D2
Igreja de Santo Inácio (Kostel sv Ignáce)	**13**	D6
Igreja de São Estevão (Kostel sv Štěpána)	**14**	E5
Igreja de São Venceslau em Zderaz (Kostel sv Václava na Zderaza)	**15**	B6
Igreja dos santos Cirilo e Metódio (Kostel sv Cyril a Metoděj)	**16**	B6
Convento de Santa Úrsula (Klášter sv Voršila)	**17**	B3
Poste cubista	**18**	D2
Edifício Dançante (Tančící Dům)	**19**	A6
Instituto Göethe	**20**	A4
Grand Hotel Evropa	**21**	E3
Casa da Rosa Negra (Dům U Černé Růže)	(veja 57)	
Casa do Coro Hlahol	**22**	A5
Memorial Jan Palach	**23**	G4
Torre de Jindřišská (Jindžišská Věž)	**24**	G1
Sinagoga Jubilee (Jubilejní Synagóga)	**25**	G2
Palácio Koruna (Palác Koruna)	**26**	E2
Kun (Cavalo) – Escultura de David Černý	**27**	E2
Edifício Lindt	**28**	E2
Palácio Lucerna (Palác Lucerna)	**29**	E3
Galeria Mánes (Galerie Mánes)	**30**	A5
Edifício Melantrich	**31**	E3
Monumento às Vítimas do Comunismo	**32**	F4
Museu Mucha (Muchovo Muzeum)	**33**	F2
Museu do Comunismo (Muzeum Komunismu)	**34**	E2
Monumento Nacional às Vítimas do Terror Pós-Heydrich (Národní Památník Hrdinů Heydrichiády)	**35**	B6
Museu Nacional (Národní Muzeum)	**36**	G4
Novo Edifício do Museu Nacional	**37**	G4
Teatro Nacional (Národní Divadlo)	(veja 77)	
Nova Prefeitura (Novoměstská Radnice)	**38**	D5
Palácio Nová Scéna	**39**	A3
Palácio Peček (Pačkův Palác)	**40**	G3
Rašínovo Nábřeží 78 (Václav Havel's Old Flat)	**41**	A6
Rotunda de São Longuinho (Rotunda sv Longina)	**42**	E5
Aluguel de barco a remo	**43**	A4
Aluguel de barco a remo	**44**	A4
Aluguel de barco a remo	**45**	A4
Šitovská Věž	**46**	A5
Estátua de São Venceslau (sv Václav)	**47**	F4
Casa Wiehl (Wiehlův Dům)	**48**	E3
Žofín	**49**	A4

COMPRAS (p. 149)
Bat'a	(veja 28)	
Bazar	**50**	F5
Joalheria Belda	**51**	C3
Bontonland	(veja 26)	
Foto Škoda	**52**	E3
Globe Bookstore & Café	(veja 63)	
Helena Fejková Gallery	**53**	E3
Jan Pazdera	**54**	E4
Kanzelsberger	(veja 28)	
Kiwi	**55**	D3
Manufactura Abram Kelly	**56**	H1
Moser	**57**	E1
Palác Knih Neo Luxor	**58**	F3
Slovanský Dům	**59**	F1
Zerba	**60**	E2

ONDE COMER (p. 159)
Céleste	(veja 19)	
Cellarius	**61**	E3
Country Life	**62**	D4
Globe Bookstore & Café	**63**	B5
Karavanseráj	**64**	A4
Kogo	**65**	F1
Modrý Zub	**66**	E2
Na Rybařně	**67**	A6
Pizzaria Kmotra	**68**	B4
Suterén	**69**	A4
Tesco	**70**	C3
U Matěje Kotrby	**71**	B4
Zahrada v Opeře	**72**	G4

ENTRETENIMENTO (p. 197)
Bohemia Ticket International (BTI)	**73**	E1
Kino Světozor	**74**	E3
Laterna Magika	(veja 39)	
Lucerna Music Bar	**75**	E3
Minor Theatre (Divadlo Minor)	**76**	D4
National Theatre (Národni Divadlo)	**77**	A3
Palace Cinemas	**78**	F1
Prague State Opera (Státní Opera Praha)	**79**	G4
Reduta Jazz Club	**80**	C3
Reduta Theatre	(veja 80)	
Rock Café	(veja 80)	
Ticketpro	(veja 75)	

ONDE BEBER (p. 179)
Bokovka	**81**	B5
Jáma	**82**	E4
Kavárna Evropa	(veja 27)	
Kavárna Lucerna	(veja 27)	
Kávovarna	**83**	E3
Novoměstský Pivovar	**84**	D4
Pivovarský Dům	**85**	D6
U Fleků	**86**	B4

ONDE DORMIR (p. 215)
Hotel U Šuterů	**87**	D3
Hotel Yasmin	**88**	F3
Icon Hotel	**89**	E4
Miss Sophie's	**90**	E6
Radisson Blu Alcron Hotel	**91**	E4
Suitehome Residence	**92**	D5

TRANSPORTES (p. 248)
A-Rent Car/Thrifty	**93**	G4
ČD Travel	**94**	F1
Čedok	**95**	E1
Prague Passenger Shipping (PPS)	**96**	A6

cidades) e a data "28.října r:1918" (28 de outubro de 1918, Dia da Independência da Tchecoslováquia).

PRAÇA VENCESLAU E ARREDORES

Originalmente uma feira medieval de cavalos, e mais um largo bulevar inclinado do que uma típica praça urbana, a Praça Venceslau (Václavské náměstí, também chamada Václavák) recebeu seu nome atual durante o renascimento nacionalista de meados do século XIX. Desde então, ela presenciou boa parte da história tcheca, como uma missa gigante celebrada durante os levantes de 1848; a criação da nova República Tchecoslovaca em 1918 e a queda do comunismo, em 1989.

Depois do ataque da polícia a uma manifestação estudantil em 17 de novembro de 1989 (veja quadro, p. 29), milhares de cidadãos enraivecidos se reuniram na Praça Venceslau noite após noite. Uma semana mais tarde, numa sensacional imagem espelhada na proclamação do regime comunista feita por Klement Gottwald em 1948 na Praça da Cidade Velha, Alexander Dubček e Václav Havel subiram ao balcão do Edifício Melantrich para uma estrondosa e emocionada ovação e proclamaram o fim do comunismo na Tchecoslováquia.

Na extremidade sul da praça fica a estátua equestre de São Venceslau (sv Václav; Mapa p. 110) de Josef Myslbek. O duque da Boêmia, um pacifista do século X, e o "Bom rei Venceslau" da famosa canção de Natal, nunca foi um rei, apenas príncipe, mas tido por todos como um homem bom. Ladeado por outros santos padroeiros da Boêmia – Procópio, Adalberto, Inês e Ludmila –, esteve coberto de cartazes e faixas a cada momento histórico da praça. Perto da estátua, um pequeno monumento às vítimas do comunismo reúne fotografias e epitáfios escritos à mão para Jan Palach e outros rebeldes anticomunistas.

Contrastando com a solenidade desse santuário, a praça em volta tornou-se um monumento ao capitalismo, uma galeria brega de cafés, fast-foods, lojas caras, taxistas gananciosos e hotéis acima do preço, assombrada à noite por gangues de britânicos bêbados, prostitutas e recepcionistas de clubes de strip-tease.

IGREJA DE NOSSA SENHORA DAS NEVES Mapa p. 110
Kostel Panny Marie sněžné; Jungmannovo náměstí 18; M Můstek

A atração mais sublime da vizinhança, esta igreja gótica na extremidade norte da Praça Venceslau foi iniciada no século XIV por Carlos IV, mas só o presbitério foi terminado, o que explica sua proporção – visivelmente mais alta do que longa. Carlos queria que ela fosse a mais grandiosa igreja de Praga; a nave é mais alta do que a da Catedral de São Vito, e o altar, o mais alto da cidade. Foi um baluarte dos hussitas, ressoando com os sermões de Jan Želivský, líder das defenestrações de 1419 que desencadearam as Guerras Hussitas.

Chega-se à igreja através do arco do Instituto Cultural Austríaco na Jungmannovo náměstí, mas, do Jardim Franciscano (veja p. 123) vizinho, pode-se dar uma boa olhada no exterior. Ao lado da igreja fica a Capela da Virgem de Pasov, hoje palco de exposições temporárias de arte.

PALÁCIO LUCERNA Mapa p. 110
Palác Lucerna; Vodičkova 36; 🚋 3, 9, 14, 24

A mais elegante das muitas galerias comerciais de Nové Město passa por baixo do Palácio Lucerna (1920), edifício *art nouveau* entre as ruas Štěpánská e Vodičkova. O complexo foi projetado por Václav Havel (avô do ex-presidente) e ainda pertence parcialmente à família. Dispõe de teatros, um cinema, lojas, um clube de rock e vários cafés e restaurantes. No átrio revestido de mármore está pendurada a escultura Kun (Cavalo; veja também o quadro, p. 142), de David Černý, uma contrapartida divertida e irônica da estátua equestre na Praça Venceslau. Nela, São Venceslau está montado num cavalo claramente morto; Černý nunca comenta o significado de suas obras, mas pode-se supor com segurança que esse Venceslau (Václav, em tcheco) seja uma referência a Václav Klaus, ex-primeiro-ministro e hoje presidente da República Tcheca.

A vizinha Galeria Novák, conectada com a Lucerna e perfurada por um labirinto de passagens, tem uma das mais belas fachadas *art nouveau* de Praga (dando para a Vodičkova), com mosaicos sobre a vida no campo.

MUSEU DO COMUNISMO Mapa p. 110
Muzeum komunismu; ☎ 224 212 966; www.muzeumkomunismu.cz; Na Příkopě 10; adulto/com desconto/menores de dez anos 180/140 Kč/grátis; ⌚ 9-21 h; M Můstek

É difícil pensar num lugar mais irônico para um museu do comunismo – ele ocupa parte de um palácio aristocrático do século XVIII, entre um cassino e um McDonald's. Montado por um americano expatriado e um parceiro tcheco, o museu conta a história dos anos da Tchecoslováquia atrás da Cortina de Ferro em fotos, palavras e uma coleção variada e fascinante de... bem, coisas. As lojas vazias, a corrupção, o medo e a dissimulação da vida na Tchecoslováquia socialista estão bem retratados, e há fotos raras do monumento a Stalin que ficava na Plataforma Letná – e de sua destruição espetacular. Não perca o vídeo sobre os protestos que levaram à Revolução de Veludo: você nunca mais vai pensar nela como uma conquista fácil.

NA PŘÍKOPĚ Mapa p. 110

A Na Příkopě (No Fosso), junto com a Revoluční (Revolução), a 28.října (28 de outubro de 1918; Dia da Independência da Tchecoslováquia) e a Národní třída (Avenida Nacional), segue a linha do fosso que corria ao pé das muralhas de Staré Město (o fosso foi aterrado no final do século XVIII).

A Na Příkopě encontra a Praça Venceslau na Na Můstku (Sobre a Ponte Pequena; Mapa p. 110). Uma pequena ponte de pedra cruzava o fosso nesse ponto – ainda se pode ver o arco remanescente na entrada subterrânea da estação Můstek do metrô, à esquerda, logo depois das bilheterias automáticas.

No século XIX, essa era a rua da moda para os passeios da alta sociedade alemã de Praga. Hoje, é (junto com a Praça Venceslau e a Pařížská) o principal centro de compras elegante, cheia de bancos, shopping centers e cafés turísticos.

NÁRODNÍ TŘÍDA Mapa p. 110

A Národní třída (Avenida Nacional) é a "rua principal" do centro de Praga, uma nobre fileira de lojas e edifícios públicos, com destaque para o Teatro Nacional, na extremidade no rio Moldava.

De frente para a Jungmannovo náměstí, na extremidade leste, fica uma imitação de palácio veneziano, conhecida como Palácio Adria. Seu estilo arquitetônico recortado característico dos anos 1920 é conhecido como "rondocubismo". Repare nos frontões das janelas alternadamente angulosos e arredondados ecoando a características semelhantes em prédios barrocos neoclássicos como o Palácio Černín (p. 68).

Embaixo, fica o Teatro Adria, berço do Laterna Magika e local de reunião do Fórum Cívico, nos dias quentes da Revolução de Veludo. Dele, Dubček e Havel caminharam até o Palácio Lucerna para sua aparição em 24 de novembro de 1989 na sacada do Edifício Melantrich. Perambule pela galeria para olhar a adorável decoração de mármore, vidro e metal; o átrio principal tem um relógio de 24 horas, dos anos 1920, ladeado por esculturas que representam os signos do zodíaco. No passado, era a entrada dos escritórios da companhia de seguro Adriatica (daí o nome do edifício).

Seguindo na rua, no interior da galeria perto do número 16, há uma placa de bronze na parede com um aglomerado de mãos fazendo o símbolo da paz e a data "17.11.89", em memória dos estudantes espancados pela polícia nesse dia (veja o quadro, p. 29).

A oeste de Voršilská, as paredes amarelo--limão do Convento de Santa Úrsula (klášter sv Voršila) enquadram uma igreja rosa com um interior barroco exuberante, que inclui um batalhão de imagens de apóstolos. Em frente, do lado de fora, fica a imagem de São João Nepomuceno e, no nicho inferior direito da fachada, está a imagem de Santa Águeda segurando seus seios extirpados – uma das imagens mais horríveis da hagiografia católica.

Do outro lado da rua, no nº 7, fica a fachada art nouveau (de Osvald Polívka) do Edifício Viola (Mapa p. 90), antiga sede da Companhia de Seguros de Praga, com enormes letras "PRAHA", entrelaçadas em torno de cinco janelas circulares e mosaicos com os dizeres život, kapitál, důchod, věno e pojišťuy (vida, capital, renda, dote e seguro). O prédio vizinho, antes uma editora, também tem projeto de Polívka.

No lado sul, no nº 4, com aparência de que foi construído com telas de TV velhas, fica o Nová Scéna (1983), o edifício do "Novo Teatro Nacional", hoje sede da Laterna Magika (veja p. 206).

Por fim, de frente para o Moldava, perto de Smetanovo nábřeží, fica o Teatro Nacional (Národní divadlo), carro-chefe neorrenascentista do renascimento nacional tcheco e um dos edifícios mais impressionantes de Praga. Totalmente financiado por doações particulares e decorado em seu interior por uma seleção de artistas tchecos importantes, a obra-prima do arquiteto Josef Zítek pegou fogo semanas depois de sua inauguração em 1881, mas, incrivelmente, foi financiado de novo e restaurado por Josef Schulz em menos de dois anos. Hoje é utilizado principalmente para apresentações de balé e ópera (veja p. 205).

Em frente do teatro fica o Kavárna Slavia (veja quadro, p. 188), conhecido por seu interior *art déco* e pela vista para o rio, já foi *o* lugar para ser visto ou para comer depois do teatro. Reformado, voltou a ser lugar obrigatório para a visitação –, embora basicamente para outros turistas.

MUSEU NACIONAL Mapa p. 110
Národní muzeum; ☎ 224 497 111; www.nm.cz; Václavské náměstí 68; adulto/criança 150/100 Kč, entrada grátis 1ª seg do mês; ◷ 10-18 h, até as 20 h 1ª qua do mês, fechado 1ª ter do mês; Ⓜ Muzeum

Elevando-se acima da Praça Venceslau, fica o bloco neorrenascentista do Museu Nacional, projetado na década de 1880 por Josef Schulz como símbolo arquitetônico do renascimento nacional tcheco.

As mostras de rochas, fósseis e animais empalhados tem um ar antiquado – fileiras apertadas de mostruários de vidro sobre o assoalho que range – mas, mesmo que trilobitas e taxidermia não sejam seu negócio, a visita vale a pena só para desfrutar do esplendor do interior de mármore e da vista para a Praça Venceslau. A opulenta escada principal é um exagero de calcário polido e serpentina, ladeada por pinturas de castelos boêmios e medalhões de reis e imperadores. O panteão em cúpula, com quatro enormes pinturas nas lunetas sobre lenda e história do país (estranhamente sem mulheres) de František Ženíšek e Václav Brožík, abriga bustos de bronze e estátuas dos tchecos célebres nas artes e nas ciências.

As partes claras da fachada do museu são buracos de bala remendados. Em 1968, soldados do Pacto de Varsóvia, ao que tudo indica, confundiram o museu com a antiga Assembleia Nacional ou com a estação de rádio e abriram fogo. Ali também se encontra um memorial em forma de cruz encravada no chão, à esquerda da fonte na frente do museu, que marca o local onde Jan Palach caiu (veja quadro, p. 29).

Na época da pesquisa, o prédio principal do museu precisava urgentemente de manutenção e deveria ser fechado em 2011, por quatro anos, para uma grande reforma. Ao mesmo tempo, o museu se expandiu para o prédio vizinho da Rádio Europa Livre/Rádio Liberdade. O assim chamado Prédio Novo (adulto/criança 100/70 Kč, ingresso combinado para o prédio principal 200/150 Kč) abriga uma exposição sobre a Tchecoslováquia durante o regime comunista que dá uma visão sinistra e fascinante desse período soturno da história recente. Entre 1948 e 1989, ao menos

o melhor

ARQUITETURA

Apesar do desfile de anúncios ofuscantes e marcas globalizadas, a Praça Venceslau ainda mostra alguma dignidade arquitetônica, tendo conservado alguns dos melhores edifícios do início do século XX da cidade. A seguir estão os destaques, começando na extremidade sul (na parte alta) e descendo, com os números pares do lado esquerdo (oeste):

- nº 25 Grand Hotel Evropa (1906) É, talvez, o prédio mais bonito da praça, *art nouveau* por dentro e por fora; dê uma olhada no restaurante francês no fundo do térreo e no átrio do segundo andar.
- nº 36 Edifício Melantrich (1914) Hoje uma loja Marks & Spencer; foi na sacada acima do Tramvaj Café que Havel e Dubček apareceram para anunciar o fim do regime comunista em novembro de 1989.
- nº 34 Casa Wiehl (Wiehlův dům; 1896) Tem uma linda fachada decorada com os murais neorrenascentistas do artista tcheco Mikuláš Aleš e outros; o nome vem do arquiteto, Antonín Wiehl.
- nº 6 Sapataria Baťa (1929) Uma obra-prima funcionalista, projetada por Ludvík Kysela para Tomáš Baťa, patrono das artes, industrial progressista e fundador de um império mundial dos sapatos.
- nº 4 Edifício Lindt (1927) Também projetado por Ludvík Kysela, é um dos primeiros prédios funcionalistas da República.
- nº 1 Palácio Koruna (Palác Koruna; 1914) Com projeto *art nouveau* de Antonín Pfeiffer, tem uma torre encimada por uma coroa de pérolas; repare na pequena, mas encantadora, fachada, virando a esquina na Na Příkopě.

280 pessoas morreram tentando cruzar a fronteira para o Ocidente, mas, durante o mesmo período, morreram 584 dos 19 mil guardas de fronteira, incluindo 185 suicídios, 39 a bala, e 243 por ferimentos ou acidentes; apenas 11 foram mortos por fugitivos. O novo prédio tem o mesmo horário de funcionamento do Museu Nacional (veja acima).

PALÁCIO PEČEK Mapa p. 110
Pečkův palác; Politických Vězňů 20; ◷ fechado ao público; Ⓜ Muzeum

Esse sombrio palácio neorrenascentista foi o quartel-general da Gestapo durante a guerra. Um monumento na esquina do prédio homenageia os muitos tchecos que foram torturados e executados nas celas do porão; ele diz, "no tempo da ocupação

o melhor

PARA CRIANÇAS

- Passeio de barco (p. 259)
- Ilha das Crianças (p. 82)
- Labirinto de Espelhos (p. 86)
- Museu Técnico Nacional (p. 137)
- Zoológico de Praga (p. 145)

nazista, esse prédio abrigou as câmaras de tortura da Gestapo. Combatentes pela liberdade de nosso país lutaram, sofreram e morreram nele. Não nos esqueceremos deles e seremos leais a seu legado. POVO, FIQUE ATENTO". Hoje é a sede do Ministério do Comércio e da Indústria.

AO LONGO DO RIO

Nas margens do rio em Nové Město, do Teatro Nacional, no sul, a Vyšehrad, alinha-se parte da arquitetura dos séculos XIX e XX das mais grandiosas de Praga – é um ótimo lugar para um passeio à tarde, quando o sol poente dá às fachadas uma linda luz dourada.

O Masarykovo nábřeží (Dique Masaryk; Mapa p. 110) exibe uma série de prédios *art nouveau* fantásticos. No nº 32 fica o Instituto Goethe, que já foi embaixada da Alemanha Oriental, e no nº 26 fica um lindo prédio residencial com corujas pousadas na folhagem decorativa em volta da porta, cachorros vigiando sacadas no quinto andar e pássaros pousados sobre a balaustrada.

O nº 16 é a Casa do Coral Hlahol, construída em 1906 por Josef Fanta para a associação de um coral patriótico ligado ao renascimento nacional tcheco. É decorada com motivos musicais encimados por um mosaico gigante retratando *A música* – o lema sob ele diz "Que a canção chegue ao coração; que o coração chegue à pátria".

Na ponte seguinte fica a Praça Jirásek (Jiráskovo náměstí), dedicada ao escritor Alois Jirásek (1851–1930), autor de *Velhas lendas tchecas* (estudado por todas as crianças tchecas) e personagem influente do movimento que culminou na independência da Tchecoslováquia. Sua estátua fica em frente do famoso Edifício Dançante.

Um pouco à frente na margem do rio fica Rašínovo nábřeží 78, um prédio projetado pelo avô do ex-presidente Václav Havel – foi ali que Havel escolheu morar (em vez do Castelo de Praga) depois de eleito presidente em dezembro de 1989, com certeza a residência presidencial menos pomposa do mundo.

Dois quarteirões ao sul, na Palackého náměstí, fica o extraordinário Monumento a František Palacký (Mapa p. 108) de Stanislav Sucharda; um enxame *art nouveau* de figuras em bronze (alegorias da imaginação do autor) num redemoinho em torno de uma estátua pesada do historiador do século XIX e gigante do renascimento nacional tcheco.

EDIFÍCIO DANÇANTE Mapa p. 110

Tančící dům; Rašínovo nabrezi 80; 17, 21
A esquina em que a Resslova encontra o rio, na Rašínovo nábřeží, é dominada pelo Edifício Dançante, erguido em 1996 pelos arquitetos Vlado Milunić e Frank Gehry. As linhas curvas da torre de vidro estreita agarrada ao companheiro mais formal e vertical fizeram o prédio ser apelidado de Edifício "Fred e Ginger", por causa da dupla de dançarinos lendária Fred Astaire e Ginger Rogers. Casa muito bem com seus vizinhos idosos.

GALERIA MÁNES Mapa p. 110

Galerie Mánes; 224 932 938; www.galerie manes.cz; Masarykovo nábřeží 1; adulto/criança 60/30 Kč; 10-18 h ter-dom; 17, 21
Estendendo-se por um ramo do rio abaixo de uma caixa-d'água do século XV, o Edifício Mánes (1927-30) abriga uma galeria de arte fundada nos anos 1920 por um grupo de artistas encabeçado pelo pintor Josef Mánes como alternativa à Academia Tcheca de Artes. Ainda é um dos melhores lugares para ver arte contemporânea em Praga, com um movimentado calendário de exposições temporárias. O prédio em si, projetado por Otakar Novotný, é uma obra-prima de arquitetura funcionalista.

ILHA ESLAVA Mapa p. 110

Slovanský ostrov; Masarykovo nábřeží; 17, 21
Essa ilha é um banco de areia sonolento e desgastado com jardins agradáveis, vistas do rio e vários cais onde há barcos a remo para alugar. As margens foram reforçadas com pedras em 1784, e um spa e uma estamparia foram construídos no início do século seguinte. Ali ocorreu, em 1841, uma demonstração do primeiro trem da Boêmia, percorrendo a ilha a estonteantes 11 km/h. Em 1925, a ilha ganhou esse nome por causa das convenções eslavas ocorridas no local a partir de 1848.

No meio, fica o Žofín, um centro cultural do século XIX que foi restaurado e aberto como restaurante e local de encontros sociais. Na extremidade sul fica a Šitovská věž, uma caixa-d'água do século XV (parte de um moinho antigo) com uma cúpula bulbosa do século XVIII.

PRAÇA CARLOS E ARREDORES

Com uma área de mais de 7 ha, a Praça Carlos (Karlovo náměstí; Mapa p. 110) é a maior da cidade; é mais um pequeno parque, na verdade. A Igreja de Santo Inácio (kostel sv Ignáce; Mapa p. 110), um *tour de force* barroco do século XVI projetado para os jesuítas por Carlo Lurago, domina a praça.

O palácio barroco que se encontra no extremo sul da praça pertence à Univerzita Karlova. É conhecido como Casa Fausto (Faustův dům; Mapa p. 108) porque, segundo uma história popular, foi dessa casa que Mefisto levou o dr. Fausto para o inferno por um buraco no teto, e por causa da associação com o alquimista inglês da corte de Rodolfo II, Edward Kelley, que trabalhou ali no século XVI tentando transformar chumbo em ouro.

A Resslova estende-se a oeste da Karlovo náměstí para o rio. Na metade do caminho fica a Igreja de São Cirilo e São Metódio (Kostel sv Cyril a Metoděj; Mapa p. 110), uma obra barroca da década de 1730 de Kilian Dientzenhofer e Paul Bayer. A cripta abriga o comovente Monumento Nacional às Vítimas do Terror Pós-Heydrich (Národní pámátník obětí Heydrichiády; Mapa p. 110).

No outro lado da Resslova encontra-se a Igreja de São Venceslau em Zderaz (Kostel sv Václava na Zderaza; Mapa p. 110); a igreja gótica do século XIV era a paróquia de Zderaz, uma aldeia anterior a Nové Město. Em seu lado ocidental estão partes de uma parede e janelas de sua predecessora românica do século XII.

A área a leste da Karlovo náměstí é ocupada pela faculdade de medicina da Univerzita Karlova e está cheia de hospitais e clínicas. A meio caminho entre Žitná e Ječná na Štěpánská, fica a Igreja de Santo Estêvão (kostel sv Štěpána; Mapa p. 110), do século XIV. Atrás dela, na Na Rybníčku II, situa-se uma das três rotundas românicas sobreviventes de Praga, a Rotunda de São Longuinho (rotunda sv Longina), erguida no começo do século XII.

JARDIM BOTÂNICO DA UNIVERSIDADE DE CARLOS Mapa p. 108

Botanická zahrada Univerzity Karlovy; ☎ 221 951 879; www.bz-uk.cz; Viničná 7; acesso ao jardim grátis, às estufas adulto/criança 50/25 Kč; 10 h-19h30 abr-ago, às 18 h ago e set, às 17 h fev e mar, às 16 h nov-jan; 18, 24

Logo ao sul da Karlovo náměstí (entrada principal na Na Slupi) fica o jardim botânico da Universidade de Carlos. Fundado em 1775 e transferido de Smíchov para sua localização atual em 1898, é o mais antigo do gênero no país. O jardim íngreme, na encosta da colina, concentra flora centro-europeia e é especialmente bonito na primavera.

IGREJA DA ASSUNÇÃO DE NOSSA SENHORA E CARLOS MAGNO Mapa p. 120

Kostel Nanebevzetí Panny Marie a Karla Velikého; Ke Karlovu; 10-17 h seg-sab; 6, 11 para Bělehradská ou M IP Pavlova

Na extremidade sul de Ke Karlovu, há uma igreja pequena com um nome grande, fundada por Carlos IV em 1350 e baseada na capela funeral de Carlos Magno em Aachen. No século XVI ela ganhou sua fabulosa abóbada de arestas, cuja revolucionária extensão sem sustentação foi atribuída por alguns à bruxaria.

Do terraço dá para ver as fortificações originais de Nové Město e olhar para a antiga Vyšehrad e a moderna Ponte Nusle (Nuselský most), cujo arco atravessa o vale do ribeirão Botič com seis faixas de trânsito em cima e o metrô por dentro.

MUSEU DVOŘÁK Mapa p. 108

Muzeum Antonína Dvořáka; ☎ 224 923 363; www.nm.cz; Ke Karlovu 20; adulto/criança 50/25Kč; 10 h-13h30 e 14-17 h ter, qua e sex-dom, 11 h-15h30 e 16-19 h qui abr-set, 9h30-13h30 e 14-17 h ter-dom out-mar; M IP Pavlova

O edifício que mais chama a atenção nos arredores sem graça ao sul de Ječná é o barroco vivo da Vila Amerika, uma casa de verão dos anos 1720 em estilo francês projetada por (adivinhe) Kilian Dientzenhofer. É um dos mais belos prédios barrocos da cidade, e hoje abriga um museu dedicado ao compositor Antonín Dvořák. Concertos especiais de sua obra ocorrem ali entre maio e outubro.

MOSTEIRO EMAÚS Mapa p. 108

Klášter Emauzy; Vyšehradská 49; 8-18 h seg-sex, missas 12 h seg-sex, 10 h dom; 18, 24

Fundado por uma ordem beneditina eslava a pedido de Carlos IV, e originalmente chamado Na Slovanech, o mosteiro Emaús é de 1372. Durante a II Guerra Mundial foi tomado pela Gestapo e os monges foram mandados

O ASSASSINATO DE HEYDRICH

Em 1941, em resposta à série de greves e operações de sabotagem do movimento de resistência tchecos o governo alemão nomeou o general da SS Reinhard Heydrich, especialista em combate à subversão, como Reichsprotektor da Boêmia e da Morávia. Heydrich imediatamente começou a esmagar a resistência.

Numa tentativa de apoiar a resistência e elevar o moral dos tchecos, os britânicos treinaram secretamente uma equipe de paraquedistas tchecoslovacos para matar Heydrich. O nome em código era Operação Antropoide e, surpreendentemente, deu certo. Em 27 de maio de 1942, dois paraquedistas, Jan Kubiš e Jozef Gabčík, atacaram Heydrich quando ele passava em seu carro oficial pelo distrito Libeň da cidade (veja V Holešovičkách, p. 147) – ele morreu devido aos ferimentos. Os assassinos e cinco parceiros fugiram, mas tiveram seu esconderijo na Igreja de São Cirilo e São Metódio denunciado; os sete foram mortos no cerco que se seguiu.

Os nazistas reagiram com uma onda de terror frenética que incluiu a aniquilação de duas aldeias tchecas, Ležáky e Lidice (veja mais sobre o destino de Lidice, na p. 239), e do movimento clandestino.

para o campo de concentração de Dachau; depois, em fevereiro de 1945, quase foi destruído por uma bomba perdida aliada. Alguns monges voltaram ao fim da guerra, mas a retomada foi efêmera: em 1950 os comunistas fecharam o mosteiro e torturaram o prior até a morte. O mosteiro foi finalmente devolvido aos beneditinos em 1990 e vem sendo reconstruído desde então.

A Igreja de Nossa Senhora (kostel Panny Marie), do mosteiro, muito danificada pelo bombardeio de 1945, reabriu em 2003, embora os pináculos gêmeos tenham sido acrescentados em 1960. Os claustros góticos têm alguns belos, mas esmaecidos, afrescos originais do século XIV, com pitadas de simbolismo pagão.

Do outro lado da Vyšehradská fica a Igreja de São João Nepomuceno na Rocha (kostel sv Jana Nepomuckého na Skalce), erguida em 1739 e uma das mais belas igrejas de Dientzenhofer na cidade.

MEMORIAL NACIONAL ÀS VÍTIMAS DO TERROR PÓS-HEYDRICH Mapa p. 110
Národní památník hrdinů Heydrichiády; ☎ 224 916 100; Resslova 9; adulto/meia 75/35Kč; ⏱ 9-17 h ter-dom mar-out, 9-17 h ter-sab nov-fev; Ⓜ Karlovo Náměstí

Em 1942, sete paraquedistas tchecos envolvidos na morte do Reichsprotektor Reinhard Heydrich (veja quadro, acima) esconderam-se na cripta da Igreja de São Cirilo e São Metódio por três semanas depois do assassinato, até seu esconderijo ser revelado pelo traidor tcheco Karel Čurda. Os alemães cercaram a igreja e tentaram forçá-los a sair, primeiro com fumaça e, depois, inundando a igreja por meio de mangueiras para apagar incêndio. Três paraquedistas morreram na luta subsequente;

os outros quatro se suicidaram para não cair em mãos inimigas.

Hoje, a cripta hospeda um tocante memorial aos homens, com uma exposição e um vídeo sobre a perseguição nazista aos tchecos. Na própria cripta ainda dá para ver as marcas de bala e de fragmentos nas paredes, e os sinais do último esforço desesperado dos paraquedistas de cavar um túnel até o esgoto sob a rua. No lado da igreja na Resslova, o estreito vão na parede da cripta por onde os alemães enfiaram as mangueiras ainda está marcado pelas balas.

NOVA PREFEITURA Mapa p. 110
Novoměstská radnice; ☎ 224 948 229; www.novomestskaradnice.cz; Karlovo náměstí 23; adulto/criança 50/30Kč; ⏱ 10-18 h ter-dom mai-set; Ⓜ Karlovo Náměstí

O centro histórico da Praça Carlos é a Nova Prefeitura, erguida no fim do século XIV, quando a cidade nova ainda era nova. Da janela do salão principal (a torre não existia até 1456), dois dos conselheiros católicos de Venceslau IV foram atirados por seguidores do pregador hussita Jan Želivský, dando à "defenestração" (ato de atirar alguém pela janela) um sentido político duradouro, e desencadea as Guerras Hussitas. Essa tática foi repetida no Castelo de Praga em 1618. Você pode visitar o Salão de Justiça, que foi o local da defenestração, e subir os 221 degraus até o topo da torre.

U KALICHA Mapa p. 108
☎ 224 912 557; www.ukalicha.cz; Na Bojišti 12; ⏱ 11 h-23 h; Ⓜ IP Pavlova

Alguns quarteirões a leste da Karlovo náměstí fica o pub U kalicha (Do cálice). É onde o anti-herói vai preso, no começo do romance satírico de Jaroslav Hašek, O bom soldado Švejk (que Hašek compôs aos pedaços em seu próprio pub local). O pub suga tudo o que pode dessa conexão – é parada obrigatória para os fãs de Švejk, mas podem-se achar cerveja e aperitivos mais baratos em outro lugar.

VYŠEHRAD

Diz a lenda que Vyšehrad (Castelo Alto) é o local onde Praga nasceu. Segundo o mito, o sábio chefe Krok construiu um castelo ali no século VII, e Libuše, a mais esperta de suas três filhas, profetizou que uma grande cidade se ergueria ali. Tendo se casado com um camponês chamado Přemysl, ela fundou a cidade e a dinastia Přemysl.

Os arqueólogos descobriram que várias tribos protoeslavas se instalaram em Vyšehrad, um penhasco acima do rio Moldava ao sul do Vale do Nusle. O sítio pode estar sendo ocupado ininterruptamente desde o século IX, por Boleslau II (972–99). Em meados do século XI havia um sítio fortificado, e Vratislav II (1061–92) mudou sua corte de Hradčany para lá, reforçando os muros e acrescentando um castelo, a Basílica de São Lourenço, a Igreja de São Pedro e São Paulo original, e a Rotunda de São Martinho. Seus sucessores permaneceram até 1140, quando Vladislav II voltou para Hradčany.

Vyšehrad ficou em segundo plano até Carlos IV, atento a sua importância simbólica, consertar os muros e juntá-los aos de sua nova cidade, Nové Město. Ele construiu um pequeno palácio e decretou que a coroação dos reis da Boêmia deveria começar com uma procissão de Vyšehrad até Hradčany.

Praticamente tudo ali foi varrido durante as Guerras Hussitas. A fortaleza permaneceu em ruínas – exceto por uma aldeia improvisada de artesãos e comerciantes – até depois da Guerra dos Trinta Anos, quando Leopoldo I fortificou o lugar novamente.

O renascimento nacional tcheco gerou um interesse renovado em Vyšehrad como símbolo da história tcheca. Pintores o retrataram, poetas cantaram seus dias de outrora, e Smetana ambientou sua ópera patriótica *Libuše* lá. Em 1866, muitas de suas antigas fortificações foram demolidas, vários prédios foram restaurados e o cemitério paroquial passou a cemitério memorial nacional. Hoje Vyšehrad é uma tranquila área verde com ótima vista para o outro lado do rio, senhoras passeiam com seus cachorros, mães brincam com os filhos no gramado, e jovens apaixonados namoram nos bancos.

PORTÃO DE TIJOLO E CASAMATAS
Mapa p. 120

Vratislavova; 9h30-18 h abr-out, até 17 h nov-mar; **Vyšehrad**

No Portão de Tijolo (Cihelná brána; entrada 20Kč), do século XIX, no lado norte da fortaleza, pode-se visitar uma exposição sobre a história de Vyšehrad e das outras fortificações de Praga.

Ali também se encontra a entrada para as Casamatas (adulto/criança 50/30Kč), um sistema de túneis de tijolo em arco sob as muralhas. O maior deles é o Salão Gorlice, em abóbada de berço, que serviu como abrigo antiaéreo e depósito de batatas durante a II Guerra Mundial. Ele guarda hoje seis das imagens originais da Ponte Carlos, inclusive *Santa Ludmila com o Jovem São Venceslau* de Matthias Braun (os outros originais estão no Lapidárium; veja p. 135), assim como exposições temporárias de arte, no verão. O ingresso para as Casamatas também dá acesso ao Porão Gótico (abaixo).

IGREJA DE SÃO PEDRO E SÃO PAULO
Mapa p. 120

Kostel sv Petra a Pavla; 249 113 353; K Rotundé 10; adulto/criança 10/5Kč; 9-12 h e 13-17 h qua-seg; **Vyšehrad**

A Igreja de São Pedro e São Paulo de Vratislav II foi construída e reconstruída ao longo dos séculos, culminando numa reforma neogótica de Josef Mocker nos anos 1880. As torres gêmeas, uma característica marcante da silhueta de Vyšehrad, foram adicionadas em 1903. O interior é uma estonteante viagem por coloridos afrescos *art nouveau*, pintados nos anos 1920 por vários artistas tchecos.

PORÃO GÓTICO Mapa p. 120

Gotický sklep; Vyšehradský sady; adulto/criança 50/30Kč; 9h30-18 h abr-out, às 17 h nov-mar; **Vyšehrad**

O porão gótico que antes ficava sob o palácio de Carlos IV (destruído) foi

---

TRANSPORTE: VYŠEHRAD

Metrô A estação de metrô Vyšehrad (na linha C) fica a 5 minutos a pé, a leste da cidadela, depois do Centro de Congressos (Kongresové centrum).

Tram As linhas 17 e 21 correm à margem do rio, abaixo da cidadela; os trams 7, 18 e 24 vão pelo Vale do Nusle, a leste dela. De ambas as paradas, é uma subida íngreme até a chegada.

VYŠEHRAD

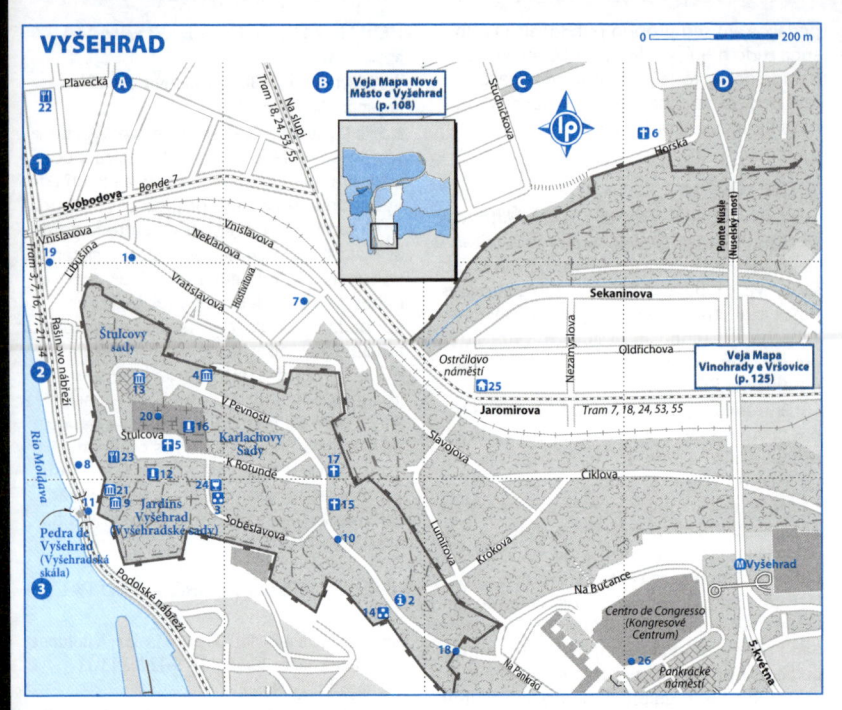

restaurado e hospeda uma exposição dedicada à história e à lenda de Vyšehrad. É cheio de achados arqueológicos e relíquias religiosas ligadas à vida na fortaleza de 3800 a.C. até hoje.

ROTUNDA DE SÃO MARTINHO
Mapa p. 120

Rotunda sv Martina; V Pevnosti; ⊘ **fechada ao público;** Ⓜ **Vyšehrad**

A pequena capela de Vratislav II, a Rotunda de São Martinho, do século XI, é o prédio mais antigo de Praga ainda em pé. No século XVIII foi usada como paiol de pólvora. A porta e os afrescos datam de uma reforma feita por volta de 1880.

Ali perto há uma coluna mariana de 1714 e a Capela de Santa Maria nas Muralhas (kaple Panny Marie v hradbách), barroca, de cerca de 1750, e atrás delas os resquícios da Igreja da Decapitação de São João Batista (kostelíkStětí sv Jana Křtitele).

CEMITÉRIO DE VYŠEHRAD Mapa p. 120

Vyšehradský hřbitov; ☎ **249 198 815; K Rotundé 10; entrada grátis;** ⊘ **8-19 h mai-set, às 18 h mar, abr e out, às 17 h nov-fev;** Ⓜ **Vyšehrad**

Para os tchecos, o Cemitério Vyšehrad é a principal atração da colina. No final do século XIX, o cemitério paroquial foi transformado em cemitério memorial para personagens famosos da cultura tcheca, com uma graciosa arcada neorrenascentista ao longo dos lados norte e oeste. Para os heróis de verdade, um panteão chamado Slavín, projetado por Antonín Wiehl, foi acrescentado na extremidade oriental em 1894; seus cerca de 50 ocupantes incluem o pintor Alfons Mucha, o escultor Josef Myslbek e o arquiteto Josef Gočár. O lema diz *Ač Zemeřeli Ještě Mluví* (Embora mortos, ainda falam).

Os outros 600 túmulos, mais ou menos, no restante do cemitério, incluem o dos compositores Smetana e Dvořák e dos escritores Karel Čapek, Jan Neruda e Božena Němcová; há um catálogo de nomes famosos na entrada. Uma palavra que você vai ver em toda parte é *rodina* que significa "família".

Muitas das tumbas e das lápides são, elas mesmas, obras de arte – a de Dvořák é uma escultura de Ladislav Šaloun, o escultor *art nouveau* que fez o monumento a Jan Hus na Praça da Cidade Velha. Para achá-la, do portão ao lado da igreja, vá direto para a colunata no lado mais afastado e vire à esquerda; é a sexta tumba à sua direita.

VYŠEHRAD

INFORMAÇÃO
Instituto de Língua e
 Estudos Preparatórios.................. **1** A1
Centro de Informações de
 Vyšehrad... **2** B3

ATRAÇÕES (p. 119)
Basílica de São Lourenço
 (Bazilika sv Vavřince)..................... **3** A3
Portão Brick (Cihelná
 Brána).. **4** A2
Casamatas (Kasematy).................(veja 4)
Igreja de São Pedro e
 São Paulo (Kostel sv Petra a
 Pavla)... **5** A2
Igreja da Assunção da
 de Nossa Senhora
 e Carlos Magno
 (Kostel Nanebevzetí
 Panny Marie a
 Karla Velikého)............................... **6** D1
Igreja da Decapitação de
 São João Batista
 (Kostelík Stětí sv Jana
 Křtitele)......................................(veja 17)
Bloco de Apartamentos Cubista....**7** B2
Casas Cubistas................................**8** A2
Porão Gótico (Gotický
 Sklep)..**9** A3
Portão Leopoldo (Leopoldova
 Brána)...**10** B3
Banho de Libuše...........................**11** A3
Estátuas de Myslbek....................**12** A2
Nova casa do Preboste
 (Nové Probošství).......................**13** A2
Portão do Pico (Špička Brána)......**14** B3
Rotunda de São Martinho............**15** B3
Palácio Real ....(veja 21)
Slavín...**16** A2
Capela de Santa Maria nas
 Muralhas (Kaple Panny
 Marie v Hradbách).......................**17** B2
Portão Tábor (Táborská
 Brána)..**18** C3
Villa Libušina (Casa
 Cubista).......................................**19** A1
Cemitério de Vyšehrad................**20** A2
Galeria Vyšehrad (Galerie
 Vyšehrad).....................................**21** A3

ONDE COMER 🍴 (p. 159)
Oliva..**22** A1
Rio's Vyšehrad..............................**23** A2
U Neklana...................................(veja 7)

ONDE BEBER 🍷 (p. 179)
Občerstvení U Okénka.................**24** A3

ONDE DORMIR 🛏 (p. 215)
Hotel Union.................................**25** C2

TRANSPORTES (p. 248)
CS-Czechocar...............................**26** D3

Para achar o túmulo de Smetana, vá até o Slavín e fique de frente para o monumento; é o obelisco cinza-claro à sua direita.

O festival anual de música Primavera de Praga (veja quadro, p. 206) começa em 12 de maio, aniversário da morte de Smetana, com uma procissão de seu túmulo, em Vyšehrad, até a Casa Municipal (p. 102).

CIDADELA DE VYŠEHRAD Mapa p. 120
☎ 241 410 348; www.praha-vysehrad.cz; V Pevnosti 5; entrada grátis; ⏰ terreno 24 horas, centro de informações 9h30-18 h abr-out, às 17 h nov-mar; Ⓜ Vyšehrad

A entrada principal da cidadela é pelo Portão Tábor (Táborská brána), na extremidade sudeste. Do outro lado das muralhas e do fosso, estão as ruínas do Portão do Pico (Špička brána), um fragmento de arco gótico que, hoje, faz parte do escritório de informações – é tudo o que sobrou das fortificações do século XIV de Carlos IV. Além dele, fica o grandioso Portão Leopoldo (Leopoldova brána), do século XVIII, o mais elegante portão de fortaleza do local.

Você pode andar pela maior parte da muralha, com grandes vistas do rio e da cidade. Ao lado do bastião sudoeste estão as fundações de um palácio real construído por Carlos IV, mas demolido em 1655. Equilibrada no próprio bastião, fica a Galeria Vyšehrad (galérie Vyšehrad; entrada 20Kč), que abriga exposições temporárias e abre no mesmo horário que o centro de informações, exceto em janeiro e fevereiro, quando permanece fechada. Abaixo do bastião há torres de guarda em ruínas chamadas de Banho de Libuše. Também é possível examinar as fundações da Basílica de São Lourenço (bazilika sv Vavřince; entrada 10Kč; ⏰ 11-17 h seg-sex, 11h30-16 h sáb e dom), românica do século XII. Peça a chave no barzinho ao lado.

Ao sul da Igreja de São Pedro e São Paulo, ficam os Jardins de Vyšehrad (Vyšehradské sady), com quatro imponentes estátuas de Josef Myslbek baseadas em lendas tchecas. Os fundadores de Praga, Libuše e Přemysl, estão no canto noroeste; no sudeste estão Šárka e Ctirad (veja p. 134). Aos domingos de maio, junho e setembro há música ao ar livre às 14h30, de jazz a bandas marciais e música de câmara.

No canto noroeste, há a Nova Casa do Preboste (Nové probošství), construída em 1874. No parque adjacente, Štulcovy sady, há o Teatro de Verão (Letní scéna) ao ar livre, onde se pode assistir a concertos ou shows culturais às 18 h na maioria das quintas-feiras, ou a curiosa apresentação das crianças terça à tarde (normalmente por volta das 14 h).

O centro de informações vende mapas e guias dos edifícios de Vyšehrad em inglês, alemão, francês e italiano.

ARREDORES DA PRAÇA VENCESLAU
Passeio a pé
1 Museu Nacional
Comece na escadaria em frente ao Museu Nacional (Národní muzeum; p. 115) neorrenas-

ARREDORES DA PRAÇA VENCESLAU – PASSEIO A PÉ

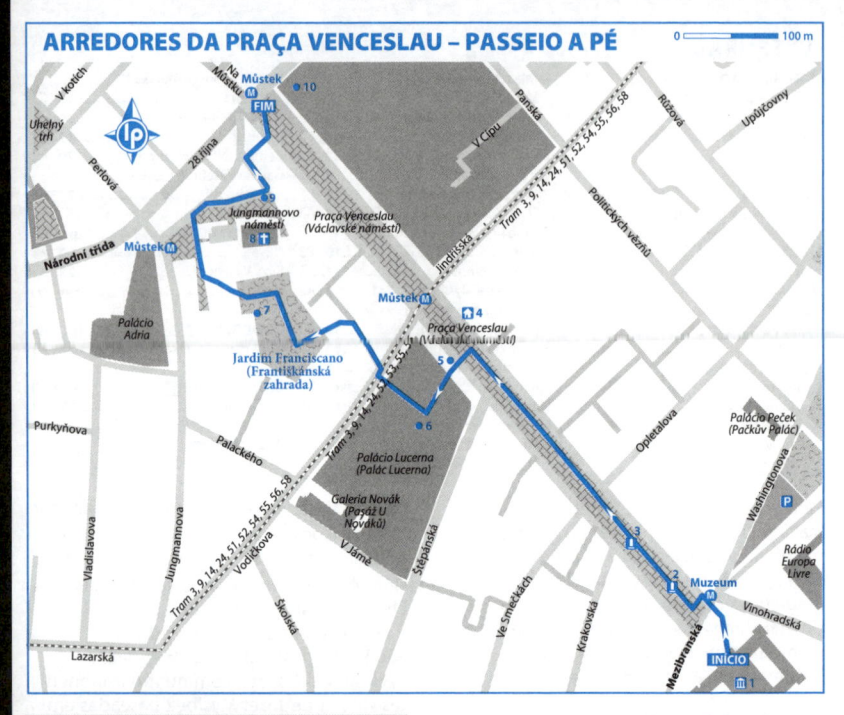

RESUMO DO ROTEIRO

Início Museu Nacional (metrô Muzeum)

Fim Na Můstku (metrô Můstek)

Distância 1,5 km

Duração 45 minutos

Grau de dificuldade Fácil

Parada para abastecimento Vários cafés em Nové Město

centista, que domina a parte alta da Praça Venceslau (Václavské náměstí). Da escadaria você tem uma visão grandiosa da praça, um local central na história tcheca desde o século XIX. No chão, ao pé da escadaria, fica o monumento ao estudante Jan Palach (veja quadro, p. 29).

2 Estátua de São Venceslau

Atravesse a movimentada avenida Mezibranská e vá até o famoso marco de Praga, a estátua equestre de São Venceslau (sv Václav), o "Bom Rei Venceslau" do século X, famoso por causa da canção de Natal.

3 Monumento às Vítimas do Comunismo

Um canteiro de flores, próximo da estátua, contém um modesto monumento aos que morreram pela resistência ao comunismo (veja também p. 85). Perto do aniversário da morte de Jan Palach (19 de janeiro), o monumento recebe velas, flores e fotografias.

4 Grand Hotel Evropa

Desça pelo meio da praça contemplando os edifícios grandiosos em ambos os lados. O mais legal é o prédio *art nouveau* de 1906 do Grand Hotel Evropa (veja o quadro, p. 115) no nº 25, mais ou menos na metade do caminho à direita.

5 Edifício Melantrich

Do outro lado da rua, no nº 36, há o Edifício Melantrich, de cuja sacada foi anunciada a morte do comunismo tcheco por Alexander Dubček e Václav Havel em 24 de novembro de 1989 (hoje é uma loja Marks & Spencer).

6 Palácio Lucerna

Vire à esquerda na Pasáž Rokoko, uma galeria comercial *art déco* reluzente espelhada do outro lado da rua em frente ao Grand Hotel Evropa. Ela leva ao átrio central do Palácio Lucerna (palác Lucerna; p. 113), onde está Kun (Cavalo), de David Černý, uma imitação irônica da estátua de São Venceslau da praça (ajuda a saber que o primeiro a ocupar o cargo de primeiro-ministro da República Tcheca também era Václav). Veja mais sobre David Černý nos quadros, p. 38 e p. 142. Vire à direita abaixo do cavalo morto (você verá quando chegar) e siga a passagem para Vodičkova. Pegue à direita, atravesse a rua e entre na Galeria Světozor. Bem em cima, você verá um vitral do fim dos anos 1940 – é, na verdade, um anúncio da Tesla Radio, antiga marca tcheca de eletrônicos.

7 Jardim Franciscano
No final da galeria Světozor, vire à esquerda no Jardim Franciscano (Františkánská zahrada), um oásis escondido de paz e área verde dominado pela nave imponente da Igreja de Nossa Senhora das Neves. Vá até o canto norte, na diagonal de onde você entrou, e ache a saída para a Praça Jungmann (Jungmannovo náměstí).

8 Igreja de Nossa Senhora das Neves
Passe pelo arco que leva à Igreja de Nossa Senhora das Neves (p. 113), uma velha igreja gótica e ex-praça-forte dos hussitas, e vire à direita.

9 Poste cubista
Mantenha-se à direita da loja Lancôme, e você chegará ao que deve ser o único poste cubista do mundo inteiro, instalado em 1915. Vire à esquerda, vá abrindo caminho pela Galeria Lindt e desembocará na parte baixa da Praça Venceslau.

10 Koruna Palác
Do outro lado da rua, na esquina com Na Příkopě, fica o Koruna Palác (Palácio da Coroa) – olhe para cima e você verá a coroa de pérolas que dá nome ao prédio *art nouveau*. Dali você poderá seguir pela Na Příkopě até a Casa Municipal e o início do Passeio a pé que não é exatamente o caminho real (p. 105), ou descanse em um dos muitos bares e cafés próximos.

VINOHRADY E VRŠOVICE

Onde beber p. 186; Onde comer p. 171; Compras p. 156; Onde dormir p. 223

A elegante Vinohrady é uma das poucas partes de Praga com personalidade estável. No caso de Vinohrady, personalidade burguesa. Um endereço numa casa do início do século xx em uma das ruas arborizadas de Vinohrady identifica alguém como uma pessoa ascendente, que curte a vida e, talvez, com vistas a se mudar um dia para um casarão em Střešovice ou na parte baixa de Dejvice (em termos de Praga, sinal de que *realmente* se chegou lá).

O nome Vinohrady significa "vinhedos" e se refere às vinhas cultivadas em séculos passados; até uns 200 anos atrás, a região era pouco urbanizada. Ainda há cultivo de uva na área e até um adorável belvedere de madeira restaurado onde se pode provar a produção local (veja Viniční Altán, p. 189).

O centro físico e comercial de Vinohrady é a Praça da Paz (náměstí Míru), dominada pela neogótica Igreja de Santa Ludmila (kostel sv Ludmilly). Bem atrás dela fica a neorrenascentista Casa Nacional (Národní dům), que realiza exposições e concertos. No lado norte da praça fica o Teatro Vinohrady (divadlo na Vinohradech), construído em 1909, um palco dramático muito frequentado.

Para visitantes, não há muitas atrações tradicionais, mas é um ótimo lugar para flanar. As ruas à esquerda e à direita da avenida principal, Vinohradská, estão cheias de pequenos cafés e restaurantes. Há muitos parques e pelo menos uma cervejaria sensacional (veja Riegrovy sady, p. 124). Também está se tornando o centro não oficial da comunidade gay de Praga, com pequenos bares aqui e ali (p. 186).

Vršovice não é tão sofisticada, mas tem esperança de que um pouco da elegância de Vinohrady dê uma melhorada na área. A região ao longo da Francouzská, onde ela encontra a Moskevká, incluindo a Voroněžská e a Krymská, está, aos poucos, ficando chique e vale uma olhada.

IGREJA DO SACRATÍSSIMO CORAÇÃO DE NOSSO SENHOR
Mapa p. 125

Kostel Nejsvětějšího Srdce Páně; náměstí Jiřího z Poděbrad 19, Vinohrady; missas 8 h e 18 h seg-sáb, 7 h, 9 h, 11 h e 18 h dom; Ⓜ Jiřího z Poděbrad

Essa igreja foi construída em 1932 e é uma das obras arquitetônicas mais originais e incomuns de Praga. É um projeto de Jože Plečnik, o arquiteto esloveno que também provocou reações com suas adições ao Castelo de Praga. Inspirado pelos templos egípcios e pelas primeiras basílicas cristãs, o edifício de tijolo exibe um enorme campanário em forma de lápide, perfurado por um mostrador de relógio circular. Infelizmente, quase nunca está aberta ao público. O melhor momento para dar uma olhada dentro dela é durante a missa.

RIEGROVY SADY (JARDINS RIEGER)
Mapa p. 125

Entrada do Parque na Chopinova, em frente à Na Švíhance, Vinohrady; Ⓜ Jiřího z Poděbrad

O maior e mais bonito parque de Vinohrady foi erguido no estilo inglês clássico no século xix. Atualmente está um pouco descuidado, mas ainda vale a pena, num dia de sol, para uma caminhada tranquila, ou para estender um cobertor e relaxar. O barranco no fundo do parque é ótimo lugar para fotografar o Castelo de Praga ao longe e a estação central de trem na Cidade Velha logo abaixo. Num dia quente de verão, a cervejaria ao ar livre (p. 187) é o lugar aonde ir nessa parte da cidade.

TRANSPORTE: VINOHRADY E VRŠOVICE

Metrô Linha A vai para leste por Vinohrady a partir da estação Náměstí Míru.

Tram Linha 11 vai para leste pela Vinohradská e pela Bělehradská ao sul; linhas 10 e 16 percorrem a Korunní; linhas 4 e 22 vão para leste pela Francouzská e viram para o sul para encontrar as linhas 6, 7 e 24, que também vão por leste pela Vršovická.

VINOHRADY E VRŠOVICE
Passeio a pé

Esta caminhada cobre um bocado de chão, mas tem poucas subidas. Ela serpenteia pelas ruas residenciais mais bonitas de Praga, permitindo que você descubra o corretor de imóveis que existe em você. Nos primeiros anos depois da revolução de 1989, apartamentos em Vinohrady custavam preço de banana; hoje (mesmo com a crise econômica mundial)

VINOHRADY E VRŠOVICE

Veja Mapa Nové Město (p. 110)
Veja Mapa Žižkov e Karlín (p. 130)
Veja Mapa Vyšehrad (p. 120)

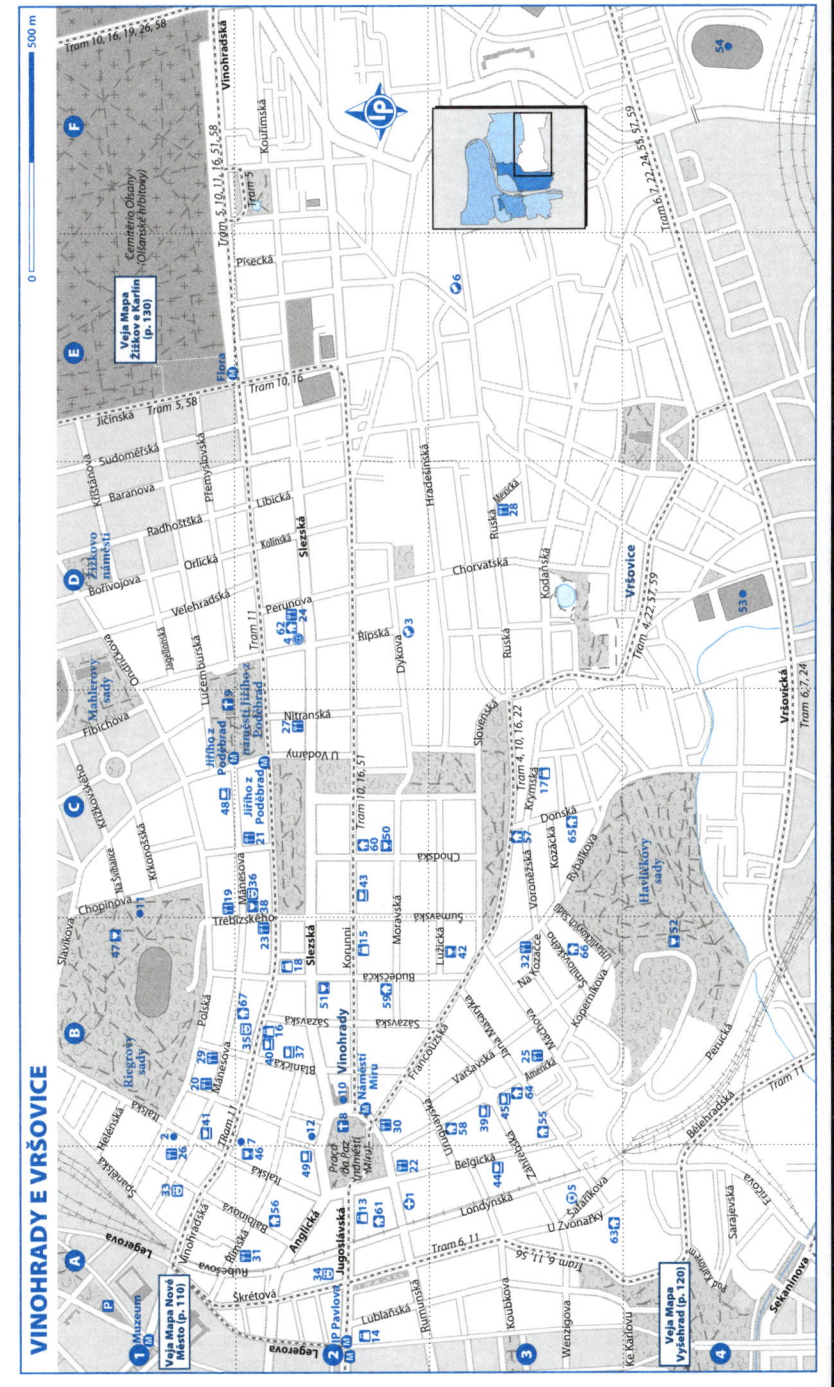

VINOHRADY E VRŠOVICE

INFORMAÇÃO
Lékárna U sv Ludmily	**1**	A2
Mary's Travel & Tourist Service	**2**	B1
Consulado da Nova Zelândia	**3**	D2
Pl@neta	**4**	D2
Delegacia de Polícia	**5**	A3
Embaixada da África do Sul	**6**	E3
Stop City Accommodation	**7**	B2

ATRAÇÕES (p. 124)
Igreja de Santa Ludmila (Kostel sv Ludmily)	**8**	B2
Igreja do Sacratíssimo Coração de Nosso Senhor (Kostel Nejsvětějšího Srdce Páně)	**9**	C1
Casa Nacional (Národní Dům)	**10**	B2
Riegrovy Sady	**11**	C1
Teatro Vinohrady (Divadlo na Vinohradech)	**12**	B2

COMPRAS (p. 149)
Dům Porcelánu	**13**	A2
Karel Vávra	**14**	A2
Obchod s Uměním	**15**	B2
Orientální Koberce Palácka	**16**	B2
Shakespeare & Synové	**17**	C3
Vinohradský Pavilón	**18**	B2

ONDE COMER (p. 159)
Ambiente	**19**	C1
Amigos	**20**	B1
Aromi	**21**	C2
Café FX	(veja 34)	
Cheers	**22**	A2
Chudoba	**23**	B2
Ha Noi	**24**	D2
Kavárna Pavilón	(veja 18)	
Las Adelitas	**25**	B2
Masala	**26**	A1
Mozaika	**27**	C2
Osteria Da Clara	**28**	D3
Pastička	**29**	B1
Pizzeria Grosseto	**30**	A2
U Bílé Krávy	**31**	A2
U Dědka	**32**	B3

ENTRETENIMENTO (p. 197)
Le Clan	**33**	A1
Radost FX	**34**	A2
Techtle Mechtle (Bomba Bar)	**35**	B2
Termix	**36**	C2

ONDE BEBER (p. 179)
Al Cafetero	**37**	B2
Bar & Books Mánesova	**38**	C2
Blatouch	**39**	B3
Café Celebrity	**40**	B2
Caffé Kaaba	**41**	B1
Club Stella	**42**	B3
Dobrá Trafika	**43**	C2
Kavárna Medúza	**44**	A3
Kavárna Zanzibar	**45**	B3
Popo/Café Petl	**46**	A2
Riegrovy Sady Beer Garden	**47**	B1
Ryba na Ruby	**48**	C1
Sahara Café	**49**	A2
Scheisse Katze	**50**	C2
Sokolovna	**51**	B2
Viniční Altán	**52**	B4

ESPORTES E ATIVIDADES (p. 209)
Estádio do FC Bohemians	**53**	D4
Synot Tip Aréna (Štadion Eden)	**54**	F4

ONDE DORMIR (p. 215)
Ametyst	**55**	B3
Arkada	**56**	A2
Czech Inn	**57**	C3
Holiday Home	**58**	B3
Hotel Anna	**59**	B2
Hotel Chodská	**60**	C2
Hotel Luník	**61**	A2
Hotel Sieber	**62**	D2
Le Palais Hotel	**63**	A3
Orion	**64**	B3
Pension Arco	**65**	C3
Pension Beetle	**66**	B3
Penzion Mánes	**67**	B2

---

eles valem quantias que não seriam de estranhar em Paris ou Londres. Você pode começar no meio da manhã, fazer um almoço leve em Viniční Altán ou comer mais na Mozaika, ou começar no início da tarde e encerrar com uma gelada na cervejaria de Riegrovy sady.

1 Praça da Paz (náměstí Míru)
Chamada afetuosamente de "Mirák" – diminutivo de "Míru" –, essa praça arborizada é o animado coração de Vinohrady. O nome ainda tem ecos longínquos do tempo do comunismo, quando tudo se chamava "da Paz". Depois de 1989, falou-se em mudar o nome. No fim, os moradores de Praga decidiram que não se importavam, e a "Paz" ficou.

2 Americká
Deixe a praça pela Americká, uma rua residencial tranquila que vai para o sul. É difícil acreditar, mas, no tempo da Revolução de Veludo, essa rua estava bem decadente; alguns dos prédios residenciais estavam até abandonados. Sob o regime comunista, prédios mais antigos como esses recebiam pouca manutenção e a moda era se mudar para um prédio residencial alto e novo – um *panelák* – nos arredores da cidade. Hoje, a tendência é exatamente o contrário. Siga a rua e ande pela rotatória marcada por uma fonte moderna construída há alguns anos basicamente para impedir que as pessoas continuassem estacionando ali. Nesse ponto, a Americká vira Kopernikova e termina no parque Havlíčkovy sady.

3 Havlíčkovy sady
Esse parque rochoso na encosta da colina marca a divisa entre Vinohrady e Vršovice e é especialmente popular entre os apaixonados (já que é relativamente escondido) e mães com bebês. Não há um roteiro para explorar o parque – escolha a trilha mais convidativa que leve suavemente para baixo. Procure as placas da vinheria e belvedere Viniční Altán.

4 Viniční Altán
A essa altura você provavelmente vai ter um desses momentos em que, de repente, tudo fica claro: foi assim que Vinohrady ("vinhedos") ganhou seu nome. Vinherias ao ar livre são uma raridade em Praga, e nenhuma é tão legal quanto esta (p. 189), com seu belvedere de madeira com vista para a encosta da colina em terraços cobertos de vinhedos. A lista de vinhos tem garrafas do mundo todo, mas escolha algo local. No quesito comida, as opções se limitam a saladas e salsichas para acompanhar a bebida.

5 U Havlíčkových Sadů

Volte pelo parque até a rua que o contorna, U Havlíčkových Sadů. Pegue-a à direita, depois vire à esquerda na Rybalkova. Siga a Rybalkova, passando a Voroněžská, que desce para Vršovice, e continue até a Máchova. Na Máchova vire à direita, cruzando a movimentada Francouzská para pegar a Šumavská, e, daí, vire à direita na Lužická.

6 Lužická

Outra clássica rua ladeada de árvores, cheia de prédios de apartamento bonitos e preços rapidamente ascendentes – como os locais gostam. Lužická desemboca em um pequeno parque. Corte direto pelo parque até a rua Hradešínská.

7 Hradešínská

Esta rua e a paralela à direita, Na Šafránce, têm alguns dos mais belos casarões particulares dessa parte da cidade. O mais famoso é Hradešínská 6, a casa do arquiteto modernista Jan Kotěra, construída em 1908. Vire à esquerda na Chorvatská e à esquerda de novo na Dykova,

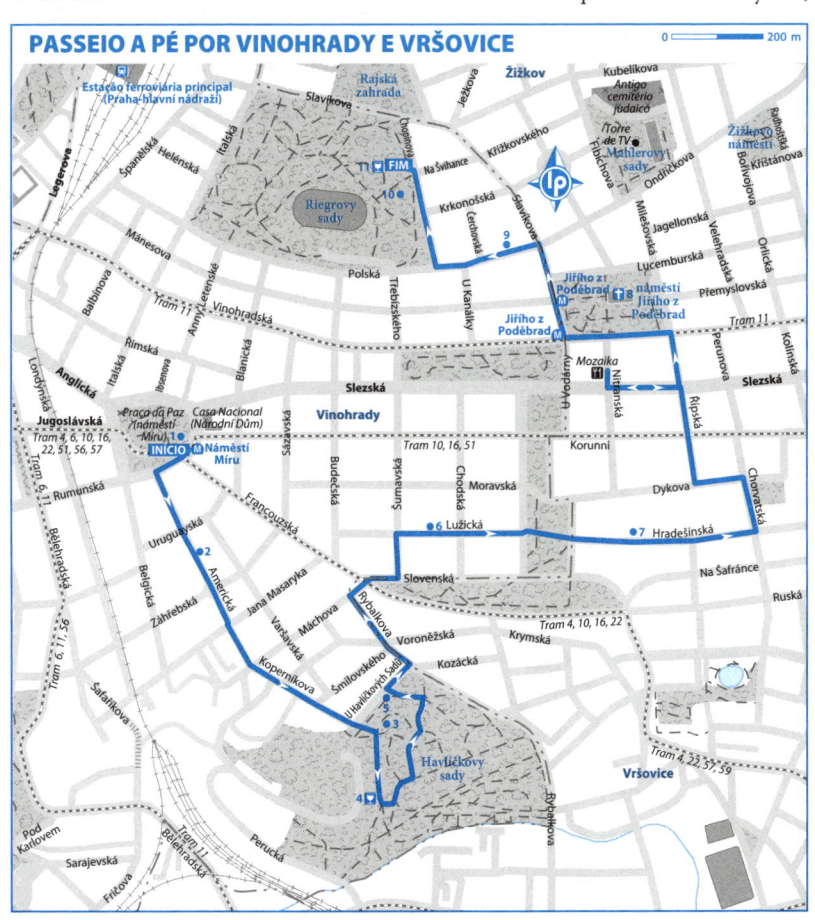

> **RESUMO DO ROTEIRO**
>
> **Início** Praça da Paz (metrô Náměstí Míru ou bonde 4, 10, 16, 22)
> **Fim** Cervejaria de Riegrovy sady (metrô Jiřího z Poděbrad ou bonde 11)
> **Distância** 4 km a 5 km
> **Duração** Duas ou três horas
> **Grau de dificuldade** Moderado
> **Parada para abastecimento** Viniční Altán, Mozaika, cervejaria de Riegrovy sady

PASSEIO A PÉ POR VINOHRADY E VRŠOVICE

depois à direita na Řípská, com uma vista perfeita da Torre de TV de Žižkov (p. 133) ao fundo. Ande mais um quarteirão para a esquerda até a Nitranská e o Mozaika (p. 172), para comer em um dos restaurantes mais frequentados da cidade. No almoço, talvez não precise reservar, mas no jantar pode ficar lotado.

8 Igreja do Sacratíssimo Coração de Nosso Senhor

Řípská vai levá-lo à Vinohradská e náměstí Jiřího z Poděbrad, caracterizada pela imponente construção de tijolo vermelho e o enorme relógio de uma das igrejas mais polêmicas da cidade (p. 124), obra do mestre moderno esloveno Jože Plečnik. A não ser que seja domingo perto da hora da missa, é pouco provável que você consiga ver por dentro, mas caminhe até a entrada principal, só para verificar se a porta não ficou aberta. Para continuar a caminhar, encontre a rua Slavíkova que passa pela frente da igreja e siga por ela à direita, até a Polská.

9 Polská

Entre à esquerda na Polská para ver mais casas bonitas em vários estágios de conservação.

Cerca de 200 m rua abaixo, está a pequena rua Chopinova, que vai para a direita. Vire nela e suba, passando as ruas Krkonošská (com outra ótima visão da Torre de TV de Žižkov) e, então, Na Švíhance.

10 Riegrovy sady

Você verá a entrada do maior parque de Vinohrady, Riegrovy sady (p. 124), à esquerda, bem em frente à Na Švíhance. Antes de entrar no parque, você pode querer passear pela Krkonošská ou pela Na Švíhance, margeadas por lindas casas restauradas, muitas com fachadas *art nouveau*.

11 Cervejaria de Riegrovy sady

A entrada da cervejaria (p. 187) fica a uns 50 m da entrada do parque; você vai vê-la quando seguir pelo caminho de entrada. Termine a caminhada ali, ou continue por cerca de 100 m. Você terá uma linda vista de Praga com o Castelo de Praga ao longe. Para voltar ao centro, faça o caminho inverso até a estação Jiřího z Poděbrad do metrô. Também é possível seguir o caminho do parque e descer até a Vinohradská, de onde dá para andar até o centro ou tomar o tram 11.

ŽIŽKOV E KARLÍN

Onde beber p. 189; Onde comer p. 174; Onde dormir p. 226

Homenagem ao herói caolho hussita, Jan Žižka, que derrotou o sacro imperador romano Segismundo ali em 1420, Žižkov foi um dos primeiros distritos industriais de Praga. Há muito tempo, ele tinha a fama de bairro operário barra-pesada, e exalava fervor revolucionário esquerdista muito antes do golpe comunista de 1948 – na verdade Žižkov foi um município independente de 1881 a 1922 e era conhecido como "república popular de Žižkov".

Hoje é um dos distritos mais animados de Praga, com mais bares per capita do que qualquer outra parte da cidade (ou, de fato, como se diz, do que qualquer outra parte da Europa). Ainda é meio rude nos extremos e muito do distrito é sujo e decadente, mas as ruas próximas do centro estão, aos poucos, ganhando uma recauchutada, conforme a valorização vai penetrando – a parte de cima do distrito já vem sendo chamada de "Baixo Vinohrady".

O distrito é dominado por dois marcos no topo de colinas – o clássico comunista da Torre de TV e o Museu Nacional. O último fica no topo da Colina Žižkov, antes chamada Vítkov. A famosa Batalha de Vitkov ocorreu ali em julho de 1420, no longo e estreito cume que separa os distritos de Žižkov e Karlín. A estátua colossal de Jan Žižka (Mapa p. 130), o general hussita vitorioso, foi erguida em 1950 e tem uma vista soberba de Staré Město até o Castelo de Praga.

O subúrbio basicamente residencial de Karlín fica ao norte de Žižkov, imprensado entre a Colina Žižkov e o rio Moldava. Foi devastado pela enchente de 2002 e, desde então, vem passando por uma reurbanização radical, com novos conjuntos de escritórios em vidro e aço subindo às margens do rio. A parte mais velha do distrito, ao longo da Křižíkova, é outra área emergente, com um monte de velhos prédios *art nouveau* adoráveis – Lýčkovo náměstí é uma das praças mais bonitas da cidade.

MUSEU DO EXÉRCITO Mapa p. 130

Armádní muzeum; ☎ 973 204 924; www.vhu.cz; U Památníku 2, Žižkov; entrada grátis; 9h30-18 h ter-dom; Ⓜ Florenc

Na subida da Colina Žižkov, encontra-se esse quartel cinzento e fuliginoso, com um tanque T34 enferrujado estacionado do lado de fora, e itens sobre a história do Exército Tchecoslovaco e do movimento de resistência de 1918 a 1945. Há também uma exposição sobre as experiências do Exército Tchecoslovaco depois do golpe comunista de 1948.

CEMITÉRIO JUDAICO Mapa p. 130

Židovské hřbitovy; Izraelská, Žižkov; entrada grátis; 9-17 h dom-qui e 9-14 h sex-out, 9-16 h dom abr-qui e 9 h-14 h sex nov-mar, fechado em feriados judaicos; Ⓜ Želivského

Franz Kafka está enterrado nesse cemitério, que abriu por volta de 1890, quando o cemitério judaico mais antigo – agora ao pé da Torre de TV (p. 133) – foi fechado. Para achar o túmulo de Kafka, siga a avenida principal a leste (sinalizada), vire à direita na fileira 21, depois à esquerda junto ao muro; é no fim do "quarteirão". Fãs fazem uma peregrinação em 3 de junho, aniversário da morte dele.

A entrada é ao lado da estação Želivského do metrô; homens devem cobrir a cabeça (há quipás disponíveis no portão). Pode-se entrar até meia hora antes do fechamento.

ESTÚDIOS KARLÍN Mapa p. 130

☎ 251 511 804; www.karlinstudios.cz; Křižíkova 34, Karlín; entrada grátis; 12-18 h ter-dom; Ⓜ Křižíkova

Localizado numa fábrica adaptada, esse complexo de estúdios de artistas inclui uma galeria de arte que mostra o melhor da arte contemporânea tcheca, além de duas pequenas galerias comerciais. É o lugar certo para ver o que está acontecendo na vanguarda artística da cidade.

TRANSPORTE: ŽIŽKOV E KARLÍN

Ônibus O 133 e 175 saem da estação Florenc de metrô e vão pela Husitská até o pé da Colina Žižkov, útil para o Museu do Exército e Monumento Nacional.

Metrô Não há estações de metrô em Žižkov – a mais próxima é Jiřího z Poděbrad na linha A, uma caminhada de 5 minutos para o sul da Torre de TV. A linha B cruza Karlín.

Tram Linhas 5, 9 e 26 percorrem a Seifertova, no centro de Žižkov, e as linhas 8 e 24 percorrem a Sokolovská em Karlín.

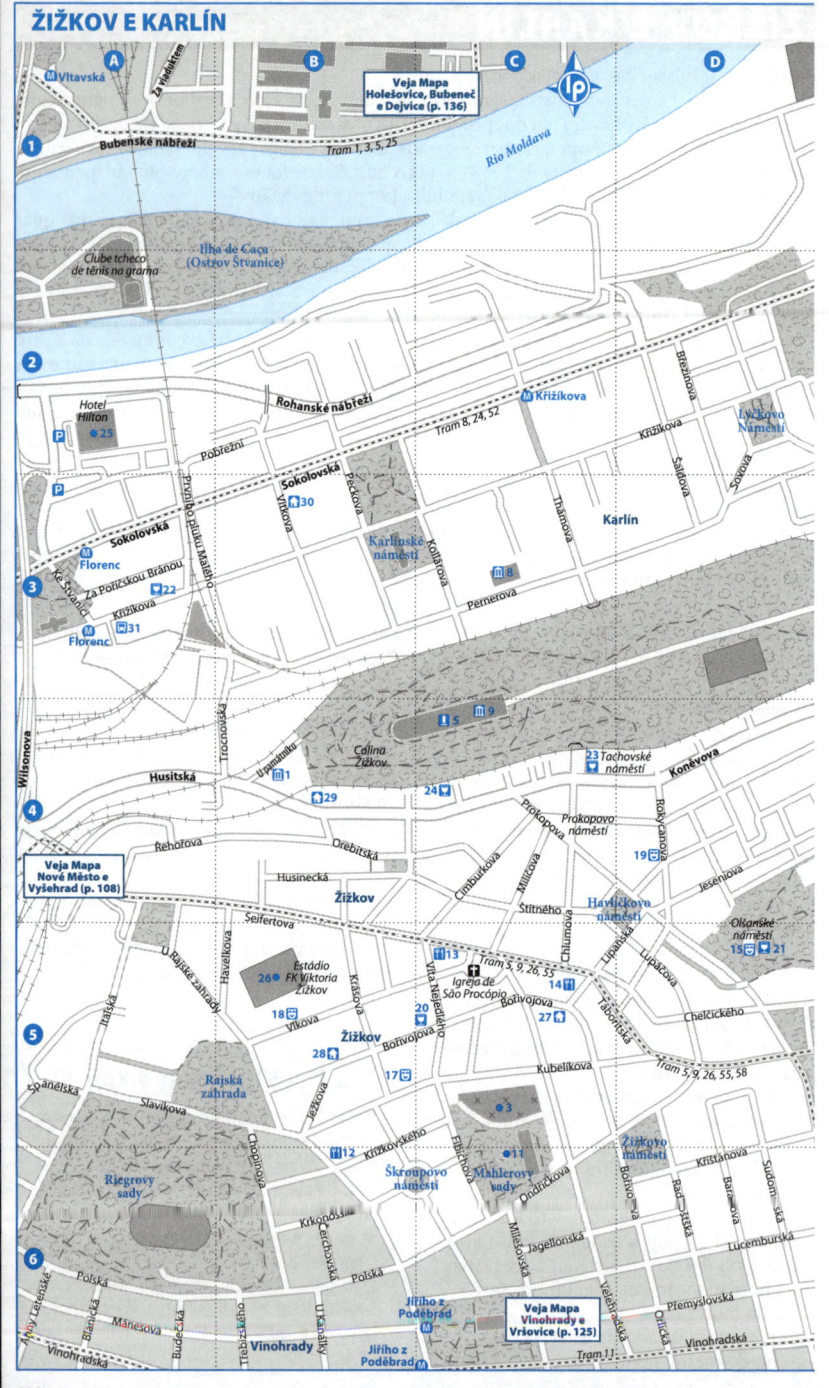

ŽIŽKOV E KARLÍN

Veja Mapa Holešovice, Bubeneč e Dejvice (p. 136)

Rio Moldava

Tram 1, 3, 5, 25

Bubenské nábřeží

Za Haštalem

M Vltavská

Clube tcheco de tênis na grama

Ilha de Caçu (Ostrov Štvanice)

Hotel Hilton

Rohanské nábřeží

M Křižíkova

Tram 8, 24, 52

Křižíkova

Šaldova

Sokolovská

Pobřežní

Lyčkovo náměstí

Sokolovská

Vítkova

Peckova

Thámova

Sokova

Prvního pluku Malého

Kollárova

Karlín

Karlínské náměstí

Ke Štvanici

Za Poříčskou Bránou

Křižíkova

Pernerova

M Florenc

Florenc

Březinová

Wilsonova

Trocnovská

U památníku

Colina Žižkov

Tachovské náměstí

Koněvova

Husitská

Řehořova

Orebitská

Prokopova

Prokopovo náměstí

Chlumova

Milíčova

Rokycanova

Jeseniova

Veja Mapa Nové Město e Vyšehrad (p. 108)

Husinecká

Žižkov

Seifertova

Štítného

Lipanská

Havlíčkovo náměstí

Olšanské náměstí

U Rajské zahrady

Havelkova

Estádio FK Viktoria Žižkov

Krásova

Víta Nejedlého

Tram 5, 9, 26, 55

Igreja de São Procópio

Bořivojova

Táboritská

Chelčického

Italská

Vlkova

Žižkov

Jeseniova

Bořivojova

Ječná

Tram 5, 9, 26, 55, 58

Kubelíkova

Španělská

Slavíkova

Chopinova

Rajská zahrada

Ječná

Kroužkovského

Škroupovo náměstí

Eliášova

Mahlerovy sady

Ondříčkova

Žižkovo náměstí

Křišťanova

Bořivojova

Radhošťská

Sudoměřská

Riegrovy sady

Krkonošská

Blahoslavova

Jagellonská

Milešovská

Lucemburská

A Lelkovu

Polská

Jiřího z Poděbrad

Manesova

Blanická

Budečská

Třebízského

U Kanály

Vinohrady

M Jiřího z Poděbrad

Veja Mapa Vinohrady e Vršovice (p. 125)

Přemyslovská

Orlická

Vinohradská

Vinohradská

Tram 11

130

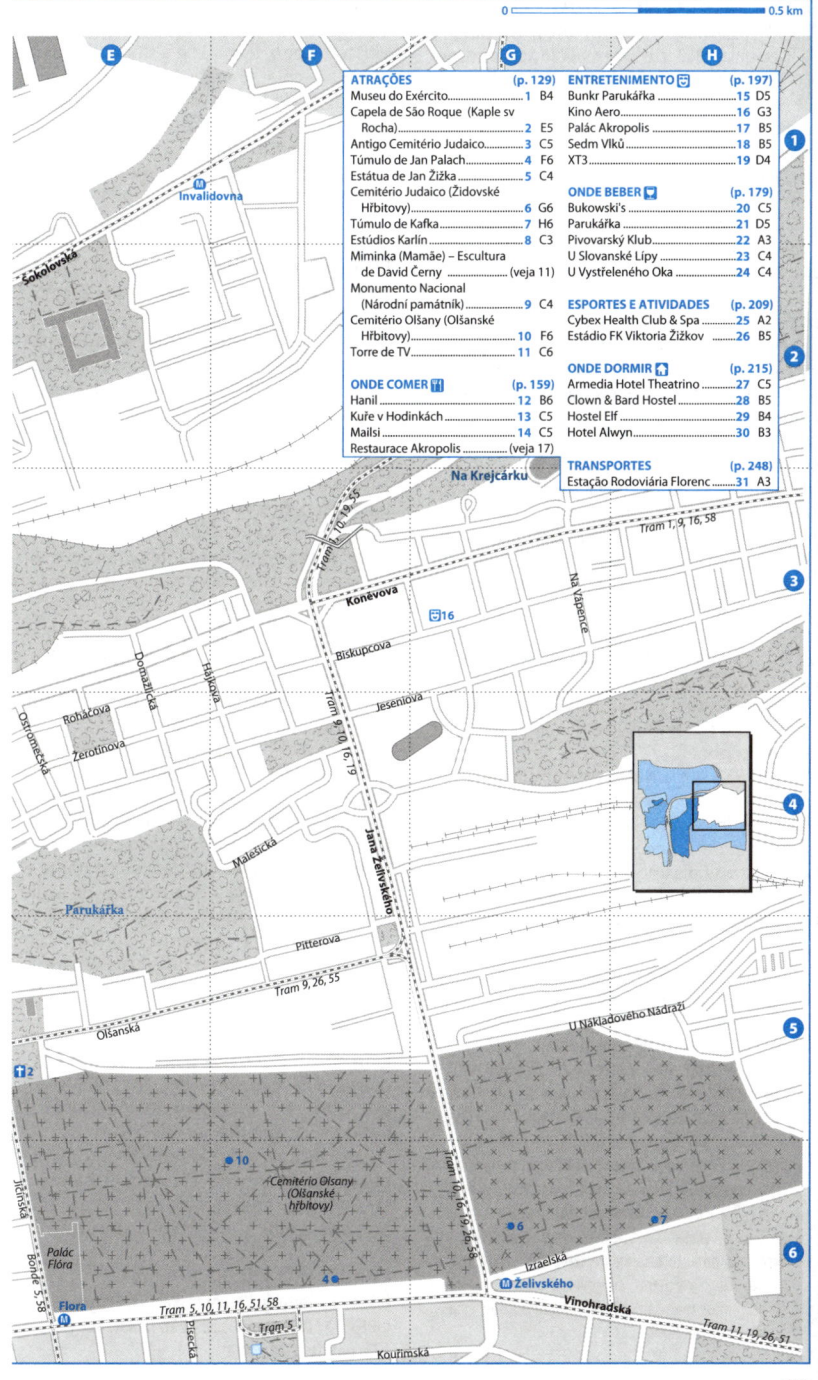

ATRAÇÕES	(p. 129)
Museu do Exército..........................**1**	B4
Capela de São Roque (Kaple sv Rocha)...................................**2**	E5
Antigo Cemitério Judaico................**3**	C5
Túmulo de Jan Palach.....................**4**	F6
Estátua de Jan Žižka........................**5**	C4
Cemitério Judaico (Židovské Hřbitovy)......................................**6**	G6
Túmulo de Kafka.............................**7**	H6
Estúdios Karlín................................**8**	C3
Miminka (Mamãe) – Escultura de David Černy ....(veja 11)	
Monumento Nacional (Národní památník)....................**9**	C4
Cemitério Olšany (Olšanské Hřbitovy)....................................**10**	F6
Torre de TV....................................**11**	C6

ONDE COMER	(p. 159)
Hanil...**12**	B6
Kuře v Hodinkách..........................**13**	C5
Mailsi..**14**	C5
Restaurace Akropolis ....(veja 17)	

ENTRETENIMENTO	(p. 197)
Bunkr Parukářka.............................**15**	D5
Kino Aero..**16**	G3
Palác Akropolis..............................**17**	B5
Sedm Vlků......................................**18**	B5
XT3..**19**	D4

ONDE BEBER	(p. 179)
Bukowski's......................................**20**	C5
Parukářka.......................................**21**	D5
Pivovarský Klub..............................**22**	A3
U Slovanské Lípy............................**23**	C4
U Vystřeleného Oka.......................**24**	C4

ESPORTES E ATIVIDADES	(p. 209)
Cybex Health Club & Spa..............**25**	A2
Estádio FK Viktoria Žižkov **26**	B5

ONDE DORMIR	(p. 215)
Armedia Hotel Theatrino................**27**	C5
Clown & Bard Hostel.....................**28**	B5
Hostel Elf..**29**	B4
Hotel Alwyn....................................**30**	B3

TRANSPORTES	(p. 248)
Estação Rodoviária Florenc..........**31**	A3

MONUMENTO NACIONAL Mapa p. 130

Národní památník; ☎ 222 781 676; www.nm.cz; U Památníku 1900, Žižkov; exposição adulto/criança 60/30Kč, terraço 80/40Kč, combinado 110/60Kč; ⊙ 10-18 h qui, sáb e dom, às 20 h sex, fechado seg-qua; Ⓜ Florenc

Embora não seja, estritamente falando, um legado da era comunista – ele ficou pronto em 1930 –, o enorme monumento no topo da Colina Žižkov está, para muitos praguenses, acima de certa idade, inseparavelmente ligado ao Partido Comunista da Tchecoslováquia, e particularmente a Klement Gottwald, o primeiro "presidente operário" do país.

Projetado nos anos 1920 como memorial do comandante hussita do século XV Jan Žižka e dos soldados que lutaram pela independência tchecoslovaca, ainda estava em construção em 1939, quando a ocupação pela Alemanha nazista fez o nome "Monumento à Libertação Nacional", como era chamado, parecer uma piada sem graça.

Depois de 1948 o Partido Comunista se apropriou da história de Jan Žižka e dos hussitas para uso propagandístico, venerando-os como exemplos brilhantes do poder do camponês tcheco. Os comunistas completaram o Monumento Nacional com a instalação de um Túmulo do Soldado Desconhecido e a gigantesca estátua de Žižka feita por Bohumil Kafka. Mas não pararam por aí.

Em 1953, o mausoléu do monumento – originalmente idealizado para os restos mortais de Tomáš Garrigue Masaryk, o fundador da Tchecoslováquia – recebeu o corpo embalsamado do então recentemente falecido Klement Gottwald, exibido ao público numa câmara de vidro refrigerada, exatamente como seu mais ilustre camarada, Lênin, na Praça Vermelha de Moscou. Logo, tornou-se visita obrigatória para escolas, e ônibus e mais ônibus de turistas de todo o bloco soviético. Os embalsamadores de Gottwald, porém, não eram tão bons quanto os russos – em 1962 o corpo havia se deteriorado tanto que teve de ser cremado.

Depois de 1989, os restos mortais de Gottwald e de outros dignitários comunistas foram retirados, e o prédio ficou fechado por 20 anos. No entanto, depois de um projeto de reforma de dois anos, reabriu para o público recentemente, como museu da história tchecoslovaca do século XX. Embora a robusta estrutura funcionalista tenha toda a elegância de uma usina nuclear, o interior é uma fantasia espetacular de mármore polido *art déco*, dourado e mosaicos.

O salão central – que antes continha uma dúzia de sarcófagos de mármore com os restos mortais de comunistas ilustres – abriga um comovente memorial com esculturas de Jan Sturša e itens que recordam a fundação da República Tchecoslovaca em 1918, a II Guerra Mundial, o golpe de 1948 e a invasão soviética de 1968 e suas consequências. Uma escada leva até o local em que as cinzas de tchecos proeminentes estiveram, um dia, guardadas.

Mas a parte mais sinistra e fascinante é o laboratório de Frankenstein sob o Salão da Libertação, onde os cientistas um dia lutaram contra a decomposição do cadáver de Klement Gottwald. Em exibição num sarcófago com paredes de vidro durante o dia, o corpo descia até essa cripta de azulejos brancos para mais uma rodada frenética de manutenção e consertos (ainda tem um leve cheiro de líquidos de embalsamar). No canto fica o refrigerador em que Gottwald passava a noite (hoje ocupado pelo que restou de seu sarcófago), e na sala ao lado há uma fileira de painéis de controle, chaves e instrumentos dos anos 1950, que antes monitoravam a temperatura e a umidade do grande líder.

O terraço no teto do monumento tem uma vista estupenda da cidade, e há um atraente café com terraço externo no primeiro andar.

JAROSLAV SEIFERT

Nascido de uma família de operários em Žižkov, o poeta e jornalista Jaroslav Seifert (1901-86) é o único tcheco (até agora) premiado com um Nobel de Literatura. Embora tenha sido membro do Partido Comunista, ele foi expulso, depois de reclamar das crescentes "tendências bolchevistas" e, junto com Václav Havel, foi signatário da carta de direitos humanos de 1977, a Carta 77. Celebrado como porta-voz do povo da Tchecoslováquia, e defensor da liberdade de expressão durante os anos de repressão comunista, foi um crítico veemente do governo comunista; um de seus ditos mais famosos é: "Se um escritor está quieto, está mentindo".

CEMITÉRIO OLŠANY Mapa p. 130

Olšanské hřbitovy; Vinohradská 153, Žižkov; entrada grátis; ⊙ 8-19 h mai-set, às 18 h mar, abr e out, às 17 h nov-fev; Ⓜ Flora

Enorme e cheio de clima, o principal local de sepultamento de Praga foi fundado em 1680 para lidar com o grande aumento do número de mortes durante uma epidemia da peste; as lápides mais velhas podem ser encontradas no canto noroeste, perto da Capela de São Roque (kaple sv Rocha), do século XVII. Há várias entradas para o cemitério ao longo da Vinohradská, a leste da estação Flora do metrô, e também ao lado da capela na Olšanská.

Jan Palach, o estudante que ateou fogo ao próprio corpo na escadaria do Museu Nacional em janeiro de 1969 para protestar contra a invasão soviética (veja quadro, p. 29), está enterrado lá. Para visitar seu túmulo, entre pelo portão principal (ladeado de floristas) na Vinohradská e vire à direita – fica a cerca de 50 m à esquerda pelo caminho.

TORRE DE TV Mapa p. 130
Televizní vysílač; ☎ 242 418 784; www.tower.cz; Mahlerovy sady 1, Žižkov; adulto/criança menores de 6 anos/6-14 anos/estudante 150/grátis/60/120Kč; 10 h-23h30; M Jiřího z Poděbrad

O mais alto marco de Praga – e, dependendo do seu gosto, sua atração mais feia ou mais futurista – é a Torre de TV de 216 m, erguida entre 1985 e 1992. Domina o horizonte da maioria das partes da cidade, e é iluminada à noite nas cores nacionais: vermelha, branca e azul.

As plataformas, a que se chega por elevadores rápidos, têm cartazes de informação abrangentes em inglês e francês explicando o que você consegue ver. Mas a coisa mais bizarra são os 10 bebês gigantes engatinhando, e que parecem estar explorando o exterior da torre – uma instalação chamada *Miminka* (Mamãe) do artista David Černý (veja quadro, p. 38 e p. 142).

A torre foi construída no local de um antigo cemitério judaico (entrada 20Kč; 9-13 h ter e qui). O cemitério passou a funcionar depois que o Velho Cemitério Judaico (p. 99) em Josefov foi fechado e esteve em uso até 1890, quando o Cemitério Judaico (p. 129) na Vinohradská, muito maior, foi aberto.

HOLEŠOVICE, BUBENEČ E DEJVICE

Onde beber p. 190; Onde comer p. 175; Compras p. 157; Onde dormir p. 227

Holešovice, Bubeneč e Dejvice são bairros contíguos, de leste para oeste, a norte da Cidade Velha, do outro lado do rio Moldava. Holešovice, mais a leste, se aninha na grande curva do Moldava. É, infelizmente, cortado ao meio, por uma linha de trem importante e uma autoestrada, dividindo-o em ocidental e oriental. Bubeneč, no meio e bastante residencial, ocupa o território diretamente ao norte da Cidade Velha do outro lado do Parque Letná. As atrações que o definem são dois grandes parques, os Jardins Letná (Letenské sady; p. 136) e Stromovka (p. 138). Dejvice, uma área basicamente residencial e verde que se espalha para oeste, está situada a norte de Malá Strana e Hradčany.

Por décadas, Holešovice foi muito negligenciado. Durante muito tempo foi considerada a área "alemã" da cidade e tornou-se decadente depois da II Guerra Mundial, quando muitos dos moradores partiram ou foram expulsos. O fato de que o distrito foi dividido ao meio pela construção de uma ferrovia e de uma estrada não ajudou. A parte oriental, construída em torno dos terminais de contêineres do Moldava, foi, durante décadas, a coisa mais parecida com uma favela que Praga teve.

Isso mudou em 2002 quando a enchente do Moldava inundou as partes baixas perto do rio, incluindo boa parte de Holešovice. Na sequência da enchente, viu-se uma enorme injeção de fundos de desenvolvimento no bairro. A antiga cervejaria do distrito está sendo transformada em conjuntos luxuosos de escritórios e apartamentos. Condomínios caros e torres de escritórios se enfileiram hoje na margem oeste do Moldava, e clubes, restaurantes, galerias e hotéis estão aos poucos se mudando para lá. O futuro parece brilhante.

Holešovice é o endereço do grande espaço para exposições conhecido como Výstaviště (Mapa p. 136). Muitos dos edifícios foram construídos para hospedar a Exposição do Jubileu de 1891 e ainda impressionam de um jeito meio glória passada. Eles incluem o Pavilhão de Praga e o grandioso e *art nouveau* Palácio Industrial. Tristemente, porém, deixou-se Výstaviště decair sem cuidado e parece meio em frangalhos hoje em dia. Para culminar, um incêndio em novembro de 2008 destruiu parte do Palácio Industrial (embora ele tenha sido fielmente reconstruído). Há umas tantas atrações ali, incluindo um parque de diversões, uma fonte "cantante" e a Tesla Aréna, uma das principais arenas para shows e partidas de hóquei no gelo, mas você provavelmente não vai ficar muito tempo.

Bubeneč, subindo a colina a partir do lado oeste de Holešovice, sempre foi um confortável bairro de classe média, e não é diferente hoje. Ancorado por dois dos mais bonitos parques de Praga, as casas do fim do século XIX em ambos os lados da avenida central, Milady Horákové, e, ao norte, em volta do parque Stromovka, são muito procuradas. Muitas embaixadas e casarões, inclusive a espetacular residência do embaixador americano, ficam ali.

Dejvice, mais para oeste, é um misto de *campi* de universidades e áreas residenciais na parte ocidental, que se funde nas ruelas arborizadas do distrito de embaixadas de Praga, na parte oriental. Não há muito para ver ali, mas há alguns bons restaurantes e opções de hospedagem.

Logo ao norte de Dejvice, fica o incomum subúrbio Baba, um projeto funcionalista dos anos 1930 feito por uma equipe de artistas e desenhistas que almejavam fornecer casas unifamiliares bonitas e baratas. O subúrbio de Hanspaulka, a sudoeste, é um projeto similar, erguido entre 1925 e 1930. Ambos são, hoje, endereços cobiçados.

DIVOKÁ ŠÁRKA Mapa p. 58
Evropská, Dejvice; 🚋 **20, 26**

O vale do Šárecký potok (Ribeirão Šárka) é um dos parques naturais mais conhecidos e frequentados de Praga. O nome vem da guerreira mitológica Šárka, que teria se atirado de um penhasco depois da morte de seu inimigo, o belo Ctirad – que ela ou seduziu e assassinou (suicidando-se em seguida para evitar ser capturada), ou por quem se apaixonou e não conseguiu proteger (matando-se por desgosto e culpa), conforme a versão da lenda que contarem. A área mais atraente é pertinho, entre os penhascos próximos ao Reservatório Džbán. As pessoas tomam sol nas pedras, e você pode nadar no reservatório.

Dali, é uma caminhada de 7 km descendo o vale por uma trilha sinalizada até o subúrbio de Podbaba, onde o ribeirão deságua no Moldava. Há um ponto de ônibus ao lado do Moldava em Podbaba, para a viagem de volta ao centro, ou você pode caminhar mais 1,5 km rumo sul na Podbabská até o terminal de tram 8, em frente ao Hotel Crowne Plaza (p. 135) em Dejvice.

CENTRO DE ARTE CONTEMPORÂNEA DOX Mapa p. 136
☎ 774 145 434; www.doxprague.org; Osadní 34, Holešovice; adulto/família 180/300Kč; 10-18 h qua-seg; ⛴ 5, 12, Ⓜ Ortenovo náměstí

Essa galeria não comercial de arte vanguardista é o núcleo da crescente reputação de Holešovice como um dos distritos mais cabeça da cidade. As exposições destacam uma variada gama de meios, incluindo vídeo, escultura, fotografia e pintura. As mostras são mais ou menos, mas exposições recentes como *Chelsea Hotel* de Andy Warhol e fotografias de Robert Mapplethorpe definitivamente foram um avanço, para o que continua sendo um público de arte relativamente conservador. Há um café e uma excelente livraria de arte e arquitetura no andar superior. Em 2009 e 2010, DOX exibiu a polêmica instalação *Entropa* (veja p. 38) de David Černý, que satiriza a UE, mas não estava claro se seria a casa definitiva da obra.

MUSEU ECOTÉCNICO Mapa p. 136
Ekotechnické muzeum; ☎ 777 170 636; www.ekotechnickemuseum.cz; Papírenská 6, Bubeneč; adulto/família 120/250Kč; 10h30-16 h ter-dom mai-out; 🚌 131 de Ⓜ Hradčanská

A antiga estação de tratamento de esgoto de Praga foi construída entre 1895 e 1906, seguindo projeto do arquiteto inglês W.H. Lindley. Surpreendentemente, já que foi projetada para uma cidade de 500 mil habitantes, a estação ficou em operação até 1967, quando Praga já tinha mais de 1 milhão de habitantes. Vários motores a vapor estão à mostra e outros estão sendo consertados; há visitas guiadas (incluídas no ingresso) ao labirinto de esgotos abaixo do prédio.

HOTEL CROWNE PLAZA Mapa p. 136
☎ 296 537 111; www.austria-hotels.at; Koulova 15, Dejvice; ⛴ 8 (parada: Podbaba)

A silhueta desse enorme edifício da era de Stalin no norte de Dejvice parecerá familiar àqueles que tenham visitado a capital russa. Originalmente chamado de Hotel Internacional, foi construído nos anos 1950 segundo projeto inspirado na torre da Universidade de Moscou, até com estrela no topo do pináculo ao estilo soviético (embora esta seja dourada, não vermelha).

Dê uma corridinha ao bar do hotel, revestido de mármore reluzente restaurado (à direita) e dê uma olhada na grande tapeçaria na parede do canto esquerdo. Intitulada *Praga Regina Musicae* (Praga, Rainha da Música) e criada por Cyril Bouda por volta de 1956, mostra uma vista aérea exagerada do centro de Praga. Bem no meio está o antigo Monumento a Stalin no Letná terása, e, no fundo, dá para ver o monumento ao tanque soviético hoje retirado (veja quadro, p. 95). Veja a resenha do hotel p. 229.

FONTE KŘIŽÍK Mapa p. 136
Křižíkova fontána; ☎ 723 665 694; www.krizikova fontana.cz; U Výstaviště 1, Holešovice; ingresso para shows cerca de 200Kč; exibições a cada hora 19-23 h mar-out; ⛴ 5, 12, 14, 15, 17

Toda tarde, da primavera ao outono, a Fonte Musical Křižík faz sua dança de luzes e de água controlada por computadores. As exibições variam da *Sinfonia Novo Mundo* de Dvořák, a músicas empolgantes executadas por Andrea Bocelli, Vangelis e Queen, e músicas de filmes populares. Ligue antes ou cheque no site para saber o que está rolando. O show de luzes fica melhor depois que o sol se põe – de maio a julho vá às exibições mais tardias.

LAPIDÁRIUM Mapa p. 136
☎ 233 375 636; U Výstaviště 1, Holešovice; adulto/criança 40/20Kč; 12-18 h ter-sex, 10-18 h sáb e dom; ⛴ 5, 12, 14, 15, 17

Um dos ramos externos do Museu Nacional e uma pérola frequentemente desprezada,

---

TRANSPORTE: HOLEŠOVICE E BUBENEČ

Metrô As estações Vltavská e Nádraží Holešovice na linha C servem o sul e o norte de Holešovice respectivamente.

Tram As linhas 5, 12, 14, 15 e 17 percorrem a Dukelských Hrdinů, a principal rua norte-sul de Holešovice, e os trams 1, 8, 15, 25 e 26 seguem pela Milady Horákové na direção leste-oeste, servindo Holešovice e Bubeneč.

TRANSPORTE: DEJVICE

Metrô A estação Dejvická é o terminal noroeste da linha A; Hradčanská, a penúltima parada, serve a parte sul do distrito.

Tram Linhas 2, 8, 20 e 26 passam através da Vítézné náměstí no centro de Dejvice.

HOLEŠOVICE, BUBENEČ E DEJVICE

o Lapidárium é o depósito de cerca de 400 esculturas dos séculos XI a XIX. Os objetos incluem os Leões de Kouřim (a mais antiga escultura em pedra da Boêmia), partes da Fonte Krocín, da Renascença, que ficava na Praça da Cidade Velha, 10 das imagens originais da Ponte Carlos e muitas outras esculturas soberbas. O Lapidárium foi fechado em janeiro de 2010 por motivos técnicos e não estava claro quando reabriria.

LETNÁ Mapa p. 136

Letná é um grande espaço aberto entre a Milady Horákové e o rio, com um local de desfiles ao norte e um parque tranquilo, os Jardins de Letná (Letenské sady), no sul, que oferece vistas de cartão-postal da cidade e de suas pontes. No verão você encontrará uma cervejaria ao ar livre (veja Letenský zámeček, p. 191). Em 1261, Přemysl Otakar II realizou as cerimônias de sua coroação ali, e, no período comunista, Letná era o local dos desfiles militares ao estilo de Moscou de 1º de maio. Em 1989, cerca de 750 mil pessoas se juntaram nesse espaço em apoio à Revolução de Veludo. Em 2008, foi iniciada a obra, no canto noroeste do parque, do enorme Túnel Blanka, parte do futuro sistema de anel viário de Praga. Quando estiver pronto, o túnel passará por baixo dos parques Letná e Stromovka.

No canto sudoeste fica o encantador Hanavský Pavilón (p. 175), obra neobarroca de Otto Prieser para a Exposição Jubileu de 1891.

Veja o roteiro de um passeio a pé pelo parque na p. 139.

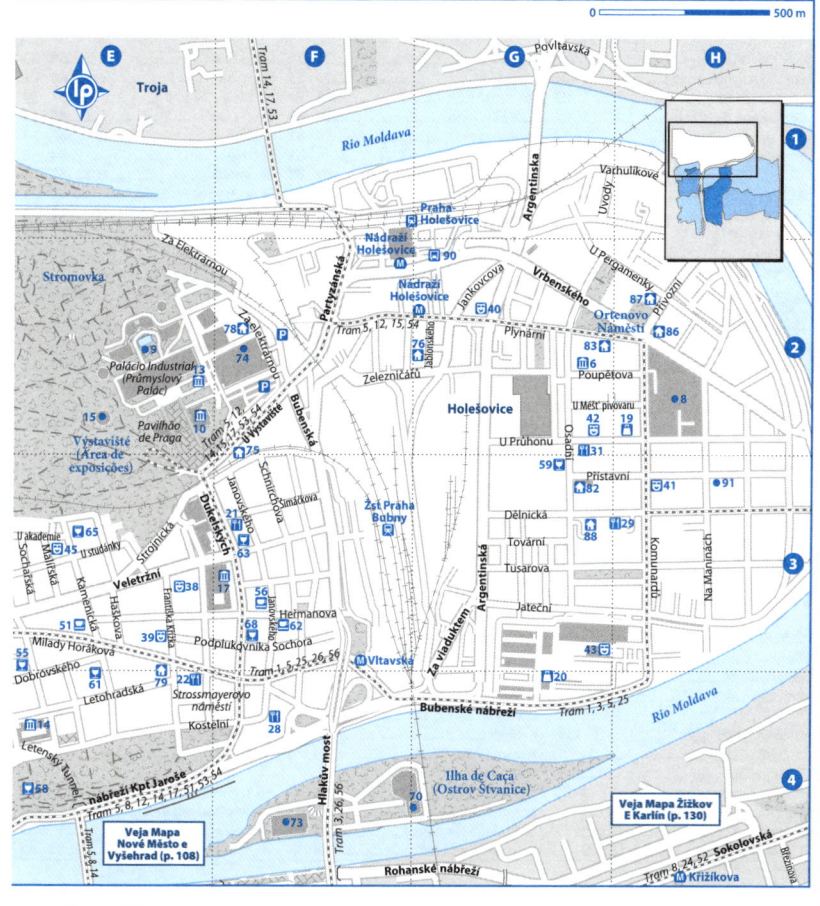

LETNÁ TERÁSA Mapa p. 136

A monumental plataforma em degraus com vista para o rio na extremidade sul dos Jardins de Letná data da metade dos anos 1950, quando uma enorme estátua de Stalin – a maior do mundo – foi erguida ali pelo Partido Comunista da Tchecoslováquia, só para ser dinamitada em 1962 pelos mesmos bajuladores, quando Stalin não era mais o chefe (veja quadro, p. 95). Um metrônomo gigante – um lembrete simbólico da passagem do tempo – está no lugar desde 1991.

MOŘSKÝ SVĚT Mapa p. 136

☎ 220 103 275; U Výstaviště 1, Holešovice; adulto/criança 240/145Kč; 10-19 h; 5, 12, 14, 15, 17
O "Sea World" tcheco tem o maior tanque de água do país, com capacidade de cerca de 100 mil litros. Umas 4.500 espécies de peixes e criaturas do mar estão em exposição, com um bom e devidamente assustador estoque de tubarões. O interior apertado pode desapontar, se você estiver acostumado aos parques de diversão tipo Sea World espalhados pelo mundo. Ainda assim, é um dia divertido para crianças.

MUSEU TÉCNICO NACIONAL Mapa p. 136

Národní technické muzeum; ☎ 220 399 111; www.ntm.cz; Kostelní 42, Holešovice; adulto/criança 100/50Kč; 9-17 h ter-sex, 10-18 h sáb e dom; 1, 8, 15, 25
Foi fechado em 2008 para reformas de longo prazo e reabriu no final de 2010. Há no local um enorme salão principal abarrotado de trens, aviões e automóveis antigos,

HOLEŠOVICE, BUBENEČ E DEJVICE

INFORMAÇÃO
Embaixada do Canadá	1	B4
Embaixada da Holanda	2	C3
Embaixada de Israel	3	C4
Embaixada da Rússia	4	C3
Embaixada da Eslováquia	5	C3

ATRAÇÕES (p. 134)
Centro de Arte Contemporânea DOX	6	G2
Museu Ecotécnico (Ekotechnické Muzeum)	7	B1
Antiga Cervejaria Holešovice	8	H2
Hotel Crowne Plaza	(veja 80)	
Fonte de Křižík (Křižíkova Fontána)	9	E2
Lapidárium	10	E2
Letná	11	C4
Letná Terása	12	D4
Mořský Svět	13	E2
Museu Técnico Nacional (Národní Technické Muzeum)	14	E4
Planetário de Praga (Planetárium Praha)	15	E2
Stromovka	16	D2
Palácio Veletržní (Veletržní Palác)	17	F3

COMPRAS (p. 149)
Antikvita	18	A3
Pivní Galerie	19	H2
Pražská Tržnice	20	G4

ONDE COMER (p. 159)
Bohemia Bagel	21	F3
Capua	22	E4
Čínská Zahrada	23	D3
Da Emanuel	24	A3
Fraktal	(veja 52)	
Hanavský Pavilón	25	C4
Il Gattopardo	26	D3
Kavala	27	B3
La Crêperie	28	F4
Lucky Luciano	29	H3
Mirellie	30	B3
Molo 22	31	G2
Na Urale	32	B3
Nad Královskou Oborou	33	D3
Perpetuum	34	A3
Pizzeria Grosseto	35	A3
Sakura	36	B3
SaSaZu	(veja 43)	
Staročeská Krčma	37	B3

ENTRETENIMENTO (p. 197)
Alfred ve Dvoře	38	E3
Bio Oko	39	E3
Cross Club	40	G2
La Fabrika	41	H3
Mecca	42	G2
SaSaZu	43	G3
Teatro Spejbl & Hurvínek	44	A3
Wakata	45	E3

ONDE BEBER (p. 179)
Akádemie	46	D3
Alchymista	47	D3
Andaluský Pes	48	D3
Artesa	49	A3
Bio Oko	(veja 39)	
Budvarká	50	A4
Erhartova Cukrárna	51	E3
Fraktal	52	D3
Kabinet	53	A3
Kavárna Alibi	54	A4
Klášterní Pivnice (Šumavan)	55	E3
Kumbal	56	F3
La Bodega Flamenca	57	D3
Letenský Zameček	58	E4
Long Tale Café	59	G3
Na Slamníku	60	C3
Na Staré Kovárně	61	E4
Ouky Douky	62	F3
Postel	63	F3
Potrefená Husa	64	A3
Stromoffka	65	E3
Svijanský Rytíř	66	D4
Těsně Vedle Burundi	67	D3
U sv Antonička	68	F3
Ztracený Ráj	69	D3

ESPORTES E ATIVIDADES (p. 209)
Czech Lawn Tennis Club	70	G4
Generali Aréna (Estádio Sparta)	71	D3
Půjčovna Bruslí Miami	72	D4
Estádio Štvanice	73	F4
Tesla Aréna	74	F2

ONDE DORMIR (p. 215)
A&O Hostel	75	F2
Absolutum Hotel	76	G2
Art Hotel	77	D3
Expo Prague	78	F2
Hotel Belvedere	79	E4
Hotel Crowne Plaza	80	A2
Hotel Denisa	81	A3
Hotel Extol Inn	82	G3
Hotel Leon	83	G3
Hotel Letná	84	D3
Hotel Villa Schwaiger	85	C3
Plaza Alta Hotel	86	A3
Plus Prague Hostel	87	H2
Sir Toby's Hostel	88	G3
Splendid	89	D3

TRANSPORTES (p. 248)
Estação rodoviária Holešovice	90	G2
Secco Car	91	H3
Vecar	92	A3

incluindo carros Škoda e Tatra das décadas de 1920 e 1930, e até um par de Bugattis, além de uma programação ativa de exposições temporárias voltadas para os loucos por máquinas.

PLANETÁRIO DE PRAGA Mapa p. 136

Planetárium Praha; ☎ 220 999 001; www.planetarium.cz; Královská Obora 233, Holešovice; exposição adulto/criança 25/15Kč; apresentação em tcheco/inglês 80/160Kč; 8h30-12 h e 13-20 h seg-qui, 9h30-12 h e 13-20 h sáb e dom; 5, 12, 14, 15, 17

O planetário no parque Stromovka, logo a oeste de Výstaviště, faz várias apresentações de slides e vídeos, além dos shows das estrelas. A maior parte das apresentações é só em tcheco, mas uma ou outra das mais populares tem um sumário em inglês (verifique o site para saber detalhes). Há também uma exposição astronômica no salão principal.

STROMOVKA Mapa p. 136

5, 12, 14, 15, 17

Stromovka, oeste de Výstaviště, é o maior parque de Praga. Na Idade Média era uma reserva de caça real, motivo pelo qual às vezes é chamado de Královská obora (Parque Real do Cervo). Rodolfo II mandou plantar árvores raras e fazer vários lagos (alimentados pelo rio Moldava por meio de um canal que ainda funciona). Hoje, é território dos carrinhos de bebê, corredores, ciclistas e patinadores. Veja uma caminhada no parque p. 139.

PALÁCIO VELETRŽNÍ Mapa p. 136

Veletržní palác; ☎ 224 301 122; www.ngprague.cz; Dukelských Hrdinů 47, Holešovice; adulto/criança 200/100Kč, depois de 16 h 100/50Kč, entrada grátis após 15 h 1ª quarta do mês; ⓥ 10-18 h ter-dom; 🚋 12, 14, 17

O enorme e funcionalista Veletržní palác (Palácio da Feira Comercial), que foi construído em 1928 para exposições comerciais, é hoje a sede da excelente coleção de arte tcheca e europeia dos séculos XX e XXI da Galeria Nacional.

É fácil passar um dia inteiro perambulando por ali – a coleção está espalhada por três andares desse prédio enorme, parecido com um transatlântico – mas, se você só tiver uma hora, vá direto ao terceiro andar (Arte Tcheca 1900-30, e Arte Francesa dos séculos XIX e XX), onde estão as pinturas de František Kupka, pioneiro da arte abstrata, e a arte, mobília e cerâmica dos cubistas tchecos. A parte francesa inclui algumas esculturas de Rodin, uns poucos quadros impressionistas, a *Fuga*, de Gauguin, e *Trigo Verde*, de Van Gogh.

O primeiro andar (Arte Estrangeira do século XX) inclui obras de Klimt, Schiele e Picasso, e o segundo andar (Arte Tcheca, 1930 até o presente) tem arte cinética, um pouco de realismo socialista da era comunista e várias obras interessantes de artistas contemporâneos.

LETNÁ E STROMOVKA
Passeio a pé
1 Gruta de pedra
Comece no Palácio de Verão (Letohrádek) na extremidade oriental do Jardim Real (p. 63), ao norte do Castelo de Praga. Um caminho na extremidade sul do Palácio de Verão vai para leste rumo ao parque vizinho Chotkovy sady; no centro dele você vai encontrar uma pequena gruta de pedra dedicada ao romancista histórico Josef Zeyer e, pertinho, um banco de praça com excelente vista para o rio e Staré Město. Essa parte do roteiro só é possível de abril a outubro, já que o Jardim Real fica fechado no inverno. Um início alternativo envolve tomar o tram 18 até a parada Chotkova e seguir a Gogolova rumo leste para os Jardins de Letná (Letenské sady). É possível visitar Chotkovy sady voltando pela ponte na extremidade leste dele.

2 Hanavský Pavilón
Uma ponte para pedestres na extremidade leste dos jardins atravessa a Chotkova até os enormes Jardins Letná, cruzando um largo fosso gramado com muros de tijolo vermelho que um dia fizeram parte das fortificações de Praga. Siga o caminho principal que vira à direita da entrada do parque e continue nessa direção para visitar o Hanavský Pavilón (p. 175), onde se pode desfrutar de um excelente panorama e, talvez, de um pequeno lanche.

3 Metrônomo
O caminho continua pelo topo do barranco diretamente acima do Moldava, com ótimas vistas do rio e das partes leste e sul da cidade, antes de chegar a uma plataforma em degraus monumental com um lento metrônomo gigante, no lugar que já pertenceu a uma estátua descomunal de Stalin (veja quadro, p. 95).

4 Cervejaria de Letná
Siga no rumo leste ao longo do caminho no nível do metrônomo e você acabará chegando à popular cervejaria de Letná, Letenský zámeček (p. 191), onde é quase obrigatório parar para uma geladinha.

5 Restaurante Expo 58
Além da cervejaria, o caminho desce pelo meio de lindos jardins de flores e ao longo de uma aldeia de plátanos, depois do futurista Restaurante Expo 58. Construído para a Exposição Mundial de Bruxelas de 1958, e depois reconstruído, não é mais um restaurante; foi renovado e agora abriga alguns executivos sortudos. Se o Hanavský Pavilón não tentar você para um almoço, talvez a aconchegante La Crêperie (p. 177), na Janovského, consiga.

6 Palácio Veletržní
Deixe o parque e continue descendo pela Skalecká, então, vire à esquerda na movimentada Dukelských Hrdinů. Siga rumo norte nessa rua por 400 m – parando para ver o Palácio Veletržní (acima), a melhor coleção de arte moderna de Praga, se quiser – até a entrada do parque de exposições Výstaviště; se não estiver a fim de caminhar por esse trecho, suba no tram por umas duas paradas (linhas 5, 12 ou 17 servem).

7 Lapidárium
Se o Palácio Veletržní atiçou seu apetite por atrações culturais (ou se começou a chover), desvie para o Lapidárium (p. 135) e caminhe entre

PASSEIO A PÉ POR LETNÁ E STROMOVKA

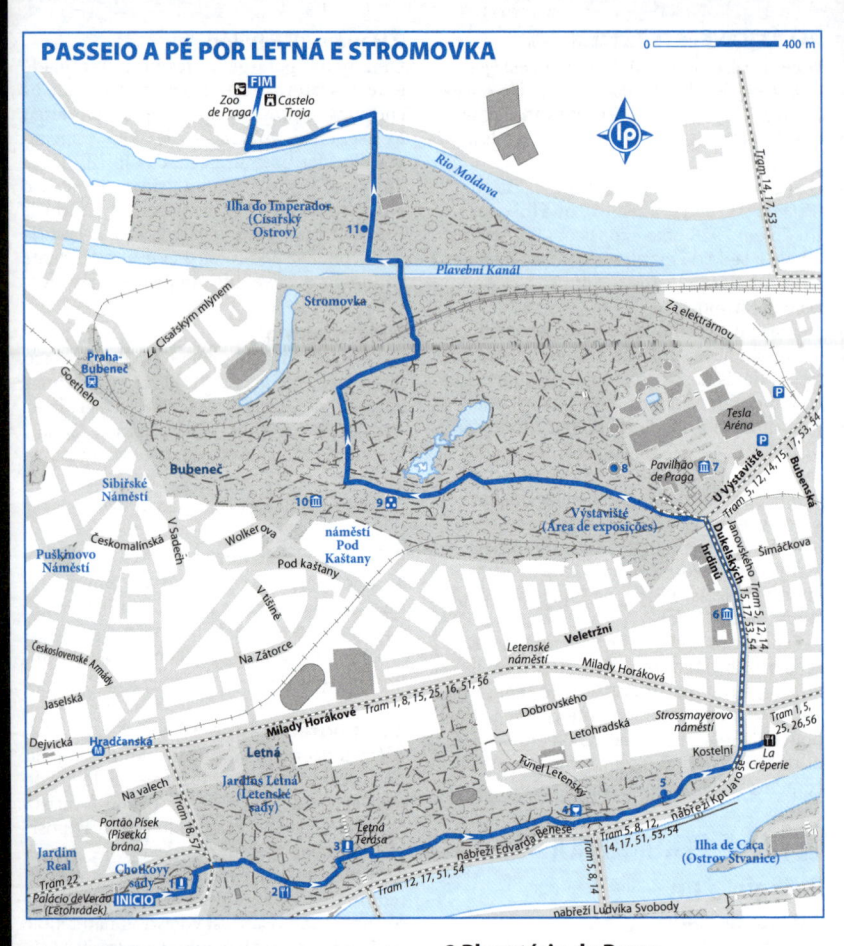

RESUMO DO ROTEIRO

Início Palácio de Verão (tram 22 até parada Letohrádek)
Fim Troja (ônibus 112 para metrô Nádraží Holešovice)
Distância 6 km
Duração Três horas
Grau de dificuldade Moderado
Parada para abastecimento Hanavský Pavilón, cervejaria de Letná, La Crêperie

algumas das melhores esculturas da cidade. Todas as partes de Výstaviště estão, normalmente, abertas ao público. Além do Lapidárium, você encontrará um parque de diversões meio caído, uma fonte "cantante" e um monte de barraquinhas de salsicha e *pivo* (cerveja).

8 Planetário de Praga

Se você estiver no clima de alguma coisa mais educativa, pegue à esquerda na entrada de Výstaviště e siga o caminho logo à direita do terminal do tram 5, que passará pela cúpula do Planetário de Praga (p. 138) quando você entrar no antigo campo de caça real, Stromovka (p. 138).

9 Velho restaurante

Acompanhe a curva do caminho para a esquerda – depois das pessoas jogando *boules* à beira do cascalho –, daí pegue à direita em direção ao lago. Vire à esquerda quando chegar a um caminho largo (sinalizado: "Dejvice & Bubeneč"), que leva a uma série de lagos artificiais, à direita, e a um velho restaurante que já foi grandioso, mas está em ruínas, e um coreto à esquerda.

10 Palácio de Verão Mistodržitelský

Além dele você verá o Palácio de Verão Mistodržitelský no topo de uma colina à esquerda, onde a família real boêmia ficava durante suas caçadas em Stromovka. Ele foi remodelado em estilo neogótico no início do século XIX.

11 Ilha do Imperador

Na junção dos caminhos abaixo do palácio, vire à direita e continue pela alameda de árvores, acompanhando a curva do caminho, para a direita. Pegue a primeira trilha à esquerda (siga as placas "Troja" e "Zoo"), continue pelo túnel sob a linha do trem e suba a escada em frente, ao longe. Atravesse a ponte e vá para a esquerda, depois à direita (sinalizada "Zoo"; se quiser voltar para a cidade de barco, é dali que ele parte). Você estará na Ilha do Imperador (Císařský ostrov); a estrada leva a uma ponte de pedestres sobre o braço principal do Moldava, com uma raia de slalom para canoagem visível rio acima. No outro lado da ponte, vire à esquerda no caminho pela margem do rio. A uns 300 m fica uma área de estacionamento; vire à direita e a estrada vai levá-lo até o ponto final do ônibus 112. De um lado do terminal é o Castelo Troja (p. 145), com um museu do vinho no porão; do outro fica a entrada para o Zoológico de Praga (p. 145). Escolha.

SMÍCHOV

Onde beber p. 194; Onde comer p. 177; Compras p. 157; Onde dormir p. 230

Smíchov merece a reputação de distrito economicamente mais variado – esquizofrênico até – de Praga. Durante anos se arrastou como um distrito industrial decadente, com a maior (segundo algumas fontes) comunidade cigana de Praga. Ao mesmo tempo, as colinas a sudoeste da estação de metrô Anděl, perto dos estúdios de cinema Barrandov, têm alguns dos casarões mais ostensivos da cidade. Hoje em dia, esses contrastes estridentes são visíveis na região em volta de Anděl, que está cheia de prédios de escritório reluzentes, o vasto shopping center Nový Smíchov (p. 157), a cervejaria Staropramen (veja quadro, p. 190) e alguns dos hotéis butique mais legais da cidade. Descendo a rua, perto da estação de trem Smíchovské Nádraží, a pobreza e o abandono se instalam novamente.

Assim como os outros distritos às margens do rio da cidade, Smíchov tanto sofreu quanto se beneficiou da enchente de 2002. Áreas baixas submergiram, mas, na sequência, assistiu-se a uma grande injeção de capital de desenvolvimento. Como Holešovice e Karlín, Smíchov espera ganhar alguma coisa com seu estilo industrial chique. Esse esforço ganhou enorme impulso em 2007, quando o artista David Černý (veja quadros, p. 38 e abaixo) decidiu instalar seu espaço de performances artísticas "Meet Factory" em meio aos prédios e às fábricas abandonadas ao sul de Smíchovské Nádraží.

GALERIA FUTURA Mapa p. 143

☎ 251 511 804; www.futuraprojekt.cz; Holečkova 49; entrada grátis; ⊙ 11-18 h qua-dom; 🚊 4, 7, 9, 10

A Galeria Futura cobre todos os aspectos da arte contemporânea, de pintura, fotografia e escultura, a vídeo, instalações e performances. Os espaços da galeria, que compreendem dois andares de salas tipo "cubo branco", um porão com abóbada de tijolo mais intimista, e um jardim, abrigam exposições temporárias de artistas tchecos e internacionais. A obra mais famosa está no jardim: uma instalação permanente de David Černý (veja quadros, p. 38 e abaixo). Consiste em duas enormes figuras humanas nuas, curvadas na altura da cintura e com a cabeça enterrada numa parede branca. Escadas permitem que você suba e enfie a cabeça – não há, realmente, maneira educada de dizer isso – no ânus das figuras, onde se pode assistir a um vídeo em que o presidente tcheco, Václav Klaus, e o diretor da Galeria Nacional de Praga aparecem dando mingau na boca um do outro. Altamente metafórico, para dizer o mínimo.

MEET FACTORY Mapa p. 143

☎ 251 551 796; http://meetfactory.cz; Ke Sklárně 15; entrada grátis; ⊙ varia com o evento; 🚊 12, 14, 20 parada em Lihovar

ARTE ESQUISITA

As esculturas de David Černý são frequentemente polêmicas, ocasionalmente ultrajantes e sempre divertidas. A seguir estão seis de suas obras mais conhecidas em exposição permanente em Praga. Veja também o quadro, p. 38.

- *Quo Vadis* (Onde vais; 1991) – no jardim da Embaixada Alemã em Malá Strana (Mapa p. 78). Um Trabant (um carro da Alemanha Oriental) sobre quatro pernas humanas serve de monumento aos milhares de alemães orientais que fugiram do regime comunista em 1989 antes da queda do muro de Berlim e acamparam no jardim da embaixada em busca de asilo político. Veja o Passeio a pé dos Jardins de Malá Strana, p. 86.
- *Viselec* (Pendurado; 1997) – sobre a rua Husova em Staré Město (Mapa p. 90). Um camarada barbudo, de óculos, levemente parecido com Sigmund Freud, pendurado distraidamente por uma mão em um poste acima da rua.
- *Kun* (Cavalo; 1999) – na galeria comercial do Palácio Lucerna, Nové Město (Mapa p. 110). Versão alternativa e divertida da famosa estátua de São Venceslau, na Praça Venceslau, só que o cavalo está morto.
- *Miminka* (Mamãe; 2000) – na Torre de TV (p. 133), Žižkov. Bebês gigantes estranhos, com cofrinhos na cara engatinhando por uma torre de transmissão de TV – algo a ver com consumismo e mídia. A gente acha.
- *Brownnosers* (2003) – na Galeria Futura, Smíchov (Mapa p. 142). Enfie a cabeça pelo traseiro de uma estátua e veja um vídeo com o presidente tcheco e o diretor da Galeria Nacional dando mingau um para o outro.
- *Proudy* (Riachos; 2004) – no pátio de Hergetova Cíhelná, Malá Strana (Mapa p. 78). Dois caras fazendo xixi numa poça (cujo formato é o do mapa da República Tcheca) e escrevendo frases literárias com o xixi.

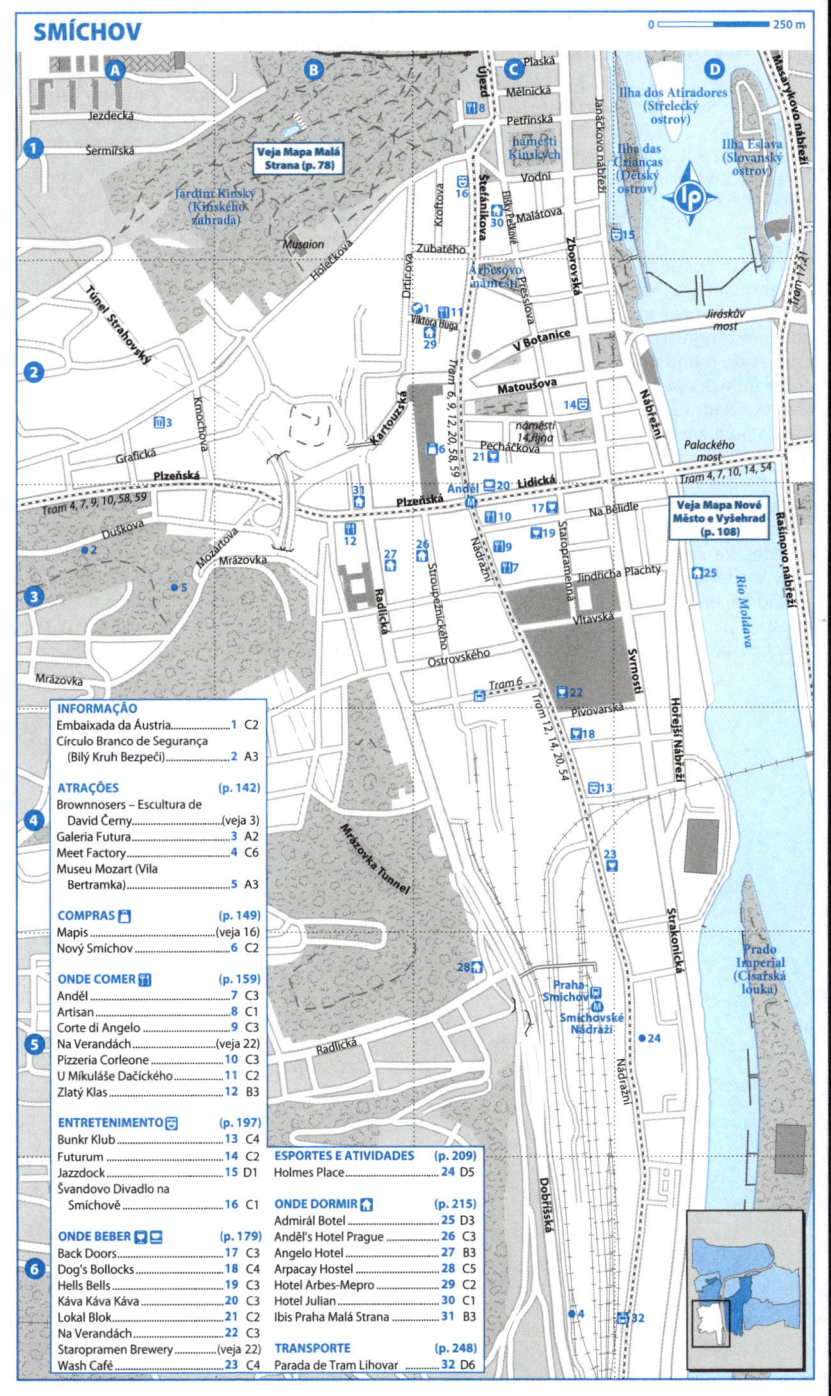

SMÍCHOV

INFORMAÇÃO
Embaixada da Áustria	1 C2
Círculo Branco de Segurança (Bílý Kruh Bezpečí)	2 A3

ATRAÇÕES (p. 142)
Brownnosers – Escultura de David Černý	(veja 3)
Galeria Futura	3 A2
Meet Factory	4 C6
Museu Mozart (Vila Bertramka)	5 A3

COMPRAS (p. 149)
Mapis	(veja 16)
Nový Smíchov	6 C2

ONDE COMER (p. 159)
Anděl	7 C3
Artisan	8 C1
Corte di Angelo	9 C3
Na Verandách	(veja 22)
Pizzeria Corleone	10 C3
U Mikuláše Dačického	11 C2
Zlatý Klas	12 B3

ENTRETENIMENTO (p. 197)
Bunkr Klub	13 C4
Futurum	14 C2
Jazzdock	15 D1
Švandovo Divadlo na Smíchově	16 C1

ONDE BEBER (p. 179)
Back Doors	17 C3
Dog's Bollocks	18 C4
Hells Bells	19 C3
Káva Káva Káva	20 C3
Lokal Blok	21 C2
Na Verandách	22 C3
Staropramen Brewery	(veja 22)
Wash Café	23 C4

ESPORTES E ATIVIDADES (p. 209)
Holmes Place	24 D5

ONDE DORMIR (p. 215)
Admirál Botel	25 D3
Anděl's Hotel Prague	26 C3
Angelo Hotel	27 B3
Arpacay Hostel	28 C5
Hotel Arbes-Mepro	29 C2
Hotel Julian	30 C1
Ibis Praha Malá Strana	31 B3

TRANSPORTE (p. 248)
Parada de Tram Lihovar	32 D6

TRANSPORTE: SMÍCHOV

Metrô Linha B tem estações em Anděl, no coração de Smíchov, e em Smíchovské Nádražíin, no sul.
Tram Linhas 4, 7, 10 e 14 cruzam Palackého, a maioria vinda da Praça Carlos (Karlovo náměstí) até Smíchov; de Malá Strana tome os trams 12 ou 20 de Malostranské náměstí ou Újezd.

Não vá em busca de arte bem-acabada. Por enquanto, a "Meet Factory" de David Černý permanece em grande medida uma obra em progresso. A ideia é convidar artistas do mundo todo para morar e criar nessa fábrica abandonada ao sul de Smíchovské Nádraží. A Meet Factory também realiza *happenings*, performances, projeções de filmes e shows. O problema é que o grupo que administra o espaço, chefiado por artistas locais importantes, ainda está arrecadando o dinheiro para rebocar as paredes. Verifique no site antes de se aventurar tão longe.

Não há jeito fácil de chegar. A melhor aposta é pegar o tram 12, 14 ou 20 de Smíchovské Nádraží até a parada Lihovar, achar o portãozinho no lado esquerdo da estrada, cruzar cinco ou seis linhas de trem (olhe para os dois lados!) e lá está – uma fábrica esverdeada ruindo com dois carros de fibra de vidro vermelhos pendurados em ganchos do lado de fora, cortesia do próprio David Černý.

MUSEU MOZART Mapa p. 143
Vila Bertramka; ☎ 257 318 461; www.bertramka.com; Mozartova 169; entrada do museu adulto/criança 110/30Kč, concertos 500Kč; ⊙ fechado; ⊞ 4, 7, 9, 10

Durante anos, esse casarão do século XVII foi uma atração turística importante para fãs de Mozart, que ficou ali em 1787 e 1791, como hóspede do compositor František Dušek – época em que terminou sua ópera *Don Giovanni*. Infelizmente, o museu foi obrigado a fechar em novembro de 2009, depois de uma desavença entre burocratas da arte e a Sociedade Mozart, proprietária do espaço. No momento da pesquisa, o futuro do museu era incerto, embora houvesse planos para continuar a realizar concertos ocasionais. Verifique o site para obter as últimas informações antes de ir.

REGIÕES AFASTADAS

Em volta do núcleo histórico da cidade ficam os subúrbios de Troja, Kobylisy, Kbely, Barrandov, Střešovice e Břevnov. Exceto para ir ao Zoológico de Praga e ao Castelo de Troja, poucos turistas se aventuram nessas regiões afastadas, e você frequentemente terá as atrações só para você.

ZOOLÓGICO DE PRAGA Mapa p. 58
Zoo Praha; ☎ 296 112 111; www.zoopraha.cz; U Trojského Zámku 120, Troja; adulto/criança/família 150/100/450Kč; ☼ 9-19 h jun-ago, às 18 h abr, mai, set e out, às 17 h mar, às 16 h nov-fev; 🚌 112 de Ⓜ Nádraží Holešovice

O atraente zoológico de Praga está instalado em 60 hectares de terreno de bosque nas margens do rio Moldava. O orgulho do lugar, no topo da colina, são os cavalos de Przewalski – o programa de reprodução do zoológico teve um papel importante para salvá-los da extinção (o logotipo do zoológico é um cavalo de Przewalski) – e os dragões-de-komodo, que se reproduziram em cativeiro pela primeira vez em 2006. Outras atrações são um teleférico miniatura e uma grande área para crianças com um playground de aventuras e um lago para remar.

CASTELO DE TROJA Mapa p. 58
Trojský zámek; ☎ 283 851 614; U Trojského Zámku 1, Troja; adulto/criança 120/60Kč; ☼ 10-18 h ter-dom abr-out, fechado nov-mar; 🚌 112 de Ⓜ Nádraží Holešovice

O Castelo de Troja é um palácio barroco do século XVII construído para a família Šternberk e inspirado nas villas romanas vistas pelo arquiteto numa visita à Itália. O palácio suntuosamente decorado abriga hoje a coleção de arte tcheca do século XIX da Galeria da Cidade, uma galeria de pinturas de cavalos e cachorros pertencentes à aristocracia boêmia e mostras que explicam as esculturas e os afrescos que adornam o próprio palácio. A entrada é grátis no terreno do palácio, onde você pode passear por um lindo jardim francês, observado por uma "gangue" de gigantes barrocos de pedra na balaustrada do lado de fora da porta sul.

MEMORIAL KOBYLISY À RESISTÊNCIA ANTIFASCISTA
Fora do mapa p. 58
Památník protifašistického odboje v Kobylisích; Žernosecká; entrada grátis; ☼ 24 horas; 🚋 10, 17, 24

Este gramado quadrangular, circundado de árvores e com prédios residenciais em volta, era o Estande de Tiro Kobylisy. Mais de cem tchecos foram executados ali por batalhões de fuzilamento durante a II Guerra Mundial. Hoje é um monumento nacional: uma enorme placa de bronze lista os nomes dos mortos e – segundo o legado da burocracia nazista – o dia e a hora dos fuzilamentos. Tome o tram 10, 17 ou 24 para o terminal em Ďáblická, depois ande rumo oeste por 800 m (cerca de 10 minutos) ao longo da Žernosecká.

MUSEU DA AVIAÇÃO KBELY
Fora do mapa p. 58
Letecké muzeum Kbely; ☎ 973 207 500; Mladoboleslavská; entrada grátis; ☼ 10-18 h ter-dom mai-out; 🚌 185 ou 259 de Ⓜ Českomoravská

O campo de pouso Kbely, no noroeste de Praga, é a sede desse museu da aviação, onde você pode ver de perto caças russos MIG e um conjunto de objetos ligados à aeronáutica e a voo espacial. A coleção impressionante tem nada menos do que 275 aviões, incluindo vários aparelhos britânicos e americanos, como o De Havilland Tiger Moth, de 1931, um caça a jato Gloster Meteor (1950) e um McDonnell Douglas F4 Phantom (1954).

BARRANDOV Mapa p. 58
🚌 246, 247, 248 de Ⓜ Smíchovské Nádraží

O subúrbio de Barrandov, no sul, na margem ocidental do rio Moldava, foi desenvolvido nos anos 1930 por Václav Havel, o pai do ex-presidente Havel. É famoso pelos Estúdios Barrandov, os estúdios de cinema fundados por Miloš Havel (tio do ex-presidente) em 1931 e cada vez mais popular

---

TRANSPORTE: TROJA
Barco Vá de barco (veja p. 259) do centro da cidade até o ancoradouro de Troja.
Ônibus Pegue o 112 da estação do metrô Nádraží Holešovice até o ponto final. De abril a setembro um ônibus expresso grátis (Linka Zoo) faz essa rota nos fins de semana.
A pé Caminhe de Výstaviště a Troja pelo Stromovka (3 km).

entre produtores de Hollywood, nos últimos anos: *Missão impossível* (1996), *A Liga extraordinária* (2003), *Casino royale* (2006) e as primeiras duas *Crônicas de Nárnia* (2005 e 2008) usaram suas instalações.

O distrito foi desenvolvido com a ideia de homenagear a Hollywood dos anos 1920, com Max Urban, o arquiteto da era do jazz, contratado para criar os Terraços Barrandov, um elegante conjunto *art déco* de mansões, casarões e apartamentos ao longo de um penhasco acima do rio Moldava, numa imitação consciente das Colinas de Hollywood. Infelizmente, o distrito foi "nacionalizado" e negligenciado durante o período comunista e está decadente; as melhores vistas de seu esplendor em ruínas são do lado oposto do rio.

O subúrbio recebeu o nome do geólogo francês Joachim Barrande, que estudou os fósseis do calcário dos Penhascos Barrandov (Barrandovské skály; Mapa p. 58) – centenas deles estão em exposição no Museu Nacional.

MUSEU DO TRANSPORTE PÚBLICO
Mapa p. 70

Muzeum MHD; ☎ 296 124 900; www.dpp.cz; Patočkova 4, Střešovice; adulto/criança 35/20Kč; 9-17 h sáb, dom e feriados abr-out; 1, 2, 15, 18, 25

O museu no depósito de trams de Střešovice tem uma grande coleção de bondes e ônibus, desde um bonde a cavalo de 1886 a veículos atuais. É um ótimo lugar para crianças, porque elas podem subir em alguns dos veículos, e você pode embarcar num tram de época (veja p. 260) para um passeio pela cidade.

VILLA MÜLLER Mapa p. 58
Müllerova vila; ☎ 224 312 012; www.mulle'rovavila.cz; Nad Hradním Vodojemem 14, Střešovice; visitas guiadas em tcheco adulto/meia 300/200Kč, em inglês ou alemão 400/300Kč; 9-18 h ter, qui, sáb e dom abr-out, 10-17 h ter, qui, sáb e dom nov-mar; 1, 2, 18 para Ořechovka

Fãs da arquitetura funcionalista vão gostar dessa obra-prima de projeto. Foi edificada em 1930 para o empresário da construção František Müller, e projetada pelo arquiteto vienense Adolf Loos, cujo exterior limpo e ultramodernista contrasta com a madeira polida, o couro e os tapetes orientais do interior decorado de modo clássico. A *villa* só pode ser visitada com os guias e com agendamento prévio; as visitas começam a cada 2 horas, a partir das 9 h, entre abril e outubro, e das 10 h, de novembro a março.

MOSTEIRO BŘEVNOV Mapa p. 58
Břevnovský klášter; ☎ 220 406 111; Patočková 72, Břevnov; jardins entrada grátis, visita guiada à igreja, cripta e mosteiro 50Kč; jardins 5h30-8 h e 17 h-20h30 seg-sex, 5h30-20h30 sáb e dom, visitas 10 h e 14 h sáb e dom, mais 16 h mai-set; 15, 22, 25

O mosteiro Břevnov é o mais antigo mosteiro beneditino da República Tcheca, fundado em 993 por Boleslau II e pelo bispo Vojtěch Slavníkovec (mais tarde canonizado como Santo Adalberto). Os dois homens, de duas famílias poderosas que disputavam o domínio da Boêmia, encontraram-se na fonte Vojtěška, ambos tendo sonhado que ali deveriam fundar um mosteiro. O nome vem de *břevno* ("tora", por causa da tora atravessando a tal nascente).

O prédio barroco atual do mosteiro e a Basílica de Santa Margarida (Bazilika sv Markéty) foram terminados em 1720 por Kristof Dientzenhofer. Durante o período comunista, o mosteiro abrigou um arquivo da polícia secreta; Jan Patočka (1907-77), um líder do movimento Carta 77, que morreu depois de interrogado pela polícia secreta, está enterrado no cemitério atrás do mosteiro. Em 1993 (milésimo aniversário da fundação do mosteiro) o primeiro andar restaurado, com seus belos afrescos no teto, e a cripta românica, com as fundações originais e alguns esqueletos, foram abertos ao público pela primeira vez.

Só se pode entrar na igreja, na cripta e no mosteiro com as visitas guiadas (mínimo de 10 pessoas para uma visita em tcheco, 20 pessoas, em inglês ou alemão), mas nos fins de semana pode-se passear pelos jardins à vontade. Há também um bom restaurante, Klášterní Šenk (☎ 220 406 294; pratos 125-350Kč; 11h30-23 h), que serve comida tcheca simples, do campo.

TRANSPORTE: STŘEŠOVICE

Tram Linhas 1, 2 e 18 percorrem a Střešovická, a rua principal.

PALÁCIO ESTRELA DE VERÃO
Fora do mapa p. 58

Letohrádek hvězda; ☎ 235 357 938; Obora hvězda, entradas na Libocká e na Bělohorská, Liboc; adulto/criança 30/15Kč; ⏱ 10-18 h ter-dom mai-set, às 17 h ter-dom abr e out, fechado nov-mar; 🚋 15, 22, 25

O Letohrádek hvězda é um palácio renascentista de verão em forma de estrela de seis pontas construído em 1556 para o arquiduque Ferdinando do Tirol. Ele fica no fim de uma grande avenida que corta o arborizado parque de Obora hvězda, uma reserva de caça estabelecida por Ferdinando I em 1530. O palácio abriga um pequeno museu sobre sua história e uma exposição sobre a Batalha de Bílá Hora (veja Montanha Branca, abaixo).

Da parada do tram Vypich, pegue à direita através do parque até o arco de entrada branco no muro; a avenida leva ao palácio (uma caminhada de 1,5 km do tram).

MONTANHA BRANCA Fora do mapa p. 58
Bílá Hora; acesso por Karlovarská; 🚋 22, 25

A Montanha Branca de 381 m de altura – mais uma suave elevação, na verdade – na periferia oeste de Praga foi, em 1620, o local do colapso das forças militares protestantes que acabou com a independência tcheca por mais de 300 anos. A única lembrança da batalha é um pequeno marco no meio de um campo com o telhado do Palácio Estrela de Verão projetando-se acima da floresta a nordeste.

Pegue o tram até o fim da linha e continue rumo oeste passando a Igreja de Nossa Senhora da Vitória (kostel Panny Maria Vítězná), uma comemoração do início do século XVIII da vitória dos Habsburgos na Montanha Branca, e vire à direita; o campo é visível logo à frente.

V HOLEŠOVIČKÁCH Mapa p. 58
🚋 10, 24, 25

O ponto no subúrbio de Libeň onde o Reichsprotektor SS Obergruppenführer Reinhard Heydrich foi assassinado (veja quadro, p. 118) mudou consideravelmente desde 1942 – os trilhos do bonde se foram e uma moderna estrada foi construída. É perto do lugar em que a estrada sai de V Holešovičkách para Zenklova. Um monumento de aço alto – com três figuras com os braços erguidos, no topo – foi finalmente erguido em 2009, 67 anos depois do evento. Como os paraquedistas tchecos que realizaram a ação foram treinados no Reino Unido, o regime comunista preferiu esquecê-los.

Para chegar ao local, pegue o tram 10, 24 ou 25 até a parada Vychovatelna (Mapa p. 58). No lado que desce da parada do tram, olhe para o prédio amarelo com uma torre verde em cima no horizonte – o monumento fica exatamente abaixo, uma caminhada curta por um gramado onde placas informam (em tcheco) sobre o fato. As ruas vizinhas, Gabčíkova e Kubišova, têm os nomes dos paraquedistas que realizaram o ataque.

TRANSPORTE: BŘEVNOV
Tram Linhas 15, 22 e 25 percorrem a Patočkova e a Bělohorská, a rua principal. A linha 15 termina na parada Vypich; 22 e 25 seguem até Bílá Hora.

COMPRAS

o melhor

- **Art Deco Galerie** (p. 151)
- **Anagram** (p. 152)
- **Modernista** (p. 153)
- **Globe Bookstore & Café** (p. 154)
- **Klara Nademlýnská** (p. 153)
- **Bohème** (p. 152)
- **Obchod s uměním** (p. 156)
- **Pivní Galerie** (p. 157)

O que você recomenda? www.lonelyplanet.com/prague

COMPRAS

Nos últimos dez anos, o cenário das compras em Praga mudou tanto que está irreconhecível. Um enorme afluxo de marcas globais e uma onda de novos shoppings vistosos abarrotados de lojas de design, cafés bacanas e grandes marcas ocidentais deixaram as ruas comerciais da cidade parecidas com as de qualquer capital europeia.

Importados em geral custam o mesmo que na Europa Ocidental, mas produtos locais são acessíveis para tchecos e baratos para ocidentais. Lojas de presentes para turistas fora de Praga – veja a Karlštejn (p. 234) ou a Mělník (p. 238) – oferecem menos opções, mas com preços bem menores. Para quem quer pechinchar, *"sleva"* significa "desconto".

ÁREAS DE COMPRAS

A maior – e mais exaustiva – zona de varejo do centro fica perto da Praça Venceslau (Václavské náměstí), as calçadas são lotadas de visitantes dando uma olhada e de locais fazendo fila nas suas lojas preferidas. Ali se encontra praticamente de tudo, de alta moda e megalojas de música a lojas de departamento sem graça e gigantescas livrarias. Muitas das lojas mais interessantes ficam escondidas em galerias e passagens, como o Palácio Lucerna (mapa p. 110).

A outra rua comercial importante cruza com a parte mais baixa da Praça Venceslau, abrangendo Na Příkopě, 28.října e Národní třída (mapa p. 90 e mapa p. 110). A maioria das grandes lojas e shoppings se concentra na Na Příkopě; o maior de todos – o Shopping Center Palladium Praha (mapa p. 108; náměstí Republiky, Nové Město; M Náměstí Republiky) – fica na extremidade nordeste, em frente à Casa Municipal.

Na Staré Město, na chique avenida de Pařížská (mapa p. 90) há uma sequência de lojas de marcas de luxo como Dior, Boss, Armani e Louis Vuitton, enquanto ruas laterais a leste abrigam butiques de estilistas tchecos. Em contraste, nas travessas tortuosas entre a Praça da Cidade Velha e a Ponte Carlos, montes de lojas bregas de suvenir exibem marionetes, bonecas russas e camisetas com "Czech This Out". Entretanto, outras partes da Staré Město – especialmente Dlouhá, Dušní e Karoliny Světlé – estão se tornando conhecidas por concentrar butiques de moda de designers, galerias de arte e lojas independentes peculiares.

Sendo o bairro residencial mais caro de Praga, não espanta que o maior número de lojas de móveis e decoração da cidade fique em Vinohrady. Quem é fã de design ou decoração não pode deixar de percorrer o fantástico trecho ao longo da Vinohradská, da estação Muzeum do metrô até Jiřího z Poděbrad, para ver os últimos lançamentos em sofás, cozinhas e carpetes. Vale a pena entrar na Haestens e na KA International (ambas na Vinohradská 33) para o melhor em roupa de cama e tecidos, e na Huelsta (Vinohradská 30) para mobília.

HORÁRIO DE FUNCIONAMENTO

As lojas de Praga geralmente abrem entre 8 h e 10 h e fecham entre 17 h e 19 h de segunda à sexta e das 8h30 às 12 h ou 13 h no sábado; as principais lojas, lojas de departamento e o comércio turístico abrem nos fins de semana, mas lojas locais podem estar fechadas aos sábados à tarde e aos domingos.

IMPOSTOS SOBRE O CONSUMO

O imposto sobre valor agregado (IVA, ou DPH em tcheco) é de 10% para comida (inclusive refeições em restaurantes), livros e periódicos, e 20% sobre a venda da maioria dos produtos e serviços. O imposto está embutido no preço, não é acrescentado no caixa.

É possível pedir reembolso do IVA de até 14% do valor de compras com total acima de 2000Kč feitas em lojas que apresentarem o adesivo de "Tax Free Shopping". Elas vão fornecer um *voucher* de Compras Livres de Impostos, que será exigido na alfândega para validação na saída do país (em até 3 meses da data da compra). Você pode então pedir o reembolso num free shop do aeroporto (depois de passar pelo controle de passaportes). Para mais informações, acesse www.globalrefund.com.

HRADČANY

ANTIQUE MUSIC INSTRUMENTS
Mapa p. 70   Antiguidades

☎ 220 514 287; www.antiques.cz; Pohořelec 9; ⊗ 9-18 h; 🚋 22

Pode não ganhar o prêmio de nome de loja mais original, mas o lugar é uma arca do tesouro para instrumentos de corda *vintage*. Você vai encontrar um interessante acervo de violinos, violas e violoncelos antigos, datando do século XVIII até a metade do século XX, assim como arcos, estojos e outros acessórios musicais. No mesmo local, há a Icons Gallery, uma coleção reluzente de ícones religiosos russos e da Europa Oriental, assim como muitos outros *objets d'art* decorativos, relógios, porcelanas e cristais *art nouveau*.

HOUPACÍ KŮŇ Mapa p. 70   Brinquedos

☎ 603 515 745; Loretánské náměstí 3; ⊗ 9h30-18h30; 🚋 22

A loja de brinquedos "Cavalo de Pau" tem bonecas típicas esculpidas em madeira, tratores de corda e carrinhos de brinquedo dos anos 1950 e – surpresa – até cavalos de pau. Há brinquedos especiais e material de desenho que não se encontram em nenhum outro lugar em Praga, mas, para um suvenir tipicamente tcheco, procure o famoso e onipresente personagem Toupeirinha em diferentes versões.

MALÁ STRANA

VETEŠNICTVI Mapa p. 78   Antiguidades

☎ 257 530 624; Vítezná 16; ⊗ 10-17 h seg-sex, até às 12 h sáb; 🚋 6, 9, 12, 20, 22

Uma caverna do Aladim de objetos usados, bricabraque e tralhas junto a, provavelmente, antiguidades legítimas para quem sabe o que procura. Há coisas para todos os bolsos, de alfinetes de lapela, medalhas, cartões-postais, canecas de cerveja e velhos brinquedos da era comunista a cristais, copos para doses, porcelana, cachimbos e canecas de balneário, tudo sob o olhar de um busto de Lênin.

SHAKESPEARE & SYNOVÉ Mapa p. 78 Livros

☎ 257 531 894; www.shakes.cz; U Lužického Semináře 10; ⊗ 11-19 h; 🚋 12, 20, 22

É uma filial mais nova e menor da famosa livraria de obras em inglês de mesmo nome em Vinohrady (veja p. 156).

PAVLA & OLGA Mapa p. 78   Moda

☎ 728 939 872; Vlašská 13; ⊗ 14-18 h seg-sex; 🚋 12, 20, 22

As irmãs Pavla e Olga Michalková começaram trabalhando no cinema e na TV antes de montar a própria marca de moda, criando uma coleção peculiar de chapéus, roupas e acessórios superfofos e originais. Já passaram por lá a supermodelo tcheca Tereza Maxová, a banda britânica Blur e o fotógrafo Helmut Newton.

STARÉ MĚSTO

ART DECO GALERIE Mapa p. 90
Antiguidades

☎ 224 223 076; www.artdecogalerie-mili.com; Michalská 21; ⊗ 14-19 h seg-sex; Ⓜ Můstek

Especializada em objetos do início do século XX, a loja tem grande variedade de coisas dos anos 1920 e 1930, incluindo roupas, bolsas, bijuterias, cristais e cerâmicas, junto a bugigangas como uma cigarreira do tipo que se imagina que Dorothy Parker tiraria da bolsa.

TAMANHO DE ROUPAS

Roupas femininas

Brasil	36	38	40	42	44	46
Europa	36	38	40	42	44	46

Sapatos femininos

Brasil	36	37	38	39	40	41
Europa	35	36	37	38	39	40

Roupas masculinas (ternos)

Brasil	-	46	-	48	-	50
Europa	46	48	50	52	54	56

Camisas masculinas (tamanho do colarinho)

Brasil	38	39	41	42	43	44
Europa	38	39	40	41	42	43

Sapatos masculinos

Brasil	40	41	42	43	44	46
Europa	41	42	43	44½	46	47

Medidas aproximadas; experimente antes de comprar

BRIC A BRAC Mapa p. 90 — Antiguidades
☎ 224 815 763; Týnská 7; ⊙ 10-18 h; Ⓜ Náměstí Republiky

Escondida em uma viela atrás da Igreja Týn, é uma caverna de velhos objetos domésticos, cristais, brinquedos, jarros de boticário, jaquetas de couro dos anos 1940, caixas de charuto, máquinas de escrever, instrumentos de corda e... Apesar de parecer um amontoado de tralhas, as bugigangas são surpreendentemente caras; são duas "salas de exposição", uma pequena na Týnská, e outra maior em um pátio nas proximidades (siga a sinalização), o amável dono Sérvio pode fazer um tour guiado para cada peça de sua abrangente coleção.

ART DÉCORATIF Mapa p. 90 — Artes e artesanato
☎ 222 002 350; U Obecního Domu 2; ⊙ 10-20 h; Ⓜ Náměstí Republiky

Linda loja que trabalha com reproduções tchecas de cristais, joalheria e tecidos *art nouveau* e *art déco*, incluindo alguns vasos e tigelas incríveis. Também vende as criações maravilhosamente delicadas de Jarmila Plockova, neta de Alfons Mucha, que usa elementos da pintura do avô em seu trabalho.

KERAMIKA V UNGELTU
Mapa p. 90 — Artes e artesanato

Týn 7; ⊙ 10-20 h; Ⓜ Náměstí Republiky

A pequena loja em um canto do Pátio de Týn é um bom lugar para encontrar tanto cerâmica tradicional boêmia como utensílios modernos azul e branco, assim como brinquedos de madeira e marionetes, a preços até 25% menores do que em muitas outras lojas na Staré Město.

KUBISTA Mapa p. 90 — Artes e artesanato
☎ 224 236 378; www.kubista.cz; Ovocný trh 19; ⊙ 10-18 h ter-dom; Ⓜ Náměstí Republiky

Devidamente localizada no Museu do Cubismo Tcheco (p. 102), a mais bela construção nesse estilo em Praga, a loja é especializada em reproduções em edição limitada de mobília e cerâmica cubistas características e designs de mestres da forma como Josef Gočár e Pavel Janák. Há também algumas peças originais para colecionadores de verdade com dinheiro de verdade para gastar.

QUBUS Mapa p.90 — Artes e artesanato
☎ 222 313 151; www.qubus.cz; Rámová 3; ⊙ 10-18 h seg-sex; Ⓜ Staroměstská

O pequeno estúdio de design impressiona mais on-line do que ao vivo, mas a Qubus – comandada pelos importantes designers tchecos Maxim Velčoský e Jakon Berdych – vale a visita se você estiver interessado em acessórios domésticos supermodernos, de "luzes líquidas" (lâmpadas em forma de lágrima) a taças de vinho de cristal em formato de copo de plástico descartável. O que quer que agrade seu espírito de vanguarda...

ANAGRAM Mapa p. 90 — Livros
☎ 224 895 737; www.anagram.cz; Týn 4; ⊙ 10-20 h seg-sáb, até às 19 h dom; Ⓜ Náměstí Republiky

Excelente livraria de publicações em inglês, a Anagram tem ampla variedade de obras de ficção e não ficção, com seções especialmente boas de história europeia, filosofia, religião, arte e viagens, assim como obras tchecas traduzidas e livros infantis. Dê uma olhada nos saldos, há livros novos por uma pechincha e ofertas de usados sobre vários assuntos.

BIG BEN Mapa p. 90 — Livros
☎ 224 826 565; www.bigbenbookshop.com; Malá Štupartská 5; ⊙ 9-19 h seg-sex, 10-18 h sáb, 12-17 h dom; Ⓜ Náměstí Republiky

A Big Ben é uma livraria pequena, mas com um bom estoque de livros em inglês. Há prateleiras dedicadas às histórias tcheca e europeia e a livros sobre Praga, viagens (inclusive os guias Lonely Planet), ficção científica, livros infantis, poesia e todos os best-sellers de ficção mais recentes. Há também jornais e revistas em inglês no balcão.

BOTANICUS Mapa p. 90 — Cosméticos
☎ 234 767 446; www.botanicus.cz; Týn 3; ⊙ 10-20 h; Ⓜ Náměstí Republiky

Prepare-se para uma sobrecarga olfativa na loja de produtos naturais para saúde e beleza, sempre cheia. Os sabonetes perfumados, óleos de banho e xampus de ervas, destilados de frutas e produtos de papel artesanal são feitos com ervas e plantas cultivadas em uma fazenda orgânica em Ostrá, perto de Praga.

BOHÈME Mapa p. 90 — Moda
☎ 224 813 840; www.boheme.cz; Dušní 8; ⊙ 11--19 h seg-sex, até às 17 h sáb; Ⓜ Staroměstská

A moderna loja de roupas tem peças com design de Hana Stocklassa e outros, com coleções de tricô, roupas de couro e de camurça para mulheres. Suéteres, blusas de gola alta, saias de camurça, blusas de linho, vestidos de tricô e conuntos de jeans *stretch* são o forte, além de bijuterias variadas.

KLARA NADEMLÝNSKÁ Mapa p. 90   Moda
☎ 224 818 769; www.klaranademlynska.cz; Dlouhá 3; 10-19 h seg-sex, até 18 h sáb; Ⓜ Staroměstská

Klara Nademlýnská é uma das principais estilistas da República Tcheca. Formou-se em Praga e trabalhou por quase 10 anos em Paris. Suas roupas se caracterizam pelas linhas limpas, estilo simples e materiais de qualidade, constituindo uma coleção superusável que vai de maiôs a roupas para a noite, passando por jeans, frente única, blusas coloridas e terninhos arrojados.

TEG Mapa p. 90   Moda
☎ 222 327 358; www.timoure.cz; V Kolkovně 6; 10-19 h seg-sex, 11-17 h sáb; Ⓜ Staroměstská

TEG (Timoure et Group) é a equipe de estilistas criada por Alexandra Pavalová e Ivana Šafránková, duas das mais respeitadas estilistas de Praga. A butique abriga coleções trimestrais caracterizadas por um visual moderno e criativo, acrescentando espírito e sofisticação a roupas usáveis no dia a dia.

MODERNISTA Mapa p. 90   Móveis
☎ 224 241 300; www.modernista.cz; Celetná 12; 11-19 h; Ⓜ Náměstí Republiky

A Modernista é uma elegante galeria especializada em reproduções de mobiliário do século XX de estilos clássicos, que vão de *art déco* e cubista a funcionalista e Bauhaus. A coleção inclui aquelas cadeiras sensualmente encurvadas de Jindřich Halabala, que são atração no Icon Hotel (p. 222) e uma inusitada *chaise longue* de Adolf Loos, da qual há uma cópia na sala de estar da Villa Müller (p. 146). A loja fica em uma galeria na Celetná 12 (não dá para ver da rua).

ARZENAL Mapa p. 90   Cristais
☎ 224 814 099; Valentinská 11; 10-18 h seg-sex, 11-17 h dom; Ⓜ Staroměstská

A Arzenal é um salão de design e showroom para os cristais surpreendentes e coloridos de Bořek Šípek (www.boreksipek.cz), um dos principais arquitetos e designers da República Tcheca. O trabalho dele pode não agradar a todo mundo, mas certamente chama a atenção.

o melhor
BUTIQUES DE ESTILISTAS
- **Bohème** (página ao lado)
- **Galeria Helena Fejková** (p. 154)
- **Pavla & Olga** (p. 151)
- **Klara Nademlýnská** (à esquerda)
- **TEG** (à esquerda)

LE PATIO LIFESTYLE
Mapa p. 90   Objetos para casa
☎ 222 310 310; www.lepatio.cz; Dušní 8; 10-19 h seg-sáb, 11-19 h dom; Ⓜ Staroměstská

Muitos artigos de alta qualidade para a casa, de cadeiras e abajures de ferro forjados por ferreiros boêmios a baús de madeira perfumados feitos por carpinteiros indianos. Você vai encontrar ainda vasos de planta descolados de cerâmica, taças de vinho de cristal grosso com design contemporâneo e muitos outros objetos tentadores que você tem certeza de que vão caber na sua mala abarrotada...

FREY WILLE Mapa p. 90   Joias
☎ 272 142 228; www.frey-wille.com; Havířská 3; 10-19 h seg-sáb, 12-18 h dom; Ⓜ Můstek

Joalheiro austríaco, famoso por seu trabalho esmaltado, Frey Wille produz uma série de peças decoradas características. Os tradicionais motivos egípcios e caxemira são complementados por uma variedade de motivos *art nouveau* inspirados nos trabalhos de Alfons Mucha.

GRANÁT TURNOV Mapa p. 90   Joias
☎ 222 315 612; www.granat.eu; Dlouhá 28-30; 10-18 h seg-sex, até 13 h sáb; Ⓜ Náměstí Republiky

Parte da maior cadeia de joalherias do país, especializada em granada boêmia, tem uma imensa variedade de anéis, broches, abotoaduras e colares de ouro e prata com pequenas pedras vermelho-sangue. Há também joias com pérolas e diamantes, além de peças mais baratas feitas com um tipo de pedra semipreciosa verde-escura, conhecida em tcheco como *vltavín* (moldavita).

MAXIMUM UNDERGROUND
Mapa p. 90 Música

☎ 724 307 198; www.maximum.cz; Jílská 22; ⊙ 11-19 h seg-sáb; Ⓜ Můstek

No primeiro andar de uma galeria saindo da Jílská, o lugar está cheio de CDs e LPs de indie, punk, hip-hop, techno e outros gêneros. Há também roupas urbanas e para sair à noite, novas e usadas, para quem estiver a fim de um visual grunge da Europa Central.

TALACKO Mapa p. 90 Música

☎ 224 813 039; www.talacko.cz; Rybná 29; ⊙ 10-18 h seg-sex, até 16 h sáb; Ⓜ Náměstí Republiky

Compre o *Don Giovanni* de Mozart ou a *Sinfonia do Novo Mundo* de Dvořák na eclética loja de partituras. Ou você pode se interessar por um favorito da música popular – que tal *101 Músicas dos Beatles para Músicos de Rua*?

NOVÉ MĚSTO

GALERIE ČESKÉ PLASTIKY Mapa p. 108
Artes e artesanato

Galeria de Escultura Tcheca; ☎ 222 310 684; www.art-pro.cz; Revoluční 20; ⊙ 10-18 h seg-sáb; 🚋 5, 8, 14

Essa galeria comercial é um tesouro de esculturas, pinturas, gravuras e fotografias tchecas do século xx e contemporâneas. Há exposições temáticas regulares, e todos os itens estão à venda, a preços que variam entre 2000Kč e 2 milhões de coroas tchecas.

GLOBE BOOKSTORE & CAFÉ
Mapa p. 110 Livros

☎ 224 934 203; www.globebookstore.cz; Pštrossova 6; ⊙ 9h30-24 h dom-qua, 9h30-1 h qui-sáb; Ⓜ Karlovo Náměstí

Frequentada por muitos estrangeiros fãs de livros, a Globe é uma aconchegante livraria com publicações em inglês e um excelente bar e café (veja quadro p. 165) em que você pode folhear as suas aquisições. Há uma boa variedade de obras de ficção e não ficção novas, uma grande quantidade de livros usados, e jornais e revistas em inglês, francês, espanhol, italiano alemão e russo. E mais exposições de arte e exibição de filmes.

PALÁC KNIH NEO LUXOR Mapa p. 110 Livros

☎ 296 110 372; www.neoluxor.cz; Václavské náměstí 41; ⊙ 8-20 h seg-sex, 9-19 h sáb, 10-19 h dom; Ⓜ Muzeum

A Palác Knih Neo Luxor é a maior livraria de Praga – dirija-se ao subsolo para encontrar uma grande variedade de livros de ficção e não ficção em inglês, alemão, francês e russo, inclusive de autores tchecos traduzidos. Você também vai encontrar acesso à internet (1Kč por minuto), um café e (logo depois da porta principal) uma boa variedade de jornais e revistas internacionais.

KANZELSBERGER Mapa p. 110 Livros e mapas

☎ 224 219 214; www.dumknihy.cz; Václavské náměstí 4; ⊙ 9-20 h; Ⓜ Můstek

Instalada no edifício Lindt, alto, com a frente de vidro, na Praça Venceslau, a Kanzelsberger tem cinco andares de prateleiras de livros e um café no primeiro andar com vista para a praça. Você provavelmente vai querer ir ao último andar, onde há livros em inglês, alemão e francês, além de mapas de cidades e trilhas de toda a República Tcheca.

KIWI Mapa p. 110 Livros e mapas

☎ 224 948 455; www.kiwick.cz; Jungmannova 23; ⊙ 9-18h30 seg-sex, até 14 h sáb; Ⓜ Národní Třída

Pequena livraria especializada em livros de viagem. Abriga uma imensa variedade de mapas, não somente da República Tcheca, como de muitos outros países, além de uma grande quantidade de guias Lonely Planet.

GALERIA HELENA FEJKOVÁ
Mapa p. 110 Moda

☎ 724 125 262; www.helenafejkova.cz; Lucerna Pasáž, Štěpánská 61; ⊙ 10-19 h seg-sex, até 15 h sáb; Ⓜ Muzeum

Equipe-se com a última moda tcheca nessa butique showroom *très chic*. Moda e acessórios contemporâneos masculinos e femininos da estilista de Praga Helena Fejková e de outros estão em exposição; desfiles de moda particulares podem ser marcados.

MANUFACTURA ABRAM KELLY
Mapa p. 110 Presentes

☎ 224 233 282; www.manufactura.cz; Senovážné náměstí 16; ⊙ 9-18 h seg-sex; 🚋 3, 9, 14, 24

A pequena oficina e estúdio produz papel artesanal usando técnicas tradicionais, vendido na forma de cartões de felicitações, cartões de visita, artigos de papelaria, impressões fotográficas e mapas antigos.

MOSER Mapa p. 110 — Cristais
☎ 224 211 293; www.moser-glass.com; Na Příkopě 12; ⊗ 10-20 h; Ⓜ Můstek
Uma das cristalerias boêmias mais exclusivas e respeitadas, a Moser foi fundada em Karlovy Vary em 1857 e é famosa pelo design elaborado e chamativo. A loja na Na Příkopě vale uma visita tanto pela decoração quanto pelos cristais – fica em uma construção originariamente gótica, a Casa da Rosa Negra (dům U černé růže), cuja decoração é magnífica.

JOALHERIA BELDA Mapa p. 110 — Joias
☎ 224 931 052; www.belda.cz; Mikulandská 10; ⊗ 10-18 h seg-qui, até 17 h sex; Ⓜ Národní Třída
A Belda & Co é uma empresa tcheca antiga, de 1922. Nacionalizada em 1948, foi ressuscitada pelo filho e pelo neto do fundador e continua a criar joias de alto padrão em ouro e prata. Confecciona tanto peças com design angular e contemporâneo próprio quanto reproduções com base em padrões *art nouveau* de Alfons Mucha.

BAZAR Mapa p. 110 — Música
☎ 602 313 730; www.cdkrakovska.cz; Krakovská 4; ⊗ 9-19 h seg-sex, 10-15 h sáb; Ⓜ Muzeum
Há uma enorme coleção de cds, lps e vídeos usados para fuçar na Bazar, com representantes de uma ampla variedade de gêneros. Pop tcheco e pop ocidental disputam espaço com jazz, blues, heavy metal, música country e world music, porém a maioria dos lps custa cerca de 300Kč a 450Kč – não é exatamente o que se chamaria de um porão de pechinchas.

BONTONLAND Mapa p. 110 — Música
☎ 224 473 080; www.bontonland.cz; Václavské náměstí 1-3; ⊗ 9-20 h seg-sáb, 10-19 h dom; Ⓜ Můstek
Supostamente a maior megaloja de música da República Tcheca, tem de tudo, inclusive música das paradas ocidentais, clássica, jazz, dance e heavy metal, assim como uma abrangente coleção de pop tcheco. Também vende dvds, iPods e acessórios, tem uma arena de PlayStation grande e café com internet.

o melhor

LIVRARIAS

- **Anagram** (p. 152)
- **Big Ben** (p. 152)
- **Globe Bookstore & Café** (página ao lado)
- **Palác Knih Neo Luxor** (página ao lado)
- **Shakespeare & Synové** (p. 156)

FOTO ŠKODA Mapa p. 110 — Fotografia
☎ 222 929 029; www.fotoskoda.cz; Vodičkova 37; ⊗ 9-20 h seg-sex, 10-18 h sáb; Ⓜ Můstek
Uma das maiores lojas do ramo em Praga, a Foto Škoda oferece ampla gama de máquinas fotográficas e filmadoras digitais, câmeras de vídeo, binóculos, filmes (tanto profissionais quanto amadores) e acessórios para fotografia, além de consertar esses equipamentos. Vende também câmeras usadas.

JAN PAZDERA Mapa p. 110 — Fotografia
☎ 224 216 197; Vodičkova 28; ⊗ 10-18 h seg-sex, até 13 h sáb; 🚋 3, 9, 14, 24
Os funcionários são atenciosos e bem informados nessa veterana loja do ramo e estão sempre dispostos a mostrar o belo estoque de câmeras, equipamentos para câmara escura, lentes, binóculos e telescópios usados. Os modelos variam da Zenit russa, básica, mas inquebrável, a caras Leicas.

BAŤA Mapa p. 110 — Sapatos
☎ 221 088 478; www.bata.cz; Václavské náměstí 6; ⊗ 9-21 h seg-sex, 9-20 h sáb, 10-20 h dom; Ⓜ Můstek
Fundado por Tomáš Baťa em 1894, o império dos sapatos Baťa ainda pertence à família e é uma das empresas mais bem-sucedidas da República Tcheca. A loja da marca na Praça Venceslau, construída nos anos 1920, é considerada obra-prima da arquitetura moderna e abriga seis andares de sapatos (inclusive de marcas internacionais como Nike e Salomon and Cat), bolsas, malas e artigos de couro.

ZERBA Mapa p. 110 — Brinquedos
☎ 221 014 616; www.zerba.cz; 1st fl, Černa Růže Shopping Center, Na Příkopě 12; ⊗ 10-19 h seg-sex, até 18 h sáb, até 17 h dom; Ⓜ Můstek
O lugar é um paraíso para fãs de trens elétricos de todas as idades, com uma imensa variedade de trilhos e vagões

155

para escalas N e OO, assim como uma boa coleção de kits de corrida Scalextric e carrinhos Matchbox.

VINOHRADY E VRŠOVICE

OBCHOD S UMĚNÍM Mapa p. 125   Arte
☎ 224 252 779; Korunní 34, Vinohrady; 11-17 h seg-sex; Ⓜ Náměstí Míru, 🚋 10, 16
Praga é repleta de lojas de antiguidades e sebos especializados em vender pinturas e gravuras do início do período moderno. O problema é que é difícil separar o joio do trigo. A "Compre com Arte" é a melhor pedida, especializada em pinturas originais, gravuras e esculturas de 1900 a 1940, época em que artistas tchecos estavam na linha de frente de movimentos como construtivismo, surrealismo e cubismo. Naturalmente, as obras de arte alcançam preços astronômicos hoje em dia, mas de qualquer modo é divertido passar para dar uma olhada.

SHAKESPEARE & SYNOVÉ
Mapa p. 125   Livros
☎ 271 740 839; www.shakes.cz; Krymská 12, Vršovice; 16-0 h; 🚋 4, 22
Embora as prateleiras fiquem vergadas com a incrível variedade de literatura em inglês, tanto livros novos quanto usados, a Shakes é mais do que uma livraria – é um ponto de encontro literário, com um café aconchegante onde há leitura de poesia, eventos com autores e jazz ao vivo com regularidade. Você pode comprar revistas como a *New York Review of Books*, a *Harper's* e a *Atlantic Monthly* e se sentar para ler com um café e bolos. Eventualmente a livraria abre mais cedo no fim de semana para um *brunch*; veja no site.

ORIENTÁLNÍ KOBERCE PALÁCKA
Mapa p. 125   Tapetes
☎ 222 518 354; www.orientalni-koberce.cz; Vinohradská 42, Vinohrady; 10-19 h seg-sex, até 14 h sáb; Ⓜ Náměstí Míru
O "Palácio dos Tapetes Orientais" é um showroom suntuoso, cheio de tapetes e tapeçaria feitos à mão, do Irã e de outros países da Ásia Central. Peças coloridas de todos os tamanhos e preços, em elaborados padrões tradicionais. Os funcionários são bem informados e estão dispostos a ajudar você a fazer uma boa compra.

DŮM PORCELÁNU Mapa p. 125   Vidro e cristal
☎ 221 505 320; www.dumporcelanu.cz;Jugoslávská 16, Vinohrady; 9-19h seg-sex, 9-17 h sáb, 14-17 h dom; Ⓜ IP Pavlova
A Casa da Porcelana é uma espécie de loja de fábrica com os melhores fabricantes de porcelana tchecos, incluindo Haas & Czjzek e Thun, ambos sediados na Boêmia Ocidental. Os talheres e outros itens têm preços atrativos para compradores locais – não turistas. Preços bem mais baixos do que os praticados no centro para os mesmos produtos.

KAREL VÁVRA Mapa p.125   Instrumentos musicais
☎ 222 518 114; Lublaňská 65, Vinohrady; 9-17 h seg-sex; Ⓜ IP Pavlova
Violinos feitos à mão decoram o interior da oficina de violinos à moda antiga, onde Karel e seus assistentes se empenham para fabricar e consertar os instrumentos do modo mais tradicional possível. Mesmo que você não esteja atrás de um violino feito por encomenda, vale dar uma olhada pela atmosfera antiga do local.

PALÁC FLÓRA Mapa p. 130   Shopping center
☎ 255 741 712; www.palacflora.cz; Vinohradská 151, Vinohrady; 9-19 h seg-sáb, 10-21 h dom; Ⓜ Flóra
O reluzente templo de consumo poderia estar em qualquer lugar do mundo capitalista. Cafés vistosos dividem o espaço com lojas femininas de camisetas minúsculas, maquiagem cintilante e marcas globalizadas (Hilfiger, Sergio Tacchini, Nokia, Puma, Lacoste, Guess, Diesel, Apple). Há uma praça de alimentação completa no andar de cima e cinema multiplex com 8 salas, mais uma sala IMAX, que continuam a atrair público à noite. Fácil acesso, direto da estação Flóra do metrô.

VINOHRADSKÝ PAVILON
Mapa p. 125   Shopping center
☎ 222 097 100; www.pavilon.cz; Vinohradská 50, Vinohrady; 9h30-21 h seg-sáb, 12-20 h dom; Ⓜ Jiřího z Poděbrad
A principal galeria de compras de Vinohrady vale a visita, mesmo que só para dar uma olhada no interior deste pavilhão de feiras de 1902, lindamente restaurado. Por mais que tente, a administração da galeria não consegue atrair compradores o suficiente para que ela funcione como uma empreitada comercial; apesar de haver algumas butiques chiques espalhadas e um café

no térreo (administrado pela Ambiente, um grupo local de restaurantes) que serve também rápidas refeições excelentes. Há ainda um supermercado Albert grande no subsolo, caso você precise se abastecer para um piquenique ou para o trem.

HOLEŠOVICE, BUBENEČ E DEJVICE

ANTIKVITA Mapa p. 136   Antiguidades
☎ 233 336 601; www.antikvita.cz; Na Hutích 9, Bubeneč; 10-17 h seg-sex; Ⓜ Dejvická
O antiquário é um deleite para colecionadores, lotado de mostruários e armários transbordando objetos *vintage* como brinquedos, trenzinhos, bonecas, moedas, medalhas, joias, relógios, artigos militares, cartões-postais, estatuetas de porcelana, cristais e muito mais. Se você tiver alguma coisa para vender, a Antikvita realiza sessões de compra às quartas e quintas-feiras (das 10 h às 12 h e das 14 h às 17 h).

PIVNÍ GALERIE Mapa p. 136   Comida e bebida
☎ 220 870 613; www.pivnigalerie.cz; U Průhonu 9, Holešovice; 12-19 h ter-sex; 1, 3, 5, 25
Se você acha que cerveja tcheca começa e termina com a Pilsner Urquell, uma visita ao salão de degustação da Pivní Galerie (a Galeria da Cerveja) vai abrir os seus olhos. Você pode experimentar e comprar uma imensa variedade de cervejas da Boêmia e da Morávia – quase 150 variedades de 30 cervejarias diferentes – seguindo conselhos especializados dos proprietários.

PRAŽSKÁ TRŽNICE Mapa p. 136   Mercado
Mercado de Praga; ☎ 220 800 945; Bubenské nábřeží 306, Holešovice; 7-18 h seg-sex, até 14 h sáb; 1, 3, 5, 25
Quase um subúrbio por si só, o bagunçado mercado municipal de Praga, um pouco deprimente, inclui uma grande área ao ar livre em que se vende frutas frescas, legumes e flores, amplos espaços cobertos com supermercados, lojas de material elétrico e de acessórios para carros e dezenas de barracas com tudo que há, de roupas baratas a anões de jardim. Do lado leste do mercado, há depósitos de antiguidades, alguns dos quais parecem ter esvaziado mais de uma mansão barroca. O mercado também abriga, ironicamente, o SaZaZu (p. 176), restaurante e clube asiático sofisticado.

SMÍCHOV

MAPIS Mapa p. 143   Mapas
☎ 257 315 459; Štefánikova 63; 9 h-18h30 seg-sex; 6, 9, 12, 20
A Mapis é uma loja especializada com ampla coleção de mapas locais, nacionais e internacionais, incluindo os de trilhas e de cidades, abrangendo não só Praga, mas toda a República Tcheca.

NOVÝ SMÍCHOV Mapa p.143   Shopping center
☎ 251 511 151; www.novysmichov.eu; Plzeňská 8; 9-21 h; Ⓜ Anděl
O Nový Smíchov é um amplo shopping que ocupa área equivalente a alguns quarteirões. É um espaço arejado e bem projetado, com muitas butiques e lojas especializadas – cheque, por exemplo, a Profimed, que tem todos os produtos possíveis para o cuidado com os dentes, coisas que você nem imaginava existir. Além de todas as grandes marcas, há uma loja de computadores grande, praça de alimentação, lan house, boliche, um cinema multiplex com 12 salas e um imenso hipermercado Tesco, bem abastecido.

ONDE COMER

o melhor

- **Allegro** (p. 166)
- **Céleste** (p. 169)
- **Da Emanuel** (p. 175)
- **Lokál** (p. 168)
- **Maitrea** (p. 168)
- **Mozaika** (p. 172)
- **Oliva** (p. 169)
- **Noi** (p. 165)
- **SaSaZu** (p. 176)
- **Zahrada v opeře** (p. 169)

O que você recomenda? www.lonelyplanet.com/prague

ONDE COMER

A cozinha tradicional tcheca é o pesadelo do cardiologista, um cardápio lotado de colesterol, com carne, gordura, sal e mais carne, acompanhados de bolinhos calóricos que descem com ajuda de cerveja. Quanto à comida, a pior crítica tcheca que existe é dizer que ela está *neslaný* ou *nemaslý* ("sem sal" ou "sem gordura").

Quem, contudo, puder deixar de lado suas concepções sobre alimentação saudável por alguns dias (afinal, você está de férias – viva um pouco!), vai descobrir que a comida tradicional tcheca é muito saborosa. O país pode se gabar de alguns produtos da mais alta qualidade, de carne de caça a peixes, carnes defumadas e cogumelos selvagens, e os principais chefs de Praga começam a reinventar a cozinha tcheca com um toque mais leve e imaginativo.

Desde que a República Tcheca entrou para a UE, em 2004, o aumento da quantidade, da qualidade e da variedade dos restaurantes de Praga acelerou. Há uma ampla variedade de cozinhas internacionais para se apreciar, de afegã a argentina, de coreana a cantonesa, e até – milagrosamente – esperar que um sorriso acompanhe o serviço em muitos restaurantes.

Mas não vá deixar esse caleidoscópio culinário cegar você para os prazeres do velho e bom rango tcheco. Os muitos pubs da cidade servem carne de porco e bolinhos saborosos, muitas vezes a preços camaradas, e vários restaurantes chiques oferecem versões gourmet de pratos clássicos boêmios, como joelho de porco e pato assado.

CELEBRAÇÃO COM COMIDA

O Natal é a comemoração mais importante do calendário tcheco, e comida e bebida exercem papel fundamental. A véspera de Natal (*Štědrý den*, ou "dia generoso") é dia de abstinência de carne, e as pessoas guardam o apetite para a refeição da noite, que tradicionalmente é *smažený kapr* (carpa frita crocante) servida com *bramborový salát* (salada de batata). As carpas são criadas em *rybníky* (lagos) medievais no interior, principalmente no sul da Boêmia, e, em dezembro, levadas para os mercados da cidade e vendidas vivas, em barris de água. Em muitas casas, a carpa do Natal fica nadando na banheira até a hora de ir para a frigideira.

Não há uma tradição nacional quanto ao que deve ser servido no dia de Natal *(vánoce)*, mas a carne definitivamente volta ao cardápio; *pečená kachna* (pato assado), servido com molho e bolinhos, é um dos favoritos. Há ainda biscoitos de Natal *(vánoční cukroví)*, preparados segundo receitas familiares tradicionais, e *vánočka*, a versão boêmia para o bolo de natal, que na verdade é feita com massa de pão adoçada, a qual se acrescentam limão, noz-moscada, passas e amêndoas, e é trançada; geralmente servida após a ceia da véspera de Natal.

A noite de Ano-Novo *(Silvestr)* também é uma comemoração importante. Hoje em dia, poucos ainda preparam o jantar tradicional dessa data – *vepřový ovar* (cabeça de porco cozida), servida com raiz-forte ralada e maçã –, mas ela ainda é muito festejada com travessas de *chlebíčky* (pequenos sanduíches abertos), *bramborůvky* (panquecas de batata) e outros petiscos, além das garrafas de *šampaňské* ou de outro espumante para brindar os sinos da meia-noite.

ETIQUETA

Embora a maioria dos restaurantes de Praga frequentados por turistas tenha há tempos adotado os costumes internacionais, um jantar em uma casa tcheca ou restaurante tradicional ainda exige a etiqueta tradicional do país.

Na mentalidade tcheca, só bárbaros começam uma refeição sem antes dizer *dobrou chuť* (bom apetite) – a resposta correta é repetir a frase; mesmo os garçons de restaurantes turísticos murmuram *dobrou chuť* quando colocam o prato na mesa. E o primeiro drinque da noite vem sempre acompanhado de um brinde – normalmente *na zdraví* (literalmente, "à saúde") –, quando se faz tim-tim primeiro com a parte de cima do copo

PROIBIÇÃO DE FUMAR

Em 2010, os pubs e restaurantes da República Tcheca tiveram de escolher entre três avisos diferentes a serem afixados na entrada do recinto: permitido fumar, proibido fumar ou misto. O último só serve para estabelecimentos que têm espaços separados (isto é, fisicamente isolados) para fumantes e não fumantes.

PÁSSAROS ESPANHÓIS E PARDAIS DA MORÁVIA

Muitos pratos tchecos têm nomes que não dão pistas do que eles são, mas conhecer algumas palavras pode ajudar: *šavle* (sabre; alguma coisa no espeto); *tajemství* (segredo; queijo dentro da carne enrolada); *překvapení* (surpresa; carne, pimenta e pasta de tomate dentro de uma panqueca de batata enrolada); *kapsa* (bolso; recheio dentro da carne enrolada); e *bašta* (bastião; carne com molho picante e panqueca de batata).

Dois pratos com nomes estranhos que todo tcheco conhece são *Španělský ptáčky* (pássaros espanhóis: linguiça com picles de pepino embrulhados em uma fatia de vitela, servidos com arroz e molho) e *Moravský vrabec* (pardal da Morávia: um pedaço de porco assado do tamanho de um punho fechado). Mas até os tchecos precisam perguntar o que é *Meč krále Jiřího* (espada do rei Jorge: carnes de porco e de vaca assadas no espeto), *Tajemství Petra Voka* (mistério de Peter Voka: carpa com molho), *Šíp Malínských lovců* (flecha de caça de Malín: carne, linguiça, peixe e vegetais no espeto) e *Dech kopáče Ondřeje* (bafo do coveiro André: filé de porco recheado com queijo Olomouc, que tem um cheiro muito forte).

e depois com a de baixo e, por fim, o copo é colocado sobre a mesa antes de se beber.

Não é educado conversar enquanto se come e, especialmente, se dirigir a um convidado que está comendo. Deve-se falar o mínimo enquanto a comida está sendo consumida; a hora de falar é entre os pratos e depois da refeição.

ESPECIALIDADES

A entrada da refeição costuma ser uma substanciosa *polévka* (sopa) – geralmente *bramboračka* (sopa de batata), *houbová polévka* (sopa de cogumelo) ou *hovězí vývar* (caldo de carne). Vale a pena ficar atento à *cibulačka* (sopa de cebola), um delicioso prato à base de cebola caramelizada e ervas, e à *česnečka* (sopa de alho), um caldo de sabor superforte que é viciante.

Outra entrada comum é o *Pražská šunka* (presunto de Praga), pelo qual a capital é famosa. Ele é curado em salmoura e defumado; o melhor é o *šunka od kosti* (presunto sem osso).

O arroz e feijão dos tchecos é o *vepřová pečeně s knedlíky a kyselé zelí* (porco assado com bolinhos e chucrute); é um prato tão onipresente que muitas vezes é abreviado para *vepřo-knedlo-zelo*. O porco é temperado com sal e sementes de alcarávia e assado lentamente – o bom porco assado deve estar desmanchando, derretendo de tão macio quando tocado com o garfo ou o dedo.

Os bolinhos devem ser leves e fofinhos – *houskové knedlíky* (bolinhos de pão) são feitos com farinha, fermento, gema e leite, e crescem como pão antes de serem cozidos em água fervente e depois fatiados. Os melhores *knedlíky* são os caseiros, mas os encontrados na maioria dos pubs e restaurantes são industrializados. A alternativa é pedir *bramborové knedlíky* (bolinhos de batata); se você achou os bolinhos de pão pesados, espere até provar essas verdadeiras bombas.

Outros pratos comuns em restaurantes tchecos são *svíčková na smetaně* (fatias de rosbife marinado servidas com molho de creme de leite azedo guarnecido com limão e cranberries); *guláš* (cozido de carne de vaca ou porco com molho de tomate, cebola e páprica); e *vepřový řízek* (Wiener schnitzel, filé de porco fino empanado com migalhas de pão e frito, servido com salada de batata ou *hranolky* – batatas fritas).

Frango também é comum como prato principal, tanto assado como o *kuře na paprice* (frango com molho cremoso picante de páprica). *Kachna* (pato), *husa* (ganso) e *krůta* (peru) geralmente são assados, e vêm com molho, bolinho e chucrute. Alguns restaurantes têm como especialidade carne de caça; as mais comuns são *jelení* (veado), *bažant* (faisão), *zajíc* (lebre) e *kanec* (javali) – fritos ou assados, servidos com molho de cogumelos ou no *guláš*.

Frutos do mar são encontrados somente em restaurantes caros, mas peixes de água doce – normalmente *kapr* (carpa) ou *pstruh* (truta) – são muito comuns. *Štika* (lúcio) e *úhoř* (enguia) frequentam os cardápios mais especializados. Fique atento, pois o preço do peixe no cardápio às vezes não é para o peixe inteiro, mas sim para cada 100 g. Pergunte o peso da truta antes de pedir!

A sobremesa tcheca clássica são os *ovocné knedlíky* (bolinhos com fruta), mas, novamente, os melhores são servidos nas mesas das casas, e não nos restaurantes. Grandes bolinhos redondos feitos com massa adoçada à base de farinha são recheados com frutas vermelhas, ameixa ou damasco e servidos salpicados com açúcar e manteiga derretida.

As sobremesas oferecidas em restaurantes e pubs tradicionais são *kompot* (frutas enlatadas/em conserva), tanto puras como no *pohár* – na tigela com *zmrzlina* (sorvete) e chantili. *Palačinky* ou *lívance* (panquecas) também são muito comuns. Outras sobremesas são *jablkový závin* (strudel de maçã), *makový koláč* (bolo de semente de papoula) e *ovocné koláče* (fatias de frutas). Para bolos e tortas é melhor ir a um *kavárna* (café) ou *cukrárna* (doceria).

O café da manhã tcheco típico *(snídaně)* é leve, consiste em *chléb* (pão) ou *rohlík* (enroladinhos) com manteiga, queijo, geleia ou iogurte, consumidos com chá ou café. O bufê de café da manhã do hotel normalmente inclui também cereais, ovos, presunto ou salsicha. Alguns tchecos tomam café em um *bufety* self-service, eles funcionam das 6 h às 8 h – são servidos sopas ou cachorros-quentes, consumidos com café ou até cerveja. Para café da manhã estilo ocidental, veja os lugares destacados no quadro da p. 165.

Você também pode ir a uma *pekárna* ou *pekařství* (padaria), ou a uma confeitaria francesa ou vienense para comer *loupáčky* (parecidos com croissants, mas menores e mais pesados). Os pães tchecos, principalmente de centeio, são variados e muito bons.

O *Oběd* (almoço), tradicionalmente, é a principal refeição do dia e, exceto aos domingos, costuma ser rápido. Os tchecos acordam cedo, por isso às vezes já sentam para almoçar às 11h30, mas em muitos restaurantes ainda sobra comida para quem chega até umas três da tarde. Depois de almoçar bem, para a maioria dos tchecos o *večeře* (jantar) é uma refeição leve, como um prato de carnes frias, queijo e picles com pão.

INFORMAÇÕES PRÁTICAS
Horários de funcionamento
Geralmente, o almoço é servido das 12 h às 15 h, e o jantar das 18 às 21 h. A maioria dos restaurantes de Praga, porém, fica aberta o dia inteiro, das 10 ou 12 h até 22 h ou 23 h, o que permite refeições em horários flexíveis. Os cafés normalmente abrem às 8 h; veja o quadro na p.165 com sugestões para o café da manhã.

GUIA DE PREÇOS
O guia de preços informa o preço médio de um prato principal no jantar:
€€€	acima de 600Kč (acima de € 24)
€€	250Kč a 599Kč (€ 10 a € 24)
€	menos de 250Kč (menos de € 10)

Quanto custa?
Em média, prepare-se para pagar cerca de 300Kč a 600Kč por pessoa por uma refeição em restaurante intermediário, sem incluir bebidas. Para lugares mais chiques, dobre esses valores e, nos melhores restaurantes, a conta vai ficar em torno de 1500Kč por pessoa, sem bebidas.

Por outro lado, é possível comer bem por muito pouco. Em um pub ou café, por menos de 200Kč por pessoa – e isso inclui um copo de cerveja.

Se não houver nenhuma observação, os preços citados nas resenhas dos restaurantes deste capítulo são para o prato principal no jantar; no almoço, os preços dos pratos geralmente são menores.

Reservas
Faça reserva para os restaurantes mais finos, principalmente na alta temporada; quase infalivelmente o telefone vai ser atendido por alguém que fale inglês. Vale dizer que passamos meses pesquisando em Praga e não tivemos nenhum problema, mesmo sem fazer reservas.

Gorjeta
Tradicionalmente, os restaurantes de Praga não incluem taxa de serviço na conta (mesmo assim verifique, cada vez mais os lugares estão acrescentando uma taxa de serviço de 10% à conta). Nos locais mais turísticos, uma mensagem oportuna, "Tips not included", em inglês, vem impressa (ou mesmo escrita à mão, como um lembrete adicional) na conta. A porcentagem normal para a gorjeta é 10% do total.

É uma prática normal em pubs, cafés e restaurantes intermediários arredondar a conta para cima somando 10Kč (ou somando 20Kč acima de 200Kč). O procedimento normal é os funcionários entregarem a conta para o cliente e aguardar que ele informe o valor total que deseja pagar, com a gorjeta incluída.

O troco geralmente é contado começando pelas notas mais altas, chegando depois às moedas menores. Se você disser *děkuji* (obrigado) durante esse processo, o funcionário vai parar e supor que o restante é gorjeta.

Por conta própria
Pode-se comprar comida em Praga em muitos lugares diferentes, em *potraviny* (quitandas ou mercados) e supermercados existentes

ENGRAÇADO, NÃO ME LEMBRO DE TER PEDIDO ISSO!

Lembre-se de que nada é grátis nos restaurantes de Praga – se o garçom oferecer fritas para acompanhar alguma coisa, e você aceitar, isso será cobrado. Pão, maionese, mostarda, legumes… quase tudo tem preço. Muitos restaurantes têm também consumação, que todos devem pagar, comendo ou não, não importa o que tenham comido. Não é um golpe; é só como funciona. Se o menu não tiver os preços, pergunte. Não se intimide com a barreira da língua; saiba exatamente o que está pedindo. Se algo não estiver disponível e o garçom sugerir uma alternativa, pergunte o preço. Devolva no mesmo instante alguma coisa que você não tenha pedido e não queira, como pão, manteiga e acompanhamentos; não deixe de lado, senão provavelmente será cobrado na conta. O mais importante, porém, é não deixar a paranoia estragar a refeição. A maioria das cobranças indevidas acontece em restaurantes para turistas no centro da cidade. É pouco provável que tenha esse tipo de problema se comer na Praça da Cidade Velha ou na Praça Venceslau, ou se você estiver em um lugar novo, administrado por tchecos jovens.

por toda parte; os mais bem servidos e mais caros ficam nas lojas de departamentos vistosas perto do centro. Observe a validade dos alimentos perecíveis. Alguns informam a data de fabricação *(datum výroby)* e um período para "consumir até..." *(spotřebujte do…)*, enquanto outros (como leite longa vida) exibem uma data de validade mínima *(minimální trvanlivost)*, após a qual o frescor do produto não será garantido.

Para produtos de supermercado, dirija-se ao Supermercado Albert (mapa p. 108; náměstí Republiky, Staré Město; 9-21 h dom-qua, 9-22 h qui-sáb; Náměstí Republiky), que fica embaixo do shopping Palladium, ou ao Tesco (mapa p. 110; Národní třída 26, Nové Město; 8-21 h seg-sáb, 9-20 h dom; Národní Třída), que fica no subsolo do shopping MY Národní.

Na Malá Strana você vai encontrar o conveniente Vacek Bio-Market (mapa p. 78; Mostecká 3, Malá Strana; 7-22 h seg-sáb, 10-22 h dom), um minissupermercado com muitos produtos.

A cidade tem algumas feiras livres. A maior no centro é a feira (mapa p. 90; Havelská, Staré Město; 8-18 h) voltada para turistas, ao sul da Praça da Cidade Antiga. Feiras de bairro mais autênticas – que funcionam principalmente de manhã e fecham aos domingos – incluem a feira (fora do mapa p. 136) na Dejvická, perto da estação Hradčanská do metrô, em Dejvice.

Na Staré Město, a Bakeshop Praha (mapa p. 90; Kozí 1, Staré Město; 7-19 h) vende um dos melhores pães da cidade, além de doces, bolos, sanduíches, saladas e quiches para viagem.

As delicatéssen boas para comprar comida para um piquenique incluem a Centrum Delikates (mapa p. 108; Shopping Center Palladium Praha, náměstí Republiky, Nové Město; 9-21 h dom-qua, 9-22 h qui-sáb; Náměstí Republiky), que vende carnes defumadas, queijos, doces e outras coisas. Há também a Culinaria (mapa p. 90; Skořepká 9, Staré Město; 8h30-20 h seg-sex, 10-19 h sáb, 12-17 h dom; Národní

třída), que vende pão artesanal, doces, especialidades francesas e italianas e sanduíches feitos na hora.

A Cellarius (mapa p. 110; Lucerna pasáž, Václavské náměstí 36, Nové Město; 9h30-21 h seg-sáb, 15-21 h dom; Můstek) é o lugar certo para comprar vinhos tchecos e importados.

CASTELO DE PRAGA E HRADČANY

A maioria dos restaurantes na região do castelo visa diretamente os turistas, e a área toda fica bem sossegada à noite, depois que o castelo fecha. Vale a pena tentar ir aos lugares que se seguem, melhores do que os restaurantes turísticos de praxe quanto à personalidade e cozinha – Vikárka e U zlaté hrušky para comida tcheca e certa atmosfera, Malý Buddha para comida asiática autêntica, Villa Richter por causa da vista.

U ZLATÉ HRUŠKY Mapa p. 70　　　　Tcheca €€
☎ 220 514 778; Nový Svět 3, Hradčany; pratos 400-700Kč; 11h30-15 h e 18h30-0 h; 22
O "Da Pera Dourada" é um cantinho gourmet aconchegante, frequentado por moradores e turistas. Serve um peixe boêmio excelente e pratos de ave e caça (fricassé de tripa é uma especialidade). O Ministério das Relações Exteriores tcheco fica na mesma rua, e Margaret Thatcher jantou lá uma vez. No verão, pegue uma mesa no viçoso jardim, na outra calçada.

VIKÁRKA Mapa p. 62　　　　Internacional €€
☎ 233 311 962; Vikářská 39, Castelo de Praga; pratos 200-400Kč; 11-20 h; 22
Melhor restaurante dentro do Castelo de Praga, o Vikárka ocupa lindas salas medie-

vais restauradas, que misturam estilos com bom gosto e têm decoração de época. O cardápio traz clássicos tchecos, carnes e aves – o *goulash*, o ganso assado e o joelho de porco assado são todos recomendáveis –, e há um menu para crianças, com nuggets de peixe, espaguete ou frango com fritas.

VILLA RICHTER Mapa p. 70 Tcheca, francesa €€
☎ 257 219 079; Staré zamecké schody 6, Hradčany; pratos 150-300Kč; ⏱ 10-23 h; Ⓜ Malostranská

Instalado em um casarão do século XVIII, no meio de um vinhedo medieval replantado, o lugar é voltado para atender as levas de turistas que transitam pela Velha Escadaria do Castelo. Mas o ambiente é realmente especial – mesas externas em terraços com uma das melhores vistas da cidade – e o cardápio não decepciona. O Piano Nobile, dentro do próprio casarão, oferece um menu francês sofisticado (jantar com três pratos 990Kč).

MALÝ BUDDHA Mapa p. 70 Asiática €
☎ 220 513 894; Úvoz 46, Hradčany; pratos 100-250Kč; ⏱ 12 h-22h30 ter-dom; 🚋 22; Ⓥ

No melhor estilo casa de chá oriental. O cardápio mistura influências asiáticas, incluindo pratos tailandeses, chineses e vietnamitas autênticos, muitos deles vegetarianos, e uma lista de drinques com vinho de ginseng, licor chinês de rosas e muitos chás. Não aceita cartão de crédito.

MALÁ STRANA

Você vai ficar mal acostumado procurando um lugar para comer em Malá Strana. Uma clientela com dinheiro – em sua maioria funcionários famintos das muitas embaixadas e escritórios de governo da região – justifica a presença de bons restaurantes no local, com grande variedade de cozinhas. Muitos dos melhores localizados à beira-rio, ou em um morro com vista para a cidade.

TERASA U ZLATÉ STUDNĚ
Mapa p. 78 Internacional €€€

☎ 257 533 322; U Zlaté Studně 4; pratos 720-1150Kč; ⏱ 12-23 h; Ⓜ Malostranská

O "Do Poço Dourado" fica quase dentro do Castelo, na parte de cima de uma mansão da Renascença. É um dos melhores ambientes de Praga. Dependendo do tempo, você pode escolher entre sentar no luxuoso salão ou subir para o terraço ao ar livre – ambos têm linda vista dos telhados vermelhos de Malá Strana. A cozinha, com influências francesa, mediterrânea e asiática, prepara pratos como carpaccio de couve-rábano e pepino, *bouillabaisse* tradicional francesa e carne argentina com *foie gras* e trufas.

KAMPA PARK Mapa p. 78 Internacional €€€
☎ 296 826 112; Na Kampě 8b; pratos 500-900Kč; ⏱ 11h30-1 h; 🚋 12, 20, 22

Aberto em 1994, o Kampa Park foi o pioneiro dos restaurantes sofisticados de Praga e já atraiu incontáveis celebridades, entre elas Mick Jagger, Johnny Depp, Lauren Bacall, Robbie Williams, e Bill e Hillary Clinton. A cozinha é tão famosa quanto a clientela, das vieiras grelhadas acompanhadas por *beurre blanc* com passas e alcaparras à carne de veado com purê de batata-doce e molho de cardamomo. Dizem que já foi melhor, mas continua imbatível para um jantar romântico no terraço de pedra, bem ao lado do rio, com as luzes da Ponte Carlos cintilando na água.

HERGETOVA CIHELNÁ
Mapa p. 78 Internacional €€

☎ 296 826 103; Cihelná 2b; pratos 150-600Kč; ⏱ 11h30-1 h; Ⓜ Malostranská

Instalado em uma *cihelná* (olaria) do século XVIII adaptada, num dos lugares mais legais de Praga, o terraço à margem do rio oferece uma vista abrangente da Ponte Carlos e da beira-rio da Cidade Velha. O cardápio vai de especialidades tchecas a hambúrgueres e massas, além do menu orgânico, que inclui salada de caranguejo com caviar e endro, e lucioperca com ragu de lentilha e nhoque de batata. Cuidado, há duas cartas de vinho, uma delas é impraticável.

U MALTÉZSKÝCH RYTÍŘŮ
Mapa p. 78 Tcheca, internacional €€

☎ 257 530 075; Prokopská 10; pratos 180-400Kč; ⏱ 13 h-23 h; 🚋 12, 20, 22

O "Dos Cavaleiros Malteses" é um restaurante dos velhos tempos, aconchegante e romântico, principalmente no subsolo (as mesas do nível da rua não têm o mesmo charme). Os pratos boêmios clássicos incluem javali selvagem assado com molho de frutos da roseira e carpa orgânica recheada com tomates, cogumelos e alcaparras, além de pratos internacionais, como filé Chateaubriand, e alguns vegetarianos, como berinjela recheada e fettuccine com espinafre, queijo de cabra e nozes.

U MALÉ VELRYBY Mapa p. 78　　Internacional €€
☎ 257 214 703; Valdštejnská 14; pratos 280-380Kč; ⏲ 12-15 h e 18-23 h; Ⓜ Malostranská
Restaurantes vêm e vão rapidamente no mundo em evolução da gastronomia de Praga, então é bom ver se esse sobreviveu aos cruciais primeiros anos. É um lugar minúsculo – só oito mesas – cujo dono é um chef de Cork, na Irlanda, que recebe diariamente frutos do mar frescos vindos de avião da França. As lulas grelhadas com pimenta, limão e gengibre derretem na boca, a torta de frutos do mar (peixe e mexilhões cobertos com batatas crocantes) é saborosa e satisfaz, e a massa de caranguejo com limão e pimenta-do-reino é deliciosamente delicada. Música ao vivo eventual, com um violinista local.

CANTINA Mapa p. 78　　Mexicana €€
☎ 257 317 173; Újezd 38; pratos 230-340Kč; ⏲ 11h30-0 h seg-sáb; 🚋 6, 9, 12, 20, 22
Gostosa *hacienda*, decorada com pinho clareado e sacos de café brasileiro, serve as margaritas mais autênticas de Praga – podia ter um pouco mais de tequila, mas vem bem gelada, com uma boa acidez do limão fresco. O cardápio é o melhor tex-mex do centro da cidade, com porções grandes de *burritos, chimichangas, quesadillas* e *fajitas*, recheados de carne ou vegetais; há molho de pimenta na mesa, para quem quiser esquentar mais um pouco. O lugar é um sucesso; portanto, reserve mesa, chegue mais cedo ou prepare-se para esperar.

NOI Mapa p. 78　　Asiática €€
☎ 257 311 411; Újezd 19; pratos 200-300Kč; ⏲ 11-1 h; 🚋 12, 20, 22
Restaurante que parece um pouco um clube noturno, o Noi é superestiloso, com clima bem descontraído de Extremo Oriente. A decoração e o cardápio seguem o tema asiático. Os pratos tailandeses são competentes, como o frango com molho de curry vermelho e o macarrão *pad thai*, que é bem ardido mesmo.

o melhor

CAFÉS DA MANHÃ

- **Red Hot & Blues** (mapa p. 90; ☎ 222 314 639; Jakubská 12, Staré Město; pratos 200-400Kč; ⏲ 9-23 h; Ⓜ Náměstí Republiky) Vários cafés da manhã, inclusive panquecas com xarope de bordo e café da manhã britânico completo; o "Home Run Special" acaba com qualquer ressaca, incentivando a farra. O café da manhã é servido até as 11h30 durante a semana, e até as 16 h nos fins de semana.

- **Kavárna Pavilón** (mapa p. 125; ☎ 222 097 201; Vinohrady Pavilón, Vinohradská 50, Vinohrady; pratos 115-200Kč; ⏲ 8-21 h seg-sex, 9-21 h sáb e dom; Ⓜ Náměstí Míru; 📶 Ⓥ) Café claro e arejado em shopping chique; tem um excelente café, ovos variados e os melhores croissants de amêndoa da cidade.

- **Globe Bookstore & Café** (mapa p. 110; ☎ 224 934 203; Pštrossova 6, Nové Město; pratos 110-210Kč; ⏲ 9h30-0 h; Ⓜ Karlovo Náměstí; 📶) Ótimo *brunch* servido das 9h30 às 15 h aos sábados e domingos, incluindo bacon, ovos com fritura de batata com cebola, panquecas de mirtilo e sucos feitos na hora. Cafés da manhã mais leves durante a semana, das 9h30 às 11h30.

- **Káva Káva Káva** (mapa p. 90; ☎ 224 228 862; Platýz pasáž, Národní třída 37, Staré Město; lanches 30-70Kč; ⏲ 7-22 h seg-sex, 9-22 h sáb e dom; Ⓜ Národní Třída; 📶) Tem um dos melhores cafés da cidade, servido o dia inteiro e acompanhado de bagels tostados, croissants, bolos e doces.

- **Fraktal** (mapa p. 136; ☎ 777 794 094; Šmeralova 1, Holešovice; pratos 100-300Kč; ⏲ 11-0 h ; 🚋 6, 9, 22; 📶) O bar dos estrangeiros (veja p.190) serve *brunch* das 11 h às 15h30 aos sábados e domingos, com pratos variados como omelete com salmão, alho e endro, bife com ovos e *huevos rancheros* (ovos à moda mexicana).

CAFÉ DE PARIS Mapa p. 78　　Francesa €€
☎ 603 160 718; Maltézské náměstí 4; pratos 190-290Kč; ⏲ 12-0 h; 🚋 6, 9, 12, 20, 22
Um cantinho da França, escondido em uma praça tranquila, o Café de Paris é pequeno e despretensioso como o seu cardápio – com poucas opções, entre elas a sopa de cebola ou o terrine de *foie gras* de entrada, seguidas por *entrecôte* com batata frita, salada e molhos à escolha (o molho Café de Paris é o orgulho da casa e realmente muito bom). Há outro prato

o melhor

RESTAURANTES VEGETARIANOS

- Beas Vegetarian Dhaba (p. 168)
- Café FX (p. 173)
- Country Life (p. 168)
- Lehká Hlava (p. 168)
- Maitrea (p. 168)

STARÉ MĚSTO

A Cidade Velha está infestada de armadilhas turísticas, mas há também muitos restaurantes excelentes a serem descobertos. O labirinto das ruas que saem da Praça da Cidade Velha abriga muitas preciosidades ocultas, ao passo que a parte chique da Pařížská exibe a série de restaurantes sofisticados e modernos como é de se esperar. O restaurante característico da Staré Město é um porão de tijolo aparente – você logo vai virar especialista em decoração subterrânea.

do dia, incluindo uma opção vegetariana, e os vinhos franceses são decentes, como um Muscadet oferecido ao bom preço de 399Kč a garrafa.

CAFÉ SAVOY Mapa p. 78 Internacional €
☎ 257 311 562; Vítězná 5, Malá Strana; pratos 120-250Kč; ⏱ 8 h-22h30 seg-sex, 9 h-22h30 sáb e dom; 🚊 6, 9, 22;

O Savoy é um lindo café *belle époque* restaurado, com funcionários antipáticos de terno preto e branco e cardápio estilo vienense, que oferece sopas fartas, saladas e carnes assadas. Há também um bom cardápio de café da manhã, com muitas opções saudáveis, exceto um café da manhã inglês com salsichas Frankfurt, maçã e ovos com bacon. Com certeza houve algum engano!

CUKRKÁVALIMONÁDA
Mapa p. 78 Internacional €
☎ 257 530 628; Lázeňská 7; pratos 100-200Kč; ⏱ 9-19 h; 🚊 12, 20, 22; Ⓥ

Café-restaurante gracioso que combina estilo minimalista moderno com um toque renascentista, o CLK serve massas caseiras frescas, *fritattas*, *ciabattas*, saladas e panquecas (doces e condimentadas) de dia e um cardápio de bistrô um pouco mais sofisticado no começo da noite. Café e chocolate excelentes, e o drinque de *elderflower* especial da casa (com hortelã e limão) é refrescante. A propósito, o nome quer dizer "açúcar, café, limonada" – o equivalente tcheco para "uni, duni, trê".

ALLEGRO Mapa p. 90 Italiana €€€
☎ 221 427 000; Veleslavínova 2a; jantar com 4/5 pratos 2550/2950Kč; ⏱ 11h30-22h30; Ⓜ Staroměstská

O primeiro (e até o momento único) restaurante da República Tcheca estrelado pelo Michelin, pertencente ao Hotel Four Seasons, exala uma elegância sutil e possui terraço com linda vista noturna do castelo iluminado. O chef italiano prepara pratos fantásticos, que vão de *roulade* de pescado marinado aromatizado com jasmim a pargo grelhado, polvo marinado com gengibre e molho de cenoura defumada.

CASA ARGENTINA
Mapa p. 90 Sul-americana €€€
☎ 222 311 512; Dlouhá 35; pratos 250-1600Kč; ⏱ 9-2 h; Ⓜ Náměstí Republiky

Hoje em dia, Praga exibe uma meia dúzia de churrascarias sul-americanas especializadas, mas o consenso entre clientes estrangeiros é que a Casa Argentina prepara a melhor carne malpassada da cidade. O serviço pode ser meio lento, beirando o descuido, mas a atmosfera é idiossincrática, para dizer o mínimo, com chamarizes latino-americanos meio *kitsch*, como um lagarto engaiolado, um tucano vivo em um poleiro e dançarinos profissionais que dançam tango entre as mesas. Tudo bem; você só está lá por causa da carne.

V ZÁTIŠÍ
Mapa p. 90 Internacional, tcheca moderna €€€
☎ 222 221 155; Liliová 1; refeição com 2/3 pratos 800/990Kč; ⏱ 12-15 h e 17h30-23 h; 🚊 17, 18

O "Natureza-Morta" é um do melhores restaurantes de Praga, famoso pela qualidade da sua cozinha, com decoração ousada e moderna. Dos cerca de dez pratos disponíveis, quatro são de frutos do mar e o restante é de carne – não tem nada vegetariano. Há também versões *gourmet* de pratos tradicionais tchecos – o pato assado crocante com repolho-roxo e bolinhos com ervas é maravilhoso. Se o jantar com três pratos não for o suficiente, você pode esbanjar com o menu degustação de cinco pratos (1170Kč; mais 770Kč extras por vinhos harmonizando com os pratos).

LA PROVENCE Mapa p. 90   Francesa €€
☎ 296 826 155; Štupartská 9; pratos 300-700Kč; ⓥ 11-23 h; Ⓜ Náměstí Republiky
Graças aos detalhes da arrumação, o subterrâneo La Provence consegue bem se passar por um restaurante de cozinha francesa campestre. O cardápio combina com a decoração, vai de *escargots* com manteiga de salsinha e alho a coelho provençal com molho cremoso de estragão. À noite, com música de piano e à luz de velas, é o lugar ideal para um *tête-à-tête* romântico.

KHAJURAHO Mapa p. 90   Indiana €€
☎ 224 242 860; Richtrův dům, Michalská 25; pratos 400-650Kč; ⓥ 11-23 h; Ⓜ Můstek; Ⓥ
O Khajuraho se espalha por uma série de ambientes arqueados medievais que ganham um ar oriental em cada detalhe da decoração. O serviço é simpático e atencioso, e a comida explode em sabores autênticos – cominho, coentro, gengibre, alho e pimenta –, indo de pratos da Caxemira a *handi* (curry preparado em uma panela funda de metal) e especialidades do sul da Índia, com muitas opções para os vegetarianos. Há uma variedade de *thalis* (petiscos indianos) oferecida a bons preços, e menus fixos que custam a partir de 300Kč por pessoa.

LES MOULES Mapa p. 90   Belga €€
☎ 222 315 022; Pařížská 19; pratos 300-600Kč; ⓥ 11-0 h; 🚋 17
A bela *brasserie* estilo belga, com painéis de madeira, serve panelas fumegantes de mariscos (295Kč o quilo) com molhos variados, do tradicional *marinière* (vinho branco, creme de leite e alho) à moda tailandesa (capim-limão, leite de coco e limão), assim como carnes, costeletas de porco, *boeuf bourguignon* e lagosta fresca saída do *vivier* (viveiro; prepare-se para desembolsar 990Kč). O bar tem cervejas belgas, incluindo Stella Artois, Leffe e Hoegaarden tiradas na hora, e Chimay, Achel e La Trappe em garrafas.

AMBIENTE PASTA FRESCA
Mapa p. 90   Italiana €€
☎ 224 230 244; Celetná 11; pratos 175-430Kč; ⓥ 11-0 h; Ⓜ Náměstí Republiky; Ⓥ
Decoração elaborada e serviço sorridente complementam o abrangente cardápio do movimentado restaurante italiano. Entre as opções estão o carpaccio que derrete na boca, espaguete alho e óleo picante, com pimenta e pancetta crocante e o substancioso risoto cremoso com *porcini*, acompanhados por uma grande variedade de vinhos italianos e tchecos. Há um café estreito e comprido no nível da rua, mas o restaurante, mais formal e aconchegante, fica embaixo.

KOLKOVNA Mapa p. 90   Tcheca €€
☎ 224 819 701; V Kolkovně 8; pratos 155-400Kč; ⓥ 11-0 h; Ⓜ Staroměstská
Pertencente à cervejaria Pilsner Urquell, que também é a responsável pela casa, o Kolkovna é uma versão moderna e com estilo da cervejaria tradicional de Praga. É decorado por designers importantes do país e com versões chiques (mas fartas) de pratos tchecos clássicos como *goulash*, pato assado e pardal da Morávia (veja quadro na p. 161), incluindo o favorito porco com bolinhos (o prato do dia custa apenas 95Kč). Tudo regado à sensacional cerveja Urquell, é claro.

AMBIENTE PIZZA NUOVA
Mapa p. 90   Italiana €€
☎ 221 803 308; Revoluční 1; pratos 165-370Kč; ⓥ 11h30-23h30; Ⓜ Náměstí Republiky
É um espaço bacana no primeiro andar, ao lado do shopping Kotva, com vista para a náměstí Republiky. Praticamente um rodízio, como o conhecemos. Por um preço fixo (298Kč por pessoa antes das 18 h, 398Kč depois), você pode comer quanto quiser – servir-se no bufê de salada e antepastos ou escolher entre pratos quentes de massas e pizzas trazidos por garçons que ficam circulando (o bufê combinado, com pizza e massa custa 475/528Kč). A taça de vinho custa cerca de 75Kč.

KABUL Mapa p. 90 Afegã €

☎ 224 235 452; Karolíny Světlé 14; pratos 145-270Kč; ⓨ 12-23 h; 🚇 6, 9, 18, 22; Ⓥ

Mais aconchegante do que amontoado, o Kabul tem um clima acolhedor de velho mundo, com mobília de madeira gasta e tapetes orientais nas paredes. Serve vários pratos afegãos pouco comuns, incluindo *ashak* (tipo de ravióli recheado com alho-poró e hortelã picados, servido com molho substancioso de carne e tomate), diversos *kebabs* de cordeiro e frango, e especialidades vegetarianas saborosas (berinjela assada, quiabo com tomate, alho e especiarias), acompanhadas por um saboroso pão chato quente. Se nada interessar, também servem pizzas feitas com esse pão.

LOKÁL Mapa p. 90 Tcheca €

☎ 222 316 265; Dlouhá 33; pratos 120-220Kč; ⓨ 11-1 h seg-sex, 12-1 h sáb, 12-22 h dom; 🚇 5, 8, 14

Quem imaginaria? Uma cervejaria tcheca clássica (apesar da decoração modernosa), excelente *tankové pivo* (Pilsner Urquell em barril), um cardápio que muda diariamente com pratos boêmios tradicionais e – será que não é sonho? – serviço eficiente, simpático e sorridente! A maior rede de restaurantes de Praga, a Ambiente, finalmente se volta para a cozinha tcheca, e o lugar vive cheio, principalmente de locais. Os funcionários traduzem o cardápio, em tcheco. A cervejaria tem entrada pela Dlouhá e pela Rybna.

LEHKÁ HLAVA Mapa p. 90 Vegetariana €

☎ 222 220 665; Boršov 2; pratos 120-210Kč; ⓨ 11h30-23h30 seg-sex, 12 h-11h30 sáb e dom; 🚇 17, 18; Ⓥ

Escondido em um beco estreito, o Lehká Hlava (cabeça limpa) habita um mundinho próprio. Um átrio tranquilo leva a dois ambientes com decoração original, ambos evocando um vago ar psicodélico – com projeção de imagens coloridas e efeitos de brilho e luz. Cozinha com ênfase em pratos vegetarianos e *vegan* preparados na hora, que vão de *homus* e vegetais assados a curry vermelho tailandês de tofu e legumes picantes à moda oriental, que alimentam facilmente duas pessoas.

MAITREA Mapa p. 90 Vegetariana €

☎ 221 711 631; Týnská ulička 6; pratos 120-160Kč; ⓨ 11h30-23h30 seg-sex, 12 h-23h30 sáb e dom; Ⓜ Staroměstská; Ⓥ

Irmão mais novo do Lehká Hlava, o Maitrea (termo budista que significa "futuro Buda") é um espaço com design bonito, em que os detalhes da decoração harmonizam com estátuas de Buda e mantras tibetanos. O cardápio é criativo e totalmente vegetariano, com pratos como *tortillas* de feijão vermelho, bolos de beterraba com chucrute e polenta e macarrão com tofu defumado, espinafre creme de leite e parmesão. O almoço especial do dia propõe sopa, prato principal e um copo de água mineral por 108Kč; *švestkové pivô Bernard* (cerveja sem álcool sabor ameixa) é um ótimo acompanhamento.

COUNTRY LIFE Mapa p. 90 Vegetariana €

☎ 224 213 366; Melantrichova 15; pratos 90-180Kč; ⓨ 10h30-20 h seg-qui, 10h30-15 h sex, 12-18 h dom, fecha no sáb; Ⓜ Můstek; Ⓥ

Primeira loja de comida natural de Praga – abriu em 1991 –, é um restaurante e lanchonete com bons preços que serve saladas, sanduíches, pizzas, *goulash* vegetariano, hambúrguer de semente de girassol e bebidas à base de soja (a comida é vendida por peso, cerca 30Kč cada 100 g). Há muitos lugares para sentar no pátio dos fundos, mas pode lotar na hora do almoço. Chegue cedo ou compre sanduíches para viagem.

BEAS VEGETARIAN DHABA
Mapa p. 90 Vegetariana, indiana €

☎ 608 035 727; Týnská 19; pratos 90-130Kč; ⓨ 11-20 h seg-sáb, 11-18 h dom; Ⓜ Náměstí Republiky; Ⓥ

Em um pátio saindo da Týnská, este pequeno restaurante simpático e informal serve curries vegetarianos (preparados por chefs do norte da Índia), com arroz, salada, *chutneys* e *raita*; as samosas são excelentes, especialmente com um pouco de *chutney* de figo. A comida é mais apimentada que a trivial de Praga, mas é gostosa, e o preço é bom (cerca de 16Kč por 100 g). O espaço atrai tchecos alternativos.

NOVÉ MĚSTO E VYŠEHRAD

A Cidade Nova tem uma seleção eclética de lugares para comer, com cafés e pubs tchecos tradicionais, além de uma grande variedade de restaurantes internacionais. Os principais endereços para comer são a Praça Venceslau e a Na Příkopě, com um restaurante atrás do outro e cozinhas que cruzam o mundo, da Itália à Índia e da Argentina ao Japão; há ainda muitos lugares menos óbvios e restaurantes mais charmosos escondidos nas ruas secundárias entre a Praça Venceslau e o rio.

CÉLESTE Mapa p. 110   Francesa €€€
☎ 221 984 160; Rašínovo nábřeží 80, Nové Město; pratos 550-700Kč; 12 h-14h30 e 18h30-22h30 seg-sáb; M Karlovo Náměstí

Localizado no 7º andar do espetacular **Edifício Dançante** (p. 116), o Céleste tem uma linda vista, do outro lado do rio, da Malá Strana e do Castelo de Praga. A cozinha é francesa, com ênfase em frutos do mar e carnes – há apenas uma opção vegetariana no cardápio – e o clima é bem formal. O chef bretão prepara pratos criativos como salada de alcachofra roxa, lula com favas e raia na frigideira com mariscos, ervas provençais e molho de vinho rosé. O menu de almoço, com dois ou três pratos (450/550Kč), tem bom preço.

ZAHRADA V OPEŘE
Mapa p. 110   Italiana, internacional €€

☎ 224 239 685; Legerová 75, Vinohrady; pratos 280-500Kč; 11h30-1 h; M Muzeum ou 11

Talvez a melhor forma de gastar seu dinheiro com comida na cidade, saboreando pratos tchecos como *svíčková* caprichados, ou outras receitas de carnes e frutos do mar com um toque italiano. A decoração contemporânea sofisticada é ao mesmo tempo descontraída e elegante. Por anos, o restaurante ficou encoberto pelo cordão de segurança da Rádio Europa Livre/Rádio Liberdade, com financiamento dos EUA, o que dificultava encontrar a porta da frente, mas a estação de rádio mudou em 2009, desobstruindo relativamente a entrada. Por estar logo ao lado da Ópera de Praga, é lugar obrigatório para se comer algo antes ou depois do concerto. Serve até a meia-noite.

KOGO Mapa p. 110   Italiana €€
☎ 221 451 259; Slovanský dům, Na Příkopě 22, Nové Město; pizzas 200-300Kč, pratos 250-680Kč; 11-23 h; M Náměstí Republiky;

Chique e eficiente, mas também descontraído e adequado para crianças (tem cadeirão). O Kogo serve pizzas, massas, carnes e frutos do mar excelentes – a substanciosa *zuppa di pesce* (sopa de peixe) é uma delícia, assim como o *risotto alla pescatora* (feito com lula, mexilhões, camarão e polvo). Oferece também uma boa variedade de vinhos em taça. Rola muito papo nas mesas do pátio ajardinado nas noites de verão.

RIO'S VYŠEHRAD Mapa p. 120   Mediterrânea €€
☎ 224 922 156; Štulcova 2, Vyšehrad; pratos 250-600Kč; 10-0 h; M Vyšehrad

Localizado em frente à Igreja de São Pedro e São Paulo, no forte de Vyšehrad, esse é um restaurante moderno em uma construção antiga. Há um salão fechado elegante e um terraço informal, mas a principal atração é o jardim, superagradável para uma refeição no verão. O cardápio internacional *gourmet* inclui pratos como salada de polvo grelhado, saltimbocca de vitela e carne argentina na grelha, e ainda clássicos tchecos como pato assado e *goulash* picante.

OLIVA Mapa p. 120   Mediterrânea €€
☎ 222 520 288; Plavecká 4, Vyšehrad; pratos 400-485Kč; 11h30-15 h e 18-0 h seg-sex, 18-0 h sáb; 3, 7, 16, 17, 21

Pequeno restaurante familiar simpático dedicado à cozinha mediterrânea fresca, o Oliva tornou-se vítima de seu próprio sucesso – seus pratos, bem preparados, atraem mais gente aos sábados do que seus garçons podem atender. O cardápio traz salada de rúcula com abacate, gorgonzola, presunto de Parma e molho de gergelim; sopa de mexilhão, camarão e erva-doce; e vitela com gratinado de beterraba e couve-de-bruxelas na manteiga. Vale a pena enfrentar alguma demora no serviço.

SUTERÉN Mapa p. 110   Internacional €€
☎ 224 933 657; Masarykovo nábřeží 26, Nové Město; pratos 275-400Kč; 11h30-0 h seg-sáb; 17, 21

O "Porão" é um subterrâneo bonito, em que detalhes modernos complementam os tijolos e as vigas de madeira antigas. O cardápio tende mais para frutos do mar, carne

FALANDO DE COMIDA COM BREWSTA, DO CZECH PLEASE

Blogs de restaurantes ainda são bem raros na República Tcheca, ainda mais em inglês. O Czech Please (http://czechou-tchannel.blogspot.com), que estreou em fevereiro de 2007, foi o primeiro de Praga. Escrito por um americano enigmático morador da cidade, conhecido apenas como Brewsta, o Czech Please abrange de tudo, de humildes hambúrgueres e pizzas até a melhor cozinha italiana, tailandesa e, é claro, tcheca. A acessibilidade e as fotos conquistaram muitos seguidores. As resenhas de Brewsta agora são publicadas regularmente no principal site de expatriados locais (www.expats.cz) e o próprio blog tem umas 8 mil page views únicas por mês, sendo a maioria dos visitantes do Reino Unido, dos EUA e da República Tcheca. Entramos em contato com Brewsta na esperança de compartilhar algumas dicas sobre comer em Praga, incluindo, naturalmente, os lugares de sua preferência.

Desde que veio morar em Praga e começou a escrever o seu blog há alguns anos, quais são as principais tendências que você observou nos restaurantes locais? As coisas estão melhorando ou piorando? A qualidade e a variedade dos restaurantes de Praga melhoraram de forma extraordinária nos últimos dez anos. Há muito mais lugares de alto nível hoje, incluindo um, o Allegro (p. 166), com uma estrela do Michelin. Mas a cidade ainda não chegou nem perto da profundidade ou da diversidade das principais capitais europeias como Londres ou Paris.

Existem truques a que os visitantes precisam estar atentos? Quais são os golpes clássicos usados pelos garçons para aumentar a conta? Um método comum é a adição de uma "taxa de serviço" sem informar o cliente. Outros truques são cobrar por pão ou pretzels colocados na mesa sem serem pedidos, servir um vinho muito caro em taça ou simplesmente lançar uma cobrança extra na conta, na esperança de que o cliente não perceba.

O centro de Praga é lotado de turistas e de restaurantes de aparência enganosa, que na verdade são armadilhas turísticas disfarçadas. Há lugares decentes perto do centro onde se pode encontrar uma refeição tcheca autêntica por um preço acessível? No centro de Praga, eu recomendaria o Lokál (p. 168) ou qualquer uma das franquias do restaurante original da Pilsner Urquell, como o Kolkovna (p. 167).

Você poderia nos revelar alguns dos preferidos de Brewsta? Se só pudesse fazer umas poucas refeições, onde você comeria? Um ambiente muito bonito e com boa comida, bom para o café da manhã, almoço ou jantar é o Café Savoy (p. 166). Os meus preferidos incluem Aromi (p. 172), Céleste (p. 169), Perpetuum (p. 176), Osteria Da Clara (p. 172), Noi (p. 165), Bohemia Bagel (p. 176) e os restaurantes Potrefená husa. Entrevista com o blogger Brewsta, do Czech Please, por Mark Baker.

de caça, com pratos intrigantes como filé de salmão grelhado com molho cremoso de açafrão e panquecas de ervilha com hortelã; e coisas mais tradicionais como pernil de cordeiro assado com molho de alecrim e purê de batata.

U MATĚJE KOTRBY Mapa p. 110   Tcheca €€
☎ 224 930 768; Křemencova 17, Nové Město; pratos 130-390Kč; 12-23 h; 6, 9, 18, 21, 22
A 50 m de uma bela armadilha turística, o U Fleků, esse é um lugar autêntico – um pub tcheco com a devida atmosfera e a principal, um cardápio de comida tcheca clássica, de goulash feito com Pilsner Urquell a joelho de porco preparado com cerveja escura, mostarda e raiz-forte. Serve também uma variedade de "petiscos de cerveja", como utopenci (picles de salsicha no vinagre), queijos tchecos com nozes e azeitonas, e libová tlačenka (embutido feito com miolo de porco cozido e prensado).

NA RYBÁRNĚ Mapa p. 110   Frutos do mar €€
☎ 224 918 885; Gorazdova 17, Nové Město; pratos 100-300Kč; 10-23 h seg-sex, 11-23 h sáb e dom; 17, 21
Este discreto e pequeno restaurante de peixe tem quase cem anos e já recebeu gente como o escritor Karel Čapek, o ex--presidente Václav Havel, o Rolling Stone Mick Jagger e a ex-secretária de Estado americana Madeleine Albright. O cardápio tem de tudo, de salmão e atum a sépia e camarão gigante, mas os melhores pratos são os mais simples e mais tradicionais – truta com manteiga de ervas e pratos do

dia, como carpa assada ou enguia grelhada com manteiga de limão.

MODRÝ ZUB Mapa p. 110 — Asiática €
☎ 222 212 622; Jindrvíšská 5, Nové Město; pratos 165-275Kč; ⊙ 11 h-22h30 seg-sex, 12-22 h sáb e dom; 🚃 3, 9, 14, 24; Ⓥ
O restaurante chique e moderno que serve macarrão oriental e faz o merecido sucesso. Ideal para uma pimentinha e um gengibre rápidos a poucos passos dos restaurantes cheios e caros da Praça Venceslau. Sente-se no banco alto que acompanha a parede dos fundos ou em uma mesinha na janela e folheie o cardápio, que oferece *dim sum*, saladas tailandesas quentes, curries tailandeses vermelho, verde e amarelo, refogados orientais com frescor asiático e macarrão de todo tipo, incluindo um delicioso *pad thai* com frango ou camarões.

U NEKLANA Mapa p. 120 — Tcheca €
☎ 224 916 051; Neklanova 30, Vyšehrad; pratos 140-290Kč; ⊙ 11-0 h; 🚃 7, 18, 24
É um pub local acolhedor, aninhado na esquina de um dos prédios residenciais mais bacanas de Praga, um clássico cubista que data de 1915. Decorado com os alegres tons de vermelho da cervejaria Budvar, serve pratos tchecos substanciosos, como sopa de batata e cogumelo dentro do pão de centeio sem miolo (cardápio em inglês, alemão e tcheco), ao som retrô de um jukebox com sucessos dos anos 1980.

KARAVANSERÁJ Mapa p. 110 — Libanesa €
☎ 224 930 390; Masarykovo nábřeží 22, Nové Město; pratos 90-260Kč; ⊙ 11-23 h seg-qui, 11-0 h sex, 12-0 h sáb, 12-22 h dom; 🚃 17, 21; 🛜 Ⓥ
Este restaurante e casa de chá, que funciona como sede de um clube de viajantes, cultiva a atmosfera despojada, é descontraído e acolhedor. O cardápio é predominantemente libanês – *babaganuche*, *falafel*, *homus* e *kebabs* de cordeiro – com um ou outro prato indiano no meio e uma imensa variedade de chás especiais à escolha. É bom para crianças; tem cadeirão, porções infantis e brinquedos.

SIAM ORCHID Mapa p. 108 — Tailandesa €€
☎ 222 319 410; Na Poříčí 21, Nové Město; pratos 150-210Kč; ⊙ 10-22 h; 🚃 3, 8, 24, 26
O ambiente – mesas e cadeiras de plástico espalhadas em uma sacada escondida – não é nada promissor, mas o minúsculo restaurante serve uma das comidas tailandesas mais autênticas da cidade. Dos *po-pia thot* (rolinho primavera de porco e cogumelos negros) sequinhos e crocantes, e do suculento *kai sa-te* (frango *satay*) ao ardente *kaeng khiao wan kai* (frango com curry verde e manjericão), praticamente tudo no cardápio é uma delícia.

COUNTRY LIFE Mapa p. 110 — Vegetariana €
☎ 224 247 280; Jungmannova 1, Nové Město; pratos 60-180Kč; ⊙ 8h30-18 h seg-sex; 🚃 3, 9, 14, 24; Ⓥ
O Country Life serve comida natural no bufê, totalmente *vegan* – encha o prato e pague por peso (isso mesmo! você pesa no caixa). São só quatro mesas nessa unidade, que fornece mais comida para viagem – se você pretende se sentar é melhor ir à unidade da Staré Město (p. 168).

PIZZARIA KMOTRA Mapa p. 110 — Pizza €
☎ 224 934 100; V Jirchářích 12, Nové Město; pizza 100-160Kč; ⊙ 11-0 h; Ⓜ Národní Třída;
Uma das melhores pizzarias de Praga e também uma das mais antigas, o "madrinha" prepara mais de uma dezena de variedades de pizza, de margherita a marinara, assadas em forno a lenha. Sente-se ao lado do bar em cima, ou vá para o subsolo observar o chef jogando a massa da pizza na cozinha aberta. É proibido fumar nos dois ambientes. Fica cheio depois das 20 h, então tente pegar uma mesa antes disso.

VINOHRADY E VRŠOVICE

Fora do centro, Vinohrady tem a maior concentração de bons restaurantes de Praga, e as opções melhoram a cada dia, conforme a região vai se tornando mais nobre. A maioria deles fica próxima da náměstí Míru e de uma longa rua residencial, a Mánesova, paralela à Vinohradská da estação Muzeum do metrô até a Jiřího z Poděbrad. Vršovice, um bairro operário, começa na ponta sudoeste de Vinohrady. Não tem muito a oferecer, mas pode surpreender com seus recantos toscanos, entre os melhores da cidade.

AROMI Mapa p. 125 — Italiana €€€
☎ 222 713 222; Mánesova 78, Vinohrady; pratos 450-600Kč; 🕒 12-23 h seg-sáb, às 22 h dom; Ⓜ Jiřího z Poděbrad ou 🚋 11

Tijolo vermelho e mobília estilo campestre dão um toque rústico ao ambiente. Movimentado e eficiente na hora do almoço, romântico à noite, o Aromi é famoso por sua cozinha italiana autêntica, da *zuppa di cannellini* (sopa de feijão branco) ao *branzino al guazzetto* (robalo assado na crosta de sal); frutos do mar são uma especialidade). O serviço pode ser um pouco excessivo, mas simplesmente relaxe e aproveite.

AMBIENTE Mapa p. 125 — Internacional €€
☎ 222 727 851; Mánesova 59, Vinohrady; pratos 200-450Kč; 🕒 11-0 h seg-sex, 12-0 h sáb e dom; Ⓜ Jiřího z Poděbrad ou 🚋 11

"Ambiente" tem muito a ver com o clima aconchegante do local. Cardápio temático americano com imensa variedade de saladas (como a Caesar – queijo de cabra, vegetais grelhados, abacate), saborosos pratos de massa, costeletas com molho barbecue, *fajitas*, carnes, asinha de frango e excelentes vinhos da casa por cerca de 90Kč a taça.

MOZAIKA Mapa p. 125 — Internacional €€
☎ 224 253 011; Nitranská 13, Vinohrady; pratos 220-400Kč; 🕒 11h30-23 h; Ⓜ Jiřího z Poděbrad

Não é mais a preciosidade desconhecida de alguns anos atrás, mas ainda é um dos restaurantes mais confiáveis da região. O tema é bistrô francês modernizado, com *tournedos* e *boeuf bourguignon* dividindo as atenções com entradas internacionais como refogados estilo oriental, costeletas de porco com molho barbecue, e o nosso favorito: salmão embrulhado em alga servido com *wasabi* e purê de batata. Serviço impecável e, o que é raro em Praga, boa seleção de vinhos em taça. No calor, reserve o minúsculo terraço na calçada.

AMIGOS Mapa p. 125 — Mexicana €€
☎ 222 250 594; Anny Letenské 16 (esq. Mánesova), Vinohrady; pratos 200-400Kč; 🕒 11h30-0 h; Ⓜ Muzeum ou 🚋 11

O Amigos serve comida mexicana e sul-americana honesta, é só subir um pouco a pé pela Mánesova saindo da estação Muzeum do metrô. Saborosos *burritos*, *tacos*, *enchiladas* e *quesadillas*, assim como carnes, hambúrguer, refogados e saladonas. O clima é mais para pub do que para restaurante, e às vezes fica agitado. Divertido.

OSTERIA DA CLARA Mapa p. 125 — Italiana €€
☎ 271 726 548; Mexická 7, Vršovice; pratos 200-400Kč; 🕒 11-15 h e 18-23 h seg-sex, 12 h-15h30 e 18-23 h sáb; Ⓜ Náměstí Míru e 🚋 4, 22

A minúscula *trattoria* toscana serve comida italiana autêntica com uma das melhores relações custo-benefício, mas você vai precisar de um bom mapa ou de um táxi para chegar lá. O cardápio muda mensalmente, mas mantém pratos de massa criativos e pratos principais com pato, carne de vaca, porco e frutos do mar. O chef se orgulha de escolher os melhores ingredientes possíveis. Melhor reservar antes – são apenas oito mesas.

PASTIČKA Mapa p. 125 — Tcheca €€
☎ 222 253 228; Blanická 25 (esq. Mánesova), Vinohrady; pratos 200-400Kč; 🕒 11-22 h seg-sex, 17-23 h sáb e dom; Ⓜ Jiřího z Poděbrad ou 🚋 11

Pub aconchegante e convidativo no térreo, com um pequeno jardim atrás e uma decoração que mistura a Praga dos anos 1920 com pub irlandês. Faz sucesso no almoço com o pessoal dos escritórios, e à noite os estudantes lotam as mesas ao redor para tomar cerveja. A combinação de pratos internacionais e tchecos é muito boa.

U BILÉ KRÁVY Mapa p. 125 — Francesa, carnes €€
☎ 224 239 570; Rubešova 10, Vinohrady; pratos 150-300Kč; 🕒 11h30-23 h seg-sex; 17-23 h sáb; Ⓜ Náměstí Míru ou Muzeum

Um verdadeiro achado para fãs de carnes. O bistrô estilo lionês, administrado por franceses, tem uma das melhores carnes da cidade e com um dos melhores preços. O nome "Vaca Branca" refere-se à raça charolesa, vacas brancas da Borgonha de onde vêm as carnes servidas no restaurante. O chef ressalta que a carne nunca é congelada e que o corte é maturado por 21 dias para maximizar a maciez e o sabor. Soma-se a isso a autêntica atmosfera de bistrô, o serviço solícito e a excelente seleção de vinhos, tanto em garrafa como em taças. Um pouco difícil de achar, em uma escondida rua lateral logo atrás do Museu Nacional, é uma pequena caminhada saindo da estação Muzeum do metrô.

CHEERS Mapa p.125　　　　　Internacional €

☎ 222 513 108; esq. náměstí Míru com a Belgická, Vinohrady; pratos 150-340Kč; ⓧ 11-1 h; Ⓜ Náměstí Míru

O Cheers é uma versão moderna do pub tcheco tradicional, com cores vibrantes, muito aço inox e toques de arte contemporânea. O cardápio é uma espécie de tcheco contido, com pratos como *goulash*, frango assado, porco e o nosso preferido: *smaz/vený sýr* (queijo frito). Pode ficar lotado no almoço, pois é um dos preferidos entre os que trabalham por perto, com pratos que o colocam facilmente na categoria econômico.

CHUDOBA Mapa p. 125　　　　　Tcheca €

☎ 222 250 624; Vinohradská 67, Vinohrady; pratos 130-260Kč; ⓧ 11-1 h seg-sáb, 11-0 h dom; 🚋 11

O restaurante-taberna tcheco ocupa uma bela esquina arborizada da Vinohradská. Jovens profissionais e casais tomam uma cerveja lá depois do trabalho ou fazem uma ótima refeição tcheca por um bom preço. A decoração brinca com o tema "Velha Vinohrady", com fotos em tons de sépia na parede e piso de madeira. A cozinha é tcheca e continental, com os tradicionais pato assado e *goulash* dividindo o cardápio com costeletas de porco e um substancioso fondue de carne. Há um terraço na calçada para os dias quentes.

MASALA Mapa p. 125　　　　　Indiana €

☎ 222 251 601; Mánesova 13, Vinohrady; pratos 150-250Kč; ⓧ 12-23 h seg-sex, 17-23 h sáb e dom; Ⓜ Muzeum ou 🚋 11; Ⓥ

Justamente o que Praga precisava: um restaurante indiano excelente e sem pretensão, com serviço estilo caseiro, o que significa apresentação descontraída e boa comida caseira, como define o casal indiano que o administra. O problema porém é que a comida poderia ser mais condimentada. Em uma visita recente, o *rogan josh* de cordeiro tinha um quê de ketchup, mas a carne estava macia e o pão *naan* estava no ponto: crocante nas bordas e macio no centro.

U DĚDKA Mapa p. 125　　　　　Internacional €

☎ 222 522 784; Na Kozačce 12, Vinohrady; pratos 150-250Kč; ⓧ 10-23 h seg-sex, 14-1 h sáb; Ⓜ Náměstí Míru, 🚋 4, 22

O agradável pub e restaurante chique, situado perto do alto da Voroněžská, no limite entre Vinohrady e Vršovice, tem uma área frontal tranquila e arborizada. A decoração moderna atrai uma mistura de profissionais e estudantes tchecos e turistas ocasionais de uma pensão próxima; o cardápio mistura especialidades tchecas e comida de lanchonete bem preparada, como *quesadilla* de frango e x-búrguer. Os últimos, facilmente os melhores por aquelas bandas.

CAFÉ FX Mapa p. 125　　　　　Vegetariana €

☎ 224 254 776; Bělehradská 120, Vinohrady; pratos 120-240Kč; ⓧ 11-0 h; Ⓜ IP Pavlova; Ⓥ

Há quase duas décadas o Café FX é uma luz vegetariana no bairro cinzento que circunda a estação IP Pavlova do metrô. A comida – principalmente saladas, refogados e hambúrguer vegetariano – é confiável, mas o cardápio já é outro, e o lugar tem um ar de acomodação. Os fregueses, no entanto, parecem não se importar, e quase sempre o espaço fervilha com estudantes, baladeiros e até um ou outro executivo. O café é parte do clube noturno Radost FX (p. 200), o que só faz acrescentar (pena que isso não se aplique aos banheiros; perto deles os do metrô são bons).

LAS ADELITAS Mapa p. 125　　　　　Mexicana €

☎ 222 542 031; Americká 8, Vinohrady; pratos 150-200Kč; ⓧ 11-23 h seg-sex, 14-23 h sáb e dom; Ⓜ Náměstí Míru

Pequeno e informal. Administrado por um grupo de amigos do México, provavelmente sirva a coisa mais próxima de comida tex-mex que você vai encontrar de lá até Varsóvia. Deliciosos *tacos*, *burritos* e *enchiladas* preparados carinhosamente com tortillas artesanais. O ambiente é um pouco estéril, mas ninguém espera jantar à luz de velas – só boa comida a bons preços.

PIZZERIA GROSSETO
Mapa p. 125　　　　　Italiana, pizza €

☎ 224 252 778; Francouzská 2, Vinohrady; pratos 120-180Kč; ⓧ 11h30-23 h; Ⓜ Náměstí Míru; Ⓥ

Essa movimentada pizzaria em Vinohrady, perto da Náměstí Míru, serve ótimas pizzas, com coberturas criativas como aspargos e ricota (diferentes da grande maioria mais simples encontrada comumente em Praga), assim como massas caseiras e sobremesas originais. Descubra o terraço com jardim nos fundos, é uma preciosidade; passe pela entrada da pizzaria, vá para a esquerda na direção da Francouzská e depois entre na pequena passagem à direita.

HA NOI Mapa p. 125   Vietnamita €
☎ 222 514 448; Slezská 57, Vinohrady; pratos 80-100Kč; ⏱ 10-22 h seg-sex, 14-23 h sáb; Ⓜ Jiřího z Poděbrad ou Flora

Há milhares de imigrantes vietnamitas em Praga, mas se você não for convidado para comer na casa de algum deles é quase impossível encontrar comida vietnamita decente. O Ha Noi é de longe o melhor entre outras opções no geral medíocres. O cardápio tem rolinho primavera fresco ou frito e dois tipos de *pho* (caldo com massa) temperados, de carne ou frango. A decoração simples – nada além dos típicos enfeites orientais *kitsch* – combina melhor com um almoço substancioso do que com um jantar especial.

ŽIŽKOV E KARLÍN

Žižkov é mais famoso pelos pubs do que pelos restaurantes, mas todo ano surgem lugares novos que se somam aos velhos baluartes. Ainda não conseguimos encontrar um restaurante recomendável em Karlín, mas se você estiver por lá tente o Pivovarský Klub (p. 189), que é um lugar mais para beber, mas serve comida tradicional de pub honesta.

HANIL Mapa p. 130   Japonesa, coreana €€
☎ 222 715 867; Slavíkova 24, Žižkov; pratos 350-500Kč; ⏱ 11 h-14h30 e 17h30-23 h seg-sáb, 17h30-23 h dom; Ⓜ Jiří z Poděbrad

Um ambiente descontraído e informal, com um toque típico, em que uma mistura de profissionais, locais e estrangeiros, aprecia a autêntica cozinha japonesa e coreana, sem a badalação e a formalidade de restaurantes mais caros. Mergulhe em uma tigela quente do saboroso *bibimbap* (arroz coberto com carne e picles, temperado com pasta de pimenta ardida), ou peça um prato de sashimi – provavelmente, o sushi tem a melhor relação custo-benefício da cidade (70Kč a 150Kč cada).

MAILSI Mapa p. 130   Paquistanesa €€
☎ 222 717 783; Lipanská 1, Žižkov; pratos 200--400Kč; ⏱ 12-15 h e 18 h-23h30; 🚋 5, 9, 26; Ⓥ

O Mailsi foi o primeiro restaurante paquistanês de Praga e ainda é um dos melhores da cidade para comer autênticos curries caseiros. A fachada é imperceptível, mas a música gawwali guia até o atraente salão, com serviço atencioso e comida deliciosa, apesar de mais cara ultimamente. O *bhaji* é um tanto simples – só tem batata e cebola em fatias finas, passadas em farinha temperada e fritas, mas é leve e crocante –, enquanto o *murgh dal* é um frango macio em molho de lentilha temperado com cominho.

KUŘE V HODINKÁCH
Mapa p. 130   Tcheca, internacional €

☎ 222 734 212; Seifertova 26, Žižkov; pratos 85-220Kč; ⏱ 11-1 h seg-sex, 12-1 h sex, 18-1 h dom; 🚋 5, 9, 26

Pub temático de rock, cujo nome vem de um álbum de 1972 da banda de jazz-rock tcheca Flamengo, banida pelas autoridades comunistas (quer dizer "Galinhas em Guarda" – afinal, eram os anos 1970, psicodelia, drogas e tudo o mais...). Você pode curtir o movimentado do térreo, ou ir para o subterrâneo, com ambiente mais sossegado e mais chique do que a maioria dos pubs de Žižkov. Ah, e tem uma cozinha à altura – o cardápio inclui ragu de cogumelos com nhoque de batata e creme azedo, salada Caesar, coxa de frango grelhada com gengibre, mel e pimenta e um substancioso *goulash* escuro e saboroso, com bolinhos de bacon.

RESTAURACE AKROPOLIS
Mapa p. 130   Internacional €

☎ 296 330 913; Kubelíkova 27, Žižkov; pratos 80-230Kč; ⏱ 11 h-0h30 seg-qui, 11 h-1h30 sex, 15 h-0h30 sáb e dom; 🚋 5, 9, 26; Ⓥ

O café no famoso Palác Akropolis (p. 202) é uma instituição de Žižkov, com sua combinação excêntrica de painéis de mármore, luminárias de metal peculiares e estranhas instalações em aquários projetadas pelo artista local František Skála. O cardápio tem boas opções de pratos vegetarianos, de nachos a nhoque, além de uma ótima sopa de alho, asinhas de frango ultra-apimentadas e *steak tartare*. Crianças são bem-vindas (apesar da eventual fumaça) – há brinquedos e livros para colorir. E cachorros também, com direito a um cardápio especial, biscoitos e brinquedos para morder.

HOLEŠOVICE, BUBENEČ E DEJVICE

Os bairros mais afastados do centro estão finalmente se revelando em termos de bons restaurantes. Os melhores concentram-se em sua maioria ao longo das ruas residenciais, nas proximidades da estação de metrô Dejvická. Outra área com boa oferta fica perto da Strossmayerovo náměstí. A parte mais a leste da Holešovice passa por um *boom* imobiliário, mas ainda carece de lugares decentes para comer, mesmo com algumas novidades.

DA EMANUEL Mapa p. 136   Italiana €€€
☎ 224 312 934; Charlese De Gaulla 4, Dejvice; pratos 500-700Kč; 🕙 12-23 h; Ⓜ Dejvická ou 🚋 8

O pequeno e elegante restaurante, em uma rua residencial tranquila, é um dos imperdíveis em Dejvice. O salão principal tem um toque especialmente romântico no ambiente e na decoração. Experimente a *tagliata con rucola* (fatias macias de filé mignon salpicadas com rúcula) ou os mexilhões, servidos com molho de tomate salgadinho. Como é pequeno, você vai precisar fazer reserva.

HANAVSKÝ PAVILÓN
Mapa p. 136   Tcheca, internacional €€€
☎ 233 323 641; Letenské sady 173, Bubeneč; pratos 345-490Kč; 🕙 11-1 h, terraço até 23 h; 🚋 18

Alojada no alto do rio, a construção barroca ornamentada, que data de 1891, abriga um restaurante bacana com uma vista de cartão-postal para as pontes sobre o Vltava – de maio a setembro é possível comer no terraço externo. Tem também um menu de três pratos (a partir 375Kč) com clássicos tchecos.

MIRELLIE Mapa p. 136   Italiana €€
☎ 222 959 999; VP Čkalova 14, Dejvice; pratos 180-410Kč; 🕙 11-23 h; Ⓜ Dejvická ou Hradčanská

Com os preços de quebrar a banca do Da Emanuel, Djevice precisava de uma opção italiana mais acessível, mas de boa qualidade. O Mirellie faz esse papel. Como muitos restaurantes "italianos" da cidade, é administrado por ex-iugoslavos, mas não deixe que isso o faça desistir. Experimente o delicioso carpaccio (servido com pão "pizza" quente), seguido por uma massa coberta com um molho criativo, como ragu de cordeiro picante. Os frutos do mar são frescos, e as pizzas também são muito boas, relativamente baratas e satisfazem.

KAVALA Mapa p. 136   Grega €€
☎ 224 325 181; Charlese De Gaulla 5, Dejvice; pratos 290-350Kč; 🕙 11h30-23h30; Ⓜ Dejvická ou 🚋 8

Se você não conseguir lugar no Da Emanuel (à esquerda), experimente esse grego do outro lado da rua. Serve os clássicos de sempre, como *souvlaki* e *moussaka*, e mais deliciosos mezze com frutos do mar (320Kč) que valem por uma refeição. O salão interno é um pouco bonitinho demais – melhor apostar no jardim frontal. A Sociedade Grega tem uma pequena mercearia ao lado, ótima para comprar azeitonas, vinhos gregos, coalhada seca e feta fresco.

ČÍNSKÁ ZAHRADA Mapa p. 136   Chinesa €€
☎ 233 379 656; Šmeralová 11, Bubeneč; pratos 150-300Kč; 🕙 11-23 h; 🚋 1, 8, 15, 25, 26

O Čínská Zahrada (Jardim Chinês) é um restaurante de bairro tão bom que atrai gente de outros lugares da cidade. Não é difícil ver turistas asiáticos nas calçadas seguindo para lá nos horários das refeições. O "frango frito seco" (pedaços de frango preparados com osso, com pimenta vermelha em flocos) superpicante é um dos sucessos; peça ajuda ao garçom. Com tempo bom, prefira o terraço.

IL GATTOPARDO Mapa p.136   Italiana €€
☎ 774 999 027; Šmeralová 15, Bubeneč; pratos 140-300Kč; 🕙 11 h-23 h; 🚋 1, 8, 15, 25, 26

O pequeno restaurante italiano e mercearia dirigido por uma família, perto de Letenské náměstí, não é fácil de achar (fica no térreo de um casarão residencial), mas vale o esforço. Quase tudo no cardápio é importado da Sicília, conferindo uma autenticidade que muitos dos restaurantes ditos italianos de Praga não conseguem igualar, com massas e saladas excelentes e uma lista de pratos do dia por menos de 200Kč. A carta de vinhos (basicamente da Sicília) é enorme e de preço razoável. O chef e proprietário, Salvatore, aparentemente faz o sorvete à mão.

SASAZU Mapa p.136 Asiática €€

☎ 284 097 455; Bubenské nábřeží 306 (dentro do mercado de Holešovice), Holešovice; pratos 240-480Kč; ⓘ 12-0 h dom-qui, 12-1 h sex e sáb; Ⓜ Vltavská e 🚋 1, 3, 5, 25

Esse restaurante asiático chique interligado ao clube de mesmo nome (p. 200) talvez tenha sido a maior novidade de 2009 e, com certeza, que o bairro operário de Holešovice já viu. O chef Shahaf Shabtay juntou cinco técnicas do sudeste asiático, misturando culinária indiana, malaia, indonésia, tailandesa e de Cingapura. Embora os preços das entradas individuais não sejam um ultraje para o que se oferece (Gao curry vietnamita, por exemplo, é 180Kč), as porções são pequenas, e a água mineral a 100Kč e as cervejas (pequenas) a 50Kč inflacionam a conta rapidamente. Por outro lado, se você está atrás de comida asiática de primeira, esse é o melhor endereço da cidade. Reserve mesa às quintas, às sextas ou aos sábados à noite, ou nem tente.

PERPETUUM Mapa p.136 Tcheca €€

☎ 233 323 429; Na hutích 9, Dejvice; pratos 230-380Kč; ⓘ 11h30-23 h seg-sáb; Ⓜ Dejvická

Comer um pato preparado com competência é um dos destaques de uma visita à República Tcheca, onde essa ave é preferência nacional. Nesse restaurante, é a única coisa no cardápio, e os caras na cozinha claramente sabem o que fazem. Escolha o típico pato assado tcheco, servido com bolinho de pão e repolho-roxo, ou arrisque o pato selvagem, mais rústico, ou o adocicado pato Barbária. São todos deliciosos. No salão, isolado e romântico, é proibido fumar durante o horário das refeições.

SAKURA Mapa p.136 Japonesa €€

☎ 774 785 077; Náměstí Svobody 1, Dejvice; pratos 180-320Kč; ⓘ 11-22 h; Ⓜ Dejvická

Esse pode ser um dos melhores lugares para comer sushi em Praga. Ocupa um prédio funcionalista bacana dos anos 1930, e o interior espaçoso é uma suave combinação de contemporâneo japonês e modernismo tcheco. Tem até área para as crianças brincarem. O sushi é excelente, mas os rolinhos se destacam. O "vulcão" tem atum apimentado; o "crocante" vem levemente frito, com salmão suavemente cozido dentro.

MOLO 22 Mapa p.136 Internacional €€

☎ 220 563 348; U Průhonu 22, Holešovice; pratos 160-280Kč; ⓘ 8-0 h seg-sex, 9-0 h sáb e dom; Ⓜ Vltavská e 🚋 5, 12, 15

Esse restaurante descolado – com paredes escuras de lambris e tons de pedra verde – em frente do clube Mecca (p.199) – é um oásis numa rua decadente da parte oriental de Holešovice. O cardápio é ambicioso e eclético, com risotos italianos e curries tailandeses ao lado das preferências tchecas como Svíčková na smetaně e pato assado, embora o chef pudesse usar menos sal. Bons cheesecakes de sobremesa.

BOHEMIA BAGEL Mapa p.136 Internacional €

☎ 220 806 541; Dukelských Hrdinů 48, Holešovice; pratos 120-240Kč; ⓘ 9-23 h; 🚋 5, 14, 15, 17

Quando essa filial do império local da Bohemia Bagel abriu, em 2007, foi saudada como iminente sinal do renascimento de Holešovice. Não foi exatamente o que se previu, mas continua sendo o melhor local para uma refeição rápida ou lanche do bairro, com a costumeira variedade de bagels, cafés da manhã e hambúrgueres, além de entradas de atum malpassado e filé mignon, para quem tiver mais apetite. O Bohemia Bagel fica a apenas duas paradas de tram de Nádraží Holešovice (pegue o tram 15), uma alternativa ao trem, se for o caso.

STAROČESKÁ KRČMA Mapa p.136 Tcheca €

☎ 224 321 505; V.P. Čkalova 15, Dejvice; pratos 150-230Kč; ⓘ 11-0 h; Ⓜ Hradčanská ou Dejvická

Essa taverna tcheca tradicional se especializou em enormes porções de carnes grelhadas de boi, porco e galinha. A decoração pretende evocar uma koliba (hospedaria ou chalé no campo) antiga, com grandes mesas de madeira, lareira e lenha espalhada. Os pratos de porco são os melhores, a carne de vaca é apenas boa. Reserve, especialmente nos fins de semana.

CAPUA Mapa p.136 Pizza €

☎ 233 382 659; Milady Horákové 9, Holešovice; pratos 100-150Kč; ⓘ 11-1 h, varanda até 23 h; 🚋 1, 8, 15, 25, 26

Esse restaurante de esquina logo acima da Strossmayerovo náměstí é considerado a melhor pizzaria no bairro, e até o Prague Post recentemente o pôs na lista das melhores opções da cidade. Na verdade, é apenas bom, não ótimo. O interior convidativo é dividido em dois salões, o maior e mais legal, à direita, é para não fumantes. As pizzas têm massa fina e seguem as combinações italianas usuais. "Capriccioso" é um recheio de presunto e cogumelos frescos. Há uma varanda sombreada na frente, para dias de tempo bom.

NAD KRÁLOVSKOU OBOROU
Mapa p.136   Tcheca €

☎ 220 912 319; Nad Královskou oborou 31, Bubeneč; pratos 140-250Kč; ⓧ 11h30-23 h; Ⓡ 1, 8, 15, 25, 26
Felizmente, ao contrário do que costuma ocorrer, esse é um velho pub que ficou ainda melhor depois da reforma, conservando o que tinha de bacana. É verdade que foi preciso expulsar alguns frequentadores pitorescos e raspar a nicotina das paredes, mas o ambiente manteve a descontração e a culinária tcheca melhorou muito com o acréscimo de alguns pratos de carne de caça difíceis de achar (prove o *goulash* de veado). A localização ao lado do parque faz dele um ponto ideal para almoçar ou tomar uma cerveja depois de um passeio por Stromovka.

NA URALE Mapa p.136   Tcheca €

☎ 224 326 820; Uralská 9, Dejvice; pratos 100-200Kč; ⓧ 11-1 h; Ⓜ Dejvická ou Ⓡ 8
Um antigo pub tcheco cavernoso que ficou muito mais limpo recentemente, ganhando belas paredes carmesim e chão de pedra. A cozinha também foi melhorada, mas os preços para pratos tchecos benfeitos como *guláš* e porco assado são quase os mesmos de um típico pub popular. O Na Urale é a âncora de um conjunto de lojas cada vez mais interessantes na adorável Puškinovo náměstí (Praça Pushkin), que agora inclui uma mercearia italiana e uma russa.

PIZZERIA GROSSETO
Mapa p.136   Italiana, pizza €

☎ 233 342 694; Jugoslávských Partyzánů 8, Dejvice; prato 120-180Kč; ⓧ 11h30-23 h; Ⓜ Dejvická ou Ⓡ 8; Ⓥ
É uma pizzaria animada e simpática com pizza no forno à lenha que atrai multidões de estudantes do campus universitário vizinho. Além de uma enorme variedade de pizzas, o cardápio oferece saladas, massas, frango assado, carne e salmão grelhados. Do salão principal, pode-se ver os pizzaiolos trabalhando as massas. Reserve; os garçons têm um prazer indecoroso em dizer a quem chega que não há mesa.

LUCKY LUCIANO Mapa p.136   Pizza €

☎ 220 875 900; Dělnická 28, Holešovice; pratos 100-150Kč; ⓧ 11h30-23 h; Ⓜ Vltavská e Ⓡ 1, 5, 12, 14, 15, 25; Ⓥ
Você está com sorte, se estiver hospedado no Sir Toby's Hostel (p. 229) – essa pequena pizzaria ao lado serve pizza muito boa, além de tradicionais antepastos italianos como carpaccio e *insalata caprese*. O serviço é amigável, e a melhor parte é o grande terraço na frente, coberto por três árvores grandes – ótimo para dias quentes.

LA CRÊPERIE Mapa p.136   Francesa €

☎ 220 878 040; Janovského 4, Holešovice; pratos 60-140Kč; ⓧ 9-23 h seg-sáb, às 22 h dom; Ⓜ Vltavská ou Ⓡ 1, 5, 8, 12, 14, 15, 17, 25, 26
Lugar estranho para montar uma autêntica crêperie francesa, numa esquina esquecida de Holešovice ao lado do enorme complexo administrativo do distrito. Mesmo assim, se você estiver por ali, vale a pena provar as saborosas crepes abertas doces chamadas *galettes*. Tudo é feito na hora, com alguma espera, é claro. Mas isso é legal, já que o espaço – decorado como uma hospedaria rústica da Bretanha – é quentinho e normalmente há música francesa animada saindo dos alto-falantes. A *galette complet* (presunto e queijo com um ovo em cima) é um excelente café da manhã reforçado.

SMÍCHOV

Com a chegada recente do shopping center Nový Smíchov e dos prédios de escritório em volta, os restaurantes pipocaram na área que cerca a estação de metrô Anděl. A maioria deles, como TGI Friday e Potrefená husa, pertence, na verdade, a uma rede que serve a galera dos negócios na hora do almoço. Lugares realmente autênticos e decentes são raros. Se nada lhe agradar, a praça de alimentação do shopping oferece algumas opções.

ARTISAN Mapa p.143 Internacional €€
☎ 257 218 277; Rošických 4; pratos 240-400Kč;
⏲ 11-0 h seg-qui, à 1 h sex e sáb, às 23 h dom;
🚋 6, 9, 12, 20 (para Švandovo divadlo)

Os donos desse restaurante chique, escondido numa esquina perto da náměstí Kinských na divisa de Smíchov e Malá Strana, apostaram que sua comida de alta classe atrairia mesmo o público que trabalha na região. Isso ainda não se confirmou. Em algumas noites, o salão contemporâneo de bom gosto está lotando apenas metade de seu espaço. É uma pena, pois o Artisan serve a melhor comida de Smíchov. Experimente o ravióli recheado com ragu de pato apimentado, o risoto de abóbora ou as excelentes carnes maturadas. É proibido fumar no salão; coma na varanda do fundo se o tempo estiver bom.

NA VERANDÁCH Mapa p.143 Internacional €€
☎ 257 191 200; Nádražní 84; pratos 150-300Kč;
⏲ 11-0 h seg-qui, à 1 h sex e sáb, às 23 h dom;
Ⓜ Anděl

O Na Verandách, pub e restaurante localizado na cervejaria Staropramen (veja o quadro na p.190), é administrado hoje pela rede de restaurantes Potrefená husa, pertencente à Staropramen. Mesmo assim, ainda é muito popular entre *Czuppies*, a versão local dos yuppies, no almoço e no jantar. Não falta boa cerveja (oito variedades tiradas na hora) para regar as honestas versões de costelas, hambúrgueres e pratos de frango e porco. Com tempo bom, tente uma mesa na varanda dos fundos.

PIZZERIA CORLEONE Mapa p.143 Pizza €€
☎ 251 511 244; Na Bělidle 42; pratos 120-340Kč;
⏲ 11 h-23h30; Ⓜ Anděl; Ⓥ

Esse animado restaurante de bairro é provavelmente a melhor pizzaria de Smíchov. O forno à lenha despeja todos os clássicos, de margherita a *moscardina*, e você pode escolher as coberturas. O salão revela uma queda pela arte de Jack Vettriano, que têm seus quadros reproduzidos em grandes murais. Há uma área para não fumantes no porão.

U MIKULÁŠE DAČÍCKÉHO
Mapa p.143 Tcheca €€
☎ 257 322 334; ul Victora Huga; pratos 200-300Kč;
⏲ 11-0 h; Ⓜ Anděl

Uma honesta *vinárna* (vinheria) à moda antiga. Um pouco mais chiques, esses pubs centrados no vinho, e não na cerveja – com ambiente tradicional e ótima cozinha tcheca –, estão desaparecendo. Nesse espaço, os proprietários optaram por uma aparência "medieval", com detalhes valorizando o tema. Reserve.

ANDĚL Mapa p.143 Tcheca €
☎ 257 323 234; Nádražní 114; pratos 90-220Kč;
⏲ 11-23 h; Ⓜ Anděl

Se acaso você se hospedar em um dos novos e glamorosos hotéis butique do bairro, vai estar a uns metros de um dos melhores pubs Pilsner Urquell da cidade. Embora o Anděl seja relativamente novo, tem a cara e o clima de um pub tcheco bem vivido, com crosta de pão, entradas tradicionais tchecas como *svíčková na smetaně* e *goulash* muito boas, e cerveja no barril *(tankové pivo)* fresquinha direto da cervejaria. É bom fazer reserva para almoço ou jantar.

ZLATÝ KLAS Mapa p.143 Tcheca €
☎ 251 562 539; Plzeňská 9; pratos 120-200Kč;
⏲ 11-23 h dom-ter, 11-1 h sex e sáb; Ⓜ Anděl

É o melhor e mais receptivo para turistas dos pubs tradicionais dessa região. Também oferece *tankové pivo* fresquinha da Plzeň, um motivo de orgulho local que significa cerveja mais pura, servida de grandes tanques. O cardápio é cheio de gororoba tcheca benfeita, como porco assado, *goulash* e peito de frango frito, num ambiente *kitsch*, mas confortável. O serviço é rápido e simpático, mas exige reserva para a noite, quando pode lotar absurdamente.

CORTE DI ANGELO Mapa p.143 Pizza €
☎ 257 326 167; Nádražní 116; pratos 120-180Kč;
⏲ 11-23 h; Ⓜ Anděl; Ⓥ

Outra opção de pizzaria decente na região de Anděl, essa tem o tema "Velho Oeste". As melhores pedidas são a pizza de massa fina feita em forno à lenha, entradas decentes como carpaccio e uma varanda agradável situada em um pequeno pátio. Também administra o café vizinho, com um excelente *Illy espresso* e mesinhas para apreciar o movimento.

ONDE BEBER

o melhor

- **U Vystřeleného Oka** (p. 190)
- **Letenský zámeček** (p. 185)
- **Pivovar U Bulovky** (p. 182)
- **Ćili Bar** (p. 185)
- **U Zavěšenýho Kafe** (p. 183)
- **Svijanský Rytíř** (p. 194)
- **Fraktal** (p. 190)
- **Pivovarský Klub** (p. 189)
- **Viniční Altán** (p. 189)
- **Caffé Kaaba** (p. 187)

O que você recomenda? www.lonelyplanet.com/prague

ONDE BEBER

Os bares em Praga entram e saem da moda com uma velocidade alarmante, e os caçadores de tendências estão sempre migrando para o mais novo lugar, para abandoná-lo logo que fique famoso. As melhores regiões para procurar bons bares são Vinohrady, Žižkov, Smíchov, Holešovice, a região ao sul da Národní třída em Nové Město e as travessas da Praça da Cidade Velha em Staré Město.

A maioria dos pubs serve aperitivos para acompanhar a cerveja; os mais populares são *utopenci* (salsicha fatiada em picles de vinagre e cebola), *topinky* (torrada frita) e, é claro, o famoso *Pražská šunka* (presunto de Praga) com pepininhos em conserva. Muitos dos lugares citados neste capítulo servem refeições mais substanciosas.

A onda de despedidas de solteiro que atingiu Praga parece ter avançado para novas paragens (mais baratas), mas, se você quiser evitá-las, fique longe da Praça Venceslau, dos pubs ingleses e irlandeses do centro, e dos bares com jogos na TV na Ve Smečkách e arredores da Cidade Nova.

ESPECIALIDADES
Cerveja

As terras tchecas são famosas há séculos por produzir um néctar âmbar entre os melhores do mundo. As menções históricas mais antigas à fabricação de cerveja e ao plantio de lúpulo datam de 1088, na carta de fundação do mosteiro de Opatovice, no leste da Boêmia. Ao que parece, a cerveja da época tinha outro gosto – para os padrões de hoje, intragável. Foi só em 1842 que um esperto grupo de cervejeiros de Plzeň juntou a sua experiência, instalou tecnologia "moderna" e fundou uma cervejaria municipal única, com resultados espetaculares. A cerveja dourada tipo lager deles, chamada Plzeňský Prazdroj (*prazdroj* é "fonte original" em tcheco antigo), ou Pilsner Urquell em alemão, hoje é uma das melhores cervejas do mundo, e a mais imitada.

Mesmo nesses tempos atuais de invasão da cultura do café, *pivo* (cerveja) continua a ser a força vital de Praga. Os tchecos são os maiores consumidores de cerveja do mundo (cerca de 157 litros por pessoa ao ano, supera fácil tanto a Alemanha quanto a Austrália), e os *hospoda* ou *pivnice* (pubs ou pequenas cervejarias) continuam a ser o centro da vida social do bairro. Muitas pessoas tomam pelo menos um copo de cerveja por dia – a cerveja tem apelidos locais como *tekutý chleb* (pão líquido) e *živá voda* (água da vida) – e há ainda quem tome um pequeno copo de cerveja no caminho para o trabalho, de manhã.

A maioria das cervejas tchecas é do tipo lager de baixa fermentação, produzidas naturalmente usando malte da Morávia e lúpulo colhido manualmente em Žatec, no noroeste da Boêmia. Todo o processo de produção e de fermentação só usa ingredientes naturais

---

ETIQUETA DE PUB

Há regras de etiqueta a observar se você quiser curtir o clima de um *hospoda* (pub) tradicional sem atrair olhares de desaprovação e resmungos dos frequentadores. Primeiro, não vá entrando e logo começando a mudar mesas e cadeiras de lugar – se quiser compartilhar uma mesa ou pegar uma cadeira sobrando pergunte "*je tu volno?*" (está desocupada?) antes. É uma prática normal em bares tchecos cheios dividir mesas com estranhos. Pegue uma bolacha na prateleira, coloque-a na sua frente e espere pelos atendentes; seus acenos serão ignorados.

Você pode pedir sem dizer nada – supõe-se automaticamente que você está lá para tomar cerveja. Quando o garçom se aproximar, levante o dedão para uma cerveja, o dedão e o indicador para duas e assim por diante – se você estiver querendo o copo com 500 ml do chope principal do pub. Um aceno com a cabeça já basta. E, algo a ser lembrado, não perca o papel com as anotações do garçom, nem rabisque nele, para não ter de pagar multa. Como ocorre em tantos lugares, assim que o nível da sua cerveja atingir uns dois dedos do fim do copo, os garçons mais ligados já vão buscar outro. Mas você jamais deve virar o resto do copo antigo no novo, como muitas vezes os britânicos fazem – isso é considerado grosseria.

Se não quiser mais cerveja, coloque uma bolacha em cima do seu copo. Quando quiser pagar e ir embora, chame o garçom e diga "*zaplatím*" (quero pagar). Ele, ou ela, vai somar as marcas no papel, e você vai acertar na mesa mesmo (procure ter trocado, para evitar confusão). A gorjeta é esperada (veja p. 182).

– água, lúpulo, levedura e cevada. Como na vizinha Alemanha, leis rigorosas proíbem o uso de produtos químicos no processo de fabricação da cerveja.

Há duas variedades principais de cerveja – *světlé* (clara) e *tmavy* ou *černé* (escura). A *světlé* tem uma coloração âmbar-clara ou o dourado da cerveja tipo lager, com sabor pronunciado e refrescante de lúpulo. As cervejas escuras são mais adocicadas e mais encorpadas, com um sabor intenso frutado ou puxando para o malte.

Cervejas tiradas na hora muitas vezes são classificadas como *dvanáctka* (12°) ou *desítka* (10°). Esse indicador é conhecido como taxa de Balling e foi inventado pelo cientista tcheco Karl Josef Balling no século XIX. Um grau (°) Balling representa um ponto percentual em peso do açúcar derivado do malte no líquido antes da fermentação. No entanto, nem todo o açúcar se transforma em álcool, então, a taxa de Balling dá uma indicação quanto ao "corpo", assim como quanto ao provável teor alcoólico da cerveja pronta – a 12° tem sabor mais intenso, além de ser mais alcoólica do que a 10°, com uma leve doçura maltada que quebra o amargor do lúpulo.

Em 1997, a lei tcheca adotou um novo sistema para indicar o teor alcoólico da cerveja que reconhece três categorias – *výcepni pivo* (menos de 4,5%), *ležák* (4,5% a 5,5%) e *special* (mais de 5,5%). No entanto, é difícil mexer com a tradição, e a maioria das cervejarias e dos bares ainda usa a classificação *dvanáctka* e *desítka*.

Os tchecos gostam de cerveja geladíssima (entre 6°C e 10°C), com um colarinho alto e cremoso (conhecido como *pěna*, quer dizer, "espuma"). O chope quase sempre é servido em copos de *půl-litr* (500 ml); se preferir um menor, peça um *malé pivo* (300 ml). Alguns bares complicam as coisas usando copos de 400 ml, outros servem uma caneca estilo alemão de um litro, conhecida como *tuplák*.

As cervejas Pilsner Urquell e Budvar (Budweiser), mundialmente famosas, são fabricadas nas cidades de Plzeň (oeste da Boêmia) e České Budějovice (sul da Boêmia), respectivamente, mas Praga tem cervejarias próprias. A maior delas é a Cervejarias Praga, que administra as cervejarias Staropramen e Braník em Praga e a cervejaria Ostravar em Ostrava (norte da Morávia). As marcas incluem a tradicional lager Staropramen, a encorpada Kest e a mais amarga Velvet, mais novas, e detêm mais de 15% do mercado interno de cerveja

A Cervejarias Praga pertence hoje à multinacional StarBev, o maior grupo de cervejarias do mundo, e a Pilsner Urquell é uma subsidiária da SABMiller. Na verdade, a Cervejaria Budvar Budweiser, em České Budějovice, que ainda pertence parcialmente ao governo, é a única importante do país que ainda é 100% tcheca.

A incorporação das cervejarias da República Tcheca por multinacionais veio acompanhada de um ressurgimento do interesse pela fabricação tradicional da cerveja, e houve uma onda de microcervejarias locais pipocando por todo o país, algumas delas em Praga – veja o quadro na p. 182.

Vinho

Todo mundo sabe que a cerveja tcheca tem fãs no mundo inteiro, muitos deles vão a Praga idolatrar a mãe de todas as cervejas lager. O que geralmente não se sabe é que os vinhos tchecos melhoraram enormemente nos últimos anos, e vale a pena conhecê-los.

Uvas são cultivadas em terras tchecas desde o século XIV, quando Carlos IV importou vinhas da Borgonha; as descendentes delas ainda abundam nas escarpas abaixo do Château Mělník (p. 238).

O padrão do vinho tcheco melhorou muito depois da queda do comunismo, quando os pequenos produtores começaram a se voltar para a fatia de mercado dos vinhos de qualidade. A área total de terra dedicada à viticultura subiu de 120 km² em 1989, para 193 km² em 2006. A principal região produtora de vinho do país é o sul da Morávia, que responde por 96% dos vinhedos tchecos, os 4% restantes estão espalhados pelo norte da Boêmia.

Embora os vinhos tintos tchecos – como a especialidade do sul da Morávia, o Svatovavřinecké (São Lourenço) – sejam em sua maioria medianos, os brancos podem ser realmente muito bons, como as variedades Veltínské zelené (Grüner Veltlin), Rýnský ryzlink (riesling) e Müller-Thurgau. Tanzberg e Sonberk são ambos excelentes produtores de vinho.

Apesar de não fazer tanto sucesso quanto a cerveja, o *víno* (vinho) é facilmente encontrado em *vinárny* (vinherias), restaurantes e bares – mas não em muitas cervejarias. *Suché víno* é vinho seco, e *sladké* é suave; uma placa dizendo *sudové vino* indica que ele é servido direto do barril. Se quiser degustar vinhos tchecos variados, vá a uma vinheria como a Bokovka (p. 186), Monarch Vinný Sklep (p. 186) ou Viniční Altán (p. 189), ou compre na Cellarius (p. 163).

Todo ano, durante cerca de três semanas, do fim de setembro até meados de outubro,

MENOS É MAIS

Enquanto as cervejarias multinacionais estão ocupadas comprando cervejarias tchecas tradicionais, um número cada vez maior de entusiastas vem montando microcervejarias que se mantêm fiéis às origens da cerveja boêmia e servem suas saborosas produções não pasteurizadas em pubs-cervejarias com personalidade. Há seis delas na capital:

Klášterní pivovar Strahov (Cervejaria do Mosteiro de Strahov; mapa p. 70; ☎ 233 353 155; Strahovské nádvoří 301, Hradčany; ☼ 10-22 h; ⎋ 22) Dominado por dois tanques de fermentação de cobre, o pequeno pub animado serve duas variedades da cerveja St Norbert – *tmavý* (escura), densa e persistente, com colarinho cremoso, e *polotmavý* (clara), uma lager encorpada puxando para o lúpulo, as duas a 59Kč o copo de 400 ml.

Novoměstský pivovar (Cervejaria Cidade Nova; mapa p. 110; ☎ 224 232 448; Vodičkova 20, Nové Město; ☼ 8 h-23h30 seg-sex, 11h30-23h30 sáb, 12-22 h dom; ⎋ 3, 9, 14, 24) Como a U Fleků, a Cervejaria Cidade Nova foi praticamente invadida pelos turistas de ônibus, e tem cervejas a preços altos (65Kč por 500 ml, escura ou clara). A comida é até boa, mas conseguir uma mesa sem reserva não é fácil.

Pivovar U Bulovky (Cervejaria Bulovka; mapa p. 58; ☎ 284 840 650; Bulovka 17,Libeň; ☼ 11-23 h seg-qui, até 0 h sex, 12-0 h sáb; ⎋ 10, 15, 24, 25) Aberto em 2004, é um legítimo bar de bairro, no subúrbio, com um salão gostoso. A deliciosa *ležák* (lager; 29Kč por 500 ml) da casa é uma cerveja de aspecto turvo e sabor marcante, cítrico e refrescante. A viagem de tram vale a pena, mas não espere funcionários falando inglês!

---

vê-se barracas de rua vendendo *burčak*. Isso é "vinho novo", suco da uva recém-extraído, nos estágios iniciais de fermentação. É doce e refrescante, lembra mais suco de fruta do que vinho, mas contém entre 3% e 5% de álcool; cuidado – a coisa sobe sem você nem perceber.

Mais para o fim do ano, com a chegada do inverno, surgem nas ruas as barracas de *svařák*, abreviação de *svařené vino* – vinho quente, como a gente conhece.

Destilados

Provavelmente, a *lihoviny* (bebida alcoólica) tcheca mais típica é o Becherovka. Produzido na famosa estação termal Karlovy Vary, no oeste da Boêmia, o licor de ervas é conhecido como "a 13ª" – e umas poucas doses vão deixar você se sentindo bem levinho. Muitas vezes é servido como aperitivo, ou integra coquetéis.

O ardente e potente *slivovice* (destilado de ameixa) parece ter surgido na Morávia, que ainda hoje faz os melhores. O melhor *slivovice* produzido comercialmente é o R Jelínek, de Vizovice. Outros destilados regionais são o *meruňkovice* (destilado de damasco) e o *borovička*, aromatizado com zimbro.

O destilado mais mortífero produzido localmente é o absinto da Hills Liquere, de Jindřichův Hradec. Embora seja proibido em muitos países por causa do alto teor alcoólico, o absinto é legal na República Tcheca. Infelizmente, os conhecedores de absinto consideram o Hillsbem ruim.

Os destilados são tradicionalmente consumidos puros e gelados. Exceto o *grog*, uma bebida quente muito comum, consumida o ano todo: metade rum, metade água quente ou chá, com uma fatia de limão.

INFORMAÇÕES PRÁTICAS

Quanto custa?

Os tempos da cerveja barata ficaram para trás. Uma combinação de preços turísticos em geral cada vez mais altos e a coroa tcheca forte fez os preços começarem a encostar nos da Alemanha, França e até do Reino Unido.

O preço de meio litro de chope varia bastante, de cerca de 25Kč a 40Kč em bares frequentados principalmente por moradores, a 90Kč para cima em mesas externas na praça da Cidade Antiga abarrotada de turistas. A maior parte dos bares voltados para turistas do centro da cidade cobra de 40Kč a 80Kč.

Também na região central, coquetéis vão de 150Kč a 300Kč, dependendo da qualidade dos ingredientes e da localização mais ou menos chique, enquanto vinho tcheco de boa qualidade em um bom bar especializado vai custar de 300Kč a 400Kč a garrafa.

Gorjeta

O costume é deixar gorjeta nos pubs, bares e cafés de Praga. A prática habitual é arredondar a conta para as 10Kč seguintes (ou 20Kč se o valor for superior a 200Kč). O troco normalmente é contado a partir das notas maiores, descendo depois para as moedas menores.

Pivovarský dům (Casa da Cervejaria; mapa p. 110; ☎ 296 216 666; esq Ječná com Lipová, Nové Město; ⏱ 11 h-23h30; 🚋 4, 6, 10, 16, 22) Enquanto os turistas se amontoam na U Fleků, os moradores se encontram nessa cervejaria para tomar cerveja tipo lager tcheca clássica (nas opções clara, escura e mista; 38Kč por 500 ml) produzida no local, assim como cerveja de trigo e uma variedade de cervejas aromatizadas (com café, banana e cereja, 38Kč por 300 ml). O lugar é agradável, decorado com tonéis de cobre e acessórios para produção da cerveja, e tem um leve aroma de malte e lúpulo (proibido fumar).

U Fleků (mapa p. 110; ☎ 224 934 019; Křemencová 11, Nové Město; ⏱ 9-23 h; Ⓜ Karlovo Náměstí) Conglomerado festivo de salões para beber e comer, a U Fleků é uma instituição de Praga, mas vive entupida de turistas embalados pela música de bandinha marcial e pela cerveja preta 13° (59Kč por 400 ml) produzida lá mesmo, conhecida como Flek. Os puristas resmungam, mas acabam se rendendo, porque a cerveja é boa, mas muitos locais fogem dos preços altos cobrados dos turistas. Cuidado se o garçom oferecer Becherovka (licor tcheco) – não vai bem com cerveja, e são mais 80Kč na conta.

U Medvídků (Do Pequeno Urso; mapa p. 90; ☎ 224 211 916; Na Perštýně 7, Staré Město; ⏱ cervejaria 11h30-23 h, museu 12-22 h; Ⓜ Národní Třída) Microcervejaria mais micro de Praga, com capacidade de apenas 250 L, a U Medvídků começou a produzir a própria cerveja apenas em 2005, embora o bar exista há muitos anos. O que tem de pequena tem de forte – a cerveja tipo lager escura que ela produz, vendida como X-Beer, é a mais forte do país, com um teor alcoólico de 11,8% (tão alto quanto o de muitos vinhos). Disponível apenas em garrafa (50Kč por 330 ml), é maltada, agridoce, com um impacto poderoso; cuidado! Também serve chope Budvar, 35Kč por 500 ml.

Se você disser *děkuji* (obrigado) durante esse processo, o atendente vai parar e supor que o restante é gorjeta.

CASTELO DE PRAGA E HRADČANY

É uma região um tanto tranquila, e os lugares para beber se limitam a cafés descontraídos e um ou outro pub tradicional.

U ZAVĚŠENÝHO KAFE Mapa p. 70   Bar
☎ 605 294 595; Úvoz 6, Hradčany; ⏱ 11-0 h; 🚋 12, 20, 22
Fantástico para uma bebida e a menos de 5 minutos a pé do castelo. Dirija-se ao salão dos fundos, com uma decoração peculiar e curiosidades artísticas e mecânicas do artista local Kuba Krejici (todas à venda), além de um velho jukebox com Beatles, Rolling Stones e rock tcheco. Pilsner Urquell espumante por 35Kč o copo de meio litro, e ótimo café (42Kč o cappuccino).

LOBKOWICZ PALACE CAFÉ Mapa p. 62   Café
☎ 233 312 925; Jiřská 3, Castelo de Praga; ⏱ 10-18 h; 🚋 22
O café, localizado no palácio Lobkowicz, do século XVI, é de longe o melhor no complexo do castelo. Tente conseguir uma mesa no terraço na parte de trás – a vista de Malá Strana é sensacional, assim como os *brownies* de chocolate, servidos acompanhados com calda de manga e morangos frescos. O café também é bom (embora seja um pouco caro, 95Kč o cappuccino), e o serviço é rápido e simpático.

PIVNICE U ČERNÉHO VOLA Mapa p. 62 Pub
☎ 220 513 481; Loretánské náměstí 1, Hradčany; ⏱ 10-22 h; 🚋 22
Loreta é local de peregrinação de muitas pessoas religiosas, mas também recebe outro público de peregrinos, mais atraídos pelo "Boi Preto". Essa cervejaria, surpreendentemente autêntica e barata, é frequentada por fãs da verdadeira cerveja tipo ale, pela atmosfera e pelo delicioso chope Velkopopovický Kozel (29Kč por 500 ml), produzido no sudoeste de Praga.

MALÁ STRANA

Malá Strana é o lugar certo para observar as pessoas de uma mesa na calçada, com muitos cafés e bares se esparramando para as ruas – principalmente na praça principal, a Malostranské náměstí, e na Nerudova, que leva ao castelo. Os lugares variam de casas de chás bonitinhas e cafés a pubs subterrâneos tradicionais e bares modernos.

KLUB ÚJEZD Mapa p. 78   Bar
☎ 257 316 537; Újezd 18; ⏱ 14-4 h; 🚋 6, 9, 12, 20, 22
É um dos muitos bares "alternativos" de Praga, espalhado por três andares (DJs no porão, café no andar de cima) e decorado com peças artísticas interessantes. Beba

uma cerveja no seu agradável bar estilo sujinho no térreo, enquanto observa a fumaça com aroma de ervas serpenteando, ao lado do monstro marinho que solta fogo pelas ventas dependurado no teto. Uma viagem.

KAFÍČKO Mapa p. 78 — Café
☎ 724 151 795; Míšenská 10; ⊗ 10-22 h; 🚋 12, 20, 22

Sem fumaça e familiar, o pequeno café simples e com decoração agradável é um lugar onde se encontra chá e café entre os melhores da cidade. Uma ampla variedade de grãos torrados selecionados do mundo todo à escolha é moída na hora para o preparo do espresso, cappuccino ou *latte* (40Kč a 55Kč); o espresso é servido como se deve, com um copo de água.

U ZELENÉHO ČAJE Mapa p. 78 — Café
☎ 257 530 027; Nerudova 19; ⊗ 11-22 h; 🚋 12, 20, 22

A "Do Chá Verde" é uma pequena casa de chá charmosa, estilo antigo, na subida para o castelo. Escolha entre cem tipos diferentes de chás (45Kč a 80Kč o bule) de todo o mundo, de chá verde e preto da China e da Índia a opções mais elaboradas, e acompanhe com os tentadores bolos e sanduíches.

BLUE LIGHT Mapa p. 78 — Bar
☎ 257 533 126; Josefská 1; ⊗ 18-3 h; 🚋 12, 20, 22

O Blue Light é uma típica e escura caverna de jazz, sucesso entre locais e turistas, e onde você pode tomar uma caipirinha ou uma colada de *cranberry* enquanto curte os acessórios *vintage* que enfeitam o ambiente. A aparelhagem de som reproduz boa música de fundo – não ao vivo –, que nunca se sobrepõe à conversa. Costuma lotar nas noites de fim de semana.

HOSTINEC U KOCOURA Mapa p. 78 — Pub
☎ 257 530 107; Nerudova 2; ⊗ 11-23 h; 🚋 12, 20, 22

O "Gato" é um pub antigo e tradicional com fama de ter sido o preferido do ex-presidente Havel. Atrai muitos tchecos também, apesar de ficar na turistulândia (talvez pela atmosfera enfumaçada). Pela localização, a cerveja é relativamente barata – 33Kč por 500 ml de chope Budvar, Pilsner Urquell ou Bernard.

STARÉ MĚSTO

A Cidade Velha é ponto de turismo, com pubs lotados e preços à altura. Mas é só explorar o labirinto de travessas estreitas que saem da praça da Cidade Antiga para encontrar preciosidades escondidas, como Čili Bar, Duende e Literární Kavárna Řetězová.

DUENDE Mapa p. 90 — Bar
☎ 775 186 077; Karoliny Světlé 30; ⊗ 13-0 h seg-sex, 15-0 h sáb, 16-0 h dom; Ⓜ Národní Třída

Nem cinco minutos a pé da Ponte Carlos, mas com uma atmosfera a quilômetros de distância, o pequeno bar é o oposto de turístico – um lugar boêmio, que atrai tipos tchecos criativos de várias idades. Além de vinhos e coquetéis, serve a excelente cerveja Bernard a 29Kč por 500 ml, ao som do violão ou violino, ao vivo. Fotos fascinantes e obras de arte curiosas cobrem a parede.

FRIENDS Mapa p. 90 — Bar
☎ 226 211 920; Bartolomějská 11; ⊗ 18-4 h; Ⓜ Národní Třídá

O Friends é um bar gay acolhedor com música e vídeo que serve café, coquetéis e vinhos excelentes. Bom para se sentar e tomar uma bebida observando as pessoas, ou se render ao clima das diferentes noites temáticas, como festa do pop tcheco, cinema ou cowboy (confira a lista em www.friendsprague.cz). Discotecagem a partir de 21 h na sexta e no sábado.

KOZIČKA Mapa p. 90 — Bar
☎ 224 818 308; Kozí 1; ⊗ 12-4 h seg-sex, 18-4 h sáb, 19-3 h dom; Ⓜ Staroměstská

O "Cabrinha" é um movimentado bar subterrâneo de tijolo vermelho decorado com fofas esculturas de cabras de aço, serve chope Krušovice a 45Kč por 500 ml (atenção: os atendentes vão querer empurrar uma *tuplák* de um litro se acharem que você é turista). Os tchecos costumam chegar mais tarde, e é um lugar bastante civilizado para um fim de noite.

KÁVA KÁVA KÁVA Mapa p. 90   Café
☎ 224 228 862; Platýz pasáž, Národní třída 37; ⏱ 7-22 h seg-sex, 9-22 h sáb e dom; Ⓜ Národní Třída; 📶
Escondido no tranquilo pátio Platýz, esse café de um americano tem um dos melhores cafés da cidade – o *grande cappuccino* é uma banheira de tão grande – e uma variedade de bagels, croissants, *brownies* de chocolate, bolo de cenoura e outras gostosuras. Existe uma filial em Smíchov (veja p. 195).

KRÁSNÝ ZTRÁTY Mapa p. 90   Café
☎ 775 755 143; Náprstkova 10; ⏱ 9-1 h seg-sex, 12-1 h sáb e dom; Ⓜ Národní Třída ou 🚋 17, 18; 📶
O café descolado – o nome quer dizer algo como "linda destruição" – também é uma galeria de arte e apresenta eventos musicais. Há jornais e livros para folhear, música descontraída e cardápio com chás e cafés gourmet à escolha. Os estudantes da Universidade de Carlos, que fica lá perto, adoram.

LITERÁRNÍ KAVÁRNA ŘETĚZOVÁ
Mapa p. 90   Café
☎ 222 221 244; ⏱ 12-23 h seg-sex, 17-23 h sáb e dom; 🚋 17, 21

Esse é o tipo de lugar em que você pode se imaginar digitando O Grande Romance de Praga no seu notebook, com um café pela metade sobre a mesa, ao seu lado, ou a cerveja *kvasnicové* Bernard (não filtrada), frutada e cheia de sabor, se preferir. É um ambiente despojado na decoração, tranquilo e descontraído, em que é possível ler um livro sem constrangimento nenhum.

ČILI BAR Mapa p. 90   Bar
☎ 777 945 848; Kožná 8; ⏱ 17-2 h; Ⓜ Můstek
Escondido na curva de uma travessa na Cidade Velha, mas a poucos passos da praça da Cidade Velha, esse minúsculo bar não podia ter uma atmosfera tão diferente da esperada de um típico bar da região. Apertado e enfumaçado – tem charutos cubanos à venda –, com uma ou outra poltrona de couro gasta brigando por espaço entre as mesas e a clientela. É simpático, descontraído e alegre. Confira a especialidade da casa – uma dose de rum misturada com pimenta vermelha picadinha.

CERVEJARIAS AO AR LIVRE

Num dia quente de verão, o que pode ser melhor do que se sentar ao ar livre com um copo da melhor cerveja boêmia gelada, admirando a vista do rio ou da cidade? Muitos bares em Praga têm pequenos jardins ou pátios, mas os locais a seguir, que só funcionam no verão, são realmente a céu aberto. Os horários de funcionamento dependem do tempo, mas normalmente é das 12 h às 0 h, de abril a setembro; prepare-se para pagar entre 25Kč e 35Kč por 500 ml de cerveja.

Letenský zámeček (mapa p. 136; Letenské sady, Bubeneč) Um monte de bancos e mesas meio bambos espalhados por uma escarpa de terra, sob as árvores, em uma ponta dos jardins de Letná, com uma das vistas mais lindas da cidade, atravessando o rio até as torres da Staré Město, e a sudoeste de Malá Strana. Chope Gambrinus. Veja p. 191.

Letní bar (mapa p. 78; Střelecký ostrov, Malá Strana) Basicamente uma barraca que serve Budvar em copos plásticos, mas é o lugar ideal para uma cerveja antes de ir para a prainha na ponta norte da ilha.

Občerstvení U okénka (mapa p. 120; Soběslavova, Vyšehrad) Não chega a ser propriamente uma cervejaria, é mais umas mesas com vista para os jardins de Vyšehrad – um lugar agradável para uma cerveja em um dia de sol, com Braník na garrafa a apenas 16 Kč por 500 ml.

Riegrovy sady (mapa p. 125; Riegrovy sady, Vinohrady) No alto do íngreme parque Riegrovy, a agitada cervejaria tem uma linda vista noturna do castelo, telão com esporte. Você tem a chance de jogar futebol e hóquei de mesa com metade de Praga. Pilsner Urquell e Gambrinus. Veja a resenha completa na p. 187.

Parukářka (mapa p. 130; Olšanská, Žižkov) Chalé de madeira improvisado no parque de onde se avista Žižkov, muitas mesas ao ar livre e muita fumaça com cheiro adocicado circulando pelo ar à noite. Chope Gambrinus.

Petřínské terasy (mapa p. 78; Petřín, Malá Strana) Pub tradicional estilo campestre, com um grande deque de madeira externo e uma vista linda da cidade. Chope Pilsner Urquell.

U ZLATÉHO TYGRA Mapa p. 90 Pub
☎ 222 221 111; Husova 17; ◷ 15-23 h;
Ⓜ Staroměstská

O "Tigre Dourado" é um dos poucos bares da Cidade Velha que se mantiveram fiéis a seu espírito – e aos preços baixos (36Kč por 500 ml de Pilsner Urquell), considerando a localização. Era o pub favorito do romancista Bohumil Hrabal – há fotos dele na parede – e foi aonde o então presidente Václav Havel levou Bill Clinton, em 1994, para conhecer um verdadeiro pub tcheco.

MONARCH VINNÝ SKLEP
Mapa p. 90 Vinheria
☎ 224 239 602; Na Perštýně 15; ◷ 15-0 h seg-sáb; Ⓜ Národní Třída

A "adega do Monarca" é um dos melhores lugares da cidade para conhecer vinhos tchecos. Apesar dos atendentes bem informados e da vasta seleção de *vintages*, consegue evitar o ar pretensioso, e tem um tentador cardápio de aperitivos – queijos, azeitonas, *prosciutto*, salame e pato defumado – para acompanhar o vinho, que não é tão caro. Uma variedade de vinhos da Morávia está disponível em taça por apenas 39Kč.

NOVÉ MĚSTO

A Nové Město, especialmente a área ao redor da praça Venceslau, ainda atrai despedidas de solteiro e grupos de jovens enchendo a cara – melhor evitar se você estiver querendo sossego. Mas também existem muitos bares bons por lá. Tente as ruas ao sul da Národní třída, perto do rio, onde você vai encontrar muitos cafés universitários e vinherias interessantes.

JÁMA Mapa p. 110 Bar
☎ 224 222 383; V Jámě 7; ◷ 11-1 h; Ⓜ Muzeum

O Jáma ("Buraco"), saindo da Vodičkova, faz sucesso entre residentes americanos, e é cheio de velhos pôsteres de shows de rock, de Led Zepellin e REM a Kiss e Shania Twain. Há um pequeno jardim sombreado no fundo, e o serviço sorridente traz uma seleção rotativa de chopes regionais especiais e do microcervejarias. Serve bons hambúrgueres, carnes, costeletas e asinha de frango.

KÁVOVARNA Mapa p. 110 Café
☎ 296 236 233; Pasáž Lucerna, Svtěpánská 61; ◷ 8-0 h; Ⓜ Můstek

Um dos poucos cafés decentes na região da praça Venceslau, tem estilo retrô, com cadeiras *thonart* e bancos de madeira vergada no salão da frente, enfumaçado e mal iluminado (há um salão em que é proibido fumar depois do bar), e fotografias artísticas em preto e branco expostas nas paredes. O cardápio abrange bons cafés a bom preço, aromatizados e gelados, chocolate quente, refrigerante e granitas.

BOKOVKA Mapa p. 110 Vinheria
☎ 721 262 503; Pštrossova 8; ◷ 16-1 h dom-qui, 16-3 h sex e sáb; Ⓜ Karlovo Náměstí

Pertencente a um sindicato de enófilos do qual fazem parte os diretores de cinema Jan Hřebejk e David Ondříček, esse pequeno bar curioso tem esse nome por causa do filme *Sideways – Entre umas e outras* (*bokovka* em tcheco), que se passa em vinhedos da Califórnia (o bar aparece em um filme de Hřebejk, *Medvídek*, de 2007). A principal atração (fora a chance de ser servido por um diretor famoso – os dois às vezes trabalham no bar) é o cardápio abrangente, com os melhores vinhos da Morávia – recomendamos o Sonberk Rýnský Ryzlink 2006 (590Kč a garrafa).

VINOHRADY E VRŠOVICE

Pode não ter a autenticidade de Žižkov, mas Vinohrady é ótima em se tratando de bares e cafés. Tente as ruas ao redor da praça da Paz (náměstí Míru), principalmente a Americká e a Mánesova, e aquelas ao redor do grande parque Riegrovy sady, onde fica também a melhor ou a segunda melhor cervejaria ao ar livre de Praga (depende de para quem você pergunta ou de onde você mora) que, com sua TV de tela grande, é perfeita para se assistir com uma galera a partidas esportivas internacionais, como a Copa do Mundo.

CLUB STELLA Mapa p. 125 Bar
☎ 224 257 069; Lužická 10, Vinohrady; ◷ 20-5 h; ▣ 4, 22

O Club Stella é um bar e café aconchegante, com luz de velas, o primeiro a ser recomendado se você perguntar sobre bares GLS em Praga. Tem um balcão longo e estreito onde você pode se espremer em um banquinho, um *lounge* aconchegante e um público receptivo. Toque a campainha para entrar.

POPO CAFÉ PETL Mapa p. 125   Bar
☎ 777 944 672; Italská 18, Vinohrady; ⏱ 10-1h seg-sex, 16-1 h sáb e dom; Ⓜ 11
Espelunca que faz sucesso entre estudantes, sempre abarrotada até o teto e terrivelmente enfumaçada, mas também muito divertida. Chope Staropramen. Para quem não estiver a fim de cerveja, há diversos vinhos baratos e, o que é melhor, muita gente bêbada para azarar.

RIEGROVY SADY Mapa p. 125   cervejaria
☎ 222 717 247; Riegrovy sady, Vinohrady; ⏱ 12-1 h (só no verão); Ⓜ 11 ou Ⓜ Jiřího z Poděbrad (mais caminhada)
Existe uma saudável rivalidade entre essa cervejaria e a do outro lado do rio, em Letná, que nos faz saber qual é a melhor. Mas uma coisa é certa: nas noites de verão, pode contar com o pessoal de Vinohrady para reforçar o lado deles. Peça as bebidas no bar e leve-as para uma das dezenas de mesas de piquenique. A tv de tela grande estraga um pouco o clima, mas é bem-vinda durante os jogos da Copa do Mundo ou da Eurocopa, quando as mesas ficam quase coladas umas nas outras. Para chegar lá, melhor sair da Polská, subir a Chopínova, entrar no parque da Na Švíhance e atravessá-lo. Depois é só subir uns 30 m pela trilha.

AL CAFETERO Mapa p. 125   Café
☎ 777 061 161; Blanická 24, Vinohrady; ⏱ 8h30-21h30; Ⓜ Náměstí Míru ou Muzeum, Ⓜ 11
O pequeno café e vinheria diferente, bem entre a Vinohradská e a náměstí Míru, tem algumas atrações, como as melhores bebidas à base de café da cidade, excelente seleção de vinhos e rigorosa política antifumo, se você quiser um bom lugar para ler o jornal ou degustar saborosos sanduíches, saladas e doces.

BLATOUCH Mapa p. 125   Café
☎ 222 328 643; Americká 17, Vinohrady; ⏱ 10-23 h; Ⓜ Náměstí Míru;
Quando o lendário café universitário Blatouch na Cidade Velha fechou, há poucos anos, a baixa foi vista apenas como outra vítima do progresso. A boa notícia é que o Blatouch reabriu em Vinohrady, com a mesma velha placa na frente e a mesma combinação de serviço descontraído e frequência animada de estudantes. Café excelente servido com comidinhas leves, para acompanhar o clima. Era do que o bairro precisava.

CAFÉ CELEBRITY Mapa p. 125   Café
☎ 222 511 343; Vinohradská 40, Vinohrady; ⏱ 10-23 h; Ⓜ Náměstí Míru
Café GLS que faz parte do grupo de ambientes GLS localizados no velho prédio da Rádio Palác em Vinohradská. Não tem nada de especial fora a atmosfera receptiva, gente legal para se observar e café, cerveja e vinho honestos.

CAFFÉ KAABA Mapa p. 125   Café
☎ 222 254 021; Mánesova 20, Vinohrady; ⏱ 8-22 h; Ⓜ 11;
Bar e café estiloso, com projeto arquitetônico, decorado com mobília retrô e tons pastéis saídos direto da Feira da Casa Ideal de 1959. Serve um café excelente (feito com grãos importados moídos na hora) e uma grande variedade de vinhos tchecos e importados (por apenas 30Kč a taça, o da casa). Tem um balcão com jornais e tabaco.

DOBRÁ TRAFIKA Mapa p. 125   Café
☎ 222 510 261; Korunní 42, Vinohrady; ⏱ 7-23 h; Ⓜ Náměstí Míru ou Ⓜ 10, 16
De fora, você nunca imaginaria que existe um pequeno café lindinho, meio retrô, atrás dessa tabacaria na movimentada Korunní. A tabacaria, que já é interessante com seus itens triviais, tem excelentes doces e presentes. O pequeno salão do fundo serve café, mas só se pode fumar no jardim maior. Sucesso entre estudantes.

KAVÁRNA MEDÚZA Mapa p. 125   Café
☎ 222 515 107; Belgická 17, Vinohrady; ⏱ 10-1 h seg-sex, 12-1 h sáb e dom; Ⓜ Náměstí Míru
Perfeito café de Praga, o Medusa é um oásis de mobília velha e gasta, madeira escura, açucareiros antigos sobre as mesas e arte local. Ideal para ler ou filosofar um pouco. Café, chá, chocolate quente, cerveja e até drinques sem álcool dividem o cardápio com panquecas, nachos e banana-splits.

OS GRANDES CAFÉS

A sociedade dos cafés de Praga foi bem vibrante entre o fim do século XIX e os anos 1930, quando esses locais eram ponto de encontro de artistas, escritores, jornalistas, ativistas e dissidentes políticos. Muitos ficaram descuidados depois da II Guerra Mundial, mas alguns sobreviveram ou recuperaram a antiga glória.

Café Imperial (mapa p. 108; ☎ 246 011 440; Na Poříčí 15, Nové Město; 7-23 h; M Náměstí Republiky) Aberto em 1914 e totalmente reformado em 2007, o Imperial é uma façanha da azulejaria *art nouveau* – as paredes e o teto são cobertos por azulejos de cerâmica, mosaicos e painéis e baixo-relevos esculpidos originais, com luminárias de época e objetos de bronze espalhados. O café é bom, serve coquetéis à noite, e cafés da manhã americano e britânico o dia todo, assim como os excelentes ovos Benedict.

Café Savoy (mapa p. 78; ☎ 257 311 562; Vítězná 5, Malá Strana; 8 h-22h30 seg-sex, 9 h-22h30 sáb e dom; 6, 9, 22;) Fundado em 1893 e restaurado em 2004, o Savoy chega a brilhar com o seu esplendor *belle époque*; pegue uma mesa no mezanino para ver mais de perto os lustres de cristal. Ótimo café e chocolate quente, além de uma seleção honesta de vinhos.

Grand Café Orient (mapa p. 90; ☎ 224 224 240; Ovocný trh 19, Staré Město; 9-22 h seg-sex, 10-22 h sáb e dom; M Náměstí Republiky) Único café cubista de Praga, o Orient foi projetado por Josef Gočár e é cubista até nos mínimos detalhes, incluindo cúpulas e ganchos para casacos. Foi restaurado e reaberto em 2005, depois de ficar fechado desde 1920. Café honesto e coquetéis com bons preços.

Kavárna Lucerna (mapa p. 110; ☎ 224 215 495; Palác Lucerna, Štěpánská 61, Nové Město; 10-1 h seg-sáb, até 23 h dom; 3, 9, 14, 24;) O menos turístico dos cafés desta lista, o Lucerna é parte de uma galeria de lojas *art nouveau* projetada pelo avô do ex-presidente Václav Havel. Repleto de imitação de mármore, enfeites de metal e lampiões de cristal cintilantes (*lucerna* é "lampião" em tcheco), essa pérola dos anos 1920 tem janelas arqueadas que dão para a famosa escultura *Cavalo*, de David Černý, que fica sob um átrio coberto de vidro.

Kavárna Obecní dům (mapa p. 90; ☎ 222 002 763; náměstí Republiky 5, Staré Město; 7h30-23 h; M Náměstí Republiky) O espetacular café, na opulenta Casa Municipal de Praga, oferece a oportunidade de tomar um cappuccino em meio a uma orgia de esplendor *art nouveau*. Vale a pena também dar uma espiada no American Bar lindinho do subsolo, todo de madeira, com vitrais e cobre reluzente.

Kavárna Evropa (mapa p. 110; ☎ 224 228 117; Václavské náměstí 25, Nové Město; 9h30-23 h; M Můstek) O café com mais atmosfera na praça Venceslau fica no Grande Hotel Europa e é um museu decadente de exageros *art nouveau*. Infelizmente, virou uma armadilha turística, com bolos e café de segunda, caríssimos, mas vale a pena dar uma espiada no interior.

Kavárna Slavia (mapa p. 90; ☎ 224 220 957; Národní třída 1, Nové Město; 8-0 h seg-sex, 9-0 h sáb e dom; M Národní Třída) O Slavia é o mais famoso dos velhos cafés de Praga, um monumento em cerejeira e ônix à elegância *art nouveau*, com mesas de pedra polida e grandes janelas com vista para o rio. Foi um local de encontros literários célebres no início do século XX – Rainier Maria Rilke e Franz Kafka iam lá – e era frequentado por Václav Havel e outros dissidentes, nos anos 1970 e 1980.

KAVÁRNA ZANZIBAR Mapa p. 125 Café
☎ 222 520 315; Americká 15, Vinohrady; 8-23 h seg-sex, 10-23 h sáb e dom; M Náměstí Míru

O Zanzibar começou há anos como uma *trafika*, um lugar para se comprar jornais, tabaco e afins, mas com o tempo foi virando uma mistura de café, bar e restaurante, aconchegante e com boa comida. O terraço da frente é agradável quando o tempo está bom.

RYBA NA RUBY Mapa p. 125 Café
☎ 731 570 704; Mánesova 87, Vinohrady; 10-23 h seg-sáb; M Náměstí Jiřího z Poděbrad

O Ryba na Ruby é diferente para o padrão chique de Vinohrady: loja ecológica de chás e presentes no térreo, e um bar e clube descontraído embaixo, para uma cerveja ou um café. É ótimo para comprar chás e cafés de *fair trade*, além de produtos orgânicos como nozes, temperos, cacau, geleias e óleos.

SAHARA CAFÉ Mapa p. 125   Café
☎ 222 514 987; náměstí Míru 6, Vinohrady;
☼ 9-23 h; Ⓜ Náměstí Míru

O lindo interior minimalista inspirado no Marrocos coloca esse café entre os imbatíveis em decoração. Pena que a comida, muitas vezes, não acompanhe esse padrão. Mesmo assim, para tomar um café ou uma taça de vinho, não há nada mais sofisticado nos arredores. A localização estratégica faz dele uma boa opção para um drinque com a galera antes de sair.

BAR & BOOKS MÁNESOVA Mapa p. 125 Bar
☎ 222 724 581; Mánesova 64, Vinohrady;
☼ 17-3 h; 🚇 11

É chique, estilo nova-iorquino, tem coquetéis e charutos e ocupa o lugar de um ex-pub de rúgbi – sem lembrar em nada o antigo ambiente. Ficou com má fama por causa dos preços das bebidas, mas se você ficar no básico não é muito mais caro do que os outros; um Cosmo, por exemplo, custa 145Kč, quase o que se paga no centro da cidade. Serve sanduíches, tábua de queijo e fondues; tem mesa de bilhar nos fundos e música ao vivo depois das 21 h na quarta.

SCHEISSE KATZE Mapa p. 125   Bar
☎ 737 111 097; Chodská 18, Vinohrady; ☼ 17-2 h;
Ⓜ Jiřího z Poděbrad

Bar concorrido no centro da parte residencial de Vinohrady, bastante frequentado pelos jovens do bairro, em busca dos drinques preparados com profissionalismo e do clima descolado. Fecha tarde, bom lugar para uma saideira antes de voltar para o hotel.

SOKOLOVNA Mapa p. 125   Pub
☎ 222 524 525; Slezská 22, Vinohrady; ☼ 11-23 h;
Ⓜ Náměstí Míru

Pode ser um pouco injusto colocar o Sokolovna na categoria pub. Afinal, também é um bom restaurante por direito, serve ótima comida tradicional tcheca, incluindo um prato do dia no almoço, geralmente por menos de 100Kč. Mas é também uma cervejaria excelente, com *tankové pivo* (Pilsner Urquell não pasteurizada) tirada na hora, um interior dos anos 1930 que impõe respeito e um clima muito mais adulto do que os pubs sem personalidade da franquia da Pilsner Urquell que pipocam pela cidade.

VINIČNÍ ALTÁN Mapa p. 125   Vinheria
☎ 224 262 861; Havlíčkovy sady 1369, Vršovice;
☼ 11-23 h; 🚇 6, 7, 24 (parada Otakarova e subida a pé), 4, 22 (parada Jana Masaryka e trecho a pé)

A melhor vinheria ao ar livre de Praga afirma ser também a mais antiga – dizem que foi fundada pelo Imperador Carlos IV em pessoa. Tome uma taça do vinho local tinto ou branco em um gazebo de madeira redecorado, com vista para os vinhedos e para o vale de Nusle. Não é fácil chegar lá; tente atravessar Vinohrady seguindo pela Americká e continue pelo Havlíčkovy sady. A oferta de comida é mínima, mas honesta, incluindo saladas e salsichas.

ŽIŽKOV E KARLÍN

Žižkov é famoso por ter mais pubs por pessoa do que qualquer outro bairro na Europa, e – dependendo do seu gosto –, pular de bar em bar por lá pode ser a aventura mais autêntica ou mais assustadora em Praga. Prepare-se para fumaça, chão grudento, barulho contínuo e alguns companheiros de copo cuja bebedeira beira ao heroísmo.

BUKOWSKI'S Mapa p. 130   Bar
☎ 222 212 676; Bořivojova 86; ☼ 18-2 h;
🚇 5, 9, 26

Como a maioria dos bares populares entre residentes estrangeiros, o Bukowski's – o mais recente imã de beberrões da cidade – é antes uma espelunca do que um bar. O nome vem do escritor americano bom de copo Charles Bukowski, e o lugar cultiva uma atmosfera escura e um pouco devassa – à luz de velas e tão enfumaçada que mal dá para ver a "interessante" decoração –, mas tem bebida e charutos excelentes, atendentes simpáticos e música descolada.

PIVOVARSKÝ KLUB Mapa p. 130   Pub
☎ 222 315 777; Křižíkova 17; ☼ 11 h-23h30;
Ⓜ Florenc

O bar está para cerveja assim como a Biblioteca Bodleiana está para livros – prateleiras de parede a parede repletas com uma imensa quantidade de garrafas de cerveja do mundo todo e seis tipos de chope especiais (Štěpán *ležák*, refrescante e puxando para o lúpulo, e Primátor, não filtrado, cítrico, ambos excelentes). Sente-se em uma banqueta no bar ou vá para o aconchegante subsolo (proibido fumar em todo o pub) e peça um dos excelentes

TOURS PELAS CERVEJARIAS

A cervejaria Staropramaen em Smíchov, subúrbio de Praga, oferece tours para visitantes; há várias outras não muito longe da capital:

Cervejaria Budweiser Budvar (fora do mapa p. 58; ☎ 387 705 341; www.budvar.cz; cnr Pražská e K Světlé, České Budějovice; tour 100Kč; ⓘ 9-17 h, fechado sáb e dom em jan e fev) Tem tours de uma hora para grupos com no mínimo oito pessoas; precisa ser marcado com antecedência. České Budějovice fica a 160 km de Praga.

Cervejaria Pilsner Urquell (fora do mapa p. 58; ☎ 377 062 888; www.beerworld.cz; U Prazdroje 7, Plzeň; tour 150Kč; ⓘ 8h30-18 h abr-set, até 17 h out-mar) Visitas guiadas de 1 h e 30 min (com degustação de cerveja). Os tours em inglês começam às 12h45, 14h15 e 16h15 diariamente; não é preciso marcar com antecedência. Plzeň fica a 80 km de Praga.

Cervejaria Staropramen (mapa p. 143; ☎ 257 191 300; www.staropramen.com; Nádražní 84, Smíchov; tour 100Kč; ⓘ 9-17 h) Tours de uma hora, só com hora marcada; tem um bar e restaurante excelente, o Na Verandách (p. 178).

Cervejaria Velké Popovice (fora do mapa p. 58; ☎ 323 683 425; www.kozel.cz; Ringhofferova 1, Velké Popovice; tour 100Kč; ⓘ 10-18 h abr-set, até 16 h out-mar) Tours individuais de 1 h e 30 min em inglês às 12 h e às 14 h no verão, só às 12 h no inverno. Velké Popovice fica a apenas 20 km de Praga.

---

pratos para acompanhar a cerveja (*guláš* autêntico, com bacon e bolinhos, por 185 Kč).

U SLOVANSKÉ LÍPY Mapa p. 130   Pub
☎ 222 780 563; Tachovské náměstí 6; ⓘ 16-23 h; 🚇 133, 207

Outro pub clássico de Žižkov, simples e despretensioso por dentro e por fora, o "Das Tílias" (a tília é símbolo nacional tcheco e eslovaco) se tornou ponto de peregrinação de entusiastas da cerveja desde que fez sucesso no blog Pivní Filosof (veja quadro na p. 193) por sua grande variedade de cervejas Kout na Šumavě, incluindo a magnífica *světlý ležák* (26Kč por 500 ml) e a *tmavý speciál*, forte e escura, que está na categoria dos estonteantes 18°.

U VYSTŘELENÉHO OKA Mapa p. 130   Pub
☎ 222 540 465; U Božích Bojovníků 3; ⓘ 16h30-1 h seg-sáb; 🚇 133, 207

Não dá para não amar um pub que tem almofadas de vinil para apoiar a cabeça na parede em frente dos mictórios masculinos. O "Olho Vazado" – o nome é homenagem ao herói hussita de um olho só que fica no alto do morro atrás do pub (veja Monumento Nacional, p. 132) – é um bar boêmio que fica barulhento nas noites de sexta-feira, em que a Pilsner Urquell barata (29Kč por 500 ml) atrai os típicos frequentadores heterogêneos de Žižkov. Não se preocupe com a barreira do idioma, pois todo mundo ali entende a língua internacional dos bebuns.

HOLEŠOVICE, BUBENEČ E DEJVICE

O bairro operário de Holešovice sempre teve a sua quota de antros masculinos, mas a explosão de opções mais legais de lugares para beber na região, incluindo alguns novos cafés, é relativamente recente. Os melhores no geral estão agrupados nas redondezas da Letenské náměstí, em Bubeneč. Uma boa opção é percorrer a rua Šmeralová. Se você não achar nada do agrado, ande até a esquina com a Keramícká e depois siga para Čechova. Existe pelo menos uma dúzia de bares e botecos, todos oferecendo mais ou menos a mesma combinação de cerveja barata e mesas repletas de universitários e moradores tomando umas e outras.

FRAKTAL Mapa p. 136   Bar
☎ 777 794 094; Šmeralová 1, Bubeneč; ⓘ 11-0 h; 🚇 1, 8, 15, 25, 26

O espaço subterrâneo, embaixo de uma casa de esquina perto da Letenské náměstí, talvez seja o bar mais acolhedor desse lado do Moldava, principalmente para quem fala inglês, já que o Fraktal é uma espécie de boteco extraoficial de expatriados. Serve as cervejas da família da Pilsner Urquell, inclusive a popular Gambrinus 10, além da boa comida de bar, com hambúrgueres e carnes surpreendentemente honestos. O problema é que fecha cedo, com a última rodada às 23h30; se bem que tem fechado um pouquinho mais tarde a cada ano.

LA BODEGA FLAMENCA Mapa p. 136   Bar
☎ 233 374 075; Šmeralová 5, Bubeneč; ⓘ 16-1 h dom-qui, até 3 h sex e sáb; 🚇 1, 8, 15, 25, 26

O La Bodega é um porão de tijolo com personalidade, pintado e rebocado para lembrar uma cabana de barro. Com música latina tocando baixinho e a luz de vela tremulante – e música e dança ao vivo em algumas noites –, o público parece ser mais introspectivo (bem, pelo menos comparado ao do vizinho Fraktal). A maioria vem por causa da sangria ou da cerveja, mas há uma boa oferta de *tapas*, como *tortilla español*, *chorizo al vino tinto* (chouriço cozido no vinho tinto) e *gambas pil-pil* (camarões com alho e pimenta).

STROMOFFKA Mapa p. 136 Bar
☎ 777 564 918; Kamenická 54, Holešovice; ⓨ 17-2 h seg-sáb; 🚋 1, 8, 15, 25, 26

Concorrido bar universitário, com DJ e pista de dança eventuais no andar de baixo, atrai um público na faixa dos vinte e poucos anos, mas tem bastante espaço para os novatos. Costuma lotar tarde da noite às sextas e aos sábados, quando o bar embaixo fica atolado de pedidos de bebidas e a galera se balança ao som da música que vem dos fundos.

ZTRACENÝ RÁJ Mapa p. 136 Bar
☎ 774 350 400; Čechova 9, Bubeneč; ⓨ 10-1 h; 🚋 1, 8, 15, 25, 26

Um dos vários cafés mais frequentados por estudantes dessa rua arborizada saindo da Letenské náměstí. Não tem nada demais fora o chope Pilsner Urquell a preços não turísticos, um clima no geral amigável e algumas mesas de piquenique surradas na frente, boas em noites de calor.

LETENSKÝ ZÁMEČEK Mapa p. 136 Cervejaria
☎ 233 378 208; Letenský sady 341, Bubeneč; ⓨ 11-23 h (só no verão); 🚋 1, 8, 15, 25, 26

A melhor cervejaria ao ar livre da cidade, situada em uma ponta do parque Letná. Se o seu negócio é cerveja, são duas as opções: uma, mais conhecida como "classe executiva", é puxar uma cadeira no restaurante e grill no jardim, à esquerda, onde você vai encontrar copos de meio litro de Pilsner Urquell por cerca de 30Kč, além de pizzas e *burritos* bem gostosinhos. A outra opção – "classe turística" – é fazer fila no guichê de cerveja, pagar 28Kč por um copo de plástico com meio litro e se sentar nas mesas de piquenique ao longo do topo, com uma linda vista para a Cidade Velha abaixo. Só abre com tempo bom, mas não há nada melhor em uma noite quente.

ALCHYMISTA Mapa p. 136 Café
☎ 233 370 359; Jana Zajívce 7, Bubeneč; ⓨ 10h30-19h30 (mais tarde no verão); 🚋 1, 8, 15, 25, 26 (parada: Sparta)

Esse café à moda antiga, próximo a uma galeria de arte, é um oásis na região culturalmente árida atrás do estádio Sparta. Cafés moídos na hora, uma bela oferta de chás (nada de saquinho de Lipton), bolos e *strudels* fresquinhos atraem principalmente gente dos arredores. Com tempo bom, peça para tomar seu café no jardim dos fundos. Proibido fumar.

ARTESA Mapa p. 136 Café
☎ 224 318 625; Dejvická 33, Dejvice; ⓨ 8h30-21 h seg-sex, 12-19 h sáb e dom; Ⓜ Dejvická ou 🚋 2, 8, 20, 26

Retrô anda bem na moda, e este minúsculo café, saindo da Vítězné náměstí, evoca o futurismo dos anos 1950 e 1960 em detalhes bacanas da decoração. O público vai de senhoras idosas a supermodelos – todo mundo atrás dos bons cafés, além dos bolos, doces e pães. Pode-se fumar no salão dos fundos.

BIO OKO Mapa p. 136 Café
☎ 233 382 606; Františka Křížka 15, Holešovice; ⓨ 15-2 h; 🚋 1, 8, 15, 25, 26

O café e bar no cineclube Bio Oko (p. 205) é um achado. Estilo retrô clássico, o que combina com um cinema que exibe os filmes de arte favoritos dos anos 1950 e 1960 com regularidade. Serve boas bebidas à base de café, assim como cerveja e coquetéis. É uma boa opção para antes ou depois do filme.

ERHARTOVA CUKRÁRNA Mapa p. 136 Café
☎ 233 312 148; Milady Horákové 56, Holešovice; ⓨ 10-19 h; 🚋 1, 8, 15, 25, 26

O café e doceria no bom estilo anos 1930 fica em um prédio funcionalista remodelado, vizinho à sucursal local da biblioteca pública. A clientela mistura mães com carrinhos, universitários e idosos, atraídos principalmente pela variedade de biscoitos, donuts e rolinhos de canela da vitrine, e pelo sorvete no calor. Proibido fumar.

KABINET Mapa p. 136 Café
☎ 233 326 668; Terronská 25, Dejvice; 11-23 h seg-sex, 15-23 h sáb e dom; Ⓜ Dejvická ou 🚊 8
Café retrô estilo anos 1920, com ares de cabaré, fica em um prédio rondocubista bacana, em uma área residencial agradável de Dejvice. Velhas câmeras e pôsteres reforçam o ar antigo. O nome do café, para os tchecos, lembra os velhos tempos de escola – *kabinet* era a sala do professor –, para completar o clima nostálgico. Perfeito para uma conversa tranquila ou para relaxar com um café e um bom livro.

KAVÁRNA ALIBI Mapa p. 136 Café
☎ sem telefone; Svatovítská 6, Dejvice; 12-0 h seg-sex, 16-0 h sáb e dom; Ⓜ Dejvická ou 🚊 2, 8, 20, 26
Café animado e enfumaçado quase sempre cheio de universitários. Pode ir até lá para se aconchegar com um café ou uma cerveja, escrever uns cartões-postais, consultar o seu guia Lonely Planet ou ter uma conversa franca com o seu companheiro ou companheira de viagem. Conexão wi-fi gratuita com sinal estável. Uns 10 minutos a pé saindo da estação de metrô.

KUMBAL Mapa p. 136 Café
☎ 777 559 842; Heřmanová 12, Holešovice; 9-20 h; 🚊 1, 5, 8, 12, 14, 15, 17, 25, 26
Outro bar e café estiloso em um prédio funcionalista dos anos 1930 que consegue ser ao mesmo tempo descolado e confortável. Bons cafés e chás, mas com cardápio enxuto; alguns sanduíches simples e a sopa do dia (geralmente vegetariana). É proibido fumar, o que torna o lugar agradável e atrai a turma do carrinho de bebê à tarde (talvez por isso seja tão difícil achar uma mesa livre). Wi-fi grátis.

LONG TALE CAFÉ Mapa p. 136 Café
☎ 266 310 701; Osadní 25, Holešovice; 9-19 h; 🚊 1, 3, 12, 14, 25
O café, convidativo e sem fumaça, atrai uma agradável mistura de gente dos escritórios, mães com carrinho e um ou outro escritor *freelance*, com suas excelentes bebidas à base de café, atmosfera descontraída e ótimas saladas e sanduíches a bons preços. Internet grátis confiável à mão.

OUKY DOUKY Mapa p. 136 Café
☎ 266 711 531; Janovského 14, Holešovice; 8-0 h; 🚊 1, 5, 8, 12, 14, 15, 17, 25, 26
Fica onde era originalmente a casa da Globe Bookstore & Café (née Coffeehouse), nos anos 1990, e uma espécie de modernidade eclética, meio São Francisco, permanece. Hoje, é um sebo com uma coleção de livros surrados em tcheco e um café gostoso, cheio de estudantes, donas de casa da vizinhança, alguns tipos boêmios e um ou outro estrangeiro a passeio. O cardápio leve tem principalmente sanduíches e saladas. Internet grátis.

TĚSNĚ VEDLE BURUNDI Mapa p. 136 Café
☎ 777 170 803; Sládkova 4, Bubeneč; 10-22 h; 🚊 1, 8, 15, 25, 26
Curioso pub e café que atrai uma mistura de intelectuais, estudantes, roqueiros que estão envelhecendo e pessoas comuns do bairro para beber. Tem um vago ar de dissidência velha guarda, o que o torna um lugar mais agradável do que os bares metidos do centro da cidade. As opções de comida, limitadas, incluem algumas saladas e sanduíches.

ANDALUSKÝ PES Mapa p. 136 Bar
☎ 773 026 584; Korunovační 4, Bubeneč; 19-3 h; 🚊 1, 8, 15, 25, 26
O "Cão Andaluz" é um bar das altas horas, com elegância retrô. O convidativo salão frontal, com bancos de bar de veludo vermelho e paredes roxas brilhantes, atrai um público notívago à la Edward Hopper, que vem depois que o Fraktal fecha. Os salões do fundo têm uma atmosfera mais ousada; em algumas noites ficam cheios e escuros, os rostos reconhecíveis apenas pelo brilho do cigarro. Costuma fechar cedo com pouco movimento, então não leve os horários de funcionamento ao pé da letra.

POSTEL Mapa p. 136 Bar
☎ 220 874 797; Veletržní 14, Holešovice; 17-2 h seg-sáb; 🚊 1, 5, 8, 12, 14, 15, 17, 25, 26
O nome quer dizer "cama", e esse é obviamente o objetivo desse bar de azaração, não muito longe da Strossmayerovo náměstí. Fãs do filme *Cocktail* vão adorar as habilidades malabarísticas dos *barmen*. Outros vão gostar da atraente clientela. No fim das contas, não é nada mau para passar algumas horas antes de ir para, bem, a cama.

MEXA-SE WITTGENSTEIN, DÊ LUGAR AO "FILÓSOFO DA CERVEJA"

Em um país que um dia teve um presidente filósofo, Václav Havel, não é de se espantar que haja agora um autoproclamado *pivní filosof* – filósofo da cerveja. O expatriado argentino Max Bahson veio para Praga há oito anos, fazendo uma parada em uma viagem de férias para o Egito, e nunca mais foi embora. Hoje, ele é um dos maiores apaixonados por *pivo* do país, e com seu blog de sucesso sobre cerveja (www.pivni-filosof.com) está encabeçando o ressurgimento do interesse pelas cervejarias regionais e pelas microcervejarias. Conversamos com Max em uma tarde fria para falar sobre tendências em cerveja e obter um conselho de especialista sobre a melhor cerveja da República Tcheca.

A cerveja em Praga é sensacional, mas nem todo pub nem toda bebida servida tem a mesma qualidade. Como você pode ter certeza de que está em um lugar que serve boa cerveja? É verdade. Dizem que 50% da qualidade de uma cerveja são de responsabilidade de quem faz, e os outros 50% de quem a tira. Os canos do pub precisam estar limpos, e a rotatividade precisa ser suficiente, já que, uma vez que o barril é ligado aos canos, é uma corrida contra o tempo. Se você entrar em um lugar e houver umas quarenta pessoas tomando cerveja, isso quer dizer que o barril estará sendo trocado a cada hora mais ou menos, e a cerveja tirada vai ser boa.

O mercado da cerveja tcheca é dominado por grandes cervejarias como Pilsner Urquell e Staropramen, muitas vezes com grandes multinacionais estrangeiras comandando por trás. Na verdade, na maioria dos pubs de Praga, é isso que você vai encontrar. Essas cervejas ainda fazem jus à fama? Qual é a melhor cerveja de marca famosa? A lager 12° padrão da Pilsner Urquell (SABMiller) ainda é uma cerveja excelente, especialmente a versão não pasteurizada (servida em alguns pubs selecionados de Praga, com a indicação "*tankové pivô*"). A cerveja é tirada de bolsas seladas em imensos tanques trazidos pela cervejaria, nunca entra em contato com gases, o que dá a ela mais sabor. A parceria estrangeira pode tanto ajudar quanto atrapalhar. Quando a Heineken assumiu a Krušovice, na verdade a qualidade dessa cerveja melhorou.

A boa notícia é que aparentemente está ficando um pouco mais fácil encontrar cervejas regionais nos pubs de Praga. Então, qual cerveja menor da cidade é a sua preferida? Svijany. É uma cervejaria do norte da Boêmia que ainda segue os métodos tradicionais de fabricação. Não é pasteurizada e é relativamente fácil de encontrar em Praga, até mesmo engarrafada, em alguns supermercados. Os tchecos são muito fiéis às suas marcas, e as grandes cervejarias levavam vantagem porque a qualidade era confiável. Agora, as cervejarias pequenas estão realmente melhorando.

Certo. Agora, a grande questão. Esqueça se é possível encontrar ou não, mas se tivesse de escolher apenas uma cerveja da República Tcheca, a melhor que eles produzem, qual seria? Seria a Kout na Šumavě. É a melhor lager do mercado, sem dúvida. É fabricada perto da Šumava (no sudoeste do país), mas na verdade ela pode ser encontrada em dois lugares em Praga. Um é um pub sujo e enfumaçado em Žižkov chamado U Slovanské lípy (p. 190); o outro é um dos restaurantes mais chiques da cidade, o Céleste (p. 169), no prédio "Fred e Ginger" (Edifício Dançante) na Nové Město.

Entrevista com Max Bahnson por Mark Baker.

AKÁDEMIE Mapa p. 136 — Pub
☎ 233 375 236; Šmeralová 5, Bubeneč; 16-4 h; 1, 8, 15, 25, 26

Pub bem grande, com algumas mesas de sinuca e dardos para você se divertir se estiver cansado de ficar sentado conversando ou comendo (as opções do cardápio são gordurosas). O jogo da vez no local é Bola 8; as mesas são grandes e bem cuidadas. Os garçons trazem as bebidas para a mesa, e tudo é somado no fim – incluindo a mesa. Como fica aberto até tarde, é um bom lugar para fechar a noite.

BUDVARKÁ Mapa p. 136 — Pub
☎ 222 960 820; Wuchterlova 22, Dejvice; 11-23 h; Ⓜ Dejvická ou 2, 8, 20, 26

Bonito pub tcheco pertencente à cervejaria Budvar que oferece toda a família de cervejas Budweiser, inclusive as mais raras, como a escura e a não filtrada. Excelente comida de pub tcheca servida em um salão que parece uma versão cuidada de um bar do século XIX. Há um salão para fumantes na frente e uma área para não fumantes grande e iluminada nos fundos.

KLÁŠTERNÍ PIVNICE (ŠUMAVAN)
Mapa p. 136 — Pub
☎ 233 376 150; Ovenecká 15, Bubeneč; 9h30-22 h; 1, 8, 15, 25, 26

Não é bonito revelar o lugar secreto frequentado pelos *bloggers* cervejeiros de Praga, mas os amantes da cerveja merecem saber desse botequinho modesto, perto de Letná. A cerveja da casa é uma lager 11° da respeitadíssima cervejaria Kláster, mas o *barman* gosta de variar de vez em quando, oferecendo chopes especiais de outros lugares do país. O horário de abertura matinal é um convite à decadência. Tem cerca de uma dúzia de mesas, acomodando melhor grupos pequenos.

NA SLAMNÍKU Mapa p. 136   Pub
☎ 233 322 594; Wolkerova 12, Bubeneč; 11-23 h; 1, 8, 15, 25, 26 (mais caminhada)

Ótimo pub e cervejaria ao ar livre tradicional tcheco que data do século XIX, o Na Slamníku fica escondido em um pequeno vale em Bubeneč, na região situada logo atrás da embaixada russa. São três espaços separados: do lado esquerdo fica uma taberna à moda antiga com pratos tchecos decentes e baratos, do direito há um pub mais barulhento, e no verão você pode se sentar do lado de fora, sob as árvores. É difícil de achar, então leve um mapa ou tome um táxi.

NA STARÉ KOVÁRNĚ Mapa p. 136   Pub
☎ 233 371 099; Kamenická 17, Holešovice; 11-1 h; 1, 8, 15, 25, 26

A motocicleta pendurada no teto dá um ar pouco convencional a um dos pubs tchecos mais concorridos da região. A comida está no mínimo dois níveis acima da comida de *hospoda* padrão – até arrancou elogios de críticos locais –, mas na verdade é mesmo um lugar para encher a cara, no melhor sentido do termo.

POTREFENÁ HUSA Mapa p. 136   Pub
☎ 233 341 022; Verdunská 23, Dejvice; 11-1 h seg-sex, 12-1 h sáb e dom; M Dejvická ou 2, 8, 20, 26

A filial de Dejvice da rede Potrefená husa é uma alternativa agradável aos lugares ruins que predominam nessa parte da cidade. É complementado por comida de pub de alta qualidade, TVs na parede e um público abastado que deixa as coisas interessantes.

SVIJANSKÝ RYTÍŘ Mapa p. 136   Pub
☎ 233 378 342; Jirečkova 13, Bubeneč; 11-23 h seg-sex; 1, 8, 15, 25, 26

Pub tcheco convidativo, serve cozinha tcheca muito boa e autêntica – principalmente os típicos *schnitzels* de porco e frango –, mas o atrativo é oferecer quase toda a família das respeitadas cervejas Svijany, tanto claras quanto escuras, incluindo o carro-chefe, a Rytíř 12° e a Kníže 13°, mais forte e ainda mais lendária. Por que não experimentar todas elas? O serviço é atencioso e simpático, mas a ajuda em inglês é meio escassa. Fecha no fim de semana.

U SV ANTONÍĆKA Mapa p. 136   Pub
☎ 220 879 428; Podplukovníka Sochora 20, Holešovice; 11-23 h; 1, 5, 8, 12, 14, 15, 17, 25, 26

Uma relativa raridade perto do centro nos dias de hoje; um pub tcheco radical mesmo, incluindo gente rabugenta, alguns copos meio sujos, ambiente enfumaçado e banheiros calamitosos. Mesmo assim, tem seu charme; se você quer saber como eram as coisas, ou se deseja uma bebida longe dos ônibus de turismo. Não é para fracos.

SMÍCHOV

Smíchov continua a surpreender. Todo ano, pelo menos um ou dois novos cafés ou bares abrem na região. A maior parte do movimento se concentra perto da estação de metrô Anděl, ancorado pelo imenso shopping center Nový Smíchov. A cervejaria Staropramen fica perto, mas o bar original dentro da cervejaria foi substituído por mais uma filial sem personalidade da rede de restaurantes Potrefená husa, pertencente à Staropramen. A cerveja, no entanto, ainda é fresca, feita no local.

BACK DOORS Mapa p. 143   Bar
☎ 257 315 827; Na Bělidle 30; 11-1 h; M Anděl ou 4, 6, 7, 9, 10, 14, 20

Os donos dizem que esse bar e restaurante subterrâneo foi inspirado em lugares semelhantes de Nova York e Amsterdã (mas só mesmo em Praga para se deparar com esse visual de subterrâneo gótico). Tem DJs tchecos decentes e uma atmosfera descontraída na maioria das noites, mas pode ficar abafado se lotar, num fim de semana. Se você estiver com fome, o cardápio tem pratos internacionais bem preparados.

DOG'S BOLLOCKS Mapa p. 143   Bar
☎ 775 736 030; Nádražní 82; 17-0 h seg, 17-3 h ter-sáb; M Anděl

O bar e ponto noturno vizinho à Cervejaria Staropramen não tem nada de especial, além de ser um lugar conveniente para quem estiver hospedado na região e quiser se divertir por perto. Apesar do nome em inglês, atrai principalmente estudantes tchecos e jovens profissionais. Aberto até tarde.

HELLS BELLS Mapa p. 143 Bar
☎ 723 184 760; Na Bělidle 30; ⊙ 15-3 h; Ⓜ Anděl

Apesar de todas as novas torres cintilantes de escritórios, Smíchov ainda é um lugar meio rústico, e esse bar do metal é aonde os locais vão para agitar. Fica logo em frente ao Back Doors, dentro de um pequeno pátio. É barulhento, cheio, divertido e fecha tarde – perfeito para a saideira.

KÁVA KÁVA KÁVA Mapa p. 143 Café
☎ 257 314 277; Lidická 42; pratos 70-120 Kč; ⊙ 7-22 h; Ⓜ Anděl

A filial de Smíchov do concorrido cyber café na Staré Město (veja quadro na p. 165) é maior e mais clara do que o original, com paredes cor de laranja, chão de cerâmica e arte moderna. O cardápio também é maior – você pode beliscar saladas, sanduíches, quiches ou nachos, ou se jogar em coisas mais substanciosas como frango assado, *chilli* mexicano ou sopa caseira do dia.

WASH CAFÉ Mapa p. 143 Café
☎ 608 703 805; Nádražní 66; ⊙ 9-0 h; 🚋 12, 14, 20

Combinação meio maluca de lavanderia self-service e café. Tem mobília de brechó dos anos 1970 (tipo poltronas de veludo) e uma atmosfera descontraída. Não vale ir tão longe só para isso, mas se você estiver por perto, é um dos lugares mais bacanas para se tomar um café ou outras bebidas, ou mesmo um lanche.

LOKAL BLOK Mapa p. 143 Pub
☎ 251 511 490; náměstí 14.řijna 10; ⊙ 12-1 h seg-sex, 16-1 h sáb e dom; Ⓜ Anděl

Perfeita combinação de Praga: pub barulhento com uma parede de escalada das melhores (supondo que você escale antes de beber, e não o contrário). Na maioria das noites tem um público animado, movido a chope Pilsner Urquell e boa comida mexicana, como nachos e *quesadillas*. Não deixe de ir.

NA VERANDÁCH Mapa p. 143 Pub
☎ 257 191 200; Nádražní 84; ⊙ 11-0 h seg-qui, até 1 h sex e sáb, até 23 h dom; Ⓜ Anděl

Pub e restaurante administrado pela rede local de restaurantes Potrefená husa, fica dentro da cervejaria Staropramen e, embora muitas pessoas venham aqui para comer, tudo bem ir só para tomar uma cerveja superfresquinha (são sete variedades de chope). O cardápio é basicamente o mesmo das outras filiais da Potrefená husa. Fast-food: costeletas, hambúrguer, peito de frango e companhia. Sente na varanda dos fundos se o tempo estiver bom, ou no bar da frente em uma noite fria.

ENTRETENIMENTO

o melhor

- **Teatro Archa** (p. 206)
- **Cross Club** (p. 198)
- **Mecca** (p. 199)
- **Palác Akropolis** (p. 202)
- **Ópera Estatal de Praga** (p. 205)
- **Roxy** (p. 200)
- **Sala Smetana** (p. 205)
- **U malého Glena** (p. 201)
- **Vagon** (p. 203)

O que você recomenda? www.lonelyplanet.com/prague

ENTRETENIMENTO

De balé ao blues, do jazz ao rock, do teatro ao cinema, há uma estonteante gama de diversão oferecida nessa cidade eclética. Praga é hoje um centro europeu tanto de jazz, rock e hip-hop quanto de música clássica. A grande atração, no entanto, ainda é o festival de música clássica e ópera Primavera de Praga.

Consulte resenhas, listas de atrações diárias e catálogos dos locais de apresentação na seção "Night & Day" do *Prague Post* (www.praguepost.com). Há livretos mensais como *Culture in Prague* e o *Přehled*, em tcheco, disponíveis nos escritórios do SIP (veja p. 258).

A revista online *Provokátor* (www.provokator.org), dedicada a arte, música, cultura e política, tem programação de eventos culturais futuros. Também há o *Metropolis*, um caderno semanal gratuito com programação de filmes, teatro e música encontrado em cinemas, pubs e clubes (é em tcheco, mas a programação é facilmente decifrável).

Verifique a programação na web em www.prague.tv/events, www.heartofeurope.cz e www.pis.cz/en/prague/events.

VIDA NOTURNA

Se discutir Kafka tomando café ou analisar a última partida de hóquei bebendo cerveja parece sem graça, Praga oferece muitas opções de lugares para os notívagos se divertirem até a madrugada. De tradicionais bares de jazz em porões enfumaçados a inovadores palcos de música ao vivo em clubes bacanas e até um *bunker* nuclear subterrâneo, você achará um lugar em que valha a pena ficar até altas horas.

BALADAS

As baladas de Praga não entusiasmam tanto. Com poucas exceções, elas atendem a multidões de adolescentes e turistas criados com a MTV Europa – se você quiser dançar algo além de sucessos dos anos 1980 ou happy house, vai ter de procurar muito. A força principal de Praga está nos clubes alternativos, bares com DJs, locais "experimentais" como o Palác Akropolis e o Roxy, e lugares simplesmente esquisitos, como o Bunkr Parukářka.

Normas de vestuário parecem não ter chegado ainda a Praga e é pouco provável que você seja barrado em qualquer lugar a menos que esteja nu. E há até alguns lugares que nem se importariam com isso…

Verifique em www.prague.tv, www.techno.cz/party ou www.hip-hop.cz para a programação das baladas (os dois últimos são em tcheco, mas dá para saber o que rola).

BUNKR PARUKÁŘKA Mapa p. 130

☎ 603 423 140; www.parukarka.eu; Na Kříže, Olšanské náměstí, Žižkov; entrada grátis-50Kč; ⏰ varia – verifique a programação no site; 🚊 5, 9, 26

Só em Praga… Uma porta de aço coberta de grafites na encosta da extremidade ocidental do parque Parukářka leva a uma inesperada escada em espiral que desce 15 m abaixo da terra até um *bunker* nuclear dos anos 1950 onde um bar improvisado serve cerveja em copos de plástico. Esse é o improvável cenário para o clube mais incomum de Praga, um santuário claustrofóbico de eletropunk, industrial, psytrance-eletro-acid e qualquer outro gênero esquisito e maravilhoso de música eletrônica de vanguarda que você possa pensar (o vencedor do rótulo mais excêntrico até agora é o Vložte Kočku, cuja música é anunciada como "psycountryemotriphoprap"). Veja no site o que está rolando quando você estiver na cidade.

CROSS CLUB Mapa p. 136

☎ 736 535 053; http://crossclub.cz; Plynární 23, Holešovice; entrada grátis-120Kč; ⏰ café 12-2 h, clube 18-4 h; Ⓜ Nádraží Holešovice

---

o melhor

PRAGA GLS

- Castle Steps (p. 219)
- Club Stella (p. 186)
- Friends (p. 184)
- Pension Arco (p. 226)
- Termix (p. 200)
- Café Celebrity (p. 187)

COMPRAR INGRESSOS

Os "atacadistas" com as maiores redes de agências são Bohemia Ticket International (BTI), FOK e Ticketpro; os demais provavelmente conseguem seus ingressos com eles.

Bohemia Ticket International (BTI; Mapa p. 90; 224 227 832; www.ticketsbti.cz; Malé náměstí 13, Staré Město; 9-15 h seg-sex) A BTI vende ingressos para todo tipo de evento. Há outra filial (Mapa p.110; 224 215 031; Na Příkopě 16, Nové Město; 10-19 h seg-sex, 10-17 h sáb, 10-15 h dom) perto da Casa Municipal.

Bilheteria FOK (Mapa p. 90; 222 002 336; www.fok.cz; U Obecního Domu 2, Staré Město; 10-18 h seg-sex) Bilheteria da Orquestra Sinfônica de Praga, para ingressos de música clássica; abre também uma hora antes do início dos concertos.

Ticketcentrum (Mapa p. 90; 296 333 333; Rytířská 31, Staré Město; 9 h-12h30 e 13-17 h seg-sex) Lojinha de todo tipo de ingresso; filial da Ticketpro.

Ticketpro (Mapa p. 110; www.ticketpro.cz; Pasáž Lucerna, Vodičkova 36, Nové Město; 12-16 h e 16h30-20h30 seg-sex) Dispõe de ingressos para todo tipo de evento, com filiais nos escritórios da SIP (veja p. 258) e em muitos outros lugares.

Ticketstream (www.ticketstream.cz) Agência de reservas via internet para eventos em Praga e em toda a República Tcheca.

É um clube industrial em todos os sentidos da palavra: fica na zona industrial de Holešovice, a música é pulsante (com DJs ou shows ao vivo) e no interior, você tem de ver, tem uma imensa parafernália de cabos, manivelas, canos, muitos dos quais pulsam e se movem com a música. Às vezes, a programação inclui noites de cabaré, performances teatrais e *happenings* artísticos. Há bares em dois andares e um café e mesas do lado de fora. É fácil de achar, apesar da localização: saindo da estação de metrô Nádraží Holešovice, ande cem metros pela rua Plynární. Quando avistar uma enorme escultura industrial, você chegou.

FUTURUM Mapa p. 143
 257 328 571; www.musicbar.cz; Zborovská 7, Smíchov; entrada 90-120Kč; 19-2 h; 7, 9, 12, 14

O Futurum é um híbrido de alternativo e *mainstream*, com uma decoração bizarra que parece um cruzamento de salão de baile *art déco* e nave do Flash Gordon. As noites de meio de semana ocasionalmente têm shows ao vivo de jazz e soul, bandas indie e lançamentos de discos, mas o que realmente atrai a galera são as festas regulares de sexta e sábado à noite com vídeos dos anos 1980 e 1990, com DJs locais bombando tudo de REM e Nirvana a Bon Jovi e Village People.

KLUB 007 STRAHOV Mapa p. 78
 257 211 439; www.klub007strahov.cz; Block 7, Chaloupeckého 7; entrada 50-250Kč; 19-0 h dom-qui, 19-1 h sex e sáb; 143, 176, 217

O Klub 007 é um dos vários clubes estudantis grunge em porões de grandes blocos residenciais universitários em Strahov. O lendário 007 existe desde 1987, quando era um foco de música underground e é famoso hoje por sua devoção ao hardcore, punk, ska, ragga, jungle, ambient e outros sons alternativos.

LE CLAN Mapa p. 125
www.leclan.cz; Balbínova 23, Vinohrady; entrada 50-160 Kč; 2-10 h qua-dom; Muzeum

É um after-party famoso, com sotaque francês e DJs em dois andares, um monte de bares, poltronas aconchegantes e salas cheias de gente a fim de dançar até amanhecer. Normalmente tem uma levada boa, meio decadente, e tende a ficar mais, não menos, cheio com o passar da noite.

MECCA Mapa p. 136
 602 711 225; www.mecca.cz; U Průhonu 3, Holešovice; entrada 39-200Kč (mulheres quase sempre entram de graça até a meia-noite); 22-6 h qua-sáb; 5, 12, 15

Esse antigo armazém em Holešovice vai bem há mais de uma década e ainda é uma das melhores baladas chiques da cidade. Seus tijolos industriais vermelhos e ângulos retos são suavizados por formas arredondadas, panos flutuantes e sofás futuristas curvilíneos. O Mecca é um ímã para modelos, estrelas de cinema e a galera da moda, e para a legião de baladeiros que comparece por causa da enorme pista dominada por DJs e um sistema de som poderoso.

RADOST FX Mapa p. 125
☎ 224 254 776; www.radostfx.cz; Bělehradská 120, Vinohrady; entrada 100-250Kč; ⓗ 22-6 h; Ⓜ IP Pavlova

Embora já não esteja tão na moda, o descolado e reluzente Radost ainda é capaz de atrair multidões, mais ainda para suas noites hip-hop de quinta-feira, FXbounce (www.fxbounce.com, mulheres entram de graça). O ambiente é descontraído e boêmio, com um *lounge* excelente e um restaurante vegetariano que atende até altas horas (veja Café FX, p.173). Amigável para gays, embora a galera seja, normalmente, misturada, gay e hétero.

ROXY Mapa p. 90
☎ 224 826 296; www.roxy.cz; Dlouhá 33, Staré Město; entrada grátis-250Kč sex e sáb; ⓗ 19-0 h seg-qui, 19-6 h sex e sáb; 🚋 5, 8, 14

Instalada num antigo cinema *art déco*, a lendária Roxy vem alimentando a vanguarda dos clubes de Praga desde 1987 – esse é o lugar para ver os principais DJs da República Tcheca. No primeiro andar, fica o "espaço experimental" NoD, que apresenta teatro, dança, performances, cinema e música ao vivo, geralmente mais cedo, antes que o clube comece, por volta da meia-noite. A melhor casa noturna de Staré Město.

SASAZU Mapa p. 136
☎ 284 097 455; www.sasazu.cz; Bubenské nábřeží 306 (dentro do mercado de Holešovice), Holešovice; entrada 100-1000Kč; ⓗ 21-5 h; Ⓜ Vltavská e 🚋 1, 3, 5, 25

No momento é a rainha das baladas entre a elite descolada da cidade. Se você procura gente bonita, grandes pistas de dança e longas filas na porta (dica: chegue cedo), esse é o seu lugar. Verifique no site ou em cartazes ocasionais espalhados pela cidade eventos ao vivo de grandes nomes (como Kool & the Gang, Fun Lovin' Criminals e Nina Hagen, entre outros), embora o preço dos ingressos tenda a disparar nessas ocasiões. A SaSaZu também se orgulha de ser o melhor restaurante de Holešovice, uma cozinha asiática de alta qualidade que vale uma visita por si só (p.176).

SEDM VLKŮ Mapa p. 130
☎ 222 711 725; www.sedmvlku.cz; Vlkova 7, Žižkov; entrada grátis; ⓗ 17-3 h seg-sáb; 🚋 5, 9, 26

O "Sete Lobos" é um café, bar e balada que parece coisa de estudante de artes. No térreo, há luz de velas, garçons amigáveis, trabalho em ferro batido esquisito, murais legais e música num volume que permite conversar; embaixo, no porão escuro, DJs bombam techno, breakbeat, drum'n'bass, jungle e reggae a partir de 21 horas, às sextas e aos sábados.

TECHTLE MECHTLE (BOMBA BAR) Mapa p. 125
☎ 222 250 143; www.techtle-mechtle.cz; Vinohradská 47, Vinohrady; ⓗ 17-4 h seg-sáb; Ⓜ Muzeum ou Ⓜ Jiřího z Poděbrad, 🚋 11

Um bar e balada popular na via principal de Vinohrady. O nome é uma expressão sem significado preciso que tem a ver com "sexualmente provocante", e é atrás disso que estão as pessoas bonitas e elegantes que vão para lá. Além de ser um *cocktail bar* bem cuidado, tem um restaurante decente, pista de dança e eventos especiais como "guerra do iogurte", em que mulheres atraentes de camiseta lutam em enormes tinas de iogurte. Chegue cedo para pegar uma boa mesa, especialmente nos fins de semana.

TERMIX Mapa p. 125
☎ 222 710 462; www.club-termix.cz; Třebízckého 4a, Vinohrady; entrada grátis; ⓗ 20-5 h qua-dom; Ⓜ Jiřího z Poděbrad

A Termix é uma das baladas GLS mais frequentadas de Praga, com uma levada industrial-high-tech (um monte de metal reluzente, vidro e sofás de pelúcia) e uma galera jovem tanto de turistas quanto de locais. Às quintas, a pista meio pequena enche depressa na festa com o melhor dos anos 1980 e 1990, e pode haver fila para entrar.

WAKATA Mapa p. 136
☎ 233 370 518; www.wakata.cz; Malířská 14, Holešovice; entrada grátis; ⓗ 17-3 h seg-qui, às 5 li sex e sáb, 10 3 h dom; 🚋 1, 8, 15, 25, 26

Estilo não é mesmo o forte desse despretensioso e descontraído *lounge*, um espaço para curtir cervejas e drinques baratos, e se balançar ao som de funk, música latina, dub, ambient, jungle, reggae ou hip-hop.

XT3 Mapa p. 130
☎ 222 783 463; www.xt3.cz; Rokycanova 29, Žižkov; entrada grátis; bar 11-3 h seg-sex, 14-3 h sáb e dom, clube 18-3 h dom-qui, 18-5 h sex e sáb; 5, 9, 26

Essa é a balada típica de Žižkov – desalinhada, descontraída, eclética e muito divertida. Há um bar animado no térreo, de tijolo vermelho e banquinhos de madeira e couro, e um ambiente que parece uma caverna com DJS locais e música ao vivo (de hardcore a violão).

CLUBES DE JAZZ

Praga tem um monte de clubes de jazz, muitos dos quais existem há décadas. A maioria cobra consumação de cerca de 100 Kč a 300 Kč.

AGHARTA JAZZ CENTRUM Mapa p. 90
☎ 222 211 275; www.agharta.cz; Železná 16, Staré Město; entrada 250Kč; 19-1 h, música 21-0 h; Můstek

O Agharta recebe os melhores do jazz, blues, funk e fusion tchecos desde 1991, mas só se mudou para esse endereço central na Cidade Velha em 2004. Um típico porão de jazz com um aconchegante bar e café e uma loja (aberta das 19 h à meia-noite) de CDS, camisetas e canecas de café. Apresenta artistas locais, às vezes até internacionais importantes – compre entradas diretamente do site.

BLUES SKLEP Mapa p. 90
☎ 221 466 138; www.bluessklep.cz; Liliová 10, Staré Město; entrada 100-120Kč; bar 19 h-2h30, música 21-0 h; Staroměstská

Um dos mais novos clubes de jazz da cidade, o Blues Sklep (*sklep* significa 'porão') é típico da Cidade Velha, um espaço com o clima certo para as sessões de jazz que rolam todas as noites. As bandas tocam de tudo, de tradicional de New Orleans a bebop, blues, funk e soul.

JAZZDOCK Mapa p. 143
☎ 774 058 838; www.jazzdock.cz; Janáčkovo nábřeží 2, Smíchov; entrada 90-150Kč; 15-4 h; Anděl, 7, 9, 12, 14

Não espere encontrar um porão enfumaçado, típico dos bares de jazz em Praga, esse é diferente, com decoração limpa, moderna e localizado à beira do rio (tem uma vista decididamente romântica do Moldava). Atrai alguns dos melhores talentos locais e, eventualmente, shows internacionais. A comida é tão boa quanto a música, embora (como em outros clubes do tipo da cidade) a visão do palco seja meio obstruída. Chegue cedo ou reserve, para pegar uma boa mesa. Os shows normalmente começam às 22 h (quando há dois shows, são às 19 h e 22 h). Leve um bom mapa ou pegue um táxi.

REDUTA JAZZ CLUB Mapa p. 110
☎ 224 933 487; www.redutajazzclub.cz; Národní třída 20, Nové Město; entrada 300Kč; 21-3 h; Národní Třída

O Reduta é o mais velho clube de jazz de Praga, fundado em 1958 durante a era comunista – foi ali que, em 1994, o então presidente dos EUA, Bill Clinton, tocou o saxofone que Václav Havel deu a ele. Tem um ambiente intimista, e a atmosfera é de big-band, swing e Dixieland. Reserve umas horas antes na bilheteria (aberta a partir das 17 h de segunda a sexta e das 19 h aos sábados e domingos), ou pela Ticketpro.

U MALÉHO GLENA Mapa p. 78
☎ 257 531 717; www.malyglen.cz; Karmelitská 23, Malá Strana; entrada 200Kč; 10-2 h, música a partir de 21h30 dom-qui, de 22 h sex e sáb; 12, 20, 22

"Do Pequeno Glen" é um animado bar e restaurante que pertence a um americano, onde bandas locais de swing ou blues tocam todas as noites no porão lotado e abafado. Há *jam sessions* regulares em que amadores são bem-vindos (desde que sejam bons!) – é um lugar pequeno, então chegue cedo se quiser ver, além de ouvir, a banda.

USP JAZZ LOUNGE Mapa p. 90
☎ 734 335 233; www.jazzlounge.cz; Michalská 9, Staré Město; entrada 200-250Kč; 19-2 h, música 21-0 h; Můstek

Esse antigo clube de jazz instalado no porão do Hotel U Staré Paní atende a todos os gostos, com uma variada programação de jazz, soul, blues e ritmos latinos, e um DJ tocando sempre depois da meia-noite.

MÚSICA AO VIVO

Praga tem uma cena de música ao vivo agitada, com rock, metal, punk, eletrônico, industrial, hip-hop e sons mais da moda em uns vinte locais de música ao vivo e DJs; a maioria cobra consumação de cerca de 50 Kč a 200 Kč. Além dos lugares relacionados, clubes como o Futurum, o Klub 007 Strahov, o Palác Akropolis e o Roxy (veja em Baladas, p.198) também recebem bandas de rock.

Para programação atualizada e resenhas, verifique a mídia citada no início deste capítulo e fique de olho em cartazes afixados pela cidade.

BATALION Mapa p. 90

☎ 220 108 147; www.batalion.cz; 28.října 3, Staré Město; ⓧ bar 24 h, música a partir de 21 h; Ⓜ Můstek;

O Batalion é um bar deliciosamente mulambento com música no porão que vai do rock ao jazz, punk e death metal tocado por bandas tchecas novas (além de festas dançantes com DJ às sextas e aos sábados). Fica no meio das hordas de turistas, mas a clientela jovem comparece.

BUNKR KLUB Mapa p. 143

☎ 722 657 632; www.bunkr-club.net; Nádražní 76, Smíchov; entrada 100-200Kč; ⓧ 18-3 h; Ⓜ Anděl, 🚋 12, 14, 20

A mais recente encarnação do lendário Bunkr Klub dos anos 1990 resgata a energia e o ar cavernoso do original. As novas instalações, numa parte industrial de Smíchov, têm tudo a ver com o ar pós-punk e hard rock; um velho porão com dois ambientes. As bandas tocam no estreito espaço dos fundos, meio apertado e cheio de fumaça, suor e barulho. O salão da frente, com um balcão e mesas, é maior e mais calmo.

LA FABRIKA Mapa p. 136

☎ sem telefone; www.lafabrika.cz; Komunardů 30, Holešovice; entrada grátis-100Kč; ⓧ varia com os eventos; Ⓜ Nádraží Holešovice mais 🚋 5, 12 ou Ⓜ Vltavská mais 🚋 1, 3, 5, 25

O nome se refere a uma fábrica, mas é, na verdade, um antigo armazém de tintas que virou um espaço performático. A programação traz música ao vivo (jazz ou cabaré), teatro, dança ou filme, variando conforme a noite. No verão é mais devagar, mas a temporada esquenta a partir do outono. Consulte, no site, a programação. A bilheteria e o bar abrem cerca de uma hora antes do início do evento.

LUCERNA MUSIC BAR Mapa p. 110

☎ 224 217 108; http://musicbar.iquest.cz; Vodičkova 36, Nové Město; ⓧ 20-4 h; Ⓜ Můstek

A nostalgia reina soberana nesse velho teatro estiloso, que anda meio caído ultimamente. Toca de tudo, de bandas *cover* dos Beatles a artistas tchecos, principalmente, jazz, blues, pop, rock e outras coisas nas noites da semana. Mas o evento mais popular – não nos pergunte o porquê – é a festa de vídeos dos anos 1980 e 1990 que ocorre todas as noites de sexta e sábado, atraindo multidões de jovens locais para dançar Duran Duran e Gary Numan.

MALOSTRANSKÁ BESEDA Mapa p. 78

☎ restaurante 257 409 112; www.malostranska-beseda.cz; Malostranské náměstí 21, Malá Strana; shows 150-250Kč; ⓧ bilheteria 15-22 h seg-sáb, 15-20 h dom, restaurante 11-23 h, café 8-22 h; 🚋 12, 20, 22

O Malá Strana reabriu em 2010 depois de cinco anos de reforma, e o famoso clube de música no segundo andar está de volta com uma animada seleção de shows de cabaré, jazz e velhos roqueiros tchecos. Agora há uma galeria de arte no último andar e uma grande cervejaria no porão. O térreo tem um convidativo – ainda que um pouco pequeno – café e um restaurante da Pilsner Urquell.

PALÁC AKROPOLIS Mapa p. 130

☎ 296 330 911; www.palacakropolis.cz; Kubelíkova 27, Žižkov; entrada grátis-50Kč; ⓧ clube 19-5 h; 🚋 5, 9, 26

O Akropolis já é uma instituição de Praga. Um santuário labiríntico, com chão grudento, de música alternativa e teatro. Seus vários espaços abrigam uma gama de eventos musicais e culturais, de DJs a quartetos de cordas, de bandas ciganas da Macedônia a deuses do rock local e talentos de fora – Marianne Faithfull, Flaming Lips e Strokes já tocaram lá. DJs fazem o *set* no Teatro-Bar (Divadelní Bar) e na Sala Pequena (Malá Scéna), tocando de dub-step a hip-hop, e de reggae a nu-jazz.

ROCK CAFÉ Mapa p. 110
☎ 224 933 947; http://rockcafe.cz; Národní třída 20, Nové Město; entrada grátis-150 Kč; ⓧ 10-3 h seg-sex, 17-3 h sáb, 17-1 h dom, música a partir das 19h30; Ⓜ Národní Třída

Não confunda com o Hard Rock Café. Esse clube multifuncional ao lado do Reduta é fruto do influente movimento artístico Nový Horizont dos anos 1990. Tem um palco para DJs e bandas de rock ao vivo, um "rock café" decorado de um jeito legal, cinema, teatro, galeria de arte e loja de CDs. As bandas são na maioria locais e vão de nu-metal e folk rock a bandas de cover dos Doors e Sex Pistols, mas têm de terminar às 22 h – uma reforma que está para ocorrer deve solucionar o problema do barulho. A programação de arte tende à vanguarda ou ao simplesmente esquisito.

VAGON Mapa p. 90
☎ 733 737 301; www.vagon.cz; Palác Metro, Národní třída 25; shows 100 Kč, entrada grátis depois de 23 h; ⓧ 19-5 h, shows 21-0 h; Ⓜ Národní ou 🚋 6, 9, 18, 22

Com a entrada meio escondida em uma galeria comercial, o Vagon é mais parecido com um bar de centro acadêmico e tem um clima amigável e descontraído, com música ao vivo quase toda noite. Tocam por lá artistas locais de blues, bandas cover do Pink Floyd e do Led Zeppelin, bandas de rock tcheco clássicas, incluindo apresentações regulares da Plastic People of the Universe. Da meia-noite até de madrugada, a dança rola na "rockothèque" tocada por DJs.

ARTES

Para música clássica, ópera, balé, teatro e alguns shows de rock – até nos eventos mais "esgotados" –, você quase sempre consegue achar um ou dois ingressos na bilheteria do teatro meia hora, mais ou menos, antes do espetáculo.

Se quiser garantir um lugar, Praga é lotada de agências de ingressos (veja o quadro na p. 199). A vantagem é a conveniência: a maioria é computadorizada, rápida e aceita cartões de crédito. A desvantagem é um provável acréscimo de 8% a 15%.

Muitos locais dão descontos para estudantes e, às vezes, para deficientes. A maioria das apresentações tem certo número de ingressos reservado para estrangeiros. Em clubes de jazz e rock você pode comprar entradas na porta, mas reservas antecipadas são recomendadas para apresentações de grandes nomes.

MÚSICA CLÁSSICA, ÓPERA E BALÉ

Há uma meia dúzia de concertos de algum tipo quase todo dia durante o verão, formando uma trilha sonora legal para as delícias visuais da cidade. Muitos são concertos de câmara tocados por artistas iniciantes em igrejas da cidade – lindas, mas geladas (leve um casaco extra, mesmo num dia de verão) e nem sempre com a melhor das acústicas. No entanto, muitos concertos, especialmente os anunciados nas ruas por divulgadores com folhetos, são de segunda categoria, apesar do preço alto que os estrangeiros pagam. Se quiser ter certeza da qualidade, vá ver uma das orquestras profissionais da cidade.

Além dos horários indicados aqui nas resenhas individuais, as bilheterias também abrem meia hora antes do início de cada espetáculo. Verifique a programação de música clássica, ópera e balé em www.heartofeurope.cz e www.czechopera.cz.

SALA DVOŘÁK Mapa p. 90
Dvořákova síň; ☎ 227 059 227; www.ceskafilharmonie.cz; náměstí Jana Palacha 1, Staré Město; ingressos 200-600Kč; ⓧ bilheteria 10 h-12h30 e 13h30-18 h seg-sex; Ⓜ Staroměstská

A Sala Dvořák, no neorrenascentista Rudolfinum, é a sede da mundialmente famosa Orquestra Filarmônica de Praga (Česká filharmonie). Acomode-se e deleite-se ouvindo alguns dos melhores músicos clássicos de Praga.

MUSEU DVOŘÁK Mapa p. 108
Muzeum Antonína Dvořáka; ☎ 224 918 013; Ke Karlovu 20, Nové Město; ingressos 700Kč; ⓧ concertos 20 h ter e sex abr-out; Ⓜ IP Pavlova

A bela Vila Amerika foi construída em 1717 como refúgio de verão nada modesto de um conde. Hoje, abriga o Museu Dvořák (p.117) e apresenta obras instrumentais e vocais de Dvořák pelo Teatro de Música Original de Praga (www.musictheatre.cz), até com roupas de época. Ingressos disponíveis via BTI (veja quadro na p. 199).

OUTROS PALCOS

Muitas igrejas e palácios barrocos também servem de local para concertos, onde se apresentam corais, organistas, quartetos de cordas, conjuntos de metais e, eventualmente, orquestras inteiras. Você pode conseguir informações sobre esses concertos nas agências do PIS (veja p. 258). Listamos a seguir uma seleção dos lugares mais frequentados em toda a cidade.

Hradčany e Malá Strana

Basílica de São Jorge (Bazilika sv Jiří; Mapa p. 62; Jiřské náměstí, Castelo de Praga) A mais bem preservada igreja românica da República Tcheca. Veja também p. 66.

Palácio Liechtenstein (Lichtenštejnský palác; Mapa p. 78; Malostranské náměstí, Malá Strana; 12, 20, 22) Sede da Faculdade de Música da Academia de Artes de Praga (Hudební fakulta AMU; www.hamu.cz).

Igreja de São Nicolau (Kostel sv Mikuláše; Mapa p. 78; Malostranské náměstí 38, Malá Strana; M Malostranská ou 12, 20, 22) O próprio Mozart batucou as teclas do órgão de 2,5 mil tubos em 1787. Veja também p. 77.

Catedral de São Vito (Katedrála sv Víta; Mapa p. 62; Pražský hrad, III. nádvoří; Castelo de Praga, Hradčany; M Malostranská) A nave da catedral de Praga é inundada pelas cores dos lindos vitrais, e a acústica é impressionante. Veja também p. 65.

Mosteiro de Strahov (Strahovský klášter; Mapa p. 70; Strahovský I.nádvoří, Hradčany; 22) Dizem que foi um dos lugares onde Mozart tocou órgão. Veja também p. 69.

Staré Město

Capela Belém (Betlémská kaple; Mapa p. 90; Betlémské náměstí 3; 6, 9, 18, 21, 22) Essa capela do século XIV foi demolida no século XVIII e cuidadosamente reconstruída entre 1948 e 1954. Veja também p. 104.

Capela de Espelhos (Zrcadlová kaple; Mapa p. 90; Klementinum, Mariánské náměstí; 17, 18, 53) Capela elaboradamente decorada dos anos 1720. Veja também p. 101.

Igreja de São Francisco (Kostel sv Františka; Mapa p. 90; Křížovnické náměstí; 5, 8, 14) Ao lado do complexo do Convento de Santa Inês (p. 97).

Igreja de São Nicolau (Kostel sv Mikuláše; Mapa p. 90; Staroměstské náměstí; M Staroměstská) Construída nos anos 1730 por Kilian Dientzenhofer. Veja também p. 94.

Convento de Santa Inês (Klášter sv Anežky; Mapa p. 90; U Milosrdných 17; 5, 8, 14) O mais antigo prédio gótico de Praga. Veja também p. 97.

Nové Město

Museu Nacional (Národní muzeum; Mapa p. 110; Václavské náměstí 68; M Muzeum) Apresenta música de câmara e duetos de ópera na grande escadaria do salão principal do museu, quase todo dia às 18 h. Veja também p. 115.

Cuidado ao comprar ingressos de gente distribuindo folhetos nas ruas – alguns dos concertos são legais, mas outros podem realmente decepcionar. Certifique-se de onde exatamente será o concerto – se disserem apenas "Casa Municipal", não conte com a magnífica Sala Smetana, porque pode bem ser em uma das salas de concerto menores.

TEATRO DOS ESTADOS Mapa p. 90

Stavovské divadlo; ☎ 224 902 322; www.narodni-divadlo.cz; Ovocný trh 1, Staré Město; ingressos 30-1200 Kč; bilheteria 10-18 h; M Můstek;

O Teatro dos Estados (p.103) é o mais antigo teatro de Praga, famoso por ser o lugar em que Mozart regeu a estreia de *Don Giovanni* em 29 de outubro de 1787. Mozartissimo – um *potpourri* de destaques de várias óperas de Mozart, inclusive *Don Giovanni* – é tocado lá várias vezes por semana no verão (veja www.bmart.cz); no restante do ano há várias produções de óperas, balé e teatro. O espaço está equipado para quem tem dificuldade de audição e tem acesso a cadeirantes (reserve com cinco dias de antecedência); ingressos à venda em qualquer bilheteria do Teatro Nacional.

TEATRO NACIONAL Mapa p. 110
Národní divadlo; ☎ 224 901 377; www.narodni-divadlo.cz; Národní třída 2, Nové Město; ingressos 30-1000Kč; ۞ bilheterias 10-18 h; Ⓜ Národní Třída

Gloriosa peça central do Renascimento Nacional Tcheco, com sua cobertura de ouro, o amado Teatro Nacional foi palco do ressurgimento da cultura tcheca no fim do século XIX e começo do XX. Hoje apresenta ópera, teatro e balé tradicionais com autores como Smetana, Shakespeare e Tchaikovsky, junto com compositores e dramaturgos mais modernos como Philip Glass e John Osborne. As bilheterias ficam no edifício Nový síň, ao lado, e no Palácio Kolowrat (em frente ao Teatro dos Estados).

ÓPERA ESTATAL DE PRAGA Mapa p. 110
Státní opera Praha; ☎ 224 227 266; www.opera.cz; Wilsonova 4, Nové Město; ingressos para ópera 100-1150Kč, ingressos para balé 100-800Kč; ۞ bilheteria 10 h-17h30 seg-sex, 10-12 h e 13 h-17h30 sáb e dom; Ⓜ Muzeum

A marcante sede neorrococó da ópera Estatal de Praga é um glorioso cenário para exibições de ópera e balé. Um festival anual de Verdi acontece em agosto e setembro, além de apresentações de montagens menos convencionais, como a versão raramente montada de Leoncavallo para *La Bohème*.

SALA SMETANA Mapa p. 90
Smetanova síň; ☎ 220 002 101; www.obecnidum.cz; náměstí Republiky 5, Staré Město; ingressos 250-600Kč; ۞ bilheteria 10-18 h; Ⓜ Náměstí Republiky

A Sala Smetana, coração da impressionante Casa Municipal (Obecní dům; p.102), é a maior sala de concertos da cidade, com capacidade para 1,2 mil pessoas e uma das sedes da Orquestra Sinfônica de Praga (Symfonický orchestr hlavního města Prahy). Também apresenta shows de música e dança folclóricas.

CINEMA

Praga tem mais de trinta cinemas. Alguns exibem filmes ocidentais, outros, filmes tchecos, e há vários cinemas de arte excelentes. Verifique a programação na seção "Night & Day" do *Prague Post* ou www.prague.tv.

A maioria dos filmes é exibida na língua original com legendas em tcheco *(české titulky)*, mas grandes produções de Hollywood quase sempre são dubladas em tcheco *(dabing)*; procure "tit" ou "dab" nas programações de cinema. Filmes em tcheco com legendas em inglês têm *anglický titulky* nos programas.

Os filmes são exibidos duas vezes por noite, por volta das 19 h e 21 h, mas os multiplexes exibem filmes o dia inteiro. A maioria dos cinemas tem matinês nos fins de semana.

BIO OKO Mapa p. 136
Oko Cinema; ☎ reservas 608 330 088; www.biooko.net; Františka Křížka 15, Holešovice; ingressos 100Kč; 🚊 1, 5, 8, 12, 14, 15, 17, 25, 26

Esse cineclube mostra uma variada programação de filmes underground, filmes de festivais, documentários, grandes produções e clássicos do mundo todo; a maioria deles exibida na língua original com legendas em tcheco. Confira no website o que está em cartaz.

KINO AERO Mapa p. 130
☎ 271 771 349; www.kinoaero.cz; Biskupcova 31, Žižkov; ingressos 60-100Kč; 🚊 5, 9, 10, 16, 19

O Aero é o cinema de arte favorito de Praga, com mostras temáticas, retrospectivas e filmes incomuns, geralmente em inglês ou com legendas em inglês. Esse é o lugar para rever clássicos como *Smrt v Benátkách* (*Morte em Veneza*) ou *Život Briana* (*A vida de Brian*). Os mesmos administradores cuidam de um cinema semelhante no centro da cidade, o Kino Světozor, e recentemente adquiriram também o Bio Oko.

KINO SVĚTOZOR Mapa p. 110
☎ 224 946 824; www.kinosvetozor.cz; Vodičkova 41, Nové Město; ingressos 60-120Kč; Ⓜ Můstek

O Světozor tem a mesma administração do Kino Aero, mas é mais central e tem a mesma ênfase em cinema clássico e filmes de arte exibidos na língua original – de *Encouraçado Potemkin* e *Casablanca* a *Noivo neurótico, noiva nervosa* e *Diários de motocicleta*.

PALACE CINEMAS Mapa p. 110
☎ 257 181 212; www.palacecinemas.cz; Slovanský dům, Na Příkopě 22, Nové Město; ingressos 169Kč; Ⓜ Náměstí Republiky

Localizado no shopping center chique Slovanský dům, esse é o principal cinema do centro de Praga – um moderno multiplex de dez salas que exibe estreias de Hollywood (a maioria em inglês). Há também um multiplex de doze salas no enorme shopping center Nový Smíchov (p. 157).

TEATRO

A maioria das peças é, naturalmente, encenada em tcheco, o que diminui bastante o atrativo para quem não fala essa língua. Há, no entanto, algumas montagens em inglês, e muitos shows basicamente visuais em que a língua falada deixa de ser uma barreira. Há também o Fringe Festival de Praga (p. 17), com grande oferta de teatro em inglês.

Praga é famosa por seu teatro de luz negra – às vezes chamado apenas de "teatro negro" – um misto de mímica, teatro, dança e efeitos especiais em que os atores se apresentam usando roupas fluorescentes diante de um fundo negro e iluminados por luz ultravioleta (é uma modalidade crescente em Praga, com ao menos uma dúzia de teatros locais). Uma tradição tcheca ainda mais antiga são as marionetes, com apresentação de vários shows pela cidade.

ALFRED VE DVOŘE Mapa p. 136

☎ 257 318 666; www.alfredvedvore.cz; Františka Křížka 36, Holešovice; ingressos 100-150Kč; bilheteria 17h30-23 h seg-sex, 13h30-23 h sáb e dom no Bio Oko (p. 205); 1, 5, 8, 12, 14, 15, 17, 25, 26

Um tesouro artístico em uma improvável parte de Holešovice, o Alfred encena regularmente obras de teatro, dança, cabaré e teatro de movimento exigentes, incluindo às vezes peças em inglês. Veja detalhes no site.

TEATRO ARCHA Mapa p. 108

Divadlo Archa; ☎ 221 716 333; www.archatheatre.cz; Na poříčí, Nové Město; ingressos 200-700Kč; bilheteria 10-18 h seg-sex; 5, 8, 14

O Archa (Arca) já foi descrito como o Teatro Nacional alternativo de Praga. É um lugar multifuncional para a vanguarda e o experimentalismo. Além de drama contemporâneo (eventualmente em inglês) – *Leaving* de Václav Havel foi encenada lá –, dança e performances, o teatro também apresenta música ao vivo, de clássica indiana a ruído industrial.

TEATRO CELETNÁ Mapa p. 90

Divadlo v Celetné; ☎ 222 326 843; www.divadlovceletne.cz; Celetná 17, Staré Město; ingressos 120-450Kč; bilheteria 10 h-19h30 seg-sex, 14 h-19h30 sáb e dom; M Náměstí Republiky

O Divadlo v Celetné, num pátio entre Celetná e Štupartská, encena basicamente dramaturgia tcheca nova e antiga, e algumas peças estrangeiras (inclusive Shakespeare e Tom Stoppard) traduzidas para o tcheco, além da produção ocasional de ópera dos alunos do Conservatório de Praga.

TEATRO IMAGE Mapa p. 90

Divadlo Image; ☎ 222 314 448; www.imagetheatre.cz; Pařížská 4, Staré Město; ingressos 480Kč; bilheteria 9-20 h; M Staroměstská

Fundada em 1989, essa companhia usa o criativo teatro iluminado de fundo, junto com pantomima, dança moderna e vídeo – para não falar das doses generosas de *slapstick*. As encenações podem ser muito convincentes, mas a atmosfera é quase sempre ditada pela reação da plateia.

LATERNA MAGIKA Mapa p. 110

☎ 224 931 482; www.laterna.cz; Nová Scéna, Národní třída 4, Nové Město; ingressos 250-650Kč; bilheteria 10-18 h; M Národní Třída

O Laterna Magika vem deslumbrando plateias tanto em casa quanto no exterior desde seu primeiro show multimídia de ponta que agitou a Feira Mundial de Bruxelas em 1958. Sua mistura criativa de dança ao vivo, ópera, música e projeção de imagens continua a atrair multidões. Nová

PRIMAVERA DE PRAGA

Realizado pela primeira vez em 1946, o festival internacional de música Primavera de Praga (Pražské jaro) é o evento cultural mais conhecido da República Tcheca. Começa no dia 12 de maio, aniversário da morte do compositor Bedřich Smetana, com uma procissão de seu túmulo em Vyšehrad (p. 120) até a Casa Municipal (p. 102), e uma execução de seu ciclo de canções patrióticas *Má vlast* (Minha pátria). O festival vai até 3 de junho, e os belos locais de concerto são uma atração tanto quanto a música.

Ingressos podem ser comprados na bilheteria da Primavera de Praga (Mapa p. 90, ☎ 227 059 234; www.prague-spring.net; náměstí Jana Palacha, Staré Město; 10-18 h seg-sex; 17, 18) no Rudolfinum, ou em qualquer agência da Ticketpro (veja o quadro na p.199).

Se você quer um lugar garantido em um concerto da Primavera de Praga, tente reservar até o meio de março, no máximo, embora alguns lugares ainda estejam à disposição até o fim de maio.

Scena, o prédio futurista de vidro ao lado do Teatro Nacional, é a sede do Laterna Magika desde que ele se mudou de seu berço, o porão do Palácio Adria, em meados dos anos 1970.

TEATRO MINOR Mapa p. 110

Divadlo Minor; ☎ 222 231 351; www.minor.cz; Vodičkova 6, Nové Město; ingressos 80-150Kč; bilheteria 10 h-13h30 e 14h30-20 h seg-sex, 11-18 h sáb e dom; Ⓜ Karlovo Náměstí;
O Divadlo Minor é um teatro infantil acessível a cadeira de rodas que apresenta marionetes, shows de palhaços e pantomima (em tcheco) às 15 h sábados e domingos e às 18 h ou 19h30 de terça a quinta. Normalmente há ingressos disponíveis na porta antes do espetáculo.

TEATRO NACIONAL DE MARIONETES
Mapa p. 90

Národní divadlo marionet; ☎ 224 819 323; www.mozart.cz; Žatecká 1, Staré Město; ingressos inteira/meia 590/490Kč; bilheteria 10-20 h; Ⓜ Staroměstská
Alardeado como o espetáculo clássico de marionetes há mais tempo em cartaz na cidade – desde 1991, ininterruptamente (um fato, dizem alguns, que se reflete no entusiasmo das exibições) –, *Don Giovanni* é a versão para bonecas de tamanho real da ópera de Mozart que disseminou várias imitações pela cidade. A atenção das crianças menores pode se esgotar bem rápido nesse espetáculo de 2 horas.

TEATRO REDUTA Mapa p. 110

Divadlo Reduta; ☎ 257 921 835; www.blacktheatresrnec.cz; Národní třída 20, Nové Město; ingressos inteira/meia 590/490Kč; bilheteria 15-19 h seg-sex; Ⓜ Národní Třída
O Teatro Reduta é a sede do Black Theatre de Jiří Srnec, um dos fundadores do teatro de luz negra original de Praga nos anos 1960. Hoje, as montagens da companhia incluem versões de *Alice no país das maravilhas* e *Peter Pan,* e uma compilação do melhor desse teatro nos primeiros tempos.

TEATRO SPEJBL E HURVÍNEK Mapa p. 136

Divadlo Spejbla a Hurvínka; ☎ 224 316 784; www.spejbl-hurvinek.cz; Dejvická 38, Dejvice; ingressos 80-120Kč; bilheteria 10-14 h e 15-18 h ter-sex, 13-17 h sáb e dom; Ⓜ Dejvická

Criado em 1930 pelo marionetista Josef Skupa, Spejbl e Hurvínek são os equivalentes tchecos de Arlequim e Colombina, embora sejam pai e filho em vez de um casal. Os espetáculos são em tcheco, mas a maior parte pode ser entendida qualquer que seja sua língua.

ŠVANDOVO DIVADLO NA SMÍCHOVĚ
Mapa p. 143

Teatro Šandovo em Smíchov; ☎ 257 318 666; www.svandovodivadlo.cz; Stefaníkova 57; ingressos 150-300Kč; bilheteria 11-19 h seg-sex (30 min de almoço às 14 h), 17-19 h sáb e dom; 🚊 6, 9, 12, 20
Espaço de teatro experimental, que encena peças tchecas e estrangeiras, é admirado por seu compromisso de encenar espetáculos em inglês ou legendados nessa língua. Também apresenta ocasionalmente música ao vivo e dança, assim como "Conversas no Palco", debates sem roteiro com personalidades famosas, como o ocorrido anos atrás com Václav Havel e Lou Reed, que se tornou lendário.

TA FANTASTIKA Mapa p. 90

☎ 222 221 366; www.tafantastika.cz; Karlova 8, Staré Město; ingressos 680Kč; bilheteria 11 h-21h30 seg-sex; Ⓜ Staroměstská
Fundado em Nova York em 1981 pelo emigrado tcheco Petr Kratochvil, Ta Fantastika mudou-se para Praga em 1989. A companhia monta teatro de luz negra baseado em clássicos da literatura e lendas como *Excalibur, O retrato de Dorian Gray* e *Joana D'Arc*. O espetáculo de maior sucesso é *Aspectos de Alice,* baseado em *Alice no país das maravilhas.*

TEATRO NA BALAUSTRADA Mapa p. 90

Divadlo Na Zábradlí; ☎ 222 868 868; www.nazabradli.cz; Anenské náměstí 5, Staré Město; ingressos 100-325Kč; bilheteria 14-20 h seg-sex, 2 horas antes do espetáculo sáb e dom; 🚊 17, 18
O teatro onde Václav Havel cultivou sua habilidade de dramaturgo quatro décadas atrás é hoje o principal palco para dramaturgia séria em tcheco, inclusive para diversas obras estrangeiras traduzidas para o idioma. Também há encenações regulares em inglês com legendas em tcheco.

ESPORTES E ATIVIDADES

o melhor

- **Pedalar ao longo do Moldava** (p. 211)
- **Caminhada em Stromovka** (p. 210)
- **Generali Aréna** (p. 213)
- **Arena O2** (p. 213)
- **Clube Tcheco de Tênis na Grama** (p. 214)
- **Divoká Šárka** (p. 212)
- **Cybex Health Club & Spa** (p. 210)

O que você recomenda? www.lonelyplanet.com/prague

ESPORTES E ATIVIDADES

Os tchecos sempre gostaram de esportes e atividades ao ar livre, e as grandes áreas verdes de Praga – do antigo território real de caça de Stromovka aos parques às margens do rio e ilhas ao longo do rio Moldava – oferecem muitas oportunidades para exercício. Embora caminhada, natação e hóquei no gelo sejam os favoritos de sempre, recentemente o número de ciclistas na cidade aumentou, conforme ciclovias e trilhas especiais para bicicletas foram sendo introduzidas.

O golfe nunca foi prioridade na era comunista, mas o surgimento de uma classe de jovens profissionais com dinheiro para gastar aumentou o interesse por atividades mais exclusivas, o que incluiu a construção de um campo para campeonato de golfe em Karlštejn.

SAÚDE E BEM-ESTAR

Houve uma mudança dos ginásios suarentos e salas de musculação do passado em direção a uma nova geração de spas e clubes, onde a meta é se cuidar e não ficar forte. A maior parte está ligada a hotéis de luxo – veja uma lista em http://prague.tv/prague/health/spas.

ACADEMIAS E SPAS

CYBEX HEALTH CLUB & SPA Mapa p. 130
☎ 224 842 375; www.cybex-fitness.cz; Pobřežní 1, Nové Město; ⊙ 6-22 h seg-sex, 7-22 h sáb e dom; Ⓜ Florenc
O luxuoso spa do Hilton Hotel cobra 900 Kč por um ingresso de um dia, que dá acesso a academia, quadras de squash, piscina, sauna, Jacuzzi e banho turco, e 1200 Kč por uma massagem de meia hora.

HOLMES PLACE Mapa p. 143
☎ 221 420 800; Nádražní 32, Smíchov; academia 150Kč (140Kč 9-16 h seg-sex, e o dia todo sáb e dom); ⊙ 6-22 h; Ⓜ Smíchovské Nádraží
Uma das maiores e mais bem equipadas academias do país, com uma enorme sala de cárdio e de exercício, além da oferta normal de piscina, sauna, spa e massagem. O único porém é a localização, num canto esquecido de Smíchov, embora a proximidade do metrô a torne acessível a outras partes da cidade.

ATIVIDADES

No inverno ou no verão, chova ou faça sol, Praga está cheia de lugares onde você pode queimar as calorias da cerveja com petiscos – de caminhadas e bicicleta a piscinas, pistas de skate e rinques de patinação.

CAMINHADA

A República Tcheca é coberta por uma rede de trilhas de caminhada bem sinalizada, classificada por um código de cores e claramente demarcada em excelentes mapas em escala 1:50.000 e 1:25.000 (turistické mapy). Praga tem sua parcela de trilhas – o mapa 36 do Klub Českých Turistů (Clube de Caminhada Tcheco), Okolí Prahy-západ (Praga e Arredores, Oeste), traz as melhores na cidade e no entorno, incluindo Beroun e Karlštejn.

Para caminhadas fáceis de uma ou duas horas, você pode ir aos grandes parques e reservas naturais – Stromovka no norte (veja Passeio a pé em Letná e Stromovka, p. 139), Prokopské údolí no sudoeste, e Michelský les e Kunratický les no sudeste – seguir as trilhas à margem do rio, do Zoológico de Praga até a balsa de Roztoky, e voltar para a cidade de trem.

Um dia de caminhada mais desafiador, que inclui uma visita ao Castelo Karlštejn (p. 234), começa na aldeia de Beroun. Da estação de trem de Beroun, siga a trilha marcada em vermelho por seis quilômetros até o Mosteiro de São João sob a Rocha (Klášter sv Jan pod Skálou), situado num desfiladeiro espetacular. De lá, continue na trilha vermelha pela floresta nas colinas por mais oito quilômetros, até Karlštejn, e pegue outro trem de volta ao centro da cidade. Calcule cinco horas de Beroun a Karlštejn.

BICICLETA

Praga tem um longo caminho a percorrer antes de se tornar uma cidade ciclística comparável a grandes cidades da Alemanha ou até mesmo de Viena. Ainda assim, há um grupo de ciclistas radicais promovendo coisas como transporte por bicicleta, extensão das ciclovias e conscientização de motoristas. Os esforços começam a dar resultado. Praga, hoje, tem uma rede relativamente completa, ainda que descontínua, de ciclovias – marcadas por placas amarelas – que se entrecruzam pelo seu centro e se espalham em todas as direções. Ciclistas por diversão provavelmente se contentarão com um dos passeios oferecidos pelas companhias de aluguel de bicicletas (pp. 260-1). Os mais sérios devem pensar em comprar um bom mapa, alugar uma bicicleta e pegar as trilhas fora da cidade por um ou dois dias.

As melhores trilhas de bicicleta levam para o norte, seguindo o rio Moldava na direção da Alemanha. Um dia, a rota Praga–Dresden estará nas lendas do ciclismo, mas, por enquanto, ainda há interrupções significativas no trajeto. Dito isso, o caminho ao longo do rio está quase completo até a aldeia de Kralupy nad Vltavou (a 20 km de Praga; é possível voltar de trem), de onde você pode continuar por estradas vicinais até Mělník (p. 238). Há muitas pontes e balsas para levar você de um lado para o outro do rio e, ao longo do caminho, algumas ótimas trilhas que conduzem terra adentro. Do centro de Praga, comece em Čechův most (a ponte sobre o Moldava ao lado do Hotel InterContinental), cruze a ponte e suba até Letná. De lá, siga as placas para Stromovka e, depois, Zoológico de Praga. A trilha à beira-rio segue para o norte a partir do zoológico.

A maioria das grandes livrarias tem mapas ciclísticos. Um dos melhores deles é a edição de 2008 da Freytag & Berndt *Praha a Okolí* (Praga e arredores; 1:75.000), que custa cerca de 149Kč. Outra boa escolha para a parte noroeste da cidade é *Z prahy na kole, Severozapad* (Por Praga de bicicleta, Noroeste; 1:65.000) por cerca de 75Kč. Leve água e protetor solar, e tome cuidado com os carros. Os motoristas tchecos são furiosamente anticiclistas.

Há vários sites úteis:

Cyklojizdy (www.cyklojizdy.cz) Basicamente em tcheco, com um sumário em inglês – organiza duas vezes por ano (primavera e outono) o passeio Massa Crítica para despertar a consciência ciclística.

Grant's Prague Bike Blog (http://praguebikeblog.blogspot.com) As explorações de um expatriado americano, com ótimas ideias de passeios, mapas e fotos.

Greenways (www.pragueviennagreenways.org) Detalhes de uma ciclovia de 400 km ligando Praga a Viena.

Prefeitura de Praga (http://doprava.praha-mesto.cz) O portal do transporte público da cidade com uma bela seção sobre ciclovias e regras para ciclistas.

Aluguel

City Bike (Mapa p. 90; ☎ 776 180 284; www.citybikeprague.com; Královdvorská 5, Staré Město; 4/8 horas 400/500 Kč; ☼ 9-19 h abr-out; Ⓜ Náměstí Republiky) O aluguel inclui capacete, cadeado e mapa; mountain bikes de boa qualidade disponíveis por 700Kč por 24 horas. Passeios de bicicleta guiados a partir de 540 Kč.

Praha Bike (Mapa p. 90; ☎ 732 388 880; www.prahabike.cz; Dlouhá 24, Staré Město; 4/8 horas 360/500Kč; ☼ 9-20 h; 🚊 5, 8, 14) Aluga bicicletas boas e novas com cadeado, capacete e mapa, além de guardar sua bagagem de graça. Oferece desconto para estudantes e passeios em grupo (veja também pp. 260-1).

GOLFE

A República Tcheca é uma das pérolas ainda não descobertas do golfe europeu, com campos de qualidade surgindo por toda parte – o país passou de três campos de dezoito buracos em 1990 para não menos do que setenta em 2008. Há uns poucos campos de nove buracos dentro dos limites da cidade, mas o campo com padrão de campeonato mais próximo fica em Karlštejn. Veja mais informações em www.czechgolfguide.com.

GOLF CLUB PRAHA Mapa p. 58

☎ 257 216 584; www.gcp.cz; Plzeňská 401/2, Motol; taxa (nove buracos) seg-sex 490-600Kč, sáb, dom e feriados 750Kč; ☼ 7 h-até escurecer; 🚊 7, 9, 10

Os pernas-de-pau vão ficar contentes em saber que Praga tem um campo de nove buracos, com áreas de treino de *drive* e *putting*, atrás do Hotel Golf, nos subúrbios a oeste; você pode alugar um conjunto de tacos por 500 Kč. Pegue o tram 7, 9 ou 10 rumo oeste até a parada Hotel Golf e siga a trilha que cruza o campo até a sede do clube.

GOLF & COUNTRY CLUB fora do mapa p. 58

☎ 244 460 435; www.hodkovicky.cz; Moldavanů 982, Hodkovičky; taxa (nove buracos) seg-sex 600Kč, sáb e dom 800Kč, cancha 100Kč por cinquenta bolas; ☼ campo 8-19 h, cancha 7-21 h; 🚊 3, 17, 21

Longe, no extremo sul da cidade, esse lugar oferece um campo de nove buracos, uma cancha e *greens* para *putting*. Tome o tram 3, 17 ou 21 rumo sul até a parada Černý kůň e ande na direção do rio pela V Náklích por cem metros (siga as placas do albergue Boathouse), daí vire a primeira à direita depois de passar por baixo da ponte ferroviária.

CAMPO DE GOLFE DE KARLŠTEJN

☎ 311 604 999; www.karlstejn-golf.cz; Běleč 272, Líteň; taxa seg-sex 2000Kč, sáb, dom e feriados 3000Kč; ⊗ 7-21 h mai-ago, 8-19 h set, 8-18 h abr e out

A mais próxima instalação com dezoito buracos é este prestigiado campo de campeonato com vista para o Castelo Karlštejn (p. 234), a sudoeste da cidade. São quatro quilômetros até a vila de Karlštejn, no lado sul do rio Berounka.

CORRIDA

A Maratona Internacional de Praga (Pražský mezinárodní maraton; ☎ 224 919 209; www.praguemarathon.com; Záhořanského 3, 120 00 Praha 2), iniciada em 1989, ocorre todo ano da metade para o fim de maio. É considerada uma das dez melhores maratonas do mundo e atraiu 4.919 participantes em 2009. Há também uma meia maratona, no fim de março. Se quiser competir, inscreva-se online ou obtenha formulários pelo site. A taxa de inscrição é de € 55 a € 100, dependendo da antecedência com que você se inscreve.

PATINAÇÃO

Sendo o hóquei no gelo possivelmente o esporte mais popular do país, é evidente que os tchecos são loucos por patinação. No inverno, quando o termômetro cai abaixo de zero, partes dos parques são molhadas e transformadas em rinques improvisados. No verão, os patins de gelo são trocados por patins in-line e chega o hóquei de rua, enquanto as trilhas dos parques e as ciclovias ao longo do rio são tomadas por famílias de patinadores.

PŮJČOVNA BRUSLÍ MIAMI Mapa p. 136

Aluguel de Patins Miami; ☎ 731 281 571; Nad Štolou 1, Holešovice; aluguel 80Kč por hora mais depósito; ⊗ 9-21 h mai-set, 12-21 h out, 14-20 h abr; ▣ 1, 8, 15, 25, 26

Um ótimo jeito de passar um dia de verão: alugue patins in-line nesse lugar (o pessoal fala um pouco de inglês), perto do Museu Técnico Nacional, e saia explorando as extensas trilhas de patinação nos Jardins de Letná, antes de tomar uma gelada na cervejaria de Letná (veja Letenský zámeček; p. 191).

ESTÁDIO DE ŠTVANICE Mapa p. 136

Zimní stadion Štvanice; ☎ 233 378 327; Ostrov Štvanice 1125, Holešovice; inteira/menores de 7 anos 80/20Kč; ⊗ patinação pública 10-12 h e 15 h-17h30 seg-sex (e algumas noites), 9-12 h e 14-17 h sáb dom; ▣ 3, 26

É o mais antigo estádio de hóquei da Europa Central – a primeira partida da Tchecoslováquia no gelo artificial foi ali, em 1931. Oferece patinação e sedia partidas de hóquei durante a temporada. Aluguel de patins custa 160Kč o par, mais depósito. Localizado na ilha Štvanice (Ilha da Caça; entrada pelo lado de Nové Město).

NATAÇÃO

DIVOKÁ ŠÁRKA Mapa p. 58

Evropská; ▣ 20, 26

Os verões em Praga podem ser quentes, e em muitos fins de semana os moradores fogem do calor nadando ao ar livre em Divoká Šárka (veja também p. 134). Há um grande lago com praia de areia e área gramada para tomar sol, além de lugar para vôlei e pingue-pongue (entrada 70Kč). Mais à frente no vale há uma piscina ao ar livre, alimentada por um riacho (entrada 50Kč); tanto o lago quanto a piscina podem estar bem gelados, mesmo no alto verão.

PISCINA PODOLÍ Mapa p. 58

Plavecký stadión Podolí; ☎ 241 433 952; Podolská 74, Podolí; entrada por 1 h e 30 min/3 horas 80/125Kč, crianças com menos de 13 pagam metade; ⊗ 6 h-21h45; ▣ 3, 16, 17, 21

Há mais oportunidades de nadar e se bronzear nesse enorme complexo aquático com piscinas olímpicas cobertas e ao ar livre, e muito espaço para tomar sol (é melhor levar sandálias pois os chuveiros são cavernosos). Para chegar, tome o tram até a parada Kublov; dali, são mais cinco minutos de caminhada rumo ao sul.

ESPORTES P/ ASSISTIR

As TVs de tela plana penduradas em toda parte nas paredes dos bares e as bancas de revista lotadas de exemplares de esporte entregam o jogo: os tchecos são loucos por esportes. De futebol a hóquei, quase não há fim de semana sem espetáculo esportivo, que será em seguida matéria de muito debate – no bar, é claro.

FUTEBOL

O futebol é uma paixão nacional na República Tcheca. A seleção vai bem em competições internacionais, tendo vencido o Campeonato

Europeu de 1976 (como Tchecoslováquia), e chegado à final em 1996 e à semifinal em 2004. Infelizmente, caiu na primeira fase da Copa do Mundo de 2006, na Alemanha. Reergueu--se para ficar na sexta posição do ranking da FIFA, antes da Euro 2008, o que pareceu pouco animador quando não chegou às quartas de final, e, depois, não se classificou para a Copa de 2010. Partidas internacionais em casa são disputadas no estádio Eden (também chamado Synot Tip Aréna), de 21 mil lugares, do Slavia Praha, no leste de Praga, inaugurado em maio de 2008.

Os dois grandes times de Praga, SK Slavia Praha e AC Sparta Praha, são importantes na liga nacional de *fotbal*. Dois outros times de Praga – FC Bohemians (Mapa p. 58; ☎ 271 721 459; www.bohemians1905.cz; Vršovická 31, Vinohrady; 4, 22) e FK Viktoria Žižkov (Mapa p. 130; ☎ 221 423 427; www.fkvz.cz; Seifertova, Žižkov; 5, 9, 26) – têm torcidas fervorosas. A temporada vai de agosto a dezembro e de janeiro a junho, e a maioria das partidas é jogada às quartas, aos sábados e aos domingos à tarde.

GENERALI ARÉNA (ESTÁDIO DO SPARTA) Mapa p. 136

☎ 296 111 400; www.sparta.cz; Milady Horákové 98, Bubeneč; ingressos para partidas 100-360Kč; bilheteria 9-12 h seg-sex e 13 h-17h30 seg-qui, às 16 h sex; 1, 8, 15, 25, 26

A Generali Aréna, com capacidade para mais de 20 mil espectadores sentados, é a casa do Sparta Praha – campeão tcheco em 2001, 2003, 2005 e 2007, e da Copa Tcheca em 2004, 2006 e 2007. O clube foi fundado em 1893. A temporada vai do meio do verão até a primavera seguinte, com ingressos à venda na bilheteria (entrada nº 1) durante a semana ou pouco antes das partidas. Os patrocinadores do estádio mudam todo ano, assim, faça como os locais e chame-o apenas de "estádio do Sparta".

SYNOT TIP ARÉNA (SK SLAVIA OU ESTÁDIO "EDEN") Mapa p. 125

☎ 731 126 104; www.slavia.cz; www.synottiparena.cz; Vladivostocká, Vršovice; ingressos para partidas 150-400Kč; 6, 7, 22, 24

Este estádio é a casa do SK Slavia Praha, fundado em 1892 – um dos clubes esportivos mais antigos da Europa Continental e membro honorário da Football Association, da Inglaterra. Campeão da Copa Tcheca em 1997, 1999 e 2002, o Slavia tem um recorde incomum – o desenho da característica faixa vermelha e branca não muda desde 1896. Compre ingressos online ou na bilheteria do estádio antes das partidas.

HÓQUEI NO GELO

Difícil dizer com certeza se os apaixonados pelo esporte de Praga preferem o futebol ou o hóquei, mas pode-se arriscar que seja o segundo. A seleção tcheca de hóquei foi brava na última década, tendo vencido o Campeonato Mundial por três anos seguidos (1999 a 2001) e conquistado o título novamente em 2005 e 2010; ela ainda chegou à final em 2006, mas perdeu para a Suécia e ganhou medalha de ouro na Olimpíada de 1998 ao derrotar os poderosos russos na final.

Os dois grandes times de hóquei de Praga são o HC Sparta Praha e HC Slavia Praha. Ambos competem na liga nacional de catorze times. Jovens jogadores promissores sempre são atraídos pela possibilidade de ganhar muito dinheiro no exterior, principalmente na Liga Nacional de Hóquei dos Estados Unidos, onde atua um contingente razoável de tchecos.

O Sparta joga no enorme, ligeiramente estragado, Tesla Aréna (antes T-Mobile Aréna ou Sportovní hala) no parque de exposições de Výstaviště em Holešovice, e o Slavia Praha na Arena O2 (antes conhecida como Sazka Aréna); os jogos são rápidos e furiosos, e o clima pode ser eletrizante – vale a pena o esforço para ver uma partida. A temporada vai de setembro ao começo de abril.

ARENA O2 (SAZKA ARÉNA) Mapa p. 58

☎ 266 212 111; www.sazkaarena.com, www.hc-slavia.cz; Ocelářská 2, Vysočany; ingressos on-line em www.sazkaticket.cz; ingressos para partidas 220-300Kč; M Českomoravská

A Arena O2 é o maior local para eventos variados de Praga e é a casa do HC Slavia Praha, campeão da Extraliga Tcheca de 2008. Pode acomodar mais de 18 mil espectadores em eventos esportivos, shows de rock e outros, além de jogos de hóquei.

TESLA ARÉNA (SPORTOVNÍ HALA)
Mapa p. 136

☎ 266 727 443; www.hcsparta.cz; Za Elektrámou 419, Výstaviště, Holešovice; ingressos on-line em www.sazkaticket.cz ou www.ticketportal.cz; 5, 12, 14, 15, 17

Você pode ver o HC Sparta Praha – campeão da Extraliga Tcheca em 2006 e 2007 – jogar para a lotação de 13 mil espectadores do

Tesla Aréna ao lado do parque de exposições em Holešovice. Compre ingressos on-line ou na bilheteria do estádio antes das partidas.

TÊNIS

O tênis é outro esporte em que os tchecos já brilharam, tendo produzido jogadores de categoria internacional como Jan Kodeš, Ivan Lendl, Petr Korda, Hana Mandlikova, Jana Novotna, Cyril Suk e o astro em ascensão Tomáš Berdych. Além, é claro, da provavelmente melhor jogadora de tênis da história, Martina Navratilova.

No verão, as 8 mil cadeiras do Clube Tcheco de Tênis na Grama na ilha Štvanice normalmente sediam o Aberto de Praga (www.pragueopen.cz), competição da WTA estabelecida nos anos 1990 com o intuito de atrair tenistas internacionais para a capital tcheca (atente para o fato de o campeonato não se realizar todo ano).

CLUBE TCHECO DE TÊNIS NA GRAMA
Mapa p. 136

Český Lawn-Tennis Klub; ☎ 222 316 317; www.cltk.cz; Ostrov Štvanice 38, Holešovice; ingressos para partidas 100-150 Kč; 🚋 3, 26

Fundado em 1893, é o mais antigo e mais prestigioso clube de tênis do país (apesar do nome, todas as quadras são de saibro!) e foi onde Ivan Lendl e Martina Navratilova aprenderam seu ofício.

CORRIDA DE CAVALO
HIPÓDROMO DE PRAGA fora do mapa p. 58

Velká Chuchle závodiště Praha; ☎ 242 447 032; www.velka-chuchle.cz; Radotínská 69, Velká Chuchle; inteira/menor de 18 120Kč/grátis; 🚌 129, 172, 243, 244, 255

Se você se liga em cavalos, dê uma olhada na cena *dostihy* (corrida de cavalo) nesse hipódromo no extremo sul da cidade. Há páreos todo domingo de abril a outubro – veja mais informações e o calendário completo de páreos no site. Há ônibus para o hipódromo na estação de metrô de Smíchovské Nádraží.

ONDE DORMIR

o melhor

- Hotel Absolutum (p. 227)
- Angelo Hotel (p. 230)
- Castle Steps (p. 219)
- Czech Inn (p. 225)
- Hotel Aria (p. 218)
- Hotel Josef (p. 221)
- Hotel Golden Well (p. 219)
- Icon Hotel (p. 222)
- Mandarin Oriental (p. 218)

ONDE DORMIR

Uma manchete de 2007 do jornal *Mlada Fronta Dnes* disse tudo – "Mais hotéis do que ruas". Segundo a reportagem, existiam 286 ruas com nomes no distrito postal Praga 1 (o centro da cidade, incluindo a Staré Město e Malá Strana) e nada menos do que 320 hotéis; no fim de 2009, eram mais de seiscentos hotéis na região central de Praga.

Praga oferece uma ampla variedade de opções de acomodação, de hotéis românticos e aconchegantes instalados em construções históricas a hotéis luxuosos de redes internacionais, e de pensões e hostels econômicos a uma nova geração de hotéis butique superestilosos.

Houve uma alta na construção de hotéis de 2000 a 2009, especialmente no setor quatro e cinco estrelas. O Hotel Josef abriu caminho para os hotéis butique em 2002, embora tenham sido necessários alguns anos para o conceito de hotel design realmente decolar em Praga, com uma onda de lugares novos que abriram a partir de 2005, notadamente o Yasmin e o Icon.

Hotéis cinco estrelas também pipocaram por todo lado – do Four Season da Staré Město, que já existe há algum tempo, e ao Mandarin Oriental em Malá Strana, mais novo, juntaram-se, em 2009, nada menos do que dez hotéis de luxo, incluindo opções das redes Kempinksi, Rocco Forte e Le Méridien.

A recessão, no entanto, atingiu os hotéis de Praga com força, e o excesso de oferta na faixa superior do mercado resultou na queda das taxas de ocupação. Muitos lugares baixaram os preços na tentativa de atrair movimento e, quando este guia estava sendo produzido, a cidade foi novamente considerada um destino econômico, o preço médio da acomodação para viajantes caiu 38% em 2009. Vale a pena dar uma pesquisada para procurar ofertas nos sites dos hotéis.

Um número cada vez maior de hotéis de Praga oferece infraestrutura e quartos especialmente adaptados para cadeirantes; ressaltamos essas instalações nas informações individuais. Outro detalhe a se observar é que, embora seja proibido fumar em lugares públicos, os hotéis não se enquadram nessa lei, e muitos ainda recebem fumantes; as resenhas a seguir incluem um símbolo não fumante se houver quartos desse tipo à disposição. Ar-condicionado é padrão em hotéis intermediários e de luxo, mas não nos econômicos.

A relação dos meios de hospedagem deste guia está dividida primeiro por bairro e depois por orçamento, do mais caro para o mais barato.

ALUGUÉIS PARA PERÍODOS MAIS LONGOS

Cada vez mais viajantes estão descobrindo os prazeres de alugar um apartamento em Praga, e cada vez mais os grupos hoteleiros estão oferecendo "apart-hotéis", um conjunto de apartamentos com serviços e recepção iguais aos de um hotel. O preço da estadia curta em um flat é semelhante ao de um quarto em um hotel intermediário e proporciona menor gasto com transporte, acesso a comida local barata e mais liberdade para fazer o que bem entender.

Muitas agências de Praga podem encontrar um flat para você (veja o quadro na p. 218). Os preços normais para um apartamento moderno para duas pessoas com quarto/sala, banheiro, TV e cozinha compacta varia de cerca de 1800Kč por noite em um bairro mais afastado, a cerca de 3000Kč ou 4000Kč num flat perto da praça da Cidade Velha; estadias mais longas podem fazer os preços caírem para até 20 mil Kč por um mês em um flat para duas pessoas em Žižkov. Todos os apartamentos para aluguel de curto prazo têm mobília e serviços, o que significa que despesas (gás, água e eletricidade) e roupa de cama estão incluídas no preço, e que alguém vai fazer limpeza e trocar as camas pelo menos uma vez por semana.

A seção de imóveis do jornal semanal Prague Post (www.praguepost.com) também tem anúncios de agências e proprietários particulares com apartamentos para alugar por mês.

GUIA DE PREÇOS

As categorias usadas neste capítulo indicam o preço por noite de um quarto de casal padrão na alta estação.

€€€	acima de 4000Kč (acima de € 160)
€€	2000Kč a 4000Kč (€ 80 a € 160)
€	menos de 2000Kč (menos de € 80)

RESERVAS

Reservar hospedagem com antecedência é altamente recomendável (especialmente se você quiser ficar no centro ou perto), e existem dezenas de agências que ajudam a encontrar lugares para ficar; algumas melhores do que outras. Os lugares citados no quadro (p. 218) são confiáveis e, mesmo se você aparecer em períodos de pico sem reserva, provavelmente vão conseguir uma cama para você.

Os hotéis têm por norma solicitar o check-out entre 10 h e 12 h. Quanto ao horário de check-in, não existem regras imutáveis, mas convém avisar no ato da reserva se for chegar tarde da noite.

PREÇOS

Um quarto de casal em um hotel intermediário central em Praga vai custar cerca de 4000Kč (€ 160) na alta estação; fora do centro, isso pode cair para 3000Kč, mas muitas vezes é possível conseguir um por 250Kč ou menos em uma oferta especial. Em hotéis superiores, o preço é de 4000Kč para cima, os mais luxuosos custam 6000Kč ou mais. As opções econômicas presentes neste capítulo cobram menos de 2000Kč por um quarto de casal.

Observe que alguns hotéis intermediários e de luxo fornecem valores em euros, e alguns em dólares. Nesses hotéis, você pode pagar em coroas tchecas se quiser, mas o preço vai depender da taxa de câmbio do dia em que a conta é fechada.

Os valores informados neste capítulo são para a alta estação, que geralmente cobre de abril a junho, setembro e outubro e o período de Natal e Ano-Novo. Julho e agosto são meia estação, o restante do ano é baixa estação, e os valores podem cair 30% ou 40%.

Mesmo os valores de alta estação podem ser até 15% mais altos em certas datas, especialmente Ano-Novo, Páscoa, durante o Festival Primavera de Praga e nos fins de semana (quinta a domingo) de maio, junho e setembro. Por outro lado, muitas vezes você vai deparar com valores muito mais baixos de janeiro a março; durante a pesquisa, encontramos quartos de casal excelentes em oferta por 1800Kč a 2600Kč.

A maioria dos valores para hostels, pensões e hotéis econômicos não inclui café da manhã; a maioria dos valores para hotéis intermediários e de luxo inclui.

HRADČANY

Hradčany é o lugar para quem está querendo sossego; pertinho do castelo, a caminhada é curta, e quando a multidão diminui no fim do dia, as ruas ficam quase desertas.

DOMUS HENRICI Mapa p. 70 Hotel €€€
☎ 220 511 369; www.domus-henrici.cz; Loretánská 11; s/c a partir de 3985/4370Kč; 🚊 22; 💻 📶

A construção histórica em uma parte tranquila de Hradčany tem a fachada propositalmente discreta, o que indica que sossego e privacidade são prioridades para quem se hospedar em um de seus oito quartos bonitos, grandes e confortáveis, metade deles com fax, scanner/copiadora particular e acesso a internet (via uma porta ethernet). O serviço é impecável, e há um atraente salão e um terraço com linda vista para a cidade. Internet grátis e wi-fi no lobby.

HOTEL U KRÁLE KARLA Mapa p. 70 Hotel €€
☎ 257 531 211; www.romantichotels.cz; Úvoz 4; s/c 3500/4000Kč; 🚊 12, 20, 22; 🅿

O "Rei Carlos" é um hotel romântico e aconchegante instalado em um lindo prédio gótico com um toque barroco. Os quartos circundam um lindo átrio central com teto de vitral. O ambiente tem um quê de conto de fadas, com mobília antiga e decoração pomposa – encantador, se isso for a sua praia. Apenas os banheiros, apesar de grandes, são bege e esquecíveis, mas há uma sauna para os hóspedes, e o restaurante tem serviço de quarto. O hotel, tanto quanto o Hotel Neruda (p. 219), está só a alguns minutos a pé do portão principal.

ROMANTIK HOTEL U RAKA
Mapa p. 70   Hotel €€
☎ 220 511 100; www.romantikhotel-uraka.cz; Černínská 10; s/c a partir de 2500/3750Kč; 🚊 22

Escondido em um jardim de pedra bem cuidado, em uma parte sossegada de Hradčany, o histórico Hotel U Raka é um chalé de madeira do fim do século XVIII com apenas seis elegantes quartos de casal confortáveis, pessoal atencioso, decoração artística e salão de café da manhã estilo fazenda. É ideal para uma escapada romântica e fica a menos de dez minutos a pé do castelo. Reserve com alguns meses de antecedência.

AGÊNCIAS PARA HOSPEDAGEM

- **Alfa Tourist Service** (mapa p. 108; ☎ 224 230 037; www.alfatourist.cz; Opletalova 38, Nové Město; ⌚ 9-17 h seg-sex) Providencia hospedagem em hostels de estudantes, pensões, hotéis e quartos particulares.
- **AVE Travel** (☎ 251 551 011; www.praguehotellocator.com) Call-center 24 horas e agência de hospedagem on-line que oferece hotéis e apartamentos diversos.
- **Happy House Rentals** (mapa p. 110; ☎ 224 946 890; www.happyhouserentals.com; Jungmannova 30, Nové Město; ⌚ 9-17 h seg-sex) Especializada em apartamentos para alugar, tanto para estadias curtas como longas.
- **Hostel.cz** (☎ 415 658 580; www.hostel.cz) Site com banco de dados de hostels e hotéis econômicos, com um sistema seguro de reservas online.
- **Mary's Travel & Tourist Service** (mapa p. 125; ☎ 222 253 510, no Reino Unido 020 7558 8130; www.marys.cz; Italská 31, Vinohrady; ⌚ 9-21 h) Agência atenciosa e eficiente que oferece quartos particulares, hostels, pensões, apartamentos e hotéis de todos os preços em Praga e nos arredores.
- **Prague Apartments** (☎ 604 168 756; www.prague-apartment.com) Site que oferece uma variedade de apartamentos confortáveis decorados com mobília IKEA. A disponibilidade dos apartamentos é informada on-line.
- **Stop City** (mapa p. 125; ☎ 222 521 233; www.stopcity.com; Vinohradská 24, Vinohrady; ⌚ 10-20 h) Especializada em apartamentos, quartos particulares e pensões no centro da cidade e nas regiões de Vinohrady e Žižkov.
- **Travel.cz** (mapa p. 90; ☎ 224 990 990; www.travel.cz; Divadelní 24, Staré Město; ⌚ 8-20 h) Antiga no ramo de apartamentos para férias perto do centro da cidade.

HOTEL MONASTERY Mapa p. 70　　Hotel €€
☎ 233 090 200; www.hotelmonastery.cz; Strahovské nádvoří 13; s/c 2475/2900 Kč; 🛏 22; P 🖳 🛜 ♿

O antigo e o moderno convivem nesse pequeno hotel no tranquilo e silencioso pátio mosteiro de Strahov, a apenas cinco minutos a pé do castelo. Os doze quartos dessa construção do século XVII, diferentes em seus formatos, receberam um trato no estilo *clean* da IKEA, no ambiente e na decoração (dois quartos são acessíveis a cadeira de rodas).

MALÁ STRANA

Muitas das charmosas construções renascentistas e barrocas de Malá Strana foram convertidas em hotéis e apartamentos, tornando o bairro perfeito para quem busca uma atmosfera romântica. E ainda vai poder ir até a Ponte Carlos a pé, e estar rodeado por muitos bares e restaurantes bons.

HOTEL ARIA Mapa p. 78　　Hotel butique €€€
☎ 225 334 111; www.ariahotel.net; Tržiště 9; c a partir de 8100Kč; 🛏 12, 20, 22; P 🖳 🛜

O Aria oferece luxo cinco estrelas com temática musical – cada um dos quatro andares é dedicado a um gênero (jazz, ópera, clássico e contemporâneo), cada quarto homenageia um artista ou músico específico e disponibiliza em seu espaço uma seleção de suas músicas pelo sistema hi-fi. O serviço é profissional e eficiente, e os quartos são equipados com tudo de primeira, incluindo alguns mimos. Outras comodidades são um acervo com música e filmes, sala de projeção, academia e sauna a vapor. Fica no centro, a alguns minutos a pé da Ponte Carlos, com uma parada importante de tram bem na esquina.

MANDARIN ORIENTAL
Mapa p. 78　　Hotel butique €€€
☎ 233 088 888; www.mandarinoriental.com/prague; Nebovidská 1; q a partir de 7000Kč; ste a partir de 16,850Kč; 🛏 12, 20, 22; 🖳 🛜

Um dos hotéis mais badalados de Praga, o Mandarin ocupa o prédio de um mosteiro dominicano do século XVII que foi reformado. O que mais dá o que falar – fora já ter recebido Madonna e o Dalai Lama, entre outros famosos – é o suntuoso spa do hotel, construído dentro de uma capela renascentista com os restos de uma igreja do século XIV preservados sob um piso de vidro, mas os quartos também são bastante especiais; os mais charmosos ficam ao redor dos jardins do antigo claustro. O design de interiores é do mesmo grupo que fez o Burj Al Arab em Dubai.

HOTEL GOLDEN WELL
Mapa p. 78   Hotel €€€

☎ 257 011 213; www.goldenwell.cz; U Zlaté Studně 4; c a partir de 6800Kč, st a partir de 18000Kč; Ⓜ Malostranská; 🖥

O Golden Well é um dos segredos de Malá Strana, escondido no final de uma rua de pedra sem saída – a casa renascentista já foi residência do Imperador Rodolfo II e do astrônomo Tycho Brahe e fica na encosta sul do morro do castelo – localização imbatível. Os quartos (cinco com duas camas, doze de casal e duas suítes de luxo) são tranquilos e espaçosos, com reproduções de mobília de época, banheiros com aquecimento sob o piso e banheiras de hidromassagem; muitos dão vista para os jardins do palácio, abaixo. O restaurante é excelente (veja Terasa U Zlaté Studně; p. 164), e um terraço com linda vista para a cidade.

HOTEL NERUDA
Mapa p. 78   Hotel butique €€

☎ 257 535 557; www.hotelneruda.cz; Nerudova 44; q a partir de 2950Kč; 🚌 12, 20, 22; 🖥 📶

Instalado em uma casa gótica de 1348 renovada com bom gosto e avançando para dentro de uma construção vizinha, o Neruda é moderno e tem estilo, decorado com elegância minimalista, ou seja, nada a ver com os hotéis "históricos" meio bregas tão comuns em Malá Strana. E tem um adorável átrio com teto de vidro que abriga o café do hotel, com um terraço no último andar para dias de sol. Os quartos confortáveis compartilham o estilo moderno da decoração e são na maioria de bom tamanho, exceto alguns do alto, meio apertados – peça um no primeiro ou no segundo andar. O pessoal é simpático e solícito, o café da manhã é excelente (e servido até 11 h).

HUNGER WALL RESIDENCE
Mapa p. 78   Apartamentos €€

☎ 257 404 040; www.hungerwall.eu; Plaská 8; ap a partir de 2650Kč; 🚌 6, 9, 12, 20; 📶

Um bem-vindo acréscimo às ofertas de hospedagem em Malá Strana, o Hunger Wall tem apartamentos modernos, claros e com estilo a preços bem razoáveis. Da recepção sorridente aos quartos impecavelmente limpos, a atmosfera é com certeza "nova Praga", com confortos que incluem café, sala de conferências e uma minúscula academia. Localizado na parte sul de Malá Strana, mais tranquila, a apenas dois pontos de bonde ao sul da Malostranské náměstí e da Ponte Carlos.

PENSION DIENTZENHOFER
Mapa p. 78   Pensão €€

☎ 257 311 319; www.dientzenhofer.cz; Nosticova 2; s/c 1900/2600Kč; 🚌 12, 20, 22

Ficando em um quarto dessa pensão confortável, você estabelece uma conexão com figuras famosas do passado – a adorável casa do século XVI pertenceu um dia à família Dientzenhofer, a dos arquitetos que projetaram muitos dos marcos barrocos mais famosos de Praga (veja na p. 48). Localizada em um parque tranquilo, mas a apenas cinco minutos a pé da Ponte Carlos, a casa tem sete quartos simples, mas confortáveis, e duas suítes que acomodam até cinco pessoas com ótimo custo benefício (3900Kč). O dono é simpático e atencioso, e pode até ir buscá-lo no aeroporto.

CASTLE STEPS
Mapa p. 78   Apartamentos €€

☎ 257 216 337; www.castlesteps.com; Nerudova 7; c 1430-2260Kč, ap para 2 pessoas 2830-4500Kč; 🚌 12, 20, 22; 🖥

O nome se aplica a uma série de quartos e apartamentos privados distribuídos por alguns prédios na Nerudova e um pouco mais para cima do morro na Úvoz. O serviço é descontraído, atencioso, GLS e decididamente informal – não espere porteiros nem serviço de quarto! (a propósito, nem elevadores.) Várias construções dos séculos XVI e XVII foram transformadas em apartamentos e suítes para duas a oito pessoas, e são bem baratas para essa ótima localização. Todos são bonitos, bem equipados e decorados com simplicidade e zelo. Há acesso à internet gratuito no escritório da recepção na Nerudova 7; toque a campainha marcada Castle Steps. (Na época da pesquisa a Castle Steps estava à venda, mas o negócio deve seguir nessa linha.)

CHARLES BRIDGE B&B
Mapa p. 78   Pensão €€

☎ 257 218 103; www.charlesbridgebb.com; Dražického náměstí 5; s/c 2200/2400Kč, ap 3200-3500Kč; 🚌 12, 20, 22; 🅿 🖥 📶

Localização, localização, localização – essas três palavrinhas tão importantes quando se trata de hospedagem. E é o que torna essa pequena pensão tão especial – mais perto da Ponte Carlos impossível. Os quartos não têm nada demais, com decoração simples alegrada com bom gosto por cortinas coloridas, flores secas e um ou outro quadro; para famílias, há dois apartamentos equipados com cozinha; o estacionamento na área externa exige reserva antecipada.

DESIGN HOTEL SAX Mapa p. 78   Hotel €€
☎ 257 531 268; www.hotelsax.cz; Jánský vršek 3; q a partir de 2500 Kč; 🚋 12, 20, 22; 💻 📶
Localizado em uma parte tranquila de Malá Strana, entre embaixadas e jardins de mosteiros, o Sax é realmente inovador. É uma construção do século XVII do lado de fora, mas o interior foi remodelado com mobília e design dos anos 1950, 1960 e 1970; com um átrio vistoso coberto de vidro no antigo pátio, decoração retrô marcante e colorida, quartos estilosos e despojados e serviço impecável. Os preços são bem razoáveis considerando a localização central e sossegada – a menos de dez minutos a pé do portão principal do castelo.

STARÉ MĚSTO

A Staré Město tem uma ampla variedade de opções de hospedagem, de albergues para mochileiros a alguns dos hotéis mais luxuosos da cidade e tudo o que existe entre os dois. Muitas pensões e hotéis intermediários estão espremidos dentro de velhos prédios históricos sem espaço para elevadores – prepare-se para o sobe e desce das escadas.

RESIDENCE KAROLINA
Mapa p. 90   Apartamentos €€€
☎ 224 990 990; www.residence-karolina.com; Karoliny Světlé 4; ap 2/4 pessoas 4050/6250Kč; 🚋 6, 9, 19, 21, 22; 💻 📶
Precisamos inventar uma nova categoria de hospedagem – apartamentos butique – para classificar esses vinte apartamentos superequipados. Há opções com um ou dois quartos, todos com salas de estar espaçosas, sofás confortáveis e TVs modernas, cozinha e ambiente para refeições modernos e sofisticados. A localização também é boa, em uma rua sossegada, mas perto de uma estação de tram importante, em frente do Teatro Nacional, e a apenas duas quadras do supermercado Tesco para comprar a sua comida. Serviço diário de arrumação, elevador e banda larga a cabo ou wi-fi em todos os apartamentos.

HOTEL SAVIC Mapa p. 90   Hotel €€€
☎ 224 248 555; www.savic.eu; Jilská 7; s/c 3875/4395Kč; Ⓜ Národní Třída; ⊠ 💻 📶
A julgar pela taça de vinho de cortesia quando você chega às confortáveis camas king size, o Savic certamente sabe como receber. Instalado no ex-mosteiro de Santo Egídio, o hotel exala personalidade e está cheio de deliciosos detalhes de época, como antigas lareiras de pedra, o lindo teto de madeira pintada e fragmentos de afrescos. Os quartos são mobiliados no estilo antigo, e os banheiros são forrados de mármore polido. E fica a menos de dois minutos a pé do Relógio Astronômico na praça da Cidade Velha.

GRAND HOTEL PRAHA
Mapa p. 90   Apartamentos €€
☎ 221 632 556; www.grandhotelpraha.cz; Staroměstské náměstí 22-25; s/c a partir de 3350/3650Kč, ap a partir de 8800Kč; Ⓜ Staroměstská; 💻 📶
Três lindas construções barrocas na praça da Cidade Velha foram transformadas em um hotel de luxo com quartos grandes e bem equipados, decorados com mobília pesada e tapetes antigos, quadros, chão de madeira e candelabros. Os quartos mais luxuosos ficam na "Residência Apostólica" no número 25, que também tem um apartamento magnífico no sótão (para quatro pessoas). O atrativo exclusivo, porém, é a localização – dá para ver o Relógio Astronômico da sua janela. Você vai pagar mais por um quarto com vista para a praça da Cidade Velha, mas, para esse nível de qualidade, ainda vale a pena se comparado a muitos outros bons hotéis da cidade.

HOTEL U MEDVÍDKŮ
Mapa p. 90   Pensão €€
☎ 224 211 916; www.umedvidku.cz; Na Perštýně 7; s/c/t 2300/3500/4500Kč; Ⓜ Národní Třída; 💻 📶
Aconchegante e central, o "Do Pequeno Urso" é uma cervejaria tradicional (veja o quadro na p. 183) na extremidade sul, a uns dez minutos a pé da praça da Cidade Velha. Os quartos têm piso de madeira lustrada, mobília de madeira escura e banheiros de bom tamanho (e água com boa pressão nos chuveiros); há quartos do primeiro andar com teto de madeira pintada renascentista, e alguns são quase do tamanho de

uma suíte (os quartos "históricos", que têm alguma personalidade, são cerca de 10% mais caros que os comuns, com menos clima, mas de tamanho semelhante). Para uma extravagância romântica, pegue um dos quartos do sótão – o nº 33 é o melhor, espaçoso e diferenciado; tem cama grande de pinho e imensas vigas de madeira do telhado à vista.

HOTEL JOSEF Mapa p. 90   Hotel butique €€
☎ 221 700 111; www.hoteljosef.com; Rybná 20; q a partir de 3350Kč; Ⓜ Náměstí Republiky; Ⓟ ✕ 🖳 🛜 ♿

Projetado pela arquiteta tcheca Eva Jiřičná, que vive em Londres, o Josef é um dos hotéis contemporâneos com mais classe de Praga. Logo que você passa pela porta e entra no rigoroso lobby minimalista branco, com uma escada de vidro em espiral, fica com a impressão de que ele foi projetado para impactar, parecer ultramoderno e cheio de estilo. Mas é tudo de bom gosto, e o pessoal é receptivo e atencioso. O design minimalista se estende aos quartos, onde tudo é *clean* e simples, incluindo roupa de cama e mobília. As suítes com paredes de vidro são especialmente bonitas, têm chuveiros extragrandes e pias de vidro modernas. Há dois quartos acessíveis para cadeira de rodas, um bar bacana e um *business lounge*.

HOTEL ANTIK Mapa p. 90   Hotel €€
☎ 222 322 288; www.hotelantik.cz; Dlouhá 22; s/c 2590/2990Kč; Ⓜ Náměstí Republiky; 🖳 🛜

Apesar de o nome sugerir antigo, uma recente reformulação deixou esse hotel com uma atmosfera moderna, *clean*, amenizada aqui e ali por alguma viga exposta e pela disposição idiossincrática dos quartos. Mas a localização é ideal, bem no coração da Cidade Velha e perto de muitos bares e restaurantes bons. Os quartos aconchegantes foram totalmente modernizados e são muito confortáveis, mas sem muita personalidade – peça um quarto virado para o pátio para evitar algum possível barulho da rua. O café da manhã é servido no adorável pátio-átrio nos fundos.

PERLA HOTEL Mapa p. 90   Hotel butique €€
☎ 221 667 707; www.perlahotel.cz; Perlová 1; s/c a partir de 2350/2950Kč; Ⓜ Můstek; ♿

O "Pérola", na rua de mesmo nome, é um típico exemplar dos hotéis de design insinuantes e atraentes que pipocam pela cidade. Nesse, o designer escolheu – surpresa – o motivo pérola, reproduzido em detalhes da construção e decoração de seus ambientes. Os quartos são mais para o pequeno, mas elegantes e modernos. O prédio inteiro é acessível para cadeira de rodas, e um quarto foi especialmente projetado para cadeirantes.

U ZELENÉHO VĚNCE
Mapa p. 90   Pensão €€
☎ 222 220 178; www.uzv.cz; Řetězová 10; s/c/t 1700/2200/2800Kč; Ⓜ Staroměstká; 🖳 🛜

Localizado em uma rua lateral tranquila, mas a poucos minutos a pé da praça da Cidade Velha, o "Guirlanda Verde" é um refúgio surpreendentemente pacato e rústico, bem no coração da cidade. Instalado em uma construção restaurada do século XIV, o nome vem do símbolo acima da porta. O tamanho dos quartos varia – alguns são apertados, outros até espaçosos –, mas todos são impecavelmente limpos, com decoração simples, mas charmosa (com vigas medievais expostas no telhado dos quartos do sótão), e o dono, que fala inglês, é supergentil e disponível.

OLD PRAGUE HOSTEL
Mapa p. 90   Hostel €
☎ 224 829 058; www.oldpraguehostel.com; Benediktská 2; dc a partir de 375Kč; s/c 1000/1200 Kč; Ⓜ Náměstí Republiky; ✕ 🖳 🛜

Animado e receptivo, com murais artesanais coloridos alegrando as paredes, esse é um dos albergues mais charmosos e sociáveis de Praga, com uma boa mistura, de mochileiros a famílias. As instalações são boas, com armários com chave nos dormitórios, café da manhã incluído e quartos para não fumantes, mas os colchões dos beliches são um pouco finos. O pessoal é atencioso (a recepção é 24 horas), e a localização não poderia ser mais central, a apenas cinco minutos a pé da praça da Cidade Velha e a dois minutos do tram e do metrô. Há dois computadores com livre acesso à internet e wi-fi em todo o hostel (mas o sinal é um pouco instável).

NOVÉ MĚSTO E VYŠEHRAD

Apesar de existir um ou outro grande hotel de luxo antigo, as acomodações na Nové Město são em sua maioria em hotéis modernos de redes e estabelecimentos dos anos 1930 renovados. A falta de atmosfera histórica e de apelo romântico é compensada por espaço e conforto. Os hotéis da praça Venceslau ficam bem no meio do agito, mas também é possível achar recantos tranquilos, especialmente na parte sul da Nové Město (praça Carlos e arredores).

HOTEL YASMIN

Mapa p. 110   Hotel butique €€€

☎ 234 100 100; www.hotel-yasmin.cz; Politických Vězňů 12, Nové Město; q a partir de 6500Kč; Ⓜ Můstek; Ⓟ ✕ 🖥 📶

Esse hotel de design, a um quarteirão da praça Venceslau, tem quartos espaçosos e é ultramoderno no estilo – uma mistura de espacial e orgânico, com elementos florais, cromados e pretos presentes em diversos ambientes. É proibido fumar em todo o hotel.

HOTEL RADISSON BLU ALCRON

Mapa p. 110   Hotel €€€

☎ 222 820 000; www.radissonblu.com/hotel-prague; Štěpánská 40, Nové Město; q a partir de 3600Kč; Ⓜ Můstek; Ⓟ ✕ 🖥 📶 ♿

Localizado a alguns minutos a pé da praça Venceslau, o Radisson cinco estrelas é uma reencarnação moderna do Hotel Alcron dos anos 1930, por muito tempo o favorito de celebridades e diplomatas. Muitos elementos *art déco* originais em mármore e vidro foram preservados, inclusive o lindo restaurante La Rotonde, e os 206 quartos foram redecorados com muito mais bom gosto do que se vê em vários hotéis renovados de Praga, com móveis e complementos confortáveis, estampas retrô e banheiros chiques, além de oferecer comodidades como wi-fi grátis, videogames e frigobar. Há também quartos acessíveis para hóspedes cadeirantes.

SUITEHOME RESIDENCE

Mapa p. 110   Apart-hotel €€

☎ 222 230 833; www.suitehome.cz; Příčná 2, Nové Město; ste para 2 pessoas a partir de 3640Kč; Ⓜ Karlovo Náměstí; 🖥 📶

Uma mistura de apartamento e hotel, o lugar oferece o espaço e a comodidade de uma suíte com banheiro privativo e cozinha, mais serviço de hotel, como recepção 24 horas, serviço de arrumação diário e sala para café da manhã. É uma boa opção para famílias ou grupos de amigos, com suítes para até seis pessoas; os quartos são agradavelmente fora de moda, e alguns, nos andares mais altos, têm vista para o castelo. O elevador é meio pequeno, mas importante, já que o prédio tem cinco andares. Verifique os preços especiais no site.

ICON HOTEL Mapa p. 110   Hotel butique €€

☎ 221 634 100; www.iconhotel.eu; V Jámě 6, Nové Město; q a partir de 3380Kč; 🚋 3, 9, 14, 24; 🖥 📶

Funcionários de roupa Diesel, computadores Apple, camas Hästens – praticamente tudo no maravilhoso hotel butique tem uma marca de design. Presentes nas listas dos hotéis mais modernos da Europa, os sofisticados quartos minimalistas do Icon são avivados com o toque roxo-imperial das colchas sedosas, as reproduções das poltronas *art déco* curvilíneas são da Modernista (p. 153). Detalhes *high-tech* como estação para iPod, telefones Skype e cofres com sistema de impressão digital e, se os seus músculos doerem depois de um dia de turismo daqueles, o hotel tem ainda um dos melhores estúdios de massagem tailandesa de Praga.

HOTEL UNION Mapa p. 120   Hotel €€

☎ 261 214 812; www.hotelunion.cz; Ostrčilovo náměstí 4, Vyšehrad; s/c 2900/3300Kč; 🚋 7, 18, 24; 🖥 📶

Grande hotel de 1906, o Union foi nacionalizado pelos comunistas em 1958 e voltou para o neto do antigo dono em 1991. Ainda é administrado pela família, e os funcionários se orgulham de cuidar dos hóspedes como se deve. Renovado para ficar confortável, com alguns detalhes de época deixados intactos, o hotel fica no pé do morro, abaixo da fortaleza de Vyšehrad; a Ponte Carlos está a apenas dez minutos, pegando o tram 18. Os quartos são despojados, mas agradáveis, e as janelas duplas ajudam a isolar o barulho dos trams e da ferrovia próxima; peça um dos quartos deluxe de canto (4800Kč o de casal), que são imensos e têm janelas com vista para Vyšehrad ou ao longe para o Castelo de Praga.

HOTEL 16 U SV KATEŘINY
Mapa p. 108 Hotel €€

☎ 224 920 636; www.hotel16.cz; Kateřinská 16, Nové Město; s/c/t 2300/2600/3500Kč; Ⓜ Karlovo Náměstí; Ⓟ ✕ 🖵 📶

Perto do Jardim Botânico e a uns cinco minutos a pé da estação de metrô Karlovo Náměstí, o Hotel 16 administrado por uma família, é um local pequeno e simpático, com apenas catorze quartos, escondido em uma parte tranquila do centro da cidade em que é mais fácil ouvir passarinhos do que tráfego. O tamanho dos quartos varia, e a decoração é simples, mas bonita; os melhores, nos fundos, são voltados para um jardim sossegado. O bufê de café da manhã está incluído no preço, e o hotel tem elevador.

HOTEL U ŠUTERŮ Mapa p. 110 Hotel €€
☎ 224 948 235; www.accomprague.com; Palackého 4, Nové Město; s/c 1590/2390Kč; 🚋 3, 9, 14, 24 ou Ⓜ Můstek; 🖵 📶

A um quarteirão da praça Venceslau, esse pequeno hotel (dez quartos) em uma travessa é bastante central, mas longe do lado barulhento da região. Com piso de madeira lustrada e mobília simples de madeira, os quartos têm um certo charme rústico; vale a pena pagar um pequeno extra por um dos quartos de casal deluxe (2590Kč), com um pouco mais de personalidade. O café da manhã é servido no porão gótico, que funciona como um restaurante bom à noite.

MISS SOPHIE'S Mapa p. 110 Hostel €
☎ 296 303 530; www.miss-sophies.com; Melounova 3, Nové Město; dc 510Kč, s/c 1790/2090Kč, ap 2390Kč; Ⓜ IP Pavlova; ✕ 🖵 📶

O albergue, em um prédio reformado, na extremidade sul da Cidade Nova, é uma variação agradável do refúgio de mochileiros sem personalidade de sempre, com um toque de estilo contemporâneo e decoração bem minimalista. O lugar é famoso pelos banheiros de "designer", com divisórias de vidro autografadas e imensos chuveiros. O porão abriga um *lounge* superbacana, e a recepção (aberta 24 horas) fica por conta de uma galera jovem prestativa que fala muitas línguas.

HOSTEL U MELOUNU
Mapa p. 108 Hostel €

☎ 224 918 322; www.hostelumelounu.cz; Ke Karlovu 7, Nové Město; dc 350Kč, s/c 990/1100Kč; Ⓜ IP Pavlova; Ⓟ 🖵 📶

Um dos albergues mais bonitos da cidade, o "Na Melancia" fica em uma construção histórica em uma rua secundária calma, a uma curta caminhada dos restaurantes e bares de Vinohrady (são dez minutos a pé da estação de metrô IP Pavlova). Os quartos são todos no térreo e vão de dormitórios básicos a apartamentos independentes, que se espalham a partir de um grande jardim central, dando ao lugar um clima tranquilo de chalé. Os dormitórios, onde se hospedam de seis a dez pessoas em beliches, são os espaços básicos funcionais já esperados, mas são impecavelmente limpos e têm armários com chave, com o atrativo adicional daquele tranquilo jardim com churrasqueira, ideal para dias ensolarados.

VINOHRADY E VRŠOVICE

Vinohrady é um ótimo lugar para ficar. Não só é relativamente perto do centro, com boas conexões de metrô das estações Náměstí Míru e Jiřího z Poděbrad, como também abriga muitos lugares agradáveis para passear e para tomar uma cerveja ou comer algo. Um inconveniente é estacionar. Foram introduzidas restrições severas para parar o carro, deixando como única opção, na maioria dos casos, vagas pagas a uma boa distância do hotel. Vršovice é um pouco mais longe e não é tão bem servido de transporte. Mesmo assim, os preços são mais baixos e recentemente foram abertos alguns locais novos. O lado positivo é que parar na rua ainda é grátis em Vršovice, apesar de que, com as restrições para estacionar por toda a cidade, é preciso alguma sorte para achar uma vaga.

LE PALAIS HOTEL Mapa p. 125 Hotel €€€
☎ 234 634 111; www.palaishotel.cz; U Zvonařky 1, Vinohrady; s/c € 250/280, ste a partir de € 400; 🚋 6, 11; Ⓟ ✕ 🖵

O Le Palais fica em uma linda construção *belle époque* que data do fim do século XIX e foi um dia a casa do artista tcheco Luděk Marold (1865-98; o apartamento dele corresponde hoje aos quartos 407 a

412). Belamente restaurada, tem piso de mosaico original, lareiras de época, escadas de mármore, corrimões de ferro batido, afrescos, tetos pintados e delicado trabalho de gesso. Os quartos de luxo são decorados em tons quentes, e as várias suítes – algumas localizadas na torre do canto, algumas com um terraço voltado para a face sul – aproveitam ao máximo a sensacional localização do hotel, no topo de uma encosta, com vista da fortaleza de Vyšehrad. A uma curta distância a pé dos bares e restaurantes de Vinohrady e a uns quinze minutos a pé do alto da praça Venceslau.

HOTEL SIEBER Mapa p. 125 Hotel butique €€€
☎ 224 250 025; www.sieber.cz; Slezská 55, Vinohrady; s/c/ste 4480/4780/5480Kč; Ⓜ Jiřího z Poděbrad, 🚋 11; ✕ 🖥

Muito procurado por quem viaja a negócios, o Sieber é um pequeno hotel de luxo com treze quartos e sete suítes, instalado em um imponente prédio de apartamentos do século XIX. Decoração bacana e serviço atencioso são acompanhados por pequenos cuidados, como roupões de banho e flores frescas. O prédio é de 1889 e passou por uma restauração, recuperando a antiga glória depois de anos de negligência sob o regime comunista. Os quartos são decorados em tons neutros suaves (muita cor creme e madeira clara). O serviço é impecável, e os funcionários são gentis e bastante solícitos. O hotel também é GLS. Frequentemente há tarifas com desconto no site.

AMETYST Mapa p. 125 Hotel Butique €€€
☎ 222 921 921; www.hotelametyst.cz; Jana Masaryka 11, Vinohrady; s/c a partir de € 160/225; Ⓜ Náměstí Míru; 🅿 ✕ 🖥 📶

O elegante Ametyst fica no limite entre butique e hotel, os pontos de estilo na recepção (bonito piso retrô de pedra) e nos quartos (chão de madeira, abajures artísticos e TVs modernas) permitem colocá-lo mesmo na classificação butique. Todos os quartos têm ar-condicionado e wi-fi, e os banheiros têm banheiras e secadores. Há um gostoso bar e café no lobby e dezenas de lugares para relaxar a uma curta caminhada, em uma das partes mais agradáveis da arborizada região de Vinohrady. É pena que os preços subiram vertiginosamente nos últimos anos, mas o hotel sempre anuncia descontos no site.

HOTEL CHODSKÁ
Mapa p. 125 Hotel, pensão €€
☎ 224 251 460; www.hotelchodska.cz; Chodská 26, Vinohrady; s/c a partir de 1600/3000Kč; Ⓜ Náměstí Míru mais 🚋 10, 16; 🅿 ✕ 🖥 📶

Pequeno hotel administrado por uma família em uma rua tranquila e elegante na parte residencial de Vinohrady. Os quartos são simples sem nada de especial, mas tudo é limpo e bem cuidado, a um preço razoável para a localização. As comodidades incluem wi-fi grátis no quarto, mais um terminal de computador para os hóspedes sem notebook ou smartphone. Como ocorre em toda a região de Vinohrady, é proibido estacionar na rua, o que significa pagar uma vaga longe do hotel. Verifique antes, porque o hotel fecha para hóspedes com estadia curta na baixa temporada.

HOTEL LUNÍK Mapa p. 125 Hotel €€
☎ 224 253 974; www.hotel-lunik.cz; Londýnská 50, Vinohrady; s/c a partir de 2000/2900Kč; Ⓜ Náměstí Míru ou IP Pavlova; 🅿 ✕ 🖥

Limpo, charmoso e bem pequeno, o Hotel Luník fica em uma pacata rua residencial a um quarteirão da praça da Paz e entre as estações de metrô Náměstí Míru e IP Pavlova. Existe um hotel no local desde os anos 1920, e o lobby e as áreas comuns exalam uma sofisticação discreta. Os quartos são confortáveis e um pouco fora de moda, com banheiros charmosos e acesso à internet grátis; além dos terminais que saem do lobby. Em períodos de pouco movimento, a recepção é simpática a negociar preços.

ORION Mapa p. 125 Apart-hotel €€
☎ 222 521 706; www.okhotels.cz; Americká 9, Vinohrady; ap para 2/4 pessoas 2290/2590Kč; Ⓜ Náměstí Míru; 🅿 ✕ 🖥 📶

Ótimo preço para uma parte chique de Vinohrady; dá para ir tranquilamente a pé para a Náměstí Míru e o Havlíčkovy sady. Todos os 26 apartamentos são equipados com uma pequena cozinha, incluindo geladeira e cafeteira. Alguns deles têm mais de um quarto e podem acomodar pequenos grupos. Há ainda uma sauna finlandesa no local. Os quartos não têm nada de mais, mas são limpos e confortáveis. Se for possível, veja alguns para poder escolher, pois eles têm detalhes diferentes, como piso de madeira ou carpete.

HOTEL ANNA Mapa p. 125   Hotel, pensão €€

☎ 222 513 111; www.hotelanna.cz; Budečská 17, Vinohrady; s/c a partir de € 70/90, ste a partir de € 100; Ⓜ Náměstí Míru; Ⓟ ⊠ 🖥 📶
O Hotel Anna é pequeno e simpático, com funcionários solícitos e preparados, que falam inglês e alemão, e fica escondido em uma travessa tranquila, mas perto do metrô e de muitos bares e restaurantes bons; dá para ir a pé até o topo da praça Venceslau em dez minutos. A construção do fim do século XIX conserva muitas características art nouveau, e os quartos são claros e alegres, com colchas floridas e fotos artísticas de Praga em preto e branco nas paredes. Há duas suítes pequenas no último andar, uma delas tem uma linda vista do castelo. Confira as ofertas especiais no site.

ARKADA Mapa p. 125   Hotel butique €€

☎ 242 429 111; www.arkadahotel.cz; Balbínová 8, Vinohrady; s/c a partir de € 70/90; Ⓜ Muzeum, 🚋 11; Ⓟ ⊠ 🖥
Este hotel relativamente novo em Vinohrady é altamente recomendável por combinar muito bem estilo, conforto e localização. Os quartos são bem equipados com tvs modernas, livre acesso à internet e frigobar, e têm um ar retrô dos anos 1930 que se adéqua ao estilo da construção. Peça para ver alguns antes de escolher, já que a decoração muda de um para o outro. Fica a cerca de cinco minutos a pé do topo da praça Venceslau e dá para ir a pé também a algumas das melhores baladas e restaurantes de Vinohrady.

HOLIDAY HOME Mapa p. 125   Pensão €

☎ 222 512 710; www.holidayhome.cz; Americká 37, Vinohrady; s/c a partir de 1480/1800Kč; Ⓜ Náměstí Míru; Ⓟ ⊠ 🖥 📶
A pensão simples, que pertence à família que a administra, oferece bons preços para uma das melhores áreas residenciais da cidade. Não espere nada especial, apesar da elegância da construção. Os quartos são pequenos e totalmente sem graça, com camas minúsculas. Por outro lado, a localização é ideal, e os simpáticos donos vão cuidar bem de você desde a hora da chegada. Wi-fi livre em todo o hotel e cyber café ao lado. A uma pequena caminhada da estação de metrô Náměstí Míru.

PENSION BEETLE

Mapa p. 125   Pensão €

☎ 222 515 093; www.pension-beetle.cz; Šmilovského 10, Vinohrady; q a partir de 1700Kč, ste a partir de 1900Kč; 🚋 4, 22; Ⓟ ⊠ 🖥
A Beetle ocupa um prédio de apartamentos adorável de 1910 em uma rua arborizada, longe das hordas de turistas. Os quartos mais baratos são simples, mas funcionais, enquanto os quartos maiores e as "suítes" (apartamentos de dois quartos) têm decoração mais bacana e são mais equipados. O café continental – você pode tomar à vontade – está incluído no preço. Oferece ótimos descontos fora da temporada, confira no site.

PENZION MÁNES

Mapa p. 125   Pensão €

☎ 222 252 180; www.penzionmanes.cz; Mánesova 46, Vinohrady; s/c a partir de 1200/1600Kč; Ⓜ Jiřího z Poděbrad, 🚋 11; ⊠ 🖥
Acomodação básica, mas o preço é ótimo considerando-se a localização na bela Mánesova, perto de alguns dos melhores bares, restaurantes e baladas da região. Os quartos (alguns virados para um pátio) são confortáveis e tranquilos, e o pessoal é simpático.

CZECH INN Mapa p. 125   Hostel, hotel €

☎ 267 267 600; www.czech-inn.com; Francouzská 76, Vršovice; dc 285-385Kč, s/c 1320/1540Kč, ap a partir de 1650Kč, ap com três cômodos a partir de 3300Kč; Ⓜ Náměstí Míru mais 🚋 4, 22; Ⓟ ⊠ 🖥 📶
O Czech Inn se autodenomina albergue, mas a categoria butique se justificaria. Tudo parece ter sido esculpido por um desenhista industrial da equipe de Ian Schrager, combinando detalhes artesanais, descolados e minimalistas. As acomodações variam de dormitórios padrão de albergue a quartos de casal privativos a bons preços (com ou sem banheiro), e apartamentos com um, dois ou três cômodos. Os apartamentos do quinto andar têm um terraço comum no telhado e podem acomodar até oito pessoas. Uma bancada com computadores com internet no lobby e um excelente bufê de café da manhã no bar completam os encantos.

PENSION ARCO

Mapa p. 125   Pensão, apartamentos €

☎ 271 740 734; www.arco-guesthouse.cz; Donská 13, Vršovice; c/ap a partir de € 44/54; 🚋 4, 22; ✗ 💻

A nova localização da Arco é em uma rua ainda ruinzinha, mas que está ficando mais nobre, perto do limite entre Vršovice e Vinohrady, não longe do Czech Inn (p. 225). Apesar de a vizinhança ser um pouco ruim, pode ficar tranquilo, pois as acomodações da pensão são limpas e seguras. A Arco ganhou fama por promover uma atitude simpática a gays, assim como pelos apartamentos limpos e com instalações confortáveis, com piso laminado e mobília IKEA. Localiza-se a uns cinco minutos de bonde da estação de metrô Náměstí Míru. Os restaurantes, pubs e baladas de Vinohrady ficam a poucos quarteirões.

ŽIŽKOV E KARLÍN

Se você estiver procurando um lugar barato, mas não longe do centro da cidade, então Žižkov e Karlín são a melhor opção. A atmosfera um pouco decadente dessas regiões espanta muita gente, mas é tão seguro quanto qualquer outro lugar da cidade e a apenas algumas paradas de tram da Staré Město. Infelizmente, boa parte da acomodação é medíocre, embora as coisas estejam melhorando, com certeza vão surgir alguns hotéis de design bacanas em Žižkov nos próximos anos, conforme os preços cada vez mais altos na região vizinha, Vinohrady, forçarem as incorporadoras a procurar outros locais.

HOTEL ALWYN Mapa p. 130   Hotel butique €€

☎ 222 334 200; www.hotelalwyn.cz; Vítkova 26, Karlín; s/c a partir de 2900/3400Kč; 🚋 8, 24; 💻 📶

O Alwyn é o primeiro dos provavelmente muitos hotéis de design que ainda vão aparecer na região em ascensão de Karlín. Localizado em uma rua tranquila a apenas algumas paradas de tram da Staré Město, tem uma decoração deliciosamente moderna, com poltronas estilo *déco* no bar e camas Hästens superconfortáveis. Foi projetado tanto para trabalho quanto lazer, com pontos de banda larga e wi-fi abertos, academia, sauna e centro de massagem.

AMEDIA HOTEL THEATRINO

Mapa p. 130   Hotel €€

☎ 221 422 111; www.amediahotels.com; Bořivojova 53, Žižkov; q a partir de 2000Kč; 🚋 5, 9, 26; 💻 📶

O design de alguns hotéis butique poderia ser descrito como teatral, mas poucos foram realmente projetados como um teatro. Datando de 1910, a construção *art nouveau* que abriga o hotel de administração austríaca era originalmente um centro cultural, o equivalente em Žižkov à Casa Municipal (p. 102) – o excelente café da manhã é servido no antigo auditório do teatro. Os quartos são despojados e modernos, mas as áreas comuns têm muitos elementos de época, das grades de ferro batido às janelas de vitral.

HOSTEL ELF Mapa p. 130   Hostel €

☎ 222 540 963; www.hostelelf.com; Husitská 11, Žižkov; dc 290-390Kč; s/c 1200/1400Kč; Ⓜ Florenc; 💻 📶

Jovem, moderno e sociável, o Hostel Elf acolhe um fluxo constante de mochileiros festeiros de todo o globo nos quartos bem cuidados, e muitos acabam ficando mais tempo do que planejavam. Os dormitórios, que alojam até onze pessoas, são impecavelmente limpos e têm uma decoração alegre, com grafites e um ou outro mural. Há uma pequena cervejaria no terraço e um *lounge* aconchegante, com chá e café de graça e cerveja barata, e Žižkov e seus muitos pubs à porta; o ruim é a linha de trem barulhenta que passa perto. O albergue fica a menos de dez minutos a pé da parada de ônibus Florenc.

CLOWN & BARD HOSTEL

Mapa p. 130   Hostel €

☎ 222 716 453; www.clownandbard.com; Bořivojova 102, Žižkov; dc 250-330Kč, c 1000Kč, qd/t com banheiro privativo 1400/1950Kč; 🚋 5, 9, 26; 🅿 💻 📶

Localizado no coração dos pubs de Žižkov, o Clown & Bard é um lugar superagitado – não vá para lá se estiver querendo sossego. O albergue, que é um sucesso desde sempre, tem um café (com café da manhã vegetariano à vontade incluído, das 9 h às 13 h), um bar animado, pessoal simpático e bem preparado e bons passeios. Além de dormitórios e quartos com duas camas, há quartos para duas, três ou quatro pessoas com banheiro; são bem básicos, mas limpos e confortáveis. Os baladeiros vão para o enorme bar no porão, onde sempre rolam apresentações ao vivo e noites com

DJ. Tem quatro computadores com livre acesso à internet e wi-fi aberta.

HOLEŠOVICE, BUBENEČ E DEJVICE

Não escolha um hotel nas regiões de Holešovice, Bubeneč ou Dejvice se você fizer questão de detalhes como vista do Castelo de Praga ou poder tropeçar da porta do hotel para o chão de pedra de Malá Strana. Embora essas regiões também tenham seus atrativos, a maior parte delas se integra ao dia a dia de trabalho de Praga. A vantagem é que os preços costumam ser mais razoáveis do que no centro, e o seu poder de barganha na recepção aumenta, porque a procura pelos quartos é menor. Os distritos de Dejvice e Bubeneč, em Praga 6, em especial, têm outras duas vantagens: fácil acesso ao aeroporto e, diferente de muitas outras partes de Praga, poder estacionar na rua. Os lugares nos arredores da estação de trem Nádraží Holešovice são convenientes, se você estiver chegando de trem de Viena, Budapeste ou Berlim (muitos trens internacionais param aí). As conexões de tram e metrô para o centro são no geral muito boas.

HOTEL PRAHA Mapa p. 58 — Hotel €€€
☎ 224 343 305; www.htlpraha.cz; Sušická 20, Dejvice; d € 220; táxi; 🅿 ✖ 💻 🛜

O Hotel Praha é um dos mais interessantes de Praga. Escondido em um morro em Dejvice, é um complexo de luxo construído em 1981 para a elite do Partido Comunista. As áreas comuns do hotel são uma mistura intrigante do estilo futurístico dos anos 1970 (curvas amplas e aço inoxidável) e esplendor soviético dos anos 1950 (mármore polido e lustres de cristal). Os quartos são espaçosos, com todo o luxo que se espera de um estabelecimento cinco estrelas, e muitos são acessíveis para cadeirantes. Mas a principal atração do hotel é o fato de todos os 124 quartos terem cada um o seu próprio terraço – toda a face sul do hotel é uma tribuna inclinada de terraços empilhados, adornados com folhagens e com uma linda vista do Castelo de Praga. Antes de 1989, figurões da era soviética como Nicolae Ceauşescu, Erich Honecker e Eduard Shevardnadze, todos penduraram o seu chapéu aí; nos anos mais recentes, a clientela mudou de chefes de Estado para Hollywood, com estrelas como Tom Cruise, Johnny Depp, Alanis Morissette, Kris Kristofferson e Paul Simon pedindo serviço de quarto de madrugada.

HOTEL ABSOLUTUM
Mapa p. 136 — Hotel butique €€
☎ 222 541 406; www.absolutumhotel.cz; Jablonského 639/4, Holešovice; s/c 3200/4000Kč; Ⓜ Nádraží Holešovice; 🅿 ✖ 💻 🛜

Altamente recomendado, o hotel butique que chama a atenção (sem preços de butique se você conseguir uma oferta no site do hotel) fica em frente da estação de trem e de metrô Nádraží Holešovice. Embora a vizinhança não seja lá muito bonita, o hotel compensa com uma lista de confortos praticamente inédita para essa faixa de preço, incluindo quartos grandes com um design lindo, com tijolo à vista, imensos banheiros modernos (muitos quartos têm chuveiro e banheira), ar-condicionado, um excelente restaurante do hotel, centro de massagem e bem-estar ao lado e estacionamento gratuito. O simpático serviço da recepção tende a dar desconto se você chegar em uma noite meio parada. O restaurante do hotel fica muito perto da Nádraží Holešovice, você pode dar um pulinho lá para uma refeição rápida se precisar esperar um trem.

SPLENDID Mapa p. 136 — Hotel €€
☎ 233 375 940; www.hotelsplendid.cz; Ovenecká 33, Bubeneč; s/c 1900/2600Kč; 🚋 1, 8, 15, 25, 26; ✖ 💻

O hotel e pousada, que ocupa uma bela casa numa rua residencial perto do Parque Stromovka, é muito anterior à Revolução de Veludo, e uma leve atmosfera comunista ainda persiste. Talvez sejam as banquetas de imitação de couro preto estilo anos 1970 no bar do hotel, ou os quartos ultra-espartanos, com minúsculas camas estreitas e colchões finos. O Splendid, a bem da verdade, está precisando urgentemente de renovação, mas é limpo e sossegado, e a localização é ótima para quem quer um pouco de verde e distância das hordas de turistas. A única opção de internet é um terminal público perto da recepção.

EXPO PRAGA Mapa p. 136 — Hotel €€
☎ 266 712 470; www.expoprag.cz; Za Elektrárnou 3, Holešovice; s/c a partir de 1800/2600Kč; 🚋 5, 12, 14, 15, 17; 🅿 ✖ 💻 🛜

De tamanho médio e moderno, o hotel foi construído em meados de 1990 para hospedar delegações das feiras comerciais no centro de exposições de Výstaviště, nas proximidades. Falta atmosfera, mas quebra um galho se o Hotel Absolutum (p. 227), bem próximo e melhor, não tiver lugar. Fica a apenas uma parada de tram da estação Nádraží Holešovice, e perto da Tesla Aréna (Sportovní hala), onde ocorrem eventos esportivos e shows. Os quartos têm uma decoração contemporânea insossa, estilo hotel de rede, mas são limpos e têm também ar-condicionado, frigobar e cofre.

HOTEL DENISA Mapa p. 136 Pensão, hotel €€
☎ 224 318 969; www.hotel-denisa.cz; Narodní Obrany 33, Dejvice; s/c a partir de 1700/1900Kč; Ⓜ Dejvická; 🅿 ✕ 🖥 🛜

O pequeno hotel administrado por uma família, em um prédio de apartamentos da virada do século em uma rua sossegada, foi totalmente renovado em 2008, transformando-se de um hotel mediano em uma ótima opção. Os quartos têm bons colchões altos, TVs modernas, frigobar e acesso wi-fi à internet de alta velocidade. A localização sempre foi um atrativo – a poucos minutos a pé da estação de metrô Dejvická, de onde se pode chegar ao centro num piscar de olhos, e é também conveniente para o aeroporto. Há muitos cafés e restaurantes na vizinhança, ótima para passear. Bom café da manhã.

HOTEL BELVEDERE Mapa p. 136 Hotel €€
☎ 220 106 111; www.hhotels.cz; Milady Horákové 19, Holešovice; s/c a partir de 1600/1800Kč; 🚋 1, 8, 15, 25, 26; 🅿 ✕

O Belvedere é um velho hotel da era comunista que foi totalmente renovado e agora oferece hospedagem com bom custo-benefício e fácil acesso ao centro. Os quartos standard não têm nada de especial, mas são confortáveis e impecavelmente limpos. Os quartos "executivos" (a partir de 3000 Kč na temporada) são muito mais espaçosos, com janelas antirruído, cortinas e colchas vermelhas bacanas e imensos banheiros brancos forrados de mármore. Confira no site grandes descontos ocasionais, principalmente no meio do verão. O grande salão de café da manhã parece um pouco institucional, mas a comida é boa e farta. Há uma estação de tram bem em frente da entrada, e são apenas cinco minutos até a estação de metrô Náměstí Republiky, pegando o tram 8.

HOTEL EXTOL INN Mapa p. 136 Hotel €€
☎ 220 876 541; www.extolinn.cz; Přístavní 2, Holešovice; s/c a partir de 1050/1800Kč; 🚋 1, 3, 5, 25; 🅿 ✕ 🖥 ♿

O moderno e alegre Extol Inn oferece acomodação barata em uma região em ascensão, com fácil acesso ao centro. Os quartos mais baratos (nos andares mais altos) são totalmente básicos, com banheiros compartilhados, e quase sempre ocupados por grupos de estudantes do ensino médio; então, se você preza o sossego, vale a pena pagar um pouco mais pelos quartos três estrelas, mais caros (casal a partir de 2350Kč), que têm banheiro privativo, frigobar e dão direito à sauna e ao spa. Há um terminal público com internet no *lobby* e tudo é acessível para cadeiras de rodas. O ponto de tram fica a 100 metros, de onde se chega ao centro em dez minutos. É proibido fumar em todo o hotel.

HOTEL LEON Mapa p. 136 Hostel, hotel €
☎ 220 941 351; www.leonhotel.eu; Ortenovo náměstí 26, Holešovice; s/c a partir de 900/1400Kč; Ⓜ Nádraží Holešovice ou 🚋 5, 12, 15; 🅿 ✕ 🖥

O Hotel Leon pode ser definido como algo entre um albergue e um pequeno hotel. Na verdade, é muito melhor do que um albergue padrão e não muito mais caro (especialmente se você dividir um quarto com três ou quatro camas). Os quartos são básicos, não têm nem TV, mas são sossegados e limpos, com banheiro privativo. Se barulho for um problema, peça um quarto virado para o jardim, nos fundos. Há uma sala comum com TV e um computador coletivo com acesso à internet. Fica a uma parada de tram (Ortenovo náměstí) da estação de trem e metrô Nádraží Holešovice.

PLUS PRAGUE HOSTEL Mapa p. 136 Hostel €
☎ 220 510 046; www.plusprague.com; Přívozní 1, Holešovice; dc 300Kč; s/c 800/1600Kč; Ⓜ Nádraží Holešovice; 🅿 ✕ 🖥 🍴 🛜

O alegre albergue Plus Prague fica a uma parada de tram da Nádraží Holešovice (pegue qualquer tram que vai para a esquerda quando sair da estação para a Ortenovo náměstí). Bons preços, quartos limpos com banheiro privativo, serviço simpático, wi-fi *e* uma piscina coberta e sauna tornam o local especial. O pessoal organiza noites especiais de jogos no bar da casa e realiza *pub crawls* com os convidados. Também oferece dormitórios femininos com quatro, seis e oito camas, equipados com secador de cabelo e toalhas mais macias, entre outros confortos.

ART HOTEL Mapa p. 136 Hotel butique €€
☎ 233 101 331; www.arthotel.cz; Nad Královskou Oborou 53, Bubeneč; s/c a partir de € 120/140; 🚋 1, 8, 15, 25, 26 (parada Sparta); 🅿 ✕ 🖥

Este pequeno hotel, escondido na tranquila

região das embaixadas, atrás da Generali Aréna (Estádio do Sparta), recebe muitas recomendações boca a boca. Tem uma decoração moderna elegante, com arte contemporânea tcheca em exposição no lobby e fotografias artísticas nas paredes dos quartos. O quarto 203 é o melhor de todos, com terraço e vista do pôr do sol; os quartos 104 e 106 também têm terraço. Pode parecer meio fora de mão no mapa, mas são poucos minutos a pé até o tram 8, que vai até o centro da cidade (Náměstí Republiky) em cerca de dez minutos.

HOTEL VILLA SCHWAIGER
Mapa p. 136   Hotel butique €€

☎ 233 320 271; www.villaschwaiger.com; Schwaigerova 59/3, Bubeneč; s/c a partir de € 70/110; táxi ou Ⓜ Hradčanská (mais ônibus 131, uma parada até a Sibirské náměstí); Ⓟ ⊠ 🖳 📶

Esse elegante casarão estilo colonial, em um vale tranquilo em Bubeneč, parece outro mundo se comparado com a movimentada praça da Cidade Velha. Os 22 quartos foram decorados com todo cuidado, especialmente o 102, em estilo "chinês", com madeira escura, tecidos vermelho vivo e gravuras chinesas na parede. O banheiro "zen" é de metal escovado com uma pia simples de porcelana. Peça para ver alguns quartos antes de escolher. As áreas comuns são lindas, e os hóspedes podem descansar no jardim dos fundos, pegar uma das bicicletas do hotel para um passeio no Stromovka, que fica perto, ou relaxar na sauna privativa. O hotel é meio difícil de achar, então é melhor pegar um táxi (pelo menos da primeira vez).

HOTEL PLAZA ALTA Mapa p. 136   Hotel €€

☎ 220 407 011; www.plazahotelalta.com; Ortenovo náměstí 22, Holešovice; s/c a partir de € 80/100; Ⓜ Nádraží Holešovice ou Ⓣ 5, 12, 15; Ⓟ ⊠ 🖳 📶

O hotel mais chamativo dessa parte da cidade atrai clientes em sua maioria em viagem de negócios ou viajantes que querem acomodação com serviço completo e fácil acesso (uma parada de tram) à Nádraží Holešovice. O hotel foi totalmente renovado em 2007; os quartos ficaram mais *clean*, com colchões mais altos e colchas listradas vistosas – todos têm ar-condicionado e frigobar – e wi-fi disponível por toda parte. O preço é bom se você conseguir uma oferta no site do hotel. Tem uma imitação de restaurante mexicano saindo do *lobby* (aberto até 23 h) que não é uma opção ruim se você chegar tarde e não quiser sair de novo.

HOTEL CROWNE PLAZA
Mapa p. 136   Hotel €€

☎ 296 537 111; www.austria-hotels.at; Koulova 15, Dejvice; c a partir de € 85; Ⓣ 8 (parada: Podbaba); Ⓟ ⊠ 🖳

Esse admirável palácio socialista realista, que originalmente se chamava Hotel Internacional, foi construído nos anos 1950 no estilo da Universidade de Moscou e tem até uma estrela soviética no alto da torre (a estrela hoje é dourada, e não vermelha), mas passou por uma modernização. É confortável e tranquilo, escondido no final da linha do tram 8. Fique aí mais pela ambientação do que qualquer outra coisa – embora os quartos sejam padronizados no estilo hotel de rede, com tudo o que é necessário, mas sem muito luxo, o prédio em si é realmente especial em detalhes e acabamentos. Os quartos de luxo, do nono andar para cima, são mais espaçosos e têm vista para a cidade.

HOTEL LETNÁ Mapa p. 136   Pensão, hotel €€

☎ 233 374 763; www.prague-hotel-letna.com; Na Výšinách 8, Bubeneč; s/c a partir de € 50/60; Ⓣ 1, 8, 15, 25, 26; Ⓟ ⊠ 🖳 📶

Agradável, pertencente a uma família, o Hotel Letná fica em um bloco de apartamentos do fim do século XIX, em uma rua residencial tranquila não longe do Estádio do Sparta, perto da Letenské náměstí. Não se impressione com o lobby desagradável: os quartos foram renovados há pouco tempo e são sossegados e limpos, a maioria com banheira e chuveiro, secador de cabelo e frigobar. A cerca de cinco minutos a pé da parada de tram, de onde são dez minutos até o centro. Peça para ver alguns quartos antes de escolher, eles são todos um pouco diferentes uns dos outros. Confira eventuais promoções no site.

SIR TOBY'S HOSTEL Mapa p. 136   Hostel €

☎ 246 032 610; www.sirtobys.com; Dělnická 24, Holešovice; dc 200-400Kč, s/c 950/1200Kč; Ⓣ 1, 3, 5, 25; Ⓟ ⊠ 🖳 📶

Localizado em um prédio de apartamentos sossegado e renovado, com cozinha espaçosa e sala comum, e administrado por uma equipe simpática e alegre, o Sir Toby's fica a apenas dez minutos de tram do centro da cidade. Os dormitórios têm de

VALE O DESVIO

Viajantes adoram o Hostel Boathouse (fora do mapa p. 58; ☎ 241 770 051; www.hostelboathouse.com; Lodnická 1, Braník; dc 350-400Kč; 🚊 3, 17, 21; 🅿 💻), albergue simpático com localização tranquila, à margem do rio, a poucos quilômetros do centro da cidade, administrado pela turma alegre e generosa da Věra e da Helena. Os quartos têm de três a nove camas, com banheiros separados para homens e mulheres, e um deque ao ar livre na frente. Café da manhã continental incluído (você pode optar pela versão cozida por 50Kč) e os extras à disposição incluem aluguel de bicicleta e caiaque, uma miniloja e serviço de lavanderia. Pegue os trams 3, 17 ou 21 até a parada Černý kůň e siga a sinalização para o albergue até o rio (cinco minutos a pé).

quatro a oito beliches, e os maiores estão entre os mais baratos de Praga; os quartos privativos têm camas de solteiro. Todos os quartos são claros, limpos e espaçosos, mas básicos. Os colchões são mais para o fino, mas os lençóis e cobertores são fornecidos sem custo extra. Há uma cozinha comunitária, um *lounge* e um pequeno jardim onde se pode bater um papo.

A&O HOSTEL Mapa p. 136   Hostel €
☎ 220 870 252; www.aohostels.com; U Výstaviště 1/262, Holešovice; dc € 12, s/c € 15/36; Ⓜ Nádraží Holešovice; ⊠ 💻

O albergue limpo e bem cuidado fica em um prédio de apartamentos modificado, atravessando a rua, um pouco abaixo das estações de trem e metrô Nádraží Holešovice. Os quartos são simples, com chão de madeira e paredes brancas, o que dá um ar um pouco institucional. Há computadores no lobby para checar e-mails e algumas coisas para comer à venda na recepção, mas isso é tudo. Os preços variam dia a dia, dependendo da procura. Reserve com antecedência para fechar um preço mais baixo. Há um concorrido *lounge* e balada no andar de baixo, então você não vai precisar sair para se divertir.

SMÍCHOV

Há alguns anos, a ideia de ficar em Smíchov pareceria absurda, mas a área ficou mais sofisticada e agora tem alguns dos hotéis mais legais da cidade. Embora não seja possível ir facilmente a pé de Smíchov até o centro (como os folhetos dos hotéis às vezes sugerem), a conexão de metrô de Anděl é excelente, você vai sair na Můstek, na parte de baixo da praça Venceslau, em cerca de dez minutos. E, se estiver motorizado, Smíchov é um dos poucos distritos centrais de Praga em que não há restrições para parar na rua e é relativamente fácil achar vaga.

ANDĚL'S HOTEL PRAGUE
Mapa p. 143   Hotel butique €€€
☎ 296 889 688; www.andelshotel.com; Stroupežnického 21; s/c a partir de € 200/225; Ⓜ Anděl; 🅿 ⊠ 💻 📶

O sofisticado hotel de design, em estilo contemporâneo rigoroso em branco e preto com toques de vermelho, tem janelas do chão ao teto, tocador de DVD e CD, acesso à internet e arte moderna abstrata em todos os quartos, enquanto os banheiros são um festival de cromado e vidro fosco. Os quartos "club", superiores, têm extras agradáveis como roupões e chinelos, jornal entregue no quarto e serviço de quarto gratuito no café da manhã. O site oferece pacotes com descontos significativos em cima do preço cheio. O lobby é um exemplo admirável de minimalismo moderno.

ANGELO HOTEL
Mapa p. 143   Hotel butique €€€
☎ 234 801 111; www.angelohotel.com; Radlická 1g; s/c a partir de € 200/225; Ⓜ Anděl; 🅿 ⊠ 💻

O Angelo é o primo mais vivo e extravagante do Anděl's Hotel Prague. Tem a mesma apresentação elegante no lobby e decoração *high-tech* nos quartos, mas, em vez dos brancos sutis do Anděl's, o Angelo tem uma profusão de cores vivas. Ambos pertencem ao mesmo grupo austríaco, o Vienna International, e não há muita diferença entre os dois em termos de preço ou serviço. Tudo se resume ao gosto pessoal. Os hotéis ficam de costas um para o outro, então, se você não conseguir lugar em um, dê a volta no quarteirão. Confira as ofertas no site do hotel; na metade do verão de 2010, ele oferecia quartos de casal standard reservados online por cerca de metade do preço cheio.

ADMIRÁL BOTEL
Mapa p. 143   Hotel €€

☎ 257 321 302; www.admiral-botel.cz; Hořejší nábřeží 57; s/c 2980/3130Kč; Ⓜ Anděl; Ⓟ 🛜

Se você já teve vontade de dormir em uma cabine de um navio, mas preferiria não ficar enjoado, então fique no Admirál, um barco de rio que fica permanentemente ancorado, flutuando calmamente às margens do Moldava. A área da recepção tem uma atmosfera náutica bacana, e corredores estreitos levam em direção aos quartos. As cabines são mesmo o que se espera: simples, compactas e funcionais, com minúsculos banheiros com chuveiro. Os quartos virados para o rio têm uma vista atraente, e você pode alimentar os cisnes da sua janela. O Botel instalou wi-fi recentemente. Cheque ofertas especiais no site.

HOTEL JULIAN Mapa p. 143   Hotel €€

☎ 257 311 150; www.julian.cz; Elišky Peškové 11; s/c a partir de € 99/119; 🚌 6, 9, 12, 20; Ⓟ ✕ 💻 ♿

O pequeno hotel faz sucesso merecidamente, o pessoal é atencioso, e a localização é tranquila, logo ao sul de Malá Strana. Os quartos são bacanas e bem cuidados, e as áreas comuns incluem uma sala de estar com biblioteca, poltronas confortáveis e lareira; os fumantes podem tomar café lá (servido até às 11 h nos fins de semana), na sala de café da manhã principal é proibido fumar. Se você estiver viajando com crianças, há alguns quartos familiares para até seis pessoas, e também quartos com acesso para cadeira de rodas. O hotel oferece vários serviços para hóspedes com problemas de mobilidade. O ar-condicionado dos quartos vem a calhar em dias quentes.

HOTEL ARBES-MEPRO Mapa p. 143   Hotel €€

☎ 257 210 410; www.hotelarbes.cz; Viktora Huga 3; s/c a partir 1900/2400 Kč; Ⓜ Anděl; Ⓟ ✕ 💻

Limpo, sossegado e com ótimo custo-benefício, o Arbes é um banho de realidade para o Anděl's Hotel Prague e o Angelo Hotel (ambos na p. 230). A Viktora Huga é uma rua tranquila, a uns dois quarteirões da estação de metrô Anděl e do shopping Nový Smíchov, com excelentes conexões para o centro. O hotel, que pertence a uma família, é simpático, os quartos são básicos – os do pátio são mais silenciosos –, com mobília moderna e banheiros limpos. Há um computador público perto do lobby para você checar o seu email. Os lugares para estacionar na rua são limitados, mas há estacionamento pago perto.

IBIS PRAHA MALÁ STRANA
Mapa p. 143   Hotel €€

☎ 221 701 700; www.ibishotel.com; Plzeňská 14; s/c a partir de € 69/89; Ⓜ Anděl; Ⓟ ✕ 💻 🛜

Tudo bem que ele não é nem um pouco perto de Malá Strana (ei, valeu a tentativa, pessoal do marketing!) – o hotel IBIS de Smíchov é um grande acréscimo para a região, oferecendo um pouco da exuberância do Anděl's Hotel Prague e do Angelo Hotel (ambos na p. 230), mas por menos da metade do preço. Os quartos são superbásicos, uma coisa bem padrão, mas têm ar-condicionado e wi-fi grátis. O estilo agressivamente moderno do prédio na verdade combinou em meio aos caixotes futuristas próximos à região da estação de metrô Anděl. É uma caminhada curta até o transporte público e ao shopping. O café da manhã não está incluído no preço.

ARPACAY HOSTEL Mapa p. 143   Hostel €

☎ 251 552 297; www.arpacayhostel.com; Radlická 76; dc 250-320Kč, s/c 1300/1300Kč; Ⓜ Smíchovské Nádraží ou 🚌 7; Ⓟ ✕ 💻 🛜

Esse hostel limpo e colorido perto da estação de trem Smíchovské Nádraží é a melhor acomodação barata da vizinhança. Apesar de não dar para ir a pé até o centro como diz o site, a viagem não é ruim com a linha B do metrô, partindo da estação de trem (acesso por uma ponte que atravessa os trilhos) ou com o tram 7, que sai praticamente da porta do albergue. A localização relativamente remota faz o preço ser um pouco menor do que o dos albergues concorrentes e força a gerência a oferecer coisas como wi-fi gratuito. São dois prédios, um de cada lado de uma rua movimentada. Há um pequeno terraço no fundo do prédio principal para relaxar nas noites quentes.

EXCURSÕES

EXCURSÕES

Para lá dos prédios de apartamentos dos subúrbios mais distantes de Praga, a cidade dá lugar à surpreendentemente verde hinterlândia da Boêmia Central, uma região de colinas, terra fértil e densas florestas, salpicada de castelos, *châteaux* e pitorescas cidades medievais. Rural e rústica, mas de fácil acesso da capital, durante gerações serviu de retiro aos habitantes da cidade. Dos aristocratas e reis, que construíram ali seus refúgios, aos praguenses modernos, que vão nos fins de semana caminhar, pedalar e remar na rede de trilhas e rios.

A região é rica em castelos e *châteaux*. Entre os mais visitados, estão o **Castelo Karlštejn** (abaixo), uma fortaleza de conto de fadas construída para hospedar o tesouro real de Carlos IV; o **Château Konopiště** (p. 237), a casa de campo do malfadado arquiduque Franz Ferdinand, cujo assassinato desencadeou a I Guerra Mundial; e o **Château Mělník** (p. 238), da família Lobkowicz, com seu minúsculo, porém histórico, vinhedo com vista da confluência dos rios Labe e Moldava.

Há também muitas aldeias medievais interessantes para se fugir das multidões que se agitam nas ruas estreitas da capital. **Litoměřice** (p. 241) tem uma praça principal encantadora, cercada de casas góticas e renascentistas, enquanto a pequena e antiga cidade de **Mělník** (p. 238) se destaca por suas ruelas tranquilas e uma estonteante vista do campo boêmio. A antiga cidade mineradora de prata de **Kutná Hora** (p. 242) orgulha-se de sua adorável catedral, de uma coleção de estátuas barrocas refinadas e de sua localização pitoresca sobre a colina. Mas a ganhadora da competição de cartão-postal é sem dúvida a linda cidade do sul da Boêmia **Český Krumlov** (p. 245).

A região ao norte de Praga tem dois monumentos profundamente comoventes aos sofrimentos do povo tcheco na II Guerra Mundial – a aldeia de **Lidice** (p. 239), destruída pelos nazistas como vingança pela morte do Reichsprotektor Reinhard Heydrich, e **Terezín** (p. 239), um campo de concentração por onde passaram 150 mil judeus tchecos a caminho das câmaras de gás.

Há várias atrações em torno de Praga realmente excepcionais. O **Corredor dos Troféus** (p. 237) e o **Salão Chamois** (p. 237) no Château Konopiště, lotados de chifres, caveiras e cabeças empalhadas de milhares de animais, são um bizarro testemunho da obsessão por caça do arquiduque Franz Ferdinand. Em Kutná Hora, o **Museu da Prata Tcheca** (p. 244), dá a chance de usar um capacete de mineiro com lamparina e explorar os túneis claustrofóbicos de uma mina de prata medieval sob a cidade. O mais extraordinário de todos é o **Ossuário Sedlec** (p. 243), em Kutná Hora, onde os ossos de 40 mil pessoas foram arrumados numa série de ornamentos esquisitos e maravilhosos.

A maior parte dos destinos cobertos neste capítulo pode ser visitada de Praga em passeios de um dia. O lado ruim dessa facilidade são as multidões que entopem esses lugares nos fins de semana do verão, mas você pode evitá-las indo fora da temporada – Karlštejn sob a neve é uma visão mágica – ou em dias de semana, ou, melhor ainda, passando a noite. Quando os ônibus e vans vão embora ao entardecer, muitas das aldeias voltam a pertencer aos moradores.

KARLŠTEJN

O **Castelo de Karlštejn** (☎ 311 681 617; www.hradkarlstejn.cz; Karlštejn; ⏰ 9-18 h ter-dom jul e ago, 9-17 h ter-dom mai, jun e set, 9-16 h ter-dom abr e out; veja horários restritos de nov-mar no site), que se ergue acima da cidade de Karlštejn, 30 km a sudoeste de Praga, está em tão bom estado que não pareceria fora do lugar na Disneyworld. As multidões chegam em levas típicas de parque temático (é melhor reservar as visitas guiadas), mas o campo tranquilo ao redor tem vistas do impressionante exterior do Karlštejn que rivalizam com tudo o que se poder ver do lado de dentro.

Em um penhasco acima do Rio Berounka, esse aglomerado de torres, muralhas altas e torreões imponentes é tão bem conservado quanto poderosamente sugestivo. E é, com justiça, uma das maiores atrações da República Tcheca, com um único porém, sua avassaladora popularidade: no verão, lota de

> **TRANSPORTE: KARLŠTEJN**
>
> **Distância de Praga** 30 km
>
> **Direção** Sudoeste
>
> **Tempo de viagem** Uma hora
>
> **Trem** Trens para Beroun de Praha-Smíchov param em Karlštejn (49Kč, 45 min, a cada hora).

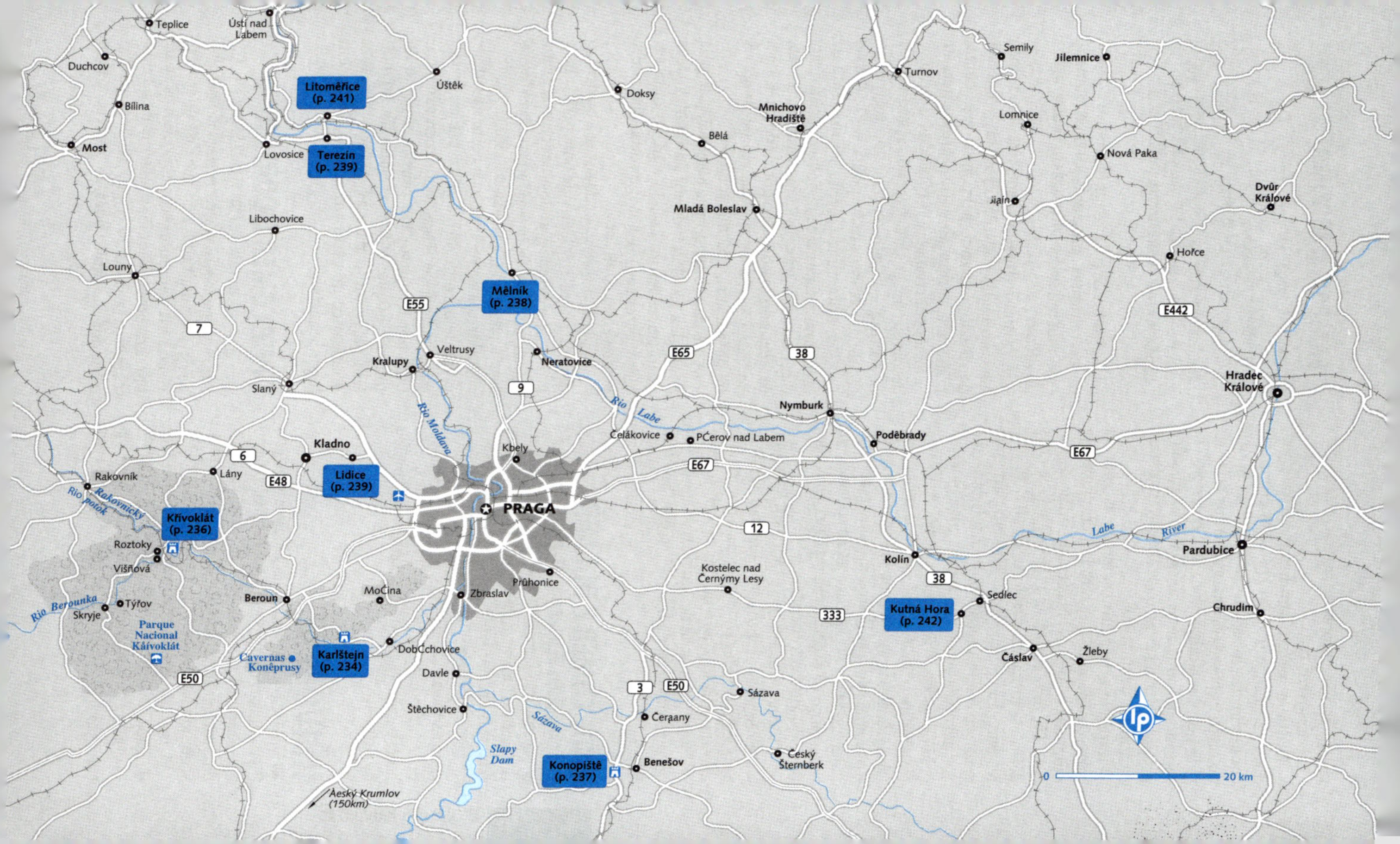
PRAGA
Litoměřice (p. 241)
Terezín (p. 239)
Mělník (p. 238)
Lidice (p. 239)
Křivoklát (p. 236)
Karlštejn (p. 234)
Konopiště (p. 237)
Kutná Hora (p. 242)
Teplice
Ústí nad Labem
Duchcov
Bílina
Most
Lovosice
Úštěk
Doksy
Mnichovo Hradiště
Bělá
Turnov
Semily
Jilemnice
Lomnice
Nová Paka
Jičín
Dvůr Králové
Hořice
Mladá Boleslav
Libochovice
Louny
Slaný
Kralupy
Veltrusy
Neratovice
Kladno
Kbely
Lány
Rakovník
Rio Rakovnický potok
Roztoky
Višňová
Týřov
Skryje
Rio Berounka
Parque Nacional Křivoklát
Beroun
Cavernas Koněprusy
Močina
Zbraslav
Průhonice
Dobřichovice
Davle
Štěchovice
Slapy Dam
Sázava
Čerčany
Benešov
Český Šternberk
Kostelec nad Černými Lesy
Čelákovice
Přerov nad Labem
Rio Moldava
Rio Labe
Labe River
Nymburk
Poděbrady
Kolín
Sedlec
Čáslav
Žleby
Chrudim
Pardubice
Hradec Králové
Český Krumlov (150km)
E55
E48
E50
E65
E67
E442
7
6
9
12
38
333
3
0
20 km

visitantes, vendedores de sorvete e barraquinhas de suvenires.

Karlštejn nasceu com um pedigree grandioso, tendo começado em 1348 como esconderijo das joias da Coroa e do tesouro do sacro imperador romano, Carlos IV. Dirigido por um alcaide nomeado, o castelo era cercado por uma rede de cavaleiros vassalos proprietários de terra, que o ajudavam diante da ameaça de inimigos.

Karlštejn guardou novamente as joias da coroa da Boêmia e do Sacro Império Romano durante as Guerras Hussitas no início do século XV, mas entrou em decadência, e suas defesas se tornaram obsoletas. Um trabalho de restauração considerável, feito em parte não desprezível por Josef Mocker no fim do século XIX, devolveu ao castelo a sua antiga glória.

Há duas excursões pelo castelo. A Visita I (inteira/meia 250/150Kč, 50 min) passa pela Sala dos Cavaleiros, ainda ornada com os brasões e os nomes dos cavaleiros vassalos, o quarto de Carlos IV, o Salão de Audiências e a Casa das Joias, com os tesouros da capela da Santa Cruz e a réplica da coroa de são Venceslau.

A Visita II (inteira/meia 300/200Kč, 70 min, só de junho a outubro) deve ser marcada com antecedência e leva à Torre Grande, o ponto mais alto do castelo, onde há um museu sobre a obra de restauração de Mocker, a Torre Mariana e a primorosa capela da Santa Cruz, com seu teto decorativo.

ONDE COMER E DORMIR

Pensão e Restaurante U Janů (☎ 311 681 210; info@ujanu.cz; c/ap 1000/1200 Kč, pratos 90-180Kč) Um lugar autenticamente charmoso na estrada para o castelo, com três apartamentos e um quarto de casal.

Penzión U královny Dagmar (☎ 311 681 614; www.penzion-dagmara.cz; c/t/ap 1000/1200/1500Kč) Mais perto do castelo e com preços semelhantes, esse hotel bacana tem todos os confortos e comida de primeira.

KŘIVOKLÁT

Křivoklát é uma sonolenta aldeia à margem do rio Rakovnický potok. A principal atração é o Castelo Křivoklát, mas metade da graça da visita é simplesmente ir para lá de trem, seguindo a paisagem do Vale do Berounka.

Uma antiga e celebrada hospedagem de caça, o Castelo Křivoklát (☎ 313 558 120; www.krivoklat.cz; ⏰ 9-18 h ter-dom jul e ago, 9-17 h ter-dom mai-jun e set, 10-16 h ter-dom abr e out, 10-15 h sáb e dom

TRANSPORTE: KŘIVOKLÁT

Distância de Praga 44 km

Direção Sudoeste

Tempo de viagem 1 h e 30 min

Trem Há trens com frequência para Beroun das estações central e Smíchov de Praga (30 min, 49Kč). De Beroun, há nove trens diários para Křivoklát (43Kč, 50 min).

nov-mar) sobreviveu a vários incêndios e infindáveis reformas como um castelo ornamentado que reflete as fantasias do romantismo do século XIX.

A Visita I (inteira/meia 100/70Kč, com guia em inglês 150/105Kč) inclui o interior do castelo, passando pela linda capela com a inalterada decoração gótica tardia cheia de entalhes policromados intrincados, e um altar decorado com anjos carregando instrumentos de tortura – legado do papel do castelo no século XVI como prisão política. O Salão dos Cavaleiros exibe uma coleção permanente de esculturas religiosas e retábulos do gótico tardio, e o Salão do Rei, com 25 metros de extensão, é o segundo maior salão gótico do país, atrás do Salão Vladislav no Castelo de Praga. A biblioteca abriga 52 mil volumes.

A Visita II (inteira/meia 80/60Kč, com guia em inglês 120/85Kč; de abril a outubro) leva às fortificações do castelo e inclui uma subida vigorosa ao topo da impressionante torre principal do complexo.

A cidade de Beroun, onde se faz a baldeação de trem para Křivoklát, vale uma parada para um passeio em sua grande praça central e uma subida ao topo da Torre do Portão de Plzeň (inteira/meia 20/10Kč; ⏰ 9-12 h qua e sáb mai-out).

A floresta na montanha a oeste da cidade velha de Beroun abriga o Medvědarium (entrada grátis; ⏰ amanhecer-entardecer), um cercado habitado por três ursos marrons (o símbolo do time de hóquei e da cervejaria da cidade). Um playground para as crianças fica fora do alcance dos três ursos, guardados em lugar seguro.

ONDE COMER E DORMIR

Pivovar Berounský medvěd (☎ 311 622 566; Tyršova 135, Beroun; www.berounskymedved.com; pratos 50-80Kč) Não dá para ser mais típica do que essa microcervejaria e restaurante escondida num pátio de obras cheio de máquinas enferrujadas. Tanto a cerveja (apenas 20Kč por 500 ml) quanto a comida são muito boas, e o interior é bem aconchegante. Vire à esquerda ao sair da estação de trem, depois pegue à esquerda por baixo da ponte – é indo em frente, à direita.

Penzion Berona (☎ 311 626 184; www.berona.cz; Havlíčkova 116, Beroun; s/c a partir de 700/1100Kč;) Quartos espaçosos e confortáveis, TV por satélite e café da manhã feito por um chef. Recomendamos o café da manhã "Lance Armstrong", mesmo que você não vá pedalar.

Pension restaurace U Jelena (☎ 313 558 529; www.ujelena.eu; Hradní 53, Křivoklát; c/t/q 1000/1500/2000Kč;) Localizada na descida do castelo, "O Veado" é uma pensão moderna com decoração rústica de pavilhão de caça e um bom restaurante na varanda, com vista para o castelo e o rio.

KONOPIŠTĚ

O arquiduque Franz Ferdinand d'Este, herdeiro do trono austro-húngaro, é famoso por sua morte – foi seu assassinato, em 1914, que detonou a I Guerra Mundial. Tido por muitos como uma figura enigmática, o nobre evitava as intrigas da corte de Viena e, nos últimos vinte anos de sua vida, escondeu-se no que se tornou seu refúgio campestre ideal, o Château Konopiště (☎ 317 721 366; www.zamek-konopiste.cz; Benešov; 9-17 h ter-dom mai-ago, 9-16 h ter-sex, às 17 h sáb e dom set, 9-15 h ter-sex, às 16 h sáb abr e out, 9-15 h sáb e dom nov, fechado dez-mar e 12-13 h o ano todo).

Konopiště, em meio a um extenso terreno a 2 km a oeste da cidade de Benešov, é um testamento às duas obsessões do arquiduque – caçadas e São Jorge. Tendo reformado o enorme prédio gótico e renascentista nos anos 1890 e instalado toda a tecnologia da época – incluindo eletricidade, calefação, privadas com descarga, chuveiros e um luxuoso elevador –, Francisco Ferdinando decorou sua casa com seus troféus de caça. Seus cadernos de caça registram que ele matou cerca de 300 mil criaturas ao longo da vida, de raposas e veados a elefantes e tigres. Cerca de 100 mil troféus de animais enfeitam as paredes, cada um com a data e o lugar em que o animal encontrou seu fim – o lotado Corredor dos Troféus (Visitas I e III), com uma floresta de cabeças de animais, e a Sala Chamois (Visita III), coberta de chifres, com um "candelabro" feito de um condor empalhado, são visões bizarras.

Há três visitas guiadas disponíveis. A Visita III é a mais interessante, passando pelos apartamentos privados usados pelo arquiduque e sua família, que permaneceram inalterados desde que o Estado tomou posse do castelo em 1921. A Visita II vê o Grande Arsenal, uma das maiores e mais impressionantes coleções da Europa. As Visitas I e II em inglês custam inteira/meia 200/130Kč. A Visita III em inglês tem ingressos a 300/200Kč.

A coleção do arquiduque de arte e artefatos relacionados a são Jorge não é menos impressionante, totalizando 3.750 itens, muitos dos quais expostos no Museu São Jorge (Muzeum sv Jiří; inteira/meia 30/15Kč; 9-17 h ter-dom mai-ago, 9-16 h ter-sex, às 17 h sáb e dom set, 9-15 h ter-sex, às 16 h sáb abr e out, 9-15 h sáb e dom nov, fechado dez-mar e 12-13 h o ano todo), sob o terraço na frente do castelo.

ONDE COMER E DORMIR

Stará Myslivna (☎ 728 818 567; pratos 110-250Kč) Depois de ver o castelo, volte descendo a colina até esse bom restaurante tcheco num prédio do século XIX decorado a caráter. As fotos de época dão o clima.

TRANSPORTE: KONOPIŠTĚ

Distância de Praga 50 km

Direção Sul

Tempo de viagem 1 h e 15 min

Ônibus Há ônibus da estação Roztyly do metrô em Praga até Benešov (39Kč, 40 min, a cada meia hora) – o destino é Pelhřimov ou Jihlava. E há ônibus para Benešov da rodoviária em Florenc (48Kč, 40 minutos, oito por dia).

Trem Há trens a toda hora da estação Hlavní nádraží para Benešov u Prahy (68Kč, 1 h e 15 min, toda hora). Konopiště fica a 2 km a oeste de Benešov. O ônibus 2, local (10Kč, 6 minutos, a cada hora), vai da Dukelská, a 400 m ao norte da estação de trem (vire à esquerda ao sair da estação de trem, pegue a primeira à direita na Tyršova e a primeira à esquerda) até o estacionamento do castelo. Se preferir andar, vire à esquerda ao sair da estação de trem, vá para a esquerda pela ponte sobre a linha do trem e siga a rua Konopištská rumo ao oeste por 2 km.

Hotel Atlas (☎ 317 724 771; www.hotel-atlas.cz; Tyršova 2063, Benešov; s/c a partir de 810/920Kč) Esse lugar é simples e funcional, mas os quartos são impecáveis e aconchegantes. Benešov fica a apenas dois quilômetros do Château Konopiště.

Hotel Nová Myslivna (☎ 317 722 496; www.e-stranka.cz/novamyslivna; Konopiště; q por pessoa a partir de 375Kč; P) O telhado inclinado desse hotel estilo chalé contrasta um pouco com as linhas mais suaves do castelo, mas a localização, ao lado do estacionamento do Château Konopiště, é imbatível.

MĚLNÍK

Mělník, a uma hora de carro ao norte de Praga, se espalha por um promontório rochoso cercado pela amplidão da planície da Boêmia Central. Ferozmente simpática aos hussitas, a cidade foi arrasada por soldados suecos na Guerra dos Trinta Anos (1618-48), mas o castelo foi reconstruído como um *château* mais bonito e menos ameaçador, e o centro mantém uma identidade histórica forte. A modernidade alcançou os limites da cidade, levando à sua periferia um punhado de fábricas, mas as vistas a partir do castelo continuaram intactas, e Mělník permanece um bom lugar para degustação de vinho – a cidade é o centro da modesta região vinícola da Boêmia.

O **Château Mělník** (Zámek Mělník; ☎ 315 622 121; www.lobkowicz-melnik.cz; inteira/meia 80/60Kč; 10-17 h) foi comprado pela família Lobkowicz em 1739; seus novos donos o abriram para o público em 1990. Então, você pode perambular pelos antigos aposentos, que estão abarrotados com uma rica coleção de mobiliário barroco e pinturas dos séculos XVII e XVIII, numa visita autoguiada com texto em inglês. Outras salas têm exposições temporárias de obras modernas e uma fabulosa coleção de mapas e gravuras do século XVII mostrando as grandes cidades da Europa. Outra excursão desce até as adegas de vinho do século XIV, onde você pode provar os vinhos do castelo; uma loja no pátio vende a marca própria do château. As degustações de vinho custam de 90Kč a 220Kč.

Ao lado do château fica a **Igreja de São Pedro e São Paulo** (kostel sv Petra a Pavla), gótica do século XV, com ornamentação e torre barrocas. Alguns remanescentes da predecessora românica foram incorporados ao fundo da construção. A antiga cripta é, hoje, um *ossário* (adulto/criança 30/15 Kč; 9h30-12h30 e 13h15-16 h ter-sex, 10 h-12h30 e 13h15-16 h sáb e dom), lotado com os ossos de cerca de 10 mil pessoas, exumados para dar lugar às vítimas da peste do século XVI, arrumados em padrões macabros. Essa cripta é muito mais visceral – e claustrofóbica do que o ossuário em Sedlec (veja p. 243); o chão é de terra batida, e você literalmente fica esbarrando os ombros nos ossos empilhados.

O caminho entre o château e a igreja leva a um *terraço* com uma vista maravilhosa para o rio e o campo da Boêmia Central. As encostas íngremes abaixo do terraço são cobertas por parreiras – supostamente descendentes das primeiras parreiras levadas à Boêmia por Carlos VI, no século XIV.

INFORMAÇÕES

Escritório de Informações Turísticas (☎ 315 627 503; www.melnik.cz; náměstí Míru 11; 9-17 h diariamente mai-set, seg-sex apenas out-abr) Vende mapas e guias históricos e pode ajudar com hospedagem.

ONDE COMER E BEBER

Restaurace sv Václav (☎ 315 622 126; Svatováclavská 22; pratos 120-180Kč; 11-23 h) Decoração em madeira escura, umidificadores de charuto, cadeiras de couro vermelho e um terraço que é uma armadilha num dia ensolarado se combinam para fazer desse um dos restaurantes mais atraentes de Mělník.

Kavárna ve Věží (☎ 315 621 954; ulice 5.května; pratos 30-70Kč; 7-22 h seg-sex, 14-22 h sáb e dom) Instalado na torre medieval do Portão de Praga (um dos portões da cidade velha), esse café e galeria de arte se espalha por três andares ligados por escadas de madeira que rangem, e um engenhoso serviço: escreva seu pedido no bloco, toque o sino, e a bandeja desce, voltando, depois, com seu pedido. Escolha algo da extensa gama de cafés moídos na hora, chás exóticos, vinhos locais, cerveja e *medovina* (hidromel).

TRANSPORTE: MĚLNÍK

Distância de Praga 30 km

Direção Norte

Tempo de viagem Uma hora

Ônibus Em dias de semana, os ônibus partem para Mělník (46Kč, 45 minutos, a cada 30 minutos) da parada 10 na estação de ônibus fora da estação de trem Praha-Holešovice; compre a passagem com o motorista (só ida).

ONDE DORMIR

Hotel U Rytířů (☎ 315 621 440; www.urytiru.cz; Svatová-clavská 17; c 2100-2700Kč) Bem localizado ao lado do castelo, esse lugarzinho opulento tem quartos luxuosos tipo apartamento com todos os confortos e um restaurante no jardim (pratos 110Kč a 250Kč; aberto de 8-23 h).

Pensão Hana (☎ 315 622 485; Fugnerova 714; s 450-600Kč, c 900-1200Kč;) Administrada por uma simpática família com filhos que falam excelente inglês, a Pensão Hana tem 10 quartos amplos, alguns com vista para um jardim privado, ótimo em dias ensolarados. A cidade velha fica a uma caminhada íngreme de dez minutos.

LIDICE, TEREZÍN E LITOMĚŘICE

O campo boêmio ao norte de Praga abarca duas vilas que fazem lembrar os horrores infligidos ao povo tcheco durante a II Guerra Mundial. Se você for de carro, Lidice e Terezín podem ser visitadas em um dia; se quiser passar a noite, vá até a atraente cidade de Litoměřice, 3 km ao norte de Terezín. Usando transporte público, só haverá tempo para uma delas no mesmo dia.

LIDICE

Quando paraquedistas tchecoslovacos treinados pelos britânicos mataram o Reichsprotektor Reinhard Heydrich, em junho de 1942 (veja quadro na p. 118), os nazistas se vingaram cruelmente. Escolhendo a aldeia de mineração e metalurgia aparentemente ao acaso, eles se dedicaram, em 10 de junho de 1942, a apagá-la da face da Terra. Todos os homens da cidade foram fuzilados, as mulheres e as crianças mais velhas foram mandadas para o campo de concentração de Ravensbrück, e as crianças pequenas foram entregues a famílias adotivas na Alemanha. A aldeia foi então sistematicamente incendiada e demolida para que não sobrasse nenhum traço dela. Dos quinhentos habitantes, 192 homens, 60 mulheres e 88 crianças morreram. A atrocidade chocou o mundo e desencadeou uma campanha para preservar a lembrança da aldeia, hoje uma área verde, eloquente em seu silêncio, pontilhada por alguns monumentos e as instalações reconstruídas de uma fazenda onde os homens foram mortos.

O **Museu Lidice** (www.lidice-memorial.cz; Lidice; inteira/

TRANSPORTE: LIDICE

Distância de Praga 18 km
Direção Noroeste
Tempo de viagem 30 minutos
Ônibus Ônibus de Praga para Lidice (26Kč, 30 minutos, a cada hora) saem do ponto na Evropská, em frente ao Hotel Diplomat, a oeste da estação do metrô Dejvická (mapa p. 136).

meia 80/40Kč; 9-18 h abr-out, às 17 h mar, às 16 h nov-fev) recria a aldeia com fotos, textos e uma emocionante exposição multimídia, e também exibe filmes da destruição feitos pela SS. Uma nova instalação, em frente ao museu, exibe documentários em tcheco, alemão e inglês.

TEREZÍN

Um maciço bastião de pedra e terra, a fortaleza de Terezín (Theresienstadt em alemão) foi construída em 1870 pelo imperador José II com um único propósito: manter os inimigos fora. Ironicamente, é mais famosa por manter gente dentro – serviu como prisão política nos últimos dias do império Habsburgo. Gavrilo Princip, o assassino do arquiduque Franz Ferdinand em 1914, foi preso ali durante a I Guerra Mundial, e quando os alemães assumiram o controle durante a II Guerra Mundial, a fortaleza se tornou uma horrível casa de detenção para judeus a caminho dos campos de extermínio. Ao contrário da face barroca colorida de muitas das cidades tchecas, Terezín é um duro, mas profundamente significativo, monumento ao lado mais obscuro do passado da Europa.

A fase mais sinistra da história de Terezín começa em 1940, quando a Gestapo instalou uma prisão na Fortaleza Menor. Expulsando os habitantes da Fortaleza Principal no ano seguinte, os nazistas transformaram a cidade num campo de trânsito pelo qual umas 150 mil pessoas passaram, a caminho dos campos de extermínio. Para a maioria, as condições eram terríveis. Entre abril e setembro de 1942, a população do gueto cresceu de 12.968 para 58.491, deixando cada prisioneiro com apenas 1,65 m^2 de espaço e causando doenças e fome em escala assustadora. No mesmo período, o número de mortes dentro dos muros da prisão aumentou cerca de quinze vezes.

Terezín tornou-se depois a peça central de um dos mais extraordinários golpes de relações públicas dos nazistas. Visitantes oficiais à fortaleza, incluindo representantes da Cruz

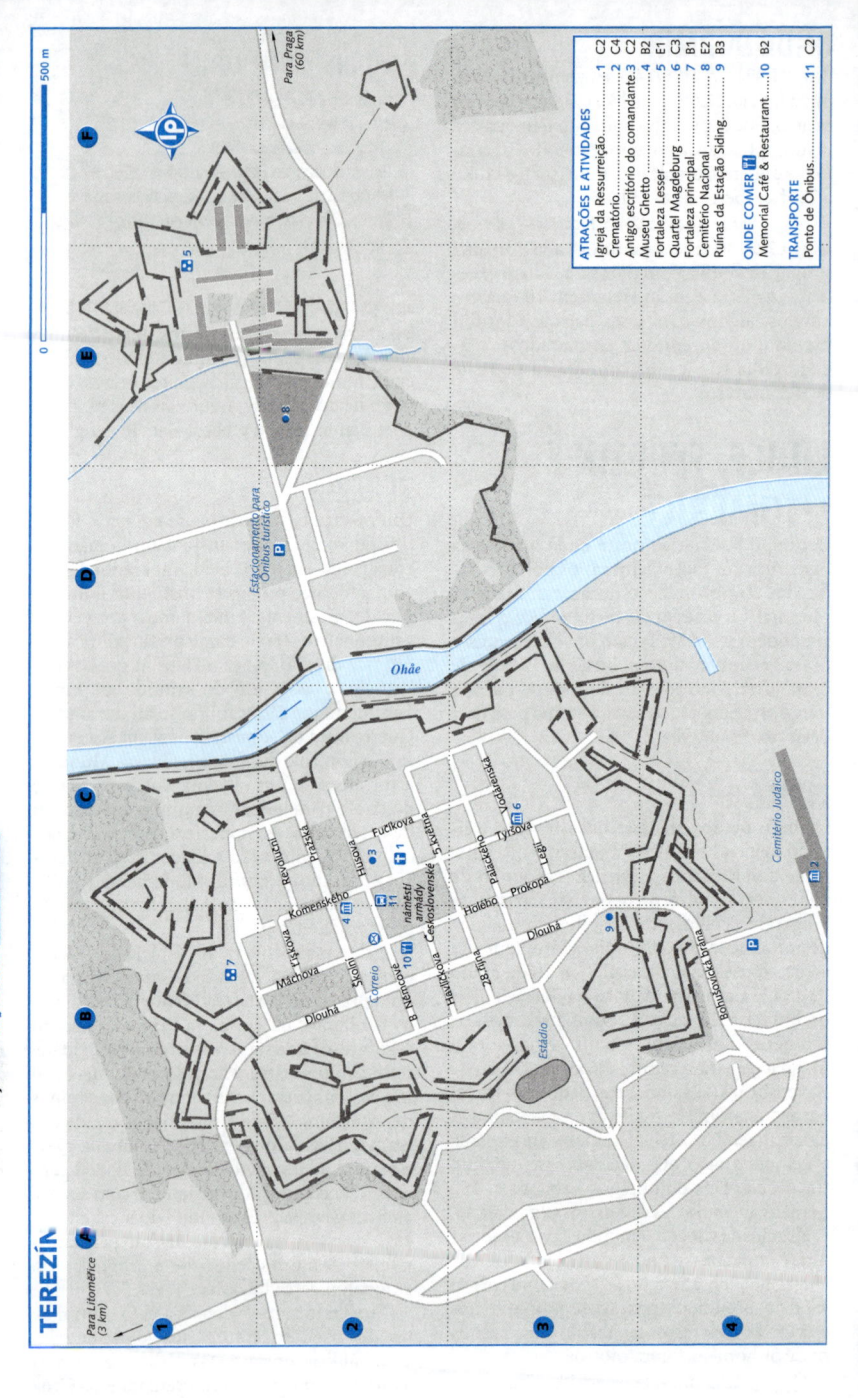

TEREZÍN

ATRAÇÕES E ATIVIDADES	
Igreja da Ressurreição	1 C2
Crematório	2 C4
Antigo escritório do comandante	3 C2
Museu Ghetto	4 B2
Fortaleza Lesser	5 E1
Quartel Magdeburg	6 C3
Fortaleza principal	7 B1
Cemitério Nacional	8 E2
Ruínas da Estação Siding	9 B3

ONDE COMER	
Memorial Café & Restaurant	10 B2

TRANSPORTE	
Ponto de Ônibus	11 C2

Para Praga (60 km)

Para Litoměřice (3 km)

Estacionamento para Ônibus turístico

Ohâe

Cemitério Judaico

Estádio

EXCURSÕES TEREZÍN

lonelyplanet.com

240

Vermelha, viram uma farsa que mostrava a cidade como "refúgio" judeu, com uma administração judaica, bancos, lojas, cafés, escolas e uma florescente vida cultural – tinha até uma banda de jazz – numa encenação que enganou completamente, por duas vezes, observadores internacionais. Na realidade Terezín era o lar de uma população de prisioneiros em crescimento constante, com trens que partiam regularmente para as câmaras de gás de Auschwitz, e foi o local da morte por fome, doença ou suicídio de cerca de 35 mil pessoas.

Do chão, a simples escala do labirinto de muralhas e fossos que cercam a Fortaleza Principal (Hlavní pevnost) é insondável – principalmente porque a cidade está, na verdade, dentro dela. De fato, ao chegar de ônibus ou de carro, a praça central não parece diferente de centenas de outros centros de cidades velhas. Mas dar uma olhada na fotografia aérea no Museu do Gueto, ou caminhar além das muralhas rumo à Fortaleza Menor, e a visão que se tem é outra. No coração da Fortaleza Principal fica o cuidadoso quadriculado de ruas que forma a cidade de Terezín. Há pouca coisa a ver, excetuando-se a Igreja da Ressurreição, do século XIX, o gabinete do ex-comandante, em arcos, os prédios administrativos neoclássicos na praça e o quadriculado de casas ao redor, com seus horríveis segredos. Ao sul da praça ficam os anônimos remanescentes de uma ferrovia secundária, construída pelos prisioneiros, pela qual outros carregamentos de prisioneiros chegavam – e partiam.

A principal atração ali é o interessante Museu do Gueto (Muzeum ghetta; ☎ 416 782 576; www.pamatnik-terezin.cz; Komenského, Terezín; adulto/criança 160/130Kč; ⏰ 9-18 h abr-out, às 17h30 nov-mar), que tem duas alas. A principal explora a ascensão do nazismo e a vida no gueto de Terezín usando bibelôs de época com um efeito evocativo e desconcertante. Erguido no século XIX para abrigar a escola local, o prédio do museu foi, depois, usado pelos nazistas para acomodar os meninos de dez a quinze anos do campo. As assombrosas imagens pintadas por essas crianças ainda decoram as paredes. Uma ala mais nova fica no quartel Magdeburg (Magdeburská kasárna), que serviu de sede do 'conselho municipal' judaico. Lá você pode visitar um dormitório reconstruído e ver exposições sobre a vida cultural excepcionalmente rica – música, teatro, belas-artes e literatura – que, de algum modo, florescia contra o pano de fundo do medo. Há também uma pequena exposição no austero Crematório (Krematorium; ⏰ 10-18 h dom-sex abr-out, às 16 h dom-sex nov-mar) no Cemitério Judaico logo à saída de Bohušovická brána, a cerca de 750 metros ao sul da praça principal. O Museu do Gueto tem bons panfletos-guias multilíngues, uma grande variedade de livros à venda, e guias (alguns deles sobreviventes do gueto) para ajudar.

Você pode fazer uma visita autoguiada pela Fortaleza Menor (Malá pevnost; ☎ 416 782 576; www.pamatnik-terezin.cz; Terezín; inteira/meia 160/130Kč; ⏰ 8-18 h abr-out, às 16h30 nov-mar) através de blocos de celas, solitárias, oficinas e necrotério, paredões de fuzilamento e antigas valas comuns. Seria difícil imaginar um lugar mais ameaçador, e é só quando se perambula pelos aparentemente intermináveis túneis sob as muralhas que você começa a se dar conta das grandes dimensões da fortaleza. O debochado slogan nazista dos campos de concentração, *Arbeit Macht Frei* ("O trabalho liberta"), pende acima do portão. Em frente da fortaleza há um Cemitério Nacional, fundado em 1945 para os exumados das valas comuns nazistas. Um ingresso para o Museu do Gueto mais a Fortaleza Menor custa 200/150Kč.

LITOMĚŘICE

Depois de ranger os dentes com os horrores de Terezín, Litoměřice é sua chance de respirar. Embora a poucos quilômetros ao norte da infame fortaleza, essa cidade adoravelmente antiquada à margem do rio está muito mais afastada em termos de atmosfera. Fachadas em tons pastel e frontões intrincados competem pelo predomínio na praça central, e os animados bares e restaurantes da cidade são os anfitriões de algumas madrugadas vibrantes. Antes estridentemente hussita, Litoměřice teve muito de sua face gótica arrasada durante a Guerra dos Trinta Anos, e, hoje, o despretensioso castelo da cidade faz segunda voz para casas de ar renascentista e igrejas impressionantes (muitas do admirado arquiteto do século XVIII Ottavio Broggio).

Dominando Mírové náměstí, na atrativa praça principal da cidade, fica a torre da Igreja de Todos os Santos (kostel Všech svatých), construída no século XIII e retocada à la Broggio em 1718. Ao lado, com múltiplos frontões, arcos pontudos e uma torre coberta de cobre fica a bela e gótica Velha Prefeitura (Stará radnice), que inclui um pequeno museu da cidade. Mais marcante é a Casa da Águia Negra (dům U černého orla), renascentista, de 1560, coberta de cenas bíblicas em *sgraffito* e sede do Hotel Salva Guarda. Algumas portas à frente fica a atual

> **TRANSPORTE: TEREZÍN E LITOMĚŘICE**
>
> **Distância de Praga** 60 km (até Terezín)
> **Direção** Norte
> **Tempo de viagem** 1 h e 30 min
> **Ônibus** Saem ônibus direto de Praga para Litoměřice (75Kč, uma hora, a cada hora), que param em Terezín, partem da estação de ônibus do lado de fora da estação de trem Praha-Holešovice. Os ônibus também são frequentes entre Litoměřice e Terezín (12Kč, 10 minutos, pelo menos a cada hora).

prefeitura na casa do Cálice (dům U kalicha), de 1539, com um enorme cálice hussita no telhado. Esse prédio também abriga o escritório de informações turísticas. A fatia fina de bolo de noiva barroco na extremidade superior da praça é a casa de Ottavio Broggio.

Ao longo da Michalská no canto sudoeste da praça, você vai achar outra casa em que Broggio deixou sua marca, a excelente Galeria de Belas-Artes da Boêmia do Norte (Severo česká galerie výtvarného umění; ☎ 416 732 382; Michalská 7, Litoměřice; inteira/meia 32/16Kč; 9-12 h e 13-18 h ter-dom abr-set, 9-12 h e 13-17 h ter-dom out-mar) com os painéis renascentistas do retábulo Litoměřice.

Vire à esquerda no fim da Michalská e siga a Domská na direção da gramada e arborizada Domské náměstí no Monte da Catedral, passando pela bela Igreja de São Venceslau (kostel sv Václav), uma verdadeira pérola barroca, ao lado de uma rua lateral à direita. No topo da colina fica a igreja mais antiga da cidade, a Catedral de Santo Estêvão (Chrám sv Štěpán), que data do século XI.

Passe pelo arco à esquerda da catedral e desça a alameda íngreme pavimentada de pedras que se chama Máchova. Ao pé da colina, vire à esquerda e pegue a primeira à direita, suba as escadas em zigue-zague até as muralhas da cidade velha. Siga as muralhas à direita até a próxima rua, Jezuitská, onde uma curva à esquerda leva de volta à praça.

INFORMAÇÕES
Agência oficial de turismo (☎ 416 732 440; www.litomerice.info.cz; Mírové náměstí 15, Litoměřice; 9-18 h mai-set, 9-17 h seg-qui, 9-16 h sex, 10-13 h sáb out-abr)

ONDE COMER
Bašta Steakhouse (☎ 608 437 783; Mezibraní 5, Litoměřice; pratos 100-450Kč; 11-0 h) Instalado num antigo bastião nas muralhas da cidade velha, esse animado restaurante em frente da estação de trem se orgulha de sua grelha a carvão que prepara de paleta de búfalo a bistecas.

Memorial Café & Restaurant (☎ 416 783 082; nám Československé armády, Terezín; refeições 130-270Kč) Parte do redecorado Hotel Memorial, serve suculentas refeições tchecas, massas e vinho *kosher* numa varanda na praça principal, muito iluminada em dias de sol.

ONDE DORMIR
Hotel Salva Guarda (☎ 416 732 506; www.salva-guarda.cz; Mírové náměstí 12, Litoměřice; s/c a partir de 1220/1000Kč; P) O melhor hotel de Litoměřice está instalado na adorável casa da Águia Negra; ele também tem o melhor restaurante da praça.

Pensão Prislin (☎ 416 735 833; www.prislin.cz; Na Kocandě 12, Litoměřice; s/c 750/1260Kč; P) A vista para o rio e o café da manhã no jardim são boas razões para escolher a familiar Prislin, a cinco minutos a pé da praça, pela rua principal.

U svatého Václava (☎ 416 737 500; www.upfront.cz/penzion; Svatováclavská 12, Litoměřice; s/c 800/1200Kč) Escondido na sombra da Igreja de São Venceslau, esse belo casarão é uma pensão de primeira com sauna, quartos bem equipados e um proprietário de avental que prepara um belo café da manhã.

KUTNÁ HORA
Hoje pequena perto da Praga do século XXI, Kutná Hora antes acompanhava a capital e, com uma ajudazinha do destino, poderia até ter roubado a coroa como centro e coração da Boêmia. Enriquecida pelo minério de prata que corre em veios através das colinas que a circundam, a cidade medieval já teve um crescimento vertiginoso, tornando-se sede da casa da moeda real de Venceslau II em 1308 e residência de Venceslau IV menos de cem anos depois. As *groschen* de prata cunhadas lá naquele tempo eram a moeda forte da Europa Central. Mas, enquanto a Kutná Hora da época do *boom* era a indiscutível rival de Praga, a cidade perdeu importância quando as minas começaram a engasgar e secar no século XVI, com seu fim apressado pela Guerra dos Trinta Anos e, por fim, por um incêndio devastador em 1770. Enquanto a capital continuou a crescer, sua irmã desapareceu.

Mas isso não significa que todos se esqueceram dela. Kutná Hora é hoje uma grande atração turística – incluída na lista de Patrimônio da Humanidade da Unesco, em 1996 –, atraindo visitantes com um leque de atrações históricas e uma boa dose de nostalgia. Sobre os bastiões que cercam a poderosa Catedral de Santa Bárbara, olhando para os telhados que lembram Malá Strana, em Praga, é fácil se deixar levar por um melancólico o-que--poderia-ter-sido.

Se você chegar de trem, uma primeira parada natural é a notável "igreja de osso" do Ossário de Sedlec (kostnice; ☎ 327 561 143; www.kostnice.cz; Zámecká 127; inteira/meia 50/30 Kč; 8-18 h abr-set, 9-12 h e 13-17 h mar e out, 9-12 h e 13-16 h nov-fev), uma caminhada de 800 m para o sul saindo da estação de trem principal de Kutná Hora. Quando a família Schwarzenberg comprou o mosteiro Sedlec em 1870, deixou um entalhador de madeira exercer sua criatividade com os ossos empilhados na cripta durante séculos. Não se trata de um montinho qualquer de ossos: eram os restos mortais de 40 mil pessoas. O resultado é espetacular – guirlandas de caveiras e fêmures estão penduradas no teto abobadado como uma decoração de Natal da Família Addams, e, no centro, pende um grande candelabro com pelo menos um de cada osso do corpo humano. Quatro pirâmides gigantes de ossos empilhados ocupam cada uma das capelas nos cantos, e cruzes, cálices e ostensórios de osso enfeitam o altar. Há até um brasão dos Schwarzenberg em osso – repare no corvo arrancando o olho da cabeça de um turco, um símbolo assustador dessa família.

De Sedlec, é uma caminhada de 1,5 km (ou cinco minutos de ônibus) até o centro de Kutná Hora. Palackého náměstí, a praça principal, não tem nada de mais; a parte mais

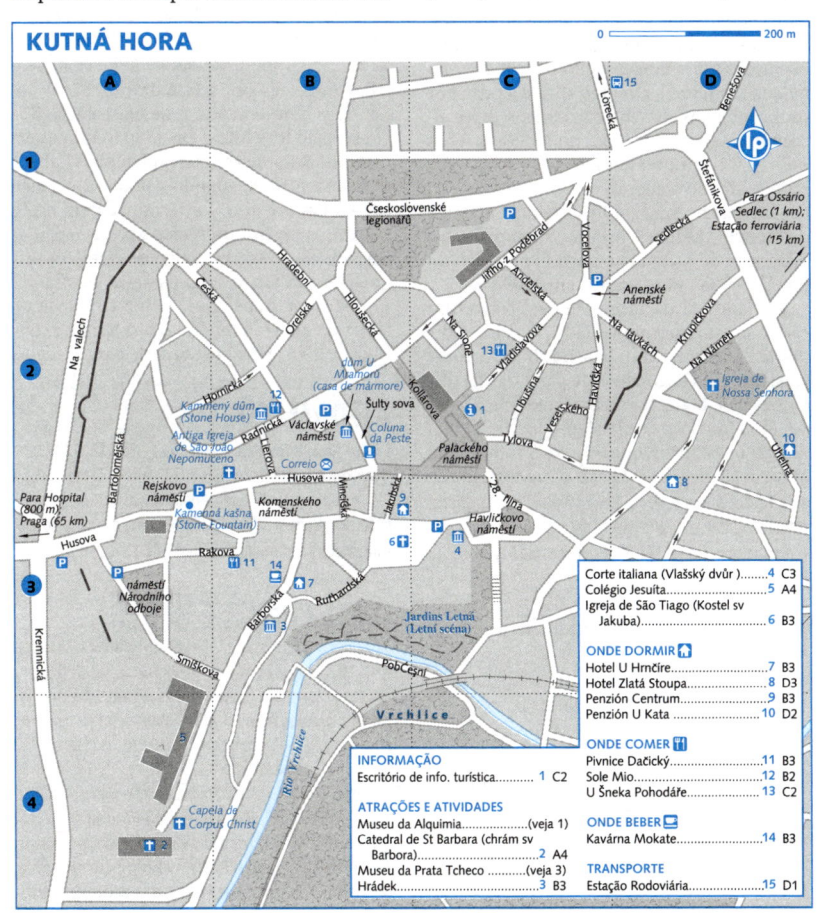

KUTNÁ HORA

INFORMAÇÃO	
Escritório de info. turística............	1 C2

ATRAÇÕES E ATIVIDADES	
Museu da Alquimia................(veja 1)	
Catedral de St Barbara (chrám sv Barbora)....................................	2 A4
Museu da Prata Tcheco ....(veja 3)	
Hrádek...	3 B3
Corte italiana (Vlašský dvůr)........	4 C3
Colégio Jesuíta.............................	5 A4
Igreja de São Tiago (Kostel sv Jakuba)......................................	6 B3

ONDE DORMIR	
Hotel U Hrnčíře.............................	7 B3
Hotel Zlatá Stoupa.......................	8 D3
Penzión Centrum..........................	9 B3
Penzión U Kata	10 D2

ONDE COMER	
Pivnice Dačický............................	11 B3
Sole Mio.......................................	12 B2
U Šneka Pohodáře........................	13 C2

ONDE BEBER	
Kavárna Mokate...........................	14 B3

TRANSPORTE	
Estação Rodoviária.......................	15 D1

interessante da cidade velha fica no sul dela. Antes, porém, dê uma olhada no Museu da Alquimia (☎ 327 511 259; Palackého náměstí 377; inteira/meia 50/30Kč; ⊙ 10-17 h abr-out, às 16 h nov-mar), no mesmo prédio do escritório de informações turísticas, com laboratório no porão, capela gótica, um cientista louco como curador etc.

Da extremidade superior da praça, um caminho estreito chamado Jakubská leva diretamente à Igreja de São Tiago (kostel sv Jakuba; 1330). Logo a leste da igreja fica a Corte Italiana (Vlašský dvůr; ☎ 327 512 873; Havlíčkovo náměstí 552; inteira/meia 100/60Kč; ⊙ 9-18 h abr-set, 10-17 h mar e out, 10-16 h nov-fev), a antiga casa da moeda – chamada assim por causa do artesão florentino trazido por Venceslau II para começar o negócio e que passou a cunhar moedas de prata no local, em 1300. A parte remanescente mais antiga, os nichos no pátio (agora tampados com tijolos), eram oficinas dos cunhadores. As salas do tesouro originais abrigam uma exposição sobre moedas e cunhagem. A visita guiada (com texto em inglês) vale a pena por causa de alguns aposentos históricos, especialmente uma Sala de Audiência do século XV com dois murais impressionantes do século XIX, representando a eleição de Vladislav Jagiello como rei da Boêmia em 1471 (o homem bravo de branco é Matias Corvinus, o Perdedor), e o Decreto de Kutná Hora sendo proclamado por Venceslau IV e Jan Hus em 1409.

Do lado sul da Igreja de São Tiago, um caminho estreito pavimentado de pedras (Ruthardská) desce, subindo a seguir até o Hrádek (castelinho). Originalmente parte das fortificações da cidade, foi reconstruído no século XV como residência de Jan Smíšek, administrador das minas reais, que ficou rico com a prata que extraía ilegalmente sob o prédio. Hoje, é a sede do Museu da Prata Tcheco (České muzeum stříbra; ☎ 327 512 159; inteira/meia 60/30Kč; ⊙ 10-18 h jul e ago, 9-18 h mai, jun e set, 9-17 h abr e out, fechado nov-mar e seg

o ano todo). Os itens expostos celebram as minas que enriqueceram Kutná Hora e incluem um enorme instrumento de madeira usado para erguer cargas de uma tonelada de galerias de até 200 m de profundidade. Para ver de perto, é preciso usar um capacete de mineiro com lâmpada; são 45 minutos de visita guiada (inteira/meia 110/70Kč) pelos 500 m de galerias de mina medievais sob a cidade.

Logo depois do Hrádek fica o antigo Colégio Jesuíta, precedido de um terraço com uma fileira de treze imagens de santos, um arranjo inspirado nas estátuas da Ponte Carlos, em Praga. Todas estão relacionadas aos jesuítas e/ou à cidade; a segunda estátua – a mulher segurando um cálice com uma torre de pedra a seu lado – é Santa Bárbara, padroeira dos mineiros e, portanto, de Kutná Hora.

Ao fundo do terraço fica o maior monumento de Kutná Hora: a Catedral de Santa Bárbara (Chrám sv Barbora; ☎ 776 393 938; inteira/meia 50/30Kč; ⊙ 9-17h30 ter-dom mai-set, 10-16 h ter-dom out-abr). Concorre com a Catedral de São Vito, de Praga, em tamanho e magnificência. Sua construção teve início em 1380, sendo interrompida durante as Guerras Hussitas e abandonada em 1558, quando a prata começou a se esgotar. Por fim, foi terminada em estilo neogótico no fim do século XIX. As capelas do deambulatório conservam algo dos afrescos originais do século XV, alguns deles mostrando mineiros no trabalho. Dê uma circulada ao redor da igreja, também; o terraço na extremidade leste tem a melhor vista para a cidade.

INFORMAÇÕES

Escritório de informações turísticas (☎ 327 512 378; www.kh.cz; Palackého náměstí 377; ⊙ 9-18 h abr-out, 9-17 h seg-sex, 10-16 h sáb e dom nov-mar) Reserva hospedagem, aluga bicicletas (220Kč por dia) e fornece acesso à internet (1Kč por minuto, mínimo de 15Kč).

ONDE COMER E BEBER

U Šneka Pohodáře (☎ 327 515 987; Vladislavova 11; pizzas 90-130Kč) Os melhores sabores italianos de Kutná Hora estão nesse lugar aconchegante muito popular entre os moradores pelas pizzas e massas. E, não, não sabemos por que ele se chama "O Caracol Satisfeito".

Sole Mio (☎ 327 515 505; Česká 184; pratos 90-120Kč; ⊙ 11-22 h dom-qui, às 23 h sex e sáb) Escolha uma das quarenta variedades de pizza desse pequeno restaurante caseiro com – surpresa, surpresa, levando em conta o nome – um monte de sóis.

TRANSPORTE: KUTNÁ HORA

Distância de Praga 65 km

Direção Leste

Tempo de viagem 1 h e 30 min

Ônibus Há cerca de seis ônibus diretos por dia, só em dias de semana, da parada 2 da rodoviária Florenc em Praga para Kutná Hora (68Kč, 1 h e 15 min).

Trem Há trens diretos da estação principal de Praga para Kutná Hora Hlavní Nádraží (180Kč ida e volta, 55 minutos, sete por dia).

Pivnice Dačický (☎ 327 512 248; Rakova 8; pratos 110-250Kč; ⊙ 11-23 h) Ganhe seu bigode de espuma nessa cervejaria boêmia da velha guarda. Há cinco chopes diferentes à sua escolha, incluindo Pilsner Urquell, Budvar e Primátor. Os bolinhos cozidos acompanham bem.

Kavárna Mokate (Barborská 37; ⊙ 8-22 h seg-sex, 10-22 h sáb, 10-20 h dom) Pequeno e aconchegante. A decoração não combina muito, mas serve uma grande variedade de cafés moídos na hora e chás exóticos, assim como chá e café gelados no verão.

ONDE DORMIR

Penzión U Kata (☎ 327 515 096; www.ukata.cz; Uhelná 596; s/c/t 500/760/1140Kč; 🛜) Acredite, você vai ficar bem nesse hotel familiar de boa relação custo-benefício chamado "O Carrasco". Fica pertinho da rodoviária e aluga bicicletas.

Hotel Zlatá Stoupa (☎ 327 511 540; zlatastoupa@iol.cz; Tylova 426; s/c a partir de 1220/1980Kč; **P**) Se você quer se mimar, o "Monte Dourado" é o mais luxuoso da cidade. Nós gostamos de um quarto em que o minibar tem grandes garrafas de vinho.

Penzión Centrum (☎ 327 514 218; www.sweb.cz/penzion_centrum; Jakubská 57; c/t 1000/1400Kč; **P**) Escondido num tranquilo e florido pátio que sai da principal via de Kutná Hora, oferece quartos confortáveis e jardim.

Hotel U Hrnčíře (☎ 327 512 113; www.hoteluhrncire.cz; Barborská 24; s/c/t 800/1300/1500Kč) Esta casa rosa lindamente ornamentada tem cinco quartos de casal estilosos (as diárias dependem da estação e das instalações) e uma agradável varanda no jardim nos fundos.

ČESKÝ KRUMLOV

Český Krumlov, bem ao sul da Boêmia, é uma das cidades mais pitorescas da Europa; preservou quase que inalterada sua aparência desde o século XVIII e, em 1992, entrou na lista do Patrimônio da Humanidade, da Unesco. É um pouco como uma Praga em miniatura – tem um impressionante castelo acima do rio Moldava, uma praça de cidade velha, arquitetura renascentista e barroca, e hordas de turistas circulando pelas ruas, mas tudo em menor escala; dá para caminhar de um extremo a outro da cidade em dez minutos. Há muitos bares animados e locais para piquenique à beira do rio – no verão, é popular entre mochileiros. Pode ser mágico no inverno, mas apenas quando

TRANSPORTE: ČESKÝ KRUMLOV

Distância de Praga 180 km

Direção Sul

Tempo de viagem Três horas

Ônibus Student Agency (www.studentagency.cz) opera sete ou oito ônibus de luxo da rodoviária Na Knížecí de Praga (perto da estação Anděl do metrô) para Český Krumlov (320Kč ida e volta, três horas).

as multidões se vão e o castelo fica coberto de neve.

A cidade velha, quase circundada pelo rio Moldava, é vigiada pelo **Castelo de Český Krumlov** (☎ 380 704 721; www.castle.ckrumlov.cz; ⊙ 9-18 h ter-dom jun-ago, 9-17 h abr, mai, set e out), e sua **Torre Redonda** (inteira/meia 50/30Kč), elaboradamente decorada, permite três visitas guiadas: a Visita I (inteira/meia 240/140Kč em inglês; uma hora) vai pelos opulentos aposentos renascentistas, incluindo a capela, a suíte barroca, a galeria de quadros e o salão de baile, enquanto a Visita II (180/100Kč; uma hora) percorre a galeria de retratos dos Schwarzenberg e apartamentos usados no século XIX; a Visita do Teatro (inteira/meia 380/220Kč; 40 minutos, 10-16 h terça a domingo de maio a outubro) explora o notável teatro rococó do château, com o maquinário original de palco e tudo. Jardins e pátios têm livre acesso. O caminho além do quarto pátio vai através do espetacular **Most ná Plášti** para os jardins do castelo. Uma rampa à direita leva à **antiga escola de equitação**, hoje um restaurante. O relevo acima da porta mostra querubins oferecendo a cabeça e as botas de um turco vencido – uma referência a Adolf von Schwarzenberg, que conquistou a fortaleza turca de Raab no século XVI. Dali, os **Zámecká zahrada** (jardins do castelo) de estilo italiano se estendem em direção ao **Pavilhão de Verão Bellarie**.

Do outro lado do rio fica a **praça da Cidade Velha** (nám Svornosti), com a **Prefeitura**, do século XVI, e a **Coluna Mariana** (Mariánský sloupek), de 1716.

Abaixo da praça, fica o **Egon Schiele Centrum** (☎ 380 704 011; www.schieleartcentrum.cz; Široká 70-72; inteira/meia 120/70 Kč; ⊙ 10-18 h ter-dom). Inaugurada em 1993, essa excelente galeria privada tem uma retrospectiva do pintor vienense Egon Schiele (1890–1918), que viveu por um breve período em Krumlov em 1911 e atiçou a ira da população contratando garotas jovens para posar nuas para suas obras.

CESKY KRUMLOV

ATRAÇÕES E ATIVIDADES	
Castelo Český Krumlov	1 B3
Egon Schiele Centrum	2 B4
Antiga escola de equitação	3 A3
Maleček	4 C4
Coluna Mariana (Mariánský Sloupek)	5 B4
Torre Redonda	6 B3
Prefeitura	7 B4

ONDE DORMIR	
Dilettante's Hangout	8 B5
Pension Myší Díra	9 C4

ONDE COMER	
Cikánská jizba	10 B4
Krčma v Šatlavské	11 B4
Laibon	12 B4

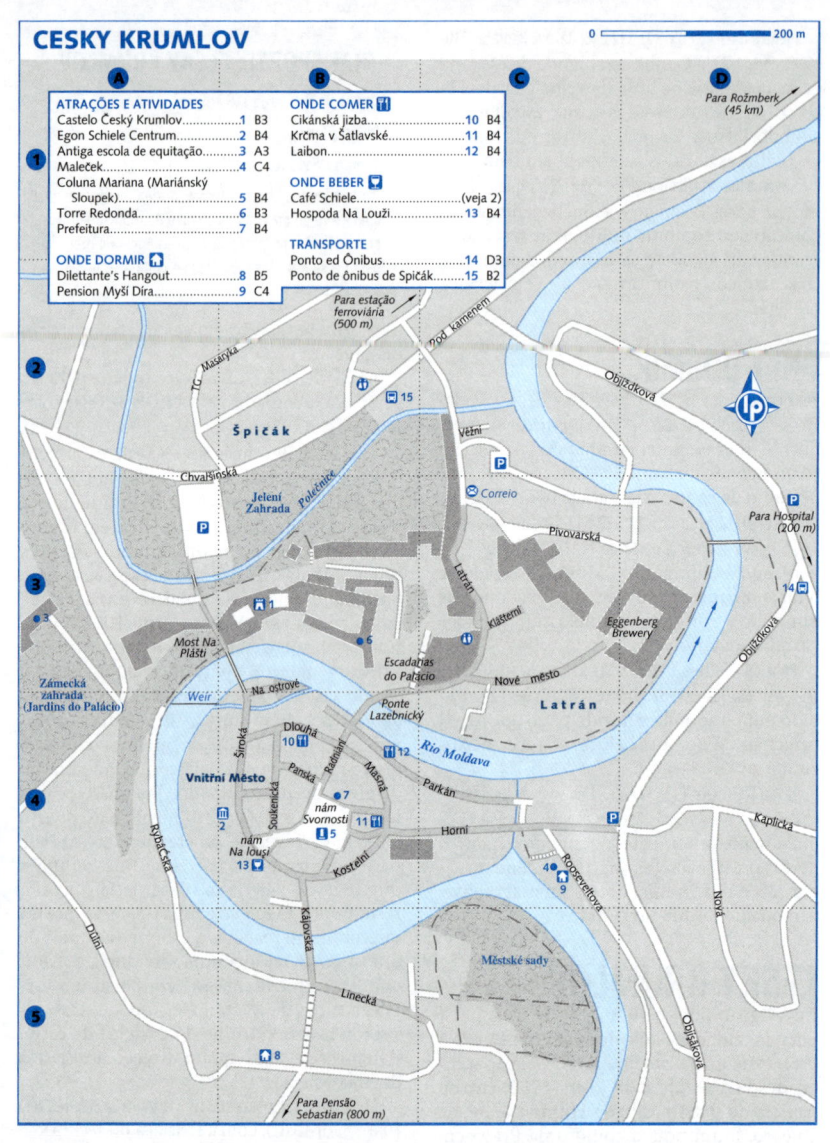

ONDE BEBER	
Café Schiele	(veja 2)
Hospoda Na Louži	13 B4

TRANSPORTE	
Ponto ed Ônibus	14 D3
Ponto de ônibus de Spičák	15 B2

No verão, o rio é uma boa pedida para brincar ou passear de barco. Alugue um em Maleček (☎ 380 712 508; http://en.malecek.cz; Rooseveltova 28; ⓧ 9-17 h) – um passeio de meia hora em um bote para duas pessoas custa 350Kč, e uma canoa para o dia inteiro rio abaixo da cidade de Rožmberk custa 850Kč, por seis a oito horas. Maleček também oferece passeios tranquilos no rio por Český Krumlov em jangadas gigantes de madeira que acomodam até 36 pessoas (45 minutos, 290Kč).

ONDE COMER E BEBER

Laibon (☎ 728 676 654; Parkán 105; pratos 100-200 Kč; (V)) Melhor casa de chá vegetariana da Boêmia, muito bem localizada à beira do rio. Peça os bolinhos cozidos de mirtilo de sobremesa e não perca a "cerveja com fermento" especial, da cervejaria Bernard.

Cikánská Jizba (☎ 380 717 585; Dlouhá 31; pratos 100-240Kč; ⓧ 15-0 h seg-sáb) Na "Sala Cigana" há música cigana ao vivo nos fins de semana para acompanhar os pratos preferidos dos tchecos.

Krčma v Šatlavské (☎ 380 713 344; Horní 157; prato 120-250Kč) Nirvana dos adoradores de carne, essa churrascaria serve num porão medieval, iluminado por velas e pelas chamas tremulantes das grelhas.

Hospoda Na Louži (☎ 380 711 280; Kájovská 66) Nada mudou nesse salão de *pivo* (cerveja) por quase um século. Os locais e os turistas lotam o Na Louži em busca de refeições enormes e da saborosa cerveja escura da nativa Eggenberg.

Café Schiele (☎ 380 704 011; Široká 71; ⓧ 10-19 h; ⓦ) Adorável. Fica numa galeria de arte, com móveis descombinados e um piano de cauda com as pernas serradas servindo de mesinha de café. Excelente café *fairtrade*.

ONDE DORMIR

Dilettante's Hangout (☎ 728 280 033; www.dilettante shangout.com; Plesivecke nám 93; q 790-890Kč) Não se engane com o exterior sem graça – dentro dessa hospedaria íntima há três quartos românticos e artisticamente decorados com recordações de viagens do proprietário.

Pension Myší Díra (☎ 380 712 853; www.ceskykrumlov-info.cz; Rooseveltova 28; s/c a partir de 790/990Kč; (P) (🖥)) Esta acolhedora pensão bem localizada tem vista para o rio e quartos claros e bonitos, com mobília feita à mão. Quartos de luxo e fins de semana (junho a agosto) custam 300Kč a mais, mas as diárias caem 40% no inverno. O café da manhã é servido no quarto.

Pension Sebastian (☎ 608 357 581; www.sebastianck.com; 5 Května Ul, Plešivec; s/c/t 790/990/1490Kč; ⓧ ⓦ (🛎)) Uma excelente opção a apenas dez minutos a pé da cidade velha e, por isso, ligeiramente mais barata. Quartos maiores com quatro camas (1780Kč) são bons para famílias, e há um pavilhão no jardim para drinques e churrasco. A diária inclui café da manhã.

TRANSPORTE

Praga fica no coração da Europa e é bem servida por via aérea, estradas e ferrovias. A cidade tem um excelente sistema integrado de transporte público com trams, metrô e ônibus frequentes, embora os bairros do centro histórico sejam pequenos o bastante para serem visitados a pé.

AÉREO
Aeroporto

Aeroporto de Praga (Letiště Praha; fora do Mapa p. 58; informações sobre voos ☎ 220 113 314; www.csl.cz) A dezessete quilômetros a oeste do centro da cidade, é o ponto de conexão da linha nacional **Czech Airlines** (ČSA; Mapa p. 108; ☎ 239 007 007; www.csa.cz; V Celnici 5, Nové Město), que faz voos diretos para Praga de muitas cidades da Europa, como Londres, Dublin, Paris, Roma e Amsterdã, e também para Nova York e Atlanta. Algumas companhias aéreas fazem voos Brasil-Praga com escala em algum país da Europa.

O aeroporto de Praga tem dois terminais internacionais. O Terminal 1 é para voos de/para países fora da Zona de Schengen (Reino Unido, Irlanda e países de fora da Europa), e o Terminal 2 é para voos de/para países da zona de Schengen (a maioria da UE mais Suíça, Islândia e Noruega).

Em ambos os terminais, as salas de embarque e desembarque ficam ao lado uma da outra no mesmo andar. As salas de desembarque têm caixas de câmbio, caixas eletrônicos, agências de hospedagem e aluguel de carro, balcões de informação sobre transporte público, serviços de táxi e **guarda-volumes** 24 horas (120Kč por peça por dia). As salas de embarque têm restaurantes e bares, balcões de informação, agências das linhas aéreas, câmbio e agências de turismo. Depois da segurança, há lojas, restaurantes, bares, acesso à internet e wi-fi.

Há uma **agência do correio** (8-22 h seg-sex, 9-17 h sáb e dom) no prédio que liga os terminais 1 e 2.

BICICLETA

Praga não é a melhor cidade para circular de bicicleta. O trânsito é pesado, os trilhos de tram podem ser perigosos e há muitas subidas e ruas de pedra. Apesar disso, a popularidade das bicicletas vem crescendo e a cidade tem hoje cerca de 260 quilômetros de ciclovias sinalizadas.

As bicicletas devem estar equipadas com campainha, refletor e luz brancos na frente, e refletores e luz piscante vermelhos atrás, e refletores nos pedais – caso contrário, você

MUDANÇAS CLIMÁTICAS E TURISMO

As mudanças climáticas são uma grave ameaça aos ecossistemas dos quais o homem depende, e as viagens aéreas são o fator que mais cresce entre as causas do problema. A Lonely Planet considera viajar, de modo geral, benéfico, mas acha que todos temos a responsabilidade de limitar nosso impacto no aquecimento global.

Viagens aéreas e mudanças climáticas

Todos os meios de transporte motorizados geram dióxido de carbono (a principal causa das mudanças climáticas induzidas pelo homem), mas os aviões são, de longe, os piores, não só por causa das grandes distâncias que percorrem, mas porque emitem gases de efeito estufa em altitudes muito elevadas da atmosfera. As estatísticas são assustadoras: duas pessoas, em voos de ida e volta entre Europa e EUA, contribuirão para as mudanças climáticas o equivalente ao consumo de gás e eletricidade de uma família média durante um ano.

Compensação de emissões de carbono

O Climatecare.org e outros sites usam "calculadores de carbono" que permitem ao viajante compensar as emissões de gases de efeito estufa pelas quais é responsável com contribuições a projetos de economia de energia e outras iniciativas em favor do meio ambiente em países em desenvolvimento, como Índia, Honduras, Cazaquistão e Uganda.

A Lonely Planet, junto com a Rough Guides e outros parceiros do setor de viagens preocupados com o problema, apoia o esquema de compensação de emissões de carbono conduzido pela climatecare.org. A Lonely Planet compensa todas as viagens de seus funcionários e autores.

Para mais informações, entre no nosso site: www.lonelyplanet.com.

CHEGANDO À CIDADE

Para chegar à cidade, compre um bilhete de traslado (26 Kč) no balcão de transporte público (Praha Dopravní podnik hlavního město Praha; DPP) no desembarque e tome o ônibus 119 (20 minutos, a cada 10 minutos, 4 h a 0 h) até o ponto final (Dejvická), depois continue de metrô até o centro da cidade (mais 10 a 15 minutos; com o mesmo bilhete). Atenção: você vai precisar pagar uma taxa extra para sua sacola ou mala se for maior do que 25 cm x 45 cm x 70 cm. Caso esteja indo para a parte oeste da cidade, tome o ônibus 100, que vai até a estação Zličín do metrô. Há também um ônibus Airport Express (50Kč, 35 minutos, a cada 30 minutos, das 5 h às 22 h) que vai para Praha hlavní nádraží (estação principal de trem), onde você pode tomar a linha C do metrô (compre a passagem do motorista, não há custo para a bagagem).

Outra alternativa é tomar o Cedaz minibus (☎ 221 111 111; www.cedaz.cz), do lado de fora dos Embarques, até o escritório da Czech Airlines (mapa p.108), perto de náměstí Republiky (120Kč, 20 minutos, a cada 30 minutos, das 7h30 às 19 h); compre o bilhete do motorista. Você também pode descer antes, na estação do metrô Dejvická (90Kč). Outra opção é tomar um micro-ônibus Cedaz direto para o seu hotel ou qualquer outro endereço no centro da cidade (480Kč por uma a quatro pessoas, 680Kč de cinco a oito) – agende e pague no balcão da Cedaz na sala de desembarque. Prague Airport Shuttle (☎ 777 777 237; www.prague-airport-shuttle.cz) tem um serviço semelhante.

Airport Cars (☎ 220 113 892; www.airport-cars.cz) opera um serviço de táxis 24 horas e cobra de 500 a 650Kč até o centro de Praga. Os motoristas normalmente falam um pouco de inglês e aceitam cartão de crédito.

poderá ser multado em até 1000 Kč. Ciclistas de até 15 anos têm de usar capacete.

Se você tem pelo menos 12 anos, pode levar sua bicicleta no metrô, mas tem de colocá-la perto da última porta do último vagão, e só são permitidas duas bicicletas por vagão. Não se permitem bicicletas se o vagão estiver cheio, ou se houver um carrinho de bebê no vagão.

Para mais informação, veja p. 210.

BARCO

Veja na p. 259 detalhes sobre transporte fluvial entre o centro de Praga e Troja (Zoológico de Praga e o Castelo de Troja; veja p.145).

ÔNIBUS

Praga tem duas rodoviárias principais. Todos os ônibus internacionais e domésticos de longa distância (e muitas linhas regionais) usam a rodoviária de Florenc (ÚAN Praha Florenc; Mapa p. 130; Křižíkova 4, Karlín), reformada e adaptada ao usuário, e os ônibus regionais para o nordeste da República Tcheca (inclusive Mělník, veja p. 238) partem da rodoviária de Holešovice (ÚAN Praha Holešovice; Mapa p. 136; Vrbenského, Holešovice).

Entre as empresas de ônibus internacionais estão Eurolines (Mapa p. 108; ☎ 245 005 245; www.elines.cz) e a excelente Student Agency (Mapa p.108; ☎ 800 100 300; www.studentagency.cz); ambas com agências na rodoviária de Florenc, e também online.

Confira horários de ônibus locais e regionais em inglês em www.vlak-bus.cz e ☎ 900 144 444. Nesses serviços, você comprará bilhetes do motorista quando embarcar. Para detalhes do serviço de ônibus, veja Transporte Público, p. 250.

CARRO E MOTO

Dirigir em Praga não é brincadeira, especialmente nas estreitas e sinuosas ruas do centro da cidade. Encontrar o caminho – ou estacionar legalmente – enquanto lida com trams, ônibus, carros, ciclistas e pedestres dá vontade de ter deixado o carro em casa.

O serviço de informação de Praga (PIS; veja p. 263) publica um *Transport Guide* com muitas dicas úteis para motoristas, inclusive serviços mecânicos de emergência, onde encontrar autopeças (originais) e importantíssimas dicas sobre estacionamento (veja também p. 250).

Como dirigir em Praga

Na República Tcheca, dirige-se à direita. Em Praga só é permitido ultrapassar um tram pela direita e só se ele estiver em movimento. Você tem de parar atrás de qualquer tram em que estejam embarcando ou desembarcando passageiros onde não existam ilhas. Um tram tem preferência sobre você sempre que estiver fazendo uma curva sinalizada.

Em caso de acidente, a polícia deve ser chamada imediatamente se o conserto previsto ficar acima de 20 mil Kč ou se houver feridos. Mesmo que o dano seja pequeno, é uma boa ideia registrar um acidente, já que a polícia vai emitir um relatório de seguro que o ajudará a evitar problemas quando levar o carro para fora do país ou de volta à locadora.

Para emergências mecânicas, o ÚAMK (Clube de Automóvel e Motocicleta Central; mapa p. 58; ☎ 261 104 111; www.uamk.cz; Na Strží 9, Nusle) dá assistência 24 horas em todo o país – ligue para ☎ 1230 para assistência mecânica (ou ☎ +420 21230

AS COISAS MUDAM...

As informações neste capítulo são particularmente sujeitas a mudanças. Verifique com companhias aéreas ou agentes de viagem o correto funcionamento de uma tarifa ou passagem pela qual esteja pagando, e preste atenção nos requisitos de segurança para viagens internacionais. Compre com cuidado. As informações deste capítulo devem ser entendidas como indicações e não substituem sua própria consulta atualizada e criteriosa.

se estiver utilizando um celular não tcheco). ÚAMK tem acordos com organizações nacionais de motoristas em várias partes do mundo através da filiação à Alliance Internationale de Tourisme e à Fédération Internationale de l'Automobile. Se você for sócio de qualquer uma delas, ÚAMK vai ajudar mais ou menos nos mesmos termos que sua organização faria. Se não, você terá de pagar pelos serviços.

Aluguel

As grandes cadeias de aluguel de veículos têm balcões no aeroporto, assim como agências no centro da cidade. Os preços variam entre 1900/6600Kč por dia/semana para um Škoda Fabia, e o preço inclui quilometragem ilimitada, franquia para danos por colisão e imposto sobre valor agregado (IVA, "DPH" em tcheco).

Companhias locais pequenas como Secco, Vecar e West Car Praha cobram preços muito menores, mas há menos probabilidade de seus funcionários serem fluentes em inglês – é mais fácil reservar pelo site deles do que por telefone. Preços praticados para um Škoda Fabia começam em torno de 600Kč a 900Kč por dia, e incluem quilometragem ilimitada, franquia para danos por colisão e IVA.

A-Rent Car/Thrifty (Mapa p. 110; ☎ 224 233 265; www.arentcar.cz; Washingtonova 9, Nové Město; Ⓜ Muzeum)

Avis (Mapa p.108; ☎ 810 777 810; www.avis.cz; Klimentská 46, Nové Město; 🚇 5, 8, 14)

CS-Czechocar (Mapa p. 120; ☎ 261 222 079; www.czechocar.cz; Congress Centre, 5.května 65, Vyšehrad; Ⓜ Vyšehrad)

Europcar (Mapa p. 99; ☎ 224 811 290; www.europcar.cz; Elišky Krásnohorské 9, Staré Město; 🚇 17)

Hertz (☎ 225 345 000; www.hertz.cz; Hotel Diplomat, Evropská 15, Dejvice; Ⓜ Dejvice)

Secco Car (Mapa p. 136; ☎ 220 802 361; www.seccocar.cz; Přístavní 39, Holešovice; 🚇 1, 3, 12, 15, 25)

Vecar (Mapa p. 136; ☎ 603 419 343; www.vecar.cz; Svatovítská 7, Dejvice; Ⓜ Dejvická)

West Car Praha (Mapa p. 58; ☎ 235 365 307; www.westcarpraha.cz; Veleslavínská 17, Veleslavín; 🚇 20, 26)

Estacionamento

Estacionar em Praga nunca foi fácil, mas nos últimos anos tem sido realmente um desafio. Estacionar é, agora, regulamentado por distrito, o que significa que parar na rua é praticamente impossível para não-moradores nos distritos de Praga 1 (Staré Město, Malá Strana, Nové Město e Hradčany), Praga 2 (parte de Nové Město, Vyšehrad e Vinohrady), Praga 3 (Žižkov) e Praga 7 (Holešovice e Letná). Visitantes e não-moradores podem deixar seus carros em outras áreas da cidade, mas encontrar uma vaga é praticamente impossível. Em distritos com restrições, os não-moradores não podem estacionar em áreas marcadas por uma linha azul na rua; estacionamento pago só é permitido a visitantes em áreas marcadas por uma linha branca, embora quase sempre restrito a períodos de duas a seis horas.

A situação é particularmente difícil em Praga 1, onde o azul (estacionamento restrito) é avassaladoramente a norma. Há alguns trechos de estacionamento branco (pago) ao longo das ruas em torno do Hotel InterContinental, e há garagens no InterContinental e na loja de departamentos Kotva entre outros lugares, embora a tarifa de 100 Kč a hora possa aumentar rapidamente. Se você ainda quiser chegar de carro, tente arranjar lugar para estacionar com antecedência através de seu hotel. A maioria dos hotéis dispõe de algum tipo de estacionamento por uma taxa adicional (200 Kč a 300 Kč por noite). Uma alternativa mais barata é usar os estacionamentos subsidiados das estações de metrô ou nos arredores de Praga; os melhores são Skalka (linha A do metrô); Zličín, Nové Butovice, Palmovka, Rajská Zahrada, Černý Most (linha B); e Nádraží Holešovice, Ladví e Opatov (linha C).

A pena para estacionamento irregular é, normalmente, uma trava na roda do carro ou (pior) ter o carro rebocado. Imagine umas horas de burocracia, multa e taxas de cerca de 1500 Kč.

TRANSPORTE PÚBLICO

O excelente sistema de transporte público de Praga integra tram, metrô e ônibus. É administrado pelo **Dopravní podnik hlavního město Prahy** (DPP; ☎ 800 19 18 17; www.dpp.cz), que tem balcões de informação no Aeroporto de Praga (7-22 h) e em quatro estações do metrô – Muzeum (7-21 h), Můstek, Anděl e Nádraží Holešovice (todas de 7-18 h) –, onde você pode obter bilhetes, endereços, um mapa do sistema de transporte multilíngue, um mapa de serviço noturno (*noční provoz*) e um guia detalhado, em inglês, de todo o sistema.

Em trens do metrô e nos trams e ônibus mais novos, um painel eletrônico mostra o número da linha e o nome da parada seguinte, e uma gravação anuncia cada estação ou parada. Quando o trem volta a andar, a gravação diz *Příští stanice*… (A próxima estação é …) ou *Příští zastávka*… (A próxima parada é…), talvez informando se é uma *přestupní stanice* (estação de baldeação). Em estações do metrô, sinais indicam *výstup* (saída) ou *přestup* (acesso a outra linha).

As horas de funcionamento do metrô são de 5 h à meia-noite. Há três linhas: a linha A vai do lado noroeste da cidade, em Dejvická, ao leste, em Skalka; a linha B vai do sudoeste, em Zličín, ao nordeste em Černý Most; e a linha C vai do norte, em Letňany, ao sudeste, em Háje. A Linha A cruza a C em Muzeum, a linha B cruza a C em Florenc, e a linha A cruza a B em Můstek.

Depois que o metrô fecha, trams (51 a 58) e ônibus (501 a 512) noturnos ainda cruzam a cidade a cada 40 minutos, mais ou menos, a noite toda (só aceitam bilhetes de 26Kč). Se estiver planejando uma noitada, descubra se uma dessas linhas passa perto do local onde você está hospedado.

Bilhetes

Você precisa comprar um bilhete antes de entrar num ônibus, tram ou metrô. Vendem-se bilhetes em máquinas nas estações de metrô, paradas de tram, bancas de revista, lojas de lanche Trafiky, quiosques de jornais PNS, hotéis, agências de informações turísticas do PIS (veja p. 263), bilheterias nas estações de metrô e agências de informações do DPP. Os bilhetes valem nos trams, metrô, ônibus e no funicular de Petřín.

Um bilhete múltiplo (*přestupní jízdenka*) custa 26/13 Kč por adulto/criança com menos de quinze anos; crianças com menos de seis anos viajam de graça. Você também precisará de um bilhete de 13 Kč para cada mala ou mochila maior do que 25 cm x 45 cm x 70 cm. Valide o bilhete inserindo-o na maquininha amarela no saguão da estação do metrô, no tram ou no ônibus ao entrar; isso imprime a data e a hora no bilhete, que valerá por 75 minutos para quantas baldeações você precisar, entre qualquer tipo de transporte público (não é preciso revalidar o bilhete).

Há também um bilhete de curta duração de 18/9Kč, válido por vinte minutos em ônibus e bondes, ou por até quatro estações de metrô. Eles não permitem baldeação (exceto entre linhas do metrô) e não são válidos no funicular de Petřín, em trams (51 a 58) ou ônibus noturnos (501 a 512).

Você também pode comprar bilhetes válidos por 24 horas (100Kč) e de três/cinco dias (330/500Kč); os dois últimos cobrem um adulto e uma criança de seis a quinze anos. Eles também só precisam ser validados no primeiro uso; um bilhete carimbado duas vezes fica inválido. Com esses bilhetes, você não precisa pagar por sua bagagem.

Ser pego sem bilhete válido dá multa de 500Kč na hora (100Kč por não ter bilhete de bagagem). Os inspetores à paisana viajam disfarçados, mas mostram uma insígnia de metal vermelha e dourada quando pedem seu bilhete. Alguns cobram uma multa maior e embolsam a diferença, assim, exija recibo (*doklad*) antes de pagar.

TÁXI

A Câmara da Cidade de Praga reprimiu os motoristas de táxi da cidade, famosos pela desonestidade, instalando uma rede de bancas de táxi com cartazes vermelhos e amarelos mostrando o preço correto entre diversos pontos da cidade. O preço oficial para táxis com licença é 40Kč a bandeirada mais 28Kč por quilômetro e 6Kč por minuto de espera. Nessa base, uma viagem dentro do centro da cidade – digamos, da Praça Venceslau até Malá Strana – deveria custar cerca de 170Kč.

NÃO NOS CULPE...

… quando descobrir que os horários de tram e ônibus em Praga não param de mudar. A construção do sistema de anel viário da cidade, especialmente em torno da estação Hradčanská do metrô, confundiu todo mundo, mesmo os habitantes. Trams desaparecem, outros ganham novas rotas, misericordiosamente alguns ficam como eram – tentar saber qual é qual, porém, é quase impossível. Se serve de consolo, os responsáveis pelo Transporte Público de Praga (www.dpp.cz) listam as mudanças no site deles. Só que você precisa conhecer bem o sistema para fazer algo com a informação. Se estiver num que faz zigue onde deveria fazer zague, relaxe e aproveite o passeio.

Mark Baker

Uma viagem até os subúrbios deveria ser de 400Kč a 500Kč, e até o aeroporto de 500Kč a 650Kč. Viagens para fora de Praga não são regulamentadas; negocie antes de entrar.

No entanto, tomar um táxi na rua – pelo menos na zona turística – ainda envolve o risco de uma tarifa inflacionada. A tática usual é falar de uma tarifa "máxima" até um determinado ponto e rodar o suficiente para que o taxímetro chegue a ela.

É muito melhor chamar um radiotáxi, porque eles são mais bem regulamentados e mais responsáveis. Pela nossa experiência, as seguintes companhias têm motoristas honestos (a maioria dos quais fala um pouco de inglês) e funcionam 24 horas.

AAA Radio Taxi (☎ 14014; www.aaaradiotaxi.cz)

Airport Cars (☎ 220 113 892; www.airport-cars.cz)

City Taxi (☎ 257 257 257; www.citytaxi.cz)

ProfiTaxi (☎ 14015; www.profitaxi.cz)

TREM

O sistema ferroviário é administrado pela privatizada České dráhy (ČD; Ferrovias Tchecas; www.cd.cz). Há informação disponível online em www.vlak-bus.cz. Veja detalhes sobre o trem metropolitano na p. 250.

Chegar a Praga de trem

A maioria dos trens internacionais chega a Praha hlavní nádraží (estação principal de trem de Praga; Mapa p. 110). Alguns param em Praha-Holešovice (Mapa p. 136) no norte da cidade (incluindo alguns trens de Berlim, Viena e Budapeste), ou Praha-Smíchov (Mapa p. 58) no sul; as três estações têm paradas do metrô. Masarykovo nádraží (Mapa p. 108), duas quadras ao norte da estação principal de trem, é o principal terminal ferroviário doméstico. (*Nota*: Praha hlavní nádraží ainda estava sob grande reforma na época de nossa pesquisa; até ficar pronta, a disposição da estação poderá ser modificada.)

Chegando a Praha hlavní nádraží, a passarela leva das plataformas ao terceiro dos quatro andares da estação. Siga por um pequeno lance de escada até o nível 2, o saguão principal, onde você encontrará a cabine de informações turísticas do PIS (🕑 9-19 h seg-sex, às 17 h sáb e dom) ao lado da entrada do metrô no lado sul (esquerdo).

No lado norte do saguão principal, fica um guarda-volumes (úschovna; 15Kč ou 30Kč por volume por dia) 24 horas e armários com chave (60Kč) que aceitam moedas de 5Kč, 10Kč e 20Kč.

Há quatro entradas de embarque no saguão principal da estação de metrô – as duas mais próximas da escada vão para a plataforma rumo norte (sentido Letňany), as duas mais próximas das saídas vão para o sul (sentido Háje). Você obtém bilhetes e informações na cabine DPP ao lado das entradas sul do metrô. Há filas de táxis em ambos os lados do saguão. Para achar a parada de tram mais próxima (trams 5, 9 e 26), saia do saguão principal e vire à direita; a parada é no fim do parque.

Tente não chegar no meio da noite – a estação fecha da 0h40 às 3h40, e a área em volta é um ímã para batedores de carteira e bêbados.

AONDE VOCÊ VAI?

Embora a maioria do pessoal dos guichês de bilhetes internacionais da estação principal de Praga fale ao menos um pouco de inglês, quem vende bilhetes domésticos não. Para acelerar o processo e evitar mal-entendidos, é sempre mais fácil escrever o que você quer num papelzinho e entregar ao funcionário (também funciona para ônibus).

Escreva assim:
- *z*: estação de partida, ex. PRAHA
- *do*: estação de destino, ex. KARLŠTEJN
- *čas*: hora da partida (de zero a 24)
- *datum*: data, ex. "14.30h. 20/05". Ou apenas *dnes* (hoje)
- *osoby*: número de passageiros
- *jednosměrný* (só ida) ou *zpáteční* (volta).

Se estiver fazendo uma reserva para um trem EC (internacional) ou IC (doméstico), você pode especificar também *1. třída* ou *2. třída* (primeira ou segunda classe), e se você quer poltrona na *okno* (janela) ou *chodba* (corredor).

Bilhetes só de ida para trens domésticos de mais de cinquenta quilômetros são válidos por 24 horas a partir da compra, mas, para distâncias menores, só até às 6 h do dia seguinte. Preste atenção que as passagens de ida e volta (cerca de 10% mais caras do que as simples) são válidas por 48 horas a partir da compra – se você planeja ficar fora mais de dois dias, compre somente passagens de ida.

Sair de Praga de trem

Passagens internacionais de trem podem ser adquiridas antecipadamente nas estações de trem e nas agências de viagem ČD Travel (Mapa p. 110; ☎ 972 243 071; Pasáž Broadway, Na příkopě 31, Nové Město) e Čedok (Mapa p. 110; ☎ 221 447 242; www.cedok.com; Na Příkopě 18, Nové Město).

Na estação principal de trem de Praga, os guichês de passagens ficam no subsolo. Peça informações sobre viagens internacionais nos guichês de passagens com sinal azul-escuro (lado direito) e no centro de informações ČD Travel (à esquerda). Sobre horários, consulte no local as tabelas interativas, ou online em www.vlak.cz.

O grande painel eletrônico no saguão principal lista as partidas nas colunas marcadas *vlak* (tipo de trem – EC para os internacionais, IC para os domésticos etc.), *čislo* (número do trem), *doprav* (empresa) *cilová stanice* (destino final), *směr jízdy* (via), *odjezd* (horário de partida), *našt* (plataforma) e *zpoz'vdení* (atraso).

Você pode comprar passagens domésticas *(vnitrostátní jízdenky)* nos guichês com sinal azul-claro à esquerda do saguão no subsolo; para reservas de passagens internacionais *(mezínárodní rezervace)* e para passagens internacionais *(mezínárodní jízdenky)* vá aos guichês com sinal azul-escuro à direita.

INFORMAÇÕES ÚTEIS

ACESSO À INTERNET

Muitos hotéis oferecem atualmente conexões wi-fi para hóspedes, mas provavelmente você vai precisar pedir a senha na recepção. Caso contrário, deve haver conexão disponível no quarto do hotel pelo custo de uma ligação local, registrando-se em um serviço de *roaming* de internet como o MaGlobe (www.maglobe.com), que tem números de acesso em Praga. A maioria dos hotéis de luxo e intermediários tem entradas de telefone, normalmente padrão americano (RJ-11), em que você pode ligar o seu cabo de modem ou portas ethernet para usar a conexão de banda larga do hotel. Se for usar linha telefônica, compre um filtro de linha – um aparelhinho que fica entre o seu computador e a entrada do telefone – para você não fritar o seu modem inadvertidamente. Para mais informações sobre viajar com notebook, visite o site www.kropla.com.

Para quem não tiver notebook, Praga tem dezenas de cybercafés. Os mais bem localizados são os seguintes:

Bohemia Bagel (mapa p. 90; ☎ 224 812 560; www.bohemiabagel.cz; Masná 2, Staré Město; 1,50Kč por minuto; ⊙ 7-0 h; Ⓜ Náměstí Republiky)

Globe Livraria e Café (mapa p. 110; ☎ 224 934 203; www.globebookstore.cz; Pštrossova 6, Nové Město; 1Kč por minuto; ⊙ 10-0 h; Ⓜ Karlovo Náměstí) Não tem mínimo. Dispõe de portas ethernet para você conectar o seu próprio laptop (mesmo preço; fornece cabos, depósito de 50Kč), e wi-fi grátis.

Internet Centre (mapa p. 90; Rytířská 18, Staré Město; 25Kč por 15 minutos, 100Kč a hora; ⊙ 9-23 h seg-sex, 10-21 h sáb, 11-21 h dom; Ⓜ Můstek) Nos fundos do café Au Gourmand; chamadas telefônicas internacionais a baixo custo.

Pl@neta (mapa p. 125; ☎ 267 311 182; Řipská 24, Vinohrady; 0,44-0,88Kč por minuto; ⊙ 8-23 h; Ⓜ Jiřího z Poděbrad) É o mais barato da cidade, com preços menores antes das 10 h e depois das 20 h de segunda a sexta, o dia todo no sábado e no domingo; mínimo de 10Kč.

Spika (mapa p. 110; ☎ 224 211 521; http://netcafe.spika.cz; Dlážděná 4, Nové Město; seg-sex 20Kč por 15 minutos, sáb e dom 16Kč; ⊙ 8-0 h; Ⓜ Náměstí Republiky)

ASSISTÊNCIA MÉDICA

Tratamento médico de emergência e primeiros socorros fora do hospital são grátis para todos os visitantes na República Tcheca. No caso de emergência médica séria (como suspeita de infarto), ligue para ☎ 112 (dispõe de atendentes que falam inglês e alemão).

Cidadãos de países da UE podem obter o Cartão Europeu de Seguro de Doença; que dá direito a tratamento médico gratuito fornecido pelo Estado na República Tcheca (veja www.cmu.cz – clique na bandeira de Portugal – para informações sobre uso do cartão na República Tcheca). Cidadãos de fora da UE precisam pagar pelo tratamento, e pelo menos uma parte da tarifa precisa ser paga antecipadamente. Todos têm de pagar pelos remédios receitados.

Clínicas

American Dental Associates (mapa p. 108; ☎ 221 181 121; www.americandental.cz; 2° andar átrio, Stará Celnice Bldg, V Celnici 4, Nové Město; Ⓜ Náměstí Republiky) Atendimento em inglês.

Canadian Medical Care (mapa p. 58; ☎ 235 360 133, fora do horário 724 300 301; www.cmcpraha.cz; Veleslavínská 1, Veleslavín; ⊙ 8-18 h seg-sex, até 20 h ter e qui; 🚌 20, 26 do Ⓜ Dejvická) Clínica particular cara, mas profissional, com médicos que falam inglês; a consulta inicial vai custar entre 1500Kč e 2500Kč.

Policlínica de Národní (Poliklinika na Národní; mapa p. 90; ☎ 222 075 120, 24 horas, emergências 777 942 270; www.poliklinika.narodni.cz; Národní třída 9, Nové Město; ⊙ 8h30-17 h seg-sex; Ⓜ Národní Třída) Clínica central com funcionários que falam inglês, alemão, francês e russo. Você vai pagar cerca de 600Kč a 1250Kč por uma consulta inicial.

Farmácias

Há muitas farmácias (*lékárna*) em Praga, e a maioria dos distritos tem uma que fica aberta 24 horas. Na Nové Město ela fica na clínica distrital (mapa p. 110; ☎ 224 946 982; Palackého 5, Nové Město, ⊙ 7-19 h seg-sex, 8-12 h sáb; Ⓜ Národní Třída). Em Vinohrady vá à Lékárna U sv Ludmily (mapa p. 125; ☎ 222 513 396; Belgická 37, Vinohrady; ⊙ 7-19 h seg-sex, 8-12 h sáb; Ⓜ Náměstí Míru).

Para serviço de emergência fora do horário, toque a campainha – um botão vermelho com

ACESSO A WI-FI

Você pode procurar lugares com wi-fi em Praga (e no mundo) em www.jiwire.com. Cada vez mais cafés e bares de Praga estão oferecendo wi-fi grátis para clientes pagantes, mas, pela nossa experiência, cerca de metade desses lugares não tem uma internet que realmente funcione ("Desculpe, hoje não está funcionando"); se for alguma coisa importante, certifique-se de que está funcionando antes de comprar a bebida! Nós encontramos os seguintes locais, além de todas as filiais do Starbucks, com conexões wi-fi grátis confiáveis:

- Blatouch (p. 187)
- Krásný Ztráty (p. 185)
- Café Savoy (p. 188)
- Caffe Kaaba (p. 187)
- Grand Café Orient (p. 188)
- Káva Káva Káva (p. 185)

a indicação *zvonek lékárna* (campainha da farmácia) e/ou *první pomoc* (primeiros socorros). Alguns medicamentos não são vendidos sem receita médica, por isso leve o que for preciso para a viagem.

Pronto Socorro

Na Homolce Hospital (mapa p. 58; ☎ 257 271 111; www.homolka.cz; 5º andar, Foreign Pavilion, Roentgenova 2, Motol; 🚌 167 do Ⓜ Anděl) Melhor hospital de Praga, com equipamentos e pessoal treinados em padrão ocidental; os funcionários falam inglês, francês, alemão e espanhol.

BANHEIROS

Os banheiros públicos são grátis em museus, galerias e salas de concerto do Estado, mas, em estações de trem, ônibus e metrô, há atendentes que cobram de 5Kč a 10Kč a entrada. A maioria dos lugares é limpa e bem cuidada. Os masculinos são sinalizados *muži* ou *páni*, e os femininos *ženy* ou *dámy*.

Nas principais áreas turísticas, existem banheiros públicos como no Castelo de Praga; em frente ao ponto de tram na Malostranské náměstí; perto do Palácio Goltz-Kinský na Praça da Cidade Velha, na Templova, saindo da Celetná perto do Portão da Pólvora; na Uhelný trh na Cidade Velha; e perto da Laterna Magika na Národní třída.

CARTÕES DE DESCONTO

O Prague Card é um combinado de cartão de entradas e de transporte público. O cartão de entradas é válido por um ano, mas o bilhete de transporte vale só por um dia e permite usar ilimitadamente metrô, tram e ônibus. O cartão garante o acesso grátis ou com desconto em sessenta atrações da cidade, incluindo o Castelo de Praga, a Prefeitura da Cidade Velha, o Museu Nacional, a Torre de Observação de Petřín e Vyšehrad; mas não inclui o Museu Judaico de Praga.

O passe custa € 36/25 (926/643Kč) por adulto/criança e pode ser comprado em todos os escritórios de informações turísticas, no balcão de audioguias do Castelo de Praga, nas agências de viagem Čedok e em muitos hotéis, e ainda online no site www.praguecitycard.com.

CLIMA

Os verões de Praga são quentes e às vezes chuvosos, e no inverno neva com frequência, embora as condições variem. Em um dia típico em Praga, de junho a agosto, os termômetros oscilam entre 12°C e 22°C. As temperaturas de dezembro a fevereiro chegam abaixo de zero. Em geral, variam bastante, podendo passar dos 35°C no verão e dos -20°C no inverno. Longos períodos de calor e sol no verão costumam ser interrompidos por tempestades repentinas. Maio e setembro são os meses com condições climáticas mais agradáveis.

Veja conselhos sobre as melhores épocas para viajar na p. 16.

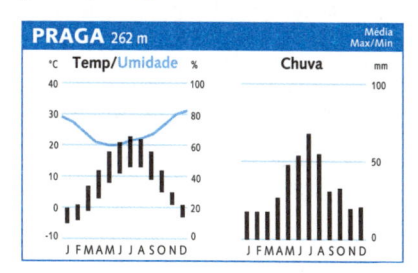

CRIANÇAS

Os tchecos são muito ligados à família, e há muitas atividades para crianças pela cidade. Um número cada vez maior de restaurantes de Praga tem serviços específicos para crianças, com áreas para brincar e tudo mais, e muitos têm um cardápio infantil (*dětský jídelníček*); e, mesmo se não tiverem, normalmente providenciam porções menores com preços reduzidos.

Para atividades ao ar livre, vá passear no Zoológico de Praga (p. 145) – se possível, vá até lá de barco (p. 260) – ou alugue patins nos Jardins de Letná (p. 136). O Petřín (p. 85) é um bonito parque em um morro, onde tanto os pais quanto as crianças podem dar um tempo nas atividades turísticas e subir na Torre de Observação de Petřín, de onde a vista de Praga é lindíssima. Se você quiser uma vista de um lugar ainda mais alto, vá à Torre de TV (p.133) em Žižkov.

Março é época da Feira de São Mateus (p. 16), quando o centro de exposições de Holešovice vira um parque de diversões com brinquedos, estandes de tiro e algodão doce; no verão há barcos a remo e pedalinhos para alugar ao longo do rio Moldava, além de cruzeiros pelo rio e excursões de barco (p. 260).

Nos fins de semana e nos feriados entre abril e a metade de novembro, bondes *vintage* fazem um passeio por uma rota turística especial – a nº 91 –, pelo centro da cidade (veja p. 261). E não perca a troca da guarda no Castelo de Praga (veja os detalhes na p. 63), mas garanta lugar antes das multidões, ou as crianças não verão nada.

Os museus que podem ser interessantes para crianças são o Museu dos Brinquedos (p.67), embora muitos itens expostos sejam mesmo só para ver, o que pode ser frustrante; o Museu do Transporte Público (p. 146), onde as crianças podem subir nos ônibus e bondes antigos; e o Museu Aeronáutico de Kbely (p. 145), onde elas podem ver caças russos MiG de perto.

Existem playgrounds cercados seguros na entrada do parque Petřín na náměstí Kinských (mapa p. 78); na extremidade norte da ilha de Kampa (p. 78); na Ilha das Crianças (p. 82); na extremidade sul da Ilha Eslava (p.116); e na Vlašská, perto da embaixada alemã (mapa p. 78).

Para mais informações e sugestões sobre como tornar mais simples as viagens com crianças, veja o *Travel with children*, em inglês, de Brigitte Barta et al. Veja também o quadro O melhor da p. 116.

Babás

O **serviço de informações de Praga** (Pražská informační služba, PIS; ☎ 221 714 444, em inglês e alemão; www.prague-info.cz) normalmente tem uma lista de agências de babás (*hlídaní dětí*), e a maioria dos hotéis de luxo oferece serviço de babá; o preço geralmente é 150Kč a hora. A agência **Prague Family** (☎ 224 224 044; www.praguefamily.cz) tem babás que falam inglês.

CORREIO

A **agência central do correio** (mapa p. 110; ☎ 221 131 111; www.cpost.cz; Jindřišská 14, Nové Město; ⊕ 2-0 h; Ⓜ Můstek), saindo da Praça Venceslau, usa um sistema automático de atendimento por senha – retire na máquina quando chegar ao local (aperte 1 para selos, cartas e pacotes, ou 4 para serviço expresso SEM), e aguarde o seu número aparecer no mostrador da sala para ser atendido. A maior parte das outras agências de correio da cidade abre das 8 às 18 ou 19 h de segunda a sexta, e até meio-dia no sábado.

O serviço postal tcheco (Česká Pošta) é bastante eficiente. Qualquer coisa que não possa ser perdida, porém, deve ser enviada registrada (*doporučený dopis*) ou pelo EMS. Um postal ou uma carta de até 20 g custa 17Kč para outros países europeus e 18 Kč para destinos fora da Europa. Um pacote de 2 quilos no EMS custa 900Kč para a Europa, 1200Kč para a América do Norte e 1600Kč para a Austrália. Além dos correios, vendedores de rua e bancas de jornal também têm selos para vender.

Você pode pegar correspondência poste-restante (*výdej listovních zásilek*) nos guichês 1 e 2 (na ponta esquerda) da agência central das 7 às 20 h de segunda a sexta e até meio-dia no sábado. A correspondência deve ser enviada para Posta Restante, Hlavní pošta, Jindřišská 14, 110 00 Praha 1, República Tcheca. Para solicitá-la na agência, é preciso apresentar o passaporte (verifique também pelo primeiro nome). A correspondência fica guardada por um mês.

Se você precisar de um serviço de entrega profissional, a **DHL** (mapa p. 110; ☎ 800 103 000; www.dhl.cz; Václavské náměstí, 47, Nové Město; ⊕ 8 h-18h30 seg-sex, 9-15 h sáb) tem um escritório saindo da Praça Venceslau, com funcionários que falam inglês.

CURSOS

Lugares que oferecem cursos de tcheco:

Instituto de Língua e Estudos Preparatórios (Ústav jazykové a odborné přípravý, ÚJOP; mapa p. 120; ☎ 224 990 420; www.ujop.cuni.cz; Vratislavova 10, Vyšehrad; Ⓜ Vyšehrad) O ÚJOP tem cursos de seis semanas de tcheco para estrangeiros, sem exigência de conhecimento prévio da língua, a um custo de € 610, não inclui hospedagem. Você também pode optar por aulas individuais (45 minutos), 620Kč cada. Mais detalhes e ficha de inscrição estão disponíveis no site.

1to1 Czech (mapa p. 108; ☎ 605 554 117; http://1to1czech.weebly.com; Revoluční 8, Nové Město; 🚋 5, 8, 14, 51, 54) Oferece aulas de tcheco, tanto individuais como em grupo, além de cursos de três semanas para iniciantes. A aula particular de 45 minutos custa 400Kč.

DINHEIRO

A coroa tcheca (Koruna česká, ou Kč) é dividida em 100 heller ou *haléřů* (h). Existem cédulas de 50, 100, 200, 500, 1000, 2000 e 5000 Kč; e as moedas são de 1, 2, 5, 10, 20 e 50Kč.

Tenha trocados à mão para usar em banheiros públicos e em máquinas de bilhetes de tram, e procure manter algumas notas de menor valor para lojas, cafés e bares – conseguir troco para as notas de 2000Kč que os caixas eletrônicos geralmente cospem pode ser um problema.

Veja a tabela de câmbio na contracapa deste guia.

Câmbio

A forma mais fácil e mais barata de carregar dinheiro é num cartão de débito do seu banco, que você pode usar para fazer saques no caixa eletrônico (*bankomat*) ou na boca do caixa. O banco vai cobrar uma taxa para o uso do caixa eletrônico (geralmente 1,5% a 2,5%), mas a taxa de câmbio é boa se você fizer saques de no mínimo alguns milhares de coroas de cada vez; você vai pagar menos do que as comissões variadas sobre os cheques de viagem. Verifique as taxas para as transações e os limites de saque com o seu banco.

Cheques de viagem não são muito úteis, porque não são aceitos em lojas e restaurantes e só podem ser trocados em bancos e em casas de câmbio.

Os principais bancos – Komerční banka, Česká spořitelna, Československá obchodní banka (ČSOB) e UniCredit Bank – são os melhores lugares para trocar dinheiro. Eles cobram comissão de 2% com um mínimo de 50Kč (mas sempre verifique, já que os valores podem variar de uma agência para a outra), além de fornecerem adiantamento em dinheiro para Visa ou MasterCard sem comissão.

Os hotéis cobram entre 5% e 8% de comissão, enquanto as agências de viagem Čedok e o correio cobram 2% – taxas similares às dos bancos. Procure evitar as muitas cabines de câmbio particulares (*směnárna*) das principais áreas turísticas. Elas vão seduzir você com taxas de câmbio aparentemente atraentes, mas na verdade são taxas de "venda" (*prodej* ou *prodajáme*); se quiser trocar moeda estrangeira por coroas tchecas, o que vale é a taxa de "compra" (*nákup*). Existe uma taxa pior ainda para transações abaixo de certo valor, geralmente por volta de € 500. Verifique as taxas com atenção e pergunte o quanto exatamente você vai receber antes de entregar o dinheiro.

ELETRICIDADE

A eletricidade em Praga é 230 v, 50 Hz AC. As tomadas têm a entrada europeia padrão, com dois buracos pequenos redondos e um pino terra. Se você for usar uma tomada diferente, leve um adaptador (veja www.kropla.com para informações). Os aparelhos brasileiros de 110 v também vão precisar de um transformador se não forem bivolt.

EMBAIXADAS

Embaixada do Brasil (☎ 00420 224-321-910, Panská 5 - 110 00 - Praha 1)

Embaixada de Portugal (☎ 420 257 311 230, Pevnostní 9 - 160 00 - Praha 6)

EMERGÊNCIA

Ambulância (☎ 155)

Assistência Mecânica para Motoristas (ÚAMK; ☎ 1230)

Linha de emergência da UE (☎ 112) Tem telefonistas que falam inglês e alemão.

Bombeiros (☎ 150)

Polícia Municipal (☎ 156)

Polícia Estadual (☎ 158)

FERIADOS

Bancos, escritórios e lojas fecham nos feriados. Restaurantes, museus e atrações turísticas costumam ficar abertos, mas muitos fecham no primeiro dia útil *depois* do feriado. Veja também a p.16.

Ano-Novo 1º de janeiro

Segunda-feira da Páscoa março/abril

Dia do Trabalho 1º de maio

Dia da Libertação 8 de maio

Dia de São Cirilo e São Metódio 5 de julho

Dia de Jan Hus 6 de julho

Dia Nacional Tcheco 28 de setembro

Dia da República 28 de outubro

Dia da Luta pela Liberdade e pela Democracia 17 de novembro

Véspera de Natal (Dia Generoso) 24 de dezembro

Natal 25 de dezembro

Dia de Santo Estêvão 26 de dezembro

GAYS E LÉSBICAS

A homossexualidade é legal na República Tcheca (a idade consensual é 15 anos), mas os tchecos não estão acostumados a ver casais do mesmo sexo fazendo demonstrações de afeto em público; é melhor ser discreto. No entanto,

Praga é o lugar mais liberal do país e tem uma vida gay animada, a maioria dos bares e baladas gays se concentra no centro da cidade e nas regiões de Vinohrady e Žižkov. O guia gay e revista de classificados bimestral *Amigo* tem algumas páginas em inglês, mas o Gay Guide Prague (http://prague.gayguide.net) e o Prague Saints (www.praguesaints.cz) são as fontes mais úteis. Veja também o quadro da p. 198 para opções de hospedagem.

HORA LOCAL

A República Tcheca tem Hora da Europa Central, isto é, GMT/UTC mais uma hora. Os relógios são acertados para o horário de verão, quer dizer, adiantados uma hora no último fim de semana de março e reajustados com o horário padrão no último fim de semana de outubro. Tchecos usam relógio de 24 horas.

HORÁRIO COMERCIAL

As lojas geralmente abrem às 8 h ou 8h30 e fecham entre as 17 e 19 h de segunda a sexta, e ficam abertas das 8h30 até meio-dia ou 13 h no sábado. As lojas de departamento fecham às 20 h de segunda a sexta, e às 18 h no sábado e no domingo. As lojas para turistas no centro de Praga fecham mais tarde e ficam abertas o dia todo no sábado e no domingo.

Os bancos geralmente funcionam das 8 h às 16h30 de segunda a sexta. A principal agência de correio da cidade abre das 7 h às 20 h todos os dias, enquanto as outras agências abrem das 8 h às 18 ou 19 h de segunda a sexta e até meio-dia no sábado. Os restaurantes costumam abrir entre 10 e 11 h (os cafés normalmente abrem às 8 h), enquanto bares geralmente abrem das 11 h à 0 h (alguns bares do centro ficam abertos até 3 ou 4 h).

A maioria dos museus e galerias abre das 9 ou 10 h até 17 ou 18 h o ano todo. Muitos fecham na segunda e no primeiro dia útil depois de um feriado. Algumas das maiores igrejas de Praga abrem em horários semelhantes.

Castelos, *châteaux* e outros monumentos históricos fora da cidade abrem de maio a setembro diariamente das 8 ou 9 h até 17 ou 18 h, com intervalo para almoço, exceto na segunda-feira e no primeiro dia útil depois de um feriado. A maioria fecha de novembro a março, alguns só abrem nos fins de semana em outubro e abril. Se quiser um tour guiado, lembre-se de que as bilheterias fecham cerca de uma hora antes do horário de fechamento oficial, dependendo da duração do tour.

INFORMAÇÕES TURÍSTICAS

O serviço de informações de Praga (Pražská informační služba, PIS; ☎ 221 714 444, em inglês e alemão; www.prague-info.cz) é o principal fornecedor de informações turísticas: tem bons mapas e folhetos detalhados (incluindo opções de hospedagem e monumentos históricos), tudo gratuito. O PIS também vende passagens para o transporte público.

São quatro escritórios:

Torre da ponte da Malá Strana (mapa p. 78; Ponte Carlos; ⊙ 10-18 h abr-out)

Prefeitura da Cidade Velha (mapa p. 90; Staroměstské náměstí 5, Staré Město; ⊙ 9-19 h abr-out, 9-18 h nov-mar)

Estação de trem central de Praga (Praha hlavní nádraží; mapa p. 110; Wilsonova 2, Nové Město; ⊙ 9-19 h seg-sex, 9-16 h sáb e dom abr-out, 9-18 h seg-sex, 9-16 h sáb e dom nov-mar)

Rytířská (mapa p. 90; Rytířská 31, Staré Město; ⊙ 9-19 h abr-out, 9-18 h nov-mar)

Escritórios no exterior

Czech Tourism (www.czechtourism.com) escritórios em todo o mundo fornecem informações sobre turismo, cultura e negócios na República Tcheca.

Alemanha (☎ 030-204 4770; Wilhelmstrasse 44, 10117 Berlin-Mitte)

Áustria (☎ 01-533 21933; Herrengasse 17, 1010 Viena)

Brasil (☎ 55 -11- 3156-8288; Rua Araújo, 165, conj. 30, São Paulo)

EUA (☎ 212-288 0830; 1109 Madison Ave, Nova York, NY 10028)

França (☎ 01 53 73 00 22; rue Bonaparte 18, 75006 Paris)

Holanda (☎ 020-575 3015; Strawinskylaan 517, 1077 XX Amsterdam)

Polônia (☎ 022-629 2916; Al Róż 16, 00-556 Varsóvia)

Reino Unido (☎ 020-7631 0427, pedido de folhetos 09063-640641; 13 Harley St, Londres W1G 9QG)

JORNAIS E REVISTAS

Os quiosques na Praça Venceslau, Na Příkopě e náměstí Republiky, e as bancas Relay nas estações de metrô centrais vendem uma ampla variedade de jornais e revistas internacionais, incluindo jornais britânicos como *Times*, *Independent* e *Guardian* (edição internacional), que podem ser encontrados no dia da publicação.

Veja mais sobre jornais locais na p. 53.

MAPAS

Mapas da cidade estão disponíveis em bancas de jornal, livrarias e agências de turismo. O *Praha – plán města* (1:10.000), da Kartografie Praha, é um mapa detalhado do centro da cidade e arredores, com informações sobre transporte público e estacionamento, índice, mapa do metrô, mapas do Castelo e da Ponte Carlos e uma breve descrição dos principais lugares históricos.

O serviço de informações de Praga (Pražská informační služba, PIS; ☎ 12444, 221 714 444, em inglês e alemão; www.prague-info.cz) tem um folheto gratuito em inglês chamado *Welcome to the Czech Republic*, produzido pelo Ministério do Interior, que traz um mapa do centro histórico, rotas de transporte no centro e informações como números de telefone de emergência e endereços de embaixadas.

Se você for ficar em Praga por um período de tempo mais longo, o atlas de bolso da Kartografie Praha, *Praha – plán města – standard* (1:20.000), que abrange toda Praga, será bem útil.

O mapa do transporte público mostrando todos os serviços diurnos e noturnos (de metrô, ônibus e tram) está disponível em qualquer balcão de informações do Dopravní podnik hlavního města Prahy (DPP; veja p. 250), o departamento de transportes da cidade. Existe também um mapa comercial, o *Praha Městská Doprava* (Transporte público de Praga) 1:25.000, disponível em livrarias.

MULHERES DESACOMPANHADAS

Andar sozinha pela rua é tão seguro – ou tão perigoso – quanto na maioria das grandes cidades europeias. Evite o parque em frente à estação de trem principal quando escurecer e saiba que a região do cruzamento da Praça Venceslau com a Na Příkopě é, na verdade, um "distrito da luz vermelha" à noite. A cidade desenvolveu uma próspera indústria do sexo, com clubes de *strip-tease*, *lap dance*, bordéis e prostituição na rua bem evidente. Atente para os homens em despedidas de solteiro que cambaleiam bêbados pelas ruas em torno da Praça Venceslau nos fins de semana.

Há poucos serviços para mulheres, como linhas de assistência e abrigos ou centros de atendimento para casos de estupro. A principal organização de Praga é o Círculo Branco de Segurança (Bílý kruh bezpečí; mapa p. 143; ☎ 257 317 110; www.bkb.cz; U Trojice 2, Smíchov), que oferece ajuda e acompanhamento às vítimas de crime e violência.

NORMAS ALFANDEGÁRIAS

Ao viajar pela República Tcheca e para outros países da UE pode-se portar 800 cigarros, 400 cigarrilhas, 200 charutos, 1 kg de tabaco, 10 L de destilado ou vinho fortificado (como porto ou jerez), 90 L de vinho e 110 L de cerveja, desde que os produtos sejam exclusivamente para uso pessoal (cada país tem sua regulamentação própria; esses números são os mínimos).

Viajantes de fora da UE podem portar sem imposto, no máximo 200 cigarros ou 100 cigarrilhas ou 50 charutos ou 250 g de tabaco; 2 L de vinho de mesa não espumante, 1 L de destilado ou 2 L de vinho fortificado, vinho espumante ou licor; 60 ml de perfume; 250 ml de água de colônia; e até € 175 de todos os outros produtos (inclusive presentes e suvenires). Qualquer coisa acima desse limite deve ser declarada na alfândega. Pessoas com menos de 17 anos não têm permissão para levar álcool nem tabaco.

Tudo que você comprar na República Tcheca poderá ser levado para qualquer outro país da UE sem pagar IVA adicional. Se você residir fora da UE, pode pedir o IVA das suas compras (veja p. 150). Não é permitido exportar antiguidades legítimas.

Não há limites estabelecidos para o dinheiro, em moeda tcheca ou estrangeira, que pode entrar ou sair do país, mas valores superiores a 500.000Kč devem ser declarados.

PASSEIOS ORGANIZADOS

Várias empresas privadas funcionam em quiosques na Na Příkopě e oferecem excursões de ônibus pela cidade por cerca de 650Kč a 700Kč por pessoa. Tudo bem se você estiver com pressa, mas o castelo e outras atrações ficam tão cheios que muitas vezes não dá nem para aproveitar o passeio; sugerimos um dos nossos tours autoguiados a pé. Também existem algumas excursões especiais excelentes.

A pé

Na Praça da Cidade Velha, em frente à Prefeitura da Cidade Velha, normalmente há muitas pessoas se oferecendo para guiar passeios a pé; a qualidade varia, mas estes a seguir são os melhores. A maioria desses serviços de guias não tem escritório – basta se juntar a uma excursão a pé aparecendo no ponto inicial e pagando, mas é melhor telefonar antes para confirmar o local. Boa parte dos tours começa no Relógio Astronômico (mapa p. 90).

Muitos viajantes recomendam George's Guided Walks (☎ 607 820 158; www.ggeorge.info), que oferecem excursões personalizadas como a Caminhada Histórica de quatro horas (2200Kč; até quatro pessoas; se você já esteve em Praga, ele sai do circuito mais batido); a Caminhada da Cortina de Ferro, de duas horas (até quatro pessoas 1400Kč); e um tour de cinco horas de pub em pub, incluindo um jantar em um pub tcheco (1400Kč por pessoa). O George pode ir pegar você no hotel ou em qualquer outro lugar conveniente.

A Prague Walks (☎ 222 322 309; www.praguewalks.com; 300/1000Kč por pessoa) organiza excursões interessantes com temas como arquitetura de Praga, pubs de Žižkov e Revolução de Veludo. O ponto de encontro é o Relógio Astronômico (mapa p. 90), mas dá para combinar o encontro no hotel.

Com carros de época

Existem empresas que oferecem passeios pela cidade em carros tchecos *vintage* do fim dos anos 1920 e começo dos anos 1930. Os pontos ficam em vários locais no centro da cidade; os tours, que duram cerca de 40 minutos, não têm horário certo para sair; mas se não houver grande movimento partem quando você quiser.

A 3 Veterani (☎ 603 521 700; www.3veterani.cz; 1200Kč por carro; 9-18 h) tem uma pequena frota de Praga Piccolos e primeiros Škodas, todos do início dos anos 1930. Pontos na Staré Město na Rytířská, na Malé náměstí, e na Pařížská chegando na Staroměstské náměstí; e na Malostranské náměstí em Malá Strana.

Com a History Trip (☎ 776 829 897; www.historytrip.cz; 1-2 pessoas 950Kč, 3-6 pessoas 1300Kč; 9-18 h abr-nov), você pode chacoalhar pelas ruas de pedra da cidade em um Praga Piccolo de 1928 ou um Praga Alfa de 1929, maior. Os pontos da Staré Město ficam na Malé náměstí, na Karlova e na Malostranská náměstí em Malá Strana. Tem também um passeio noturno de duas horas (a partir de 1890Kč).

De barco

A Evropská Vodní Doprava (EVD; mapa p. 90; ☎ 224 810 030; www.evd.cz; Čechův most, Staré Město; 17) opera barcos grandes de cruzeiro que ficam no cais ao lado da Ponte Čech (Čechův most) e oferece um passeio de ida e volta de uma hora que parte de hora em hora das 10 h às 10 h (220/110Kč por adulto/criança); um passeio de ida e volta de duas horas que inclui almoço e música ao vivo, que sai ao meio-dia (690/380Kč por adulto/criança); um passeio de ida e volta de duas horas até Vyšehrad (420/350Kč), que parte às 15h30; e um passeio noturno de ida e volta de três horas com jantar e música (790/500Kč), que sai às 19 h. Todos acontecem durante o ano todo.

A Prague Venice (mapa p. 90; ☎ 603 819 947; www.prague-venice.cz; Platnéřská 4, Staré Město; adulto/criança 290/145Kč; 10h30-23 h jul e ago, até as 20 h mar-jun, set e out, até as 18 h nov-fev; 17) oferece divertidos passeios de 45 minutos em pequenos barcos sob os arcos escondidos da Ponte Carlos e pelo canal Čertovka em Kampa. Os barcos saem a cada 15 minutos de cais embaixo da Ponte Carlos (entrada ao lado do Museu da Ponte Carlos; mapa p. 90), na extremidade oeste da Platnéřská, no canal Čertovka em Malá Strana (mapa p. 78), e na Ponte Mánes (Mánesův most; mapa p. 78), perto da estação de metrô Malostranská.

De abril a outubro, a Navegação de Passageiros de Praga (Pražská paroplavební společnost, PPS; mapa p. 110; ☎ 224 930 017; www.paroplavba.cz; Rašínovo nábřeží 2, Nové Město; M Karlovo Náměstí) faz passeios pelo Moldava, saindo do cais central na Rašínovo nábřeží. O mais bonito é uma excursão de uma hora que passa pelo Teatro Nacional, pela ilha de Střelecký e Vyšehrad, com saída às 11, 14, 16, 17 e 18 h de abril a setembro (adulto/criança 190/90Kč).

Às 9 h no sábado e no domingo, de maio até metade de setembro, um barco navega 37 km rio acima através de uma paisagem selvagem e verde até a barragem Slapy em Třebrenice. Essa gostosa escapada de um dia custa 340/170Kč, ida e volta, retornando à cidade às 18h30.

Os barcos que fazem o passeio de 1 h e 15 min até Troja (perto do zoológico; 150/80Kč só ida) saem às 8h30 nos dias de semana só em maio e junho; às 9h30, 12h30 e 15h30 diariamente de maio até a metade de setembro; e nos fins de semana e feriados de abril e da metade de setembro até o fim de outubro. Os barcos que fazem o caminho de volta saem de Troja às 11, 14 e 17 h.

De bicicleta

A City Bike (mapa p. 90; ☎ 776 180 284; www.citybike-prague.com; Královdvorská 5, Staré Město; 9-19 h abr-out; M Náměstí Republiky) tem tours guiados de 2 h e 30 min que custam a partir de 540Kč, com saída às 11, 14 e 17 h de maio a setembro e às 11 e 14 h de abril a outubro. Os passeios abrangem a Cidade Velha, o rio Moldava e o Parque Letná, e incluem uma parada em um pub à beira do rio.

A Praha Bike (mapa p. 90; ☎ 732 388 880; www.prahabike.cz; Dlouhá 24, Staré Město; 9-19 h; M Náměstí Republiky) oferece um tour guiado de bicicleta pela cidade ou uma pedalada noturna fácil pelos parques (490Kč). Os tours saem às 14h30 da metade de março a outubro e também às 11h30 e às 17h30 de maio a setembro. Viagens para fora da cidade podem ser combinadas. Fornece capacetes e cadeados, e alugam bicicletas para uso privativo (veja p. 211).

A AVE Travel (251 551 011; www.bicycle-tours.cz) tem um tour guiado de bicicleta de um dia de Praga ao Castelo Karlštejn (p. 234) por 1500Kč por pessoa, incluindo aluguel de bicicleta, almoço em Karlštejn e passagem de trem de volta para a cidade. Também oferece viagens de bicicleta para Konopiště (p. 237) e tours de uma semana pelo interior tcheco.

Guias particulares

O serviço de informações de Praga (mapa p. 90; 236 002 562; guides@pis.cz; Prefeitura da Cidade Velha, Staroměstské náměstí 1; tour de 3 horas 1000Kč por pessoa, duas pessoas 1200Kč por pessoa adicional; 9-18 h seg-sex, até 16 h sáb e dom) pode providenciar guias particulares fluentes em todas as principais línguas europeias. O atendimento é no escritório do PIS na Prefeitura da Cidade Velha.

Interesse judaico

A Precious Legacy Tours (mapa p. 90; 222 321 954; www.legacytours.net; Kaprova 13, Staré Město; tours 10h30 dom-sex, também às 14 h, mas é preciso combinar) oferece passeios guiados por locais de interesse judaico, como uma excursão a pé de três horas pelo distrito de Josefov em Praga (630Kč por pessoa; o preço inclui entrada para quatro sinagogas, mas não para a Sinagoga de Staronová, são mais 200Kč). Há também uma excursão diária de seis horas a Terezín (1300Kč por pessoa; saída às 10h); para mais informações sobre Terezín veja a p. 239. Tours particulares customizados podem ser combinados, são 1300Kč a hora, para duas pessoas.

A Wittmann Tours (222 252 472; www.wittmann-tours.com; Novotného lavka 5, Staré Město) oferece uma excursão a pé de 3 horas por Josefov (880Kč por pessoa) que sai diariamente às 10h30, exceto aos sábados da metade de março até dezembro. A Wittmann também faz excursões de 7 horas a Terezín (p. 239), são 1450Kč por pessoa (cinco pessoas ou mais). Na nossa opinião, os tours da Wittmann são melhores que os da Precious Legacy, porque são menos apressados e mais pessoais.

Ônibus e bonde

O Bonde Nostálgico nº 91 (233 343 349; www.dpp.cz; Museu do Transporte Público, Patočkova 4, Střešovice; adulto/criança 35/20Kč; saída de hora em hora 12 h-17h30 sáb, dom e feriados mar-metade nov) oferece bondes *vintage*, que datam de 1808 a 1924, e circulam por uma rota especial, começando no Museu do Transporte Público (mapa p. 70) e com paradas no Castelo de Praga, na Malostranské náměstí, no Teatro Nacional, na náměstí Republiky e na Štefánikův most, terminando em Výstaviště (centro de exposições). Você pode subir ou descer em qualquer parada e comprar a passagem a bordo; as passagens e passes comuns do transporte público não são válidas nessa linha.

Uma variedade de excursões é oferecida pela Prague Sightseeing Tours (222 314 661; www.pstours.cz) – procure o quiosque amarelo perto da entrada do metrô na náměstí Republiky (mapa p. 90). A excursão de ônibus Praga Informativa, de duas horas (adulto/criança 450/310Kč, saídas 11 h e 13h30 de abril a outubro), abrange todos os locais históricos importantes de Praga, e o tour Grand City (730/380Kč, saídas 9h30 e 14 h de abril a outubro) combina excursão de ônibus e caminhada pelo Castelo de Praga.

QUESTÕES LEGAIS

Se você por preso por algum motivo, tem direito de ligar para a sua embaixada (veja a relação na p. 257). Observe que tecnicamente é ilegal não portar nenhum tipo de identificação (normalmente passaporte). Se não tiver como provar sua identidade, a polícia poderá detê-lo por até 48 horas. Alguns policiais mais velhos guardam uma desconfiança de estrangeiros da época do comunismo; os policiais mais jovens são mais fáceis de lidar, mas a maioria não fala inglês com fluência.

As penas para compra e venda de drogas são duras, e provavelmente a sua embaixada não vai poder fazer muita coisa para ajudar

---

IDADE LEGAL

As idades mínimas a seguir são válidas na República Tcheca. No entanto, os viajantes devem estar atentos ao fato de que podem ser processados pela lei de seu país em relação à idade de consentimento, mesmo no exterior.

- Consumo de álcool – 18 anos
- Dirigir – 18 anos
- Relação sexual heterossexual/homossexual – 15 anos
- Fumar – 16 anos
- Casamento – 18 anos
- Voto – 18 anos

se você for pego, mas leis aprovadas em 2008 descriminalizaram a posse de "uma pequena quantidade" de drogas, o que significa menos de 15 gramas de maconha e 5 gramas de haxixe.

Beber antes de dirigir é estritamente ilegal; o limite de álcool no sangue para dirigir é zero. As multas de trânsito geralmente são pagas no ato (peça recibo). A proibição de fumar impõe multa de 1000Kč, que deve ser paga no local, para quem fumar em lugares públicos, incluindo hospitais, bibliotecas, estações de trem e transporte público – e até pontos de ônibus e tram, mesmo se forem ao ar livre –, mas não em restaurantes, bares e clubes. (Veja também o quadro da p. 160.)

RÁDIO

A Radio Prague (www.radio.cz; 92.6MHz FM) transmite programas de 15 minutos em inglês com cobertura de notícias, cultura e atualidades tchecas às 19 horas, de segunda a quinta. A melhor estação de música alternativa da cidade é a Radio 1 (91.9MHz FM), mas a Radio Wave (100.7MHz FM), sem comerciais, é uma forte concorrente.

O World Service da BBC (www.bbc.co.uk/worldservice) transmite localmente notícias e programação cultural tanto em inglês como em tcheco na 101.1MHz FM, das 11 às 13 h e das 16 às 20 h.

SEGURANÇA

Embora Praga seja tão segura quanto qualquer outra capital europeia, o imenso fluxo de dinheiro para a cidade causou uma epidemia de pequenos delitos. No que diz respeito a turistas, isso significa principalmente batedores de carteira. Os principais pontos problemáticos são o Castelo de Praga (especialmente na troca da guarda), a Ponte Carlos, a Praça da Cidade Velha (no meio da multidão que observa o Relógio Astronômico), a entrada do Velho Cemitério Judeu, a Praça Venceslau, a estação de trem central, o metrô (fique de olho na mochila nas escadas rolantes) e os trams (principalmente nas linhas 9 e 22, lotadas).

Não precisa ficar paranóico, mas guarde valores bem fora do alcance e mantenha-se atento em multidões e no transporte público. Um truque clássico é alguém pedir informações e enfiar um mapa no seu nariz, ou uma mulher com um bebê pedindo dinheiro – qualquer coisa que possa distraí-lo – enquanto os comparsas vasculham as suas sacolas ou bolsos.

Perda ou roubo de pertences

Se o seu passaporte, carteira ou outros valores forem roubados, relate o ocorrido em uma delegacia de polícia em 24 horas. O local mais fácil é a delegacia de polícia Praha 1 (mapa p. 110; Jungmannovo náměstí 9; 24 horas), perto da parte baixa da Praça Venceslau. Diga que língua você fala, e eles vão entregar um formulário padrão de boletim de ocorrência (*Policejní zpráva*) para preencher, que vai ser carimbado e devolvido (isso só servirá para o seguro; o crime provavelmente não vai ser investigado). A menos que você fale tcheco, nem pense em ligar para a polícia, raramente você vai achar alguém que fale inglês. Uma vez com o boletim de ocorrência, pode procurar o departamento consular da sua embaixada para repor o passaporte.

Faça o mesmo se perder a carteira ou algum outro valor. Para qualquer outra coisa que não seja documentos de viagem, tente o Departamento de achados e perdidos da cidade (*ztráty a nálezy*; mapa p. 90; 224 235 085; Karoliny Světlé 5; 8-12 h e 12h30-17h30 seg e qua, até 16 h ter e qui, até 14 h sex; 6, 9, 18, 22, 23). Existe outro Departamento de achados e perdidos (220 114 283; 24 h) no aeroporto.

Racismo

Você pode se espantar com o nível de preconceito eventual contra os ciganos, que as pessoas gostam de culpar pelos problemas da cidade. Hostilidade aberta contra turistas é raro, mas visitantes de pele escura podem ser alvo de comentários racistas.

Golpes

Cuidado com homens que alegam ser policiais à paisana investigando falsificações ou câmbio ilegal. Eles abordam turistas e pedem para ver o seu dinheiro, que é devolvido depois de examinado. Quando você for mexer na carteira, vai perceber que uma parte substancial do dinheiro sumiu. Nenhum policial de verdade tem direito de inspecionar o seu dinheiro.

Outra manobra é um "turista perdido" pedir informações (geralmente em inglês capenga). Depois de alguns minutos de conversa, dois amigos dele interrompem, fingindo ser policiais à paisana, e acusando você de trocar moeda ilegalmente. Então, vão pedir para ver sua carteira e o seu passaporte, mas se você entregá-los, provavelmente, vão fugir com eles.

TELEFONE

A maioria dos números tchecos tem nove algarismos – é preciso discar todos eles para fazer qualquer chamada, local ou de longa distância (não existe código de área). Todos os números fixos de Praga começam com 2; os de celular começam com 6 ou 7. As exceções são números de emergência, algumas empresas de táxi e linhas de informação, que podem ter menos de nove números. Veja na contracapa deste guia os números e códigos de telefone úteis.

Existem telefones públicos em toda a cidade, eles podem ser usados para ligações locais, de longa distância e internacionais. Telefones que funcionam com moedas só aceitam moedas de 2Kč, 5Kč, 10Kč e 20Kč; uma alternativa mais comum e prática é um cartão telefônico pré-pago, que permite fazer ligações domésticas ou internacionais de qualquer telefone, público ou não, da República Tcheca.

Também é possível fazer ligações internacionais na central telefônica da agência de correio central (à esquerda, dentro da entrada da direita) – basta pagar um depósito e fazer a chamada em uma cabine à prova de som; um pequeno medidor vai marcando o preço.

A central telefônica tem listas de Praga e de outras cidades importantes, mas é possível encontrar números de telefone comerciais online em www.zlatestranky.cz.

Celular

A República Tcheca usa GSM 900 (agora compatível com 3G), o mesmo que o restante da Europa e o Brasil, mas não é compatível com GSM 1900 da América do Norte nem com o sistema diferente do Japão. Alguns norte-americanos têm telefones dual-band GSM 1900/900 que funcionam lá; verifique com a sua operadora sobre o uso do telefone no exterior, cuidado com *roaming* internacional (que é muito caro para uma chamada "local"). As principais redes de telefonia de Praga são Telefonica/O2 (www.cz.o2.com), T-Mobile (www.t-mobile.cz) e Vodafone (www.vodafone.cz).

Para usuários de iPhone e outros smartphones, a Telefonica/O2 opera a maior rede de 3G e a mais confiável, mas as principais concorrentes estão trabalhando para se igualar.

Se o seu celular for desbloqueado, você poderá comprar um cartão SIM tcheco em qualquer loja de celular por cerca de 450Kč (incluindo 300Kč de crédito em chamadas) e fazer ligações locais a preços locais (3Kč a 9Kč por minuto), mas não vai poder utilizar o número já pertencente ao aparelho.

Cartões telefônicos

Os cartões locais pré-pagos são o Smartcall (www.smartcall.cz) e o Karta X Plus – eles podem ser comprados em hotéis, bancas de jornal e escritórios de turismo por 300Kč a 1000Kč. Para usá-lo, siga as instruções no cartão – disque o número de acesso, depois o código PIN embaixo da raspadinha e depois o número desejado (incluindo algum código internacional).

TRABALHO

A taxa de desemprego na República Tcheca subiu para 10% no início de 2010 (a taxa oficial em Praga era por volta de 4%, mas na realidade ela deve ser um pouco maior) – e, embora existam oportunidades para estrangeiros em ensino de inglês, TI, finanças, mercado imobiliário e empresas de administração, a competição pelos empregos é acirrada, e encontrar trabalho está cada vez mais difícil.

Cidadãos da UE não precisam de permissão para trabalhar na República Tcheca; cidadãos de outras nacionalidades precisam. Você pode encontrar empregos de longo ou curto prazo ensinando inglês (ou outras línguas) nas numerosas escolas de língua de Praga. Outra opção é procurar emprego em um dos muitos restaurantes, albergues e bares administrados por residentes estrangeiros. Existem possibilidades também em empresas estrangeiras. Bancos de investimento, mercado imobiliário, TI e empresas de administração em particular precisam de pessoal com experiência e muitas vezes empregam pessoas que não falam tcheco, mas há mais chances de você conseguir um emprego desse tipo em seu país de origem do que em Praga.

Você pode pesquisar o mercado de trabalho em sites como www.jobs.cz, www.expats.cz e www.prague.tv e procurar emprego na seção de classificados do *Prague Post* (www.praguepost.com).

Contatos comerciais

Câmara de Comércio Tcheca (mapa p. 58; ☎ 296 646 112; www.komoracr.eu; Freyova 27, Vysočany, 190 00 Praga)

Prague Convention Bureau (☎ 224 235 159; www.pragueconvention.cz; Rytířská 26, Staré Město, 110 00 Praga)

VIAJANTES COM DEFICIÊNCIA

A atenção dada às instalações para pessoas com deficiência em Praga é cada vez maior, mas ainda limitada. Rampas para cadeiras de rodas estão se tornando mais comuns, especialmente nos grandes cruzamentos, shoppings novos e hotéis mais sofisticados (no capítulo Onde dormir identificamos hotéis com adaptações para cadeirantes). Para cegos ou para quem tem dificuldade de visão, a maioria das travessias de pedestres na parte central de Praga tem sinal sonoro para indicar quando é seguro atravessar. As entradas e os banheiros do McDonald's e do KFC são adaptados para cadeiras.

Boa parte do Castelo de Praga é acessível para cadeiras de rodas, mas não as ruas de pedra, calçadas estreitas e morros íngremes dos distritos circundantes de Hradčany e Malá Strana. O Teatro dos Estados (p. 204) está equipado para deficientes auditivos, enquanto o Convento de Santa Inês (p. 97) tem uma exposição de esculturas medievais no térreo, com textos explicativos em braile; essas atrações e alguns outros teatros são acessíveis para cadeirantes. O livreto mensal *Přehled*, com a programação – publicado pelo PIS só em tcheco –, indica locais com acesso para cadeiras de rodas. Nós também fizemos observações sobre elevadores e outros quesitos de acessibilidade nas resenhas individuais.

Poucos ônibus e nenhum tram são acessíveis a cadeiras de rodas; ônibus especiais acessíveis circulam de segunda a sexta nas linhas de ônibus 1 e 3, inclusive entre a parada Florenc e a náměstí Republiky, e entre a estação de trem Holešovice e a náměstí Republiky (visite o site www.dpp.cz para mais informações).

A principal estação ferroviária de Praga (Praha hlavní nádraží), a estação de trem Praha-Holešovice e algumas estações de metrô (Hlavní Nádraží, Hůrka, Luka, Lužiny, Nádraží Holešovice, Stodůlky e Zličín) têm elevadores automáticos. Outras estações de metrô (Chodov, Dejvická, linha Florenc C, Háje, IP Pavlova, Opatov, Pankrác, Roztyly e Skalka) têm elevadores adaptados que podem ser usados com ajuda do pessoal da estação. A Ferrovias Tchecas (ČD) afirma que todas as grandes estações do país têm rampas para cadeiras e elevadores, mas na verdade o serviço é precário.

A maioria dos aeroportos (inclusive o de Praga) tem rampas, elevadores, banheiros e telefones acessíveis a cadeiras de rodas. Os banheiros dos aviões, por outro lado, são um problema para os cadeirantes, que devem conversar sobre isso antes com a companhia aérea e/ou o seu médico.

Algumas organizações úteis são:

Cegos Tchecos Unidos (Sjednocená organizace nevidomých a slabozrakých v ČR; mapa p. 110; ☎ 221 462 146; www.braillnet.cz; Krakovská 21, Nové Město) Representa os deficientes visuais; fornece informações, mas não serviços.

Organização dos Usuários de Cadeiras de Rodas de Praga (Pražská organizace vozíčkářů; mapa p. 90; ☎ 224 827 210; www.pov.cz, em tcheco; Benediktská 6, Staré Město) Pode conseguir guia e transporte por cerca de metade do preço de um táxi e tem um guia *Praga sem barreiras* em CD-ROM em tcheco, inglês e alemão.

VISTOS

Os cidadãos brasileiros não precisam de visto para entrar na República Tcheca, apenas do passaporte válido por mais 90 dias, seguro de viagem internacional que tenha a cobertura total para a assistência médica e repatriação de valor mínimo de 30 mil euros, comprovante de recursos financeiros suficientes para a estada (ex. cartão de crédito internacional) e comprovante de hospedagem durante a estada. Cidadãos da UE e do Espaço Econômico Europeu (EEE) não precisam de visto para nenhum tipo de visita, apenas do passaporte; outras nacionalidades podem verificar a exigência de visto no site www.mzv.cz (clique em Information for Aliens). Os vistos não estão disponíveis em fronteiras ou no Aeroporto de Praga; você será recusado se precisar de visto e chegar sem ele.

Cidadãos não-europeus que desejem ficar em Praga por mais de 90 dias precisam solicitar um visto de longo prazo, visto de emprego ou permissão de residência; veja os detalhes na embaixada tcheca mais próxima de você e faça a solicitação com pelo menos quatro meses de antecedência.

A República Tcheca faz parte do Espaço Schengen (um grupo de países que permite viagens sem passaporte dentro das fronteiras da zona); visitantes que precisam de visto podem pedir um visto de Schengen que vai permitir visitas a outros países da zona (veja http://ec.europa.eu/youreurope para detalhes – clique em Citizens e depois Travelling in Europe.

As regras para o visto mudam de tempos em tempos, então verifique no Ministério das Relações Exteriores (www.mzv.cz).

IDIOMA

Tcheco (*Čeština*) é a principal língua falada na República Tcheca. Ela pertence ao ramo da família eslava das línguas indo-europeias, que foi empurrada para oeste com o povo eslavo pelos ataques dos hunos, ávaros, búlgaros e magiares nos séculos V e VI. O tcheco também é relacionado ao polonês, embora não tão de perto quanto ao eslovaco – adultos da Eslováquia e da República Tcheca em geral conseguem entender uns aos outros, embora os mais jovens, que não tenham tido muito contato com a outra língua, possam ter dificuldade de comunicação.

Em estabelecimentos frequentados por turistas em Praga você vai conseguir se virar em inglês, mas aprender mesmo umas poucas frases básicas em tcheco vai enriquecer sua experiência de viagem. Você vai perceber que os locais adoram os viajantes que tentam falar a língua deles.

Se você quiser mais tcheco do que o que pusemos aqui, adquira uma cópia do livro de frases abrangente e fácil de usar *Czech*, da Lonely Planet. O tcheco também está no livro de frases *Eastern Europe*, da Lonely Planet. Ambos em inglês.

PRONÚNCIA

Muita gente pode torcer o nariz quando vir tcheco escrito – especialmente as palavras que parecem blocos impronunciáveis de consoantes. No entanto, com um pouco de treino, você estará falando palavras tchecas num instante. Cada letra tcheca é pronunciada sempre do mesmo jeito, assim, uma vez que você se familiarize com o alfabeto tcheco, você será capaz de ler. A tônica é, normalmente, na primeira sílaba da palavra.

Vogais

As vogais podem ser longas ou curtas; elas têm a mesma pronúncia, mas as longas são seguradas por mais tempo. As vogais longas são indicadas por um acento agudo (´) acima da letra. O tcheco também tem algumas combinações vocálicas (ditongos).

Os exemplos de pronúncia a seguir são baseados na pronúncia do português brasileiro:

- **a** /á/ som aberto e curto como "a" de "c**a**sa"
- **á** /áá/ como "a" com som longo em "S**aa**ra"
- **e** /é/ som aberto e curto c"omo "é" de "p**é**"
- **é** /éé/ som aberto e longo como se se encompridasse o "é" da palavra céu, pronunciando-se "c**éé**u"
- **ě** /ie/ como o ditongo "ie" em sér**ie**
- **i/y** /í/ som aberto e curto como "i" de "m**i**to"
- **í/ý** /íí/ como "i" com som longo em como se se encompridasse "i" da palavra milho, pronunciando-se "m**ii**lho"
- **o** /ó/ som aberto e curto como "o" de "b**o**ssa n**o**va"
- **ó** /óó/ som aberto e longo como se se encompridasse o "ó" da palavra dó, pronunciando-se "d**óó**"
- **u** /ú/ som aberto e curto como "u" de "urub**u**"
- **ú/ů** /úú/ som aberto e longo como se se encompridasse o "ú" da palavra baú, pronunciando-se "ba**úú**"

Combinações vocálicas

- **aj** como em "p**ai**"
- **áj** som aberto e longo como se se encompridasse o "a" da palavra pai, pronunciando-se "p**aai**"
- **au** como em "cac**au**"
- **ej** como em "min**ei**ro"
- **ij/yj** como em "min**ei**ro"
- **íj/ýj** como no diminutivo "fri**iinho**"
- **oj** como em "d**ói**"
- **ou** como em "c**ou**ro"
- **uj** como em "m**ui**to"
- **ůj** som aberto e longo como se se encompridasse o "u" da palavra muito, pronunciando-se "m**uui**to"

Consoantes

- **c** como em "**ts**unami"
- **č** como em "**tch**eco"
- **ch** como "rr", similar ao anterior, só que mais forte ainda – como um espanhol pronunciaria o "j" de Juan
- **j** como "y" em "**y**akisoba" ou "**y**om"
- **r** como "r" forte em "ca**r**o"
- **ř** como "rj" em "sa**rj**eta"
- **ž** como "j" em "fei**j**ão"
- **s** como "ss" em "ma**ss**a"
- **š** como "ch" em "**ch**ato"
- **ň** como "nh" em "ara**nh**a"
- **kd** "gd" como se se pronunciassem as letras "g" e "d" (e não apenas "d" na palavra ami**gd**alite)
- **di, ti, ni** quando aparece o "i" depois destas letras a pronúncia como em dia - "**dji**a", tia - "**tchi**a"

  e no diminutivo "ara**nhi**nha")
- **ď, ť,** quando aparece o apóstrofe a pronúncia é também como em "**di**a" ("**dji**a") e como em "**ti**a"(**tchi**a)
- **dy, ty, ny** quando aparece o "y" depois destas letras a pronúncia é forte como em "den**dê**", "**te**mos" e no diminutivo "nen**ê**"

dě tě ně quando aparece o "ě" depois destas letras a pronúncia é como em "**die**tético", como "tie" se se dissesse "**tchiê**" e em "**D**an**ie**la"
pě como "pie" em "**pie**dade"
bě como "bie" em "**bie**lo-russo"
vě como "vie" em "**vie**ira"
mě pronuncia-se "mnhie" com "n" mudo

RELACIONAMENTO
Primeiro contato
Olá./Bom dia.
Dobrý den. (formal) *dóbríí dén*
Ahoj. (informal) *árrói*
Adeus.
Na shledanou. (formal) *ná ssrrlédánóu*
Ahoj./Čau. (informal) *árrói/tcháu*
Sim.
Ano./Jo. (formal/informal) *ánó/yó*
Não.
Ne. *né*
Posso? (pedindo permissão)
Dovolíte? *dóvólííté*
Desculpe./Perdão. (desculpando-se ou pedindo ajuda)
Promiňte. *próminhté*
Você pode me ajudar, por favor?
Prosím, můžete mi pomoci? *Próssíím múújété mí pómótsí*
Por favor.
Prosím. *próssíím*
(Muito) obrigado.
(Mockrát) děkuji. *mótskráát diekúyí*
De nada.
Není zač. *nénhíí zátch*
Bom dia.
Dobré jitro/ráno. *dóbréé yítró/ráánó*
Boa tarde.
Dobré odpoledne. *dóbréé ódpólédné*
Boa noite.
Dobrý večer. *dóbríí vétchér*
Como vai?
Jak se máte? *yák ssé mááté*
Bem, obrigado.
Děkuji, dobře. *diekúyí dóbrjé*

Diversão
O que há para fazer à noite?
Kam se tady dá večer jít? *kám ssé tádí dáá vétchér yíít*
O que rola hoje à noite?
Kde se večer můžeme pobavit? *gdé ssé vétchér múújémé póbávít*
Há um guia de diversão local?
Existuje přehled kulturních programů? *éksísstúyé prjérrlét kúltúrnhííríí prógrámúú*

Estou a fim de ir a/a um/ao...
Mám chuť jít... *máám rrutí yíít*
bar   do baru   *dó bárú*
café   do kavárny   *dó káváární*
cinema   do kina   *dó kíná*
balada   do noční podnik   *dó nótchnhíírró pódnhíkú*
ópera   na operu   *ná ópérú*
restaurante do restaurace   *dó réstáúrátsé*
teatro   do divadla   *dó dívádlá*

Há alguma balada boa?
Jsou tady nějaké dobré noční podniky? *yssou tádí nieyákéé dóbrée nótchnhíí pódnhíkí*

Dificuldades com a língua
Você fala inglês/português?
Mluvíte anglicky/portugalsky? *Mlúvííté ánglítskí/pórtúgálsskí*
Entendo.
Rozumím. *rózúmíím*
Não entendo.
Nerozumím. *nérózúmíím*
Você poderia escrever, por favor?
Můžete mi to napsat, prosím? *múújété mí tó nápssát próssíím*

VOCABULÁRIO PRÁTICO
Localização
Você tem um mapa local?
Máte mapu okolí? *Mááté mápú ókólíí*
Onde é ...?   Kde je ...?   *gdé yé*
Vá direto em frente. Jděte přímo. *ydieté prjíímó*
Vire à esquerda. Zatočte vlevo. *zatótchté vlévó*
Vire à direita.   Zatočte vpravo. *zatótchté fprávó*
atrás   za   *zá*
em frente de   před   *prjét*
longe   daleko   *dálékó*
perto   blízko   *blíísskó*
do outro lado   naproti   *náprótí*

Números
É bastante comum os tchecos falarem os números 21 a 99 ao contrário; por exemplo, *dvacet jedna* (21) vira *jedna dvacet*.

0   nula   *núlá*
1   jedna   *yédná*

2	dva	dvá
3	tři	trjí
4	čtyři	tchtírjí
5	pět	piet
6	šest	chésst
7	sedm	ssédm
8	osm	óssm
9	devět	déviet
10	deset	déssét
11	jedenáct	yédénáátst
12	dvanáct	dvánáátst
13	třináct	trjínáátst
14	čtrnáct	tchtrnáátst
15	patnáct	pátnáátst
16	šestnáct	chéstnáátst
17	sedmnáct	ssédmnáátst
18	osmnáct	óssmnáátst
19	devatenáct	déváténáátst
20	dvacet	dvátsét
21	dvacet jedna	dvátsét yédná
22	dvacet dva	dvátsét dvá
23	dvacet tři	dvátsét trjí
30	třicet	trjítsét
40	čtyřicet	tchtírjítsét
50	padesát	pádéssáát
60	šedesát	chédéssáát
70	sedmdesát	ssédmdéssáát
80	osmdesát	óssmdéssáát
90	devadesát	dévádéssáát
100	sto	sstó
1000	tisíc	tíssííts

Transações bancárias
Onde fica...?
Kde je...? *gdé yé*

o caixa eletrônico	bankomat	*bánkómát*
banco	banka	*bánká*
casa de câmbio	směnárna	*ssmnienáárná*

Gostaria de trocar...
Chtěl/Chtěla bych vyměnit... (m/f)
rrtiel/rrtielá bírr vímnienhít

dinheiro	peníze	*pénhííźé*
(de viagem)	(cestovní)	*tsésstóvnhíí*
cheque	šek	*chék*

A que horas abre o banco?
V kolik hodin otevírá banka?
f kólík rródín ótévííráá bánká

Correio
Onde fica o correio?
Kde je pošta? *gdé yé póchtá*

Gostaria de comprar...
Rád/Ráda bych koupil/a... (m/f)
ráát/rááda bírr koupíl/á

cartão-postal	pohlednice	*pórrlédnhítsé*
selos	známky	*znáámkí*

Gostaria de mandar...
Chtěl/Chtěla bych poslat... (m/f)
rrtiel/rrtielá bírr pósslát

carta	dopis	*dópíss*
pacote	balík	*bálíík*
cartão-postal	pohled	*pórrlét*

Telefonia
Onde fica o telefone público mais próximo?
Kde je nejbližší veřejný telefon?
gdé yé neyblijchíí vérjeynií téléfón
Poderia fazer uma ligação?
Mohu si zatelefonovat?
mórrú ssí zátéléfónóvát
Gostaria de ligar...
Chci zavolat... *rrtsí závólát*
Gostaria de ligar para...
Chtěl/Chtěla bych volat do... (m/f)
rrtiel/rrtielá bírr vólát dó
Gostaria de fazer uma ligação e cobrar.
Chtěl/Chtěla bych zavolat na účet volaného. (m/f) *rrtiel/rrtielá bírr závólát ná úútchét vólánéérró*
Gostaria de comprar um cartão telefônico
Chtěl/Chtěla bych koupit telefonní kartu. (m/f) *rrtiel/rrtielá bírr koupít téléfónnhíí kártú*

Internet
Onde se encontra por aqui uma lan house/cyber café?
Je tady internetová kavárna? *yé tádí íntérnétóváá kávaárná*
Gostaria de me conectar a internet.
Chtěl/Chtěla bych se připojit na internet. (m/f) *rrtiel/rrtielá bírr ssé prjípóyít ná íntérnét*
Gostaria de consultar meu e-mail.
Chtěl/Chtěla bych si zkontrolovat svůj email. (m/f) *rrtiel/rrtielá bírr ssí zkóntrólóvát ssvúúy íméyl*

Dados pessoais
nome	jméno	*yméénó*
endereço	adresa	*ádréssá*

data/lugar de nascimento
datum/místo narození
dátúm/míísstó nárózénhíí

idade	věk	viek
sexo	pohlaví	pórrlávíí
nacionalidade	národnost	nááródnósst
número do passaporte	číslo pasu	tchíissló pássú
visto	vízum	víízúm
carteira de motorista	řidičský průkaz	rjídítchsskíí prúúkáss

Interrogações

Quem?	Kdo?	gdó
O quê?	Co?	tsó
Quando?	Kdy?	gdí
Onde?	Kde?	gdé
Como?	Jak?	yák

Perguntas

Onde fica...?
Kde je...? *gdé yé*
Procuro/Estou procurando...
Hledám... *rrlédáám*

galeria de arte	uměleckou galerii
	úmnielétskou gáléríyí
centro da cidade	centrum
	tséntrúm
embaixada	velvyslanectví
	vélvísslánétstvíí
praça principal	hlavní náměstí
	rrlávníí náámniesstíí
mercado	tržiště
	trjíchtie
museu	muzeum
	múzéúm
banheiros públicos	veřejné záchody
	vérjeynéé zááródí

centro de informações turísticas
turistická informační kancelář
túrísstítskáá ínformátchnhíí kántséláárj
A que hora abrem/fecham?
V kolik hodin otevírají?/zavírají?
f kólik rródín ótevíírayíí/zavíírayíí

Placas

Kouření Zakázáno	Proibido fumar
Otevřeno	Aberto
Umývárny/Toalety	Banheiros
Páni/Muži	Homens
Dámy/Ženy	Mulheres
Vchod	Entrada
Vstup Zakázán	Proibida a entrada
Východ	Saída
Zákaz	Proibido
Zavřeno	Fechado

Dias e horários

Que hora são?	Kolik je hodin?	kólík yé rródín
de manhã	ráno	rááno
à tarde	odpoledne	ódpólédné
à noite	večer	vétchér
hoje	dnes	dnéss
agora	teď	tédi
ontem	včera	ftchérá
amanhã	zítra	zíítrá
próxima semana	příští týden	prjííchtíí tíídén

segunda-feira	pondělí	póndielíí
terça-feira	úterý	úútéríí
quarta-feira	středa	sstrjédá
quinta-feira	čtvrtek	tchtvrték
sexta-feira	pátek	pááték
sábado	sobota	ssóbótá
domingo	neděle	nédielé
janeiro	leden	lédén
fevereiro	únor	úúnór
março	březen	brjézén
abril	duben	dúbén
maio	květen	kviétén
junho	červen	tchérvén
julho	červenec	tchérvénéts
agosto	srpen	ssrpén
setembro	září	záárjíí
outubro	říjen	rjíiyén
novembro	listopad	lísstópát
dezembro	prosinec	próssínéts

Datas em museus

ano	rok	rók
século	století	sstólétíí
milênio	milénium/ tisíciletí	míléníúm/ tíssíitsílétíí

começo de... začátek... *zátchááték*
a primeira metade de...
první polovina...
prvníí pólóvíná
na metade de... v polovině... *f pólóvínhie*
a segunda metade de...
druhá polovina...
drúháá pólóvíná
fim de... konec... *kónéts*

Transporte

A que hora sai o trem/ônibus?
V kolik hodin odjíždí vlak/autobus?
f kólík rródín ódyíichdíí vlák/áutóbúss
A que hora chega o trem/ ônibus?
V kolik hodin přijíždí vlak/autobus?
v kólík rródín prjíyíichdíí vlák/áutóbúss

Onde fica a bilheteria, por favor?
Prosím, kde je pokladna?
próssíím gdé yé pókládná
Quero ir a...   Chci jet do...
                     rrtsí yét dó
Gostaria de...
Rád/a bych... (m/f) *ráát/ráádá bírr*
uma passagem de
 ida   jednosměrnou jízdenku
             yétnósmiernou yíísdénkú
uma passagem zpáteční jízdenku
 de ida e   *spáátétchnhíí yíísdénku*
 volta
duas passagens dvě jízdenky
               dvie yíísdénkí

COMIDA E BEBIDA

Veja mais informações sobre culinária e restaurantes p. 159.

Vegetarianos devem ficar atentos: *Bezmasá jídla* ("pratos sem carne") são anunciados em muitos cardápios, mas alguns podem ter sido preparados em gordura animal e até ter pedaços de presunto ou bacon. Se você pedir, a maioria dos chefes prepara algo realmente vegetariano.

Pode me recomendar...?
Můžete mi doporučit...?
múújété mí dópórútchít
uma cafeteria   kavárnu   *káváárnú*
um pub   hospodu   *rrósspódú*
um restaurante restauraci   *résstáurátsí*
Gostaria de..., por favor.
Chtěl/Chtěla bych..., prosím. (m/f)
rrtiel/rrtielá bírr próssíím
 mesa para (5)
 stůl pro (pět)
 sstúúl pró piet
 sala de não fumantes
 nekuřáckou místnost
 nékúrjáátskou míísstnósst
 sala para fumantes
 kuřáckou místnost
 kúrjáátskou míísstnósst

O serviço está incluso?
Je to včetně obsluhy?
yé tó ftchétnhie óbsslúhí
Qual é a especialidade da região?
Co je místní specialita?
tsó yé míísstnhíí sspétsiálítá
O que me recomendaria?
Co byste doporučil/doporučila? (m/f)
tsó bíssté dópórútchil/á
Saúde!
Na zdraví! *ná zdrávíí*

Gostaria de..., por favor.
Chtěl/Chtěla bych..., prosím. (m/f)
rritel/rrtielá bírr próssíím...
conta   účet   *úútchét*
lista de bebidas   nápojový   *náápóyóvíí*
                   lístek   *líissték*
cardápio   jídelní lístek *yíídélnhíí*
                                  líissték
este prato   ten pokrm   *tén pókrm*

Sou vegetariano/a.
Jsem vegetarián/vegetariánka. (m/f)
yssém végétáriáán/ végétáriáánká
Eu não como carne de porco/peixe/aves
Nejím maso/vepřové/ryby/drůbež.
néyíím mássó/véprjóvéé/ríbí/drúúbéch
Poderia preparar a comida sem...?
Mohl/Mohla byste připravit jídlo bez...?
 (m/f) *mórrl/mórrlá bíssté prjíprávít*
 yíídló béz
Sou alérgico a...
Mám alergii na... *máám álérgíyí ná*
laticínios   mléčné   *mléétchnéé*
                   výrobky   *víiróbkí*
glúten   lepek   *lépék*
nozes   ořechy   *órjérrí*
frutos do mar   plody moře   *plódí mórjé*

lanchonete   občerstvení
                   óbtchérsstvénhíí
café da manhã   snídaně   *ssnhíídánie*
almoço   oběd   *óbiet*
jantar   večeře   *vétchérjé*

Pratos comuns

bramborový salát – *brámbóróvíí sálaát* – salada de batata; à base de maionese, com iogurte, batatas, cenouras, ervilhas, pepino em conserva, cebola e milho
chlebíčky – *rrlébíítchkí* – sanduíches abertos em pão francês, com carne fria, ovo, queijo, ou saladas de maionese como lagosta, peixe, batata ou presunto e ervilhas
ďábelská topinka – *diáábélsskáá tópínká* – uma torrada picante com carne e queijo
guláš – *gúláách* – um cozido grosso e condimentado normalmente de carne e batatas, às vezes de caça ou cogumelos
hranolky – *rrránólkí* – batata frita
krokety – *krókétí* – bolinhas de batata amassada fritas; croquetes
kuře na paprice – *kúrjé ná páprítsé* – frango cozido num molho cremoso de páprica picante

míchaná vejce s klobásou – *miírránáá véytsé ss klóbáássou* – ovos mexidos com salsicha

opékané brambory – *ópéékánéé brámbóri* – batata assada

párek v rohlíku – *páárék v rórrliíkú* – cachorro-quente

Pražská šunka – *prájsskáá chúnká* – Presunto de Praga; presunto marinado em salmoura e defumado em fogo de faia

ruská vejce – *rússkáá véytsé* – ovo cozido, batata e salame com maionese

salát – *ssáláát* – salada

sendvič – *sséndvitch* – sanduiche

smažené žampiony – *ssmájénéé jámpiyóni* – cogumelos fritos

smažený květák – *ssmájénii kvietáák* – couve-flor frita em crosta de pão

smažený sýr – *ssmájénii ssíír* – queijo frito em crosta de pão

smažený vepřový řízek – *ssmájénii véprjóvií rjíízék* – costeleta de porco frita

šopský salát – *chópsskií ssáláát* – salada de alface, tomate, cebola e queijo

vejce se slaninou – *véytsé ssé sslánhinou* – ovos com bacon

Glossário de alimentos

ananas	*ánánáss*	abacaxi
arašídy	*áráchiídí*	amendoim
banán	*bánáán*	banana
brambor	*brámbór*	batata
brokolice	*brókólitsé*	brócolis
česnek	*tchéssnék*	alho
chléb	*rrléb*	pão
cibule	*tsíbúlé*	cebola
citrón	*tsitróón*	limão
čokoláda	*tchókóláádá*	chocolate
cuketa	*tsúkétá*	abobrinha
cukr	*tsúkr*	açúcar
dort	*dórt*	bolo
dýně	*díínhie*	abóbora
fazole	*fázólé*	feijão
hlávkový salát	*rrlááfkóvií ssáláát*	alface
hořčice	*rrórjtchítsé*	mostarda
houby	*rroubí*	cogumelos
hovězí	*rróviezíí*	carne de vaca
hrášek	*rrrááchék*	ervilha
hruška	*rrruchká*	pera
jablko	*yáblkó*	maçã
jahoda	*yárródá*	morango
jehněčí	*yérrnietchíí*	carne de cordeiro
jogurt	*yógurt*	iogurte
kapusta	*kápússtá*	couve crespa
kari	*kárí*	curry
knedlíky	*knédliíkí*	pão branco cozido
krůta	*krúútá*	peru
kukuřice	*kúkúrjítsé*	milho
kuře	*kúrjé*	frango
květák	*kvietáák*	couve-flor
kyselá smetana	*kísséláá ssmétáná*	creme de leite azedo
lilek	*lílék*	beringela
losos	*lóssóss*	salmão
majonéza	*máyónéézá*	maionese
malina	*máliná*	framboesa
mandle	*múndlé*	amêndoa
máslo	*máássló*	manteiga
maso	*mássó*	carne
med	*mét*	mel
mrkev	*mrkéf*	cenoura
ocet	*ótsét*	vinagre
okurka	*ókúrká*	pepino
olej	*óléy*	óleo
omáčka	*ómáátchká*	molho
omeleta	*ómélétá*	omelete
ořechy	*órjérrí*	nozes
ovoce	*óvótsé*	fruta
palačinka	*pálátchínká*	panqueca
paprika	*pápríká*	pimentão
pečivo	*pétchívó*	pão
pepř	*pépřj*	pimenta do reino
plody moře	*plódí mórjé*	frutos do mar
polévka	*pólééfká*	sopa
pomeranč	*pómérántch*	laranja
pstruh	*psstrúrr*	truta
rajče	*ráytché*	tomate
rozinky	*rózínkí*	uvas passas
ryba	*ríbá*	peixe
rýže	*ríijé*	arroz
salám	*ssáláám*	salame
skopové	*sskópóvéé*	carne de carneiro
slanina	*sslánhíná*	bacon
sleď	*sslédi*	arenque
šlehačka	*chlérrátchká*	creme de chantilly
smetana	*ssmétáná*	creme de leite
sójová omáčka	*ssóóyóváá ómáátchká*	molho de soja
sójové mléko	*ssóóyóvéé mléékó*	leite de soja
špenát	*chpénáát*	espinafre
sůl	*ssúúl*	sal
šunka	*chúnká*	presunto
svíčková	*ssvíítchkóváá*	molho de legumes c/ filé-mignon
sýr	*ssíír*	queijo

GLOSSÁRIO

Você pode encontrar esses termos e abreviações em Praga.
autobus – ônibus
bankomat(y) – caixas eletrônico(s)
čajovná – casa de chá
ČD – Ferrovias Tchecas, companhia estatal de trem
Čedok – a antiga estatal de turismo e agência de viagens, hoje privatizada
chrám – catedral
ČSA – Czech Airlines, a empresa aérea nacional
ČSSD – Partido Social Democrata
cukrárna – loja de bolos
divadlo – teatro
Divórcio de Veludo – a separação da Tchecoslováquia em República Tcheca e Eslováquia independentes em 1993
doklad – receita ou documento
dům – casa ou prédio
galérie – galeria
hlavní nádraží (hl nád) – estação principal de trem
hora – colina, monte
hospoda – bar
hostinec – bar
hrad – castelo
hřbitov – cemitério
jízdenka – tíquete
kaple – capela
katedralá – catedral
kavárna – café ou cafeteria
Kč (Koruna česká) – coroa tcheca
kino – cinema
kostel – igreja
koupelna – banheiro
KSČM – Partido Comunista Tcheco
lékárna – farmácia
město – cidade
most – ponte
muzeum – museu
nábřeží (nábř) – margem
nádraží – estação
náměstí (nám) – praça
národní – nacional
ODS – Partido Cívico Democrático
ostrov – ilha
palác – palácio
pasáž – passagem, galeria comercial
pekárna – padaria
penzión – pensão
pivnice – cervejaria pequena
pivo – cerveja
pivovar – cervejaria
potraviny – mercearia ou loja de comida
Praha – Praga
přestup – baldeação ou conexão
restaurace – restaurante
Revolução de Veludo (Sametová revoluce) – a derrubada sem violência do regime comunista em 1989
sad(y) – jardim(ns), parque(s), horto(s)
sleva – desconto
stanice – parada ou estação de trem
sv (svatý) – santo/a
třída (tř) – avenida
ulice (ul) – rua
ulička (ul) – alameda
věž – torre
vinárna – vinheria
vlak – trem
výdej listovních zásilek – posta restante
zahrada – jardins, parque
zámek – castelo
zastávka – parada de ônibus, tram ou trem

tatarská omáčka	*tátársskáá ómáátchká*	molho tártaro
telecí	*télétsíí*	carne de vitela
těstoviny	*tiesstóvíní*	massas
tuňák	*túnháák*	atum
tvaroh	*tvárórr*	ricota
ústřice	*úússtrjítsé*	ostra
vanilka	*vánílká*	baunilha
vejce	*véytsé*	ovo(s)
vepřové	*véprjóvéé*	carne de porco
zelenina	*zélénhíná*	legumes, verdura
zelí	*zélíí*	repolho
zmrzlina	*zmrzlíná*	sorvete

Modos de preparo

čerstvý	*tchérsstvíí*	fresco
fritovaný	*frítóvánií*	frito
grilovaný	*grílóvánií*	grelhado
horký	*rrórkíí*	quente
krvavý	*krvávíí*	bife mal passado
míchaný	*míírrání*	misto
na roštu	*ná róchtú*	grelhado
pečený	*pétchénií*	assado
propečený	*própétchénií*	bife bem passado
se sýrem	*ssé ssíírém*	com queijo
sladký	*sslátkíí*	doce
smažený	*ssmájénií*	frito
středně propečený	*sstrjédnie própétchénií*	bife ao ponto

Bebidas

čaj	*tcháy*	chá
káva	*káává*	café
limonáda	*límónáádá*	refrigerante
mléko	*mléékó*	leite
nealkoholický nápoj	*neálkórrólítskíí náápóy*	refrigerante
neperlivá voda	*népérlíváá vódá*	água sem gás
odstředěné mléko	*ótsstrjédieneé mléékó*	leite desnatado
perlivá minerálka	*pérlíváá mínéruállká*	agua com gás
pivo	*pívó*	cerveja
pomerančový džus	*pómérántchóvíí djúss*	suco de laranja
slivovice	*sslívóvítsé*	aguardente de ameixa
víno	*víínó*	vinho
voda	*vódá*	água
bez kofeinu	*béz kóféynú*	café descafeinado
bez ledu	*béz lédú*	sem gelo
s citrónem	*ss tsítrónem*	com limão
s ledem	*ss lédém*	com gelo
s mlékem	*ss mléékém*	com leite
se smetanou	*ssé ssmétánou*	com creme de leite

EMERGÊNCIAS

Socorro!
Pomoc! *pómóts*
É urgente!
To je naléhavý případ! *tó yé nálérrávíí prjíípát*

Pode me ajudar, por favor?
Prosím, můžete mi pomoci? *próssíím múújété mí pómótsí*
Chame uma ambulância/um médico/a polícia!
Zavolejte sanitku!/doktora!/policii! *závóléyté ssánítkú / dóktórá / pólítsíyí*
Onde fica a polícia?
Kde je policejní stanice? *Kdé yé pólítséynhí sstánhítsé*

SAÚDE

Onde fica...?
Kde je...? *gdé yé*

farmácia	lékárna	*lékáárná*
dentista	zubař	*zúbárj*
médico	doktor	*dóktór*
hospital	nemocnice	*némótsnhítsé*

Necessito um médico que fale inglês/português.
Potřebuji lékaře, který mluví anglicky/portugalsky. *pótrjébúyí léékárjé ktéríí mlúvíí ánglítskí/pórtúgálskíí*
Estou doente.
Jsem nemocný/nemocná. (m/f) *yssém némótsníí/némótsnáá*
Estou com dor de cabeça.
Bolí mě hlava. *bólíí mnie rrlává*

Tenho...
Mám *máám*

diarreia	průjem	*prúúyém*
febre	horečku	*rrórétchkú*

BASTIDORES

ESTE GUIA
Esta é a tradução para o português da 9ª edição inglesa de *Praga*, pesquisada e escrita por Neil Wilson e Mark Baker, que também trabalharam em sua 8ª edição. Neil escreveu ainda a 5ª, a 6ª e a 7ª edições e colaborou na 4ª. Sob responsabilidade do escritório da Lonely Planet em Londres, a edição original em inglês foi produzida por:

Editores Responsáveis Joe Bindloss, Jo Potts

Coordenação Editorial Anna Metcalfe, Gina Tsarouhas

Coordenação de Cartografia Peter Shields

Coordenação de Arte Paul Iacono

Editores Executivos Imogen Bannister, Bruce Evans, Annelies Mertens

Cartógrafos Executivos David Connolly, Owen Eszeki, Corey Hutchison, Herman So

Edição Executiva de Arte Indra Kilfoyle

Editores Assistentes Kim Hutchins

Cartógrafos Assistentes Andras Bogdanovits, Csanad Csutoros

Pesquisa para a Capa Naomi Parker, lonelyplanetimages.com

Pesquisa de Fotos Internas Aude Vauconsant, lonelyplanetimages.com

Indexador Susan Paterson

Consultoria linguística Laura Crawford

Agradecimentos a Lisa Knights, Trent Paton, Kalya Ryan

Fotos da capa (em cima) Ponte Carlos, Praga, República Tcheca, Walter Bibikow; (abaixo) detalhe de edifício, Cidade Velha, Praga, República Tcheca, Jon Arnold Images.

Fotos internas O copyright de todas as imagens é do fotógrafo, exceto onde indicado. A licença de uso de muitas das imagens neste guia estão disponíveis na Lonely Planet Images: www.lonelyplanetimages.com.

AGRADECIMENTOS
NEIL WILSON
Um muito obrigado, grande, a todos os bartenders, livreiros, baristas e porteiros de hotéis que me ajudaram com suas respostas às minhas intermináveis perguntas a respeito dos melhores lugares para comer, beber etc. Agradeço também à gente de Navrátilova que não se queixou das noites em que eu tropecei nas latas de lixo na volta para meu apartamento, depois de uma longa noite de pesquisas... E, finalmente, *děkuji mockrát* a Jo Potts, da Lonely Planet, por convidar-me para estar a bordo mais uma vez, e ao coautor Mark por seu companheirismo e senso de humor, e por me indicar a Kout na Šumavě.

MARK BAKER
Gostaria de agradecer minhas três "vozes locais": o fã de cerveja Max Bahnson, a revolucionária de veludo Anna Siskova e a crítica de culinária "Brewsta". Imenso agradecimento ao editor responsável da Lonely Planet Jo Potts por, em primeiro lugar, me contratar, e pela postura cordial e autorizada na retaguarda do trabalho. Finalmente, gostaria de agradecer meu coautor, Neil, por sua firmeza na condução desta edição,

A HISTÓRIA DA LONELY PLANET
Recém-chegados de uma jornada épica por Europa, Ásia e Austrália em 1972, Tony e Maureen Wheeler se sentaram à mesa da cozinha reunindo notas. Nascia o primeiro guia Lonely Planet, *Across Asia on the Cheap*.

Os viajantes adoraram. Inspirados pelo sucesso, os Wheeler passaram a publicar livros sobre o Sudeste da Ásia, a Índia e além. A demanda foi prodigiosa e eles expandiram o negócio para atendê-la. Ao longo dos anos a Lonely Planet ampliou sua cobertura para todos os países e para o mundo virtual, via o lonelyplanet.com e o fórum Thorn Tree.

Enquanto a Lonely Planet se tornava uma marca amada mundialmente, Tony e Maureen recebiam várias ofertas pela empresa. Mas só em 2007 eles encontraram um sócio de confiança para seguir os princípios da companhia de viajar muito, deixar poucas marcas e ser sustentável. Em outubro daquele ano a BBC Worldwide adquiriu 75% das ações da empresa, comprometendo-se a dar continuidade ao compromisso da Lonely Planet com as viagens independentes, a orientação confiável e a independência editorial.

Hoje a Lonely Planet tem escritórios em Melbourne, Londres e Oakland, com mais de 500 funcionários e 300 autores. Tony e Maureen ainda estão ativamente envolvidos com a Lonely Planet. Viajam mais do que nunca e dedicam o tempo livre a projetos filantrópicos. E a empresa ainda segue a filosofia de *Across Asia on the Cheap*: "Tudo o que você tem de fazer é decidir ir, e acabou-se a parte mais difícil. Então vá!"

sua avaliação das peculiaridades de Praga e, naturalmente, por sua canina busca da pivo perfeita.

NOSSOS LEITORES

A Lonely Planet agradece os viajantes que usaram a última edição deste guia em inglês e enviaram dicas, conselhos úteis e histórias interessantes:

Kate Ahmad, Ville Alho, Rupert Allen, Sheila Armstrong, Jan-Benjamin Benej, L Carroll, Paul Croft, Peter Daly, Finette Devrell, Nick Dillen, Bruce Dodson, Sanvila Domic, Dave Dutta, Bradford Elder, Martin Fojtek, Mario Freitas, Suzanne Gardent, Jon Giullian, Christina Gousetis, Michaela Jiroutova, Lucy Johnston, Paul Kail, Jana Kleinova, Roos Korevaar, Marek Kubej, Jesse Ligo, Kim Lockwood, John Lovejoy, Emma Månsson, Chris Mills, Deborah O'Bray, Melissa O'Brien, Jessica Olschowka, Alison O'Neill, Lisa Rehman, Adele Reilly, Keith Resnick, Carolyn Robinson, Judith Schulman, Marsha Stewart, Jan Stojaspal, Lisa Street, David Talacko, Franciska Tillema, Manuele Zunelli, Gabriel Zuri, Jane Zwisohn.

ENVIE SEUS COMENTÁRIOS

Adoramos ter notícias de nossos leitores – seus comentários nos mantêm alertas e ajudam a tornar nossos livros melhores. Nossa viajada equipe lê cada palavra sobre o que você gostou ou detestou neste guia. Embora não possamos responder individualmente todas as mensagens, garantimos que seus comentários sempre serão direcionados para os autores certos, a tempo de serem aproveitados na edição seguinte, oportunidade em que agradecemos a todos que nos mandaram informações que, porventura, tenham sido inseridas nos guias.

Para nos enviar suas atualizações – e saber a respeito de eventos, boletins e notícias sobre viagens da Lonely Planet – visite nosso premiado site, lonelyplanet.com/contact.

Nota: podemos editar, reproduzir e incorporar seus comentários em produtos da Lonely Planet como guias, sites e produtos digitais; por isso, diga-nos se não quiser seus comentários reproduzidos ou seu nome citado. Para uma cópia de nossa política de privacidade, visite lonelyplanet.com/privacy.

ÍNDICE

Veja também subíndices separados para:

Atrações	p. 279
Compras	p. 281
Entretenimento	p.281
Esportes e atividades	p. 282
O melhor	p. 282
Onde beber	p. 282
Onde comer	p. 282
Onde dormir	p. 283

A

academias 210
A insustentável leveza do ser 35
albergues, *veja subíndice* Onde dormir
alimentação, *veja* onde comer
alimentação por conta própria 162
Albrecht de Wallenstein 81
álcool, *veja* bebidas
ambulância 257
andar, *veja* caminhada
animação 41-2
Aniversário da Morte de Jan Palach 16
apartamentos, *veja subíndice* Onde dormir
arquitetos
  Chochol, Josef 49
  Dientzenhofer, Kilian 48, 117
  Dientzenhofer, Kristof 48
  Gehry, Frank 52, 116
  Gočár, Josef 51
  Kaplický, Jan 52
  Loos, Adolf 51, 146
  Milunić, Vlado 52
  Novotný, Otakar 116
  Parler, Peter 47, 64, 101
  Plečnik, Jože 63, 64, 124
  Rejt, Benedikt 47, 64
  Zítek, Josef 114
arquitetura 45-52
  art nouveau 49, 116, **50**

000 páginas de mapas
000 fotografias

  barroca 48, **48**
  comunista 51-2
  contemporânea 52, **52**
  cubista 49, 51, 73, 102, 123, **12**, **49**
  funcionalista 51, 116, **45**
  gótica 46-7, **46**
  neoclássica 48-52
  renascentista 47, **47**
  renascimento neogótico 48
  românica 46-7, **46**
  sustentabilidade 43-4
arte contemporânea 37, 38
arte, galerias de, *veja* coleção da Galeria Nacional, *subíndice* Atrações
artes 31-43, 203-7, *veja também* artes específicas, *subíndice* Entretenimento
artes visuais, *veja* pintura, fotografia, escultura
artistas, *veja também*
  Černý, David
  Bílek, František 73
  Dürer, Albrecht 68
  Mucha, Alfons 39, 107, 109
  Myslbek, Josef Václav 38
  Šaloun, Ladislav 38
  Saudek, Jan 37
  Schiele, Egon 245
  Trnka, Jiří 41
  Prague Fringe Festival 17
  Sperm, Festival 17
art nouveau
  arquitetura 49, 116, **50**
  escultura 38
  pintura 39
assassinatos, *veja também* defenestrações
  Heydrich, Reinhard 118, 147, 239
atividades 210-12, *veja também* atividades específicas, *subíndice* Esportes e atividades
Aventuras do bravo soldado Schweik, *veja* Hašek, Jaroslav

B

babás 256
Bahnson, Max 193
bairro pequeno, *veja* Malá

  Strana
baladas 198-201, *veja também subíndice* Entretenimento
balé 203-5, *veja também subíndice* Entretenimento
banheiros 255
bairro judeu, *veja* Josefov
barco, viagem de 249
  Český Krumlov 246
  passeios 260
bares, *veja* onde beber
bares/cervejarias e degustação
  de cerveja *veja* onde beber
Barrandov 145-6
barroca, arquitetura 48, **48**
batalhas
  Batalha de Bílá Hora 24
  Batalha de Vítkov 129
batedores de carteira, *veja* segurança 262
bebês engatinhando 83, 133, 142, **12**
bebida *veja* onde beber
bebidas
  cerveja 180-1, 182-3, 190, 193
  destilados 182
  idioma 269
  vinho 181-2
Bém, Pavel 44-53
Beroun 236
bicicleta, andar de, *veja* bicicleta 248-9
Bílá Hora, *veja* batalhas, Montanha Branca
bilhetes
  entretenimento 199
  transporte público 251
Blanka, túnel 3, 44, 136
bombeiros 257
bom rei Venceslau, *veja* são Venceslau
Břevnov, mosteiro de 146
  transporte 147
Brewsta 170
Brownnosers 142
Bubeneč 134-41, **136-7**
  compras 157
  onde beber 190-4
  onde comer 175-7

  onde dormir 227-30
  transporte 135

C

cafés, *veja subíndice* Onde beber
caixas eletrônicos 257
câmbio 257, *veja também* a contracapa do guia
caminhada 210
Caminho Real 100-3
Capela Belém 104
Carlos IV 23, 119
carro, dirigir em Praga 249-50
  passeio em carros de época 260
Carta 77 28
Casa Municipal 49, 102, **5**, **50**
casarões, *veja subíndice* Atrações
Castelo de Praga 61-7, **62**, **4**
  horário de funcionamento 61
  ingressos 61, 64
  jardim das muralhas 67
  jardins dos palácios 45
    abaixo do Castelo de Praga 81
  onde beber 183
  onde comer 163-4
  praça São Jorge 66-7
  primeiro pátio 63
  rua Jorge 67
  segundo pátio 63-4
  terceiro pátio 64-6
  tours 61
  transporte 61
  troca da guarda 63
castelos, *veja subíndice* Atrações
catedrais, *veja subíndice* Atrações
Cavalo 113, 142
celular 263
cemitérios, *veja subíndice* Atrações
Černý, David 38, 142
  Meet Factory 142, 144
  esculturas e instalações 81, 83, 88, 95, 113, 133, 137, 139, 142, **9**, **12**

275

cerveja 180-1, 193
　excursões a cervejarias 190
　microcervejarias 182-3
cervejarias ao ar-livre, veja subíndice Onde beber
Český Krumlov 245-7, **246**
　transporte 245
Chateaux, veja subíndice Atrações
ciclismo 210-11, 248-9
　aluguel de bicicleta 211
　internet 211
　mapas 211
　tours 260-2
Cidade Nova, veja Nové Město
Cidade Velha, veja Staré Město
ciganos 262
　Khamoro 17
cinema 39-42, 205, veja também diretores e subíndice Entretenimento
　animação 41-2
　estúdios Barrandov 145-6
　Febiofest 17
　filmagem em Praga 41, 145-6
　filmes tchecos 40-1
　nova onda 40
　um mundo 17
cinema nova onda 40
clima 16, 255
comida veja onde comer
compositores, veja também
　Smetana, Bedřich
　Dvořák, Antonín 31, 117, 120
　Janáček, Leoš 32
　Mendelssohn, Felix 100
　Mozart, Wolfgang Amadeus 103, 144
compras 149-58, veja também subíndice Compras
　Bubeneč 157
　tamanhos de roupas 151
　Dejvice 157
　Holešovice 157
　Hradčany 151
　Malá Strana 151
　Nové Město 154-5
　Smíchov 157
　Staré Město 151-4
　Vinohrady 156

000 páginas de mapas
000 fotografias

Vršovice 156
comunismo
　arquitetura 51-2
　história 27-8
　monumentos 85, 113
　Museu do Comunismo 113-14
conventos, veja subíndice Atrações
corrida 212
corrida de cavalos 214
cotações (câmbio), veja a contracapa do guias
crianças, viagem com 116, 255-6
　teatro 207
cristandade 22-3
cubismo
　artes decorativas 51
　casas 49, 51, 73, **49**
　Museu do Cubismo Tcheco 102
　poste 123, **12**
Čurda, Karel 118
cursos 256
Czech Please (blog) 170

D

dança
　balé 203-5
　Praga dança 17
defenestrações 24-5, 64-5, 69, 118
deficiências, viajantes com 264
Dejvice 134-41, **136-7**
　compras 157
　onde beber 190-4
　onde comer 175-7
　onde dormir 227-30
　transporte 135
desenvolvimento, veja planejamento
destilados 182
Dientzenhofer, Kilian 48, 117
dinheiro 256-7, veja também a contracapa do guia
diretores
　Forman, Miloš 40
　Švankmajer, Jan 42
　Svěrák, Jan 41
dirigir, veja carro, dirigir em Praga
Dvořák, Antonín 31, 117
　túmulo 120, **10**

E

economia 30
eletricidade 257
embaixadas 257
emergência 257, veja também a contracapa do guia
　pronto socorro 255
　idioma 272
entretenimento 197-208, veja também subíndice Entretenimento
　ingressos 199
escritores, veja também
　Kafka, Franz
　Bukowski, Charles 189
　Čapek, Karel 120
　Hašek, Jaroslav 36, 118
　Hrabal, Bohumil 35
　Jirásek, Alois 116
　Klíma, Ivan 35
　Kundera, Milan 34-5
　Neruda, Jan 76, 120
　Festival dos Escritores de Praga 17
　Seifert, Jaroslav 37, 132
　Tyl, Josef Kajetán 103
　Weil, Jiří 100
escultura 37-8, veja também subíndice Atrações
esportes 209-14, veja também subíndice Esportes e atividades
　esportes para assistir 212-14
estação principal de trem de Praga 109, 112
estátuas, veja subíndice Atrações
etiqueta 160-1, 180
excursões 233-47
expatriados 36

F

farmácias 255
Ferdinando, arquiduque Franz 237
férias 16
festas, veja também festas e eventos
　Cordas de Outono 18
　Dia de Jan Hus 17-18
　Dia do Trabalho 17
　Febiofest 17
　Feira de São Mateus 16
feriados 16, 257, veja também festas e eventos
festas e eventos

　Festival da Comida de Praga 17
　Festival de Ópera Italiana 18
　Festival dos Escritores de Praga 17
　Prague Fringe Festival 17
　Khamoro 17
　Masopust 16
　Mundo dos livros de Praga 17
　Nascimento de Tomáš Garrigue Masaryk 16
　Praga dança 17
　Primavera de Praga (festival) 17, 206
　Queima das bruxas 17
　Sperm Festival 17
　One world 17
filmes, veja cinema
fotografia 37
futebol 212-13
Frederico V 24
funcionalista, arquitetura 51, 116, **45**

G

Galeria Nacional, coleção 66, 68, 94, 97, 139
galerias, veja coleção da Galeria Nacional, subíndice Entretenimento
Garrigue, Tomáš
　Nascimento de Tomáš Garrigue Masaryk 16
gays, viajantes 198, 257-8
Gehry, Frank 52, 116
geografia 43
Gočár, Josef 51
golfe 211-12
golpes 262
gótica, arquitetura 46-7, **46**
Gott, Karel 33
Gottwald, Klement 132
governo 44, 53
guarda volumes 248, 252
Guerra dos Trinta Anos 24-5

H

Habsburgo, império 24-5
Hašek, Jaroslav 36, 118
Havel, Václav 27, 28, 42
Havelské Město 103-4
Heydrich, Reinhard 118, 147, 239
história 19-31, 94-5
　carta 77 28
　celtas 21-2

comunidade judaica 25, 26
comunismo 27-8
cristandade 22-3
defenestrações 24-5, 64-5, 69, 76, 113, 118
Divórcio de Veludo 28
eslavos 22
Guerra dos Trinta Anos 24-5
Habsburgo, império 24-5
Hussitas, Guerras 118
Independência tcheca 26
livros 20-1
moderna 29-30
Primavera de Praga (evento histórico) 28
Přemysl, dinastia 22-3
Primeira Guerra Mundial 26
Reforma 22, 23
Renascimento Nacional Tcheco 25, 119
Revolução de Veludo 28, 33, 114
Sacro Império Romano 23
Segunda Guerra Mundial 26-7
Hlavní nádraží, *veja* Estação Principal de Trem de Praga
holocausto 26, *veja também* Terezín
Holešovice 134-41, **136-7**
compras 157
onde beber 190-4
onde comer 175-7
onde dormir 227-30
transporte 135
hóquei no gelo 213-14
hora local 258
horário comercial 150, 162, 258, *veja também a contracapa do guia*
horários de funcionamento, *veja* horário comercial
hospedagem *veja* onde dormir
hotéis, *veja* onde dormir e subíndice Onde dormir
Hradčany 68-75, **70-1**
compras 151
onde beber 183
onde comer 163-4
onde dormir 217-18
passeio a pé 73-5, **74**
transporte 68
Hus, Jan 22, 23, 38, 103, 104

Dia de Jan Hus 17
estátua 106
Hussitas, Guerras 118

I

idioma 54, 265-71, *veja também a contracapa do guia*
trava-línguas tchecos 54
bebidas 272
emergências 272
comida, especialidades 161-2
comidas 261-71
Igreja de Nossa Senhora Diante de Týn 92-3
igreja de osso, *veja* ossário de Sedlec
igrejas, *veja subíndice* Atrações
ilhas, *veja subíndice* Atrações
informações turísticas 258
impostos 150
índice 275
internet, acesso à 254
internet, na 18
bicicleta 210-1
Czech Please (blog) 170
notícias e cultura 53
inundações 43, 77, 87, 89

J

Jan Palach, *veja* Palach, Jan
jardins, *veja subíndice* Atrações
jazz 32-3, 201-2, *veja também subíndice* Entretenimento
jogging, veja corrida
jornais 53-4, 258
Josefov 97-9
judaica, comunidade 25, 26
judaico, interesse, *veja também subíndice* Atrações
bairro judeu, *veja* Josefov
holocausto 26
Josefov 97-9
Terezín 239-41, **240**

K

Kafka, Franz 35-6, 67, 94-5
monumento **9**
museu Franz Kafka 80-1, **8**
residências 84-5
túmulo 129, **8**
Kampa 81-2

Karlín 129-33, **130**
onde beber 189
onde comer 174
onde dormir 226
transporte 129
Karlštejn 234-6
transporte 234
Klaus, Václav 53
Konopiště 237-8
transporte 237
Křivoklát 236-7
transporte 236
Kun 112, 142
Kundera, Milan 34-5
Kutná Hora 242-5, **243**
transporte 244

L

labirinto 86
legislação alfandegária 259
Lennon, John 82-3
lésbicas, viajantes 198, 257-8
Letná 136, **6**
passeio a pé 139-41, **140**
Libuše, princesa 22-3
Lidice 239
literatura 34-7, *veja também* livros, escritores
autores expatriados, a contribuição dos 36
O processo 35, 84
A insustentável leveza do ser 35
Litoměřice 241-2
livros, *veja também* literatura, escritores
história 20-1
Mundo dos Livros de Praga 17
romances 34-5
Loos, Adolf 51, 146

M

Malá Strana 76-88, **78-9**
onde beber 183-4
onde comer 164-6
onde dormir 218-20
compras 151
jardins 86-8, **87**
passeio a pé 86-8, **87**
transporte 77
mapas 259
ciclísticos 211
marionetes, teatro de 42-3, *veja também subíndice* Entretenimento
Museu das Marionetes 101

Teatro Nacional de Marionetes 207
médicos 254
medidas, *veja na contracapa do guia*
Medvědarium 236
Mělník 238-9
transporte 238
memoriais, *veja subíndice* Atrações
metrô 250-1
Metrônomo 137, 139
Miminka 133, 142
Moldava, rio 43, **6**
Montanha Branca 147
Monumento Nacional 132
monumentos, *veja subíndice* Atrações
mosteiros, *veja subíndice* Atrações
moto, viajar de 249-50
Mozart, Wolfgang Amadeus 103
Museu Mozart 144
Mucha, Alfons 39
Museu Mucha 107, 109
mudança climática 248
Müller, František 146
Museu Nacional 48, 115, 204
museus, *veja subíndice* Atrações
música 31-4, *veja também subíndice* Entretenimento
ao vivo 202-3, **10**
clássica 31-2, 203-5
Cordas de outono 18
jazz 32-3, 201
ópera 18, 31-2, 203-5
orquestras 32
Primavera de Praga (festival) 17, 206
rock e pop 34
música ao vivo 202-3, **10**, *veja também subíndice* Entretenimento
música clássica 31-2, 203-5, *veja também subíndice* Entretenimento
Myslbek, Josef Václav 38

N

Národní Divadlo, *veja* Teatro Nacional
Národní Muzeum, *veja* Museu Nacional
natação 212
nazista, ocupação 26-7, 118
neogótico, renascimento,

arquitetura 48
neoclássica, arquitetura 48-52
Neruda, Jan 76, 120
Nové Město 107-23, **108**, **110-11**
  compras 154-5
  onde beber 186
  onde comer 169-71
  onde dormir 222-3
  transporte 107

O

Obecní dům, *veja* Casa Municipal
obras viárias
  túnel Blanka 3, 44, 136
  efeito sobre os transportes públicos 251
onde beber 179-96, *veja também subíndice* Onde beber
  Bubeneč 190-4
  Castelo de Praga 183
  Dejvice 190-4
  especialidades 180
  etiqueta de pub 180
  fumar 160
  Holešovice 190-4
  Hradčany 183
  informações práticas 182
  Karlín 189-90
  Malá Strana 183-4
  Nové Město 186
  preços 182
  Smíchov 194-5
  Staré Město 184-6
  Vinohrady 186-9
  Vršovice 186-9
  Žižkov 189-90
onde comer 159-78, *veja também subíndice* Onde comer
alimentação por conta própria 162-63
  blogs 170
  Bubeneč 175-7
  Castelo de Praga 163-4
  celebração com comida 160
  Dejvice 175-7
  especialidades 161-2
  etiqueta 160-1
  Festival da Comida de Praga 17
  fumar em restaurantes 160
  gorjetas 162

Holešovice 175-7
Hradčany 163-4
idioma 161, 269-71
informações práticas 162
Karlín 174
Malá Strana 164-6
Nové Město 169-71
preços 162, 163
reservas 162
Smíchov 177-8
Staré Město 166-8
Vinohrady 171-4
Vršovice 171-4
Vyšehrad 169-71
Žižkov 174
onde dormir 215-32, *veja também subíndice* Onde dormir
  agências 218
  aluguel 216
  Bubeneč 227-30
  Dejvice 227-30
  Holešovice 227-30
  Hradčany 217-18
  Karlín 226
  Malá Strana 218-20
  Nové Město 222-3
  Smíchov 230
  Staré Město 220-1
  Vinohrady 223-6
  Vršovice 223-6
  Vyšehrad 222-3
  Žižkov 226
ópera 18, 31-2, 203-5, *veja também subíndice* Entretenimento
  Festival de Ópera Italiana 18
Opletal, Jan 29
O processo 35, 84
orquestras 32

P

Palach, Jan 29, 133
  Aniversário da Morte de Jan Palach 16
palácios, *veja subíndice* Atrações
Parler, Peter 47, 64, 101
parques, *veja subíndice* Atrações
passeios a pé 259
  Hradčany 73-5, **74**
  Letná e Stromovka 139-41, **140**
  Jardins de Malá Strana 86-8, **87**
  Staré Město 105-6, **105**

Vinohrady e Vršovice 124-8, **127**
Praça Venceslau 121-3, **122**
passeios organizados 259
  barco 260
  bicicleta 260-1
  bonde 261
  carro de época 260
  Casa Municipal 102
  Castelo de Praga 61
  cervejaria 190
  guia particular 261
  judaico, de interesse 261
  Klementinum 101
  ônibus 261
  Prefeitura da Cidade Velha 96
patinação 212
Patočka, Jan 146
Patrimônio da Humanidade (lugares)
  Český Krumlov 245-7, **246**
  Kutná Hora 242-5, **243**
Pendurado 142
pensões, *veja subíndice* Onde dormir
perda de pertence 262
Petřín 85-6
pintura 38-9
planejamento 16, 60
Plečnik, Jože 63, 64, 124
polícia 257
política 29-30, 44, 53
Ponte Carlos 76-7, 82-3, **4**, **10**
  estátuas 82-3
  Museu da Ponte Carlos 100-1
pontes, *veja subíndice* Atrações
portão da Pólvora 102-3
portões, *veja subíndice* Atrações
praça Carlos 117
praça da Cidade Velha 89-97, **3**
praça Venceslau 113, 115
  passeio a pé 121-3, **122**
pražský hrad, *veja* Castelo de Praga
preços 18, 150
  alimentação 162, 163
  bebida 182
  hospedagem 216, 217
prefeitura da Cidade Velha

95-6
Přemysl, dinastia 22-3
Primavera de Praga (festival) 17, 206
Primavera de Praga (evento histórico) 28
problemas ambientais 43-4, 248
Proudy 81, 142, **9**

Q

questões legais 261-2
Quo Vadis 88, 142

R

racismo 262
rádio 262
reciclagem 43
reforma 22, 23-4
Rejt, Benedikt 47, 64
religiosos, festas e eventos, *veja também* festas
  Dia de Reis 16
  Feira de São Mateus 16
  Natal-Ano Novo 18
  Segunda de Páscoa 17
Relógio Astronômico 96
renascentista, arquitetura 47, **47**
Renascimento Nacional tcheco 25, 119
reservas
  hospedagem 217
  restaurantes 162
restaurantes, *veja* onde comer
revistas 53-4, 258
Riachos 142, **9**
rock e música pop 33-4
roda d'água 88
Rodolfo II 24, 25
românica, arquitetura 46-7, **46**
roteiros 15, 60
roubo de pertences 262
Rudolfinum 99, **10**

S

são João Nepomuceno 37
São Nicolau, Igreja de 48, 77, 204, **48**
são Venceslau 22-3, 66
  estátuas 82, 83, 113, 122
São Vito, Catedral de 65-6, 204, **46**
Sedlec, ossário de 243
Segunda Guerra Mundial 26-7
Seifert, Jaroslav 37, 132

serviços médicos 254
serviços postais, *veja* correio 256
sinagoga, *veja* subíndice Atrações
Smetana, Bedřich 31
 túmulo 121
 monumento **10**
 Sala Smetana 205, **11**
 Museu Smetana 103
Smíchov 142-4, **143**
 compras 157
 onde beber 194-5
 onde comer 177-8
 onde dormir 230-1
 transporte 144
spas 210
Staré Město 89-106, **90-1**
 compras 151-4
 onde beber 184-6
 onde comer 166-8
 onde dormir 220-1
 passeios a pé 105-6, **105**
 transporte 89
Staroměstské náměstí, *veja* Praça da Cidade Velha
Strahov, Mosteiro 69, 72
Střešovice 146
 transporte 146
subíndice 279-83

T
tamanhos de roupa 151
Tanque Perdido 95
táxi 251-2
tcheco, *veja* idioma
teatro 42-3, 206 *veja também* subíndices Atrações e Entretenimento
Teatro Nacional 48, 114
telefone, serviços de 263
tênis 214
Terezín 239-41, **240**
 transporte 242
teatro de bonecos, *veja* subíndice Entretenimento
Torre de TV 52, 133, **12**
torres, *veja* subíndice Atrações
trabalho 263
tram 250-1
trem, viagem de 252-3
 idioma 252
 Petřín, ferrovia funicular de 86
 desenvolvimento urbano 44
 transporte 248-53

transporte público 250-1
 impacto de obras no 251
 bilhetes 251
trilhas, *veja* caminhada
trocar dinheiro, *veja* câmbio 257
Troja 145
 transporte 145

U
Universidade de Carlos 117
urbano, planejamento e desenvolvimento 3, 44
 sustentabilidade 43-4

V
Václavské náměstí, *veja* Praça Venceslau
vegetariana, comida 166
Veludo, Revolução de 28, 33, 114
viagem de avião 248
 para o/do aeroporto 249
viagem de ônibus 249
 ônibus locais 250-1
vida noturna 197-203, *veja também subíndice* Entretenimento
vinherias, *veja* subíndice Onde beber
vinho 181-2
Vinohrady 124-8, **125**, **5**
 compras 156
 onde beber 186-9
 onde comer 171-4
 onde dormir 223-6
 passeios a pé 124-8, **127**
 transporte 124
Viselec 142
vistos 264
Vondráčková, Helena 33
Vršovice 124-8, **125**
 compras 156
 onde beber 186-9
 onde comer 171-4
 onde dormir 223-6
 passeios a pé 124-8, **127**
 transporte 124
Vyšehrad 119-21, **108**, **120**, **5**
 onde comer 169-71
 onde dormir 222-3
 transporte 119

W
websites, *veja* internet, na wi-fi, acesso 255

Z
Žižka, Jan 38, 129, 132
Žižkov 129-33, **130**
 onde beber 189-90
 onde comer 174
 onde dormir 226
 torre de TV 52, 133, **12**
 transporte 129

ATRAÇÕES
CASAS E CASARÕES
Casa da Ferradura Dourada 76
Casa da Virgem Negra 102, 105
Casa do Anel Dourado 95
Casa do Coral Hlahol 116
Casa do Sino de Pedra 95
Casa dos Dois Sóis 76
Casa Fausto 117
Casarão Bílek 73
casas cubistas 49, 51, 73, **49**
Palácio Bretfeld 76
residências de Franz Kafka 84-5
Vila Amerika 117
Vila Müller 51, 146

CASTELOS E PALÁCIOS
Castelo de Český Krumlov 245
Castelo de Karlštejn 234-6
Castelo de Křivoklát 236
Castelo de Praga 61-7, **62**, **4**
Castelo de Troja 145
Cidadela de Vyšehrad 121, **5**
Palácio Adria 114
Palácio Černín 68-9
Palácio de Verão 47, 64
Palácio de Verão de Mistodržitelský 141
Palácio Estrela de Verão 147
Palácio do Arcebispo 68
Palácio Goltz-Kinský 94-5
Palácio Koruna 115
Palácio Lobkowicz 67
Palácio Lucerna 113
Palácio Peček 115
Palácio Schwarzenberg 68
Palácio Sternberg 68
Palácio Veletržní 139, **8**, **45**
Palácio Wallenstein 81-2

Terezín 239-41
Velho Palácio Real 64-5

CEMITÉRIOS E OSSÁRIOS
Cemitério de Olšany 132-3
Ossuário de Sedlec 243
Cemitério de Vyšehrad 120-1
Cemitério Judaico 129

CHATEAUX
Chateau de Konopiště 237
Chateau de Mělník 238

CONVENTOS E MOSTEIROS
Convento de Santa Inês 97
Convento de São Jorge 66
Mosteiro Břevnov 146
Mosteiro Emaús 117-18
Mosteiro Strahov 69, 72

EDIFÍCIOS E CONSTRUÇÕES
Barrandov 145-6
Casa Municipal 49, 102, **5**, **50**
Casa Wiehl 115
Edifício Dançante 52, 116, **52**
Edifício Lindt 115
Edifício Máj 51-2
Edifício Melantrich 115
Estação Principal de Trem de Praga 109, 112
Fonte de Křižík 135
Grand Hotel Evropa 115
Hotel Crowne Plaza 135
Karolinum 103-4
Klementinum 101
Kotva 51-2
Labirinto de Espelhos 86
Nova Prefeitura 118
Palácio Lucerna 113
Prefeitura da Cidade Nova 118
Prefeitura da Cidade Velha 95-6
Relógio Astronômico 96
Rudolfinum 99, **10**
Sapataria Baťa 115
Sede do Parlamento Tcheco 80
U kalicha 118

ESTÁTUAS E ESCULTURAS
Jan Hus 106
Jardins de Vyšehrad 121
Lapidárium 135-6
Menino Jesus de Praga 84
obras de David Černý 81, 83, 88, 95, 113, 133, 137, 139, 142, **9**, **12**
região da Ponte Carlos 82-3
são Venceslau 82, 83, 113, 122

IGREJAS
Basílica de Santa Margarida 146
Basílica de São Jorge 46, 66, **46**
Capela Belém 104
Capela da Assunção da Virgem Maria 101
Capela de São Cosme e São Damião 104
Capela dos Espelhos 101, **11**
Catedral de Santa Bárbara 244
Catedral de São Vito 64, 65-6, **46**
Igreja da Assunção da Virgem Maria e São Carlos Magno 117
Igreja de Nossa Senhora 118
Igreja de Nossa Senhora das Neves 113
Igreja de Nossa Senhora diante de Týn 92-3
Igreja de Nossa Senhora do Perpétuo Socorro 76
Igreja de Santo Estêvão 117
Igreja de São Bartolomeu 104
Igreja de São Cirilo e São Metódio 117
Igreja de São Clemente 101
Igreja de São Francisco Serafim 100
Igreja de São Galo 103
Igreja de Santo Egídio 104
Igreja de São João do Lavadouro 82
Igreja de São João Nepomuceno 73
Igreja de São João Nepomuceno na Rocha 118
Igreja de São Martinho no Muro 103
Igreja de São Nicolau 48, 77, 94, **48**
Igreja de São Tiago 93-4
Igreja de São Pedro e São Paulo 238 (Mělník)
Igreja de São Pedro e São Paulo 119 (Vyšehrad)
Igreja do Divino Salvador 101
Igreja de São Venceslau em Zderaz 117
Igreja do Sacratíssimo Coração de Nosso Senhor 124
Loreta 69
Rotunda da Santa Cruz 105
Rotunda de São Longuinho 117
Rotunda de São Martinho 120

ILHAS
Ilha das Crianças 82
Ilha do Atirador 82
Ilha do Imperador 141
Ilha Eslava 116
Kampa 81-2

MEMORIAIS E MONUMENTOS
Jan Hus 106
Memorial Kobylisy de Resistência Anti-Fascista 145
Memorial Nacional aos Herois do Terror de Heydrich 118
Montanha Branca 147
Monumento a Franz Kafka **9**
Monumento a Smetana **10**
Monumento Nacional 132
Monumento às Vítimas do Comunismo (Malá Strana) 85
Monumento às Vítimas do Comunismo (Praça Venceslau) 113
Monumento František Palacký 116
Monumento Nacional às Vítimas do Terror Pós--Heydrich 117
Muro de John Lennon 82-3
são Venceslau 82, 83, 113, 122
túmulo de Franz Kafka 129, **8**
V Holešovičkách 147

MUSEUS E GALERIAS
Biblioteca de Strahov 69, 72
Casa do Anel Dourado 95
Casa do Sino de Pedra 95
Castelo de Troja 145
Centro DOX de Arte Contemporânea 135
Convento de Santa Inês 97
Egon Schiele Centrum 246
Estúdios Karlín 129
Galeria de Pinturas do Castelo de Praga 63
Galeria de Pintura de Strahov 72
Galeria Futura 142
Galeria Rudolfinum 99
História do Castelo de Praga 66
Lapidárium 135-6
Meet Factory 142, 144
Musaion 86
Museu da Aviação de Kbely 145
Museu da Cidade de Praga 109
Museu da Ponte Carlos 100-1
Museu das Marionetes 101
Museu de Artes Decorativas 97-8
Museu da Miniatura 69
Museu do Brinquedo 67
Museu do Comunismo 113-14
Museu do Cubismo Tcheco 102
Museu do Exército 129
Museu do Menino Jesus de Praga 84
Museu do Transporte Público 146
Museu Dvořák 117
Museu Ecotécnico 135, **12**
Museu Franz Kafka 80-1, **8**
Museu Judaico de Praga 98-9, **5**
Museu de Kampa 83
Museu Montanelli 77
Museu Mozart 144
Museu Mucha 107, 109
Museu Nacional 48, 115
Museu Náprstek 104
Museu Postal 109
Museu Smetana 103
Museu Tcheco de Belas Artes 101
Museu Tcheco de Música 84
Museu Técnico Nacional 137-8
Museu Lidice 239
Observatório Štefánik 86
Palácio Goltz-Kinský 94-5
Palácio Schwarzenberg 68
Palácio Sternberg 68
Palácio Veletržní 139, **8**, **45**
Porão gótico 119

PARQUES E JARDINS
Divoká Šárka 134
Havlíčkovy sady 126
Jardim Botânico da Universidade de Carlos 117
Jardim dos Palácios abaixo do Castelo de Praga 81
Jardim Franciscano 123
Jardim das Muralhas 67
Jardim Real 63-4, **47**
Jardim Vrtbov 85
Jardim Wallenstein 81, **6**
Jardins de Letná 136, 139-41, **6**
Jardins de Malá Strana 86-8, **87**
Jardins Vojanos 87
Letná terása 137
Riegrovy sady 124
Stromovka 138, 139-41

PLANETÁRIO
Planetário de Praga 138

PONTES E PORTÕES
Ponte Carlos 76-7, 82-3, **4**, **10**
Ponte Čertovka 88
Ponte da Pólvora 73
Portão da Pólvora 102-3
Portão de tijolo e casamatas 119
Portão Písek 73

PRAÇAS E LARGOS
Na Kampě 87
Pátio Týn 96-7
Praça Carlos 117
Praça da Cidade Velha 89-97, **3**
Praça da Paz 126
Praça da República 105
Praça Hradčany 68

Praça Loreta 68-9
Praça Pequena 100, 106
Praça São Jorge 66-7
Praça Venceslau 113, 115

RUAS E ALAMEDAS
Alameda Dourada 67
Bartolomějská 104
Celetná 100
Na Příkopě 114
Národní třída 114
Nerudova 76
Nový Svět 73
Rua Jorge 67

SINAGOGAS E LUGARES JUDAICOS
Cemitério Judaico 129
Museu do Gueto 241
Museu Judaico de Praga 98-9, **5**
Prefeitura Judaica 99
Sinagoga Alta 99
Sinagoga do Jubileu 107
Sinagoga Espanhola 99
Sinagoga Klaus 99
Sinagoga Maisel 99
Sinagoga Pinkas 99
Terezín 239, **240**
Velha-Nova Sinagoga 98-9
Velho Cemitério Judaico 99

TEATROS
Teatro dos Estados 103, **2**
Teatro Kolowrat 103
Teatro Nacional 48, 114

TORRES
Daliborka 67
Torre da Pólvora 66-7
Torre da Ponte da Cidade Velha 101
Torre da Ponte de Malá Strana 77
Torre de Observação de Petřín 75, 86
Torre de TV de Žižkov 52, 133, **12**
Torre dos Aquedutos de Petrská 109
Torre Jindřišská 107

TRANSPORTE
Ferrovia Funicular de Petřín 86

ZOOLÓGICOS E AQUÁRIOS
Mořský svět 137
Zoologické de Praga 145

COMPRAS

ANTIGUIDADES
Antikvita 157
Antique Music Instruments 151
Bric a Brac 152
Galerie Art Deco 151
Vetešnictvi 151

ARTESANATO
Art Decoratif 152
Galerie České Plastiky 154
Keramika v Ungeltu 152
Kubista 152
Obchod s uměním 156
Qubus 152

ARTIGOS PARA CASA
Arzenal 153
Dům porcelánu 156
Le Patio Lifestyle 153
Modernista 153
Moser 155
Orientální koberce Palácka 156

BRINQUEDOS E PRESENTES
Houpací Kůň 151
Zerba 155

COMIDA E BEBIDA
Pivní Galerie 157
Pražská Tržnice 157

FOTOGRAFIA
Foto Škoda 155
Jan Pazdera 155

JOALHERIA
Joalheria Belda 155
Frey Wille 153
Granát Turnov 153

LIVROS
Anagram 152
Big Ben 152
Globe Livraria e Café 154
Kanzelsberger 154

Kiwi 154
Ouky Douky 192
Palác Knih Neo Luxor 154
Shakespeare & Synové (Malá Strana) 151
Shakespeare & Synové (Vršovice) 156

MAPAS
Kanzelsberger 154
Kiwi 154
Mapis 157

MODA
Baťa 155
Bohème 152-3
Galeria Helena Fejková 154
Klara Nademlýnská 153
Pavla e Olga 151
TEG 153

MÚSICA
Bazar 155
Bontonland 155
Karel Vávra 156
Maximum Underground 154
Talacko 154

PRESENTES
Botanicus 152
Manufactura Abram Kelly 154

SHOPPING CENTERS E MERCADOS
Nový Smíchov 157
Palác Flóra 156
Pražská Tržnice 157
Vinohradský Pavilon 156

ENTRETENIMENTO

BALÉ
Teatro dos Estados 204, **2**
Teatro Nacional 205

CINEMA
Bio Oko 205
Kino Aero 205
Kino Světozor 205
Palace Cinemas 205

CLUBES
Bunkr Parukářka 198, **12**
Cross Club 198-9
Futurum 199
Klub 007 Strahov 199

Le Clan 199
Mecca 199-200
Radost FX 200
Roxy 200
SaSaZu 200
Sedm Vlků 200
Techtle Mechtle (Bomba Bar) 200
Termix 200
Wakata 200
XT3 201

CLUBES DE JAZZ
Agharta Jazz Centrum 201
Blues Sklep 201
Bunkr Klub 202
Jazzdock 201
Reduta Jazz Club 201
U malého Glena 201
USP Jazz Lounge 201-2

MÚSICA CLÁSSICA
Basílica de São Jorge 204, **46**
Capela Belém 204
Capela de Espelhos 204, **11**
Igreja de São Francisco 204
Igreja de São Nicolau 204, **48**
Convento de Santa Inês 204
Sala Dvořák 203
Museu Dvořák 203
Palácio Liechtenstein 204
Sala Smetana 205, **11**
Catedral de São Vito 204, **46**
Mosteiro de Strahov 204

MÚSICA AO VIVO
Batalion 202
La Fabrika 202
Lucerna Music Bar 202
Malostranská Beseda 202
Palác Akropolis 202
Rock Café 203
Vagon 203

ÓPERA
Teatro dos Estados 204, **2**
Teatro Nacional 205
Ópera Estatal de Praga 205

TEATRO
Alfred ve Dvoře 206
Teatro Archa 206

Teatro Celetná 206
Teatro dos Estados 204
Laterna Magika 206
Teatro Nacional 205
Švandovo Divadlo na Smíchově 207
Teatro na Balaustrada 207

TEATRO DE BONECOS E MARIONETES
Teatro Minor 207
Teatro Nacional de Marionetes 207
Teatro Spejbl e Hurvínek 207

TEATROS DE LUZ NEGRA
Ta Fantastika 207
Teatro Image 206
Teatro Reduta 207

ESPORTES E ATIVIDADES
ACADEMIAS E SPAS
Cybex Health Club & Spa 210
Holmes Place 210

CORRIDA DE CAVALO
Hipódromo de Praga 214

FUTEBOL
Generali Aréna 213
Synot Tip Aréna 213

GOLFE
Campo de Golfe de Karlštejn 212
Golf Club Praha 211
Golf & Country Club 211

HÓQUEI NO GELO
Arena O2 213
Estádio de Štvanice 212
Tesla Aréna 213-14

NATAÇÃO
Divoká Šárka 212
Piscina Podolí 212

PATINAÇÃO
Estádio de Štvanice 212
Půjčovna bruslí Miami 212

TÊNIS
Clube Tcheco de Tênis na Grama 214

O MELHOR
arquitetura 50, 115
atrações 55
atrações grátis 69
butiques de estilistas 153
compras 149
entretenimento 197
esportes e atividades 209
livrarias 155
onde beber 179
onde comer 159
onde dormir 215
para crianças 116
restaurantes vegetarianos 166
vida noturna GLS 198

ONDE BEBER
BARES
Back Doors 194
Club Stella 186
Dog's Bollocks 195
Duende 184
Fraktal 190
Friends 184
Hells Bells 195
Klub Újezd 183-4
Kozička 184
La Bodega Flamenca 190-1
Popo Café Petl 187
Stromoffka 191
U zavěšenýho kafe 183
Ztracený ráj 191

CERVEJARIAS AO AR LIVRE
Letenský zámeček 185, 191, **7**
Letní bar 185
Občerstvení U okénka 185
Parukářka 185
Petřínské terasy 185
Riegrovy sady 185, 187

CERVEJARIAS E DEGUSTAÇÃO DE CERVEJA
Klášterní pivovar Strahov 182
Novoměstský pivovar 182
Pivovar U Bulovky 182
Pivovarský dům 183
U Fleků 183
U Medvídků 183

BARES
Andaluský pes 192
Bar & Books Mánesova 189
Blue Light 184
Bukowski's 189
Čili Bar 185
Postel 192
Scheisse Katze 189

CAFÉS
Al Cafetero 187
Alchymista 191
Artesa 191
Bio Oko 191
Blatouch 187
Café Celebrity 187
Café Imperial 188
Café Savoy 188
Caffé Kaaba 187
Dobrá Trafika 187
Erhartova cukrárna 191
Grand Café Orient 188
Kabinet 192
Kafíčko 184
Káva Káva Káva (Smíchov) 195
Káva Káva Káva (Staré Město) 185
Kavárna Alibi 192
Kavárna Evropa 188
Kavárna Lucerna 188
Kavárna Medúza 187
Kavárna Obecní dům 188
Kavárna Slavia 188
Kavárna Zanzibar 188
Krásný ztráty 185
Kumbal 192
Literární Kavárna Řetězová 185
Lobkowicz Palace Café 183
Long Tale Café 192
Ouky Douky 192
Ryba na Ruby 188
Sahara Café 189
Těsně vedle Burundi 192
U zeleného čaje 184
Wash Café 195

PUBS
Akádemie 193
Budvarká 193
Hostinec U Kocoura 184
Klášterní pivnice (Šumavan) 193-4
Lokal Blok 195
Na Slamníku 194
Na Staré Kovárně 194
Na Verandách 195
Pivnice U černého vola 183
Pivovarský klub 189-90
Potrefená husa 194
Sokolovna 189
Svijanský rytíř 194
U kalicha 118
U Slovanské lípy 190
U sv Antoníčka 194
U vystřeleného oka 190, **7**
U zlatého tygra 186, **7**

VINHERIAS
Al Cafetero 187
Monarch Vinný Sklep 186
Viniční Altán 126, 189

ONDE COMER
ASIÁTICA
Čínská zahrada 175
Ha Noi 174
Hanil 174
Malý Buddha 164
Modrý zub 171
Noi 165
Sakura 176
Sasazu 176
Siam Orchid 171

BELGA
Les Moules 167

CAFÉ-DA-MANHÃ
Os melhores cafés da manhã 165
Fraktal 165
Globe Livraria e Café 165
Káva Káva Káva 165
Kavárna Pavilón 165
Red Hot & Blues 165

CONFEITARIAS E DELICATESSEN
Centrum Delikates 163
Paddaria Praha 163
Culinaria 163

FRANCESA
Café de Paris 165-6
Céleste 169